中国人民大学出版社

·北京·

总　序

对于近代的理解，虽不见得所有人都是一致的，但总的说来，对于近代这个词所涵的基本意义，人们还是有共识的。一个国家、一个民族走入近代，就意味着以工业化为主导的经济取代了以地主经济、领主经济或自然经济为主导的中世纪的经济形态，也还意味着，它不再是孤立的或是封闭与半封闭的，而是以某种形式加入到世界总的发展进程。尤其重要的是，它以某种形式的民主制度取代君主专制或其他不同形式的专制制度。中国是个幅员广大、人口众多、历史悠久的多民族国家，由于长期历史发展是自成一体的，与外界的交往比较有限，其生产方式的代谢迟缓了一些。如果说，世界的近代是从 17 世纪开始的，那么中国的近代则是从 19 世纪中期才开始的。现在国内学界比较一致的认识，是把 1840 年到 1949 年视为中国的近代。

中国的近代起始的标志是 1840 年的鸦片战争。原来相对封闭的国门被拥有近代种种优势的英帝国以军舰、大炮再加上种种卑鄙的欺诈打开了。从此，中国不情愿地加入到世界秩序中，沦为半殖民地。原来独立的大一统的中央集权的君主专制国家，如今独立已经极大地被限制，大一统也逐渐残缺不全，中央集权因列强的侵夺也不完全名实相符了。后来因太平天国运动，地方军政势力崛起，形成内轻外重的形势，也使中央集权被弱化。经历第二次鸦片战争、中法战争、甲午战争、八国联军入侵的战争以及辛亥革命后的多次内外战争，直至日本全面侵略中国的战争，致使中国的经济、政治、教育、文化，都无法顺利走上近代发展的轨道。古今之间，新旧之间，中外之间，混杂、矛盾、冲突。总之，鸦片战争后的中国，既未能成为近代国家，更不能维持原有的统治秩序。而外患内忧咄咄逼人，人们都有某种程度“国将不国”的忧虑。

“天下兴亡，匹夫有责”，读书明理的士大夫，或今所谓知识分子，尤为敏感，在空前的危机与挑战面前，皆思有所献替。于是发生种种救亡图存的思想与主张。有的从所能见及的西方国家发展的经验中借鉴某些东西，形成自己的改革方案；有的从历史回忆中拾取某些智慧，形成某种民族复兴的设想；有的则力图把西方的和中国所固有的一些东西加以调和或结合，形成某种救亡图强的主张。这些方案、设想、主张，从世界上"最先进的"，到"最落后的"，几乎样样都有。就提出这些方案、设想、主张者的初衷而言，绝大多数都含着几分救国的意愿。其先进与落后，是否可行，能否成功，尽可充分讨论，但可不必过为诛心之论。显而易见，既然救国的问题最为紧迫，人们所心营目注者自然是种种与救国的方案直接相关的思想学说，而作为产生这些学说的更基础性的理论，及其他各种知识、思想，则关注者少。

围绕着救国、强国的大议题，知识精英们参考世界上种种思想学说，加以研究、选择，认为其中比较适用的思想学说，拿来向国人宣传，并赢得一部分人的认可。于是互相推引，互相激励，更加发挥，演而成潮。在近代中国，曾经得到比较广泛的传播的思想学说，或者够得上思潮的，主要有以下几种：

（一）进化论。近代西方思想较早被引介到中国，而又发生绝大影响的，要属进化论。中国人逐渐相信，进化是宇宙之铁则，不进化就必遭淘汰。以此思想警醒国人，颇曾有助于振作民族精神。但随后不久，社会达尔文主义伴随而来，不免发生一些负面的影响。人们对进化的了解，也存在某些片面性，有时把进化理解为一条简单的直线。辩证法思想帮助人们形成内容更丰富和更加符合实际的发展观念，减少或避免片面性的进化观念的某些负面影响。

（二）民族主义。中国古代的民族主义思想，其核心是"非我族类，其心必异"，所以最重"华夷之辨"。鸦片战争前后一段时期，中国人的民族思想，大体仍是如此。后来渐渐认识到"今之夷狄，非古之夷狄"，"西人治国有法度，不得以古旧之夷狄视之"。但当时中国正遭受西方列强的侵略和掠夺，追求民族独立是民族主义之第一义。20世纪初，中国知识精英开始有了"中华民族"的概念。于是，渐渐形成以建立近代民族国家为核心的近代民族主义。结束清朝君主专制，创立中华民国，是这一思想的初步实现。第一次世界大战爆发，中国加入"协约国"，第一次以主动的姿态参与世界事务，接着俄国十月革命爆发，这两件事对近代中国的发展历程造成绝大影响。同时也将中国人的民族主义提升到一个新的层次，即与国际主义（或世界主义）发生紧密联系。也可以说，中国人更加自觉地用世界的眼光来观察中国的问题。新生的中国共产党和改组后的国民党都是如此。民族主义成为中国的知识精英用来应对近代中国所面临的种种危机和种种挑战的一个重要的思想武器。

（三）社会主义。社会主义作为一种模糊的理想是早在古代就有的，而且不论东方和西方都曾有过。但作为近代思潮，它是于19世纪在批判近代资本主义的基础上产生的。起初仍带有空想的性质，直到马克思和恩格斯才创立起科学社会主义。20世纪初期，社会主义开始传入中国。当时的传播者不太了解科学社会主义与以往的社会主义学说的本质区别。有一部分人，明显地受到无政府主义的强烈影响，更远离科学社会主义。直到五四新文化运动兴起之后，中国人始较严格地引介、宣传科学社会主义。但有一段时间，无政府主义仍是一股很大的思想潮流。中国共产党的成立，从思想上说，是战胜无政府主义的结果。中国共产党把在中国实现社会主义乃至共产主义作为自己的奋斗目标。此后，社会主义者，多次同各种非科学社会主义思想的信仰者进行论争并不断克服种种非科学社会主义思想的影响。

（四）自由主义。自由主义也是从清末就被介绍到中国来，只是信从者一直寥寥。直到五四新文化运动兴起，具有欧美教育背景的知识精英的数量渐渐多起来，自由主义始渐渐形成一股思想潮流。自由主义强调个性解放、意志自由和自己承担责任，在政治上反对一切专制主义。在中国的社会条件下，自由主义缺乏社会基础。在政治激烈动荡的时候，自由主义者很难凝聚成一股有组织的力量；在稍稍平和的时候，他们往往更多沉浸在自己的专业中。所以，在中国近代史上，自由主义不曾有，也不可能有大的作为。

（五）激进主义与保守主义。处于转型期的社会，旧的东西尚未完全退出舞台，新的东西也还未能巩固地树立起来，新旧冲突往往要持续很长的时间，有时甚至达到很激烈的程度。凡助推新东西成长的，人们便视为进步的；凡帮助旧东西排斥新东西的，人们便视为保守的。其实，与保守主义对应的，应是进步主义；与顽固主义相对的则应是激进主义。不过在通常话语环境中人们不太严格加以区分。中国历史悠久，特别是君主专制制度持续两千余年，旧东西积累异常丰富，社会转型极其不易。而世界的发展却进步甚速。中国的一部分精英分子往往特别急切地想改造中国社会，总想找出最厉害的手段，选一条最捷近的路，以最快的速度实现全盘改造。这类思想、主张及其采取的行动，皆属激进主义。在中共党史上，它表现为“左”倾或极左的机会主义。从极端的激进主义到极端的顽固主义，中间有着各种程度的进步与保守的流派。社会的稳定，或社会和平改革的成功，都依赖有一个实力雄厚的中间力量。但因种种原因，中国社会的中间力量一直未能成长到足够的程度。进步主义与保守主义，以及激进主义与顽固主义，不断进行斗争，而实际所获进步不大。

（六）革命与和平改革。中国近代史上，革命运动与和平改革运动交替进行，有时又是平行发展。两者的宗旨都是为改变原有的君主专制制度而代之以某种形式的近代民主制度。有很长一个时期，有两种错误的观念，一是把革命理解为仅仅是指以暴力取得政权的行动，二是与此相关联，把暴力革命与和平改革对立起来，认为革命是推动历史进步的，而改革是维护旧有统治秩序的。这两种论调既无理论根据，也不合历史实际。凡是有助于改变君主专制制度的探索，无论暴力的或和平的改革都是应予肯定的。

中国近代揭幕之时，西方列强正在疯狂地侵略与掠夺殖民地和半殖民地，中国是它们互相争夺的最后一块、也是最大的资源地。而这时的中国，沿袭了两千年的君主专制制度已到了奄奄一息的末日，统治当局腐朽无能，对外不足以御侮，对内不足以言治，其统治的合法性和统治的能力均招致怀疑。革命运动与改革的呼声，以及自发的民变接连不断。国家、民族的命运真的到了千钧一发之际，危机极端紧迫。先觉分子救国之心切，每遇稍具新意义的思想学说便急不可待地学习引介。于是西方思想学说纷纷涌进中国，各阶层、各领域，凡能读书读报者，受其影响，各依其家庭、职业、教育之不同背景而选择自以为不错的一种，接受之，信仰之，传播之。于是西方几百年里相继风行的思想学说，在短时期内纷纷涌进中国。在清末最后的十几年里是这样，五四时期在较高的水准上重复出现这种情况。

这种情况直接造成两个重要的历史现象：一个是中国社会的实际代谢过程（亦即社会转型过程）相对迟缓，而思想的代谢过程却来得格外神速。另一个是在西方原是差不多三百年的历史中渐次出现的各种思想学说，集中在几年或十几年的时间里狂泻而来，人们不及深入研究、审慎抉择，便匆忙引介、传播，引介者、传播者、听闻者，都难免有些消化不良。其实，这种情况在清末，在五四时期，都已有人觉察。我们现在指出这些问题并非苛求前人，而是要引为教训。

同时我们也看到，中国近代思想无比的多样性与复杂性呈现出绚丽多彩的姿态，各种思想持续不断地展开论争，这又构成中国近代思想史的一个突出特点。有些论争为我们留下了非常丰富的思想资料。如兴洋务与反洋务之争，变法与反变法之争，革命与改良之争，共和与立宪之争，东西文化之争，文言与白话之争，新旧伦理之争，科学与人生观之争，中国社会性质的论争，社会史的论争，人权与约法之争，全盘西化与本位文化之争，民主与独裁之争，等等。这些争论都不同程度地关联着一直影响甚至困扰着中国人的几个核心问题，即所谓中西问题、古今问题与心物关系问题。

中国近代思想的光谱虽比较齐全，但各种思想的存在状态及其影响力是很不平衡的。有些思想信从者多，言论著作亦多，且略成系统；有些可能只有很少的人做过介绍或略加研究；有的还可能因种种原因，只存在私人载记中，当时未及面世。然这些思想，其中有很多并不因时间久远而失去其价值。因为就总的情况说，我们还没有完成社会的近代转型，所以先贤们对某些问题的思考，在今天对我们仍有参考借鉴的价值。我们编辑这套《中国近代思想家文库》，希望尽可能全面地、系统地整理出近代中国思想家的思想成果，一则借以保存这份珍贵遗产，再则为研究思想史提供方便，三则为有心于中国思想文化建设者提供参考借鉴的便利。

考虑到中国近代思想的上述诸特点，我们编辑本《文库》时，对于思想家不取太严格的界定，凡在某一学科、某一领域，有其独立思考、提出特别见解和主张者，都尽量收入。虽然其中有些主张与表述有时代和个人的局限，但为反映近代思想发展的轨迹，以供今人参考，我们亦保留其原貌。所以本《文库》实为“中国近代思想集成”。

本《文库》入选的思想家，主要是活跃在1840年至1949年之间的思想人物。但中共领袖人物，因有较为丰富的研究著述，本《文库》则未收入。

编辑如此规模的《文库》，对象范围的确定，材料的搜集，版本的比勘，体例的斟酌，在在皆非易事。限于我们的水平，容有瑕隙，敬请方家指正。

《中国近代思想家文库》编纂委员会

目　录

导 言

陈撄宁（1880—1969）是近现代中国道教的杰出人物，原名“志祥”（或谓曾名“元善”），字“子修”，后因喜好仙道，而以《庄子·大宗师》中“撄宁也者，撄而后成者也”句改名“撄宁”①、号“撄宁子”，同时又名“圆顿”②。20世纪三、四十年代，陈撄宁曾与翼化堂善书局主人张竹铭等人在上海创办《扬善半月刊》（1933—1937年）与《仙道月报》（1939—1941年）两种期刊，极力倡扬“仙学”及相关修行方法，在当时的中国社会产生了很大影响。1949年中华人民共和国成立以后，陈撄宁被推选为中国道教协会的秘书长兼副会长（1957—1961年）、会长（1961—1966年），继续为道教的发展殚精竭虑。通过考察陈撄宁的事迹和思想，我们可以窥知近现代中国道教的发展之一斑。

① 关于改名“撄宁”的用意，陈撄宁后来曾在《覆某先生书》（载《觉有情半月刊》第195～196期）中解释说：“尊函谓淮南子‘形神俱没’之说，近于涅槃，然则贱名撄宁二字，亦可谓庄子之涅槃。当年取此名字，原认为自己究竟归宿处，但此是未来劫中事，目下尚不欲疾趣寂灭。”参见《民国佛教期刊文献集成》，第89卷，北京，全国图书馆文献微缩复制中心，2006）。

② 陈撄宁曾在《最上一乘性命双修二十四首丹诀串述》（载《扬善半月刊》，第83期）、《重修〈委羽山大有宫宗谱〉序》（载《仙道月报》，第25期）等文中署名“撄宁子陈圆顿”，唯此“圆顿”之名究竟是由“佛典中常有圆融、圆成、圆明、圆觉、圆顿、圆满、圆寂等名词”（《答覆石志和君十问》，载《扬善半月刊》，第40期）而来，还是如一些研究者所说属于全真道龙门派“一阳来复本，合教永圆明”之教名，尚待考证。又，本“导言”所引《扬善半月刊》（简称《扬善》）与《仙道月报》（简称《仙道》），据陈撄宁圈点、胡海牙珍藏、武国忠主编、张伟达审稿《〈扬善半月刊〉〈仙道月报〉全集》本（北京：全国图书馆文献微缩复制中心，2005年）。

一、陈撄宁的生平事迹

陈撄宁于光绪六年（1880 年）十二月出生在安徽省安庆苏家巷，父亲陈镜波乃晚清举人，以设馆授徒为业。陈撄宁 3 岁就开始读书，接受家庭私塾教育，6 岁已读完《三字经》、《四字经》、《百家姓》、《千字文》、《论语》、《孟子》、《大学》、《中庸》，7 岁开始读《诗经》、《书经》、《易经》、《礼记》、《左传》等书。10 岁那年，他在家中觅得东晋道士葛洪编《神仙传》阅读，由此开始萌发学仙之念。

12 岁后，陈撄宁开始在父亲的指导下学作诗文，并常偷窥家中所藏抄本道书，但不敢公开翻阅，因为父亲不喜其学看道书，若知其事，必痛斥之。有一天，他溜到街上去学道教的“辰州符”，回家后遭到了父亲的痛笞。又一天，他买得一册《万法归宗》，但却被家人搜去，投在火中烧掉。到了 15 岁，他因为用功苦读而患了极度的衰弱病症，医生说是“童子痨”，无药可治。为此，父亲不敢再强迫他读书，而他自己也很怕苦读，遂改学中医，想从古代医书里面寻出一个治“童子痨”的方法。不过，在遍阅了各种医书后，他却觉得这些医书虽对普通病症有效，却治不好自己的“童子痨”。一天，他偶得叔祖家藏古本《参同契》并《悟真篇》，甚感兴趣，姑且试做，至 19 岁而觉身体渐有好转，自感生命可以保全，自谓“此时就是我平生研究仙学修养法之起点”①。

20 岁以后，陈撄宁除了研究中医学理与仙学修养法之外，又兼看各种科学书籍。因为其兄平日研究物理、化学，尤精于高深的数学，更善于绘制机械图画，故他有关普通科学的知识皆是由兄长处得来。25 岁时，他曾参加科举考试并得中秀才，但该年（光绪三十一年，1905 年）九月，清廷诏令废除科举考试制度，故他又再考入安徽高等学堂（前身为安徽大学堂、求是学堂、敬敷书院）。到了 27 岁时，他因旧病复发，不得不半途退学，离开安徽高等学堂。之后，陈撄宁在安徽怀远县遇到了一位能够“脉住息停，未死学死”的异人，彼此相聚两旬后，遂下定决心抛弃家庭，四处寻访高人指导。

---

① 《陈撄宁自传》，见中国道教协会编：《道教与养生》，北京，华文出版社，1989。

30 岁时，陈撄宁曾寻访了佛教中多位有名高僧，如九华山月霞法师、宁波谛闲法师、天童山八指头陀、长洲冶开和尚等。不过，他嫌佛教的修养法都偏重心性，对于肉体仍无办法，不能达到祛病延龄之目的，故又决心再寻访道教中人。次年（宣统三年，1911 年），中国爆发了“辛亥革命”，封建帝制被推翻。在这动荡的一年中，陈撄宁不停地奔波于苏州穹窿山、句容茅山、湖北均州武当山、山东即墨崂山、安徽怀远县涂山、浙江湖州金盖山等道教名山参访。不过，他却认为上述参访基本上“都是空跑”，并自忖这样寻访实属白费光阴，还不如自己看书研究，于是便下决心阅览《道藏》。中华民国建立（1912 年 1 月 1 日）后，陈撄宁来到在上海行医的姊夫乔种珊家中居住，并开始在老西门外白云观阅读《道藏》。民国三年（1914 年），他阅读完了整部《道藏》，又希望研究佛学，曾到访月霞法师创办的华严大学，并为月霞法师抄写《维摩经讲义》；同时，他还开始阅读佛教《大藏经》，自称“虽然没有在上面用过苦功，却是从头至尾翻了一遍”①。

民国五年（1916 年），陈撄宁在上海与吴彝珠医生结婚，并得文学家吕碧城女士从之学道。此后的 20 年间，陈撄宁除了帮助妻子照料自家诊所的一切琐事外，有空闲时即阅览各种书籍，并撰写一些有关修炼养生的著作，如《孙不二女丹诗注》、《答吕碧城女士三十六问》、《〈黄庭经〉讲义》等。有些时候，他也离家而住到山里，以求亲近自然、安定身心。1922 年以后，年过 40 的他还曾与黄邃之、谢季云、高尧夫诸同志在寓所大兴炉火、烧炼外丹，又经常与吴彝珠、吴舜芝、朱昌亚等人一同在家中设坛扶乩、叩问吉凶。不过，烧炼外丹一事因两次沪战（1924 年江浙军阀齐燮元与卢永祥争战，1932 年日本侵略者进攻上海闸北）而功败垂成，扶乩一事据说虽然偶感有仙真降坛，但诸真对所问之事却“不肯明言”②。

陈撄宁真正对中国社会产生影响，是在 1933 年担任《扬善半月刊》主笔以后。《扬善半月刊》由上海翼化堂善书局主人张竹铭于该年 7 月创办，最初的宗旨为“提倡道德，指示人心”，并高标“三教一贯、五教平等”，但后来则逐渐转变成为一份“专门仙学杂志”。无论这份刊物

---

① 《答覆上海公济堂许如生君学佛五问》，载《扬善》，第 42 期。

② 《答覆安乐医舍》，载《扬善》，第 19 期。

的风格如何变化，作为主笔或主编[1]的陈撄宁始终是它的“灵魂”。陈撄宁于1933—1937年间在《扬善半月刊》上发表的撰述共100余种(篇)，其中既有关于人性善恶、道德规范的讨论和说明，也有关于道家历史、神仙人物的考察和介绍，更有关于道教典籍、修炼方法的注解和评论，此外还有内容涉及不同方面的书信答问、序跋按语，以及记录他本人经历、情感的自述、公函和乩坛文字、诗词作品等等，这些内容广泛、形式多样的作品及其承载刊物，对当时中国社会的各界群体产生了很大影响，以致他们纷纷致信该刊编辑部，就相关问题再加询问或发表意见。[2] 值得注意的是，自1935年起，陈撄宁有关丹道修炼的撰述文字大量增多，且《扬善半月刊》也在这年元旦出版的第37期开始将道教内丹大师的画像及其《略传》安排在该刊首页的显眼位置，并开始刊登陈撄宁编辑的“道学小丛书”与“女子道学小丛书”出版预告，刊物风格明显转变。与此同时，陈撄宁还在这期《扬善半月刊》上发表了《读〈化声叙〉的感想》一文，开始公开对所谓“仙学”进行讨论，随后又起草了《中华道教会草章》，表达对拟成立“中华道教会”的各种想法。1936年，陈撄宁更发表《关于刊登〈仙佛判决书〉的意见》，阐发了摆脱早期“三教一贯，五教平等”的主张并将“仙学”独立出来的思想，而“中华道教会”也于7月在上海宣告成立，《扬善半月刊》则在8月出版的第76期封面开始显著地标注“专门仙学杂志”字样。1937年8月，由于日军进攻上海，《扬善半月刊》在出版了99期之后被迫停刊，陈撄宁虽然收到四川著名道士易心莹等人“速往青城避乱”的邀请信件，但却因局势突变、交通断绝而被困上海。即使在形势险恶的情况下，陈撄宁还曾于1938年间在上海海宁路创办了“仙学院”，作

① 《扬善》未曾明确标示“主编”姓名，虽然陈撄宁多次声称“仆对于《扬善》刊只任撰稿之义务，至于编辑发行等事，概不过问”（《答覆济南张慧岩君问双修》，载《扬善》，第47期），并称某些文章的发表需要“特商于主编者”（《〈武昌佛学院张化声居士为道释二教重要问题驳覆某居士书〉按语》，载《扬善》，第43期），但其所谓“编辑”和“主编者”应指从事具体文字编辑工作之人，而非主导刊物编辑理念、内容风格的负责人。由《扬善》刊发的多数文章“按语”皆由陈撄宁撰写，其对于来稿取舍的意见具有主导作用（如《关于刊登〈仙佛判决书〉的意见》，载《扬善》，第63期），并声称“我把全副精神放在（《扬善》）上面”（《答上海蒋永亮君》，载《扬善》，第87期），可知他在事实上属于该刊的主编。

② 据本书编者统计，《扬善》于1933—1937年间曾刊载陈撄宁答复各地读者来信的文章近80篇，且呈历年增长之势，具体为：1933年0篇，1934年6篇，1935年15篇，1936年28篇，1937年29篇。至于《扬善》这块“园地”刊载的各方面读者发表意见的文章，更是不计其数。

为信众练习静功以及每周讲道之所。

1939 年，因受战事影响而被迫停刊的《扬善半月刊》在上海复刊，并更名为《仙道月报》出版。与之前一样，陈撄宁仍然是这份刊物的“灵魂”，并经常在上面发表文章，但稍为不同的是，他这时还多了一份工作，即忙于为“仙学院”授课讲道。1941 年，《仙道月报》在出版了 32 期后又因战祸而被迫停刊，“仙学院”也同样停止了授课。即便如此，陈撄宁依然笔耕不辍，并曾于 1942 年起草《复兴道教计划书》，提出了九条“复兴道教大纲”。这份《复兴道教计划书》，在 1947 年上海市道教会正式成立时曾被加以修订和出版，成为指导当时中国道教发展的纲领。1945 年，陈撄宁的妻子吴彝珠因患乳腺癌殁于上海，或许是因为亲人离世而心情压抑，或许是由于年过六旬而精力衰退，陈撄宁此后的撰述逐渐减少，并且有部分文章发表于佛教期刊。

1949 年中华人民共和国成立以后，年届七十而又没有子女的陈撄宁常常代人作应酬文字，或为讲解历史、文学、哲学以及一些涉及健康修养法的书籍，以图获得他们在生活上的照顾。1953 年，时任浙江省文史馆馆长的马一浮知道陈撄宁对于中国古代学术颇有研究，尤其对于《道藏》曾经用过三年心力，故向浙江省政府推荐聘请他担任文史馆馆员。1957 年 4 月，第一届中国道教徒代表会议在北京召开，陈撄宁被选举为副会长兼秘书长。之后，他曾撰写了《神经衰弱静功疗养法问答》、《静功总说》、《治遗精病的特效法》等一些治病养生文章以及《对于〈太平经合校〉的意见》、《关于“道教词目”复上海市道教协会筹委会的一封信》等一些呼吁重视道教文化研究的稿件。1961 年 11 月，中国道教协会举行第二届全国代表会议，陈撄宁当选为会长；同月，中国道教协会研究室成立，他又亲自担任研究室主任，领导制订了相关研究计划及培养道教徒的计划，并指导研究人员搜集、整理有关道教的文献资料，开始编写《中国道教史提纲》、《历代道教大事记》、《道教知识类编》等，同时建议创办《道协会刊》、筹办“道教徒进修班”。1966 年“文化大革命”爆发，中国道教协会被迫停止工作，其间陈撄宁虽未遭受批斗折磨，但却因对于时局的忧虑、困惑及不解而抑郁成疾。1969 年 5 月 25 日，陈撄宁因患肺癌仙逝于北京医院。

二、“仙学”的提出及其基本特征

陈撄宁思想最具代表性的内容，是其在 20 世纪三四十年代极力倡导的“仙学”。关于陈撄宁所倡“仙学”及其内容，学界已多有论述，下面，主要对“仙学”的提出时间及基本特征进行说明。

关于陈撄宁“仙学”一词的提出时间，查《扬善半月刊》，可知该刊至第4卷第4期（总第76期，1936年8月15日）方标有“专门仙学杂志”字样，且陈撄宁本人在1933—1934年间并未在该刊的文章中使用过“仙学”一词。唯在1935年，连载于《扬善半月刊》第2卷第13期（总第37期，1935年1月1日）至第3卷第7期（总第55期，1935年10月1日）的《读〈化声叙〉的感想》一文，方见有陈撄宁与武昌佛学院张化声关于“仙学”诸说的专门讨论，但此文中“仙学”一词却是由张化声首先提出来的，其言：

> 佛道两家之教主，无非应化神圣，凡外何能测其高深？即其门庭设施之粗迹，化声亦不愿多谈。就一时所认识的而言，仙学简而要，佛学博而精。仙学以生理变化心理，佛学以心理改革生理。仙学以色身冥通法界，佛学以法界融化色心。仙学在打破虚空，佛学在显现真如。仙学在白日飞升，佛学在超出三界。仙学应用真一之炁，是唯生的；佛学建立阿赖耶识，是唯心的。

之后，才有陈撄宁对于张化声上述诸项说法的补充论说，如：“余对于化声先生之论，尚有补充，今条举于后：1）仙学简而要。乃化声先生已经入门之语，若彼门外汉涉猎道书者，亦正如《文献通考》上所说：‘道家之术，杂而多端。’何尝认为简要乎？……”① 不过，所谓“仙学”一词在事实上却并非由张化声最先提出，因为也正是在这一期《扬善半月刊》上还刊有陈撄宁《答覆苏州张道初先生来函问道》一文，其中谈到：

> 仆当年学道之时，就与阁下心理相同，想觅得一部完备明显而又便于初学之道书，裨可作为入门之一助。直到今日，已经过三十五年矣，尚未觅得。只好不辞僭妄，亲自动手，编辑几部道书，以慰世间好道之士。已经出版者，有《孙不二女丹诗注》、《〈黄庭经〉讲义》二种。未曾出版者，有《仙学入门》、《口诀钩玄录》、《女丹诀集成》、《仙学正宗》、《五祖七真像传》数种。虽不敢说最完备明

① 《读〈化声叙〉的感想》，载《扬善》，第54期。

显，但比世间通行之道书切于实用。请阁下注意。①

从中，可知陈撄宁在当时已编成《仙学入门》、《仙学正宗》两种以“仙学”为名的著作，只是尚未正式出版而已。不仅如此，由陈撄宁及其弟子后来多次提到他已“研究仙学已三十余年”② 或“不惜费四十载之精神穷研仙学”③，也可证陈氏所倡“仙学”应在 1935 年与张化声“对话”之前就已提出，只是具体的时间暂未可确定。

从陈撄宁与张化声上述关于“仙学”的讨论中，可知其所谓“仙学”似乎指传统的道教。但是，若从陈撄宁的其他论述来看，其所倡“仙学”却并非指传统的道教。在陈撄宁的各种论述中，“仙学”一词在很多时候实属“神仙之学”或“神仙学术”的简称，如他曾在《温州张君平生学道之经过》一文的按语中说：“张君求出世法三十余年，今已六十六岁，而对于真正神仙学术，尚未曾得人传授。可知现代深通此道之人甚少，可见本刊努力弘扬仙学确是当今之急务。”④ 此处以张君求法三十余年而未得传授“神仙学术”，来说明《扬善半月刊》“弘扬仙学”的急迫性，可见其所谓“仙学”与“神仙学术”实为一事。此外，陈撄宁又在《与朱昌亚医师论仙学书》中说：

> 宁研究仙学已三十余年，知我者固能完全谅解，不知者，或疑我当此科学时代尚要提倡迷信。其实我丝毫没有迷信，惟认定仙学可以补救人生之缺憾，其能力高出世间一切科学之上。凡普通科学所不能解决之问题，仙学皆足以解决之。而且是脚踏实地、步步行去，既不像儒教除了做人以外无出路，又不像释教除了念佛而外无法门，更不像道教正一派之画符念咒，亦不像道教全真派之拜忏诵经。可知神仙学术乃独立的性质，不在三教范围以内，而三教中人皆不妨自由从事于此也。

由此，也可见陈撄宁所说“仙学”实即“神仙学术”的简称。从这段话中，我们还可以得知其所谓“仙学”并非指传统的道教，而是一种既“不在三教范围以内”又“高出世间一切科学之上”的具有“独立的性质”之学说。那么，这种“独立”的“神仙学术”究竟是一种什么样的

---

① 《答覆苏州张道初先生来函问道》，载《扬善》，第 37 期。

② 《与朱昌亚医师论仙学书》，载《扬善》，第 86 期。

③ 《灵源大道歌白话注解·洪太庵序》，载《仙道》，第 2 期。

④ 《〈温州张君平生学道之经过〉按语》，载《扬善》，第 94 期。

学说呢？

考陈撄宁的各种撰述，可知其所谓“仙学”或“神仙学术”实际上是一种用以解决“生死大事”的养生、求仙之学说或方法，如他曾在与朱昌亚讨论仙学时说：“君留学美国亦已多年，科学脑筋自不待言，新医知识当然丰富，在他人或不免存满足之心，在君反益见谦虚之量。既确知生死大事徒恃医学不足以解决，遂进一步而求神仙之学术、发超人之思想，若非夙根深厚、天赋聪明，其孰能与于此？”同时认为：

> 仙学首重长生。长生之说，自古有之。老子曰：“深根固柢。”庄子曰：“守一处和。”《素问》曰：“真人寿蔽天地，至人积精全神，圣人形体不敝。”然理论虽著于篇章，而法则不详于纪载，学者憾焉。自《参同契》、《黄庭经》出世而后，仙家炼养始有专书……①

不仅如此，陈撄宁的许多撰述如《〈黄庭经〉讲义》、《〈孙不二女功内丹次第诗〉注》、《〈灵源大道歌〉白话注解》，以及其他各种有关修炼典籍的序跋按语，实际上也都是围绕着如何解决“生死大事”或养生成仙来阐发的。在《众妙居问答》中，陈撄宁更直接地说：“所谓仙学，即指炼丹术而言，有外丹、内丹二种分别。”② 众所周知，无论是外丹术还是内丹术，在道教中皆是用以求得长生成仙的手段。

这套用以解决“生死大事”的学说和方法，在一般人看来，与传统道教的长生成仙学说实无二致。不过，陈撄宁却多次明确地宣称，他所倡“仙学”与宗教有着本质的区别，并不在儒、释、道三教范围之内，如说：“我既专弘仙学，则凡儒释道三教教义有不能苟同者，皆在排斥之列。”③ 又说：

> 三教一贯、三教合参、三教调和、三教互摄这些论调，我也会说几句。若果说出，想未必有人能够反对。不过我的良心上认为此种论调不适用于现代之时机，所以特地把神仙学术从三教圈套中单提出来，另成一派。对于儒释道脱离关系，不受他们的拘束，然后方有进步之可言。否则，永远被他们埋在坟墓中，见不到天日。④

---

① 《与朱昌亚医师论仙学书》，载《扬善》，第 86 期。

② 《众妙居问答》，载《扬善》，第 96 期。

③ 《覆南京立法院黄忏华先生书》，载《扬善》，第 50 期。

④ 《〈道学长歌十首〉按语》，载《扬善》，第 66 期。

> 我国古代所遗传之神仙学术，本与宗教性质不同。各种宗教皆言死后魂灵如何如何，独有仙学只讲生前、不说死后。又凡宗教首重信仰，信仰者，仰仗他力也；仙学贵在实证，实证者，全赖自力也。所以神仙学术，可说是科学而非宗教。①

由上述“神仙学术，可说是科学而非宗教”诸言，以及20世纪初中国社会推崇“科学与民主”的历史背景，可以窥知陈撄宁似乎是想使“仙学”脱离宗教，进而与科学归为一类。不过，若详考陈撄宁的其他言论，则其所倡“仙学”还是与科学有着区别的，如前引《与朱昌亚医师论仙学书》说：“仙学可以补救人生之缺憾，其能力高出世间一切科学之上。凡普通科学所不能解决之问题，仙学皆足以解决之。”而其《辩〈楞严经〉十种仙》也说：“须知仙学家的劲敌是科学家，而宗教的敌人也是科学家，但是将来世界上足以同科学家对抗的，独许仙学家有这个希望。”② 具体而言，“仙学”与科学的相同处在于二者都重视实践与实证，不同处则在于人们实践“仙学”可以获得神秘主义性质的“神通”，而科学却不能，如陈撄宁曾在《答上海钱心君八问》中反复地讨论了这个问题：

> 我等今日是研究仙学，不是弘扬宗教，如何可以混为一谈？……只有仙学这一门，是脚踏实地一步一步做下去的。果能把己肉体上普通生理改变过来，神通自然就易于成就了。
>
> 现在这个时代，是动真刀真枪的时代，不是弄笔杆子时代，说得好听，没有用处，必须要做出一点实在工夫，方足以使人相信。你若要救国，请你先研究仙学，等到门径了然之后，再去实行修炼。等到修炼成功之后，再出来做救国的工作。那个时候，你有神通，什么飞机炸弹毒气死光，你都可以不怕。……
>
> 宗教这个东西，在以后的世界上，若不改头换面，他本身就立不住。无论道教、佛教、耶稣教、天主教，以及其他的鬼神教、乩坛教，一概都要被科学打倒。岂但宗教如此，连空谈的哲学也无存在之价值。我劝君还是走神仙家实修实证这一条路罢？将来或者尚有战胜科学的希望。③

---

① 《现代各种道门派别名称》，载《仙道》，第31期。

② 《辩〈楞严经〉十种仙》，载《扬善》，第98期。

③ 《答上海钱心君八问》，载《扬善》，第71期。

依笔者的看法，陈撄宁的种种努力，不过如其所言是“想把科学精神用在仙学上面”①，以求促使传统的道教“改头换面”，从而避免道教在20世纪初中国社会的特殊背景下“被科学打倒”。至于其所倡“仙学”的根本归宿，仍是神秘主义性质的宗教。这种调和宗教与科学的做法，对于当代道教的发展或不无启迪。

三、陈撄宁思想的发展轨迹（1933—1949年）

由于陈撄宁在道教发展史以及中国近代史上占有重要的地位，所以近年来国内外曾兴起了研究陈撄宁及其“仙学”的热潮，并出版过大量有关陈撄宁的作品。不过，无论是学术精英发表的研究成果，还是社会各界编辑的陈氏文集，皆存在着一个明显不足，即很少对陈撄宁撰述的时间顺序进行说明，更少结合这点来对陈撄宁思想的变化进行分析。事实上，陈撄宁的思想并非简单一成不变的，而是颇有发展和变化。下面，试以考察陈撄宁历年撰述为基础，并结合当时的社会背景，来说明陈撄宁思想的发展轨迹。

1933年，陈撄宁在《扬善半月刊》上共发表6种作品，其中2种属于典籍注解、2种属于抒情诗作、2种属于乩坛文字。② 值得注意的是，该年发表的《〈黄庭经〉讲义》与《〈孙不二女功内丹次第诗〉注》两种典籍注解皆与女子内丹修炼有关，如《〈黄庭经〉讲义·弁言》曰：“从来著丹经者多言男子之事，女丹诀自有别传，而《黄庭经》则历代女真以之得道者……是尤属丹家之要旨，为玄门之总持矣。”《〈孙不二女功内丹次第诗〉注·凡例》又说：“世间各种宗教，其中威仪制度、理论工修，殊少男女平等之机会。独有神仙家不然，常谓女子修炼，其成就比男子更快，男子须三年做完者，女子一年即可赶到，因其身上生理之特殊，故能享此优先之利益。”并且，《〈黄庭经〉讲义》在《扬善半月刊》第1卷第1期已开始刊出，随后与《〈孙不二女功内丹次第诗〉注》一同连载至1934年。由此可知，陈撄宁在创刊伊始就已经大力倡扬女丹修炼。不过，由这两种典籍注解实为早前作品且皆被置于刊物末尾，而此时《扬善半月刊》所登其他文章多属劝善文字，可知当时陈撄

① 《〈灵源大道歌〉白话注解》，见中国道教协会编：《道教与养生》。

② 此处限于篇幅而不能备列陈撄宁历年作品的具体名称，详请参阅本书目录和正文。

宁的办刊主旨还是为了“扬善”。

1934年，陈撄宁在《扬善半月刊》上共发表11种作品，其中6种属于书信答问、2种属于抒情诗作、1种有关人性讨论、1种有关道教历史、1种有关内炼典籍。值得注意的是，这11种作品皆未出现“仙学”一词，且由其中《人性善恶浅说》、《〈口诀钩玄录〉（初集）》（《〈口诀钩玄录〉读者须知》）两篇作品以及一些书信答问的内容，可知此时陈撄宁的办刊主旨仍然是为了“扬善”，同时介绍一些养生修炼方法。不过，由该年发表的《中国道教源流概论》言：“现在吾人谈起道教，总不外乎正一与全真两大派，然两派皆不是道家真面目，岂但不知黄帝老子之遗言，并且不明《参同契》、《抱朴子》之学说。道教所以日见衰微，实因人材缺乏之故，岂偶然哉?”却可窥陈撄宁欲将“仙学”从三教中分离出来“另成一派”之倾向，应于此时就已萌芽。

1935年，陈撄宁发表的作品多达40余种，其中除了在《扬善半月刊》上的书信答问15种、序跋按语和评注7种、人物传记5种、专题讨论4种、抒情诗作3种、乩坛诗文2种之外，另有“道学小丛书”与“女子道学小丛书”的序跋按语12种。值得注意的是，本年度陈撄宁有关丹道修炼的撰述文字陡然增多，不仅“道学小丛书”与“女子道学小丛书”及其序跋按语属于此类，而且15篇书信答问的内容也多围绕此点，同时，刘海蟾、张伯端等道教内炼大师的画像及其传记也开始被安排在《扬善半月刊》首页的显眼位置。对于这一变化，已有研究者指出：《扬善半月刊》最初以“三教一贯，五教平等”为宗旨，登载一些与当时普通慈善杂志并无大异的劝诫文字，但自1935年的第37期起却“一改最初以‘扬善’、‘劝诫’为主要目的之初衷，在刊物中增加了更多的仙道文章”①。众所周知，一份刊物的风格特点、价值趋向，很大程度上取决于主编之思想理念。从《扬善半月刊》的风格改变中，我们不难感受到当时陈撄宁极力推重内丹修炼（尤其是女子丹道）的倾向。此外，由前述《读〈化声叙〉的感想》及《答覆苏州张道初先生来函问道》诸文，也可知陈撄宁的“仙学”思想已经形成。只是，此时陈撄宁常将“道学”与“仙学”两个词语混用，令人难以把握其所重究竟为何者。如第42期《扬善半月刊》有他的两篇“答问”，一曰：“仆既发愿

---

① 武国忠：《〈扬善半月刊〉〈仙道月报〉全集影印缘起》，见《〈扬善半月刊〉〈仙道月报〉全集》。

提倡道学，凡有人肯研究者，都可引为同志。”① 二曰：“我所提倡的是道学，不是道教。”② 这种模糊，还可由此时编辑出版的两部“小丛书”名为“道学”而非“仙学”看出。直到《扬善半月刊》第 43 期刊出《翼化堂“道学小丛书”编辑大意》，陈撄宁才开始区分所谓“道学”与“仙学”，其言：“道学二字，又包括仙学在内。”③ 之后，其所谓“仙学”与“道学”方有了明确的区别，且“仙学”也开始成了陈撄宁弘扬的重心，如他在《覆南京立法院黄忏华先生书》中说：“我既专弘仙学，则凡儒释道三教教义有不能苟同者，皆在排斥之列，然对于三教圣贤，固未尝失其敬仰也。”④ 而在后来的《答覆南通佛学研究社问龙树菩萨学长生事》中，“道学”与“仙学”两个词语也开始并列出现：“如此一来，我多年提倡道学与仙学的精神，岂非白白的牺牲了么？”⑤ 由上可知，1935 年间陈撄宁的思想虽然尚有一些模糊，但这年却是他确立重点弘扬“仙学”思想的关键时期。

1936 年，陈撄宁在《扬善半月刊》上共发表 49 种作品，其中包括书信答问 28 种、序跋按语 12 种、公函或记事文稿 4 种、仙迹考论 4 种、专题讨论 1 种。上述作品数量虽多，但内容仍然偏重于内功修炼，其中最值得注意的是《关于刊登〈仙佛判决书〉的意见》这份信函。《仙佛判决书》是上海作者钱心投寄《扬善半月刊》的一篇文章，主张仙道应当与佛法分判决裂，因其与《扬善半月刊》最初的“三教一贯，五教平等”宗旨相悖，故编辑部成员对是否刊出此稿发生了争执，遂将其寄送尚在外地的陈撄宁审阅。陈撄宁回信赞成此稿刊出，并阐述其理由说：

> 本刊创办时，虽揭橥三教一贯、五教平等，然自从本刊发行以来，算到现在，已近三年之久，全国皆知，但除了几位好道之士及国内慈善大家常有长篇短著寄与本刊发表而外，其余若天主、耶、回等教，从未有片纸只字寄来投稿。可见本刊对于耶、回二教毫无关系，名为五教，其实只有儒、道、释三教。是则五教平等乃国家法律上之名词，在本刊宗旨上早已不生效力。至于三教一贯之说，

---

① 《答覆上海南车站张家弄王君学道四问》，载《扬善》，第 42 期。
② 《答覆上海公济堂许如生君学佛五问》，载《扬善》，第 42 期。
③ 《翼化堂“道学小丛书”编辑大意》，载《扬善》，第 43 期。
④ 《覆南京立法院黄忏华先生书》，载《扬善》，第 50 期。
⑤ 《答覆南通佛学研究社问龙树菩萨学长生事》，载《扬善》，第 52 期。

> 本刊虽然提倡甚久，亦只能做到两教一贯之地步，即孔、老同源，儒家出于道家是也。若讲到三教，则佛教徒每每妄自尊大，总要把印度产生的释迦牟尼驾于老子、孔子之上。我们要和他们合作，他们屡次翻白眼睛，看不起儒、道两教，鄙视为人天小乘。在佛教徒心目中，既然不屑和我们平等，请问如何能达到一贯之目的？所以三教一贯这句话，也是能说而不能行。故此奉劝本社同人，把一贯的念头赶快取消了罢。
>
> ……再者，本刊以前尚有“性命玄机”、“金丹要诀”二门，专载道家神仙家实行做工夫的法子，又被佛教徒骂为“外道”、“守尸鬼”、“不免轮回”、“未出三界”、“终落空亡”、“萨伽耶贪”这许多批评。因此，本刊以后又把讲工夫、讲口诀的文章逐渐的减少了。各处不明白此中情形的人常有信来质问，为何先登而后不登？今日乘此机会，将这个情形表白一番，并老老实实的奉告诸君：所以不登的缘故，大半是受了佛教徒的影响。难得钱心君今日忽然的跳出来打一个抱不平，这也可以说得是物极必反。①

上述“意见”，披露了当时仙道学说遭受佛教攻击的社会背景，且明白地表露了陈撄宁欲彻底摆脱早期“三教一贯，五教平等”主张而将“仙学”独立出来的思想。之后不久，陈撄宁又撰成《答上海钱心君八问》，阐述他对于“宗教这个东西，在以后的世界上，若不改头换面，他本身就立不住”② 的认识，并在第76期《扬善半月刊》封面开始显著地标注“专门仙学杂志”字样。遗憾的是，这篇“意见”并未引起以往研究陈撄宁的人的重视，以致我们很难知道这种“判决”其实也是当时陈撄宁本人的坚决主张。③ 而由陈撄宁的这种思想，我们也就容易理解这年他亲自撰写《中华全国道教会缘起》，宣称：“今夫有道自不能无教，无教则道何以弘？有教自不能无会，无会则道何以整？”④ 并多次声称

---

① 《关于刊登〈仙佛判决书〉的意见》，载《扬善》，第63期。

② 《答上海钱心君八问》，载《扬善》，第71期。

③ 吴亚魁著《生命的追求——陈撄宁与近现代中国道教》（上海：上海辞书出版社，2005年）所附《陈撄宁著述年表》未曾著录此文，胡海牙总编《中华仙学养生全书》（北京：华夏出版社，2006年）等则仅将其附于钱心《仙佛判决书》文末而未另拟目录，唯有武国忠曾在《〈扬善半月刊〉〈仙道月报〉全集影印缘起》中述及这段“仙佛判决”的历史，却又没有单独引证陈撄宁的上述文字。

④ 《中华全国道教会缘起》，载《扬善》，第67期。

“欲借本刊联络全国好道同志，组织一实行修道之团体”[①] 的原因。同时，他还撰写了长篇论文《论〈四库提要〉不识道家学术之全体》，批评儒家学者“不识道家学术之全体”，并说：

> 吾人今日谈及道教，必须远溯黄老、兼综百家，确认道教为中华民族精神之所寄托，切不可妄自菲薄，毁我珠玉而夸人瓦砾。须知信仰道教，即所以保身；弘扬道教，即所以救国。勿抱消极态度以苟活，宜用积极手段以图存，庶几民族尚有复兴之望。武力侵略，不过裂人土地、毁人肉体，其害浅；文化宗教侵略，直可以夺人思想、劫人灵魂，其害深。武力侵略我者，我尚能用武力对付之，文化宗教侵略我者，则我之武力无所施其技矣。若不利用本国固有之文化宗教以相抵抗，将见数千年传统之思想一朝丧其根基，四百兆民族之中心终至失其信仰，祸患岂可胜言哉！[②]

这种力挺道教的言论和积极建立组织的行为，是他以往很少有的。而这种自觉的认识，实是陈撄宁在 1949 年后出任中国道教协会秘书长兼副会长、会长并且领导制订相关研究计划、筹办“道教徒进修班”的根本动力。

1937 年，陈撄宁在《扬善半月刊》上发表的作品多达 50 余种，其中包括书信答问 29 种、丹法评论或序跋按语 16 种、诗作及记事文字 4 种、专题讨论 2 种。需要说明的是，这一时期陈撄宁的作品虽多，但绝大部分还是围绕着内丹修炼或静功养生（尤其是女子丹道）的具体方法来阐发的，唯《与朱昌亚医师论仙学书》、《辩〈楞严经〉十种仙》两篇专题讨论文章与《答化声先生》、《答江苏如皋知省庐》、《众妙居问答》、《答拙道士、犂道人二君》几份书信在思想主张上颇有贡献。《与朱昌亚医师论仙学书》是陈撄宁的首篇（也是唯一一篇）主动以“仙学”为讨论题目的文章，其中对“仙学”的基本内容（首重长生）、修炼途径（如童女修炼、少女修炼、中女修炼、长女修炼、老阴修炼、少妇修炼、中妇修炼、孀妇修炼）、修炼派别（如中条老姆派、丹阳谌姆派、南岳魏夫人派、谢自然仙姑派、曹文逸真人派、孙不二元君派）及其与普通科学、一般宗教的关系进行了系统阐述，可谓是陈撄宁对自己“仙学”思想的一次全面总结或阐发。窃以为这次主动的“阐发”，一是迫于当

---

① 《再覆北平杨少臣君》，载《扬善》，第 73 期。

② 《论〈四库提要〉不识道家学术之全体》，载《扬善》，第 70 期。

时儒佛二教不断施加压力而做出的回应，二则是由于陈氏“仙学”已经在社会上有了一定影响。在此文刊出后不久，陈撄宁又针对佛教《楞严正脉》以为仙道“怖死而又妄修长生，是错之又错”诸论，发表了《答化声先生》一文，抨击《楞严经》之可信度：“《楞严经》真伪，乃佛教内部之问题，非我辈所当过问。况且像佛经一类的著作，本无所谓真伪，不能说印度有原本就算真的，无原本就是伪的。也许当初有原本，而后来湮没，也许连原本都靠不住。”① 后来又专门发表了《辩〈楞严经〉十种仙》一文，对《楞严正脉》诸论进行了激烈的批驳。② 也正是在上述认识的基础上，陈撄宁在1937年间曾多次撰文强调“仙学”乃是一种独立于三教之外的学术，如言：

> 宁对于儒释道三教，不欲议其得失，免启无谓之争。今只将仙术从三教圈套中单提出来，扶助其自由独立，使世人得知儒教、释教、道教而外，尚有仙教，理学、佛学、玄学而外，尚有仙学，于愿已足。③
>
> 宁现时之工作有二：一则古代道书丹经虽汗牛充栋，其论调大半腐旧，而不能适合现代人之眼光，每为知识阶级所鄙视，长此以往，不加改革，则仙道恐无立足之地，宁只得勉为其难。二则仙学乃一种独立的学术，毋须借重他教之门面。……后人将仙学附会于儒释道三教之内，每每受儒释两教信徒之白眼，儒斥仙为异端邪说，释骂仙为外道魔民。道教徒虽极力欢迎仙学，引为同调，奈彼等人数太少，不敌儒释两教势力之广大，又被经济所困，亦难以有为。故愚见非将仙学从儒释道三教束缚中提拔出来，使其独立自成一教，则不足以绵延黄帝以来相传之坠绪。④
>
> 因这班学仙的人，将儒释道三教之名辞与义理，混合组织，做成遮天盖地一个大圈套，彼等躲在此圈套中，秘密工作，永不公开，务其实而讳其名。如此圆滑行藏，常常招惹儒教之拒绝，释教之毁谤，甚至于道教徒亦根据老庄清静无为之旨，而不信有神仙。彼仙学者流，竟弄得东家不收，西家不纳，进退失措，左右为难。余今日迫不得已，将仙学从三教圈套中单提出来，扶助其自由独

---

① 《答化声先生》，载《扬善》，第88期。

② 参见《辩〈楞严经〉十种仙》，载《扬善》，第96～98期。

③ 《答化声先生》，载《扬善》，第88期。

④ 《答江苏如皋知省庐》，载《扬善》，第91期。

立，摆脱三教教义之束缚，然后方有具体的仙学之可言。①

上述文字，不仅再次将当时仙道学说备受佛儒二教攻击的文化环境披露无遗，而且进一步明确了其欲使“仙学”独立于三教而“自成一教”的主张，这种主张实际上是前述《关于刊登〈仙佛判决书〉的意见》的继续和深化。不过，也许是由于批评之辞过于激烈，或独立之意过于明显，陈撄宁的主张受到了来自道教界的一些质疑，于是他又撰《答拙道士、犁道人二君》声称：“拙作《中华道教会宣言书》一篇，即是将道教、孔教、诸子、百家、正一、全真、南宗、北派、宗教思想、神仙学说、民族精神、三民主义、新生活运动混合团结而不可分也。”并说由其《论〈四库提要〉不识道家学术之全体》“吾人今日谈及道教，必须远溯黄老，兼综百家，确认道教为中华民族精神之所寄托，信仰道教即所以保身，弘扬道教即所以救国”这些文句，“更可见仆弘道护教之微意矣”②。这种“独立”与“一贯”的纠结，实际上也是早期陈撄宁的痛苦所在。

1938年间，由于《扬善半月刊》因战事停刊，陈撄宁的撰述大幅减少，我们仅见其有《〈琴火重光〉读者须知》1篇文章。至1939年《仙道月报》创刊，他的撰述才有所增多，但数量也已不比从前。具体而言，他在1939年间的撰述除了《〈灵源大道歌〉白话注解》外，仅有书信答问及按语16篇，另有诗文及公函3篇。1940年间，他的撰述总共只有10余篇，至1941年又减少到不足10篇。1941年9月《仙道月报》停刊后，陈撄宁公开发表的文章更是少见。③ 直至近年，人们才又“发现”陈撄宁于20世纪四五十年代还曾在《觉有情半月刊》、《觉讯月刊》等佛教刊物上发表过《与本刊编者书》、《灵魂有无之推测》、《由仙学而佛学——答某居士书》、《慨慕人生佛教之导师并答客问》、《覆某先生书》、《为净密禅仙息争的一封信》、《为黄汝玉女居士题金刚经长卷》、《与陈海量居士书》、《禅门大德管窥记》数种作品，并曾撰成《楞严经

① 《众妙居问答》，载《扬善》，第96期。

② 《答拙道士、犁道人二君》，载《扬善》，第96期。

③ 如吴亚魁著《生命的追求——陈撄宁与近现代中国道教》所附《陈撄宁著述年表》仅录有上海市档案馆藏陈氏于1947年草拟之《复兴道教计划书》一份，并据田诚阳编《仙学详述》（北京：宗教文化出版社，1999年）言尚有《学仙必成》一种。后来，胡海牙、武国忠主编《陈撄宁仙学精要》（北京：宗教文化出版社，2008年）则收有文末落款为“民国三十六年十月三十日”的陈撄宁撰《仙学必成》一种，并说陈撄宁另有尚未公开的《学仙必成》文稿一种。

耳根圆通法门浅释》等手稿。①

细读陈撄宁1939—1941年间在《仙道月报》上发表的文章，可知其内容多属关于具体修炼方法的解释，而较少有关于“仙学”义理的讨论，以至于他在这一时期的书信问答中已不见“仙学”一词，唯《〈灵源大道歌〉白话注解》中有“想把科学精神用在仙学上面，以接引后来的同志”之说，以及《现代各种道门派别名称》中有“我国古代所遗传之神仙学术，本与宗教性质不同……所以神仙学术，可说是科学而非宗教”之说，但这些说法却并未超越前述《与朱昌亚医师论仙学书》一文的主张。陈撄宁在这期间有关“仙学”理论的较有新意的说法，是他于1940年在《读知几子〈悟真篇集注〉随笔》中关于“普渡”的论述，其言：

> 仙学性质，与各种宗教不同。宗教是要普渡，所以注重宣传，只求人人信仰，凡有来者不拒；仙学难以普渡，不是人人所能行的。②

不过，之后不久陈撄宁在紫阳宫的讲道中，似乎又收回了这种“仙学难以普渡”的说法。据1941年5月发表的《紫阳宫讲道语录》记载，当时有人问：“如我等出家修道，是先度人好呢，或是先度自己好呢？”陈撄宁回答道：

> 这件事真是一个大问题，不容易解决。依愚见而论，可以不必拘泥，须要圆通一点方好。看目前环境应该走那条路，宜于度人者即先度人，宜于度己者即先度己，宜于人己同时并度者，即不妨兼而行之。③

尤其值得注意的是，这一时期陈撄宁还似乎对他在早期主张的使“仙学”独立于三教而“自成一教”之说有所修正，如其曾于1941年在《现代各种道门派别名称》中说：“自汉朝以后，仙学和道教常结不解之缘，道教中人成仙者亦不少。既然在历史上有过密切的关系，今日我辈研究仙学诸同志若为修炼便利之计，则与道教中人合作，比较容易进

---

① 详请参阅何建明撰《陈撄宁的几篇重要佚文及其思想》（《中国道教》，2008年第2期）、蒲团子编《女子道学小丛书》（香港：心一堂，2009年）附录《陈撄宁先生佛学论著拾遗》、蒲团子编《稀见丹经续编》（香港：心一堂，2012年）等。

② 《读知几子〈悟真篇集注〉随笔》，载《仙道》，第15期。

③ 《紫阳宫讲道语录》，载《仙道》，第29期。

行。惟须妥筹办法、详定章程，务使双方皆得其益而无流弊。愚见如此，未知同志诸君以为然否?”① 不仅如此，他还于 1947 年为上海市道教会草拟了《复兴道教计划书》，提出九条“复兴道教大纲”，涉及道教讲经坛、道学研究院、道教月报社、道教图书馆、道书流通处、道教救济会、道功修养院、道士农林化、科仪模范班九个方面的内容，并说：“兹拟复兴道教办法大纲九条，并加以说明，以供海内奉道诸君子之参考。如能联络同志，筹备基金，斟酌缓急，依次举办，化除界限，合方内方外为一家，造就人才，融入世出世为一贯，则社会民众实受其福利，又岂仅玄门之幸哉!”② 这份《复兴道教计划书》现藏上海图书馆，据陈撄宁本人在此《计划书》的末尾“附启”言，该稿实际上在民国三十一年（1942 年）就已撰成，至 1947 年又“仓卒作第二次修改”。也就是说，陈撄宁的这种“回归”道教的倾向，早在 1942 年就已颇为强烈了，而这种倾向也为他在 1949 年后出任中国道教协会的副会长、会长埋下了伏笔。至于他早期极欲抹消“仙学”与“道教”的关系，窃以为不过是为应对 20 世纪初儒释道等传统宗教遭受“新文化运动”冲击的权宜之计。

此外，陈撄宁在 1938 年以后（尤其是 1941 年后）著作数量大幅减少，并且关于“仙学”义理的讨论较为少见，可能还与其夫人吴彝珠患乳腺癌病且最终于 1945 年辞世有关。且不说夫人的十年疾病缠身将会分散陈撄宁的精力，病情的恶化与肉体的消逝也会对他造成一定刺激。我们还注意到，1941 年 2 月出版的《仙道月报》第 26 期刊有陈撄宁的两则“启事”，一曰：“社会情形，日趋恶劣。仆之现状，事与心违。各处问道来函，堆积盈尺，若一一答复，势所不能，千祈原谅。以后诸君如有问题，请直寄本报编辑部，必能从速作答。幸勿寄仆个人名下。仆俟环境许可，即当入山。若永久被文字工作所误，非但自己有志未遂，即诸君亦将笑我纸上谈兵。”二曰：“仆近来有许多必要的工作，又想研究仙道以外的学术，因此无暇答复各种问题。千祈阅报诸君原谅！下次若有来函，请直寄本报编辑部，封面上勿写陈撄宁字样，以免迟误。再者，仆对于本报之关系，只能算是投稿人中的一份子。凡编辑发行及订报购书等事，皆与我无涉。”③ 由这两则“启事”相互紧邻，可知陈撄

① 《现代各种道门派别名称》，载《仙道》，第 31 期。

② 《复兴道教计划书》，上海图书馆藏本。

③ 《陈撄宁启事（一）》、《陈撄宁启事（二）》，载《仙道》，第 26 期。

宁希望不再承担答复“读者来信”之重任的原因当为需要分别说明的两种，即“仆之现状，事与心违”与“又想研究仙道以外的学术”。陈撄宁之“事与心违”的“现状”，除了其夫人患病以外究竟还有什么，我们暂时难以知道，但其“想研究仙道以外的学术”的愿望却是在“启事”中写得非常明白的。所以，我们有理由相信：此时陈撄宁可能对其早期积极倡导的“仙学”有所反思。这种反思，不仅可以由上述关于“仙学”能否“普渡”的矛盾说法中窥知（况且两种说法的时间跨度恰在“启事”刊出之前与之后），而且可以从吴彝珠离世之后陈撄宁在佛教刊物上发表的几篇文章中看出。例如，在 1947 年 5 月发表的《由仙学而佛学——答某居士问》一文中，他曾谈及自己近期常与人讲“出世之佛法”而不讲“住世之仙学”：

> 往年以仙学立场，对佛法常抱一种不妥协之态度。今见人类根性日益恶劣，杀人利器层出不穷，且于大自然境界中，仗科学之发明而冒险尝试，扰乱宇宙共同之秩序，恐吾辈所托身之地球将来不免有毁灭之一日。仙家纵修炼到肉体长生，并证得少许神通，究未能跳出旋涡之外，皮之不存，毛将安附（天仙程度较高又当别论，此指地仙而言）。因此近来常与人讲出世之佛法，而不讲住世之仙学。①

应该指出的是，陈撄宁此时“常与人讲出世之佛法，而不讲住世之仙学”，并非是他放弃了自己以往所倡的“仙学”，而是多属一种对于“皮之不存，毛将安附”现实的无奈，甚至还是他为了远离尘世纷扰、避免访客众多而追求清静的一种权宜手段，如他在该文中曾说：“此刻与人谈佛专重念佛生西，人每不乐闻，访我者遂逐渐减少，彼等所不乐，正我之所乐，是亦藏拙之一道也。”同时，陈撄宁此后“常与人讲出世之佛法”的做法，还同他与佛教太虚大师的一段因缘有关，如据他于 1947 年为太虚圆寂而撰写的《慨慕人生佛教之导师并答客问》一文披露：两人曾在十年前各自以《扬善半月刊》和《海潮音》为阵地展开论战，后来太虚不计前嫌，主动介绍一些喜欢“学仙”的人物来参访陈撄宁。对此，陈撄宁感慨道：

> 不才当日为仙学奋斗，本拟用全副精神，牺牲十载光阴，指摘

---

① 《由仙学而佛学——答某居士问》，载《觉有情半月刊》，第 8 卷第 17、18 合期。

> 佛教《大藏经》中所有一切矛盾及疵累。因感于太虚大师洪度雅量，无形中被其软化，乃将已成之稿焚毁，未成各篇亦弃而不作，仅发表《辩〈楞严经〉十种仙》一篇，遂从此停止笔战。震动一时的仙佛论辩，渐渐归于烟消火灭，因此佛教学理上遂少了一个敌人，足见太虚大师手段之高明，而其护持佛教，更具有异胜之方便，迥非其他固执成见拒人于千里之外者所能及。尝观人世间意气之争，至烈且酷，往往因小不忍弄到不可收拾之地步。假使双方有太虚大师之度量，则化敌为友，直易如反掌。盖以事在人为，原无绝对的是非可说。若必欲执著我见，排除异己，丝毫不能通融，天下遂从此多事矣。①

或许正是抱有这种以“洪度雅量”来“化敌为友”的态度，此后的陈撄宁一改前期对于“仙学”与其他宗教之差异性的强调，而主张诸说平息争议、各自随机接引，如他曾在1948年2月发表的《为净密禅仙息争的一封信》中说：

> 世人相信自力者，尽管去参禅；相信他力者，尽管去念佛；相信他力加持自力者，尽管去灌顶。我非但不反对，并且立于赞成的地位，决不劝他们走我这条路。惟有志在修养，意存实验，而于佛法无缘，又不信其他一切道门一切宗教者，我则顺其机而接引之，并随时用高深的学理以扩充其心量，而种未来之善根。他们厌恶老死，我不能不讲长生；他们爱做神仙，我不能不求飞升。若教以往生净土，他们说死后无证据；若教以明心见性，他们说肉体将奈何。像这一类的人，各种宗教皆不能化导，只有我这个法门，尚可以得他们的信仰，姑且用之作为过渡耳。②

当然，这种“息争”的主张并不表明陈撄宁放弃了自己以往所倡的“仙学”，而是恰如某些学者所言，其实乃是对于“仙学”可以与其他宗教“互补”的一种看法③，如陈撄宁曾在这封《信》中强调：“疾病缠身，痛苦煎逼，参禅念佛持咒，皆不得自在，不幸短命而死，来生又复沉迷，因此健康长寿，实为一般学佛人士所必需，切勿轻视仙道。”又说：“弄假作真，要度众生，净土法门，最为广大，密宗禅宗，皆难普度。

---

① 《慨慕人生佛教之导师并答客问》，载《觉有情半月刊》，第8卷6月号。

② 《为净密禅仙息争的一封信》，载《觉有情半月刊》，第9卷第2期。

③ 参见何建明：《陈撄宁的几篇重要佚文及其思想》，载《中国道教》，2008（2）。

设若这三种法门皆不逗机时，自不得不借重仙道作为到彼岸之桥梁。”并在《信》末表示：“以上所说，都是梦话，但这个梦我要长久做下去，不愿意醒。如若一朝梦醒，与有情世间相隔绝，就无事可做。”①但无论真实原因和具体说法如何，陈撄宁在 20 世纪 40 年代以后开始反思自己以往所倡“仙学”及其独立性，进而主张“仙学”与其他宗教可以互相补充，同时自己也逐渐“回归”道教，这种思想和行为的变化却是颇为明显的。而这种变化，也是以往人们很少注意的。

---

① 《为净密禅仙息争的一封信》，载《觉有情半月刊》，第 9 卷第 2 期。

《黄庭经》讲义[①]
(1933年7月1日—1934年1月16日)

题辞(略)

弁　言

《黄庭经》,不著撰人名氏及时代,惟陶隐居《真诰》云:"《上清真经》,晋哀帝兴宁二年南岳魏夫人授其弟子,使作隶字写出。数传而后,为某某窃之,因济浙江,遇风沦漂,惟《黄庭》一篇得存。"然考魏夫人为晋之任城人,司徒魏舒之女,名华存,字贤安,幼而好道,摄心夷静,年二十四适太保椽刘文,字幼彦,生二子,长曰璞,次曰瑕。其后幼彦物故,夫人携二子渡江。璞为温太真司马,至安成太守。瑕为陶太尉从事,至中郎将。夫人在世八十三年,晋成帝咸和九年化去。以时代推之,兴宁二年较此尚后三十年,则魏夫人辞世久矣,《真诰》所谓授其弟子者,或是夫人生时诸弟子得其口授,后始笔录。否则早有隶字写本秘藏,至兴宁二年方传于世耳。

《黄庭》旧有《内景》、《外景》二篇,《真诰》所指,殆《内景》篇也。晋王右军有《黄庭经》楷书,历代传刻,以为珍宝,即《外景》篇也。当右军时代,《内景》尚未行世,自无所谓《外景》之名,故右军所写只称《黄庭》。后人据《真诰》之言,遂滋疑义,盖未知此经原有

① 原连载于《扬善半月刊》(简称《扬善》)第1卷第1期(总第1期,1933年7月1日)至第1卷第14期(总第14期,1934年1月16日)。

先后之分、内外之别也。

两篇文字不必出于一手，而精理贯通，体用相备，真知个中消息者当不复存歧视。故吕纯阳真人《题宿州天庆观》诗云："肘传丹篆千年术，口诵黄庭两卷经。鹤观古坛槐影里，悄无人迹户常扃。"又，陆放翁《道室杂兴》诗云："身是秋风一断蓬，何曾住处限西东。棋枰窗下时闻雹，丹灶崖间夜吐虹。采药不辞千里去，钓鱼曾破十年功。白头始悟颐生妙，尽在黄庭两卷中。"又《书怀》诗云："早佩黄庭两卷经，不应灵府杂膻腥。凭君为买金鸦嘴，归去秋山劚茯苓。"所称两卷经者，非即《内景》与《外景》乎？东坡居士尝书《黄庭内景》，复仿其文体而为之赞，备极推崇。世儒狃于晋帖，漫谓《内景》非真，其识解讵出苏陆二公上耶？又，从来著丹经者多言男子之事，女丹诀自有别传，而《黄庭经》则历代女真以之得道者，如鲁妙典、崔少玄、薛玄同之流，具见载籍，颇不乏人，是尤属丹家之要旨，为玄门之总持矣。

第是经文义曼衍，多立名词，设譬语，虽无奥赜隐密之谈，然学者读之，罕能知味。余承同志之勖，就两篇义蕴，沈潜探索，择其精要，分类诠释，务使辞皆能解，理尽可通，庶几玄圃丹台资为先路云尔。

第一章　黄　庭

欲读《黄庭经》，必先知"黄庭"二字作何解说。"黄"乃土色，土位中央，"庭"乃阶前空地，名为"黄庭"，即表中空之义。吾人一生，自脐以上为上半段，如植物之干，生机向上。自脐以下为下半段，如植物之根，生机向下。其生理之总机关，具足上下之原动力者，植物则在根干分界处，人身则在脐。婴儿处胎，鼻无呼吸，以脐带代行呼吸之功用，及出胎后，脐之功用立止，而鼻窍开矣。神仙口诀，重在胎息。胎息者何？息息归根之谓。根者何？脐内空处是也。脐内空处，即"黄庭"也。

引证《黄庭经》本文：

上有魂灵下关元，左为少阳右太阴，后有密户前生门，出日入月呼吸存。(《内景经》第二章）上有黄庭下关元，前有幽阙后命门。(《外景经》第一章）黄庭真人衣朱衣，关门牡籥阖两扉，幽阙夹之高巍巍，丹田之中精气微。(《外景经》第二章）

解释：

魂灵即心神。关元在脐下三寸，左阳右阴，言其理耳。若必求脏府经络部位以实之，恐近于穿凿。密户在身后腰部，生门即脐。

涵虚子云：合上下前后左右，暗藏一个“中”字。此“中”，乃“虚无窍”也。外日月一往一来，内日月一颠一倒，绵绵呼吸，均在此虚无窍中。今按：呼为出，吸为入，出为辟，入为阖，辟为阳，阖为阴，阳为日，阴为月，故曰“出日入月呼吸存”。黄庭之下，即是关元。关元之上，即是黄庭，故曰“上有黄庭下关元”。《内景经》云“上有魂灵下关元”，则谓黄庭之上有心神，黄庭之下有关元耳。辞虽异而义同。

幽阙即生门，生门即脐，针灸家名为神阙，又名气舍。命门即密户，在背脊骨第十四椎下，即第二腰椎骨之部。修炼家以心神注守黄庭，名曰“黄庭真人”。心色本赤，故曰“衣朱衣”。神入气中，气包神外，如牝牡之相衔，故曰“牡籥”。阖两扉者，喻阴阳相纽。高巍巍者，即《参同契》所云“先天地生，解巍尊高”之意。丹田者，乃结丹之所，如播种子于田中，自然生苗结实，成熟可期，故名曰“田”。精气微之“微”字，最宜领会，必如易教之洁净精微，老氏之微妙玄通，方尽其用。盖丹道虽不外乎积精累气而成，然徒知执着精气之粗迹，将何以臻神化哉？（附注：后世丹书所言“黄庭”之部位，与本经微有不同。然大体无妨，可不具论。）

第二章　泥　丸

泥丸即上丹田，在头顶中，针灸家名百会穴，乃脑也，为修炼家最重要之关键。当行功时，运周天火候，必后升前降，升到泥丸终，降自泥丸始，所谓“还精补脑”是也。

夫脑髓之体极精，脑髓之用至灵。其成也，乃间接由元气化生，其亏也，非物质直接所能补足。人当中年以后，每患脑力薄弱，常欲求助于药，然药无补脑之效。惟有仙家妙术，借阴阳升降之机，化生灵质，日积月累，方可使脑髓渐充，回复原状或更觉超胜，于是性有所寄，命有所归，虽不仙，不远矣。

引证《黄庭经》本文：

至道不烦诀存真，泥丸百节皆有神。一部之神宗泥丸，泥丸九真皆有房，方圆一寸处此中。但思一部寿无穷，非各别位①居脑中。（《内景

① “位”，原作“住”，误，据《道藏》本《太上黄庭内景玉经》校改（以下“引证《黄庭经》本文”校改文字皆据此本）。

经》第七章）琼室之中八素集，泥丸夫人当中立。（《内景经》第二十一章）保我泥丸三奇灵，恬淡闭观内自明。（《内景经》第二十一章）问谁家子在我身，此人何去入泥丸。（《内景经》第十九章）

解释：

道法以简要为贵，口诀虽多，重在存真。存即存想，真即真人，言存想吾身真人之所在也。真人，即神。虽周身百节皆有神，惟泥丸之神为诸神之宗。泥丸一部，有四方四隅，并中央共九位，皆神之所寄，而当中方圆一寸处，乃百神总会。修炼家不必他求，但存思一部之神，已可享无穷之寿。因此一部之神，非散居别处，而总居脑中。脑为人身主宰，得其主宰，则易为功也。

琼室即脑室，八素即四方四隅之神，泥丸夫人即脑室中央之神。名为夫人者，谓脑属阴性，宜静不宜动，静则安，动则伤，本于老子“守雌”之义也。三奇，即三元。三元，即元精、元气、元神。恬淡，谓节嗜欲，少谋虑。闭观，谓闭目返观。此言保养脑中精气神之法，惟在返观内照也。谁家子，乃内丹之喻名，内丹既结于下田，是不可不迁，迁将何去？即上入泥丸。盖返观内照，乃静以养性之功，丹成上迁，乃动以凝命之术。作用虽异，道理则同。

第三章　魂　魄

自来言魂魄者，理论至赜，不可毕陈。挈其大纲，约有十说：

（一）以阴阳论魂魄者。陈氏《礼记注》曰：“魂者阳之灵而气之英，魄者阴之灵而体之精。”高诱《淮南子注》曰：“魂者阳之神，魄者阴之神。”

（二）以五行论魂魄者。《朱子全书》曰：“魂属木，魄属金。”所以说三魂七魄，是金木之数也。

（三）以五藏论魂魄者。《内经》云：“心藏神，肝藏魂，肾藏精，肺藏魄。”又曰：“随神往来者谓之魂，并精出入者谓之魄。”此言魂与神为一家，魄与精为一家，正合丹道“东三南二，木火为侣，西四北一，金水同宫”之说。

（四）以鬼神论魂魄者。《礼·祭义》曰：“气也者，神之盛也；魄也者，鬼之盛也。”气即魂意，魂与气，古人常合为一谈，如延陵季子“骨肉归于土，魂气无不之”之语可见。

（五）以动静论魂魄者。《性理大全》引宋儒说云：“动者，魂也；静者，魄也。动静二字，括尽魂魄。凡能运用作为，皆魂使之尔，魄则不能也。”

（六）以升降论魂魄者。《朱子全书》曰：“人将死时，热气上出，所谓魂升也；下体渐冷，所谓魄降也。”

（七）以志气论魂魄者。《朱子全书》引《苏氏易解》曰：“众人气胜志而为魄，志胜气而为魂。”

（八）以思量与记忆论魂魄者。宋儒黄勉斋曰：“人只有个魂与魄，人记事自然记得底是魄，如会恁地搜索思量底便是魂。魂主经营，魄主受纳。”

（九）以知觉与形体论魂魄者。《礼·祭义》陈氏注曰：“人之知觉属魂，形体属魄。如口鼻呼吸是气，那灵处便属魂；视听是体，那聪明处便属魄。”

（十）以生成之先后论魂魄者。《春秋左氏传》云：“人生始化曰魄，既生魄，阳曰魂。”后儒为之解曰：“始化是胎中略成形时，人初间才受得气，便结成个胚胎模样是魄。既成魄，便渐渐会动，属阳曰魂。”

以上诸说，各有不同，合而观之，或可于中取得一较为明确之印象。至其相互之关系，则犹有说焉。《内经》曰：“魂魄毕具，乃成为人。”薛生白注曰：“气形盛则魂魄盛，气形衰则魂魄衰。魂是魄之光焰，魄是魂之根柢。魄阴主藏受，故魄能记忆在内。魂阳主运用，故魂能动作发挥。二物本不相离，精聚则魄聚，气聚则魂聚。是为人物之体。至于精竭魄降，则气散魂游，而无所知矣。”

又，朱子曰：无魂，则魄不能以自存，今人多思虑役役，魂都与魄相离。老氏便只要守得相合。老子云：载营魄，是以魂守魄。盖魂热而魄冷，魂动而魄静。能以魂守魄，则魄以所守而益静，魄以魂而有生意。魂之热而生凉，魄之冷而生暖；惟二者不相离，故其阳不燥，其阴不滞，而得其和矣。不然，则魂愈动而魄愈静，魂愈热而魄愈冷。二者相离，则不得其和而死矣。水，一也，火，二也。以魄载魂，以二守一，则水火固济而不相离，所以永年也。愚按：朱说颇有合于丹家魂魄相拘之旨。徒知炼魂，不知炼魄，死为鬼仙；徒知炼魄，不知炼魂，则尸居余气耳。

引证《黄庭经》本文：

百谷之实土地精，五味外美邪魔腥。臭乱神明胎气零，那从返老得还婴？三魂勿勿魄糜倾，何不食气太和清？故能不死入黄宁。（《内景经》第三十章）玄元上一魂魄炼，一之为物最罕见。须得至真乃顾盼，至忌死气诸秽贱。（《内景经》第二十七章）魂欲上天魄入渊，还魂返魄道自然。（《外景经》第十五章）垂绝念神死复生，摄魂还魄永无倾。（《内景经》第十一章）和制魂魄津夜平。（《内景经》第十一章）高拱无为魂魄安。（《内景经》第二十三章）

解释：

人赖百谷以养身，调五味以悦口，而大患即由此而生。荤腥臭气足以秽乱吾人之神明，致使胎中所受之先天元气凋零殆尽。如何能得返老还童之效？魂飘魄丧，后悔何追！若能渐绝俗食，专心食气，保养太和，则可长生。然修炼之道，至为玄妙，阴阳不可偏胜，魂魄必宜合炼。魂魄合炼者，即是由后天之阴阳，复归于先天之一气。但此一气，最不易得，有真有伪。真者，纯是清灵生气可用；伪者，中含秽质死气，乃大忌也。

道家所以贵乎魂魄相拘者，因魂之性每恋魄，魄之性每恋魂，不忍分离。不幸以人事之逼迫，使魂不能不升，魄不能不降，魂魄分离，则人死矣。返还之道，亦是顺其魂魄自然相恋之性而已。

夫人当生命垂绝之时，苟一念至诚，存想吾人身中元神，尚可多延残喘。况知魂魄相拘之道者，岂有倾危之患乎？夫摄魂还魄，虽有作用，惟贵在和平，而不可偏激。偏则不和，激则不平。苟魂魄能和，则气可化津，津亦化气。周身津气，润泽流通，自无不平之患矣。修炼之术，先有为而后无为。和平之极，归于静定，魂魄自然安宁。

第四章　呼　吸

前三节虽略具理论，尚未言明学者致功之方。丹诀数十家，深浅各别，而其下手之诀，皆不外呼吸作用。气存则人生，气竭则人死，呼吸所关，顾不重欤？普通之人，徒知以口食谷，不知以鼻食气，虽终日呼吸不断，然此等呼吸，大都出多入少。粗而短，不能细而长，急而浅，不能缓而深，乃修炼家之大忌也。

仙道贵在以神取①气，使神入气中，气包神外，打成一片，结成一

① “取”，疑当作“驭”。

团，纽成一条，气①成一点，则呼吸归根，不至于散漫乱动，而渐有轨辙可循。如是者久之，即可成胎息。

何谓胎息？即呼吸之息，氤氲布满于身中，一开一阖，遍身毛窍与之相应，而鼻中反不觉气之出入。直到呼吸全止，开阖俱停，则入定出神之期不远矣。今《黄庭经》所论之呼吸，乃胎息以前之初步，学者习之既久，可以却病延年。若仙道全部工夫，尚未论及。

引证《黄庭经》本文：

仙人道士非有神，积精累气以成真。人皆食谷与五味，独食太和阴阳气。（《外景经》第十八章）嘘吸庐间以自偿，保守完坚身受庆。方寸之中谨盖藏，精神还归老复壮。（《外景经》第四章）肺部之宫似华盖，下有童子坐玉阙。七元之子主调气，外应中岳鼻齐位。素锦衣裳黄云带，喘息呼吸体不快。急存白元和六气，神仙久衣无灾害，用之不已形不坏。（《内景经》第九章）呼吸虚无入丹田，玉池清水灌灵根。（《外景经》第一章）

解释：

修仙学道之人，非有别种神奇手段，不过积精累气而已。常人皆食五谷与五味，道人独食阴阳之气。《黄帝内经》云："食谷者智慧而夭，食气者神明而寿。"亦此意也。

夫人在世俗，无论如何安闲，总不免有劳心劳力之事。一有所劳，其精神即不免损失，是必用方法以补偿其损失。其法如何？即呼吸也。但呼吸往来，必有定所。其扼要乃在庐间。庐间亦名规中，即黄庭也。如能常用调呼吸之功，而又能保守身内精神，不使外漏，则身有余庆矣。日积月累，回环于方寸之中，以立命根。借身内之元气，以招摄虚空之精神，则自有生以来历年损失之精神，皆可还归于我身，何患老乎？

人身脏腑，肺部最高，形如华盖。肺属金，其色白，故曰玉阙。肺之下有心，心属火，其数七，故曰"七元之子"。肺藏气，心藏神，道家贵在以神驭气，故曰"七元之子主调气"。肺开窍于鼻，人面分五岳，鼻为中岳，故曰"外应中岳鼻齐位"。素者，纯洁之义，黄者，中和之义。心要纯洁，气要中和，故曰"素锦衣裳黄云带"。身体偶有小恙，则呼吸不能调匀而喘息，此时急宜存神以调和病气。六气者，风寒暑湿

---

① "气"，疑当作"凝"。

燥火之气，偶有偏胜，则足以致病。苟能和之，则病愈矣。道书：凡一身头面脏腑骨节，皆有神名。白元者，肺神也。存白元者，即是凝神以合于气也。

道家工夫，视不用目，听不用耳。久视者，非谓眼向外看，乃神向内视。内视又名返观。人能常用返观内照之功，自然灾害不侵。用此工夫永久不已，则形可常存矣。但调呼吸之最要口诀，即不可滞于有象，又不可浮泛无根。能合虚无，则不著相，能入丹田，则非无根。不色不空，勿忘勿助，是真口诀。学者当呼吸调和之候，口中必有甘凉之津液发生，顺而吞之，以意直送下降，复所①神火炼之，使津化为气，润泽周身，而后归纳于下田，以培植命蒂，故曰“玉池清水灌灵根”。

第五章 漱 津

人口中之津液，譬如山中之泉水。水性本就下，而泉水能至山顶者，何也？地下水气循土脉透石隙而上蒸也。水气何以上蒸？则以地中含蓄之热力使然。吾人静坐工夫已久，口中自然发出一种甘津，清凉爽淡，异乎常时。此亦因身中团聚之热力，蒸动下焦之水气，循经络之路而上升，至口中遂化为津。此津由炼气而生，与常津不同，吞入腹中，大有补益。果能勤加修炼，勿稍间断，则第一次吞入腹中之津，又为热力蒸动，化气上升，仍至口中，复还为津。此为第二次所化，比第一次更觉甘美，其补力亦更大。如是循环不休，直至百千万次，功同乳转醍糊，而古人所谓“玉液还丹”，不外是矣。

引证《黄庭经》本文：

口为玉池太和宫②，嗽咽灵液灾不干。体生光华气香兰，却灭百邪玉炼颜。(《内景经》第三章) 舌下玄膺生死岸，出清入玄二气焕。(《内景经》第六章) 存嗽五芽不饥渴。(《内景经》第二十二章) 闭口屈舌食胎津③。(《内景经》第二十七章) 取津玄膺入明堂，下溉喉咙神明通。(《内景经》第三十三章) 三十六咽玉池里。(《内景经》第三十四章) 玉池清水上生肥，灵根坚固老不衰。(《外景经》第二章)

---

① “所”，疑当作“以”。

② “宫”，原作“官”，误，校改。

③ “津”，原作“精”，误，校改。

解释：

常人口中储满浊气，皆由不知升降吐纳之法，以致上下失其轻重之机，故下焦之清气不能升，而上焦之浊气不能降。兹谓口为玉池，言其清洁；宫为太和，言其调适。果能时刻用功，吐浊纳清，降浊升清，往复循环，酿造灵液，则百病不侵，而肌肤光泽，气如兰香，颜如玉润矣。

舌下有生津之窍，名曰"玄膺"，所关于人者至要。试观病人，若舌卷、齿槁、津涸、液干者，必死，可知其故也。且津液从气化，气有出入，其上出于口鼻无不清，其下入于丹田无不深。玄即深意，存者存神，嗽者嗽津，五芽者，东西南北中五方之生气。虽曰存嗽，实兼吐纳工夫。《道藏》另有食五芽气之法，烦琐无当，今不具论。

又，凡呵浊时必开口，吞津时必闭口。屈舌者，舌抵上颚。胎津者，言自生丹田中胎息薰蒸所化生之津液，上溢于口，取而咽之，下喉咙，过明堂，复化为气。气足则①神灵，故曰"神明通"也。三十六咽之数乃旧习，今可不拘。灵根，乃人身脐下之命根也。常人此根不固，易为情欲疾病所摇动，日衰一日，而人死矣。修炼家运用升降吐纳之功，使口中津液源源而来，汩汩而吞，如草木得肥料之培养，则根自固矣。

第六章　存　神

神者，乃最不可思议之物，变幻无方，出入无时，谁得而拘之？所谓"存神"者，岂非徒托②空言乎？然苟知其法，亦不难为。存神之义，即神自存耳，非依他力而后存也。存神与存想不同，存想者，如《大洞经》存想百神之衣裳、冠带、形容、动作，又如《龙虎九仙经》存想黄云撞顶、《中黄经》存想五方五色之气出于身中等法皆是。

若夫存神，则无所想，不过将神光凝聚于一点，不使散漏之谓也。存神不限于身中一处，亦不限在身内，有时亦存神于身外。丹道步步皆以存神为用，《黄庭经》所③云，尚未尽其量，惟示学者以梗概而已。

---

① "则"，原作"列"，误，校改。
② "托"，原作"记"，误，校改。
③ "所"，原作"以"，误，校改。

引证《黄庭经》本文：

六府五藏神体①精②，皆在心内运天经，昼夜存之可长生。(《内景经》第八章) 心部之宫莲含花，调血理命身不枯。外应口舌吐五华，临绝呼之亦登苏，久久行之飞太霞。(《内景经》第十章) 肾部之宫玄阙圆，主诸六府九液源。百病千灾当急存，两部水王对生门，使人长生升九天。(《内景经》第一章) 窍研恬淡道之园，内室密眄尽睹真。真人在己莫问邻，何须③远索求因缘。(《内景经》第二十三章) 三光焕照入子室，能存玄冥万事毕，一身精神不可失。(《内景经》第二十五章)

解释：

人身藏府所以能有功用者，皆神为之宰也。心与神共为一物，其静谓之心，其动谓之神。五藏六府，自具天然运动之能力，而无丝毫差忒，故曰“心内运天经”。常人藏府之运动，昼夜不休，终有疲劳之日、亏损之时。修道者先守静以制动，复存神以安心，再虚心以炼神，互相为用，则藏府气血之循环，可以缓和而得养，免致外强中干、急促失调、浮躁不宁之弊，自可长生。吾人腔内，肺藏之下有心藏，其形如未开之莲花，其功用主调血。血调则命理，而身体光润，无枯槁之容。口中有舌，为心之苗，心动则气泄于舌。若人老病垂危，魂欲离体，一意存神于心，不惊不恐，不乱不摇，则必能延命于俄顷。况当少壮之时，习此定心存神之法，久久行之，有不飞腾霞路者乎？

肾属水，故为六府九窍津液之源，肾气衰则百病丛生。修炼家常以心火下交肾水，使火不上炎，水不下漏，水火既济而结丹。肾有二枚，故曰两部，肾④为水之主，故曰“水主”。对生门者，前对脐也。人能常以不动之神⑤，藏于脐肾二者之间，以立命基，则长生不难致矣。

玄门功法，虽云奇妙，若尽力研究，仍归于恬淡无为之域，大道本如是也。内视密眄，自见其真，方知真人近在身中，何必他求远索哉？

三光在天为日月星，在人乃耳目口。《参同契》云：“耳目口三宝，闭塞勿发通。”又云：“三光陆沉，温养子珠。”盖谓耳不外听，目不外视，口不开言，则此五窍之神光闭而不用，潜入混沌之渊，返照黄庭之

---

① “体”，原作“礼”，误，校改。
② “精”，原作“轻”，误，校改。
③ “须”，原作“处”，误，校改。
④ “肾”，原作“贤”，误，校改。
⑤ “不动之神”，原作“不之动神”，误，校改。

室。玄冥属水，象坎；神光属火，象离。存神于玄冥，则坎离交合，水火既济，自然一身之精神凝结不散。

第七章　致　虚

前言呼吸嗽津存神诸作用，法良意美，效验计日可期。然恐学者不察，执著太过，非徒无益，且有损害，故继之以致虚。致虚者，非枯坐顽空也，乃动中之静也，非一切不依也，乃心依于息、息依于心、浑然而定、寂然而照也。

医家用参术补气，而惧其滞，必佐陈皮以疏之；用地黄补血，而嫌其腻，必佐当归以行之。修炼家以风火之力，煅出饮食之精华，培补吾身之亏损，必顺乎自然之理，合乎虚无之妙，以调和其太过，而制限其有余，方可归于纯和之域，是犹医家陈皮当归之作用也。否则，执着成法，不知变通，刻意猛进，返①使阴阳有偏胜之疾，乃悍然谓世无神仙、书皆诬罔，何其真耶？

引证《黄庭经》本文：

物有自然事不烦，垂拱无为体自安。体虚无物身自闲，寂寞旷然口不言。(《外景经》第十一章）眉号华盖覆明珠，九幽日月洞虚无。(《内景经》第六章）呼吸虚无入丹田。(《外景经》第一章）虚中恬淡自致神。(《内景经》第二十九章）正室之中神所居，洗心自治无敢污。历观五脏视节度，六府修持洁如素，虚无自然道之故。(《外景经》第十章）作道优游身独居，扶养性命守虚无。恬淡无为何思虑，羽翼已成正扶疏，长生久视乃飞去。(《外景经》第十二章）

解释：

天下事物，皆有自然之理。顺自然之理而行，则事不烦；若逆之，则生荆棘矣。身无为而身自安，心无物而心自闲，寂寞者静，旷然者虚。《参同契》云："内以养己，安静虚无。"又云："象时顺节令，闭口不用谈。"又云："兑合不以谈，希言顺鸿蒙。"正是口不言之意。

眉如华盖，下覆明珠。明珠者，目也。目之光最易外耀，如日月然。日月沦于九幽者，即二目神光下藏于气海之中，于是呼吸亦随之而入丹田。呼吸者，气也。气既归根，神亦恬淡，皆不离乎虚无作用，然

① "返"，疑当作"反"。

亦非枯坐顽空也。李涵虚曰：正室者，中央神室，不偏不倚，洗心退藏，自动修治，无敢垢污。由是而内观五藏，历历如烛照，一身节度，皆可审视。由是而内观六府，一一修治，洁然如素，并无浊秽。虚无自然之道，本如是也。

修道之士，或在人间，或入山林，须优游自适，守吾身而独居。先修玉炼以明性，后修金炼以立命，其秘要只是内守虚无耳。仙家以炼气为炼羽翼，神定气足，则羽翼已成。扶疏者，神气条茂也。从此内全性命，外固形躯，隐显人间，长生久视。厌居尘寰，乃脱壳飞去。

第八章　断　欲

仙家初步工夫，贵在返老还童。若身中精气亏损，肌髓不充，必渐用功修炼培补，使其回复原状。培补之道路有三：（一）饮食滋养从口入。（二）空气呼吸从鼻入。（三）元气阖辟从毛孔入。三者荟萃积蓄蕴酿于一身，渐采渐炼，渐炼[①]渐结，内实骨髓，外华肌肤，灵府神清，丹田气满，至此方证长生之果，远离老病之乡。然欲得如是功效者，非断绝房事不可，若古今养生家所言。节欲者，非神仙家本旨，徒曰节制，于事无济，必使断绝，方获全功。且不仅禁[②]男女之合，又用法闭精窍之门，待其[③]永无漏泄而后已。

或曰：然则，何以解于彭祖之说乎？曰：彭祖所行，本非仙道，不过以房中术延其年耳，似未可相提并论。夫淫机之动，乃身中一种潜蓄之力，为欲念所感及外景所摄，不得不随机发现。然吾人潜蓄之力有限，丰于此必俭于彼。假令人之生活与禽兽等，除饮食男女别无所事，则任其纵欲而已。奈人事万变，学业多端，咸赖身中潜蓄之力以肆应，倘此力消耗于淫欲者多，则能运用于他处者必少，无论何事，难以成就，岂独修炼为然哉！

或又问：《悟真篇》云“休妻谩遣阴阳隔”，此语对于断欲之义是否冲突？曰：吾所谓断欲者，指世俗男女媾精之事而言。为普通说法，为

---

① “炼”，原作“燥”，误，校改。

② “禁”字，原脱，据陈撄宁圈点、胡海牙珍藏、武国忠整理、张伟达审稿《扬善半月刊、仙道月报合集》（北京：全国图书馆文献缩微复制中心，2005 年。以下简称《合集》）本陈撄宁圈点文字校补。

③ “其”，原作“真”，误，据《合集》本陈撄宁圈点文字（以下简称“圈点文字”）校改。

初学立基，必不可无此一戒。若《悟真》所传①，乃金液大还丹之妙道。神仙眷属，迥异尘凡，非常情所能测也。

引证《黄庭经》本文：

长生至慎房中急，何为死作令神泣②。忽之祸乡三灵灭，但当吸气炼子精，寸田尺宅可治生。若当海决百渎倾，叶落朴枯失青青。气亡液漏非已行，专闭御景乃长宁，保我泥丸三奇灵。（《内景经》第二十一章）急中精室勿妄泄，闭而宝之可长活。（《内景经》第二十二章）长生要妙房中接。（《外景经》第七章。此句含有深意。）

解释：

欲修长生之术，最宜戒慎者，房中之事也。奈何世人冒死而作，致令精枯气竭，神无所依，能勿泣乎？精气神乃人身三灵物，彼此有连带之关系。试以油灯为喻，人身所藏之精，譬如盏中所贮之油，油量充足则火焰炽盛，火焰炽盛则光亮倍明。反之，则油干火息而光灭矣。火譬如人之气，光譬如人之神，精满则气旺，气旺则神全。今因贪欲之故，使精枯竭，精枯则气散，气散则神亡，而祸不旋踵矣。然人苟能痛改前非，断绝淫欲，加以吸气炼精之术，则事尚可为。虽曰"寸田尺宅"，其细已甚，而保守之，而扩充之，尽力图谋，未尝不可立百世之基业。若夫房中之事，气亡液漏，其趋势如海决渎倾，其现象如树枯叶落，大非吾辈所宜行也。必使专闭交接之路，乃可长享康宁之福。泥丸得养，则脑髓盈，精气常凝，则神魂定。故修炼家所最急者，在于闭精勿泄。如是则生命可长存矣。

按：永久闭精勿泄，虽是修仙者第一要义，然在已破体之人，实行此事，每感受极端之困难。服药无效，运动无效，独身禁欲无效，正心诚意无效，参③禅打坐无效，信仰各种宗教无效。甚至于六字气、八段锦、易筋经、开三关④、转河车、小周天、大周天种种工法用尽，仍属无效。有时，遗精或反加剧。若听其自然，不加遏止，一月泄漏数次，或数月泄漏一次，固无妨于身体之健康，所惜者，修仙之志愿付诸流水矣。

当知此事，要量体裁衣，因人说法，不可执一以概其余。传道者，须有超群之学识，受道者，须有天赋之聪明，然后循循善诱，由浅而

---

① "传"，原作"傅"，误，校改。
② "泣"，原作"住"，误，校改。
③ "参"，原作"恭"，误，校改。
④ "关"，原作"辟"，误，校改。

深，历尽旁门，终归正路。不废夫妻，偏少儿孙之累，不离交合，能夺造化之权。道书所谓："男子茎中无聚精，妇人脐中不结婴。"又谓："男子修成不漏精，女子修成不漏经。"的确具此功效。世有豪杰，不甘为造物阴阳所播弄者，傥有昧于斯言乎！

庐山小天池乩坛实录缘起[①]（1933年）

乩仙之事，不知始自何时，而逊清二百六十年间为最盛，专家记录，多不胜书。民国纪元，于今十稔，前朝旧习，大事变更，惟鸾坛之设，几乎遍满国中，非徒未衰，反加盛焉。士大夫之明也，市井小民之狡也，武人之强悍也，政客之纵横也，一旦遇乩仙，则明者晦，狡者伏，强悍者无所施其勇，纵横者无所用其谋，聚老幼男妇智愚贤不肖于一堂，香云缭绕，裙屐蹁跹，齐献赤心，罔涉邪趣。呜呼！是何神力以至于斯也？撄宁不敏，尝求其故矣。初与上海白云观某道士约，同炼普通乩坛之符咒，道士习之最勤，几废寝食，历六十日，小有效验，未能如意。余乃屏去符咒，专事洁志凝神而诚求之，为时既久，渐觉手端有物来凭，于是随之而动，愈动愈速，满盘飞舞。苦于不能成字，拙荆彝珠，及甥女和音，在沪寓皆善为余助，半年后，乃圆转自如。每遇良辰令节，家人辄具茶果，焚香请仙以为乐，风声所播，亲友咸知。白岚吴君，阅世既深，俗情弥淡，今岁携眷结伴入庐山，作久居计，致书沪寓，邀余等来游。既至，谈及海上乩仙之成绩，皆啧啧称异，亟思一试，急切不可耐。遂赴山溪旁掬粗砂数升，铺木板上，横者柴枝，直者食箸，而乩头画砂者，则一红骨簪耳。法器简陋为此，灵迹显著如彼，心理学乎？催眠术乎？人作伪乎？神来凭乎？盖亦仁者见仁、智者见智

---

① 原载《扬善》第1卷第2期（总第2期，1933年7月16日）。

而已。诚如乩仙言：他日道场兴，教化行，正式设坛，自属意中事。然则此柴枝食箸，岂非大辂之椎轮也欤！秋暮云深，山居闲寂，遂依次编辑诸仙诗词并其答问，斐然成章，足资观感。后若续录，有待高贤，今赘数言，敬告读者：夫以乩仙为可信，而问灾问福，求利求名，虽偶有奇验，而失败者多；或以乩仙为全不足信，而嬉笑怒骂，排斥无遗，虽暂快一时，而流弊滋甚。故迷信与不信二者，皆非能知乩仙者也。宇宙间自有一种不解之玄理，极古今圣哲，亦难抉其奥而释其疑。世界各大宗教，皆根此玄理而成，无论科学如何发达，而宗教偏超然独立于科学范围之外，凭神力以维系人心。一神多神，门户虽异，宗旨皆同。苟世界人类一日不能明了世界构造、万物生成之原理，则宗教神权一日不能消灭。破坏神权，不啻若破坏公共安宁之幸福，大乱即由此而生。乩仙也者，亦神权之保障，宗教之明灯。愚夫信仰，事固宜然，上士随缘，勿持诽议，则天人感应之理，自可默契于无言矣。

天仙碧城女史降坛纪录[①]
（1933 年）

时为癸亥年正月十七夜间九句钟。扶乩者陈撄宁及吴彝珠，问事者芜湖妇婴医院女医生吴舜芝、上海人和医院女医生朱昌亚，笔录者陈大树，参观者乔詹博女士。坛址在上海民国路吴彝珠女医生寓内。以前屡次请仙，皆因人多口杂、语无伦次、喧哗异常，每致临坛诸仙厌倦而去。此次得知碧城女史有本日惠临之预报，（元宵夜九点钟，请碧城女史未至，其从者斐然仙子降乩，余等叩碧城女史消息，乩云：“请君即刻从头数，到此犹迟廿四时。”故推知本晚当至。）遂筹备静室，关防严密，不为外人见。焚香煮茗，虔诚默俟，至亥初乩果动。所有问答之辞，并五

① 原载《扬善》第 1 卷第 3 期（总第 3 期，1933 年 8 月 1 日）。

首排律一首，敬录如后。世有好道之士，读此当益坚其信仰矣。

斐然仙子先至，报告碧城女史降。

乩云：两载阔别，劳久望。有何疑问，当详言之。

问：各种宗教结果有别否？

乩云：有别。造因既异，结果自殊。

问：何教结果最好？

乩云：专就此世间而论，当推佛教为最。

问：各教程度有高低否？

乩云：佛教如山中老僧，道教如世间高士，耶教如商贾，孔教如农夫，此其大较也。

问：各教主及各教信徒之成就者，是否同居一地？

乩云：各有所在，不同居一处。

问：彼①此有往来否？

乩云：甚少往来。

问：世间各教信徒，常有反对外教之习气，彼此不能调和，不知天上亦如此否？

乩云：皆是以救世为本旨，因人说法，深浅随机，何反对之有？

问：偶像有灵否？

乩云：因物见心，神依形立，理可知矣。

问：世人所居境界，各有不同，神仙亦然乎？

乩云：吾之所居，即异他土，彼亦如是。

问：世间人种各别，不知黄白二种之轮回，亦有界限否？

乩云：投胎②无分种族，人畜且互相循环，又何论乎黄白种族。

问：耶酥教说，惟人有灵魂，类畜无灵魂，此言确否？

乩云：若无灵魂，彼等身体何故能动？彼等意思，何故能表现？

问：植物如花草树木有灵魂否？

乩云：植物有灵气无灵魂。

问：耶教言上帝造万物，然否？

乩云：上帝虽有，亦如人间帝王，为权力之最高者，但不能造万物。

---

① “彼”，原作“被”，误，校改。

② “胎”，原作“贻”，误，校改。

问：此上帝为耶教独有，或各教所共有？

乩云：各有宗主，不能一尊，吾等亦有吾等之上帝。

舜芝问：女史有何职务？所居之地，情景如何？

彝珠又问：可否赐诗一首，以形容仙境之妙？如前年所作者，甚为盼祷。

乩云：令斐然代作。又云：汝等今日所问，皆不得要领。

众皆谓我等程度太浅，所问各节，诚不中肯。惟望仙人方便开导，不拘一格，或以文言，或以诗词，或以白话，皆甚愿闻。

乩云：斐然侍者，奉命作诗，勉成数韵。诗曰：

帝命玄都史，天生女导师。慈悲行本愿，谈笑破群疑。

撄宁按：此四句已将碧城女史身分写尽，庄雅之极。

顷刻辞辰陛，中途瞥曙曦。

按：碧城女史每年当正月十五，必到某处赴朝会。十七十八两日之内，乃其散会时，届时当仍返故居。其路程经过吾等所住之世界，故偶尔便道枉驾。"顷刻辞辰陛"之意，乃刚散会未久。至"中途瞥曙曦"一句更奇，其降临时正值亥时之初，若吾等见朝日，乃在寅卯二时，似乎伊等已于寅卯时起程，亥时方到此间。然细玩顷刻二字，则知起程未久，距亥初当甚近，此时焉得有曙曦可见？惟身在此地球之外，无所障蔽，方能见太阳耳。然既与地球无关，自不分早晚，则曙字亦无着落。必是已行近地球之西半球，正逢着朝日，因地球向东转，伊等向西行，其速如电，故刹那间而东西易位，遂由西半球之晨，变为东半球之夜矣。此等曲说，可谓以管窥天，是否有当，还以质之读此诗者。

飚轮奔电走，一瞬万星移。

按：地上行走之快如火车，空中之快，如飞机。虽见两旁或脚底之景物移动极速，而天上之星，总不见其移动。此云"一瞬万星移"，则其速率之限量，已不可用数学计算矣。

大力回鸾驭，轻车降羽仪。

前年正月十八夜，碧城女史曾言：伊等在空中，观此世界如转丸，非有大力者不能至。其侍者后去，几乎迷路。

飘然黄海上，倏尔碧云低。

此乃其旧日路程。前年碧城女史诗中有句云：繁星万点窥黄海，圆月三更落彩云。今又云"飘然黄海上"，可知伊等必是由东向西，先落于东海，再向西而至上海也。

蜃气迎头擘，鲸波倒底驰。

此正在海上行，虽甚速，然比较在空中路程，已慢极矣。

钻尘劳慧炬，贴地卓灵旗。

上句言已行到陆地，下句言停止不动。

室雅何妨小，缘深肯久离。两年怀旧迹，隔界感相思。

此叙别情。

彝鼎陈佳茗，珠玑乞好词。怜卿真脱俗，愧我未能诗。

此言吴彝珠求诗之事，并嵌入其名字。

世不逢尧舜，人将采石芝。

此二句嵌入吴舜芝之名。

昌期嗟邈远，亚土遍疮痍。

此言太平无日，亚洲扰乱，并于不经意中嵌入朱昌亚名字。

水火风刀日，空成住坏时。

此言灾劫。第二句人不能解，随请仙开示。乩云：此言世界之变迁。按即佛家所谓成住坏空四劫是也。

灰飞终堕劫，冰履敢忘危。

此言世界终有劫灰发现之一日，甚危险也。

下国诚千恶，吾乡擅百宜。

束上起下之句。

花城霞拥赤，泉髓玉流脂。宝树氛秾馥，晶衢路坦夷。和鸣丹翠雀，清浅白莲池。

以上六句言其景。

香护今王座，虬蟠古圣碑。神君如鹤立，仙子尽蛾眉。冷艳光环顶，温馨露染肌。

以上六句言其人。

有身无二相，何处觅三尸。

此言无两性情欲之累。

月满容长驻，天荒道自支。

通篇以此二句为最有力量。上句言寿命无量，下句言天可坏、道不可坏。

孜孜提后学，切切守前规。上进皆由己，还家更问谁。

此勉励余等也。

精凝通妙悟，心洗即修持。

此教人用功之要，胜于丹经万万。盖丹经大都支离其说，不能扼要，而女子尤不适用，孰及此二句之简括了当？

附启：竹铭先生，前向余索《庐山小天池乩坛实录》原稿，拟载入本刊之中，以饷读者。奈事隔多年，原稿早已散乱遗失，无从寻觅。所幸沪寓乩坛稿本，尚有存者。今将陆续择尤刊登，以副张君之雅意。阅者须知庐山乩坛，与上海敝寓所设乩坛，乃同一性质。固无彼此之别也。

《孙不二女功内丹次第诗》注[①]
（1933年9月1日—1934年8月1日）

凡　例

一、原诗十四首，辞句雅驯，意义浑涵，乃丹诀中之上乘[②]，故全录于篇端，以便学者诵习。另有七言绝句数首，已收入拙作《女丹诀集成》中，故不重录。

二、原诗虽标题为女功内丹，然就男女丹诀全部而论，其异者十之一二，而同者则有十之八九，故男子修仙者亦可于此诗得多少参悟。

三、诗中杂用仙家专门术语，博学之士，尚不易窥其玄奥，普通妇女无论已。不佞此注，极力阐扬，泄尽隐秘，真口诀已跃跃纸上。至其工夫首尾，不能成段说明者，则因为原文所限，不得不尔。又，注中多引古语[③]者，皆当日信手拈来，适合妙谛，比自作为优，且免杜撰

---

① 原连载于《扬善》第1卷第5期（总第5期，1933年9月1日）至第2卷第3期（总第27期，1934年8月1日）。标题在《凡例》部分作《〈孙不二女工内丹次第诗〉注》，正文部分则作《〈孙不二女功内丹次第诗〉注》。

② “乘”，原作“秉”，误，校改。

③ “语”，原作“误”，误，据圈点文字校改。

之嫌。

四、注中文字，虽非白话体裁，然已扫除譬喻，都为实语，浅显易明，凡国文通顺者，阅之自易了解。若对此犹有难色者，其人恐于仙道无缘。盖此等无上道妙，必须择根器而授。作诗者意在发挥自己之性情，本不求他人之了解；作注者志欲流传①高深之学术，亦不欲博庸俗之欢迎。故普渡之说，非本编范围内事。

五、仙家上乘工夫，简易圆融，本无先后次第，此诗所谓次第者，就效验深浅言之耳。若言工夫，则自第一首至第十四首，皆是一气呵成，不是划分作十四个段落，故须前后统观，方能得其纲要，幸勿枝枝节节而拟议之。

六、女子修仙，除天元服食窒碍难行、人元双修暂不笔录而外，古今来仅此一门堪称②大道。其余诸家所说、坛社所传，名目繁多，种类各别，不善学者，流弊百出，纵能善学，亦仅可健身延寿，无疾而终，其去仙道，盖远甚矣！有大志者，于此篇宜三致意焉。

七、古人学道，有从师二十余年或十余年者，如阴长生、白玉蟾、伍冲虚之流，皆是师与弟子同居一处，实地练习，随时启导，逐渐正误，然后能收全功。今人志气浮薄，作事无恒，所以难于成就。其狡诈者，每喜用市侩手段，旁敲反激，窃取口诀，以为一得口诀，立刻登仙，不知所得者乃死法耳。而真正神仙口诀，皆从艰苦实验中来，彼辈何曾梦见？敬告读者，若有所德③，务要小心磨炼，努力修持，否则得与不得等。

八、儒释道三教，自汉以来至于清季，彼此互相诽议，优劣迄无定评。君主政体改革而后，儒教早已同归于尽，道教又不成其为教，只余佛教为硕果之仅存。其中信徒虽多，而真实用功者盖鲜，僧尼无论矣。即一般在家居士所称为大善知识者，除教人念阿弥陀佛而外，别无法门。至于参禅坐香、打机锋、看话头等等，因净土宗盛行，已渐归淘汰。天台止观，仅作讲经之材料，从未有人注意于实行修证者。近来又有所谓真言宗者，授自东洋，学者甚众，每因持诵急迫，致令身心不调。

总上四端，曰净土，曰参禅，曰真言，曰止观，近代佛教之精华尽于此矣。然皆属唯心的片面工夫，而对于唯物的生老病死各问题，殊无

---

① “传”，原作“傅”，误，据圈点文字校改。

② “称”，原作“种”，误，据圈点文字校改。

③ “德”，疑当作“得”。

解决之希望。其所谓一切了脱者，都有待于身后，而生前衣食之需，男女之欲，老病之虞，皆与常人无异。至其死后如何，惟彼死者知之耳，吾辈未死者，仍难测其究竟也。况佛教徒之习气，每谓惟佛独尊，余皆鄙视，教外诸书，概行排斥，虽为宗教家对于教主①应有之态度，所惜画界自封，因此遂无进步。吾人今日著书，乃为研究学理，预备将来同志诸人实地试验，解决人生一切问题，与彼阐扬宗教者有别，对于道教之元始天尊、太上老君、玉皇太帝，毫无关系之可言。至若儒释二教经典，及诸子百家，遇有可采者，亦随时罗致，以为我用，不必显分门户。书中于仙佛异同，偶依昔贤见解，略加论断，虽曰挂一漏万，所幸不亢不卑，庶免随声附和，自误误人。盖学者之态度，本应如是也。总之，不问是何教派，须以刻期见效为凭据，以②今生成就为旨归，苟欲达此志愿，除却金液还丹，别无他术矣。谨掬微衷，敢告同志。

九、世间各种宗教，其中威仪制度、理论工修，殊③少男女平等之机会。独有神仙家不然，常谓女子修炼，其成就比男子④更快，男子须三年做完者，女子一年即可赶到，因其身上生理之特殊，故能享此优先之利益。至其成功以后之地位，则视本人努力与否为断，并无男女高下之差。此乃神仙家特具之卓识，与别教大不同者。可知神仙一派，极端自由，已超出宗教范围，纯为学术方面之事。读者幸勿以宗教眼光，强为评判。女子有大志者，宜入此门。

十、我非女身，何故研究女丹诀？又未尝预备作世间女子授道之师，何故注解女丹诀？盖深恐数千年以来相传之道术，由兹中绝。若再秘而不宣，此后将无人能晓，虽有智慧，从何入门？世固不乏读书明理之女士，发大愿，具毅力，不以现代人生环境为满足，不以宗教死后迷信为皈依，务免衣食住行之困难，誓破生老病死之定律，非学神仙，安能满⑤愿？是则区区作注之苦心也（男子修仙，有太阳炼气术，今世尚有知者。女子修仙之太阴⑥炼形术，几于绝传。因男子做工夫，能尽其本分已足，不必再问女子之事。故世之传道者说到女功，总不免模糊影

① “虽为宗教家对于教主”，原作“虽宗为对教家于教主”，误，校改。

② “以”，原作“记”，误，据圈点文字校改。

③ “殊”，原作“种”，误，据圈点文字校改。

④ “子”，原作“予”，误，据圈点文字校改。

⑤ “满”，原作“汉”，误，据圈点文字校改。

⑥ “阴”，原作“阳”，误，据下文以及《与朱昌亚医师论仙学书》等有关女子“太阴炼形”之论述校改。

响，而女界中又少杰出之材，更难遇堪传此术者。从今而后，深望继起之有人也）。

孙不二仙姑事略[①]

孙仙姑，名不二，号清净散人，宁海县忠翊幼女（宁海属今山东登州府，非浙江省之宁海），金太祖天辅二年生。禀性聪慧柔淑，父以配马宜甫，生三子。宜甫即北七真中所称马丹阳真人是也。

丹阳既师事王重阳，故仙姑亦因重阳祖师之种种方便劝化，遂远离三子，屏绝万缘，诣金莲堂祈度，密受道要。数年后，师挽丹阳西游，居昆仑烟霞洞。姑独留于家，勤修不倦。

金世宗大定十五年，往洛阳，依风仙姑，居其下洞。后六年道成，时当大定二十二年十二月十九日，忽沐浴更衣，问弟子天气亭午，援笔书颂云："三千功满超三界，跳出阴阳包裹外，隐显纵横得自由，醉魂不复归宁海。"书毕，趺坐而化。香风瑞[②]气，竟日不散。元至元己巳，赐号清静渊真顺[③]德真人，道派名清净派。

以上采自《续文献通考》及《登州府志》并他种纪录。若欲知其详，须阅《道藏》中关于北七真一派之记传、专集、年谱诸书。

孙不二女功内丹次第诗十四首（略）[④]

《孙不二女功内丹次第诗》注

按：女丹诀传世者，现止数种，较之男丹经，未及百分之一，已憾其少，且大半是男子手笔。虽谈言微中，终非亲[⑤]历之境，欲求女真自作者，除曹文逸之《灵源大道歌》而外，其惟此诗乎。

---

① "孙不二仙姑事略"，原作"孙不二仙事姑略"，误，校改。

② "瑞"，原作"理"，误，校改。

③ "顺"，原作"项"，误，校改。

④ 此处所载《孙不二女功内丹次第诗十四首》之内容，又见下面《〈孙不二女功内丹次第诗〉注》文中，故省略不录。唯陈撄宁在《孙不二女功内丹次第诗十四首》各自题目下，曾有简单按语，具体见下文注释。

⑤ "亲"，原作"观"，误，据圈点文字校改。

原诗行世既久，无人作注。余往岁与某女士谈道之余，随时解释，邮寄赠之，距今已阅廿稔。旧稿零乱，杂于故纸堆中，难以卒读。爰为检出，重校一过，幸无大谬，遂录存之。固不敢自信尽得孙仙姑之玄义，但为后之读此诗者，辟一门径而已。注中容有未臻圆满处，因欲启诱初机，故卑之毋高论耳。

收心第一①

吾身未有日，一气已先存。

吾人未有此身，先有此气。谭子《化书》云："虚化神，神化气，气化血，血化形，形化婴，婴化童，童化少，少化壮，壮化老，老化死。"此言顺则成人。若达道之士，能逆而行之，使血化气，气化神，神化虚，则成仙矣。

一气者，即先天阴阳未判之气。至于分阴分阳，两仪既立，则不得名为一气。儒家云："其为物不二，则其生物不测。"亦指先天一气而言。老氏之得一，即得此一气也。此中有实在工夫，非空谈可以了事。

似玉磨逾润，如金炼岂昏？

丹家常有玉池、金鼎、玉兔、金乌、玉液、金液种种名目。大凡言阴、言神、言文火者，则以"玉"拟之；言阳、言气、言武火者，则以"金"拟之。意谓玉有温和之德，金有坚刚之象也。然亦偶有例外。

扫空生灭海，固守总持门。

生灭海即吾人之念头。刹那之间，杂念无端而至，忽起忽灭，莫能定止。念起为生，念灭为死，一日之内，万死万生，轮回即在目前，何须待证于身后？然欲扫空此念，谈何容易！惟有用法使念头归一耳。其法如何？即固守总持门也。

总持门者，老子名为玄牝之门，即后世道家所谓玄关一窍。张紫阳云："此窍非凡窍，乾坤共合成，名为神气穴，内有坎离精。"质而言之，不过一阴一阳、一神一气而已。能使阴阳相合、神气相抟②，则玄关之体已立。虽说初下手要除妄念，然决不是专在念头上做工夫，若一切不依，一切不想，其弊与佛家等，必至毫无效果，令人失望灰心，是

---

① 《孙不二女功内丹次第诗十四首》此题目曾有按语曰："男女同。"

② "抟"，原作"搏"，误，据圈点文字校改。

宜熟思而明辨也。

半黍虚灵处，融融火候温。

半黍者，言凝神入气穴时，神在气中，气包神外，退藏于密。其用至微至细，故以半黍喻之。虚者，不滞于迹象。灵者，不堕于昏沉。杂念不可起，念起则火燥；真意不可散，意散则火寒。必如老子所云："绵绵若存，用之不勤。"方合乎中道。融融者，调和适宜。温者，不寒不燥也。

此诗二句，言守玄关时之真实下手工夫，维妙维肖。然决不是执著人身某一处部位而死守之，切勿误会。后世所传①两眉之间、印堂之内为玄关，与此不同。

养气第二②

本是无为始，何期落后天。

顺乎自然而无为者，先天之道；出于人力而有为者，后天之功。吾人当未生之初，本是浑元一气，无名无形，不觉而陷入于胎中，于是有身。既已有身，而大患随之矣。

一声才出口，三寸已司权。

婴儿在胎，仅有胎息，鼻不呼吸。及至初出胎时，大哭一声，而外界之空气乘隙自鼻而入，于是后天呼吸，遂操吾人生命之权。其始也，吸入之气长，呼出之气短，而身体日壮。其继也，呼吸长短平均，身体之发育及此而止。到中年以后，呼出之气渐长，吸入之气渐短，而身体日衰。临终时，仅有呼出之机，而无吸入之机，鼻息一停，命根遂断。三寸者，指呼吸而言。

况被尘劳耗，那堪疾病缠？

上言人身生死之常理，此言人之自贼其身也。

色、声、香、味、触、法，是名六尘。劳心、劳力，皆谓之劳。吾人自然之寿命，本为甚短，纵不加以戕贼，在今世亦未有能过百岁者。况尘劳与疾病，皆足以伤竭人之元气，使不得尽其天年，故多有寿命未终而中途夭折者。（或问："六尘之说，乃释氏语，何故引以注丹经？"

① "传"，原作"傅"，误，据圈点文字校改。

② 《孙不二女功内丹次第诗十四首》此题目曾有按语曰："男女同。"

答曰："非我之咎，原诗已喜用佛家名词，如生灭，如真如，如舍利子等，皆非道家所本有者，不引佛典，何能作注？"）

子肥能益母，休道不回旋。

子者，后天气；母者，先天气。后天气，丹道喻之为水；先天气，丹道喻之为金。按五行之说，金能生水，是先天变为后天也。丹道重在逆转造化，使水反生金，是后天返还先天也，昔人谓为九转还丹。九乃阳数之极，又为金之成数，故曰"九还"，非限定转九次也。先天难于捉摸，必从后天工夫下手，方可反到先天。后天气培养充足，则先天气自然发生，故曰"子肥能益母"。回旋者，即返还逆转之谓。

行功第三①

敛息凝神处，东方生气来。

敛息者，呼吸之气蛰藏而不动也；凝神者，虚灵之神凝定而不散也。东方者，日出之位；生气者，对于死气而言。古之修炼家行吐纳之功者，大概于寅卯二时，面对东方，招摄空中生气入于吾身，借其势力而驱出身内停蓄之死气。上乘丹法，虽不限定期间与方所，然总宜在山林清静之区、日暖风和之候，则身中效验随做随来，如立竿见影。果能常常凝神敛息，酝酿薰蒸，不久即可由造化窟中，采取先天一气。孔子云："先天而天弗违。"天且弗违，而况于人乎？况于鬼神乎？

此②段作用，乃真实工夫，非空谈，亦非理想，惟证方知。若问："息如何敛？神如何凝？处在何处？来从何来？"既非片语能明，且笔墨亦难宣达，须经多次辩论、多次实验，又要学者夙具慧根，苦心孤诣，方可入门。若一一写在纸上，反令活法变成死法。世人性情不同，体质各异，学此死法，适足致疾，非徒无益，而又害之，将何取耶？

万缘都不著，一气复归台。

昔人云："修道者，须谢绝万缘，坚持一念，使此心寂寂如死，而后可以不死；使此气绵绵不停，而后可以长停。"台者何？灵台也。灵台者，性也。一气者，命也。命来归性，即是还丹。张紫阳真人云："修炼至此，泥丸风生，绛宫月明，丹田火炽，谷海波澄，夹脊③如车轮，四肢如山

---

① 《孙不二女功内丹次第诗十四首》此题目曾有按语曰："末二句女子独用。"

② "此"，原作"些"，误，校改。

③ "脊"，原作"眷"，误，校改。

石，毛窍如浴之方起，骨脉如睡之正酣，精神如夫妇之欢合，魂魄如子母之留恋。”此乃真境界，非譬喻也。以上所云，可谓形容极致。

阴象宜前降，阳光许后栽。

阳火阴符之运用，虽出于自然，但人工亦有默化潜移之力，不可不知。自尾闾升上泥丸，乃在背脊一路，名为“进阳火”；自泥丸降下气海，乃在胸前一路，名为“退阴符”。以升为进，以降为退。又，凡后升之时，身中自觉热气蒸腾；及至前降之时，则热气已渐归冷静。此以热气盛为“进阳火”，热气平为“退阴符”。二解虽义有不同，理则一贯。此中有许多奥妙，应当研究。

山头并海底，雨过一声雷。

吕纯阳真人《步蟾宫》词云：“地雷震动山头雨”。《百字碑》云：“阴阳生反覆，普化一声雷。”邵康节先生诗云：“忽然夜半一声雷，万户千门次第开。”钟离真人云：“达人采得先天炁，一夜雷声不暂停。”彭鹤林云：“九华天上人[①]知得，一夜风雷撼万山。”丹经言雷者甚多，不可殚述。其源皆出于《周易》“地雷复”一卦，其实则喻先天一气积蓄既久，势力雄厚，应机发动之现象耳。其气之来也，周身关窍齐开，耳闻风声，脑后震动，眼中闪光，鼻中抽掣，种种景象，宜预知之，方免临时惊慌失措。

然女工修炼，欲求到此地步，必在月经断绝之后。而孙诗所云，乃在斩龙之前，恐难得此效。大约此处所谓雷者，不过言行功之时，血海中有气上冲于两乳耳。此气发生，丹家名曰活子时。

山头喻两乳及膻中部位，海底喻子宫血海部位。雨喻阴气，雷喻阳气。

斩龙第四[②]

静极能生动，阴阳相与模。

龙者，女子之月经也。斩龙者，用法炼断月经，使永远不复再行也。若问月经何以名为龙？则自唐以后至今，凡丹书所写及口诀所传，皆同此说，当有一种意义存于其间，暂可不必详解。

若问女子修道何故要先断月经？此则神仙家独得之传授，无上之玄

① “人”，原作“入”，误，据圈点文字校改。

② 《孙不二女功内丹次第诗十四首》此题目曾有按语曰：“女子独用。”

机，非世界各种宗教、各种哲学、各种生理卫生学所能比拟。女子修炼与男子不同者，即在于此；女子成功较男子更速者，亦在于此。若离开此道，别寻门路，决无成仙之希望。倘今生不能修成仙体，束手待毙，强谓死后如何证果、如何解脱，此乃自欺欺人之谈，切不可信。

或者谓：既是月经为修道之累，必须炼断，则老年妇人月经天然断绝者，岂不省却许多工夫，其成就当比少年者更易？不知若彼童女月经未行者，果生有夙慧，悟彻玄功，成就自然更易。一到老年，月经干枯，生机缺乏，与童女有霄壤之殊，何能一概而论？法，要无中生有，使老年天癸已绝者，复有通行之象。然后再以有还无，按照少年女子修炼成规，渐渐依次而斩之，斯为更难，岂云更易？所以古德劝人“添油宜及早，接命莫教迟”。

静极则动，动极则静，阳极则阴，阴极则阳，乃理气自然之循环，无足怪者。《道德经》第十五章云：“孰能浊以静之徐清？孰能安以久动之徐生？”上句言人能静，则身中浊气渐化为[1]清气；下句言静之既久，则身中又渐生动机矣。《道德经》第十六章云：“致虚极，守静笃，万物并作，吾以观复。”上二句言静极，下二句言生动。“复”即复卦之复。阴象静，阳象动，五阴之下，一阳来复，亦言“静极生动”也。

模者，模范，所以成物。相与模者，盖言阴阳互根之意。

风中擒玉虎，月里捉金乌。

风者，人之呼吸也，如丹经云：“后天呼吸起微风。”又云：“吹嘘借巽风。”皆是此意。道书常以虎配西方金、龙配东方木，凡言铅、言金、言虎，都属一物，不过比喻人身中静极而动之先天阳炁而已。

月有二义：若言性功者，则当一念不生时谓之月，谓其清净无瑕，孤明独照也；若言命功，则当先天阳气发动时亦谓之月，譬如晦朔弦望，轮转不忒也。

金乌即日之代名词，日即离，离即火，火即汞，汞即神也。当采取先天气之时，须借后天气以为枢纽，故曰“风中擒玉虎”。玉字表其温和之状。石杏林曰：“万籁风初起，千山月乍圆。”正是此景。

丹道有风必有火，气动神必应，故吕纯阳真人云：“铅亦生，汞亦生，生[2]汞生铅一处烹。”铅与月喻阳气，汞与金乌喻阴神。阳气发生，

---

① “为”，原作“是”，误，据圈点文字校改。

② “生”，原作“先”，误，校改。

阴神必同时而应，故曰“月里捉金乌”。

著眼细缊候，留心顺逆途。

《易》曰：“天地细缊，万物化醇。”盖细缊者，天气下交于地，地气上交于天，温和酝酿，欲雨未雨，将雷未雷，所谓“万里阴沉春气合”者是也。若雷雨既施，则非细缊矣。

人身细缊之候，亦同此理。但究竟是如何现象？则因有难言之隐，不便写在纸上。聪明女子，若得真备，则可及时下功，否则恐当面错过。虽说有自造机会之可能，总不若天然机会之巧妙。此时如顺其机而行人道，则可受胎生子；逆其机而行仙道，则可采药还丹。然顺逆之意，尚不止此。生机外发为顺，生机内敛为逆。生气下行，变为月经为顺；生气上行，不使化经为逆。故道书云：“男子修成不漏精，女子修成不漏经。”

鹊桥重过处，丹炁复归炉。

《入药镜》云：“上鹊桥，下鹊桥；天应星，地应潮。”后世丹经言“鹊桥”者，皆本于此。凡炼丹之运用，必先由下鹊桥转上背脊，撞通玉枕，直达泥丸；再由上鹊桥转下胸前十二重楼，还归元海。

上鹊桥在印堂山根之里，下鹊桥在尾闾会阴之间。丹炁转到上鹊桥时，自觉两眉之间有圆光闪灼，故曰“天应星”；丹炁由下鹊桥上升时，自觉血海之中有热气蒸腾，故曰“地应潮”。此言“鹊桥重过”者，兼上下言之也。“归炉”者，归到黄庭而止。黄庭一名坤炉。（按：上下鹊桥，另有别解，此处不具论。）

养丹第五[①]

缚虎归真穴，牵龙渐益丹。

虎即气，龙即神，真穴大约在两乳之间。缚虎归真穴者，即上阳子陈致虚所云：“女子修仙，必先积气于乳房也。”气有先天后天之分：炼后天气，即用调息凝神之法；采先天气，则俟身中有生气发动时下手。

牵龙者，不过凝神以合于气而已。神气合一，魂魄相拘，则丹结矣。张虚靖天师云：“元神一出便收来，神返身中气自回。如此朝朝并暮暮，自然赤子结灵胎。”此即“牵龙渐益丹”之意。此处所谓龙，与

① 《孙不二女功内丹次第诗十四首》此题目曾有按语曰：“首二句女子独用。”

斩龙之龙字不同。

性须澄似水，心欲静如山。

张三丰真人云："凝神调息，调息凝神，八个字须一片做去，分层次而不断乃可。"凝神者，收已清之心而入其内也。心未清时，眼勿乱闭。先要自劝自勉，劝得回来，清凉恬淡，始行收入气穴，乃曰凝神。然后如坐高山而视众山众水，如燃天灯而照九幽九昧，所谓凝神于虚者，此也。调息不难，心神一静，随息自然，我只守其自然而已。

调息收金鼎，安神守玉关。

张三丰真人云："大凡打坐，须要将神抱住气，意系住息，在丹田中，宛转悠扬，聚而不散。则内藏之气，与外者之气，交结于丹田；日充月盛，达乎四肢，流乎百脉，撞开夹脊双关，而上游于泥丸，旋复降下绛宫，而下入于丹田。神气相守，息息相依，河车之路通矣。功夫至此，筑基之效已得一半。"又云："调息须以后天呼吸，寻真人呼吸处。然调后天呼吸，须任他自调，方能调得起先天呼吸，我惟致虚守静而已。真息一动，玄关即不远矣。照此进功，筑基可翘足而至。"广成子云："抱神以静，形将自正。无劳汝形，无摇汝精，乃可以长生。目无所见，耳无所闻，心无所知，汝神将守形，形乃长生。慎汝内，闭汝外，多知为败。我守其一，以处其和，故我修身千二百岁，而形未尝衰。"按：调息之法①，三丰最详，安神之论，广成最精，故引以为注。本诗上句言武火，故曰"金鼎"；下句言文火，故曰"玉关"。

日能增黍米，鹤发复朱颜。

《金丹四百字》云："混沌包虚空，虚空括三界，及寻其根源，一粒如黍大②。"又云："一粒复一粒，从微而至著。"此即"日能增黍米"之意。质而言之，不过渐采渐炼、渐凝渐结而已，非有黍米之象可寻也。

《参同契》云："金砂入五内，雾散若风雨。薰蒸达四肢，颜色悦泽如。发白皆变黑，齿落生旧所。老翁复丁壮，耆妪成姹女。改形免世厄，号之曰真人。"即此诗末句之意。

或谓："头有白发，面似婴儿，是为鹤发复朱颜。"此言误矣。修炼家若行先天工夫，虽白发亦必变成黑发。苟发白不变，仅面容红润，此乃后③天之功，或行采补之术耳，神仙不如是也。世俗常谓仙人"鹤发

① "法"，原作"治"，误，校改。

② "大"，原作"火"，误，据《道藏》本《金丹四百字》校改。

③ "后"，原作"复"，误，校改。

童颜"，乃门外语。

胎息第六[①]

要得丹成速，先将幻境除。

幻境即世间一切困人之环境，窘迫万状，牵缠不休，至死未由自拔。待到来生，仍复如此，或尚不及今生。故修道者必须设法断绝尘缘，然后方收速效。世有学道数十年毫无进步者，皆未脱俗累之故。

今按：前解虽是，然非幻境本义，因对初学说法，故浅言之耳。其实所谓幻境者，乃身中阴魔乘机窃发之种种景象，或动人爱恋，或使人恐怖，或起嗔恨，或感悲伤，或令人误认为神通，或引人错走入邪路，甚至神识昏迷，自残肢体，偶有见闻，妄称遇圣，凡此等类，皆是幻境，必宜扫除。不经法眼，终难辨别，所以学者要从师也。世有学道数十年毫无魔障者，皆未曾实行之故。

心心守灵药，息息返乾初。

灵药即是妙有，妙有即是真息。心心守[②]灵药者，心依于息也。乾初即是真空，真空即是道心。息息返乾初者，息依于心也。

初学修炼，虽能心息相依，然为时不久，又复分离。至于胎息时，则心心息息长相依也。

乾初者，指乾卦未画之初，非谓乾之初爻。《明道篇》云："观乾未画是何形，一画才成万象生。"然则乾初者，岂非太极阴阳未判之象乎？

炁复通三岛，神忘合太虚。

三岛者，比喻人身上、中、下三丹田。老子曰："归根曰静，静曰复命。"即"炁复"之义。人身本自太虚中来，一落色相，则有障碍[③]，而不能与太虚相合。惟有道者，能忘一切色相，色相既除，则与太虚相合矣。

天隐子者，道家之流也，其言曰："人之修真，不能顿悟，必须渐而行之。一曰斋戒，澡身虚心；二曰安处，深居静室；三曰存想，收心复性；四曰坐忘，遗形忘我；五曰神解，万法通神。"全篇约千余言，未能毕录，此其纲领也。又，司马子微《坐忘论》亦可读。此等工夫甚

---

① 《孙不二女功内丹次第诗十四首》此题目曾有按语曰："男女同。"

② "守"，原作"中"，误，校改。

③ "碍"，原作"础"，误，校改。

难，非朝夕可至，然有志者事竟成，惟视人之毅力如何耳。

若来与若去，无处不真如。

真如者，佛家之名词。佛典云：“如来藏含有二义，一为生灭门，一为真如门。心无生灭，即真如矣。若背真如，即生灭矣。”又云：“真谓真实非虚妄；如谓如常无变易。”

符火第七①

胎息绵绵处，须分动静机。

阴符阳火，气机动静，前数段工夫已有之，不必定在胎息后也。但未到结丹地步，其气之动，常有上冲乳头之时（男子则下冲于生殖器）。既结丹，则两乳已紧缩如童女，身内虽有动机，不能再向外发，只内动而已。动亦有时，或数日一动，或一日数动，视其用功之勤惰②以为衡。凡未动之先，及既动之后，皆静也。

阳光当益进，阴魄要防飞。

动者属阳，静者属阴。阳气发动时，则元神亦随之而动，气到人身某处，神亦同到某处。阳气发动曰进，而暗中以神助之，愈进愈旺，故曰益进。

阳极则阴生，动极必归静。人之魂属阳，主上升，魄属阴，主下降。当升之时不可降，当降之时不可升。“阴魄要防飞”者，意谓气若有静定之态，则神必助之静定，以防其飞躁不宁。

潭里珠含景，山头月吐辉。

潭在下，喻血海子宫之部位；山在上，喻膻中两乳之部位。珠之光，隐而敛，月之光，辉而明。曰潭里，曰含景，言其静而深藏之象；曰山头，曰吐辉，言其动而显出之机。

六时休少纵，灌溉药苗肥。

六时者，非谓昼之六时，亦非夜之六时，乃人身虚拟默运之六时。古人又有名为六候者，切不可拘泥天时，免致活法变成死法。若问人身六时何似？仍不外乎神气动静、阴阳升降之消息而已。

休少纵者，即谓念不可起，意不可散，一线到底，勿使中间断续不

---

① 《孙不二女功内丹次第诗十四首》此题目曾有按语曰：“五六两句女子独用。”

② “惰”，原作“情”，误，校改。

贯。俟此一段工夫行毕，方可自由动作。

接药第八①

一半玄机悟，丹头如露凝。

神仙全部工夫，到此已得一半，因内丹已结也。

露乃地面之水因热化气，腾散于空中，至夜遇冷，遂附著于最易散热之物体，而凝结成露。丹道亦同此理，可以神悟，难以言传。

虽云能固命，安得炼成形？

既已结丹，则一身精气神皆②完全坚固，决定可以长生，但未能羽化耳。此时可称为人仙。

仙有五等，有鬼仙，有人仙，有地仙，有神仙，有天仙。“鬼仙”者，不离乎鬼也，能通灵而久存，与常鬼不同。“人仙”者，不离乎人也，饮食衣服虽③与人无殊，而能免老病死之厄。“地仙”者，不离乎地也，寒暑不侵，饥渴无害，虽或未能出神，而能免衣食住之累。“神仙”者，能有神通变化，进退自如，脱弃躯壳，飘然独立，散则成气，聚则成形。“天仙”者，由神仙之资格，再求向上之工夫，超出吾人所居之世界以外，别有世界，殆不可以凡情测也。

鼻观纯阳接，神铅透体灵。

此二句乃言超凡入圣之实功，不由此道，不能出阳神。当今之世，除一二修炼专家④而外，非但无人能行此功，即能悟此理者亦罕遇之。余若自出心裁，勉为注释，恐人不能解，反嗤为妄，故引自古相传之“真空炼形”丹法，以释其玄奥之义。《真空炼形法》云：“夫人未生之先，一呼一吸，气通于母；既生之后，一呼一吸，气通于天。天人一气，联属流通，相吞相吐，如扯锯焉。天与之，我能取之，得其气，气盛而生也；天与之，天复取之，失其气，气绝而死也。故圣人观天之道，执天之行，每于羲驭未升旸谷之时，凝神静坐，虚以待之，内舍意念，外舍万缘，顿忘天地，粉碎形骸（道家常有粉碎虚空、粉碎形骸等语，不过忘物忘形之意耳，不可拘泥粉碎二字）。自然太虚中有一点如

---

① 《孙不二女功内丹次第诗十四首》此题目曾有按语曰：“男女同。”

② “皆”，原作“省”，误，校改。

③ “虽”，原作“离”，误，校改。

④ “除一二修炼专家”，原作“除修一二炼专家”，误，校改。

露如电之阳，勃勃然入于玄门，透长谷而上泥丸，化为甘霖而降于五内。我即鼓动巽风以应之，使其驱逐三关九窍之邪，扫荡五脏六腑之垢，焚身炼质，煅滓销霾，抽尽秽浊之躯，变换纯阳之体。累积长久，化形而仙。”《破迷正道歌》曰：“果然百日防危险，血化为膏体似银；果然百日无亏失，玉膏流润生光明。”《翠虚篇》曰：“透体金光骨髓香，金筋玉骨尽纯阳；炼教赤血流为白，阴气消磨身自康。”邱长春曰：“但能息息长相顾，换尽形骸玉液流。”张紫琼曰：“天人一气本来同，为有形骸碍不通；炼到形神冥合处，方知色相即真空。”

炼形之法，总有六门：其一曰玉液炼形，其二曰金液炼形，其三曰太阴炼形，其四曰太阳炼形，其五曰内观炼形。若此者，总非虚无大道，终不能与太虚同体。惟此一诀，乃曰真空炼形，虽曰有作，其实无为，虽曰炼形，其实炼神，是修外而兼修内也。依法炼之百日，则七魄亡形，三尸绝迹，六贼潜藏，十魔远遁；炼之千日，则四大一身，俨如水晶塔子，表里玲珑，内外洞彻，心华灿然，灵光显现。故《生神经》曰：“身神并一，则为真身。身与神合，形随道通。隐则形固于神，显则神合于气。所以蹈水火而无害，对日月而无影。存亡在己，出入无间，或留形住世，或脱质升仙。”

按：真空炼形一段工夫，所包甚广，不仅为此首诗作注脚，虽以后炼神、服食、辟谷、面壁、出神等法，亦不出此运用之外，不过依功程之浅深而分阶级耳。

哺含须慎重，完满即飞腾。

哺含即温养之意。完满者，气已足，药已灵也。飞腾者，似指大药冲关之象。若言飞升腾空，则尚未到时。

炼神第九[①]

生前舍利子，一旦入吾怀。

舍利子，乃佛家之名词，此处比喻元神。生前者，即未有此身之前。吾人元神历劫不变，变者识神也。用真空炼形之功，将识神渐渐炼去，则元神渐渐显出。譬如磨镜，尘垢既销，光明斯现，乃知一切神通，皆吾人本性中所固有者，非从外来。

---

① 《孙不二女功内丹次第诗十四首》此题目曾有按语曰：“男女同。”

此诗云“一旦入吾怀”，似指气之一方面而言。然此时气与神已不可分离，言神而气在其中，言气而神在其中。吕祖《敲爻歌》云：“铅池迸出金光现，汞火①流珠入帝京。”曰铅池、曰金光，言气也；曰汞火、曰流珠，言神也。帝京即中丹田，又名绛宫、神室，乃心之部位。心为一身②君主，故曰帝京。此诗所谓入吾怀者，亦同此意。

慎似持柔器，柔如抚幼孩。

老子云：“持而盈之，不如其已。”又云：“保此道者不欲盈。”又云：“大盈若冲，其用不穷。”即此可知此联上句之义。

老子云：“专气致柔，能如婴儿乎?”又云：“我独泊兮其未兆，如婴儿之未孩。”又云：“人之生也柔弱，其死也坚强。”即此可知此联下句之义。

地门须固闭，天阙要先开。

凡言地者，皆在人身之下部；凡言天者，皆在人身之上部。修炼家最忌精气下洩，故凡下窍皆要收敛紧密。一身精气，渐聚渐满，既不能下泄，必上冲于脑部。斯时耳闻风声，目睹光掣，脑后震动，脐下潮涌，异景甚多。

龙门派第十七代广西洪教遂君传有《金丹歌》一首，尚未行世，曾记其中有句云：“万马奔腾攻两耳，流星闲③电灼双眉，若还到此休惊惧，牢把心神莫动移。”即言闭地门、开天阙时之现象。

洗濯黄芽净，山头震地雷。

吕祖度张仙姑有《步蟾宫》词云：“地雷震动山头雨，要洗濯黄芽出土。”黄芽者，大还丹之别名也。此处言山头，大约是指头上泥丸宫。前诗第三首亦云：“山头并海底，雨过一声雷。”据字面观之，似无差别；以实际论，则效验大异。洗濯之作用，不外乎静定。凡丹道，小静之后必有小动，大静之后必有大动，其静定之力愈深，则震动之效愈大。充其震动之量，直可冲开顶门而出，然非大静之后不克至此。

今按：静定之力，吾人能自作主，可以由暂而久，由浅而深。若夫震动之效，乃是顺其自然，非人力可以勉强造作，似乎不能由人做主。但小静必小动，大静必大动，其反应百不爽一。常人所以无此效验者，因其未能静定故。修炼家所以不能得大效验者，因其虽知静定，而静定

---

① “火”，原作“大”，误，据下文校改。

② “身”，原作“路”，误，校改。

③ “闲”，疑当作“闪”。

之力犹嫌薄弱故。释门学禅者，亦能静定数日，而终人无此效验者，因其徒知打坐、不知炼气故。

附注："舍利子"在此处为内丹之代名词，然非佛家所谓舍利之本意。究竟舍利子与金丹是同是异？修佛与修仙，其结果有何分别？皆吾人所急欲知者，而各家经书咸未论及。虽《楞严经》有十种仙之说，是乃佛家一面之辞。除佛经外，凡中国古今一切书籍记载，皆未见有十种仙之名目，似未可据为定论。吾国人性习，素尚调和，非但儒道同源，本无冲突，即对于外来之佛教，亦复不存歧视，彼此融通，较他种教义之惟我独尊者，其容量之广狭，实大不同。而青华老人之论舍利，尤为公允，意谓：佛家以见性为宗，精气非其所贵。万物有生有灭，而性无生灭。涅槃之后，本性圆明，超出三界，永免轮回。遗骸火化之后，所余精气，结为舍利，譬如珠之出蚌，与灵性别矣，而能光华照耀者，由其精气聚于是也。人身精气神原不可分，佛家独要明心见性，洗发智慧，将神光单提出来，遗下精气，交结成形，弃而不管。然因其诸漏已尽，禅定功深，故其身中之精气亦非凡物，所以舍利子能变化隐显，光色各别。

由此推之，佛家所谓不生不灭者，神也，即性也。其舍利子者，精气也，即命也。彼灭度后，神已超于象外，而精气尚留滞于寰中也。若道家则性命双修，将精气神混合为一，周天火候成身外之身，神在是，精在是，气在是，分之无可分也。故其羽化而后，不论是肉身化炁，或是尸解出神，皆无舍利之留存。倘偶有坐化而遗下舍利者，其平日工夫必是偏重于佛教方面，详于性而略于命也。性命双修之士，将此身精气神团结得晶莹活泼，骨肉俱化，毛窍都融，血似银膏，体如流火，畅贯于四肢百节之间，照耀于清静虚无之域，故能升沉莫测，隐显无端。释道之不同如此：佛家重炼性，一灵独耀，回①脱根尘，此之谓"性长生"；仙家重炼炁，遍体纯阳，金光透露，此之谓"炁长生"。究竟到了无上根源，性就是炁，炁就是性，同者其实，异者其名耳。

服食第十②

大冶成山泽，中含造化情。

大冶本意为镕铸五金，今以之喻造化之伟功。乾坤为炉鼎，阴阳为

① "回"，疑当作"迴"。

② 《孙不二女功内丹次第诗十四首》此题目曾有按语曰："男女同。"

水火，万象[①]从兹而铸成，是万物共有一太极也。山与泽，乃万物中之一物，而山泽中又有造化，是一物各得一太极也。山泽通气，艮兑相交，而造化之情见矣。

修仙者，贵在收积虚空中清灵之气于身中，然后将吾人之神与此气配合而炼养之，为时既久，则神气打成一片，而大丹始成。后半部工夫所以宜居山者，因山中清灵之气较城市为优耳。但入山亦须稍择地势，或结茅，或住洞，要在背阴面阳、遮风聚气之所。山后有来脉，左右有屏障，中有结穴，前有明堂，此乃乾坤生气蕴蓄之乡。日月升沉，造化轮转，道人打生[②]于其间，得此无限清灵之气以培养元神，有不脱胎换骨者乎？

朝迎日乌气，夜吸月蟾精。

蚌受月华而结珠胎，土得日精而产金玉。人知采取日月精华，则可以结就仙丹，变化凡体。至其所以采取之法，到此地步，自能领悟，不必执著迹象，致碍圆通。若《易筋经》所言"采日精月华法"，乃武术炼养之上乘，非仙家之玄妙也。

时候丹能采，年华体自轻。

采天地之灵气以结丹，须识阴阳盛衰之候。夺造化之玄机而换体，必经三年九载之功。

元神来往处，万窍发光明。

此言周身毛窍皆有光[③]明发现。丹经云："一朝功满人不知，四面皆成夜光阙。"亦同此意。其所以有光者，或者因身中电力充足之故。世上雷霆[④]能自发光，经过长久时期，而本体不减毫厘。彼无知之物质，且灵异若此，又何疑乎仙体？

辟谷第十一[⑤]

既得餐灵气，清冷肺腑奇。

此实行断绝烟火食也。所以能如此者，因灵气充满于吾身，自然不思食，非枵腹忍饥之谓也。

---

① "象"，原作"家"，误，校改。

② "生"，疑当作"坐"。

③ "光"，原作"先"，误，据上句校改。

④ "霆"，原作"锭"，误，校改。

⑤ 《孙不二女功内丹次第诗十四首》此题目曾有按语曰："男女同。"

忘神无相著，合极有空离。

忘神者，此时虽有智慧而不用，若卖弄聪明，则易生魔障。无相著者，谓无色相之可著也。合极者，合乎太极也。合乎太极者，即神气合一，阴阳相纽也。如是则不落顽空，故曰“有空离”，谓遇空即远离也。第三句言不著于色，第四句言不著于空，色空两忘，浑然大定。

朝食寻山芋，昏饥采泽芝。

芋为普通食品，人皆知之。芝形如菌，上有盖，下有柄，其质坚硬而光滑。《本草》载有青、赤、黄、白、黑、紫六种，服之皆能轻身延年。若《仙经》所标灵芝名目，多至数十百种，不可毕陈，然非常人所能得也。

若将烟火混，体不履瑶池。

仙体贵乎清灵，若不绝烟火食，则凡浊之气混入体中，安有超脱之望？瑶池者，女仙所居之地，《集仙传》云：“西王母宫阙，左带瑶池，右环翠水。”

面壁第十二[①]

万事皆云毕，凝然坐小龛。

面壁之说，始于达磨。当梁武帝时，达磨止于嵩山少林寺，终日面壁而坐，九年如一日。故后世道家之修静功者，皆曰“面壁”。今之佛家反无此说，徒知念阿弥陀佛而已。

辟谷一关，既已经过，不但烟火食可以断绝，即芝芋之类亦可不食矣。古仙修炼到此程度时，大半择深山石洞而居之，令人用巨石将洞口封没，以免野兽之侵害及人事之烦扰，且不须守护者。但此法在今日，未必相宜。普通办法，即于山林清静之处，结茅屋数椽，以备同道栖止。然后用木做一小龛，其中仅容一人坐位，垫子宜软厚，前开一门，余三面须透空气而不进风，最好用竹丝编帘遮蔽，如轿上所用者。人坐其中，不计月日，直至阳神出壳，始庆功成。惟昼夜须有人守护，谨防意外之危险。中间若不愿久坐，暂时出来亦可。此时身内已气满不思食，神全不思睡。其外状则鼻无呼吸，脉不跳动，遍体温暖，眼有神

---

① 《孙不二女功内丹次第诗十四首》此题目曾有按语曰：“男女同。”又，《面壁》诗在《孙不二女功内丹次第诗十四首》中全文为：“万事皆云毕，凝然坐小龛。轻身乘紫气，静性濯清潭。炁混阴阳一，神同天地三。功完朝玉阙，长啸出烟岚。”

光，其身体内部之作用，自与凡夫不同，不可以常人之生理学强加判断。此等现象，今世尚不乏其人，余昔者固亲见之矣。然皆未知其有何等神通，是或丹经所谓“慧而不用”者乎？

今按：自本首第三句以后，直至第十四首末句止，概属不可思议之境界，故未作注。当日某女士尚疑余故守①秘密，致书相诘，奈余自访道至今已三十年矣，实未曾目睹阳神是何形状，如何出法？即当日师传亦不及此，仅云“时至自知”。故对于出神以后种种作用，因无实验，不敢妄谈。且学者果能行面壁之功，何患不知出神之事？请稍安毋躁，以待他年亲证可乎？

出神第十三②

身外复有身，非关幻术成。

今按：此首若完全不注，未免令读者意有缺憾，若每句作注，又苦于不能落笔。只得将前贤语录摘抄数条，以见出神之时是何景象③，出神之后尚有工夫。欲知其详，请博览丹经，真参实悟，非此编所能限也。

《青华老人语录》曰：“阳神脱胎之先兆，有光自脐轮外注，有香自鼻口中出。既脱之后，则金光四射，毛窍晶融，如日之初升于海，如珠之初出于渊，香气氤氲满室，一声霹雳，金火交流，而阳神已出于泥丸矣。出神以后，全看平日工夫。若阳神纯是先天灵气结成，则遇境不染，见物不迁，收纵在我，去来自如。一进泥丸，此身便如火热，金光复从毛窍间出，香气亦复氤氲，顷刻返到黄庭，虽有如无，不知不觉，此真境也。若平日心地未能虚明，所结之胎，决非圣胎，所出之神，原带几分驳杂，一见可惧则怖生，一见可欲则爱生，殆将流连忘返，堕入魔道。此身既死，不知者以为得仙坐化，谓知阳神一出而不复者，殆不堪问矣。”

问曰：“倘心地未纯，而胎神已出，为之奈何？”师曰：“必不得已，

---

① “守”，原作“中”，误，校改。

② 《孙不二女功内丹次第诗十四首》此题目曾有按语曰：“男女同。”又，《出神》诗在《孙不二女功内丹次第诗十四首》中全文为：“身外复有身，非关幻术成。圆通此灵气，活泼一元神。皓月凝金液，青莲炼玉真。烹来乌兔髓，珠皎不愁贫。”

③ “象”，原作“家”，误，校改。

尚有炼虚一著。胎神虽出，要紧紧收住，留他做完了炼虚一段工夫，再放出去，则真光法界，任意逍遥，大而化之矣。炼虚全要胸怀浩荡，无我无人，何天何地。觉清空一气，混混沌沌中，是我非我，是虚非虚，造化运旋，分之无可分，合之无可合，是曰炼虚。盖以阳神之虚，合太虚之虚，而融洽无间，所谓形神俱妙，与道合真。此乃出胎以后之功，分身以前之事也。"

问："阳神、阴神之别如何？"师曰："阴未尽而出神太早，谓之阴神。其出之时，或眼中见白光如河，则神从眼出；或耳中闻钟磬箫管之音，则神从耳出。由其阳气未壮，不能撞破天关，故旁趋别径，从其便也。既出之后，亦自逍遥快乐，穿街度巷，临水登山，但能成形，不能分形。但能远走人间，不能飞腾变化。若盛夏太阳当空，则阴神畏而避之，是以虽带仙风，未离鬼趣。"

问："阴神可以炼为阳神乎？"师曰："可。学仙之士不甘以小乘自居，只得于阴神既出后再行修炼，将那阴神原形粉碎，倾下金鼎玉炉，重新起火，火候足时，自然阴尽阳纯，真人显象。"

问："阴神如何能使原形粉碎？"师曰："忘其身，虚其心，空洞之中，一物不生，则可以换凡胎为灵胎，变俗子为真人，而事毕矣。"

问："身外有身之后，还做甚么工夫？"师曰："善哉问也！此其道有二：下士委身而去，其事速；上士浑身而去，其事迟。当阳神透顶之后，在太虚中逍遥自乐，顷刻飞腾万里，高踏云霞，俯观山海，千变万化，从心所欲。回视幻躯，如一块粪土，不如弃之，是以蜕骨于荒岩，遗形而远蹈①，此委身而去者之所为也。若有志之士，不求速效，自愿做迟钝工夫，阳神可出而勿出，幻躯可弃而勿弃，保守元灵，千烧万炼，忘其神如太虚，而以纯火烹之，与之俱化，形骸骨肉尽变微尘，此浑身而去者之所为也。并列于此，听人自择，有志者不当取法乎上哉？"

《冲虚子语录》或问："阳神之出，非必执定要身外有身，已承明命。但若果无形相可见，何以谓之出神？"答曰："本性灵光，非有非无，亦有亦无，隐显形相，安可拘一？"昔刘海蟾真人以白气出，西山王祖师以花树出，马丹阳真人以雷震出，孙不二元君以香风瑞气出，此数者虽有相可见②，而非人身也。又，南岳蓝养素先生以拍掌大笑而出，

---

① "蹈"，原作"踏"，误，校改。

② "见"，原作"相"，误，校改。

邱长春真人自言："出神时三次撞透天门，直下看森罗万象，见山河大地如同指掌。"此二者皆无相可见，而亦非身也。何必拘拘于身外有身而后为出哉？

问："何故有此不同？"答曰："当可以出定之时，偶有此念动而属出机，未有不随念而显化者。故念不在化身，则不必见有身；念若在化身，则不必不见有身。予之此言，但只为我钟、吕、王、邱、李、曹诸祖真人门下得道成仙者而说。是谓家里人说家常话，非为旁门凡夫恶少言也。彼虽闻之，亦无所用。后世凡出我长春邱祖门下的派受道者，必须记知，庶免当机惊疑也。"

冲举第十四[①]

佳期方出谷，咫尺上神霄。

冲举者，即世俗所谓白日飞升是也。《参同契》曰："勤而行之，夙夜不休。伏食三载，轻举远游。跨火不焦，入水不濡。能存能亡，长乐无忧。功满上升，膺箓受图。"从古即有是说，但在今时，既未尝见闻，理论上苦无证据。若以历代神仙传记为凭，自然如数家珍，听者或乐而忘倦，顾又疑其伪造事实、提倡迷信，必须求得一平素不信仙道之人，在伊口中或笔下得一反证，而后方能无疑。试观唐韩退之先生所作《谢自然》诗云：

果州南充县，寒女谢自然；童骇无所识，但闻有神仙。
轻生学其术，乃在金泉山；繁华荣慕绝，父母慈爱捐。
一朝坐空室，云雾生其间；如聆笙竽韵，来自冥冥天。
檐楹暂明灭，五色光尘联；观者徒倾骇，踯躅讵敢前。
须臾自轻举，飘若风中烟；茫茫八纮大，影响无由缘。
里胥上其事，郡守惊且叹；驱车领官吏，氓俗争相先。
入门无所见，冠履同蜕蝉；皆云神仙事，灼灼信可传。

(后半从略。果州在今四川顺庆府)

此诗通篇三百三十字，前半叙事，后半议论。凡恶劣名词，几全数加于其身，如寒女、童骇、魑魅、恍惚、日晦、风萧、神奸、魍魉、幽

---

① 《冲举》诗在《孙不二女功内丹次第诗十四首》中全文为："佳期方出谷，咫尺上神霄。玉女骖青凤，金童献绛桃。花前弹锦瑟，月下弄琼箫。一日仙凡隔，泠然渡海潮。"

明、人鬼、木石、怪变、狐狸、妖患、孤魂、深冤、异物、感伤等字句，极尽诋毁之能事，可知韩先生绝不信世有神仙。虽然，韩先生末后之主张亦不过曰："人生有常理，男女各有伦。寒衣及饥食，在纺织耕耘。下以保子孙，上以奉君亲。苟异于此道，皆为弃其身。"云云。呜呼！此等见解，何异于井底之蛙，裈中之虱，安足以餍吾人之望乎？

夫神仙所以可贵者，在其成就超过庸俗万倍，能脱离尘世一切苦难，解除凡夫一切束缚耳，非徒震于神仙之名也。名之曰神仙可，名之曰妖魔鬼怪亦可，所争者事实之真伪而已。谢自然上升事，在当时有目共见，虽韩先生之倔强，亦不能不予承认；奈其素以儒教自居，辟佛辟老，道貌俨然，一朝改节，其何能堪！睹兹灵迹，被以恶名，亦无足怪。吾人读《墉城集仙录》一书，纪谢自然女真生平神奇事迹，至为详悉，惟不敢遽信为真实。今读此书所云"须臾自轻举，飘若风中烟"，"入门无所见，冠履同蜕蝉"诸语，然后知冲举之说信不诬也。后之道者，可不勉哉！

人性善恶浅说[①]
（1934年）

昔者孟子主性善，荀子主性恶，各树一帜，在理论上绝对不同，然皆能自圆其说。但后世儒者，大都崇孟而黜荀，以为荀子谓人性本恶，即无异乎教人为恶，斯不足以服荀子之心也！盖孟子言性善，非听其自善而已，乃欲吾人求得本性中一点天良，发挥而光大之，不使其埋没于众恶丛中而莫由自拔也。荀子言性恶，亦不是任其作恶而已，乃欲吾人警惕于性分内原藏有恶种子，凡一举一动，不可丝毫放纵，必须尽力克制，则恶性日减，而善性日增矣。故孟荀二氏主张虽不同，而宗旨则同。孟子主先保存其善，而后恶自不生。荀子主先认识其恶，而后方能勉成其善。至其宗旨，皆不外乎劝人为善，固殊途而同归也。或问：孟荀之宗旨相同，既已明了，然孟荀之学说，根本立于反对地位。如谓性善说为是，则性恶说为非。若性恶说为是，则性善说为非。二者如冰炭之不相容，将奈何？答曰：二者皆是也。试观世间诸人，不论中国外国，不论黄种白种，有生来性格和平慈爱忠信廉洁者，亦有生来性情暴戾残忍狡诈贪污者，前者性善，后者性恶，皆是先天带来的种子所造成。善者生来就善，既未曾受教育所感化。恶者生来就恶，亦未必由习染所传变。可知人人本性中，既有善种子，即有恶种子，不尽属善种子，亦不尽属恶种子。故极善之人，或不免偶起少许之恶念，惟赖当机扑灭，即不至于蔓延。极恶之人，或亦有偶发一时之善心，惟赖助长扶持，即不至于[②]消失。盖人性是复杂的，而非单纯的，所以现此矛盾之象。譬彼太极图中，包含阴阳二气，周流循环，犹之人有善恶二性也。

---

① 原载《扬善》第1卷第13期（总第13期，1934年1月1日）。

② “赖助长扶持，即不至于”数字，原排于下句“包含阴阳二气，周流循环”中，误，据圈点文字校改。

一部《易经》，其宗旨都是扶阳而抑阴，亲君子而远小人，亦犹孟荀二氏去恶扬善之苦衷也。当今之世，善人患少，恶人患多，凡读书明达之士，务须体古哲之遗言，会易经之原理，振颓风而挽末俗，息邪说以正人心，将使性善者常保存其善，性恶者亦渐渐改而为善，则大乱可已，治安可期。余于此有厚望焉！

著者按：本篇所用性字，是普通的解释，如性格、性情之类皆是，故有善恶可言。若儒家所谓穷理尽性、佛家所谓明心见性、道家所谓性命双修，此等性字所代表的意义，皆至高至妙，超然象外，无善恶之可见，亦不能拿言语文字去形容他，必须学①者亲自做工夫，实地证验，方可领悟。最奇怪者，就是现在所流行的新名词，如性别、性交、性学、性史、性教育、性知识、性的饥渴、性的烦闷、性的追求等等，数不胜数，皆是专指男女肉体之关系而言，弄得社会一般青年学子，脑筋中除了雌雄二具以外，更无所谓性。吾恐将来字典上性字的意义，要大加改革，从新注解一番，方合于今后人类所需用。阅者诸君以为然否？

中国道教源流概论②
（1934 年）

吾国自轩辕黄帝以后，经历过唐虞夏商周五个朝代。凡称为圣君的，都是以道治天下；凡称为贤臣的，都是以道辅人主。当其时政与教不分，请看全部书经，可以说无一处不是卫国保民之政，又可以说无一处不是敬天化民之道。若要每条列举出来，虽万言不能尽，只得姑从简略，总而言之。

凡古代圣君贤臣，不但是政治手段高尚，就是他们个人自己的品

① “学”，原作“性”，误，据圈点文字校改。

② 原载《扬善》第 1 卷第 14 期（总第 14 期，1934 年 1 月 16 日）。

格，也是狠纯洁，没有丝毫缺点。因为自己的品格若不好，必不能感化人民，徒然靠着威刑强迫，使别人服从，到了结果，一定是反抗叛乱。所以《大学》上说：正心、诚意、修身、齐家、治国、平天下。这是先后不移的次序。

近代一般为政的人，身既不修，家亦不齐，心意更不堪问，偏要讲究治国平天下的道理，真是可叹。譬如造房子，墙脚尚没有筑好，就在浮土面上做起高楼杰阁，崩溃之灾，可立而待。《大学》虽是儒家之书，然孔子之学，本出于老子，孔子是述而不作的。我们可以说，孔子之道，就是老子之道。老子之道，全载于五千言中。若把一部《道德经》，详细引证讲演，吾恐阅者诸君，或望而生厌。今简言之。

《汉书·艺文志》说：道家者流，出于史官，历记成败存亡祸福古今之道，然后知秉要执本，清虚以自守，卑弱以自持，此人君南面之术也。这几句话，足以包括《道德经》一大部份精义，即儒家所谓"达则兼善天下"之学。

另外，老子有一小部份长生久视之术，乃预备"穷则独善其身"的时候所用。《道德经》上虽有几处说明，奈后世读者不大注意，亦不肯研究，一律视为在世上做事的道理，又弄错了。只有汉朝魏伯阳作《参同契》，借《周易》学理阐明人身修炼方法，又以帝王御政作为譬喻，深有得于黄帝老子养性延命的遗教。到了晋朝，葛洪著《抱朴子》内外篇，外篇谈国家政治、人事得失，内篇专讲神仙秘诀、烧炼金丹等事，文辞博而不精。治世理论，既有异于黄老，出世方术，亦不是纯粹《参同契》学派，乃自成其为抱朴子一家言而已。从此而后，治国家的大经大法，落在儒家手中。道家所保留者，仅有一部份修养之术。复以为未足，遂又掺杂方技门类于其中，如按摩、导引、辟谷、服气、药饵、吐纳、禁咒等类，皆属于此。创始者，即抱朴子。

此外别有一派，出于东汉时代，无抱朴子之神奇，而有抱朴子之怪诞，乃张道陵所创，当时称为五斗米教。张道陵本为张子房后裔，子房先以黄老之学，辅汉高祖定天下，后慕神仙之术，从赤松子游，颇有合于老子"功成名遂身退"之旨，不愧为道家高士。至于张道陵之教，则去乃祖远甚，完全方士一流，居然能代代相传，绵延不绝，尊为教主，位列朝班，食禄受封，万民信仰。"张天师"三字名号，全国皆知，可谓异矣。

张天师之教，在道门称为正一派，与全真派立于对等之地位。全真教相传始于元朝之邱长春，其教派曰龙门派。其制度极力模仿佛教，如在各处开设丛林，供奉三清圣像，拜诵各种经忏等等行为，与佛教无二。其出家为道士者，必须受戒、吃斋、断欲，亦与和尚无别。所不同者，仅头上蓄有发髻而已。正一派道士同在家人一样，不必如此守规矩，犹有古风。因为中国古来无出家之制度，只佛门有此耳。

又考正一派虽专习符咒，全真派虽专念经忏，然各自有潜修密炼之诀。正一重在集罡气，全真重在运周天，口诀甚秘，不得其人不传。普通之道士，固难问津，亦且无志于此。

现在吾人谈起道教，总不外乎正一与全真两大派，然两派皆不是道家真面目，岂但不知黄帝老子之遗言，并且不明《参同契》、《抱朴子》之学说。道教所以日见衰微，实因人材缺乏之故，岂偶然哉？

（撄宁按：此篇仓促做成，急于付印，白话文言，夹在一起，详略之间，亦无暇细审。阅者谅之。）

答覆河北唐山张让轩君[①]
（1934年）

谨覆者：

前由翼化堂书局转到惠函，辱承过誉，愧悚奚似！仆仅可称为好道而已，不敢自命为得道也。

世风愈坏，人心不古，诚如尊论。惟望修道之士日多一日，庶几可用旋转乾坤之手段，挽回劫运于无形耳。谨按来函所问各节，逐条答覆如后：

（1）“丹田甚暖，心中宁静”。此种景象甚好，乃坎离已交、水火既济之效验。

---

① 原载《扬善》第1卷第19期（总第19期，1934年4月1日）。

（2）“全身如酥如雾”。此象亦佳，乃身心安静、筋脉融和之效验。

（3）“有时身忽如无，恐不敢坐”。此种景象，凡习静坐工夫者，常常遇到，不必惊疑。不过顷刻之间，即又回复原状。

（4）“闭目则昏沉，开眼则清亮”。此乃身中阴浊之气尚重，故闭目不免昏沉。若工夫圆满，则身中纯是一片清阳之气，闭目自不觉其昏沉矣。

（5）“守窍在脐肾之中”。修炼下手处甚多，本无一定不移之方位。此守窍法亦可用，即丹经所云“前对脐轮后对肾，中间有个真金鼎”是也。

（6）“胎息不见”。胎息之成功有二种：一由于自然者，二由于勉强者。何谓自然成功？即是大周天入定以后，自然能到此地步。何谓勉强成功？即是专从后天呼吸下手，工夫由浅而深，亦可渐渐做到“胎息”地步。今阁下所以不见“胎息”者，一由于尚未到大周天入定之程度，二由于下手未曾专做“胎息”之工夫也。

（7）“每数十日尚有遗漏一次”。此种现象，若在普通人不能算病，乃精满自溢耳。在修炼家，总以长年不漏为妙。来函所云“提气上行”之法，亦不妨试做，看其有效验否？若有效验，即可一直做下去。若无效验，可以作罢。若非徒无益，反生他患，则须立刻停止。阁下与①仆相隔太远，其中详细情形一言难尽，不能断定此法是否相宜也。

（8）“自尾闾第二节内骨间起，似一黍珠，直冲顶上，少停即降入丹田”。此种景象，若不是因于幻想所造成，乃是由于静坐时无思无虑自然发动者，可以说工夫大有进步。然不是大药冲关之象，请勿误会。

总观以上各种效验，虽未造精纯之域，然得到如此程度亦非容易。仆想阁下必是诚笃之君子，方能有此效验。若能专心努力，持之以恒，将来当更有深造之一日。惟工夫须要顺乎自然，不可太执着耳。

仆三十年来所遇同道中人甚多，程度高低不一，有大成者，有小成者，有刚入门者，有终身无成者。彼辈所经历之途径，皆曾与仆共同参究，知之甚详。若尽量披露，写于纸上，恐数万言不能毕其说，只好留待他时机缘辏合，再行宣布。先此奉覆，余容续谈。

---

① “与”，原作“兴”，误，据圈点文字校改。

答覆江苏海门蔡德净君①（1934年）

第一答：此三句乃排印者稍有错误，今特为改正如下："且不仅男女之合"一句，"仅"字下当添一"禁"字。"待真永无漏泄而后已"一句，"真"字当改为"其"字。原文之意，盖谓男女之欲，应该要禁止，以免漏泄；若徒然禁止男女交合，不用其他方法修炼，仍不能免漏泄；必要待其永无漏泄，而后方为载道之器。从此用功，成仙成佛，始有希望。否则，终日讲经说教，都属空中楼阁，毫无实际，结果仍是"老病死"而已。

世上人患早泄、梦遗、滑精之病者，十人之中殆有九人，因为身体不健康、卫生不研究，故尔如此，是乃医学范围内之问题，请问医生可也。至于讲义上所说"永无漏泄"者，不在医学范围以内，是乃仙家筑基之工夫、佛家禅定之初步，非一个简单的法子可以和盘托出、显示于人者。譬如现在所流行之太极拳术，不过几十个架子，若按照书本上图样行事，一天学一个架子，不到两个月就学完了。然实际上并不如此容易，敝人曾见彼等从师日日学习，三年五载尚没有学好者甚多，学道亦如是也。

第二答：佛家有显教，有密教。显教是普度的，是可以公开的，是人人能学的；密教是严守秘密的，是不能公开的，是普通人所不能学的（此处所谓密教，不是由日本传来的密宗，请勿误会）。仙家亦有显教，有密教。显教是吐纳导引、炼气辟谷、服食药草、精思存想、清净坐忘

① 原载《扬善》第1卷第19期（总第19期，1934年4月1日）。后来，施性感又撰《补充陈撄宁答蔡德净先生问》发表于《扬善》第1卷第21期（总第21期，1934年5月1日），末有陈撄宁按语曰："今得施君补充玄义，又肯代为请训，并将披露灵文，岂徒蔡君一人之幸，实亦阅者诸君之幸也。"

等类法门，数不胜数。凡关于此种问题，敝人知无不言。至于来函第二条所问者，乃仙家之密教，自古以来不许写在纸上，不许妄传与人，若不谨慎，犯此戒律，必遭谴责，昔者张紫阳真人已亲身历验之矣。请观《悟真篇·后序》有云："三传与人，三遭祸患，自今以往当钳口结舌，虽刀剑加项，亦无复敢言矣。"敝人初不相信，十年以前曾犯此戒律三分之一，已招引极大之魔难有五年之久，其困苦非言语所能形容。今实无此大胆敢犯第二次。故对于阁下所问，不能回答，请原谅是幸。

若问：仙家密教既不能公开，又何必著书传世，岂非多事？请观魏伯阳真人《参同契》书中云："若遂结舌喑，绝道获罪诛。写情著竹帛，又恐泄天符。"此四句话，已将必须著书传世而又不敢明言之意，诚恳说出，后学更无疑惑矣。譬如我们有一把刀，善用之者，可以切菜，可以裁纸，可以削木制器，可以御侮防身，有益于人处甚多。若被小孩玩弄，则断指流血矣；若被强盗拿去，则杀人劫物矣。将归咎于刀乎？刀不任咎也！其过乃在有刀之人，不能谨慎收①藏，致招意外之祸。仙家密教，亦如是也。

第三答："男子茎中无聚精，妇人脐中不结婴。"此二句出于《道藏全书》中，外面没有流传之本。又，"男子修成不漏精，女子修成不漏经"此二句，乃普通道书注解所常引证者，相传为许旌阳真人之言，其原本亦无处可购。

第四答：阁下所欲解决之问题，总而言之，要得悟大道、超出樊笼，庶免坐待油干火息、再堕轮回，志愿宏深，可敬可佩！坊间流行之道书虽有多种，或嫌理论太高，恐无人讲演，不能领会；或嫌口诀隐藏，非明师传授，不能自悟；或嫌意义浅陋，阅之不免生厌；或嫌满纸空谈，到底无下手处；或嫌宗派不同，对于阁下个人之环境未必相宜，故不敢贸然介绍。据愚见而论，惟有《性命圭旨》一书最为适用。阁下所急需解决之问题，书中早已代为解决。自始至终，有条不紊，凡圣贤仙佛，一切大道，一切口诀，无不包罗在内。请熟读深思，必有豁然贯通之日。所惜者，书坊流行之本大半是洋纸石印，字小难看，且有错误。须访求木版大字本为要。

再者，翼化堂出版之道书，现在有一百几十种，鄙人犹以为不敷应用，曾劝该局主人勿惜工本，竭力搜求古版道书刊印流通，以饷学道之

---

① "收"，原作"致"，误，据圈点文字校改。

士。并拟抽出余暇，将该书局所有已经发售之道书分门别类，编成一部书目提要，将其内容大概以及诸家派别之不同、下手方法之各异①略②为分晰，并某一部书中其宗旨如何，其精华何在，亦不惜和盘托出，以便学者之参求。将来按期登入《半月刊》中，请阁下自己选择性之所好者，购而读之，无须鄙人之代谋矣。

至于鄙人所以不惮烦劳、尽心竭力，以提倡道学为已任者，非欲于此中求何利益，实因昔日从师学道时即发此愿。奈人事蹉跎、迁延岁月，未能实行。今幸遇机缘，翼化堂主人堪称同志，或可偿我宿愿，并希望能报吾师传授之恩于万一耳。阁下若喜研究道学者，鄙人固甚欢迎也！先此奉覆，余容续谈。

答覆安乐医舍③ (1934年)

接奉来函，知尊意欲参观敝处乩坛。奈因沪战以后，敝寓由民国路迁移到南成都路，已有两年之久，未曾设立乩坛④。因为此处房屋不及民国路房屋之宽大，没有空室可以专作设坛之用者。从前住在民国路时，另辟静室一间，供奉诸位仙师，香花茶果，沙盘乩笔，安排妥帖。偶遇天气晴和，风清月朗，辄聚集二三同道，虔诚叩请，必有上真临坛，传授玄功口诀。若问人世之吉凶祸福，则不肯明言。如此者已经过十载光阴。可惜现在同道诸人大半离散，仆自己又为境遇所困，日入市场，故无余暇再集盛会。所以参观之举难得如愿。或者俟有机缘，将从前历年以来敝处乩坛所开示之诸仙训语，择其能公开者，陆续登入本

① “异”，原作“略”，误，据圈点文字校改。
② “略”，原作“异”，误，据圈点文字校改。
③ 原载《扬善》第1卷第19期（总第19期，1934年4月1日）。
④ “乩坛”，原作“坛乩”，误，据圈点文字校改。

刊，以便好道诸君之研究耳。特此谨覆。

答覆南通杨风子君[1]（1934年）

（一）普通人顶上皆有气，并且有各种颜色。昔年曾遇一位道友，善于望气，断定人之吉凶祸福，屡试屡验。因为他的一双眼睛生来与众不同，能于正午时对太阳直视而目不稍瞬。他的师父见他有此异禀，故把望气之术传授于他。他既得师传，又能刻苦炼习三年之久，其术遂成。据他对我说，人头上气有高低，愈高愈好。虽高而中间有折断处，亦不好。气之颜色，黄白紫都好，皆是与仙佛有缘者；红色乃世间富贵中人，但不宜于修道；青色灰色都属凶恶之气，须防灾祸临身。今观来函所言，有人看见阁下头顶上有红紫黄之气，不知此人的眼睛是否与众不同？是否曾经炼习过望气之术？是否众人皆不能看见，独有此人能见？来函皆未言明，故难代为判定。

总而言之，白紫二色为上上，若一心修道，今生可望成功。黄色为中平，乃是品德高上之士，今生安居乐业，无灾无祸，来生福报更胜于今生。红色为上中，世俗求谋，大吉大利。今阁下自觉顶上为白气，而别人见阁下顶上有红黄紫之气，是四种颜色俱全。虽然都是好气，可惜颜色太杂，未免美中不足。然比较寻常之人，已胜过多倍矣，可喜可贺！

（二）“性命”二字，若细细解释，纵有千言万语亦说不尽，今特简而言之：“性”即是吾人之灵觉，“命”即是吾人之生机。

（三）“性命”二者不可分离，所以要“双修”。但此义颇难明白，今姑作一譬喻以解释之。譬如我们有一玻璃镜子，上面沾染了许多灰

[1] 原载《扬善》第1卷第21期（总第21期，1934年5月1日）。

尘，把镜中的光明完全埋没，变成废物。我们要想镜子常放光明，必须先将上面历年沾染的灰尘设法渐渐除去。除去一分灰尘，即现一分光明，除去十分灰尘，即现十分光明，此所谓“修性”也。虽然时时需用除灰尘的工夫，而时时又要保护这面镜子，切切不可毁坏。若偶不当心，失手将镜子打碎，则除灰尘的工夫尚且无从做起，更不必再希望镜子放光。所以我们先要保护镜子，不可打碎，此所谓“修命”也。

镜本有光，因尘埋而光灭；光不离镜，因镜破而光销。镜之光明譬如“性”，镜之质体譬如“命”，所以要“性命双修”。

（四）“道法”二字，范围亦至广大，更非几句话所能说得清楚。简而言之，“道”就是吾人返本还原的一条大路，“法”就是我们走这条路的法子。譬如要从上海到南京，有四种走法：第一种两脚步行，第二种乘轮船，第三种乘火车，第四种乘飞机。时间的快慢虽有分别，而结果皆可以达到目的地。就恐怕是把方向认错，乘轮船的到了宁波，乘火车的到了杭州，乘飞机的到了北平，两脚步行的又不知去向，永远不会有到南京之一日。所以修道首先要研究方法，此之谓“道法”是也。另外尚有一个解释，乃“道无术不行”，术就是法术，可以作为行道之助，故曰“道法并行”。

答覆杨风子君①（1934年）

谨覆者：

来函言贵地某女士修道多年，最近忽得疯病，问有何挽救之方？今特依愚见答覆如左：

---

① 原载《扬善》第2卷第3期（总第27期，1934年8月1日）。

(1) 女嫁男婚，乃人伦之正轨，阴阳交感，亦天道之常经。修行法门甚多，不必定要禁绝夫妇之事。倘有生来根器与众不同、情欲之念甚为淡薄者，则实行断绝房事，未尝不好。设若欲念颇旺，难以克制，而又不能遂其愿者，必须用种种方法调和身心，使欲念渐渐淡薄，而后达到自然无欲之境界。切不可勉强压迫，违背人情，致滋流弊。

(2) 因为打坐炼工夫而生各种奇怪病症者，时有所闻，试列举如下：或哭或笑；见神见鬼；自言自语，歌唱不休；手舞足蹈，全体摇动；胸腹胁肋之中结成痞块；印堂山根之内如多一物；肝火太旺，常常动怒；终日忧闷，愁眉不展；眼中看见各种幻相；梦中现出各种异境。诸如此类，不可胜数。有终身不愈者，有服特别方药而获愈者，有用精神治疗法而获愈者，有停止坐功、从事游戏散心而获愈者，有因做此种工夫受病、改做他种工夫而获愈者。病之①情状，各不相同，故治法亦不能一概而论。

(3) 某女士环境如何？程度如何？仆皆不知其详，故对于其致病之由不敢妄发议论。果如来函所言，的确是因修道做工夫而得此病，则必须改变其旧日之习惯，停止一切坐功。最好令人陪伴他出门，到山林清幽之处游玩，寻一点乐趣，使其心怀开畅，或可望有转机。至于绳捆索缚、禁止自由，大约是出于无可奈何之举动，不得已而为之耳。

(4) 修道虽是美事，但非人人能做的，必须上根利器方可成就。普通人走这条路，常常走不通。世间上智少而中材多，与其劝人修道，不如劝人修慧。果能福慧兼全，修道自然易易。若有福无慧者，虽其人环境甚佳，而不能辨别是非邪正，难免盲修瞎炼。若有慧无福者，虽其人能闻一知十、澈悟玄机，而为环境所困，不能实行修证。此二种皆有缺憾。若福慧两门俱不足者，今生更无希望，只好守戒持斋、积功累德、清心寡欲、读书穷理，以待来世之机缘而已。故仆平日虽提倡道学，亦听人自己发愿、自己研求，决不勉强劝人修道，盖深知此事之不易也。先此奉覆，余容续谈。

七月中旬

① "病之"，原作"之病"，误，据圈点文字校改。

覆武昌张化声先生函[①]
(1934年)

化声先生慧鉴：

接奉来函，敬聆宏论，并蒙惠赠《自叙》小册六份，拜读之余，至深钦佩。承示三种主义之不同，结果赞成道家之生本主义，精粗咸备，心物俱融，最合实用。今当举国若狂之际，乃有人具此卓识、发此大愿，不可谓非豪杰之士也。

弟等愚见，尝谓道体本一而其用万殊，从流溯源，则万殊复归于一本。无所谓心物之差别、释老之异同，若因时制宜、随机应变，非但道家与佛家二者之间有所取舍，即在道家范围以内，法门甚多，亦岂能漫无别择？由博返约，先知后行，乃弟等之素志也。

欧美偏重物质科学，中毒已深，无可救药。杀人利器，层出不穷。飞机炸弹，可以使都市顷刻作丘墟。毒气死光，可以令全球人类成灰烬。彼等自作自受，犹有可说，独怜吾华夏良善之民族，与此等恶魔同居一世界内，受害岂能幸免？中日冲突，已小试其端，百倍残忍，将继续而至。佛教慈悲，徒唤奈何！若借助于物质科学，杀以止杀，更滋荒谬。

现在希望只有从道家入手，合精神与物质同归一炉而冶之，将来或可以达到自救救他之目的。但是功业艰巨，成就非朝夕可期。学理固应提倡，实证尤为急务。道家工夫，首重效验，若能说而不能行，虽行而不能证，其弊亦与今世伪教徒相等耳。弟等愚拙，颇欲力矫此弊。先生

① 原载《扬善》第2卷第8期（总第32期，1934年10月16日），署名“常遵宪、陈撄宁”。

明哲，谅有同情。尚望常锡嘉言，以匡不逮。

肃覆，并候

道安。

常遵宪、陈撄宁　同顿

《口诀钩玄录》读者须知[①]（1934年10月16日—1937年1月16日）

第一章　学说之根据

本集内容，概依清朝光绪时代江西丰城黄元吉先生所撰《道德经讲义》并《乐育堂语录》二书为根据，不搀杂别家学说，以免混淆。此二书虽曾经好道之士捐资刊印，惜流传不广，甚难购置。至于坊间通行之道书，名目虽多，然言理者不言诀，言诀者不言理。学者观之，或感觉空泛无入手处，或执著死法而不知变化，以致皓首无成。故黄先生昔日教人，理与诀并重。学者先明其理，而后知其诀乃无上妙诀，与旁门小术不同。既知其诀，更能悟其理乃一贯真理，与空谈泛论不同。余所以亟为介绍于今世好道之士。

① 《口诀钩玄录》是陈撄宁及其弟子对清人黄元吉《乐育堂语录》等著作的分类编辑，全书共20余万字，后以《口诀钩玄录（全集）》为题收入胡海牙总编、武国忠主编《中华仙学养生全书》（北京：华夏出版社，2006年）。陈撄宁为《口诀钩玄录》撰写的“读者须知”，最初曾作为《口诀钩玄录》的第一篇，以《口诀钩玄录（初集）》为题发表于《扬善》第2卷第8期（总第32期，1934年10月16日）至第4卷第14期（总第86期，1937年1月16日）。

第二章 书名之意义

此书原拟名《黄元吉先生学说钩玄录》，因嫌其太长，故省去五字。又因“学说”二字不足以包括此书之优点，且易于令人误会为虚浮之言论，非实行之方法，所以改名为“口诀”，要使人明白此书中有历代圣哲口口相传之秘诀。学者果能按其所说，见诸实行，则了道成真，自信当有几分把握。从此以后，不必累月经年，搜神语怪，乃知正道本属平淡无奇，不必千山万水访友寻师，乃知真诀即在人生日用，岂非一大幸事乎？

昔贤读书治学，都有一种研究的功夫。唐《韩昌黎先生文集》有云：“记事者必提其要，纂言者必钩其玄。”今按：提要就是挈其纲领，钩玄就是取其精华。余细察黄元吉先生所传《讲义》、《语录》二书，皆当时黄先生口授而门弟子笔录，其初意本不要著书传世，故其书无次序先后，无纲领条目，东鳞西爪，不易贯串。而且文笔亦不整齐，烦冗琐屑处甚多。虽有最上乘修炼口诀包含在内，但初学观之，亦难领会。今为学者便利计，故提要钩玄之法不能不用。况本书全部精华，就在玄关一窍。二书论玄窍之文字，皆散见于各处，而不成系统。今为之聚其类别，比其条文，删其繁芜，醒其眉目，当较原书为易于入门矣。学者果能将玄窍之理论一一贯通，玄窍之工夫般般实验，何患不能缩天地于壶中，运阴阳于掌上？功成证果，可与三清元始并驾齐肩，岂区区玉液金液长生尸解之说所能尽其量哉？此《钩玄录》所由作也。

第三章 应具之常识

第一节 道家与道教之异同

提及儒释道三教，凡是中国读书人都能领会。在昔明清之际，曾有倡为三教一家之说者。盖以道的本体而论，三教原无分别。若依事实而论，则不可混为一谈。中国自轩辕黄帝而后，经过许多朝代，直到周朝李老子，皆属于道家一派。其学说是有系统的，用于外，可以治国齐家；用于内，可以修身养性。古时读书人皆能运用此学说以处世，在位则帝王将相不以为荣，在野则陋巷布衣不以为辱，所谓达则兼善天下，穷则独善其身，无往而不自在，无时而不安乐。这个就叫做道学。汉时的张良，三国时的孔明，亦是此道中人物。

至于寇①谦之之科诫符箓，张天师之正一派五雷法，邱长春之全真派经忏斋蘸祈祷等类，这些都叫做道教。虽各派之中，也有修养的方法，但其宗旨与作用，比较古代的道家，完全不同。学者须要认识清楚，不可张冠李戴。

第二节 道家与儒家之异同

儒家学说，出于孔子。孔子以前，止有道家而无儒家。孔子当时曾受教于老聃，又自称述而不作，信而好古，可知儒家亦发源于道家。至于儒道二家学说异同，前人议论甚为详尽，今日不必赘言。

读者须知：儒家缺点，就是把人事看得太重，毕世讲究做人的方法，没有了期。设若一旦我们感觉人生若梦，人寿短促，人之能力薄弱，人之范围窄狭，生不愿意做人，死不愿意做鬼，既不欲为肉体所拘，又不甘偕肉体同归于尽，是必别求超人之学术，然后才能达到我们之目的。此等超人学术求之儒家，颇不易得，当年孔子赞《易》，亦深悉此中玄妙。但是他对于门弟子不肯显言，除颜、曾而外，得传者甚少。因此后来儒家仅知世间法，而不知出世法。止有山林隐逸之士，如陈希夷邵康节辈，尚私相授受耳。黄元吉先生所传之道，就是此一派。

第三节 道家与佛家之异同

道家是中国古来所独有的，佛教是汉朝由印度传到中国来的，在历史上根本就不相同。魏晋六朝时代，士大夫崇尚清谈，翻译佛书者，不觉将老庄一部份之玄义，混融于佛教经典之内，故佛说与道家言，偶有可以相通处。唐时佛学家，尝以八卦之理解释佛教《华严经》，因此可知道通于佛。近代学者，又以内典之理，解释《庄子·齐物论》，因此可知佛即是道。

愚见认为：佛家与道家，在理论源头上本无不同，其所以不同者，乃在下手修炼的方法。道家工夫，初下手时，与肉体有密切之关系；佛家工夫，专讲明心见性，不注意肉体上之变化，遂令人无从捉摸。

印度本有小乘坐禅法，亦颇注意身内之景象，并不②限定日期，证某种果位，获某种神通。无奈中国佛教徒专喜空谈，不肯拼苦用功，实行修炼，故大乘之说最为投机，而小乘工夫无人过问矣。

---

① “寇”，原作“冠”，误，校改。

② “不”字，圈点文字改为“可”。

第四节　道家与神仙家之异同

出家人光头无发者名为和尚，头上蓄发挽髻者名为道士，凡有眼者皆能分别。若一问及彼等修行方法其不同之处何在，非但普通人不能回答，即彼和尚道士自己，亦莫明其妙。吾尝见和尚庵中供吕祖像，道士观中供如来像。又尝见某老僧精神矍铄，问其坐功，乃邱祖小周天口诀。某老道化缘，口中声声念的，乃是无量佛。出家人尚且如此，何怪一般在家人认识不清？遇见吃斋诵经拜偶像者，不管他是佛是道，是出家，是居俗，总而言之，送他一个修行人的雅号。至于修些什么，行些什么，现在的效验如何，将来的成就如何，都不愿去研究。

当今之世，论及佛道之异同，已属多事。若再提起学道与学仙之分别，更觉曲高和寡，知音者稀。虽然，吾人求学，当以真理为依归，不可随世俗相浮沉。况且此等学问，本是对上智之人说法，不是拿来普渡一般庸愚之士，因为此事非普通人所能胜任。试观历史传记，每一个时代，数百年间，修行人何止千万？结果仅有少数人成就，可以想见此事之困苦艰难，谈何容易。读者诸君若有大志者，不妨先下一番研究工夫，把这条路认识清楚，然后再讲实行的方法，幸勿河汉斯言。

古时道家与神仙家，本截然两事。在《汉书》中，道家列为九流之一，神仙列为方技之一。何谓九流？曰道家、曰儒家、曰阴阳家、曰法家、曰名家、曰墨家、曰纵横家、曰杂家、曰农家，共为九家。后世俗语，有谓九流三教者。三教人人皆知，九流则知者甚少，其实即发源于此。何谓方技？曰医经、曰经方、曰房中、曰神仙，共分四种。考其类别之意，九流大都关于治术，方技则偏重于养生。治术是对人的，养生是为己的，其宗旨自不同也。

老子为道家之祖，凡讲道无有过于老子者。一部《道德经》中，有讲天道的，有讲人道的，有讲王道的，皆是杂记古圣哲之精义微言，并非专指某事某物而作此说。至其最上一层，乃是讲道之本体。其言曰："有物混成，先天地生。寂兮寥兮，独立而不改，周行而不殆，可以为天下母。吾不知其名，字之曰道。"其意盖谓道是宇宙万物之根源，无名无形，绝对不二，圆满普遍，万古常存。所谓修道者，就是修这个道，读者须要认识清楚。

今再论仙字的解释。仙字又可以写作僊，《字书》谓人年老而不死者曰仙。仙者迁也，谓迁入山中也。古代传记，凡记载①神仙历史者，其末后一句，大半是“入山不知所终”，决不似普通人老死于牖下。至于学道者则不然，《论语》曰：“朝闻道，夕死可矣。”《中庸》曰：“道也者，不可须臾离也，可离非道也。”又曰：“君子之道，造端乎夫妇。及其至也，察乎天地。”《易经》曰：“一阴一阳之谓道。”据此可知，学道不必定要长生不死。止求能闻道、悟道、证道，虽死无妨，不必一定要入山苦炼。虽伦常日用之间，何处非道之所在？所患者，人不能参透阴阳之消息耳。故凡种种奇怪骇俗之事，皆学仙者所必有，而为学道者所厌闻。其不同如此。

再者，学道与学仙，前人意见常有冲突处。唐白居易诗云：“皇皇道祖五千言，不言药，不言仙，不言白日升青天。”此盖据老子之说以谤仙也。又，抱朴子云：“五千言虽出老子，然皆泛论较略耳。其中了不肯首尾全举其事。至于文子、庄子、关令尹喜之徒，虽祖述黄老，但永无至言。或复以存活为徭役，以殂殁为休息，其去神仙已千亿里矣，岂足耽玩哉？”此又据神仙之说以谤道也。历代以来，如此类者，数不胜数，皆是已而非人，党同而伐异，其实皆搔不著痒处，亦犹之乎佛教中性宗与相宗对立、净土与参禅互讦，徒费唇舌而已。至于后世之性相融通、禅净双修等法门，若可以调和于二者之间矣，然不免骑墙之诮。道之与仙，亦犹是也。

人生斯世，资②质本至不齐，境遇又不一律。能学佛者未必能学道，能学道者未必能学仙，此言其人之才力有胜任与不胜任之分。凡好佛者未必好道，好道者未必好仙，此言其人之性情有相近与不相近之别。既不能舍已以从人，又何能强人以就我？只要大体无差，不妨各行其是，毋庸彼此互相攻击，徒见其器量之小耳。

第四章　口诀之来原

上古时代，没有纸笔墨砚，若想做几部书，流传于世，供大众阅看，是一件最困难的事。故凡有玄微的理论，切实的工夫，以及普通处世的格言，都是师以口讲，弟以耳听。犹恐语句太多，不能记忆，遂将

---

① “载”，原作“戴”，误，校改。

② “资”，原作“姿”，误，校改。

其中最关紧要者，摘出几句，编成简括有韵的文章，便于使人背诵不忘，临时即可应用。其例如后：

《曲礼》曰："坐如尸，立如齐，礼从宜，事从俗。将上堂，身必扬，将入户，视必下。游毋倨，立毋跛，坐毋箕，寝毋伏。傲不可长，欲不可纵，志不可满，乐不可极。"以上皆言做人的道理。

《书经》曰："人心惟危，道心惟微；惟精惟一，允执厥中。"此十六个字，将修养的道理，已包括尽了。

《易经·系辞》曰："天地絪缊，万物化醇；男女构精，万物[①]化生。"后世丹经所言阴阳的道理，不能外此。

老子《道德经》曰："惚兮恍兮，其中有象。恍兮惚兮，其中有物。杳兮冥兮，其中有精。其精甚真，其中有信。"此即后世丹经所谓先天一气之说。

《庄子·在宥篇》引广成子教黄帝之言曰："至道之精，窈窈冥冥；至道之极，昏昏默默。无视无听，抱神以静，形将自正，必静必清。无劳汝形，无摇汝精，乃可以长生。目无所见，耳无所闻，心无所知，汝神将守形，形乃长生。慎汝内，闭汝外，多知为败。我为汝遂于大明之上矣，至彼至阳之原也。为汝入于窈冥之门矣，至彼至阴之原也。天地有官，阴阳有藏，慎守汝身，物将自壮。我守其一，以处其和，故我修身千二百岁矣，吾形未尝衰。"撄宁按：这段文章，把长生不死的道理，和盘托出，玄妙无伦。凡后世丹经所言炼己筑基、周天火候之说，无不在此。黄帝为道家之祖，而广成子又是黄帝之师，其言如此显露，如此切实，奈何后世学道者不于此寻一个出路，反去东摸西撞，七扯八拉，真所谓盲人骑瞎马，愈走愈错，越弄越糟。

《列子·天瑞篇》引《黄帝书》曰："谷神不死，是谓玄牝；玄牝之门，是谓天地之根。绵绵若存，用之不勤。"这六句古语，本在《道德经》内，读者必认为老子自己做的。今观《列子》所引，明明说是黄帝之书，可见此语乃自黄帝以来历代相传的口诀，不是老子自造的。传到于今，已经过四千六百余年矣。

以上数条，略见一斑。诸如此类，皆可名为口诀。秦汉以前的古书，常有此种口诀隐藏在里面，后人往往忽略过去。《钩玄录》非考古之文章，亦不必详征博引，仅使学者心知其意而已。

---

① "物"，原作"生"，误，据圈点文字校改。

第一节　传口诀之慎重

道书丹经所习用的“口诀”二字，其初盖出于《参同契》书中。其言曰：“三五与一，天地至精，可以口诀，难以书传。”据此可知魏伯阳真人之意，就是不愿把口诀写在书上，所以满纸都是隐语。读《参同契》者，莫想在书中寻出一个法子来。他自己已经说过，其言曰：“窃为贤者谈，曷敢轻为书。若遂结舌喑，绝道获罪诛。写情著竹帛，又恐泄天符。犹豫增叹息，俯仰缀斯愚。陶冶有法度，未可悉陈敷。”照他的意思看起来，若完全写出，则恐泄天符，若闭口不谈，又恐绝道脉，弄得他说也不好，不说也不好，真是进退两难。到了结果，下两句断语，就是：“天道无适莫兮，常传于贤者。”呜呼！魏祖之用心，亦良苦矣。

《参同契》既如此隐秘，试再求之于《黄庭经》，看其如何？《黄庭经》之言曰：“授者曰师受者盟，云锦凤罗金纽缠，以代割发肌肤全，携手登山歃液丹，金书玉景乃可宣。”据此可知，黄庭一派传授亦极端慎重，口诀亦不易得闻。

《参同》、《黄庭》，皆如此其隐秘矣，试再求之于《抱朴子》。一则曰：“不得名师口诀，不可轻作。”（《黄白篇》第十六）再则曰：“此法乃真人口口相传，本不书也。”（《释滞篇》第八）三则曰：“至要之言，又多不书，登坛歃血，乃传口诀。苟非其人，虽裂地连城，金璧满堂，不妄以示之。”（《明本篇》第十一）诸如此类，不可胜数。考《抱朴子·内篇》，本专讲神仙之术者，其重视口诀也，较之《参同》、《黄庭》，若出一辙。

以上三种古籍，如《参同契》，如《黄庭经》，如《抱朴子》，皆仙道门中最有价值之书。其作书时代，距今已在一千五百年以上。后来所出各种内外丹法，以及符咒禁术等类，大半是由此三部书脱化而出，纵偶有轶出范围之外者，其宗旨①仍复相同。所以历代以来，凡传授丹经法术，莫不以口诀为重。盖千载如一日也。

第二节　口诀不肯轻传之理由

余昔年访道，执定一个见解，就是虚怀若谷。不管所遇之人，是正道、是旁门、是邪术、是大乘、是小乘，总以得到口诀为最后之目的。故凡关于口诀一层，耳中所闻者，实在多得无以复加。虽不能说白费光

① “旨”，原作“教”，误，校改。

阴，徒劳心力，然在我所得的口诀中，百分之五十都是怪诞鄙陋、不能作用的。又有百分之二十，虽然能用，而无大效验。其可以称为真正口诀者，仅百分之三十而已。

仅此百分之三十，尚有上中下三等之不同，难以一概而论。现在我对于口诀二字，著实有点厌闻。但因多年阅历，刻苦研求，遂发明口诀不肯轻传之理由如后：

（一）造化弄人，要人有生有死，有死有生。而修道者，偏要长生不死，或永死不生，以与造化相反抗。设若你没有超群的毅力，绝顶的聪明，深宏的德量，结果定归失败。到了失败以后，不咎自己资格欠缺，却怪为师者妄语、口诀①不灵，是多收一个徒弟，就多一层烦恼。因此非遇载道之器，不肯轻传。此为第一种理由。

（二）凡事若得来容易，在自己心目中，看得就不十分贵重。一旦实行，必以游戏之态度处之。世上人情，大都如此。修道是一种最高尚的事业，若视同游戏，请问能有好结果否？因此传道者，常故意使学道者受过相当之困难，以观察其人是否有诚恳之心志，所以不肯轻传。此为第二种理由。

（三）道是宇宙万物所共有的，法是人类智慧所发明的，术是依法证道或护法行道之种种手段。道只有一，法则有上中下三等之差别，术更有古今、邪正、巧拙、利害之不同。道可以公开宣讲，与千万人听闻，著书立说，与全世界相见。法当按三等之阶级，选择上中下三等根器而授之，不可以一法教多人，免致扞格不通。术更须择时、择地、择人、择社会环境，而酌量其可传与不可传。有几种秘术，虽能速获神效，而未免惊世骇俗，易招毁谤，若一显扬，必生反动，对于实行上大有障碍，宁可秘而藏之，免致门外汉乱加批评。因此不肯轻传，此为第三种理由。

（四）为传道之师者，亦有三等资格。第一等是已经完全修炼成功的人，或是古代圣真之化身。第二等是一半修炼成功的人，其肉体上之生理，与凡夫绝不相同。这两等人，传道即传道而已，没有什么交换条件，亦无须要凡人去帮助他。第三等的，是已经千辛万苦得受口诀，但因环境不佳，经济困难，未能实行用功修炼，只得根于人类互助之原则，寻觅一个有财力可以帮助自己修道的人，而后传之；但其人虽有财

① “诀”，原作“缺”，误，据圈点文字校改。

力可以助我，而品德欠优，不足为载道之器者，照例亦不许传授。此为第四种理由。

附告：读者至此，不要误会，以为作书者心中想人帮助，故意造出许多谣言。老实说一句，我现在的程度，虽然不敢与第二等资格并肩；但可以凭我个人的力量，赶上前去，尚不十分困难，毋须要人帮助。我现在所做的事，都是为人，不是为己。若欲独善其身，自然有我分内应该进行之事，何必在此舞文弄墨，惹许多麻烦？读者须要把市侩的习气除脱，然后看我的书，方没有障碍。

（五）为师者当日学得口诀时，必定要发一种誓词，如“不许妄传匪人，若妄传者，必遭灾祸”等语。此乃最平常之誓词，尚有比这个更厉害的，如“生受人天之诛，死受地狱之苦”等语。既然发过这许多誓，自己总不免忐忑于心。因此为师者日后传人，都是战战兢兢，恐怕自己偶不小心犯了誓语，所以不肯轻传。此为第五种理由。

（六）为师者自己当日得传口诀，很不容易，或经过许多岁月，或历过许多艰辛，或受过许多磨折，最后方能得诀归来。从此他就认定了自己生平所经历之过程，就是普通一般初学人的榜样。设若你所经历者，不合于他自己当日之过程，他以为太便宜于你，非普通学人之本分，因此不肯轻传。此为第六种理由。

（七）地元丹诀，黄白点金术，自古至今，皆守秘密，不肯公开。但每一个朝代，总有几人承受此法。从前生活程度，比较现代是很低。他们修道的人，本不想发财，只要一个月炼出几两银子，就可过生活。不是隐于山林，就是混于城市，彼既无求于人，人亦不能识他。像这一类的口诀，也是不易得闻。设若公开宣布，大家都会炼，银子生产过剩，必要扰乱全国金融，又恐匪人得之，借此作威作福，所以不肯轻传。此为第七种理由。

（八）剑术也是极端秘密之一种，上等的名为剑仙，次等的叫做剑客。他们的戒律，不许管国家大事。现在常听人说，彼等为何不替国家出力？这都是门外话，决不可拿看小说的眼光去猜想。究竟他们费二十年光阴，牺牲一切专炼此术，作什么用处呢？因为中国自古以来，就有这一派，乃地仙门中之旁支。他们修炼，是要跑到悬崖绝壑，采取灵药，服食辟谷，吐纳呼吸，噏受日精月华，各种工夫与金丹法门隐居城市修炼者不同。假使在深山中，遇到毒蛇猛兽，肉体无力抵抗之时，就用剑气去降伏。待到二三百年以后，道成尸解，肉体既不要保存，剑术遂归于无用。他们若有不甘于小成者，半途上再求进一步的工夫，参透造化阴阳之消息，拿出旋乾转坤之手段，将后天金气变而为先天金气，于是又走回金丹大道正路上来了。这种人性情甚为固执而冷僻，若是你的资格不合于他的条件，无论如何，他决不肯相传。此为第八种理由。

前几年在四川重庆一带，传授剑术的那位先生，难免带点江湖上的习气。他收了许多徒弟，弄了不少金钱，在他自己甚为得计，可惜剑仙名誉被他丧尽。西北几省，也有人在制造剑仙的神话，完全与真实剑仙事迹不同，吾恐又是一种欺诈手段。好道诸君，切切不可入其圈套。

（九）符咒祭炼，遣神役鬼，降妖捉怪，搬运变化，三跷五遁，障眼定身，拘蛇捕狐，种种奇怪法术，十分之九都是假的。然而真假是对待的名词，有假必有真，其真者若误传匪人，则国家社会皆受其影响，传者受者同遭灾害，如昔日白莲教之类皆是，所以不肯轻传。此为第九种理由。

（十）祝由医病，符水救急，运气按摩，针灸点穴，这都是他们一生衣食之资。你若没有相当的报酬，决不能得到他们的口诀。其中也有专以救济为怀，不靠此谋生活者，虽不吝于传人，但学者亦不许营业。若私自收人家报酬，又违背他们的戒律，连累师父，所以不肯轻传。此为第十种理由。

（十一）内家外家两派武术入门的架子，以及普通的拳脚，虽可以公开传人，稍为深一点的，就要正式拜师父，才肯指示其中奥妙，不能随便乱说。尚有家传绝艺，只传儿子不传徒弟者，亦常有之。一者恐怕徒弟学会了要打师父，二者徒弟不能担负养活师父一家的重大责任。若拜方外人做师父，就没有第二个问题。你若是运气好，非但师父不要你养活，并且师父还可供给你的用度。然第一个问题仍不能免，总要稍为留点秘密本领，防备徒弟倒戈。所以中国武术，愈传愈劣，一代不如一代。此为第十一种理由。

（十二）佛教耶教，是世界性，道学仙术，是种族性。凡含有世界性的宗教，无论你们是什么种族，总普遍欢迎你们加入他们的教团。你不信，劝你信；你既信，拉你进。至于道学仙术，恰好立在反对的地位。设若你不是中华民族黄帝子孙，你就莫想得他丝毫真诀。我当日学道时，曾经照例发过誓语永不公开，就是怕让外国人得著，去拚命死炼。假使他们一旦炼成功，真似虎之添翼，我们中华民族更要望尘莫及了。不如保留这点老祖宗的遗传，尚有几分希望。将来或可以拿肉体炼出的神通，打倒科学战争的利器，降伏一般嗜杀的魔王，因此不肯轻传。此为第十二种理由。

或问：佛教重慈悲，耶教讲博爱，就算老氏之教与佛耶二教不同，然观《道德经》所云清净无为、退让不争、柔弱者生之徒、强梁者不得其死等语，皆是老子的本旨。外国人果真信仰道教，决不至于恃强凌弱，以侵略为能事。此条所言不敢公开之理由，未免过虑。答曰：请观东方之佛教国，慈悲何在？欧洲各国，大半信仰耶稣教，博爱又何在？这些都是空谈，在实际上行为极端相反。况且我等今日所研究者，乃中华民族自古相传之仙术，不是宗教，不是道德，更不是专讲心性的工夫。圣贤君子学此术，固不失为圣贤君子，强盗小人学此术，仍旧是一个强盗小人，甚至于增加其作恶之能力。历代仙师所以严守秘密，不肯轻传，确是理由充足，非过虑也。

（十三）神仙家的思想理论与方术，综合而观，可以称为超人哲学。虽其中法门种种不同，程度有深浅之殊，成功有迟速之异，然其本旨，总在乎改变现实之人生，不在乎创立迷信之宗教。后世一般宗教家，常感觉自己教义之空疏，不足资以号召，每每利用神仙之学说，混合于其教义内，以装饰自己之门庭。试看各处秘密小教，以及某会某坛某社某院等等，遍布全国。你若加入彼等团体之内，即可以窥见一鳞半爪，若隐若现，似乎真有神仙降世，暗作主持。及考察彼等全部之理论，对于古代神仙家之学说大都隔膜而不能贯通，并且将圣贤仙佛菩萨鬼神夹杂一处，七扯八拉，于是乎神仙本来面目遂无人认识。幸而彼等未窥堂奥，仅仅涉及皮毛①，故关于神仙家根本学说，尚不至被彼等摇动。假使使今日毫无疑虑②，将天元神丹、地元黄白并《参同》、《悟真》之秘诀完全公开，让彼等得知，其合意者，则作为彼等资以号召之材料，其不合意者，则假借仙佛名义，胡乱批评，贻误后学，是未见公开之利而先受公开之害，因此不肯轻传。此为第十三种理由。

（十四）上条所言，乃过去与现在之流弊，尚有将来之隐患，亦不可不防。盖旧式教徒，志在保守，故对于非彼教所有者，概目为外道，神仙亦在彼等排斥之列。虽嫌其器量狭隘，不能容人，亦喜其界限分明，各存真相。所患者就是新式教徒，志在侵略，每欲将他教之特长，

---

① “皮毛”，圈点文字改为“藩篱”。

② “假使使今日毫无疑虑”，圈点文字改为“假使今日毫无顾虑”。

以及神仙家之秘术，尽收摄于己教范围之内，以造成他们的新教义。显宗能容纳者，即入于显宗；显宗不能容纳者，概归于密宗。其手段譬如商家之盘店，把我们店面的招牌取下，又把我们店中存货搬到他们店中，改换①他们的招牌，出售于市，并且大登广告，说是他们本厂制造的。假使此计一朝实行，中华民族自古相传之道术，就要被他们销减干净。吾辈忝为黄帝子孙，不能不努力保存先代之遗泽，因此不肯轻传。此为第十四种理由。②

① “改换”，圈点文字改为“改换为”。

② 圈点文字于此段旁注曰：“《钩玄录》止于此，因种种原因，未继续再做。”

答覆苏州张道初先生来函问道①（1935年）

接奉十一月二十五日来函，所询各节，深悉阁下好道之诚心，仆甚愿作详细之答覆。奈因本刊改编伊始，稿件湧挤，篇幅有限，故不能登载长函。今只得先作简单之说明，略伸大意。尚有许多未尽之言，请待下期陆续登出，以付雅望。

第一问：可否能将却病摄养之真功详赐指授？

答曰：普通方法，请阁下注意本刊每期中所登载“延寿须知”一部。特别方法，要看各人身体之现状及环境之适宜与否，故难一概而论。

第二问：初学之人须先守何戒？

答曰：学佛有佛家之戒律，学仙有仙家之戒律，此皆门内人所应当遵守者。阁下现在尚未踏进修行一门，故不必问戒律之事。至于世上做人的道理，请注意本刊每期所登载“先哲格言”、“名贤模范”两部。

第三问：摄养期内必须茹素否？净②乃有职务之人，茹素颇感不便，尚有通融之法否？

答曰：按照仙佛二家的戒律说，是定要茹素。按照医药卫生的学理说，不必一定吃素，有时吃素反不相宜。故此事只好随缘而已。

第四问：读书有明理之益，但不知何书为最详？最完备？最明显？最有裨于初学？

答曰：坊间通行之道书，以及道院秘藏之道书，仆历年以来皆已阅遍。能称完备者即不明显，能称明显者又不完备，都有缺点。若再求有

① 原连载于《扬善》第2卷第13期（总第37期，1935年1月1日）至第2卷第14期（总第38期，1935年1月16日）。

② “净”，疑作“初”。

益于初学之道书，更难之又难。

仆当年学道之时，就与阁下心理相同，想觅得一部完备明显而又便于初学之道书，裨可作为入门之一助。直到今日，已经过三十五年矣，尚未觅得。只好不辞僭妄，亲自动手，编辑几部道书，以慰世间好道之士。已经出版者，有《孙不二女丹①诗注》、《〈黄庭经〉讲义》二种。未曾出版者，有《仙学入门》、《口诀钩玄录》、《女丹诀集成》、《仙学正宗》、《五祖七真像传》数种。虽不敢说最完备明显，但比世间通行之道书切于实用。请阁下注意。

第五问：《吕祖诗解》中，每言“详注于六部经中”，但不知此“六部经”是何书名？

答曰：《吕祖诗解》是常遵先君所作，故我不能回答。

第六问：《道藏百种精华录》一书，内容详备否？有俾于初学否？又，《金笥宝录》一书，现有出售否？

答曰：《百种精华录》既然有一百种之多，内容当然丰富。至于是否能有俾于初学，这句话我不敢说。因为编辑此书的人是一个外行，对于中国道学源流派别以及各家丹诀，皆未曾实地研究，徒依据前人肤浅的议论，作为《精华录》之绪言，并且在各书提要中妄下批评。当年此书卖预约券之时，仆曾经写过一封信去质问，没有接到回音。又不知守一子究竟是何人，我想大概是投机营业的性质，所以就不再去质问了。好在所收的都是古书，学道的人把它当作参考之用，未尝没有益处。但其定价太昂，颇以为憾耳！

《金笥宝录》外面没有出售，听说翼化堂正在预备发行此书，大约不久可以出版。

第七问：《太乙金华宗旨》下手工夫与他书稍异，何故？

答曰：此书是从上丹田下手。别种道书或从中丹田下手，或从下丹田下手，地位不同，自然有异。

第八问：修佛教净土宗者，如现在闭关于姑苏穿心街报国寺中之印光法师，及海上太虚法师与丁福保先生、佛学半月刊社中之范古农老先生等，将来修至若何地步方称得道生西？吾人能证明否？

答曰：印光法师年龄已经不小，快要往生西方了。这是当然的结果，用不着什么证明。太虚法师恐怕未必是纯粹的净土宗，我看他人狠

① “丹”字下，原有衍文“诀”，今删。

聪明，或者有点别的花样，不过局外人无从知道罢了。至于丁福保、范古农二位大居士，此刻尚在世间，并未到西方去，阁下何妨直接通信去问一问，请他们自己回答，比较确实些。我们非净土宗，说出话来，总不免隔靴搔痒。

读《化声叙》的感想①（1935年）

前月蒙武昌佛学院张化声先生寄赠我《化声叙》一小册，拜读一过，言言中肯，皆是今时一般佛教大居士所不敢言、不能言、不屑言、不愿言者，而张先生居然大胆的痛快言之，科学的条理言之，谦虚的公平言之，忠实的恳切言之。虽化声本人及化声本书皆未得见，即此自叙一篇，已足知其大概矣。张先生现在所持宗旨，与仆等宗旨相同，有互相切磋之必要。兹特将《化声叙》原文逐条披露于本刊，并附以“按语”，还以质之张先生，并与当代贤豪共商榷②焉。

（1）原文：现在理解方面的佛法，有欧阳竟无先生，指示他的门人，索隐显微，整理藏书，给同人一份偌大的家产。复有太虚上人，领导一派优秀分子，把佛学适应到世界新潮上去。浪漫如化声，似乎无须饶舌。

撄宁按：佛学至今日已发挥尽了，已庄严灿烂到无以复加了，不必再需要我们钻进去出死力弘扬了。若仍旧追随于诸位大居士、大法师之后，拾其残余，自命为佛学家之一份子，未免太学时髦了。化声先生卓见，我极端赞成。

（2）原文：家庭两个字，建筑在心理学之直觉上，与我们的意志和

① 原连载于《扬善》第2卷第13期（总第37期，1935年1月1日）至第3卷第7期（总第55期，1935年10月1日）。

② “榷”，原作“摧”，误，校改。

感情，固结缠绵，很难分开。世界与社会那些名词，起源于人类之概念，不过在利害上常与知识发生关系。把家庭性发挥到世界社会上去，俾世界与社会成为家庭化，那是好的。若要打倒家庭，而谈甚么世界主义、社会主义，我大胆批评他一句：非惟不知世界学社会学，并且不知心理学。

樱宁按：家庭与社会，因为组织法不同的缘故，所以就有差别相。然而在人类情感上讲起来，本无不同处。推爱家之念以爱乡，推爱乡之念以爱国，推爱国之念以爱全世界人类，推爱全世界人类之念以爱全世界动物，由亲而及疏，由近而及远，由同类而及于异类，依次类推，自然合乎情理，容易做到。若谓必须打倒家庭，推翻国界，而后方能使世界大同，再进一步，扩而充之，可以说必①须杀尽全世界人类，而后全世界动物方能享自由幸福，非但事实上办不到，在理论上亦说不通。

家庭不是个个都快乐，当然也感受痛苦，不是个个都自由，当然也难免压迫。试问吾辈自从脱离家庭，或打倒家庭之后，不是已经跳入社会之圈、置身世界之海么？其快乐何在？其自由何在？只觉得痛苦与压迫，日日加重于吾身，至死未有已耳。今时一般青年，有种口号，曰奋斗奋斗。岂知奋斗工作尚未到底，阎王老子就请你去了。倘无入圣之阶梯、超凡之学识，专在世界人类之中讲奋斗，其结果比一大群虱子，在裤裆中跳来跳去，何以异乎？

(3) 原文：谈到化声的家庭教育，尤其寤寐难忘。化声并无兄弟姊妹，家庭之爱，钟于一身。出入顾复，不言可知。五六岁时，云溪公教以字义音韵，及虚实用法，牙牙学语，已沐教育之曙光矣。

樱宁按：家庭教育，对于吾人一身之成败，是很有关系的。余观世上各种奸人、恶人、庸人、愚人等等，皆未曾受过家庭之良好教育。甚至于其父母就是奸恶庸愚之辈，其子孙当然不能例外。倘若家庭教育根本既坏，纵受社会教育，亦不能改变其坏习气。此是实事，不是理想。试一调查各顽劣儿童之家庭，便知其故。

(4) 原文：孩子时的化声，便不好惹。父亲要他读书，他便提出条件，要父亲讲演小说。坊间所有之才子佳人、神仙高僧、妖魔鬼怪、巨盗大侠等等野乘，几乎买尽。于上几年，他的字认得多了，自己就可以看了。

---

① “必”，原作“不”，误，据圈点文字校改。

撄宁按：孩子们看小说，最欢迎的是《西游记》、《封神榜》、《济公传》一类的神怪小说，其次是《水浒》、《彭公案》、《七侠五义》一类的武侠小说，再其次方是《三国演义》、《说唐》、《征东》、《征西》、《岳传》等历史战争小说，最讨厌的是《红楼梦》、《花月痕》、《儒林外史》、《品花宝鉴》、《官场现形记》、《九尾龟》、《繁华梦》等类爱情社会小说。一个孩子是这样，十百千万个孩子也是这样。因此可以晓得人类的先天根性，就是布满了神怪种子，兼带点侠义的气味。除此而外，什么爱情呀，伦理呀，国家社会呀，道德学问呀，完全是不相干的事。我们不要笑他们知识幼稚，要晓得这才是人类先天本来的根性。

（5）原文：最不景气，就是那时的学风，《朱子集注》外无书，八股试帖外无文。看了一部《御批纲鉴》，便是文通古今、学贯天人。素性不羁之化声，若何能耐？

撄宁按：那时的学风虽坏，现在的学风更坏。试看各省市各学校，除了几本教科书以外，请问尚有何书可读？春假、暑假、寒假、星期例假、各种纪念假，一年已经去了半年。其余半年的光阴，都消磨在几本教科书之内。自踏进学校门槛以后，直到得著毕业文凭为止，他们脑海中印像，不过几本教科书的影子。毕业文凭到手以后，连几本教科书也都束之高阁，更谈不到再求深造了。从前科举时代，学生们既读过《朱子集注》，当然不止一部四书而已，照例五经总要读一读。现在的学生，提起四书五经，不要说读过，恐怕见过面的也是很少。一部《御批纲鉴》，比较二十四史，自然极其微末，但内容尚有数十本之多。若拿现在的历史教科书同他比较，可称得起小巫见大巫了。我敢说假使现在人们幼年时读过孟子驳斥许行一篇文章，必不肯迷信劳工万能，若再读过《礼记》中孔子大同学说，必不肯卖身投靠于苏维埃共产旗帜之下。可见得四书五经未尝没有用处，不是轻易能彀打倒的。

八股这样东西，的确是无用，应该打倒。但是第一变废八股而改策论，徒尚空谈，终鲜实际，其无用亦等于八股。第二变废策论而改学堂，震惊于欧美皮毛之科学，忘记了本国固有之文化，学生们在校内鬼混几年，虽然博得一张毕业文凭，等到在社会上做起事来，其无用之程度，比较旧时代八股先生，未必有何高下。此等人可名之为新八股先生。还有一般出洋回国道地舶来品，他们的声价，当然比土货要高过百倍，但其无用之程度，亦复不甚相远。此等人可名之为洋八股先生。我并非对于八股有什么恋爱，对于科学有什么恶感，况且我也是学校中出身，也混得有两张毕业文凭。当年校中①考试，每次都不出前五名，功课一层，总可以说过得去。所恨者，就是自己在校内学来的功课，拿到社会上做事，完全不适用，必要另外换一副手段方可。至于毕业文凭，不过是个敲门砖，门敲开了，砖就要丢了。若仍旧把块砖头拿在手中，舍不得抛弃，大家要笑你是傻子了。当年科举时代，不能不借八股猎取功名。功名到手，八股就是废物，因为他也是敲门砖一类的东西。所以在我的眼光中看，秀才举人进士，学士硕士博士，实在没有分别。

（6）原文：迎之不见其首，随之不见其后，其惟思想欤？几点钟可以飞渡太平洋，一口气可以传达全世界。数十年前之人，若有发此思想者，目光如豆之心理学家，必以为与事实距离太远，无可能性，但不知现在之航空以及无线电播音机，何以会有此成绩？妇人生产，算甚么事，若对于未习见未习闻之小儿曰："你妈妈肚子里，将来要爬出几个像你一样的东西来。"他必定不信，或者且大骂。因为这件事，离他的思想太远之故。远距离之思想，一旦见诸事实，未必不成惊天动地之举。西人谓：优等思想，发为事实，劣等思想，被习俗伦理等压抑下去，成为梦想，或颠狂病，亦不尽然。

撄宁按：西人本承认思想为事实之母，但其所以有优劣之分者，或又是根据科学去评判。我的见解，以为思想不应该受科学所拘束，若不能跳出科学势力圈以外自由活动者，不得名为思想。思想是精神一方面事，科②学是物质一方面事（此处所谓科学，是狭义的，不是广义③的）。现代人类，尚不能彀把精神与物质中间的界限打通，所以思想与事实常相矛盾。若果以人类为主体者，必须要做到将自己精神来统驭物质，不可让物质来征服我的精神，然后方有人生幸福之可言，否则终归大乱而已。

（7）原文：中山先生自欧来日，留学生开会欢迎。化声随诸君子之后，上下议论，于归宿处得两结论：一我国不宜再行产生帝王，二政局负责有人。十年皇帝梦，旦付笑谈中，于是死心踏地，开始求学。

撄宁按：两个结论，是照当时的情状而言。化声君自己以为是很对的，若事后细心研究一番，恐怕尚要发生问题。若说帝制定是不好，何以大英帝国、大日本帝国居然称霸？中国推翻帝制已二十余年，何以至今仍受彼等大帝国所威迫，几于不能立国？可见得此事不是随便能下结

① "校中"。原作"×校"，据圈点文字校改。

② "科"字，原脱，据圈点文字校补。

③ "义"，原作"识"，误，据圈点文字校改。

论的。虽然当时政局负责有人，但不知所谓负责者有几位巨头，是否堪胜此大任？是否足以救民族于水火、措国家于富强？若曰民族国家等等都是古代的名词，现在是要讲世界大同主义的，那末就要请问中国可有资格配说这一句话？

(8) 原文：政治哲学地理历史，这种学说，有何不了？偏要随木屐儿之后，哑咿喔野阿，岂非咄咄怪事？

别国人来本国留学，受本国人一同待遇可矣，何必另行发布什么取缔规则？长安虽好，不是久恋之乡，于是遂与三岛话别。

撄宁按：化声君以为怪事，我不以为怪。倘若不如此，如何能得文凭到手？没有毕业文凭，回国来如何能弄到官做，骗到钱用？若认为彼等是真心求学，有所不满，彼等反以我为怪事矣。

留学生个个都像化声君这样血性①，老早跑得精光，但事实上又如何？

(9) 原文：科学的好处，固不待言，但他对象所含之形形色色，未免容易诱发人类的兽欲。门户见深之科学家，复从而推波逐澜，处处要打倒哲学，推翻伦理。或更进一步，自己代表哲学，自己制造伦理。阎魔王失其制裁之能力，地狱的饿鬼自然闹得不成世界。

撄宁按：科学不免诱发人类之兽欲，诚属遗憾。然科学本身不任其咎，各种科学发明家亦不任其咎。譬如空中飞机之本意，原为便于交通，今乃用为战争之利器，于是乎各国空军实力之比较，都市防空技术之演习，风声鹤唳，全球震惊。庸人自扰，飞机何罪乎？又如画图之本意，原为肖物象形，谁教彼等专绘男女之裸体乎？音乐之本意，原为养性怡情，谁教彼等一闻音乐即群起搂抱而跳舞乎？内分泌药品之本意，原为培补身中之亏损，谁教彼等自恃药力而纵欲宣淫乎？化学工业之制造，原以供给人类生活之需求，今乃利用化学知识以制造毒气矣。催眠术之研究，原以探索人类神秘之潜能，今乃利用催眠方法以作奸犯禁矣。诸如此类，数不胜数，是岂科学之咎哉！

(10) 原文：酒后茶余，呼卢排闷，花前月下，拥妓消愁，极心理之放诞，亦极人间之乐事。同人既以此自遣，化声何妨即以此自杀。

撄宁按：花酒二字，神仙家另有别解。请看②吕纯阳《敲爻歌》

---

① “留学生个个都像化声君这样血性”句前原有三行文字，在《合集》本中被陈撄宁删除，未详其内容。

② “看”字，原脱，据圈点文字校补。

云："色是药，酒是禄，酒色之中无拘束。只因花酒悟长生，饮酒戴花神鬼哭。"又云："酒是良朋花是伴，花街柳巷觅真人。"又云："仙花仙酒是仙乡。"又云："时人不达花中理，一诀天机值万金。"张三丰《无根树》云："无根树，花正清，花酒神仙古到今。烟花寨①，酒肉林，不断荤腥不犯淫。犯淫丧失长生宝，酒肉穿肠道在心。打开门，说与君，无酒无花道不成。"张紫阳《悟真篇》云："须将死户为生户，莫执生门号死门。若会杀机明反覆，始知害里却生恩。"又云，"若能转此生杀机，反掌之间灾变福"。安知昔日化声所认为自杀之途，不是今日化声求长生所必由之路耶？

（11）原文：牵牛入屠场，道逢青草，咀嚼若有余味，旁观者代为流泪。虽然，吾人之灵魂，每至万分无聊宛转待毙之时，倏有一盏心灯，大放光明，接引之入于别一境界，以组成新生命。

撄宁按：古今来仙佛种子所以能相续不断者，赖有此一转变。

（12）原文："任他聪慧过颜闵，不遇明师莫强猜。"道家之言，千百门中吐露一二门，千百段中发表一二段，或节目易其程序，或字句变其先后，或泛论乌兔龙虎等法象，或广演乾坤坎离等卦爻，扑朔迷离，莫测端倪。博如朱熹，渴好《参同》，不得其解，遑论余子？虽然，一得口诀，便开锁钥，满库宝藏，任人取携，万卷丹经，悉我注脚。畅快生平，莫此为甚！速死不成，得闻长生，仙师之恩，刻骨难忘。

撄宁按：朱文公集宋儒理学之大成，曾著《周易本义》并《启蒙》二书，对于《易经》甚有心得，独不能解释魏伯阳之《参同契》，然又酷嗜此书，穷年累月钻研不已，费尽心力，仅成《参同契考异》一卷。今世所存《参同契》善本，除五代时彭晓注而外，当以《考异》本为最古，故朱子之功亦不可没。后人有诗曰："神仙不作《参同契》，火候工夫那得知？千载晦翁拈一语，可怜无及魏君时。"此诗深惜朱子不能亲受伯阳之传，故难通秘旨。然当时正大有人在，奈朱子无缘，未与相值。考宋神宗熙宁乙卯岁，张平叔作《悟真篇》，阐明金丹大道，为继《参同契》而后第一部伟著，前于朱子时不过数十年。再传至翁葆光，宋孝宗乾道癸巳岁作《悟真篇注》，正与朱子同时。平叔张真人虽于宋神宗②元丰五年化去，而徽宗政和间复出现于世，尚书黄冕仲曾亲见

① "寨"，原作"塞"，误，据胡海牙总编《中华仙学养生全书》本校改。

② "宗"，原作"宋"，误，校改。

之。高宗绍兴戊午岁，刘顺理又见之，而朱子固未之闻也。又石杏林、薛道光二人，皆与朱子同时，亦不能遇合。或者因为儒家面目、理学门庭，足以拒人于千里之外乎？此等问题，暂且搁置。

现在有一个问题，须当研究。《参同契》书中所有卦象，原出于《易经》，故名为《周易参同契》。朱子既有本领解释《易经》，何故对于《参同契》不敢作注？盖《易经》所表现者，不外乎象数理，凡是聪慧之人，又肯用功多读书者，总可以就自己所悟入之途径，发挥几句奥义，搬弄几句玄言。说得对，固然是好，说得不对，亦无甚关系。若彼《参同契》者，乃千古丹经之王，重实事不重空论。注得不错，自可利己利人，注若差谬，不仅误人，而且误己。朱子当日既未遇明师得传口诀，当然不懂《参同契》是什么作用，岂可望文生义、强为解释？此正是朱子诚笃不欺之美德，为吾辈所应该效法者。设如后世浅识之徒，强不知以为知，武断前贤，文饰己陋，啥猜乱注，七扯八拉，弄得一部书中非驴非马。欺人适以自欺，未免有愧于朱子矣。

佛家心性之理，可以自悟。仙家修炼之术，决不能自悟。纵然得遇明师传授口诀，尚要刻苦试验，方可有几分希望。纵然本人有志刻苦，尚要外缘具足，方可许你试验。纵然外缘具足，尚要自己道力坚定，方可不被外缘所诱惑。纵然道力坚定，尚要学识精深，方可不致弄巧成拙。世上若有专讲自悟之人，请他一心皈依佛门，好去参禅打坐、念佛往生，不必踏进神仙的门槛，因为这种人没有资格学神仙。

(13) 原文：人生必赖资生之具，有资必有求，有求必有争，故争存两字，已成生物学家钦定之名词。加以经济一元论既出，举凡人类思想学术政教风俗等等，无不趣向于面包问题。弱小民族联合起来，打倒帝国主义，无产阶级联合起来，打倒资本主义，是耸动全世界人类来抢面包也。无国界，无种界，无政治界，无知识界，耕者有其田，劳者有其食，是欲避免争端，合全世界人类而生产面包、分配面包也。

虽然，争面包固是一场杀机，分配生产面包，其能免于争乎否耶？分配之途径，未必无争，生产之手续，未必无争。即退一步言，分配同心，生产合力，面包彀用，而人类根性饱暖思淫欲，又复拚命制造人类，此后起多数之人类，又复消费多数之面包。几何级数，相加无已，将有地球人满之患，不开杀运，更循何道？社会学者，请语我来。

撄宁按：这个问题，永远不会有解决之日。只有一种方法可以解决，即是全世界人类男不婚、女不嫁，更不野合，老弱逐渐死亡，婴孩从兹绝迹。敢保百年以后，天下太平。可惜这是一种理想，在事实上万万办不到。

（14）原文：尘垢秕糠，犹将陶铸尧舜。漆园老吏，断不欺人。神仙学所有成绩之最低限度，已足解决此问题而无余。其道维何？即辟谷是。

撄宁按：辟谷之法虽佳，但非人人能用，故只可为上智说法，中材以下难知难行。若信辟谷足以解决普通人类争食之问题，仍是一种理想。惟少数修仙学道之士，隐居深山穷谷，食物运输，深感不便，储蓄干粮，常忧匮乏。辟谷之方，正为此辈而设。

（15）原文：心色连持，刹那无住，新陈代谢，奚须火食？固体之物，牙齿咀嚼，研成细末，唾液酸化，由喉入胃，胃有酸汁，脾体蠕动，合成乳糜，是谓液化。或由渗透，或由挥发，穿肠胃壁，和合肺气，分布全体。过低热度，凝成精血，以是变化，资养生命。

试观谷食，必须饮水，鼻孔呼吸，一息不停，可知资生非谷一物。取其精华，酸化成液，由液而气，经过三态，已非故物。其余沉淀，成为老废，大便排出，液中杂质，则出小便。生理学中，尽可研寻。

撄宁按：以上二段，首言食物资生之变化，继言食物有固体、液体、气体三种之不同，凡是读过普通生理学者，皆能了解。

惟首段原文有“心色连持，刹那无住”二句，乃佛典中专门术语。化声先生研究佛学有年，此等话头自然摇笔即来。吾恐一般修道的人，及专习科学的人，对于此二句难免要发生疑问，今特浅而言之。此二句就是说精神与物质，在相续不断的运用中，无一刻停止。所以下面就接上“新陈代谢”等句，以证明其说有因。

（16）原文：然则三种物质，辟去一种，或辟两种，吾人生命能否保存？此一问题，极有价值。

撄宁按：所谓“三种物质”，就是指固体、液体、气体三种而言。所谓“辟去一种”，就是说不吃米饭、面包、肉食、蔬菜、果实等类，这些东西都可以算是固体。所谓“辟去两种”，就是说既不吃固体，又不吃液体（液体如乳汁、汤水之类），只要有空气呼吸，就能维①持吾人之生命。因为空气到处都有，用不着花钱去买。

彼植物者，自其根须并与根瘤，吸收溶液，由纤维质生长层中，提升枝干。叶中毛孔，吸取炭酸，由叶绿素化学作用，吐氧②纳炭。以是

① “维”字下，原有衍文“素”，今删。

② “氧”，原作“养”，误，据胡海牙总编《中华仙学养生全书》本校改。

因缘，植物食料，仅气与液，已废固体。

其在动物，例如蜩蝉，吸风饮露，天然高洁。节足一类，吸食血液。蜜蜂蝴蝶，仅吃花汁。寄生蛔虫，消耗养液。凡此等类，其于器官亦有变更。因为所食无固体物，不须咀嚼，故其口舌牙齿，或针状形，中通以管，以便吸收，或由皮肤通过溶液。

原始动物阿米把类，手足头目，一切皆无，仅有圆形。表似水母，中有一核，屈伸凸凹，以营活动。此核非他，即气体是。

总观上述，自植而动，辟去固食，仅液与气，以营生活。然而，原始动物，实无死理，松柏梓楠，苍翠千年，昆虫变态，死里求生。寄生分裂，生殖无穷。何以吾人而不如物？

撄宁按：以上四段，首言植物营养，不需固体。继言动物营养，亦不需固体。何以人类一定要吃固体的食物？愚意认为习惯使然，实无理由可讲。假设人类专食液体，不食固体，亦未尝不可生存。有许多病人，不能消化固体的食物，日只饮少许流质，他们也能生活。可知辟去固体的食物，对于营养上毫无问题。

爬虫一类，冬入土穴，深固闭藏，不食外物。至次年春，惊蛰节内，始行出现。动物学家，名曰冬眠。

俄国边地，有墨斯哥，其地人民，秋冬两季，长眠不起，无烦饮食。英国所出医药杂志，称此现象为“陆益加”。

普通人类，日则三餐，犹嫌未饱。夜无一饭，并无饮水，清晨睡足，披衣而起，满口津液，腹无饥态。虽无爬虫及俄民之时间耐久，然而现象与其原理则为同一。此则辟去固体与液，纯食气体，亦足营生。

撄宁按：以上三段，首言爬虫冬眠不食，次言俄民长眠不食，再言普通人类夜眠亦不食。在化声先生之意，以为如此便可将固体与液体二种食物一概辟去，纯用两个鼻孔吸受空气，即足以维持吾人之生命。

虽然原文所举三例，都是睡眠以后方能不饮不食，譬如火车轮船停止行驶，当然用不著大批燃料，等到一朝要开行时，就要增加充量的煤炭。吾人肉体正在睡眠时，五官四肢皆停止活动，完全入于休息形态，譬如火车轮船靠了码头一样，所以此时无须饮食。等到一朝睡醒，要起身作事，要劳心劳力，有劳便有损，非极丰富之滋养料，不能填补人身上所销耗之物质，仅恃空气，恐不足以应用。质之化声先生以为如何？

(17) 原文：万物之灵，信非虚称，非唯心理高瞻远瞩，即其生态，亦能表现有情全体。例如普通食备三种：其在婴孩，三年哺乳，早辟固体。胎儿时期，若固若液，均非其食，仅营气机，以促发育。盖其脐带连接胎盘，盘上绒毛，细丛如发，入母子宫，亦如树根插入地中。母一呼吸，由此绒毛传达胎盘，通过脐带，以育胎儿，口舌与鼻并无工作。改变生理，适应环境，实生物学家之金科玉律，何况回复本来胎儿大道？世人对于此点绝无研寻，偶闻人言，即骂迷信，寸光鼠目，可笑可怜！

撄宁按：胎儿在母腹中，即是全体浸在胞浆水内，耳目口鼻四肢发肤都为水所包围。水之外，即是胞衣，胞衣之外，即是子宫。子宫上有一层内膜，与胞衣紧贴相连。胞衣上有脐带，接联胎儿肚脐。故胎儿周身之血运循环，全恃脐带之功用，以便与母身息息相通。因此，胎儿肺部虽不呼吸，而赤血、紫血之变换往来、新陈代谢，无异与伊之母亲共一个生命。可知胎儿身内所需要之氧气，乃由母血中间接的传送而来，非由空气中直接呼吸而得。及至出胎以后，大哭一声，空气自鼻孔而入，肺部遂有呼吸之动作，于是脐带可以剪断，不必再作功用矣。讲究修仙、学道、辟谷、服气之工夫者，请于此段理论特别注意。①

（18）原文：神仙之术，无他巧妙，开关展窍，斯为第一。及其方法，则在调息，短者使长，粗者使细，若存若亡，分布全身。庄子云："缘督以为经。"吾人脉络，任督总持，二脉若通，百脉随行。又云："众人之息以喉，真人之息以踵。"人身各部，唯足后跟位最低下，息能至此，全身毛孔开通无余。成体呼吸，更加脐穴，恢复祖气，磅礴太空，如母子宫食息养育，我似胎儿。回视假食，犹如粪土，谁谓辟谷无可能性？若第二步，体同虚空。第三步者，此虚空体一拳打破，鸟雏脱壳，醯鸡出瓮。至此方知壳与瓮外尚有天地。

撄宁按：开关展窍之法，有旁门，有正道。正道中又有勉强与自然之别。化声先生所言调息法，即自然法中之一种。此法有利无弊，人人可行。"缘督以为经"句，见于《庄子》第三篇"养生主篇"中，下文"庖丁解牛"一段寓言，即是申明此义。虽其本旨亦在养生，然是否有合于神仙家"黄河逆流"之诀，尚未敢断定。

"真人之息以踵"句，见于《庄子》第六篇"大宗师篇"中，"踵"即足后跟也。或疑人身呼吸之空气只可以到肺部，若到下丹田已觉不

---

① 《合集》本陈撄宁在该段旁有手写批注曰："各家丹经所言，胎儿在母腹中，母呼亦呼，母吸亦吸，乃似是而实非也。"

易，到两腿可谓绝无，若再要到两足踵，岂非梦话？庄子惯作寓言，如何能认为实事？虽然，庄子明明说真人之息与众人之息不同，若是众人，其息固仍以喉而不以踵也。再者，庄子所谓真人之息，是指内呼吸而言，不是两鼻孔的呼吸。若用鼻孔呼吸，依旧是个凡夫，不足称为真人。

又按："假食"二字，是佛家名词，道家向无此语。普通解释"食"字的意义，皆指养生之物质从口而入者，方名为食。道家扩而充之，遂指空气自鼻而入者，亦名为食。佛家所谓食者，范围更广：一曰假食，即人类每日所必须之食料也；二曰触食，谓触对于六识顺情之境而资益身心者；三曰思食，谓于顺境而生希望，意思资润、诸根增长者；四曰识食，谓地狱众生及无色界诸天，皆无"假食"、"触食"、"思食"等三种，仅以识持体，故名"识食"。以上四种，因其皆能持有情身命全不坏断，故名为食。如此理论，是否精确不移，今亦无暇置辩。然其对于食字之本旨，可谓愈说愈远。"地狱"及"无色天"有与没有，尚是一个问题。食与不食，我们更无从证明。今姑就人类所居之世界加以研究，凡是动植物之长养，必须摄取其本身以外的物质，加入本身之内而组合之。虽有固体、液体、气体之不同，其为物质则一也。若废去各种物质，专恃外界之感触或自己之思想，而谓即此遂足以维持其本身之生命，恐无此事。只有禁绝感触、停止思想，专心在食气上做功夫，方能神明而永寿也。

(19) 原文：道家由生理入手，一段一层，皆有印证，如人饮水，冷暖自知。如此妙法，愿尽形寿，稽首受持。虽然，口口相传，不依文字，老庄《参同》而外，理论太少。加以《道藏》全豹方内难窥，坊间丹经，不及一年读尽无余。文词结习，真理要求，以是因缘，得窥佛学。

撄宁按：道家虽是由生理入手，但是要用方法改变常人之生理，所以他的目的是超人的，而非平凡的。他的学术是实验的，而非空谈的。此处所谓道家，即是神仙家，与普通之道家有别。

神仙家口诀不肯轻传，又不肯在书上发表，就是因为他是超人的，凡人听了，定要惊骇。又因为他是实验的，你只要依他的法子去做，就可以得到同样的效果，用不着许多理论。尚有其余种种原因，已见拙著《口诀钩玄录》中，兹不赘说。

老庄是道家，《参同契》是神仙家，本截然两事。即专就老庄学说而论，庄子之见解，亦大异于老子。试观《庄子·天下篇》，可以知其概矣。盖老子所讲的是教相，庄子所扬的是宗风，于是同一道家而有老子之道与庄子之道，譬如同一禅法而有如来禅与祖师禅也。

老庄的道理虽极其玄妙，老庄的文字虽极其古奥，假使学者费十年光阴专研究这两部书：第一步校其版本之异同，第二步考①其训诂之定例，第三步析其名言之类别，第四步会其义理之旨归，如此研究下去，必有豁然贯通之一日。今世学者，对于老庄及周秦诸子皆未能刻苦用功，动辄拾他人之余唾、评判佛道之优劣，非但不知道，并不知佛，可笑可叹！

《参同契》称为“万古丹经王”，历代修炼②家对于此书极其重视。而《参同契》之难解，实百倍于老庄。东汉的文章，流传到现在，约有一千八百年左右，本不易明了，况且满纸都是隐语，就让你费尽心力把他的文章解释清楚，仍旧③丝毫摸不着头脑。因为他所讲的是实事，不是空理，所用的又是许多代名词。其学术直接黄帝之传，更旁通于《周易》阴阳之说，亦有合于老氏玄牝之机，而与庄子之“齐生死”、“一彭殇”者，其宗旨极端相反。学者不可不知。

坊间丹经，嫌其太少，而《道藏》全部，复嫌其太杂。太少不足以供研究，太杂亦不便于学人，俭而鲜通，博而寡要，盖两失之也。

唐宋以来，学道的人大半兼学佛，因为他都是虚怀若谷，并且希望得一个真实的比较，化声先生亦不能例外。学佛的人则多数不肯兼学道，因为他们看④不懂道书，同时在佛门中得着一知半解，遂自满自足，又沾染些宗教的习气，故不敢研究教外的学术。

（20）原文：杨仁山先生刻经金陵，曹镜初先生梓应星沙，长江流域，请经甚易。民国建元，三湘维新，谭畏公特开省议，化声承乏会员。此行得经论百余种。阅三四年，月霞法师讲《华严》于哈同花园，化声与二三同志买轮东下，至则法会已经解散，遂由有正书局运回经典又百余种。法海无边，偃鼠得以满腹。

撄宁按：杨仁山居士，当初本是学仙者，因无人传授，虽将坊间所有之道书丹经阅过不少，仍未得其解，后来遂改而学佛。于是赞叹佛门

---

① “考”字，原脱，据圈点文字校补。
② “炼”，原作“练”，误，校改。
③ “旧”，原作“奋”，误，校改。
④ “看”，原作“着”，误，据圈点文字校改。

之广大，极力提倡净土宗，并将《阴符》、《道德》、《冲虚》、《南华》等书一概拿佛家的义理去融会贯通，当然不免有牵强处，但大部份尚能折中于至当，其见识比较寻常佛教徒，高低实有霄壤之别。

杨老先生曾对我谈一故事。他说：北魏昙鸾，初本学佛，后因有病，欲借长生之术延其寿命，以便于研究佛学之精蕴。遂从梁之陶弘景处得仙经十卷，拟往名山，依法修炼。行至洛下，遇天竺三藏菩提留支，昙鸾因问：佛经中长生不死之法，可有胜过此仙经者？菩提留支曰："是何言耶？佛教中哪有长生法？纵得长生，终轮回于三有耳。"即以《观无量寿经》与昙鸾曰："此是大仙方！"鸾拜而受之，遂焚仙经，专修净业。我当时对杨老先生言，昙鸾这个人有四大错误：

第一错处，把仙道看得太低。他心中认为：神仙家只晓得长生，凡长生以外的道理，仍旧要在佛法中探讨。他所以要学长生者，就是恐怕自己的寿命太短促，一朝大限临头，不能满足他学佛法之志愿，故要兼学长生。他对于神仙家，并无真确之见地。其实佛家所具的理论，中国《易经》并老庄书上早就说过，惟名词不同而已。昙鸾何尝领会到此？

第二错处，不应该问及菩提留支。因为长生不死之法，是中国神仙家所发明的，印度佛教徒如何能懂得？假使佛教中果有长生之法，释迦牟尼何以只能活到八十岁左右？他们的始祖尚且不懂得这个法子，何况后来的一般佛教徒？其程度去释迦牟尼盖远之又远，岂非是"问道于盲"么？

第三错处，弃实求虚，心无主宰。长生是实，有目共睹，往生是虚，拿不出凭据。昙鸾忽而要学长生，忽而又学往生，忽而要受仙经，忽而又焚仙经，在迷信家看来，必定说他勇于改过、从善如流，一遇菩提流支，便尔大彻大悟。在我看来，可以说他本人毫无定力，完全随他人之意思为转移，所谓"近朱者赤，近墨者黑"是也。今试问当日昙鸾既称有病，不能继续研究佛经，料想其病必非轻微，是否须延医服药？若一方面延医服药，求病之速愈，一方面又鄙视长生，岂非自相矛盾乎？若谓当日身体虽有病，并未医治，乃是听其自然，那末就应该老早生西方去了，如何尚能延长到六十七岁乎？若谓世间有一种病，本非死症，尽可带病延年，用不着医治，则是手边原有却病之方、免死之术。只因菩提流支一语，遂弃之如遗，而对此衰朽多病之躯，偏又舍不得抛弃，既不屑从事长生之术，为什么尚要带病延年？其将何以自解乎？

若谓昙鸾所以不学长生，因为怕坠入轮回，昙鸾所以带病延年，因为要精修净业，我们姑且不论长生是否必定坠入轮回，以及净业是否必定免除轮回，这些都是空谈，无从取证。就算是净业成熟，即可以免除轮回，设若不幸，莲胎尚未结于西方，肉体早已埋于秽土，岂非又堕①入轮回乎？若谓临终一念即可往生，不必费许多岁月，则昙鸾初见菩提留支之日，信愿真切，当无以复加，何不立刻往生极乐，尚要迟至六十七岁方能脱离此肉体乎？若谓肉体生死本有定数，不能自由做主，只要灵魂能彀往生净土，即算达到目的，不必计较肉体寿命之长短，则是把肉体②与灵魂分作两截，心之外有物，物之外有心，理论亦欠圆满。

第四错处，擅焚仙经，行为乖谬，甚于秦始皇。当日始皇虽说是尽收天下书而焚之，然对于医药种植之书尚要保留，因为此③二种书关系吾人之生命甚重。昙鸾从陶弘景学长生术，所得十卷仙经，姑不论其依法修炼真能长生与否，起码的效验，也可以达到却病延年之地步。此书之价值，至少也与秦始皇所保留的医药书相等，或者竟驾于其上。昙鸾自己不看，何不送把别人看？现在普通的善书，封面常有“自己不看，转送他人”字样，仙经纵不好，比较善书还高一级。若说所得的仙经方法难免误人，故尔焚之，请问：昙鸾得书到手，尚未依法试验，如何能判其方法之优劣？若说凡是延长寿命的书籍都是不好，毋须分别优劣，则世间所有的医药书籍，以及药店中所售的草药，农家所种的五谷，都与延长寿命有关，昙鸾何不悉举而焚之乎？

杨老先生听我滔滔一顿辩论，默不作声，半晌方曰：“仙佛各有独到处，是非本不易说，学者亦各有因缘，难以勉强，只好各行其志而已。”余曰：“先生此言甚善。”遂告别。

今日思之，杨老先生之度量，确与其他佛教徒不同。虽然受著我许多噜苏，仍是平心静气，若换个别人，恐怕就要怒发冲冠、面红耳赤了。杨老先生的宗旨，虽与我极端相反，但是对于他人格上，亦有相当的敬仰。

(21) 原文：由家庭教育而科学，由科学而神仙，由神仙而佛学，似乎舍此取彼，有甚么历史进化观？然而化声生平治学，最不同情于入主出奴、门户见深之辈，忽儒忽佛，忽科学忽神仙，似乎东扯西拉、调和三教之流。然而化声自问，其前后思想，实有一贯之处。诸君少闲，

---

① “堕”，原作“压”，误，校改。
② “体”字，原脱，据圈点文字校补。
③ “此”，原作“在”，误，据圈点文字校改。

请谈一二。

“朝闻道，夕死可矣”，孔子何尝不了达生死？“夫子之文章可得而闻也，夫子之言性与天道不可得而闻也”，性与天道，讳莫如深，仅以诗书六艺之文，传之其人，乃教育家为学生之程度支配，无可如何，然而已足应用。佛道两家，每以为儒门淡薄，姑置不论。最讨厌是卖洋货的，常欲打倒孔家店，要中国人尽吃面包而抛弃白米饭，要中国人尽着木屐而抛弃大布鞋，未卜是何心理？

撄宁按：孔子不但能了达生死，孔子并且能预知死期。观“泰山其颓”之歌，可以想见孔圣人悲悯之怀溢于言表。唉！有什么用处呢！度世有心，回天无术，天命既已告终，虽大圣人亦无法挽回，于是七十三岁的孔老夫子遂与世长辞了。

不论古今什么大宗教家、大哲学家、大豪杰、大圣贤，到了结果，也是同愚夫愚妇一样埋在土里拉倒，总没有法子能彀对付他们的肉体。就让你心性功夫登峰造极，亦不过预知死期、坐脱立亡之类。总没有法子能彀打破生灭之定律，总没有法子能彀使肉体长存。于是乎，把肉体与精神分作两橛，遂高唱肉体虽毁精神不灭之论调：肉体是虚幻的，精神是真实的；肉体是秽浊的，精神是洁净的；肉体是罪恶的，精神是善良的。这些理论，若认为一时之权巧方便、聊以解嘲则可；若认为宇宙间之真理就是如此，则未免为古人所误。

儒门淡薄之语，是张方平对王安石说的。王安石云：“孔子去世百余年而有孟子，其后绝而无人。”张方平曰：“岂无人耶？亦有过于孔孟者矣。儒门淡薄，收拾不住，皆归于释氏矣。”

若以我个人历程而论，初以儒门狭隘，收拾不住，则入于老庄。复以老庄玄虚，收拾不住，则入于释氏。更以释氏夸诞，收拾不住，遂入于神仙。吾将以此为归宿矣！

又按：张方平所谓胜过孔孟之人，盖指马祖道一、汾阳无业、雪峰义存、岩头全豁、丹霞天然、云门文偃诸禅师而言。这几位古德，在佛教禅宗一宗自有相当的声望，但不足以代表中国全部的佛教，如何能与代表全民族的孔孟相比拟？何况硬要说他们过于孔孟，未免言大而夸。当时王安石、张商英辈皆为斯言所折服，可谓浅识。

(22) 原文：飞机不坐，而乘肩舆，电话不用，强作手势，化声无似，何至乃尔！高深科学，虽不能望其项背，即其研究神仙术所应用之物理学、化学、动物学、植物学、生理学、发生学、生态学、胎生学、解剖学等等，试问是否普通科学？对于讨论佛学，尤有两条定律：一、以科学证明佛学。二、以佛学净化科学。

撄宁按：将科学与佛学沟通，固是一种美谈，但于科学本身未必有何等利益。因为每个科学都有其独立的资格，决不倚赖佛学而增高其声价。至于佛学虽可用科学证明，亦只限于极少数的部份，而佛学中大部份，仍旧不能与科学发生关系。譬如佛经中最喜讲前世与来世之事，又喜言天堂与地狱之现象，又喜言西方极乐世界之庄严。这类的话，在佛书上赛过家常便饭，毫不稀奇！若要拿科学去证明，使大众共见，真可谓难之又难。

神仙之术，首贵长生，惟讲现实，极与科学相接近。有科学思想、科学知识之人，学仙最易入门。若普通之宗教家以及哲学家，皆不足以学神仙。因为宗教家不离迷信，哲学家专务空谈，对于肉体之生老病死各问题，无法可以解决，亦只好弃而不管，就算是他们高明的手段。

（23）原文：佛道两家之教主，无非应化神圣，凡外何能测其高深？即其门庭设施之粗迹，化声亦不愿多谈。就一时所认识的而言，仙学简而要，佛学博而精。仙学以生理变化心理，佛学以心理改革生理。仙学以色身冥通法界，佛学以法界融化色心。仙学在打破虚空，佛学在显现真如。仙学在白日飞升，佛学在超出三界。仙学应用真一之炁，是唯生的；佛学建立阿赖耶识，是唯心的。

撄宁按：化声先生此论甚为公平，毫无偏袒，可谓一语破的、片言扼要。当代一般宗教家、哲学家能认识到此者，诚不易多得。余对于化声先生之论，尚有补充，今条举于后：

1）仙学简而要。乃化声先生已经入门之语，若彼门外汉涉猎道书者，亦正如《文献通考》上所说："道家之术，杂而多端。"何尝认为简要乎？

2）仙学以生理变化心理。浅而言之，如吃麻醉药者则知觉全无，吃安眠药者则昏迷不醒，此西药之效也。吃黄连龙胆草则怒气立平，吃人参枸杞子则精神愉快，此中药之效也。肉体感受痛苦则意志不宁，四大时刻调和则心神安定，斯皆生理变化心理之实据。

3）仙学以色身冥通法界。依真理而论，法界与色身本无分别，法界即在色身之中，色身亦不出法界之外，既不可以大小论，又不可以精粗论。勉强设一譬喻，就如拿木桶装一桶水放在大海里，桶中之水与海中之水，其水之性质虽是相同，而水之能力则彼此大异，海水有无量无边之作用，而桶水则丝毫不起作用。何以故？为桶所限耳。将桶打破，则桶中之水即等于海中之水矣。桶水譬如色身，海水譬如法界，木桶譬如障碍物，但不可误会色身是障碍，而起厌恶色身之见解。须知打破障碍之后，色身即是法界。离色身而觅法界，即与真理不合。

4）仙学在打破虚空。打破虚空，或又曰粉碎虚空，皆是后来道书中的词句。古代仙经不见有此，因为古仙大半是从外丹入手，完全是物质方面事，对于虚空不起交涉，对于肉体亦无所作为。后代修炼家，畏外丹之繁难，喜内炼之简易，改由肉体之精气神下手，遂有“炼精化气”、“炼气化神”、“炼神还虚”之说。后又以为不足，再加上“炼虚合道”一层，于是乎丹道与虚空遂发生关系。莹蟾子《炼虚歌》云：“为仙为佛与为儒，三教单传一个虚。亘古亘今超越者，悉由虚里做功夫。学仙虚静为丹旨，学佛潜虚禅已矣。扣予学圣事如何？虚中无我明天理。道体虚空妙莫穷，乾坤虚运气圆融。阴阳造化虚推荡，人若潜虚尽变通。”和阳子《虚中歌》云：“我身自向虚中来，我身应向虚中去。来来去去在虚中，可于虚中种业树。”以上皆主张以虚空为归宿者。其他赞美虚空之论调甚多，未及详述。至于人名用虚字者，如张虚清、陈虚白、伍冲虚、陆潜虚、李涵虚之类，数不胜数。同时复觉执著虚空亦非玄妙，遂用“打破虚空”、“粉碎虚空”之说以调剂之。既不著相，亦不著空，伊等自以为理论圆融。据我个人的参证，这些都是虚伪空谈、毫无实际，盈天地间充满了物质，何尝有一处是虚空的？不过因为人类的眼睛看不见许多微细的物质，假名之为虚空耳。冰一变为水，水再变为气，气再散则为虚空。虽名为虚空，而实非虚空，因为冰、水之质体仍在也。若认为真是虚空无物，岂非大错？

5）仙学在白日飞升。白日飞升这个术语由来已久，不必说知识阶级普遍传闻，就是那些村夫野老、市侩流氓，虽学问全无，而对于白日飞升之说，总能领会其意，决不至于误解。当然，不是从书本子上得来的知识，必是古代神仙有此等事实表现，众目共睹，方能流传于民间如是久远耳。《魏书·释老志》已经有“白日升天”及“长生住世”之说，可知古代神仙家是以此二者为目的。若不达到此种目的，则不足以言成就。后世一般学道人士，畏难苟安、不求深造，上等的成就不过坐脱立亡，中等的成就不过预言死期，下等的成就不过无疾而终。能出阳神者，就算是凤毛麟角。“白日飞升”四个字，简直可以不必谈了。

或问：阳神出现与白日飞升，究竟有什么分别？答曰：古人所谓白日飞升者，就是连自己的肉体跳出这个地球之外，神形俱妙。后人所谓出阳神者，因为没有法子摆布这个肉体，只好把自己肉体当作房屋看待，把自己灵魂当作房屋中的主人翁看待，灵魂暂时住在肉体之中。用工夫修炼，一朝瓜熟蒂落，则灵魂可以独立自由行动，与肉体脱离关系。灵魂轻清，飘然飞出此地球之外，肉体重浊，块然抛弃于山谷之间。此即出阳神之说，在仙道中也算是大成。但可惜神虽妙而形不妙，比较古仙，有愧色矣！

6）仙学应用真一之炁，是唯生的。遍虚空界都是物质，物质精微，到了极处本不可用言语形容，我们随便替他取个名字皆无不可。横竖只有这一件东西，把世界人类所造的千千万万抽象的名词加到这一件东西上面，他都不会拒绝。“真一之炁”不过是千万名词中间之一个名词，是假造的，不是固定的。所以老子说：“有物混成，先天地生，吾不知其名，强名之曰道。”“道”尚且是强名，其余的名字就可想而知。说对都对，说不对都不对，所以我们今日修仙学道，要从方法上研究，从事实上认识，不要被那些玄言弄糊涂了。

历代以来，学佛的人们都被名词所误，尤其唯识宗，花头经格外来得多。以毕生数十年最短之光阴，钻在这许多名词中间，永无出头的日子。到了结果，佛仍旧是佛，我仍旧是我，倒不如老老实实念几句阿弥陀，尚有往生极乐的希望。

可是话又说回来了，我们若要做工夫，是名词越少越好，我们若要做文章，是名词越多越好。果能“若网在纲，有条不紊”，名词虽多，亦无妨碍。

“是唯生的”这四个字批评，甚为切当。设若世上有人不赞成仙家唯生的宗旨，我敢说这个人必定是唯死的。盖生之反面就是死，不能生，唯有死耳。

（24）原文：佛学全系，本有五乘。称量而谈，常在菩萨。焦芽败种尚骂声闻，何况卑劣乃在人天？所以五戒十善、四禅四定，具体而微。似宜以人乘摄受儒术，天乘摄受道家，科学居人天之间。以超人而享天福，门户打破，广收机缘，世界有情，同登彼岸。

撄宁按：此条我不敢赞同。今且略释名词，然后再发议论。

五乘之义，各种佛书上所判颇有异同。今据天台宗说：一人乘，二天乘，三声闻缘觉乘，四菩萨乘，五佛乘。

焦芽败种，乃大乘菩萨骂二乘之语，谓其如焦芽败种，不能发无上道心也。

人天卑劣，即轻视人天之意，乃佛教中一种夸大之习惯，实不足为训。做人的道理尚未曾明白，做人的品格尚未曾具足，他们就要看不起“人”；升天的路径尚未曾认识，升天的力量丝毫都没有，他们就要看不起“天”，幼稚得可笑又可怜。等于一群小学生，手上拿着白纸旗，口里喊着“打倒帝国主义”，闹来许多年，今日反而被帝国主义把我们打倒了。可以见得，无论做人或学道学佛，皆须有实在的力量，不是徒唱高调就算完事。

一般看不起“人”、看不起“天”的朋友，遇到天灾人祸交迫而来，他们想逃避又逃避不了，想抵抗又抵抗不住，性命交关的时候，急得无可奈何，大家就念阿弥陀佛，束手待毙。幸而全中国像这一类的人，或不满百分之一。若个个都如此样，请问世界上尚有中华民族生存之余地么？

五戒，是不杀、不盗、不邪淫、不妄语、不饮酒。

十善，是不杀、不盗、不邪淫、不妄语、不两舌、不恶口、不绮语、不贪欲、不瞋恚、不邪见。

四禅四定，谓用四禅定工夫即可生于色界四禅天也。初禅三天、二禅三天、三禅三天、四禅九天，是为色界十八天。佛家教义，谓人类若能守十善戒，再能修四禅定，则死后必生于四禅天。

老子是道家代表，研究道家学说先要看老子《道德经》。《道德经》说到天字甚多，试列举如后：

1）无名天地之始。

2）天地不仁，以万物为刍狗。

3）天地之间，其犹橐籥乎。

4）玄牝之门，是谓天地根。

5）天地长久。天地所以能长且久者，以其不自生，故能长生。

6）飘风不终朝，骤雨不终日，孰为此者？天地。天地尚不能久，而况于人乎？

7）有物混成，先天地生。

8）天地相合，以降甘露。

9）天得一以清，地得一以宁。

10）道大，天大，地大，王亦大。

11）人法地，地法天，天法道，道法自然。

12）不窥牖，见天道。

13）王乃天，天乃道。

14）治人事天莫若啬。

15）是谓用人之力，是谓配天，古之极。

16）天之所恶，孰知其故。

17）天之道，不争而善胜，不言而善应，不召而自来，繟然而善谋。天网恢恢，疏而不失。

18）天之道，损有余而补不足，人之道则不然，损不足以奉有余。

19）天道无亲，常与善人。

20）天之道，利而不害。圣人之道，为而不争。

以上所列举者约二十条，其中天与地并言者约有九条，皆是指自然界的现象，乃吾人肉眼所可见者。天是虚空而地是实体，天无范围而地有界限，除地球及日月星而外皆名为天。其他各条，皆指循环之定律、善恶之感应、盈亏之公理而言，儒家所谓天人相与之际也。盖道家与儒家，同是以人为本位，言天者必兼言人。离人而谈天，贤者不为也。

佛家所谓天者，如欲界六天、色界十八天，有方所，有国土，有人民，有宫殿，有饮食，有衣服，虽名为天，仍是像我们所居的地球一样，实在是地，而不是天。自从前代梵文翻译家将华文“天”字用到佛书上去，于是儒道两家之天与释家之天遂纠缠不清。佛教徒原来看不起印度的天，因此连带看不起中国的天。他们不知中国人思想所造成的中国天，与印度人思想所造成的印度天，名词虽然一样，义理迥不相同。

化声先生研究老庄之学有年，当然能认识这个不同之点。如何可以把道家摄到佛教天乘中去，恐怕是言不由衷吧？若当真如此，岂非令老子悲啼弥勒笑么？至于把儒术摄入佛教人乘的话，只要他们孔教徒甘心愿意，我也犯不着多管闲事了。

（25）原文：近来学术，光怪陆离，大放奇彩，实足自豪。科学倏兴，横绝宇宙，儒术精深，远过汉宋。尤其佛化，突飞猛进，方兴未艾。唯有道家，噤若寒蝉，黄老有灵，同声一哭。某书馆者，编一文库，古今中外，搜罗殆遍，于道家言，有两三部。以其量论，二三十页，若论其质，牛头马嘴，真个不对。此类鸿宝，请抄书手，一二十人，略加指示，一月之内，可成百册。奈何嗜痂，成此癖性，牛溲马勃，鼻息岛国，梨枣何辜，受此奇辱。毁我黄钟，夸人瓦缶，国际文化，体面何存？中华道术，自有师承，内圣外王，实无多让。化声再来，或者在此，然须条件，且待五年。

甲戌仲夏武昌佛学院世界图书馆化声自叙

撄宁按：儒道两家同出一源，本无异议。佛教虽是外来的，但已经被中国人改造过了，比较印度原始佛教，大有分别，未尝不可以说是中国自己发明的，仅仅借重“释迦牟尼”一块招牌而已。三教各有所长，谁也不能把谁打倒，久以成为鼎足之势。

道家宗旨，向来是抱定“利而不害，为而不争”，决没有打倒别教的意思。我敢说，别教要想把道教打倒，亦是徒劳而无功。所忧者，道教中人材太少，难以维持，慢慢的烟销火灭，不打而自倒。若没有整个的学术作为骨干，没有超拔的天才继承绝学，仅仅靠几处乩坛在那里制造迷信，几处道观在那里拜忏念经，又何济于事？现在全国中真心实力替道教摇旗呐喊的，就只有我一个人。化声先生，你想可怜不可怜？

某书馆本是营业性质，只求出版物能够卖钱，就算达到目的。书之好坏，何必过问？况且国人素有崇拜洋货之劣习，岂敢批评他的错误？日本是个佛教国，做道教的书当然做不好，这也难怪，独惜吾国人之盲从耳！我劝化声先生不必待到五年之后，现在就可以动笔。否则，那班似是而非的道教书籍越弄越多，道教名誉将一败涂地，更不可收拾矣。

北平真坛大道宝录序[①]
(1935 年)

大道宝录者，北平真坛乩笔之所传也，三教全通，万方共仰，七十篇训偈，散尽天花，四百兆群生，咸沾法雨，仁者见仁，智者见智，请观性感之序辞。先觉后觉，前贤后贤，何赖撄宁之饶舌？但有不得已于言者。扬善月刊，附载真坛经论，久启读者之疑。施君自己，宣传化劫灵章，又遭时人之忌。种善因难成善果，公道何存？能济世未能济身，

① 原载《扬善》第 2 卷第 14 期（总第 38 期，1935 年 1 月 16 日）。圈点文字注曰：“此篇乃应酬文章，意在言外。”

理由安在？若曰提倡迷信①，岂可独责真坛。若曰借此敛财，则真坛规律，禁止募捐，岂可凭空猜议。扬善刊，登劝善之文，宗旨相同，原非奇事。立真坛，阐至真之道，慈悲愿切，偏遇流言。日久自知实情，一诚能敌众谤。将见白毫光现，释迦偕老子齐临，太极圆开，阴魄与阳魂俱度。上中下三劫，劫劫消除，仙人鬼三途，途途彻悟。元始天尊，纶音特展，瑶池金母，玉律频颁。世间百病能医，请来扁鹊华陀，神术都归于笔底。造化玄机未解，问到孔明鬼谷，精华尽洩于盘中。猗欤盛哉！任他哲士愚夫，跳不出圈儿之外，似我庸材末学，愧徒余赞叹之词。是为序。

《梁海滨先生入山炼剑事实》按语② (1935年)

（上略）王隐曰：余素喜剑仙之术，苦于不得其门而入，今见某书局有出版之书，末尾载有此一段文章，知梁君乃现代之人，实有其事，并非空中楼阁。特照原文抄录，投稿于贵刊，与众共见，且欲借此宣传之广，以访求其人。海内同志，幸勿吝赐教。

撄宁按：梁君前几个月尚滞于沪上，现在又到别处云游去了。听说是先到青岛，后到终南，未知确否？但此篇文章所记载的事实，仅得真相十分之一，尚有十分之九未曾说出。梁君在武当山石洞中住过两三年后方下山，此篇言在山中只有十四日就炼成功，那有这样便宜的事？我想做文章底先生们，都是在酒席筵前得到底消息，抓起笔来，瞎写一阵，所以弄得牛头马嘴。奉劝诸位撰稿底先生，以后下笔要慎重一点，这是记实人实事底文章，不是做空中楼阁底文章，须要打听清楚，不可任意捏造。

又按：此篇言七浦路圆应道人与梁君为至交，又错了。此人名叫圆

---

① 圈点文字在此句后补曰："则全国乩沙，皆当任咎。"

② 原载《扬善》第2卷第15期（总第39期，1935年2月1日），正文署名"王隐"，按语署名"撄宁"。

虚，不叫圆应，也是广东人。尚有一位叫做通邃道人，原籍江西樟树镇，与梁君亦称莫逆。梁君别号懒禅，于是圆虚、通邃、懒禅三人结为道侣。就中推懒禅年最长，现已近八十矣。圆虚在沪战之前早已回到广东去，不知此刻是如何情形？通邃学问渊博，天文地理无不精晓，常自言：年龄快到七十，身中真铅、真汞之气已衰，若用南派栽接之法，奈为境遇所困，力不从心，若用北派清静之法，又因年龄关系，未必能收速效。不得已学一种投胎夺舍的工夫，居然被他做成功了，前年坐化于上海河南路永昌泰五金店楼上之吕祖坛隔壁静室中。其时正值华灯初启，高朋在座，谈笑甚欢，通邃君忽蹙额曰：吾去矣。遂斜靠于西式围椅上，笑容渐敛，声息全无。店主人程兰亭先生急乘汽车赶至敝寓，促余往视，已无及矣。通邃君以前屡屡自言："我尚有五年寿命。"余等闻之皆不乐，今果符合预言之数，但多出半①年耳。其时梁海滨先生正在广东，有要务勾留，未获诀别，闻之颇怅怅也。关于通邃并海滨的异迹甚多，他日当出专著。今无暇备述，仅约略附记于此。

答覆无锡汪伯英来函问道[②]

(1935年)

撄宁按：古语云："人之患，在好为人师。"余虽学道有年，实未尝敢以师资自命，因为自己晓得功修欠缺，不免内心惭愧。纵然偶尔弄几本书、涂几篇稿子，也不过是提倡的意思。眼见得中华民族自古相传之道术快要没落尽了，都市中人一天到晚酒色财气、妻子衣食，忙得脑筋昏乱，无暇顾及此事；岩壑中几位先进老前辈又绝尘逃世，不肯出来负荷此等责任，把这个千斤重的担子压在我微弱的身上，如何能承受得起？

---

① "半"，原作"一"，误，据圈点文字校改。

② 原载《扬善》第2卷第15期（总第39期，1935年2月1日）。

《黄庭讲义》、《不二诗注》仅仅发挥一点学说，也算不得什么著作。汪君推奖太过，我觉得惭愧十分。至于我心中的志愿，现在尚未达到万分之一。因为此等重大事业，本不是个人所能包办，必须多结识几位同志，都有牺牲精神并超等天才，大家组织一个团体，然后做起来才有几分希望。汪君以为然否？来函称呼，太客气了，下次请改口为妥。所有各种问题，限于篇幅，不能作答，留待次期可也。

陈撄宁校订单行本《天隐子》序①（1935年）

《天隐子》，书名也，亦即作书者之人名也。虽传自司马子微，但不能确定为子微手笔。陈振孙《直斋书录解题》谓此书与《坐忘论》相表里，疑天隐即子微之别号，然无实据可证。胡琏跋语因东坡词有"《坐忘遗照》八篇奇语"一句，遂疑为子微所著。今考司马子微《坐忘论》，正是八篇，安知坡公非指《坐忘论》而言乎？故胡跋亦未足为定论。此书文简义赅，切于实用。观子微后序言：诵《天隐子》三年，恍然有悟；又进习三年，而后淡于名利；再阅三年，天隐子出，方授以口诀。知其得力于此书者深矣。

余十余岁慕道时，即喜阅此书，常与《坐忘论》并置案头。萧斋夜读，月映窗纱，园中桂树，枝影颤动，奇芬沁鼻，仿佛仙子来临。屈指于兹，已瞬经三十五寒暑矣。回忆此情，犹如昨日。今翼化堂张君，就余商所以流通道书之方法，既劝其将善本秘籍，次第用木版刊行，惟以卷帙繁重，虽见赏于专家，恐不便于初学，故同时复取短篇道书，用活字版排印，以供一般之需要。

出书务速，选择须精，遂首先推举《天隐子》及《坐忘论》二种，

① 原载《扬善》第2卷第15期（总第39期，1935年2月1日）。

发单行本问世。又校订其后序口诀，分作数段，全书加圈句读，以便学者，并为增补《司马承祯外传》一篇。此后若遇短篇佳构，仍将陆续印行，以公同好。

谨志其缘起如此。

中华民国二十四年一月（黄帝纪元后四千六百三十一年）

皖江陈撄宁识于沪上

校订《坤宁妙经》序[①]

（1935 年）

道学之来源，不知始自何时。其见于记载者，则以广成子告黄帝之言为最古，距今已历四千六百余年，代代相承，未尝断绝。中间虽有时被陋儒之摧残，及佞佛者之排挤，表面上似乎声销迹灭，而山林隐逸、江湖异人秘密口传，数千年仍如一日。惟伊等发誓不著于纸，故局外者无从知其底蕴。于是儒释二家经典，汗牛充栋，而真正道家书籍，竟寥若晨星，女子道书，尤为罕觏。

廿载以前，余即有愿流通丹经秘本，苦于机缘未能辏合，蹉跎岁月，成效难期。今者幸遇翼化堂主人张君竹铭，堪称同志，彼此互商之结果，遂有《女子道学小丛书》之编辑。第一种出版物，即是《坤宁妙经》，搜集木刻本、传钞本、家藏本，共有六种之多。其间文辞各异，字句错误者，指不胜屈，乃将六种本比较优劣，择其善者而从之，自首至末，三翻四覆，修饰润色，顿改旧观，虽未敢称为十分精粹，但所余者，亦不

---

① 原载《扬善》第 2 卷第 15 期（总第 39 期，1935 年 2 月 1 日），后与《〈坤宁妙经〉讲经须知》并见于《女子道学小丛书》之《坤宁妙经》卷首。该《坤宁妙经》系陈撄宁对六种旧本进行校订并“修饰润色”后编成，共有“资生”、“化气”、“净业”、“修善”、“崇德”、“女教”、“妇道”、“经论”、“觉迷”、“坤基”、“根本”、“性命”、“心体”、“指玄”、“金丹”、“玉斗”、“证实”、“发心”十八章内容。

过大醇中之小疵而已。因欲急于应世，故尽先出版，俟将来觅得特种秘本，再行一次校订工夫，或可达到尽美尽善之目的，此则有待于他年矣。

中华民国二十四年一月（黄帝纪元后四千六百三十一年）

皖江陈撄宁识于沪上弘道轩

附：《坤宁妙经》讲经须知

一、女子学道，每苦于无书可阅、无经可讲，虽有许多好道之人，因一时寻不著门径，往往误入歧途。种因既错，结果全非，殊堪浩叹！此经行世，若有精通玄理之士，熟读经文，潜心研究，因时制宜，随机说法，令大众普听，解行相应，未尝非女子学道前途之曙光也。

二、此经首言造化人之生之原理，继言女子品德之养成，继言身心性命之根源，继言金丹玉斗之秘，继言发心实证、同参玄妙、共跻仙班。所有坤道修炼普通应有之方法，包括已尽，切合女子心理与生理上之需要。若能善于演讲，必能效果宏收。

三、佛教法师讲经，常有在家妇女参杂于僧尼居士之中，前去听讲。众人合掌他①合掌，众人膜拜他膜拜，众人唱诵他唱诵，众人闭目低头瞌睡，他亦闭目低头瞌睡，有时忽然惊醒，勉强撑持，窘状百出。迨听讲已毕，试问其经文义旨所在，都茫然莫对，仅以不懂二字回答。如此听经，若说能得听经之利益，未免自欺欺人。考其不懂之原因，一由于经中义旨不能适合于妇女之性情，自觉格格不入；二由于讲经之人，仅以单调的及乏味的说辞，敷衍而过，不能振作听众之精神，遂致满堂入于催眠之状态。故佛教讲经，仅成为一种仪式，徒壮观瞻而已。

四、讲《坤宁经》者，须要设法免除第三②条佛教讲经之流弊。讲堂之中，温度要适宜，空气要流通。一切仪式，一切陈设，随时随地，斟酌变化，不必十分拘泥。若财力不允者，仅焚少许名香已足，其余陈设，概从省简。最要紧者，须使听众心静神凝，勿使听众昏昏欲睡。

五、讲师之资格：（1）要通太极阴阳五行八卦之哲理；（2）要知中国古代女界名贤之历史；（3）要识身心性命之根源；（4）要明女丹修炼之工法。四种学问，若缺其一，即不能解释此经。

---

① “他”，本应作“她”，但因道教视修炼女子为阳身，故亦可写成“他”，下同。

② “三”，原作“二”，误，校改。

六、讲经之时间，每次以一小时为限。若多讲，恐听众易于忘记。好在经文不繁，全部共计十八章，每一次讲一章，十八次即可讲毕。每二次讲一章，三十六次亦可讲毕。至于一日一次，或二三日一次，或每星期一次，临时决定可也。

七、讲室中要预备黑板粉笔，若遇有关经义之文字，可以临时写出，便于听众作为参考之用。

八、关于女丹修炼实行口诀，有不便公开演讲者，概依前人传授规矩办理，讲师不可破坏古例，听众亦不可强迫要求。

答覆石志和君十问①
（1935年）

一问：俗云："男为八宝之躯，女系五漏之体。"究竟何为"八宝"？何为"五漏"？敬祈开示。

答曰："八宝"者，乃金、银、珠、玉、珊瑚、玛瑙、水晶、琥珀之类，皆是珍重的东西，比喻男子身体之可贵。"五漏"者，乃眼、耳、鼻、舌、身五根，一遇色、声、香、味、触"五尘"，即不免有漏。又，中国医书谓女子有五种带下病，亦可以说是"五漏"。此等俗语，乃旧日重男轻女之习俗所造成，不合男女平等之原则。老实说一句，女子有漏，男子何尝不漏？

二问：永明禅师之"四料简"，可否信从研究？

答曰：此乃"净土"与"参禅"二者之比较，是佛教内部之问题。阁下若为佛教之信徒，自然应当研究，否则可以不必注意。

三问：庵庙皆为圆门，设方门者则非僧尼之所居。此种俗论②，不

① 原载《扬善》第2卷第16期（总第40期，1935年2月16日）。又，圈点文字在"石志和君"之前加有"宝应"二字。

② "俗论"，圈点文字校改为"风俗"。

卜出自何典？

答曰：佛典中常有圆融、圆成、圆明、圆觉、圆顿、圆满、圆寂等名词，故僧所居之房屋皆做圆门，一者所以显扬佛教之义旨，二者所以表示不同于在家之俗士也。

四问：佛教兴旺，道教倒反而晦暗，不卜何故？

答曰：阁下所谓兴旺与晦暗，皆指其外表而言，与根本问题毫无关系。至其表面上所以有盛衰之别者，则因二教信徒一善于宣传、一不善于宣传之故耳。

五问：无家业之人发心学佛，即入寺庙。发心学道，不卜可有地方安插？

答曰：发心学佛之人，若不愿做和尚，仅以居士身入寺庙中白住，恐怕出家人未必能容，只可充当寺庙中斋公、香火、杂役之类而已。若是有资格负重望之大居士，暂时借寺庙养静，和尚们当然十分欢迎，至于普通学佛之人，不能援以为例。

学道之居士，门路更窄。除了出家做道士而外，不能久住道观中。只有三种资格之人可住：一者是某道观的大施主、大护法，二者能按月津贴膳宿费，三者与方丈、当家有特别交情或密切之关系者。在家修道之团体，各埠虽不在少数，大半是经济困难，无力安插闲人。因为这个年头比较往日太平时代，真有天地之别。

六问："六通"中有"漏尽通"者。窃谓若将精漏尽，其人已死。乃说得道，不卜怎解？

答曰："漏尽通"这个名词，出于佛教经典中。凡是读过佛书的人皆能了解，不是说将精漏尽。若如来函所言，真要变成笑话。兹特解释如下：六通者，一"如意通"，二"天眼通"，三"天耳通"，四"他心通"，五"宿命通"，六"漏尽通"（又名"无漏通"）。何谓"漏"？一者"欲漏"，二者"有漏"，三者"见漏"，四者"无名漏"。以不取彼四种漏故，乃名远离诸漏，所以叫做"无漏通"。"无漏"者，即诸漏已尽也，故又名"漏尽通"。现在一般学道的人，不懂佛经，偏喜欢用佛经中名词，望文生义，强为解释，笑话百出。曾见有一种书上解释"阿弥陀佛"，谓"阿弥"是一个人的名字，如阿宝、阿福、阿金、阿根之意，"陀佛"者是把佛驮在背上，真可谓破天荒的大笑话。

七问：现今道门林立，有所谓东正、西乾、中州、无极、天真、玄修等等门头。不知何邪何正？

答曰：这些名目，都是在家修行人们结合的团体，无所谓邪正，全视乎各人信仰与不信仰而已。

八问："八十尚可还丹"，道书每有载录。小子意中，若遇老者，拟劝其修净土，不卜可否？

答曰：随缘说法，亦无不可。

九问：佛教中之弘化社，实为佛教中之一大组织。不卜道教中可有此等团体？

答曰：道教中秘密团体虽亦不少，但公开组织的尚无所闻。

十问：佛教杂志，价目俱低。《扬善》刊涨价，不卜何故？

答曰：仆只管撰稿之事，并学理研究、通函问答等类。至于涨价与否，归发行部负责，他们或者有一种理由，仆概不过问。

《女子道学小丛书》[①] 编辑大意[②]（1935 年）

（1）精选古今女界中懿行嘉言、短篇著作，足以养成女子高尚之人格，灌输女子优异之智能，此为关于心理一方面者。

（2）精选历代女子修养方法、经论诗歌，足以造成女界特出之奇

---

① 《女子道学小丛书》是陈撄宁于 1935—1936 年间选编出版的一套有关女子丹道修炼的丛书，包括《坤宁妙经》、《女功正法》、《女丹十则》、《男女丹工异同辩》、《女丹诗集》等 5 种著作。由《扬善》第 2 卷第 14 期（总第 38 期，1935 年 1 月 16 日）登有翼化堂书局关于《女子道学小丛书》的"新书预告"，以及第 15 期（总第 39 期，1935 年 2 月 1 日）已刊出陈撄宁为该套丛书之《坤宁妙经》撰写的《校订〈坤宁妙经〉序》，可知这套丛书的编辑出版时间较早。不过，有关该丛书全套著作的销售广告和详细介绍却迟至 1936 年才出现于《扬善》刊物（总第 68 期，1936 年 4 月 16 日）。以下属于该"丛书"的作品，均据胡海牙、武国忠主编《陈撄宁仙学精要》（北京：宗教文化出版社，2008 年）所收诸书（简称"《精要》本"）排印。

② 原载《扬善》第 2 卷第 17 期（总第 41 期，1935 年 3 月 1 日）。

材，健美女子普通之体魄，此为关于生理一方面者。

(3) 道学为中华民族之国粹，乃世界各国所无，而为我国所独有者。以前因女子教育尚未普及，故不能研究此种超群之学术，今依男女平等之原则，将此种学术逐渐公开。

(4) 古人著作，深浅不一，有十分玄奥难以明了者，亦有偏于俚俗不能动听者，今为普及起见，玄奥者必附以注释，务使读者易解，俚俗者则稍加修饰，免致大雅贻讥。

(5) 本书编辑宗旨，乃提倡中国固有之道学，绝对破除迷信。凡稍涉迷信之文字，概不收录。

答覆无锡汪伯英君儒道释十三问①
(1935年)

第一问：佛道两家都有显教、密教，儒家是否有显教、密教？再，显教、密教到后来是否可以融通？

第一答：儒家亦有密教，《论语》上说："夫子之文章，可得而闻也；夫子之言性与天道，不可得而闻也"。所谓"可得而闻"，就是儒家的显教；所谓"不可得而闻"，就是密教不能公开之意。《中庸》上说："君子之道，费而隐。"这个"费"字就是显教，这个"隐"字就是密教。显教与密教，在理论上本来是融通的，没有什么冲突。其所以分为显密两派者，就是公开与不公开的缘故。

第二问：《黄庭》、《参同》、《悟真》都是属于密教一类，何种书籍是完全属于显教？

第二答：《参同》、《悟真》完全是密。《天仙正理》、《金仙证论》大半是显，而小半是密。《参同》、《悟真》之密，是故意不肯明说，《正

---

① 原载《扬善》第2卷第18期（总第42期，1935年3月16日）。

理》、《证论》之密，是玄微处不能用语言文字形容。另有陈希夷、邵康节一派，非显非密，亦显亦密，程度高者见为显，程度低者见为密。若问完全是显者，可谓绝无，因为人的程度有高低不同，此人见为显者，他人或又以为密耳。

第三问：各种书籍，诸家的注解多是不同，固然仁者见仁、智者见智。有的书籍，本来明畅，一经注解，反而隐晦。有的书籍，始则隐约，一经注解，便能了彻。有的注和不注，相差不远。虽然注者和读者的意见各有不同，是要凭自己的理智去测度，再将“近取诸身，远取诸物”日用寻常之事去印证，但是弟子有一个疑团，最不能打破的，便是口诀。譬如书上所说的“一贯心法”、“直养无害”、“惟精惟一”、“致中致和”，弟子认为①亦是修养的秘诀。照此做去，施于外则天地位而万物育，施于内则精神宁而魂魄安。久久行之，肉体上一定会起变化。始终抱定这个主意，积之又积，从微而著，由色身透出法身，养刚大充塞宇宙，乃是道体的自然，极浅显易明。何以总说当日孔门弟子除颜曾而外，性天之道鲜有得闻？但是弟子认此种亦是显教，悟则可以顿悟，证则非积久不可。至于颜曾所闻者，或亦是密教。显教积久自悟，密教非师莫明，书上没有说破，想来大约如此。但是此种密教，与《黄庭》、《参同》、《悟真》的理，是否相同？

第三答：君所说的“一贯心法”、“直养无害”、“惟精惟一”、“致中致和”、“天地位”、“万物育”、“精神宁”、“魂魄安”，这些都是理论，不是口诀。请问“一贯”如何贯法？“直养”如何养法？“致中和”如何致法？“惟精惟一，允执厥中”如何执法？这些实行的法子，才可以称得起“口诀”二字。

儒家显教，亦有口诀。请看我所作的《口诀钩玄录》，将来就能彻底明了，现在不必著急。儒家的密教，完全在一部《易经》上面。《参同契》就是从《易经》中脱化出来的，《悟真篇》又从《参同契》中脱化出来的，如何能说是两样？

第四问：《黄庭》、《参同》是古人修养的秘籍，其中词多譬喻，本不易明，经诸家注解，便能懂得许多。至夫子的讲义，是完全已成了显教，虽一毫不懂的，看了亦能懂得。照如此说，何以前人要隐约其辞，不肯直即说出？若说惧泄天机，则后人难道不惧？若说文化理智不同的

① “为”，原作“谓”，误，校改。

关系，及天然的时运气数，故书上每每说“以俟后之君子”，则将来的天机或者要完全泄尽、和盘托出，不能写的也能写在纸上，亦未可知。是否？请示。

第四答：《黄庭经》与《参同契》这两部书中间的作用，有相同者，有不相同者。我的《〈黄庭经〉讲义》，是把可以公开的道理与方法直说出来。至于《参同契》书中的作用，一大半是不能公开的，所以《参同契》的讲义到现在不能落笔。将来何时可以公开宣布、和盘托出，我现在不敢预言。

口诀不肯轻传的理由，有许多关系，并非惧泄天机。请看拙作《口诀钩玄录》，就明白了。

第五问：《悟真篇》是讲男女阴阳逆行造化之事，便是最上者人己两利，与“三峰采战”截然不同。若此法通行，最便利于世俗男女，因世间人大多是一夫一妇。何以天不肯将此法普遍流通，度尽无量众生？岂非与天不爱道之说相矛盾乎？再者，既是如此，释道两家何以或山中习静，或寺内参禅，多是一己孤修？致虚守静，藏器待时，静极而动，一阳来复，以后天摄先天，借先天御后天，恍惚之中寻有象，杳冥之内觅真精，逮夫内真外应，地天交泰，上降下升，水火既济，阳不亢而阴不极，铅不走而汞不飞，魂魄相拘，精神固结，金情自恋木性，离女自交坎男。久而久之，一身浊阴并无丝毫走失，但悉为清阳所化，变为纯阳，而不是亢阳。因为阳中有阴，刚中含柔，纯粹以精，的是阴化于阳，不是阳埋于阴。弟子始初认《悟真篇》，也是这个道理。其他一切丹经，多认他是这个道理。便是夫子的《诗注》、《讲义》，弟子也多认是这种道理。但执此以观彼，一则是男女双方之事，一则乃自造自化之机，二者相较，大相①迳庭，二者混淆，未免大错。这也是弟子一个绝大的疑团。未知夫子能否破格开恩，略示一二？不然这个闷葫芦，实在难以捉摸，至祷至祷！

第五答②：《悟真篇》的作用，不是人己两利，乃是有利于己、无害于人，不是上上等的法子，乃是上中等的法子。三峰采战，结果两败俱伤，乃是下下等的法子。人己两利上上等的法子，向来是口传，不载于书中，故世间莫晓。

---

① “相”，圈点文字改作“有”。

② “答”，原作“问”，误，据圈点文字校改。

世上人虽然多是一夫一妇，但是小人多而君子少，所以他们不能行君子之道。《中庸》上虽然说：“君子之道，造端乎夫妇。”但又说：“君子之道，费而隐。夫妇之愚，可以与知焉，及其至也，虽圣人亦有所不知焉。夫妇之不肖，可以能行焉，及其至也，虽圣人亦有所不能焉。”圣人尚且不知不能，何况愚夫愚妇？

“独坐孤修，致虚守静”这个法子，比较容易实行。自己要做就做，不必征求对方之同意，也不必定要废弃人事，见效虽迟，流弊较少。我所提倡的，就是这一派。此派最要紧的，是“玄关一窍”，既不是《参同》、《悟真》之法，亦不是冲虚、华阳之法，乃是陈希夷、邵康节他们传流下来的。你将来看拙作《口诀钩玄录》，就可知其大概矣。

这三种不同的法子，他们用的名词，彼此都是一样的。我当年初学道时，弄得头脑发昏、寝食俱废，幸遇名师，始能打破疑团。今特公开发表，以度有缘，免得作书的人、看书的人、传道的人、学道的人都在闷葫芦中打滚。详说见《口诀钩玄录》中，今不赘述。

第六问：显教是可以普度，密教是不能普度，大约因资格关系。但不知要有怎样的资格，方能受密教真传？倘使心诚力久，能否有豁然贯通自悟的一日？还是究竟非师莫明？

第六答：普通的人，都不合密教的资格。若问怎样资格就可以得密教真传，此层将来可以发表，现时不能奉告。因为说出来，文字太长，没有许多工夫写。

显教可以普度，这句话也不能一概而论。佛家显教，只有净土可以普度，其余各宗就不能普度。儒家显教，只有《论语》可以普度，别种经书就不能普度。道家显教，只有《感应篇》一类的文章勉强可以普度，其余的修炼方法，虽然可以公开，未必就能普度。因人类知识高低万难平等之故。

至于豁然自悟、不要师傅，恐怕自古至今没有此例。只有虽得真传而不能全懂者，虽能全懂而不能实行者，虽能实行而不能成功者，今世尚不乏其人也。

第七问：学仙者，仙道已成，则游戏人间、和光混俗，施符咒水、济困扶贫，度脱众生、积累功德，甚属易易。如昔日传记所载许真君、吕祖师等，斩妖除邪则为人所畏，神通变化则为人所羡，讲因说果则为人所信，崇善黜恶则为人所尊。而今乃不此之图，惟凭乩训。没有善根者，何能相信？未免不为其易，而为其难。不知神仙何故如此？令人疑惑不明。

第七答：君若是个聪明人，就用不著发此问。君若是个书呆子，我就回答你，仍旧是不能醒悟。所以此事只好作为疑案而已。

第八问：现在有许多道门，如同善、先天、金丹、无为、道德学社等，出来的乩训都说关圣现任玉帝、弥勒业已降生，但征之经典，未免矛盾。故佛教徒一概斥此种为外道，或云“灵鬼凭借”，但不知双方孰是孰非？然无论真假，总有一方免不了诬圣之过。

第八答：这些婆婆妈妈的问题，恕我不能回答。佛教徒斥他们为外道，还是一句客气话，“灵鬼”之说，亦不彻底。总而言之，人的知识程度高低不同，斥者自斥，疑者自疑，信者自信。

第九问：北平乩训内有“阿弥陀佛向释迦佛叩头”，弟子曾以此致问。据施君来信，谓系礼敬使然。但照佛经上说：释迦在娑婆成佛，系此土佛祖；弥陀系西方佛祖，先释迦而成佛，为观世音菩萨本师。今以世间理解，何以先佛向后佛礼拜？譬如三皇五帝向孔子礼拜，似乎不顺。

第九答：俗语有云“行客拜坐客”。阿弥陀是西方极乐世界的佛，释迦牟尼是此土娑婆世界的佛，阿弥陀由西方世界到此土①来，可算是行客，释迦原在此土不动，可算是坐客，不是先佛拜后佛，乃是行佛拜坐佛耳。按之世间俗例，亦无不合。君谓此言有理否？实在讲起来，可以说根本不成问题，那里值得研究？

第十问：敝处的同善社，他的内容，不能深悉，只是他的书籍，还觉得不错，事情也很为合理。有一部书叫《毅一子》，是宿儒杨某所作。书中的道理，与夫子之言很为合拍，所讲的完全是孔门一贯心传。惜乎此人闻道之后，已与道合真了。现在又非常秘密，甚少杰出人才，得不到他们的真消息。所以此时乡间，感觉知音稀少，孤掌难鸣。

第十答：同善社不过是一种机关，若有人材，他就会兴旺，若无人材，他就要衰败，并非同善社本身有什么讲究。当日同善社极盛的时代，有许多社员拉我进去，我笑而不答，盖意在言外矣。

第十一问：凡诵经咒，有说冥中可当钱用，有说超度亡灵。如今且休论他谁是谁非，总之清心忏罪、消孽去戾、默和阴阳于无形，也是情理之当然。不过经义易明、咒语难懂，然而诵咒愈病等事每有灵验，弟

① “土”，原作“上”，误，据圈点文字校改。

子也曾经试过，果然有效。照此看来，当诵咒时，暗中神灵究竟得到什么好处？又有诵此咒则灵、诵彼咒则不灵者，岂亦“圣而不可知之之谓神”乎？是即所谓“不可思议”者乎？

第十一答：诵咒这件事常有灵验，其中有个所以然的道理，并非不可思议。因为这个道理最深奥，最难解说与普通人听闻，只得以“不可思议”四字搪塞而已。

第十二问：书上口诀，很多很多，苟悟其理，可随便拈来作自己修养的方法，或印证自己的经验。如此则人人可以自悟，人人可以修为，不假外求，本来自有。这是弟子一向的观念。但既是如此，何以又有不能公开的密诀、惧泄遭谴的天机？而这种秘密天机，是否即是“一见黄龙后，始悔错用心”与“聪慧过颜闵，不遇明师莫强猜”的呢？若是，则以吕祖、颜闵之天资，尚不免错用强猜，况其下者乎？或者，黄龙明师原是恍惚杳冥中的一物，仙师故作此寓言乎？倘若是，则至显便是至密，至密便是至显，疑团就容易解散了。

夫子说：《参同》、《悟真》，非得人传授，自己决不能了解。照如此说，一定另有一种密教，自己决难自悟。但弟子亦不求急悟，能否请夫子将不能自悟之理由略示一二？

第十二答：秘诀的确是有的，遭谴的事也不是欺骗人的。但是否因为泄漏天机而后遭谴，则无从证明，聪慧人只能自悟其理。然而究竟如何做法，难以自悟。

吕祖参黄龙一段公案，所以表示既完命功之后，尚要续做性功，不可自满自足、半途停止。“黄龙”二字是否寓言，尚待研究。

“明师”是指人而言，不是譬语。性功可以自悟，命功不能自悟。而且性功定要自悟，言语文字都不相干，如何可以传授？命功是有作有为的事，虽得传授，尚未必能实行，况无传授乎？请看世上一切学业，如工程师、电机师、化验师、药剂师、照相馆、汽车夫等等，若无人传授，能自悟否？

第十三问：慧过颜闵，不能强猜。如以天纵之圣人生而知者，若不得传授，是否可以自悟？

第十三答：假使圣人可以生而知之，则黄帝何必求道于崆峒？仲尼亦不起“老子犹龙”之叹矣。黄帝、孔子且不能自悟，况不如黄帝、孔子者乎？所以说“慧过颜闵，不能强猜”，盖实语也。

释迦牟尼在这个世上，可算是绝顶聪明的人，尚且非师不能自悟。

他的师父就是外道仙人，佛经上说得很明白。他初次出家，就跑到跋渠仙人苦行林中一心求道，再至阿罗逻大仙处学习禅定，复以为未足，又至迦兰大仙处更求深造、反覆论议。得传以后，还要在雪山六年苦行，日食一麻一麦，身形消瘦有若枯木，不得已方受牧女乳糜之供，坐菩提座，降伏魔军，入四禅定，断除业种，然后方能廓然大悟，睹明星而成正觉。普通一切凡夫，他们的资格比较释迦牟尼如何？若要无师自悟，岂不成为笑谈！有师尚且未必就能自悟，况无师乎？

答覆海门县佛教净业会蔡君四问[①]
（1935年）

第一答：《救荒本草》，上海各家书店皆无此书。仆于三十年前见过一部《农政全书》，内有《救荒本草》。

第二答：《辟谷经验良方》，另外钞录附寄。

第三答：拜师之举，愧不敢当。仆自审没有为人师之资格，还是随便谈谈为妙。敝[②]寓地址，恕不奉告。

第四答：入道门是否与信佛条件有碍，这个问题，若以宗教家狭隘之眼光看来，一定说是有碍。譬如天主不信耶稣，耶稣不信回教，回教不信佛教，依次类推，自然佛教不信道教，亦无足怪。若按照修菩萨行当学尽世间一切法的大悲大愿看来，又可说是无碍。此事全在阁下自决而已，他人不能阻止，亦不能劝驾也。

仆幼读儒书，二十岁学道，三十岁学佛，四十岁又学道，今年过五十矣。回忆四十年间，于三教中出入自由，不见其有碍也。假使信佛者不可以入道，则信儒信道者亦不可以入佛矣，何其见之小哉！

---

① 原载《扬善》第2卷第18期（总第42期，1935年3月16日）。又，圈点文字在“海门县”之前加有“江苏”二字。

② “敝”，原作“敞”，误，校改。

要知三教不外一心，儒曰仁心，道曰道心，释曰菩提心，名虽异而实则同。红莲白藕青荷叶，三教原来共一根。佛与道有何界限可分别[①]乎？阁下的眼光，要放开远大。看他们和尚道士，彼此早已化除界限、视同一家；我们在家人反而强为分别，岂非多事乎？

释迦牟尼的师父，岂不是外道仙人么？弥勒菩萨，岂不是住在天宫么？龙树菩萨，岂不是专修长生之术么？

楞严二十五圣，位位圆通；善财五十三参，人人[②]解脱。敢谓世出世间，有一法而非佛法乎？释迦说法四十九年，都无一字；达摩东来传佛心印，不立语文。敢谓三藏十二部中，有一法真是佛法乎？

是法非法，尚不能言。有碍无碍，又何必问。虽然，以上所论，亦仅发表我个人之意见、破学者之执著而已，不是引诱阁下弃佛学道，幸勿误会。

答覆上海南车站张家弄王君学道四问[③]（1935年）

第一问：《金仙证论》及《天仙正理》之作用是否完全？专炼自己身中之神炁，不赖身外之物资助，是否即可以成天仙之果？

答曰：未破体之童身，修炼道功，见效甚速，不到百日，已得到大周天之景象。此人乃昔日安徽师范学堂毕业生，名字[④]叫李朝瑞，我亲自同他谈过话，工夫的确很好。他是从清净法门静坐调息入手，并不需外物资助。若已破体之人，就难一概而论，年老者更觉费事。南派返还工夫见效虽捷，但未必就是阁下第一次来函所说的办法。北派中虽重清

① “别”字下，原有衍文“可”，今删。

② “人人”，圈点文字校改为“门门”。

③ 原载《扬善》第2卷第18期（总第42期，1935年3月16日）。

④ “字”，原作“子”，误，校改。

净，但亦不是专靠打坐就能成功。外界资助，当然不可少，却是从虚空中寻求，不是在人身上讨便宜。《证论》、《正理》两书，不能就算完全，然而必须要看。

第二问：有工业之人，不能每日限定时刻炼习，亦能有效否？

答曰：先看是何种工业，对于道功上有无妨碍？再看每日工业完毕后，到自己家中可能得一间静室，足为安神养气之用？可有闲杂人等烦扰？可有尘俗之事萦心？设若永远断绝色欲、不亲妇女，自己妻室可能同意？以上种种，皆是应有之问题。否则实行试验尚且不能，有效无效更谈不到。

第三问：先生是邱祖门下第几字派？

答曰：仆正式之导师前后共有五位：北派二位，南派一位，隐仙派一位，儒家一位。现在我自己竟不能说是专属于那一派。若论到龙门派，仆算是第十九代圆字派。以上各派，都是在家人传授，只重工夫，不重仪式，故与出家人不同。另外尚有乩坛传授，未免类乎神话，江湖传授，又嫌落于旁门，故皆不愿奉告。

第四问：可否能收为先生门下？

答曰：孔夫子说："人之患，在好为人师。"我最佩服这句话。历年以来，实不敢妄自尊大，俨然以师资自命。所以常在《扬善》刊上发表几篇文字者，有三种原因：

一则看见今时修行的人们，除了念阿弥陀佛而外，竟不懂"道"是何物，故本我的夙愿，来试为提倡。

二则看见少数学道的人们，偷懒者大半无所成就，用功者甚或做出毛病，恐怕他们半路上灰心，并使反对者有所借口，故本我的经验，鼓励他们前进。

三则《扬善》刊宗旨是贯通三教的，儒教佛教的材料非常之多，而且流行的出版物到处可以购得，但是道学仙术的材料最感缺乏，书籍亦寥寥无几，相形之下，未免偏枯。故自告奋勇，帮助编辑人尽一份义务，不是想于此中得何种利益。

至于收门弟子这件事，仆恐怕自己没有资格做人家师表，只得请阁下原谅，勿生误会。虽然有几位好道的同志，如汪君伯英之辈，他们称呼我过于客气，反而令我难受。阁下不必学他们的样子。

总而言之，仆既发愿提倡道学，凡有人肯研究者，都可引为同志。扬善半月刊社，可作为学道的同志们互通声气的一种机关。下次若有问题，请直接寄与该社转交于仆可也。敝寓地址不是固定的，随时可以迁移。

再者，传道这件事，要看人的德性品格是否称得起“载道之器”？不管他贫贱不贫贱，越是富贵人越难得入门，因为他的习气太深，有道之士都是望望而去。况且“道”不是货物，不是拿钱可以买得来的。阁下不必自恨无钱不能学道。你要晓得秦始皇、汉武帝贵为天子、富有四海，毕生求神仙尚不得遇，仅仅求到几个方士而已。所以吕纯阳祖师曰：“堆金积玉满山川，神仙冷笑而不睬；直饶帝子共王孙，须把繁华挫锐分。”可知这件事是品德优劣的问题，不是富贵贫贱的问题。凡世间好道的人，千万注意及此。

答覆常德电报局某君北派丹诀八问[①]（1935年）

一问：退符到第六规后，尚须吹嘘之火，方算归根否？

答曰：吹嘘之火，此时虽未全停，但不可著意，因为此时乃休歇之时也。

二问：子时当为活子时矣，但不知卯酉午三时沐浴之久暂，有一定之度数乎？或待时而动，亦如活子时顺其自然之机乎？

答曰：子时既活，则其余各时俱活，故不能拘泥一定之度数。

三问：小周天以十二时为火候，大周天以十月为火候。十月之内，时刻不能离间，而三四月内，尚须饮食，饮食之际，岂不大有妨碍乎？

答曰：此等见解，不免有误。君既知小周天子时当活用，则其余十一个时辰皆活用矣。小周天十二时，既可活用，则大周天十个月，何故

① 原载《扬善》第2卷第18期（总第42期，1935年3月16日）。又，圈点文字删除“北派”二字。

不能活用乎？须知丹经所谓十月，其意即等于十二时，不是从初一到十五、从十五到三十的算法。所以饮食行动休息，没有什么妨碍。

四问：采大药时，呼吸之火自能内运，此时岂不损倾已成之丹乎？或者此时之火已无时无位乎？

答曰：火之作用，有种种不同，未可一概而论。大周天火候，与小周天火候颇有分别，决无损倾之患。若有损倾者，必是它种原因，非火之咎也。

五问：丹熟止火（虽不行升降，时刻不可离火，离则丹走），此不可离火，是否指阳光二现之前，及阳光三现之前乎？或三现后仍须如此乎？或三现后即可不如此乎？

答曰：丹熟止火之说，是止小周天升降之火。时刻不可离火之说，乃不可离开温养之火。若要速成，自然一刻不能间断。若不要速成，虽偶有间断，亦无大害。走丹别有原因，非必关于离火之咎。阳光二现、三现之景象，乃伍真人自己之经验，不是人人一定都有这个样子，可不必拘泥。

六问：外丹成后，平日不用吹嘘温火，可保不倾走否？

答曰：你若采取纯洁的先天炁，锻炼成功，保你不会倾走。你若夹杂后天的浊气在内，纵然勉强维持，难免得而复失。火之用与不用，尚是第二个问题。

七问：终脱胎，看四正，迁神于上田，仅以一阳寂照于上田即可乎？

答曰："寂照"二字不错，"一阳"二字，未免头上安头，文辞欠妥。

八问：五龙捧圣，过关服食，除动而后引外，尚有别法否？

答曰：别法都是揠苗助长之类，所谓叫"非徒无益，而又害之"，以不用为妙。

又问：家母患水肿病，年余未愈，三日即需西医打针一次，昼夜无睡，咳嗽气喘，痛苦几逾地狱。某某每日泣求诸佛诸大菩萨，诵经忏悔，毫无效果。某某拟求老师发大慈悲，定中作念，令其全愈，则感戴恩德于无尽矣。

答曰：定中作念是否就能愈一切危险之病症，此事亦无保证。现在有所谓精神疗病、心灵疗病，据他们自己夸张，可以远隔千里万里都能使病者全愈。我想近在咫尺尚不见功效，何况远在天边？这些都是营业的性质，故神其说而已。我是一个脚踏实地、不说假话的人，定中作念这个事，我做不到。因为我的环境、我的职务，不能容我入定。今体念君是一个孝子，又是一个好道之人，愿为君牺牲若干时间，每日代作解劫消灾之法一句钟，共计二七日，从阴历二月初六日起，到二月十九日止。灵与不灵，难以预料。有效我不居功，乃君之孝思所感应；无效也是意中事，用不著懊恼。因为本人之定业，照理论上说，他人不能强为改变，此事只好尽为子者之心而已。

再者，收门弟子这件事，我现在不能承认。因为君与我乃第一次通信，彼此未曾谋面。君既不知我的程度如何，我亦不知君之履历如何，此事宜慎重为要。况且我数十年来，就没有收过弟子，盖自审资格不足以为人师也。特此答覆。

答覆上海公济堂许如生君学佛五问[①]（1935年）

第一问：敝人性颇好道，而我的朋友多数是信佛念佛的，他们常常劝我一心念佛，不要学什么外道，恐怕将来要堕落。敝人疑惑莫定，左右为难，请高明有以教之。

答曰：念佛的居士们，我也不说他们是坏，但可惜他们眼光太浅，竟不认识道是何物，所以说出话来，总是小家寒气。

我劝他们先用三十年读书穷理的工夫，然后再开口说话，或者不致于大错。何以要三十年的光阴读书呢？因为儒释道三教的书籍，合起来计算，差不多有两万卷，起码要读一半，每日读一卷，须一万日方可读毕一万卷，所以说要三十年。

① 原载《扬善》第2卷第18期（总第42期，1935年3月16日），没有署名，但从《合集》本中的圈点文字可知回答者为陈撄宁。

假使他们没有这许多工夫，就以十年的光阴，专读佛教《大藏经》亦可。将佛教的三藏读完，虽然不认识道的全体，也可以认识一部份，并且可以晓得印度的外道，与中国的道学，绝对不同。又可以晓得道这样东西，是其大无外、其小无内，没有界限的。儒释道三教，不过是道中的一部份，耶稣、天主、回回，也是道中间的一部份，宇宙万物以及我们人类，也不过是道中间的一部份。

他们果能到了这个程度，自然就不敢开口，晓得一开口就错了。他们若不能到这样程度，最好是自己念念佛拉倒①，犯不著管别人的闲事。免得说错了话，种错了因，自己将来不免堕落，那里顾得及别人堕落不堕落。

第二问：设若敝人听朋友的劝诫，弃道学佛，先生以为如何？赞成乎？反对乎？

答曰：这句话的意思很难解。《中庸》上说："道也者，不可须臾离也，可离非道也。"天地人物，生于道中，灭于道中，何尝一时一刻离开此道。道既不可离，如何能弃？究竟阁下所指的"道"是什么东西？我不明白，赞成反对如何说起。

第三问：设若敝人专心学佛，当从何入手？念佛好，还是参禅好？诵经好，还是持咒好？

答曰：这些问题，都是枝叶，不是根本。佛教根本要义，在于先发菩提心。你若不肯发菩提心，学道学佛，皆无著落。你若真发菩提心，学佛亦可，学道亦可，听凭自由。至于念佛、参禅、诵经、持咒，更不成问题，随缘可也。

若问佛教所说的"菩提心"，如何解释？这个名字，是印度的梵音，中国无适合的译语。只有拿儒教中仁、义、礼、智、信五字，并忠、恕二字，一总去解释，大约相差不远。盖道之极者，称曰"菩提"，华语不能翻译，若定要翻译，只有一个"道"字可用。所以前代诸师，皆称菩提为大道。虽然，以体而言，菩提心即是道心；以用而言，菩提心又可说是大慈悲心。《华严经》云："发菩提心者，所谓发大悲心，普救一切众生故。发大慈心，等佑一切世间故。"若问已发"菩提心"之后，又作么生？那就要你自己去参学，我那里说得

---

① 《合集》本中陈撄宁删除"拉倒"、"念"三字，并在"最好是"之后添加"止管"二字。

尽呢！

总而言之，气量要放大一点，不可入主出奴，不可是此非彼，不可妄发议论，不可执著门庭。请观《华严经》善财童子“五十三参”，天上人间，何处不到？神仙外道，何法不求？结果是“百城烟水，弹指开弥勒之楼；行愿无边，一毛现普贤之海”。岂目下钝根凡夫所可思议耶？

第四问：《扬善》刊标明宗旨，是儒释道三教平等一贯。先生独要提倡道教，岂不与宗旨相冲突乎？

答曰：并无冲突，请看我本期答覆上海王君第四问，就明白了。况且我所提倡的是道学，不是道教。请细看《扬善》刊上面所登的“道学小丛书”以及《女子道学小丛书》编辑大意，内中是否有宗教的气味？阁下看书，须要细心方好。

第五问：现在世界潮流，似乎是趋向佛教一方面，所以佛教居士林上头亦冠以世界二字。中央政府现在也提倡佛教，先生独要提倡道教，岂不违反现代之潮流乎？岂不虞佛教徒群起而攻之乎？

答曰：我提倡道学的意思，是一种补偏救弊的作用，就是你们佛教中所说的行菩萨道。现在运我的悲心毅力，逆潮流而向前进，将来自然有一种结果。他们顺潮流而行的，难免附带几分投机的性质，我不愿做这种人。

民国二三年间，月霞法师在上海哈同花园办华严大学，他所作的《维摩经讲义》，都是我一手替他抄写。关于义理上事，像我这种外道，当然不能赞一辞。关于文字上事，区区未尝不稍效微劳。又如高鹤年居士之《名山游访记》、黎端甫居士之《法性宗明纲论》，中间也许有一二句属于我外道的手笔，因为大家天天见面，不能不互相参酌也。

哈同印行的一部佛教《大藏经》，我虽然没有在上面用过苦功，却是从头至尾翻了一遍。月霞法师以禅门之宗匠，阐贤首之玄风，在当代法师中间，总算是第一流角色。我在他面前，自认为外道，而法师亦未尝轻视我，明眼人毕竟不同。

现在若想弄几部佛家的著作，取材既易，销路又广，岂不大妙？何故不为其易，而为其难，定要逆世界潮流行事，难道是个傻子么？我原来是拼著牺牲的，那里管得到别人攻我不攻我这许多顾忌。越是学问大的人，越晓得自己的欠缺，越不敢轻发议论。所有胡乱批评人者，都是一知半解之徒，又何必计较，听之而已。

读黄忏华居士给太虚法师一封信[①]
（1935年）

原文：法师，现在有几句话请问你，我学佛以来，年代也不少了，自己觉得对于佛法认识得很明了，信仰得很真实。

愚按：忏华居士，我同他相处多年，可以证明他这几句话决非妄语，真实不虚。

原文：我曾经试用唯识家的五重唯识观，把世界加以精密的观察，又曾经试用般若家的一切皆空观勘破世界，似乎可以万象皆空，一尘不染了。

愚按：唯识家的法相，分析得过于精细，反而把学人的脑筋弄糊涂了。不必说他字句艰涩、名目纷繁，最难应付的就是法网重重、动辄得咎。若拿他当作科学一类的东西研究，也未尝不可。若仰仗他做个出世间的大法船，要他渡我们脱离苦海，设若中途遇到风浪，一定会迷失方向，那真不是儿戏的事。譬如许氏《说文》，在汉学中何尝不是一部杰作，然而孔夫子的真实本领，未必就在《说文》上头。让你把《说文》读得烂熟，只可称得起精于训诂之学，不能说就是入圣之阶梯。佛教的唯识宗，亦如此而已。

般若真空观，下手比较切近点。唯识等于汉儒之训诂，般若等于宋儒之性理。学佛的人们，乘般若船到了大海中间，或者不至于因风浪而迷失方向；但是方向算你认识清楚，也要看这只船本身的力量是否能够逆风破浪而行？假使本身力量不足，你想把他开到南边，狂风巨浪会把他卷到北边来。船上骨架木料再不坚固时，难免被风浪打成粉碎，沉在大海中拉倒，如何有到彼岸之一日？所以宋儒性理虽然高明，毕竟不能做孔夫子第二，就是他们力量不足的原故。

原文：然而到了生死关头、名利关头，虽然看得清，依然打不破。

愚按：看得清，是理；打不破，是事。看得清，是智慧胜常；打不

---

① 原载《扬善》第2卷第18期（总第42期，1935年3月16日）。原刊标题下有注言黄忏华信件“原文见《佛学丛话》中”，圈点文字又注曰：“此书在商务印书馆出版”。

破，是道力薄弱。道力是实在的东西，不是仅靠观察可以得来的。

原文：而一般人所犯的缠绵歌泣、颠倒梦想，以及沾滞、执著、迷恋等毛病，也应有尽有。

愚按：这一类的习气，在众生叫做病，在佛法叫做药。未开悟者，周身是病；已开悟者，遍地是药。药即是病，病即是药。

当年大圣人周文王所犯的毛病，比较忏华居士实不相上下。请观《诗经》云："窈窕淑女，寤寐求之。求之不得，寤寐思服。悠哉悠哉，辗转反侧。"如何之缠绵乎！如何之颠倒乎！如何之迷恋乎！呜呼！此其所以成为大圣人乎？

原文：固然也许比一般人淡薄些，只不过五十步、百步之间。高明有限。

愚按：不要说比一般人淡薄，就是说比一般人更加浓厚又有何妨？岂不闻《中庸》说"喜怒哀乐，发而皆中节，谓之和"乎？岂不闻佛经说烦恼即是菩提、淫怒痴即是梵行乎？水不能无波，波何碍于水乎？镜不能无尘，尘何碍于镜乎？止水无波，案头杯中之水耳！明镜无尘，女子怀中之镜耳！岂能载万吨之巨舰、鉴森罗之宇宙乎？

原文：而且一般人不明佛理，虽然犯了这些毛病，还可以推托误触法网。

愚按：没有力量打破法网，偏喜欢在法网旁边走来走去，终久总要被他套上。任你百般推托，也不会得到司法官的宽宥。这些众生真可谓愚蠢极了。

原文：至于我们这种人，却不能不说是明知故犯了。

愚按：明知故犯，这才是大圣贤、大豪杰、大智慧、大法力人的行为。忏华先生既久在立法院任职，如何不懂得立法的精神？

所谓立法精神是什么？就是有智慧有实力的我，用点心思，变套把戏，弄出几章法律条文，叫我治下一般愚蠢而且懦弱的人们遵守，我自己依然跳跃于法律范围之外，行若无事。虽有时迫不得已，装模作样，也等于曹操割发代首，必定有个躲闪的余地，方不愧为立法的高才。假使我是个笨伯，当真的把法律条文认为神圣不可侵犯，处处受他的拘束，碍手碍脚，一切举动皆不自由，岂非作法自毙么？

大禹不推翻尧舜禅让之成规，如何能家天下乎？刘邦不撕毁秦皇制造之法律，如何能取而代之乎？中山不打倒千古传统之帝制，如何能创造民国乎？孔子不诛戮鲁国闻人少正卯，如何能行政治之威权乎？释迦牟尼不摧折旧教婆罗门，如何能做广大之教主乎？学佛的人们，若专在佛法圈套中钻来钻去，没有本领突破佛法之樊篱，如何能为释迦第二乎？

忏华居士，你若勘透世间法，自然就悟彻出世法。不敢破法执者，在世间不过做一个驯如绵羊的老百姓，如何能做名闻世界的伟人乎？在佛国不过做一个可怜可悯的小众生，如何能证惊天动地之佛果乎？试重宣此义而说偈曰：

你若不知法，如何敢犯法？
若知一切法，何必死守法？
要做大伟人，先须破人法；
要成后世佛，须破前佛法。
能破并能立，方见真法力；
无法又无力，破不可收拾。

原文：这究竟是甚么原因？

愚按：这就是自众生到佛果中间必由之历程，也就是佛法组成中一部份必要之原素，用不著问他的原因。

原文：有甚么方法可以对治？

愚按：既然是必由之历程、必要之原素，更用不着甚么对治，就认定这条路一直走去，登选佛场，参加海会，竞争投票可也。若用石头压草，必定枝节横生。若要斩草除根，未免大煞风景。就算你做得好，亦不过像古人说的话“枯木倚寒岩，三冬无暖气”而已，这也未必就是佛法。

原文：法师慈悲，请加以教诲。

愚按：此等问题，若是普通法师居士们回答，必定是说：历劫以来习染太深，一时不易解脱净尽，必须皈依三宝，发心忏悔，谨守戒律，诵经持咒，仗佛力加被，然后种种业障方能逐渐消除。或者又说：五浊恶世，修行不易，必须念佛往生，到了西方净土，见佛闻法，方好修行。诸如此类的老僧常谈，旁人听了也许有点用处，忏华居士听了，都是隔靴搔痒、毫不相干。

太虚法师，我知道他是一个佛教革命派，或者不至于弄出这样婆婆妈妈的话来。然而究竟是如何回答，我没有看见他的原信，不便评论。但据我的理想，他虽然是个革命派，到底还是个佛教徒，总不敢离开佛教的立场，大胆的说几句话。

要知忏华居士已经钻到这许多圈套中间，重重束缚，跳不出来。若再加上几层圈套，岂不是要他的命么？到了这样紧急关头，非得我们外道来医他一下，是不会起死回生的。试拟医案如后：

黄忏华居士，本性智慧颇深，据其自言：生死名利关头，看得清，打不破，且易犯缠绵歌泣、颠倒梦想、沾滞、执著、迷恋诸病。考其病原，由于先天不足，后天失调。先天不足，故身中道力欠充；后天失调，故理事不能无碍。道力欠充，故关头难于打破；理事既碍，故诸病遂致丛生。虽亦自知病状、各处求医，奈大医王久已谢世，时医所开方药未必适合病情。仆与居士相知有素，认症较清，今特不辞毛遂自荐之嫌，敢献愚者一得之技，疏方备用，庶起沉疴，就正高明，尚希裁酌：

佛即觉（一钱），觉即迷（一钱），迷即理（一钱），理即法（一钱），
法即事（一钱），事即病（一钱），病即悟（三钱），悟即修（四钱），
修即杀（五钱），杀即盗（六钱），盗即淫（七钱），淫即证（八钱），
证即道（九钱），道即力（一两），力即魔（一两），魔即佛（一两）。

右药十六味，不可加减，依前后次序，陆续放入金刚罐中，用无根水煎汤，常常服之，则诸症自愈，百无禁忌。

附记：此方乃对症发药，只许忏华居士本人能用。其他一切人等不可尝试，若误用者，小病变大，大病无救，开方者不负责任。

另有药解一篇，暂缓登出。好在前六味药忏华居士早已服过，所有炎凉之性、甘苦之情，谅必深悉。此刻应该研究者，从第七味“病即悟”入手可耳。

请注意：此方不是台教下所说的“六即佛”，亦不是宗门下的机锋语录，简直是打倒上帝、推翻祖师，一种偷天换日的手段。钝根小器，决难承当，让他法华会上五千退席而已。

《海滨懒禅覆圆虚道人书》按语[①]
（1935年）

……夫苦乐本无定相，心以为苦则苦矣，习而安之、与苦相忘，则

---

① 原载《扬善》第2卷第19期（总第43期，1935年4月1日），正文署“彝珠钞录”，按语署名“撄宁”。

随处皆乐地。余居山，除汲泉解渴、摘果充饥而外，长日唯端坐，绝无所思。

撄宁按：自己工夫，如何做法，不能对外人言，只得以此等话头搪塞而已。圆虚与梁君至交，尚且如此，泛泛者简直可以不必问津，免得徒劳心力。这种事只许师寻弟子，不许弟子寻师，向例如此，非自今日始也。北平王显斋君之口尤紧，丝毫不承认有此事，惟黄通邃君知之耳，别人去访他，大都饷以闭门羹，况住址又常常迁徙。余昔年曾托黄君转请王君到南方来一次，与梁君相晤，已得其允诺，惜乎黄君坐化、梁君远游，而王君更难觅其踪迹矣！尘境沧桑，奇材寥落，有如是夫！

……足见世界者实凡夫之执著所成焉耳。

撄宁按：梁君素不喜读佛书，而能通佛理，可知实证胜过读死书万倍。又梁君在仙道门中，尚未深造，其见地已超脱如此，况仙道之大成者乎？毁谤者可以休矣！

《武昌佛学院张化声居士为道释二教重要问题驳覆某居士书》[①] 按语 (1935年)

撄宁按：仆与化声先生素未谋面，虽偶有函件来往，只神交而已。旧岁承伊惠寄此稿，不过谬引仆为一知音，相与欣赏高山流水之独奏耳。伊本无在《扬善》刊上发表之意，但时隔数月，亦未见他种刊物登载此文。或者因与某居士有少许关系，故秘而不宣乎？仆等为学术前途计，不忍听此种有价值之文章终于湮没，特商于主编者，亟为登出，借

① 原连载于《扬善》第2卷第19期（总第43期，1935年4月1日）至第2卷第22期（总第46期，1935年5月16日），此处仅录第2卷第19期正文前面署名“撄宁”的陈氏按语。

以明道家之真相，而破学者之疑云。统观前后辩论各条，不能不认某居士出言失检，致犯张君大刀阔斧一阵痛击，竟乏招架之功，当亦始料所不及也。虽然，贤者之过，与众共见，于某居士令誉何伤？今姑隐其姓名可矣。

（正文略）

《旁门小术录》评注[①] (1935年)

《旁门小术录》陈序

张君竹铭者，好古敏求之士也，承其先代遗风，尝以弘扬道术为己任，搜罗古籍，刊印流通，学者称便。今又觅得抄本《旁门小术录》一册示余，谓拟付手民，公开传布，免使世之学道者误入歧途，意甚善也。惟此书不知何人所作，无著者姓氏，内有七言诗歌十三首，六言诗歌一首，历举种种旁门小术之害，从而辟之。余细审各术中，有当辟者，有不当辟者，其论调中有精确不移者，亦有似是而非者。夫旁门小术，既误人矣，而辟旁门者漫无别择，任意批评，致令后学读彼所说，先入为主，拘于一孔之见，习于一家之言，再转而看古今各派丹经秘籍，反觉格格不入，岂非误之又误乎？余自髫龄学道至今，已有三十五年经验，自信为识途之老马，爰本客观的地位、历史的眼光，于每篇之

① 《旁门小术录》是陈撄宁编辑“道学小丛书”中的一种，最初曾在《扬善》第2卷第19期（总第43期，1935年4月1日）刊有出售广告，以及陈撄宁为该书所撰序文。胡海牙总编《中华仙学养生全书》收录此书，题“黔中积善堂述，陈撄宁评注”。以下文字，据《中华仙学养生全书》本排印。

后，加以按语，庶几乎使世之学道者，一不至误于旁门，再不至于辟旁门者。

皖江陈撄宁作于沪上

中华民国二十四年一月（即黄帝纪元四千六百三十一年）

旁门小术录原序

旁门者，显与道违者也；小术者，隐与道违者也。夫大道至玄至妙，至简至易，不杂一毫私意，不参一毫欲念，方是道根。凡不合夫天地之气运，不合夫圣贤之正理，不合夫性情之存发者，皆属旁门小术。然旁门小术极多，吾欲详指之，又恐伤忠厚，欲隐忍之，又恐误后学。故特将尘世之大坏心术、大坏玄门者，姑举数十条，以塞其流毒，亦是拔出深涧救出火坑之婆心也。凡修士有堕此术中者，急早回头，亡羊补牢，亦不为晚，若固执不通，自害而复害人，不惟不能结大缘，而且难望好结果矣。万佛缘在迩，当时修士共凛之；三清殿有路，后世修士严辨之。

第一首

错认彼我当作真，谁知阴阳在本身。
买妾宿娼行采战，欲夺元气补精神。
岂有蓬莱仙家客，反类浪子贪淫行？

夫曰彼者，即少郎，即元阳也；曰我者，即美女，即元神也。盖以本身之阳炁，点本身之阴神，使神炁混合为一，便谓成道。而旁门则谓我为男子，彼为女子，于是有买美女以豢养之，使外黄婆采其壬癸将至，行采战以夺元气者，有买美妾宿娼妓，行采战以夺元气者，是皆错认彼我二字，犯了首恶，天律王法冥刑，俱不能逃，安望成仙哉？如此而欲成仙，则蓬莱仙山，尽皆浪子淫妇矣，平心而论，有是理耶！有是理耶！此条害人极大，古佛故首戒之。

撄宁按：彼就是指他人而言，我就是指自己而言，在古人并未用错，在今人亦未解错；若曰彼是元气，我是元神，则元气元神之名称，在各家丹经中，数见不鲜，何必又弄出彼我二字，来代替神气二字，岂非画蛇添足乎？采战行为，乃世间狂夫恶少所用，未可与金丹大道混为一谈，况各家丹经早已辟之矣，用不着后学来饶舌。至于买妾宿娼这一类的事，关乎国家法律问题，法律若有明文禁止，他们自然有罪，法律若无明文规定，他们就可以自由行动，用不着我们越俎代庖，况且我们也实在无权可以干涉，至于天律冥刑，在现在这个时代，说出来，人家未必相信，还是不谈为妙。

第二首

修道最要念头清，先炼慧剑斩淫根。
不知炼剑反试剑，犹如猛火添油薪。
任是降龙伏虎手，难免渗漏成浊精。

念头不起，纯是先天；念头一起，已落后天。念头若清，后天中犹存先天；念头不清，后天中全无先天。念头莫过于淫念，淫念一动，灵气散矣；淫念久住，灵气亡矣。修道者不怕念起，只怕觉迟。夫觉即慧剑也，即觉即斩，随觉随斩，时常觉照，淫根自然断绝。此谓之大觉，此谓之炼剑。彼旁门不知炼剑妙法，反以男女交媾为试剑，谓不动念则剑利，谓一动念则剑钝。试问阳举之时，从无念起乎，从有念起乎？若无念而阳自举，此属先天，正好采取；若有念而阳始举，此属后天，正宜降伏，乃不降伏而反去行淫，非猛火添油薪而何？斯时也，元神不能作主，尽是识神凋事，则元精必成浊精矣，欲其渗漏不走泄也，吾不信也。此痛斥试剑者之非。

撄宁按：全部书中，此①有此一段讲得最好，除赞美而外，无可批评，望阅者注意。

第三首

阳举风吹引尾闾，数次不散起周天。
三十六次阳火进，阴符接用廿四全。
试问尘世修真者，此法考自何仙传。

阳举引风吹散，正法也。若阳不息，自有秘诀。行小术者，乃起小周天三十六，从尾闾至夹脊上玉枕至泥丸而止，此为进阳火；又从泥丸下十二重楼，听其自落，如此者二十四次，此为退阴符；接着从右圈左三十六，从左圈右二十四，以合周天之数，行毕，凝神打坐，谓之沐浴，谓之补闰余。不知周天甚活，拘拘数之，将心意尽于外功，神何能安？丹何能结？亦徒劳无功耳，此言小术之当戒。

撄宁按：小周天进阳火退阴符之法，本是北派口诀。在南派中，不

① “此”，疑作“唯”。

必一定要此法，也不必一定不用此法，乃是看事行事，至于右圈三十六左圈二十四之法，《性命圭旨》中《法轮自转》一图，与此法大同小异，的确是无用处。若在《玄要篇·铅火歌》中，则左右二字，即等于前后二字之用，比《圭旨》又不同矣。

第四首

滚辘圆图转胸前，妄说传自两口仙。
强用方术把性炼，未识真性是先天。
仙佛传下安神法，妙无作为听自然。

滚辘图者，默想大圈于胸前，以大圈转为小圈，将性束缚，谓之炼性。此为术也，岂吕祖而传此乎？其诬吕实甚。盖真性极虚灵，成仙成佛，皆是此性，如默一圈，可以束性，即默一圈，可以束仙佛矣。此理易明，不待智者能辨，何竟堕诸术中而不觉也？仙佛传下安神之法，即炼性之法，妙合自然，不假强为，自能使性圆明，以成大道。吾随古佛巡查，所见旁门小术不少，特载于书，免误后学。

撄宁按：大圈变小圈，不过是一种收心的方便法子，免得心中胡思乱想，虽然不是大道，但亦不至于害人，此较死守身中某一窍之法，高明得多。盖守窍之法，做得好，颇有效验，做得不好，就要得一种怪病，百医无效，束手待毙，反不如权且在胸前变几个活圈套，尚不至于出毛病。

第五首

朝朝面东口朝天，鼓起眼睛耸着肩。
吐尽浊气纳清气，脱胎换骨返童颜。
那知戾风入脏腑，下田臌胀命难延。

纳气之术，晨早向东，鼓眼耸肩，以大口吸之，将清气纳于内，浊气吐于外，谓可成仙成①佛，那知遇晨戾气，积于五脏六腑，久之下丹田鼓胀，胸前壅塞，竟自有胀死者。噫！求道无法，死于非命，可笑亦可怜。

撄宁按：吐纳之法，乃古代修炼家所常行者，甚有用处，其法亦分上中下三等。狐仙正派者，都用此术修炼。妖邪者，即采补矣，深山穷谷炼剑之士，亦非用吐纳工夫不可。世间最上等专门推拿按摩医士，亦要练习吐纳，方能运气于手指，少林派武术真传气功，亦有吐纳口诀。

① “成”，原作“咸”，误，校改。

此公不明其中奥妙，妄肆诋毁，殊属非是。

又按：唐宋以后的人，对于仙佛两家学说，不肯虚心研究，若非彼此互相攻击，就是笼统混为一谈。此公开口即曰，成仙成佛，又曰，仙佛传下安神之法，后面又说，一部仙佛真传，言之了了等语，不知成仙者未必成佛，学佛者未必学仙。仙道是中国自黄帝以来所独有的，佛教是汉朝由印度传到中国来的，本是两条门路，如何能得同样的前程？仙佛果可以结通家之好，则孔子当与耶稣联盟，释迦牟尼与穆罕默德，何不拜把兄弟乎？

第六首

痴人妄想做神仙，忍渴不饮饥不餐。
自成饿鬼三途堕，反望飞升大罗天。
许多聪明被此误，意魔一起外魔缠。

渴则饮，饥则食，养生之理也。修道也，元气充溢，烟火可绝，然而不饮不渴，不食不饥，方成神仙。乃竟有求仙痴人，闭门静坐，不讲修真妙法，而徒忍饥忍渴，虽饿死而不辞，信如斯言，则凡世之饥而死者，不皆列仙籍乎？吾见许多聪明之士，竟为旁门所误，此尽痴心妄想，意魔一起，而外魔即将命索之矣，痴人早寻真师可也。

撄宁按：学道者忍饥忍渴，或有难言之苦衷，人情谁不欲饮甘露，食佳珍？其奈为环境所困，未能如愿以偿，甚至求一饱而不可得，终日皇皇奔走，无非为糊口计耳。若一朝闭门静坐，不能分身出外营求，则生活上自然要发生问题。然又不肯以口腹之累，遂生退悔之心，于是节衣缩食，以苟延岁月，有一日一餐者，有两日一餐者，有辟谷服气者，有以药草代食者，有以木叶代食者，其志可嘉，其情可悯，吾人哀矜之不暇，岂忍从而谤之乎？此公既不赞成此举，何不出其私财，为天下苦行学道者谋一安身之所，供给彼等衣食之需，免其受冻捱饥，不亦善乎？

又按：早寻真师这句话，实在可笑。真师一不登广告，二不散传单，三不挂招牌，四不吹牛皮，五面上又没有特别记号，天下如此之大，一般学道者，从何而知某人就是真师，某真师住在某省某县，某山某洞，某街某巷，请问如何寻法？我老实说一句，真师是可遇，而不可寻。

第七首

无端种火妄添油，鼻吸清气向外求。

引上泥丸双关止，逆而行之下重楼。
无火弄火复止火，枉费精神到白头。

世有种火添油之法，以鼻吸天地之清气，用意引上泥丸，至双关而止，复由双关转上泥丸，过上雀桥，咽下十二重楼，至中田而止。本无邪火，就是好事，而乃故意弄火，复又止火，是何法也？是何道也？误用精神，虽至白头，犹是有生死的凡夫，其于金丹大道，全未梦见，盲修瞎炼何益？

撄宁按：种火添油之法，南北两派都有，但不如此简单，此公所言，非种火添油之真诀。

第八首

最厌盲师冒仙才，五龙捧圣任意猜。
橐龠出炉夸绝技，物塞大便更痴呆。
诈人财物误性命，死受冥刑生受灾。

此法出自方士。当举阳之时，即鼓巽风，猛烹急炼，若不散，凝神交战一二候，以五指捧肾，紧握龙头，如手淫一般，名为橐龠出炉，用撮抵吸闭四字诀，将非法所成之浊精，从三关逆上泥丸，吞入黄庭，接起周天，圈左圈右，共六十次。又有谓大药过关之时，必用木器紧将大便抵塞，以防走丹。盖大药过关，下雀桥自有路径冲入尾闾直上，与大便何相干涉，而乃妄以酷刑处己哉？此二法盲师视为秘诀，诈人财物，戕人性命，玄门坏到这步田地，则生前岂能免大灾，死后岂能逃冥刑平①？修士急宜猛省。

第九首

身藏仙丹药最灵，何劳奇方身外寻。
金石妄服多亏损，紫河车味臭难闻。
更有下愚无知辈，自食败精类畜牲。

身中元气即是仙丹，不意旁门野道，竟于身外寻求奇方。或炼金石服之，自速其死；或将紫河车食之，同类相残；尤可恨者，男女交媾后，自食败精，此与牛马狗彘何殊，谓食败精而可成仙，则牛马狗彘不亦尽上天堂乎？此由丹书服食二字误之也，看书固要明理，寻师尤要有识。

撄宁按：内丹是自己身中炼的，外丹要在身外寻求，不能一概而

① “平”，疑当作“乎”。

论。假使一概都在自己身中，就不必有内丹外丹之分别了。紫河车，中国药店，皆有预备；金石之类，中医西医，亦常用之。不过中医用原料，西医用化学制造，有不同耳。近代新医术以雌雄动物生殖器中内分泌物作药，或注射，或服食，风行一世，请问又将如何批评？

第十首

欲使周身骨节通，自夸搬运是神功。
龟首击缠龟难死，龙头颠倒龙愈雄。
还有名为八段锦，一切蛮干似癫疯。

吸气一口，运至下田，从两腿至膝至脚背，转入涌泉穴，又从脚后跟至腿后，上阳关，透过双关夹脊，上两膀至手背，翻入手心，又从手弯至后颈，上玉枕，至泥丸，下雀桥，接下十二重楼，落于丹田，为一周天。睡时用长帕将阳具包裹，以绳缠起，然后将帕与绳从背后系于颈上，侧睡，防阳举走丹。又有一法，亦用长帕与绳，将阳具包缠，从当门系于颈后，以上头对下头，两目紧紧瞧着。又有八段锦之法，摇头摆尾，拭腹，从上而下，二十六次，叩齿三十六次，津液咽下，两手叉腰，周身故意摆动，两手抡拳，用力如打人状，将头左掉右掉，反视两脚后跟，以两脚尖立地，十指相对，上齐眉，下齐地，名周公礼，独脚站立，用力舒腿，行毕了，仰天出三口大气，名吐五浊气。每日饭后如此，困倦亦如此，一切旁门，蛮干已极，好似癫了疯了，一般行之者，亦欲却病延年，亦欲成仙成佛，吁！实可笑也。

撄宁按：导引吐纳之法，若能善用，的确可以却病延年，不善用之，则有流弊，盖等于医生用药一样的道理，要看对症与否。若对症，虽毒药也能救命；不对症，纵良药亦能杀人。做内功的，若不懂外功，难免要做出病来，所以八段锦一类的运动，也是不可少的，此公不管好歹，一概辟，自己蛮干不说，偏说别人蛮干。

第十一首

点石成金铁成银，黄白伪术惑贪人。
创造丹室与丹器，妄说万两始能成。
岂知修炼在心性，不分富贵俱可行。

以黄白术惑人者，谓此丹炼成，可以点石成金，点铁成银。于是遍访贪污之人，劝伊出银或数百两，或数十两，约凑数千之谱，始可兴工炼丹，有丹可点金银，从心所欲，拿来创造极华丽之丹室、极精巧之丹器，以及鲜衣美食，服役侍从，皆赖此丹点之以足用，此骗局也。人多堕此计，人各有心，人各有性，不分富贵，得法修之，俱能有成，安用黄白术为哉？安用丹室丹器一切华英为哉？贪人其深思焉可。

撄宁按：黄白术，有假有真，假的是方士用以骗财，真的是玄门用以自济。被骗者，内有两个人，我是晓得的。都是大资产阶级中人，虽损失数千金，等于拔九牛之一毛，毫不感受痛苦。真会点金术者，自己有力量就做，没有力量就不做，决不去逢迎巨商大贾、权势官僚，与他们合作，更不肯把我们老祖宗数千年遗传的神术，公开宣布，若一传世，难免不让外国人得着去了。

第十二首

手捧肾囊拭下田，九九阳数左右全。

苏秦背剑真难过，怀中抱月笑温丹。

反躬晒肚情更苦，自投罗网太迂酸。

以左手捧肾囊，右手拭下丹田，八十一次，右手捧肾囊，左手拭下丹田，八十一次。又有苏秦背剑之法，用一蛾眉树，改成蛾眉板，凭着壁头，以拱处抵背，将发系在板上，上捆右手，下捆左脚，动作不得，动必倾跌，然后将财物盗去，将妇女污辱。又有怀中抱月之法，当寒冷之时，用铜瓶装开水放在脐上，两手捧着，名为温丹，又有晒丹之法，用极弯之木拱起，仰卧其上，名为晒丹。这些旁门，本不近情，愚人多为所弄，自投罗网，何其迂也！

撄宁按：捧肾囊，摩下丹田，这个法子，是治遗精用的，有时颇见灵验。苏秦背剑，是强盗行为，如何能相提并论？此公头脑不清，竟至于此。铜瓶装水，等于现在所用之热水袋；仰卧晒腹，等于现在之日光浴。我不知对于人身，有何害处，要烦此公之口诛笔伐。

第十三首

目注脐下一寸三，此系臭囊怎结丹？

毛际外肾俱无益，妄安鼎炉指玄关。

周身孔窍的真处，毫厘稍差隔天渊。

脐下一寸三分，此处极虚，此处极臭，谓结丹在此，亦妄人也。有观毛际者，有观外肾者，然真鼎真炉，俱不在是，观之何益？周身穴道，不得真传，终属疑似，切勿自恃。

撄宁按：脐下一寸三分，虽非丹家必要之处，但偶尔有连带关系，不能完全撇开。所谓极臭者，不过因为大肠中有粪耳，请问结丹是否结在大肠中间，与臭不臭有何交涉？

第十四首

三千六百旁门，难以一一指明。
凡有作为皆假，清净自然乃真。
万殊归于一本，三乘约于一心。
以我炼我最妙，长生火内生金。
邪正昭然若揭，何去何从有凭。
果能弃邪归正，定许白日飞升。

旁门甚多，难以书之竹帛，故以凡有作为该之。清清净净，自自然然，乃是先天大道，乃可成仙成佛。以一性字了之，以一心字约之，则形神俱妙矣。金阳也，生于长生火内，一部仙佛真传，或邪或正，言之了了，观者犹不知弃取耶？弃邪归正，仙佛度人之心也，此首结通部。

撄宁按：清净自然，本是一种好字眼，表面上看起来，似乎合理，实在做起来，竟无下手处。若不从后天做起，如何一步就会跳到先天道上去？仙佛二字，此公到底没有弄清楚。白日飞升，简直是说梦话，请你在万目共睹之下，飞给大众看看！

答覆济南张慧岩君问双修[①]
（1935 年）

慧岩先生青鉴：

返沪后，获读大札，内附邮票一元，定阅《扬善》刊，已转交与发行部照办矣。据云：始而学道，略有所得，继而学佛，禅密兼修。现在专从性体用功，庶不致误入歧途。此等见解，甚为正确，果能勤行不懈，必能悟彻圆通。

至于阴阳感应之理，取坎填离之方，虽属玄妙，然必外缘具足，方

---

① 原载《扬善》第 2 卷第 23 期（总第 47 期，1935 年 6 月 1 日）。

能实行，否则终等于望梅止渴而已。幸有陈邵一派工夫口诀，可以代替，免使学者失望，将来拟在《钩玄录》上公开发表，接引同志。此书至今尚未脱稿，仅编完四章：第一章学说之根据，第二章书名之意义，第三章应具之常识（第一节道家与道教之异同，第二节道家与儒家之异同，第三节道家与佛家之异同，第四节道家与神仙家之异同），第四章口诀之来源（第一节传授口诀之慎重，第二节口诀不肯轻传之理由）。以上四章，已按期在《扬善》刊上登过，惜排印者校对不精，偶有错字耳。

自《扬善》刊总号第三十二期起，即已登载《口诀钩玄录》，将来仍须续登。尊处此次定阅《扬善》刊，不知从第几期算起？最近已出至总号第四十七期矣。自第三十二期以后，每期中除《钩玄录》外，尚有别种关于道学之材料甚多，如要阅者，请直接向《扬善》刊社发行部补购可也。

仆对于《扬善》刊只任撰稿之义务，至于编辑发行等事，概不过问，今夏拟赴浙省天台山暂住数月。此山乃佛教天台宗之发源地，亦即仙家南宗张紫阳真人之故乡也。拙作《口诀钩玄录》，拟于山中完成之，秋季携到上海付印，今冬即可出版。知关远念，特此奉告。

再者，来函问清净独修及运用琴剑二法优劣之比较，若详细说明，非片言可尽，今姑作简单之答覆如下：

一身之阴阳，见效甚缓而力薄，但易于实行。彼我之阴阳，见效甚捷而力厚，但难于实行。况且双修法中，复有种种不同：

（1）有人己两利者。

（2）有大利于己而丝毫无害于人者（此二种口诀，乃历代神仙家秘密传授，永不公开）。

（3）有人己利害互相调和者（此乃古代知识阶级男女养生之术）。

（4）有损人利己者（此乃江湖术士不顾道德之行为，亦是妖魔精怪等类之修炼法）。

（5）有损己利人者（此乃对方程度比自己高强，我虽欲借助于彼，无形中反被彼所利用）。

（6）有人己俱损者（此乃学术不足，性情不纯，未得真诀，错走旁门之故）。

世人徒闻双修之名，罕能了彻其内容与实际。故赞美者等于隔靴搔痒，而毁谤者亦是李戴张冠，都嫌堕于捕风捉影之病。必得上智之士，方许问津，非普通人所能胜任。仆平日劝人总以清净独修为本，久矣不谈此调，今承垂询，故略言之。

又，翼化堂新出版各种道书，兹为介绍如后：《〈黄庭经〉讲义》、《孙不二女丹诗注》、《旁门小术录》、《黄鹤赋》、《天隐子》、《坐忘论》、《五息直指》、《金火丹诀》、《坤宁经》。

陈撄宁　覆

二十四年五月

答覆浦东李道善君问修仙[①] (1935年)

道善先生鉴：

昨由西湖山中返沪，得读惠书，深悉阁下好学之诚，曷胜钦佩！

今人见解，大都不甚高明，每将儒释道仙四者混为一谈。仆无可奈何，亦只得随声附和。其实所谓神仙者，必有确凿之证据。要似来函所云，许旌阳拔宅飞升，王子乔跨鹤而去，方可称为真正神仙。但今世未能一见者何耶？盖今之修法已非古之修法，自然今之神仙不及古之神仙矣。

数日前在杭州与友论道，伊等戏称我为神仙复古派，或称我为科学化唯物派的神仙信仰者[②]，我均笑而受之。今敢谓苟欲拔宅飞升，非全家服食天元神丹不可，仅恃自己一身炼就阳神，无济也。苟欲跨鹤而去，非身外有身、阳神出现不可，仅学老庄之清静无为、乐天安命，无济也。再学孔孟之诚意、正心、修身、养气，亦无济也。更进而学释氏之参禅、打坐、念佛、作观，仍无济也。因为这些工夫都偏重于心性方面，对于肉体[③]上不起变化，且容易令人固执贵心性而贱肉体之谬见[④]。到了结果，肉体老病而死，心性亦无存焉。故以上所说的[⑤]工夫，只可

① 原载《扬善》第2卷第23期（总第47期，1935年6月1日）。

② “信仰者”，圈点文字改为“信徒”。

③ “肉体”，圈点文字改为“生理”。

④ “谬见”，圈点文字改为“偏见”。

⑤ “所说的”，圈点文字改为“各种”。

以修佛修道，为圣为贤，断断乎没有做神仙的资格。

盖神仙者，乃精神与物质混合团结锻炼而成者。彼偏重心性如儒释道三教，偏重肉体如医药卫生体操运动，皆不足以达到“长生不死”、“白日飞升”之目的。充其量，则心性工夫仅能“坐脱立亡”，肉体工夫仅能“延年却病”。至于“拔宅飞升”、“阳神冲举”之实事，于古则有征，于今则无据。

仆尝谓神仙家之方术，乃三教范围以外、独立的一种学问。自从好事者将儒释道经典中的名辞义理附会到神仙书上，致使天下后世学仙者一误再误、指鹿为马、歧路亡羊，甚可叹也！在附会者之意，以为非如此不足以表示玄妙，非如此不足以令人尊崇，岂知理论愈玄妙，则去实际愈远，地位愈尊崇，则真面目愈晦。于是乎昔之肉体①飞升者，今则为死后生天矣；昔之口传面授者，今则为乩坛降笔矣；昔之仙寿过千年者，今之仙不满百岁矣；昔之仙采药炼丹者，今之仙静坐止念矣；昔之仙出神尸解者，今之仙无疾而终矣。

种种考证，种种比较，皆是今不如古。倘吾人自甘暴弃则已，设有上智之士，怀抱大愿，不惑于清净之空谈，不堕于寂灭之幻海，而欲抗追往哲，开示来兹，舍三元大丹而外，岂有他道哉？

现因急须赴山，故不及约期相晤。异日若遇机缘，再图良觌。手此奉覆，言不尽意。

答覆石志和君八问②
（1935年）

（1）《七真传》之孙不二励夫一节，阅之足打破无子观念。然世俗每以不孝有三、无后为大相责。在认道未真之人，每为此所感，遂致衰老病死。小子虽有志于道，尚恨未能决裂③，敢祈夫子一指示之，俾得把握。

---

① “肉体”，圈点文字改为“白日”。

② 原载《扬善》第2卷第24期（总第48期，1935年6月16日）。

③ “裂”，原作“烈”，误，校改。

答曰：有后无后，不是自己可以做主。世上人不生儿子，就硬派他一个不孝的罪名，未免不近情理。盖因为中国古时人口太少，所以造出这种议论，使大众努力制造小国民，希望能达到强国强种之目的，并非是什么天经地义。历代以来，从没有把这个罪名定在国家法律条文上，可知此说是行不通的。现在国内一般人民，屡受灾祸，家家破产，处处逃荒，弄得自身都要饿死，那里再有余力养育儿女？若再迷信无后不孝之说，真可谓自寻烦恼。

（2）学道者是必脱却情枷爱锁，方许进步。若以堂上衰老、房中弱小所留恋，是否违反割爱学道乎？

答曰：割爱果能保证成道，则不妨暂时割爱①，俟将来自己道成之后，再来救度他们，未尝不好。但怕割爱未必就能成道，徒然惹起家庭之怨恨，而且自己心中亦有所不安，还是维持现状为妙。

（3）历古仙佛，莫不从静坐中来。然有被俗务牵缠，终日不暇休息，若于临寝时坐一二小时，不卜可否生效？抑照子午卯酉四时以坐乎？敬乞示知。

答曰：普通在世上混俗之人，若要按照子午卯酉四个时辰专做工夫，恐难如愿。只得于临睡坐一二小时，晨起坐一二小时。虽无大进步，然比较不坐总好些。

（4）释教坐关者，可惜多属拜经之举，兹有一学道廿载、年逾四旬之真姑，客岁为环境所迫而削发，今年拟作求戒坐关之举，不卜有无损益？统乞详示。

答曰：求戒坐关之举，虽不敢说一定有益，但亦不能说一定有害，听其自然可也。至于将来之结果如何，则视乎本人之福慧而已。

（5）《多少箴》中之“多梳头，少洗浴”二句，窃常诵之，盖因浴后每患遗滑耳，然在卫生家则非沐浴不可。两说似皆有理，致未能决择，幸祈释之。

答曰：浴后患遗滑，这是因为自己身体太虚弱，不是人人都如此。假使本来身体健康，则愈洗浴而精神愈旺矣。卫生家赞成冷水浴，此法颇有效，可惜虚弱者不能用此法。但水太热亦不相宜，浴后常患遗滑者，水太热之害也。

（6）体质薄弱，学道维艰，剑侠事迹，令人神往。曾闻古代系先授

---

① “爱”字下，原有衍文“学”，据圈点文字删除。

术而后学道，近代系以学道得证而法自通，此论可确否？体弱可医否？

答曰：体弱之人，最要得适宜之运动，切不可整日的枯坐室中。最好是学练太极拳，身体将来可望转弱为强。若要学剑侠之工夫，医身体之虚弱，未免小题大做。剑侠门中，决不肯收这样徒弟。他们皆是师寻弟子，不许弟子寻师。练剑与学道，本是两条路，不可混为一谈。

(7) 气足不思食，的为至论。然有所谓辟谷者，不卜功夫到何地步方可以行？史载张良归隐，即辟谷学道，殊属不解，此莫非是仙传乎？

答曰：气足不思食，是自然的辟谷。张良之辟谷，是人为的辟谷，即是专做一种辟谷的工夫，或是不吃烟火食，而吃别的药草果实等类，这也叫做辟谷，盖谓不食五谷也，非谓一概绝食。至于气足不思食者，乃真能断绝一切食物，而无须用他种食品代替，此则非修道功有成就者不能。

(8) 阅《息战论》，得悉江神童希张其人。窃谓在儒则谓之圣，在道则谓之仙，在释则谓之佛。然而五教行持，将来超证时系何种名称乎？

答曰：五教调和，在事实上办不到，仅成为理想而已。世间笃信一教者，尚且难得成功，何况五教混杂？故超证后如何名称，可毋庸问也。

《女功正法》按语[①]
(1935年)

序

此书原名《增补[②]金华直指女功正法》，题为“掌领坤教青霞元君

① 《女功正法》属《女子道学小丛书》之一种，署“原著者灵阳道人，删订者陈撄宁”。全书共有“总论”、“识基洁心”、“经行血亏”、“断龙功法”、“炼乳还童”、“安鼎结胎”、“胎息自调”、“液还胎成”、“炼化阳神”、“阳神光圆”、“温养朝元”、“功成超凡”十二节内容，卷首为陈撄宁撰《序》，正文间夹有陈撄宁的按语。以下文字，据胡海牙、武国忠主编《陈撄宁仙学精要》本排印。

② “增补”二字，四川青城山常道经书社1994年刻印本（以下简称“青城山本”）无。

灵阳道人何仙姑奉敕述”，盖乩笔也①。俾传于世，为女修专书之一。首有《说》一篇，乃光绪六年纯阳子作，亦是沙盘中语②，虽有千二百字之多，皆杂辏成章，腐词滥调，伪托吕祖，故不录③。又有《道教》、《儒教》、《释教》、《邪教》四篇，既无关女丹之事，且所论三教大旨与其历史，颇多挂漏，而《邪教》一篇文字尤不雅训，故皆删去。从第一节起至第六节，皆言女丹功法，虽似乎④勉强造作，非法于自然，但其法由来已久，学者不可不知。第七节嫌太简，第八节、第九节论及阳神，夹⑤入许多佛教⑥名辞，颇异于仙家专门术语，今亦姑存其说，而不可以为训也⑦。第十节无关重要，第十一节仅是作书者之理想，皆不足论。附录二则，聊供参考而已。原本卷后尚有七言绝句十六首，名为《女功正法捷诀》，其运用皆与以前各节相同，不过重说一遍耳，故从省略。

读者须知，神仙之学有四大原则：第一务实不务虚，第二论事不论理，第三贵逆不贵顺，第四重诀不重文。凡审定丹经道籍，皆当本此原则以求，庶免迷惑。近⑧观此书，所言者，事也非理也，所行者，逆也非顺也，所传者，诀也非文也，对于二三四各项原则皆合。唯作书之人不用真姓名，而假托于吕纯阳何仙姑，未免虚而不实⑨，与第一项原则不合，故将书中显然乩笔⑩处概行删削。去其伪即所以存其真，世间智士，当有同情也。

皖江陈撄宁识于沪上

中华民国二十四年六月（黄帝纪元四千六百三十二年）

---

① “‘掌领坤教青霞元君灵阳道人何仙姑奉敕述’，盖乩笔也”，青城山本作“青霞灵阳道人撰述”。

② “首有《说》一篇，乃光绪六年纯阳子作，亦是沙盘中语”数句，青城山本作“如《总说》一篇”。并且，青城山本在此之前尚有“盖世有出家及好道之妇女，将得此而参验其清修也。惟因历时最久，被一般盲修瞎炼之徒，多所窜乱”数句。

③ “伪托吕祖，故不录”句，青城山本作“故不重录”。

④ “似乎”，青城山本作“是”。

⑤ “夹”，青城山本作“掺”。

⑥ “佛教”，青城山本作“外教”。

⑦ “今亦姑存其说，而不可以为训也”，青城山本作“今依杨一羽咸丰八年刻本改正，庶免鱼目之混珠也”。

⑧ “近”，青城山本作“今”。

⑨ “唯作书之人不用真姓名，而假托于吕纯阳何仙姑，未免虚而不实”数句，青城山本作“惟原书被后人妄意改窜，所称嘛呢哆罗，义理混淆，而全部女修工法，尽弄得非鹿非马，未免与仙道宗旨相违”。

⑩ “乩笔”，青城山本作“掺入”。

总　论

（正文略）

（此篇约九百四十余字，似是乩坛训示文之类，语多无稽，今删去大半，仅存四百余字。）①

第一节　识基洁心

…………

欲无五漏，须守三关，耳常内听，目常内视，口闭不言。炁纳乳溪，神凝金室，性定觉海，意注丹宫，归一惟视②。金母观心，老子观窍，佛观鼻端。端即鼻尾，名曰山根，在二目中。至圣顾諟，当止之处，允执厥中，至善所在。③

撄宁按：佛观鼻端这个法门，见于佛教《楞严经》："孙陀罗难陀，观鼻端白，见鼻中气，出入如烟，烟相渐销，鼻息成白。"设若观山根，如何能看见鼻息之出入？又按：鼻端的端字，在字典上，作首字解，首即头也。所以鼻端就是指鼻头而言，决不是鼻尾。无论观山根的法子如何高妙，总不是佛教观鼻端的法子，山根与鼻端，上下地位不同，后学切勿误会。④

…………

第二节　经行血亏⑤

女子二七，经行血亏，虽是月月信水再生，实是月月皆有伤耗。有志修经，炼之化之。年老已绝，先使之来，莫食生冷，方免血淤（撄宁按：习惯相传如此，但不必拘泥）。盖因经水乃命之根基，起炼之法，

---

① 此段陈撄宁按语，青城山本无。

② "视"，青城山本作"观"。

③ "佛观鼻端。端即鼻尾，名曰山根，在二目中。至圣顾諟，当止之处，允执厥中，至善所在"数句，青城山本无。

④ 此段陈撄宁按语，青城山本无。

⑤ "经行血亏"，青城山本作"修经起用"。

意似有为，易益血气，不复再伤，有为无始，无为有终①。

撄宁按：此书文字，颇不明显，容易误人，即如“有为无始，无为有终”二句，读者未必能解。作者本意原谓，有乃无之始，无乃有之终，如此而已。至于上文“意似有为”一句，是说自己意念，似乎有所作为，比较“有为无始”句中“有为”二字，大不相同。读者须要分别观之。

…………

第三节　断龙功法

断龙秘法，功兼有为。子午二时，坐如跨鹤。叩齿七二，通肺俞穴。意用后天，鼻息自然。三十六次，周身脉通。

撄宁按：此段文句太简略，恐人难明，今特加以解释。所谓“叩齿七二”，就是叩齿七十二下。所谓三十六次者，就是鼻息三十六次。一呼一吸，名为一息。三十六息中，若依呼吸计算，则呼三十六次，吸亦三十六次，共计七十二次，与叩齿之数相同，盖每一呼叩齿一次，每一吸又叩齿一次，所以鼻息三十六次，叩齿则有七十二次。

…………

第四节　炼乳还童

乳房上通心肺，下溉气海。若要炼乳如童女形，功在断龙法内。加送甘露，直至绛宫，意注两乳，左右各旋三十六次。唇门上下，牙齿咬住，鼻孔关闭，用内呼吸。在乳房内，以两手心，各左右揉七十二次，先缓后急，先轻后重。百日功全，成核桃形。昔凤仙姑《炼乳诀》云：左日右月一阴阳，鼻息内行名运罡，欲得阴阳归日月，必须真火炼双掌（按：双掌在别种书上作双房）。

撄宁按：此第二节至第四节，三段工夫，虽然说得明白，但初学之人，看了此书，自己须要慎重，不可轻举妄动。最好是多看几种书，将理路弄清楚，能够融会贯通，方可试做。并且要十分细心，一有障碍，立刻停止，否则恐怕做出病来。单靠这一种书，决难应用。我发愿将自

① “有为无始，无为有终”二句，青城山本作“有乃无之始，无乃有之终”。

古至今女丹秘籍十余种，完全宣布流通，公开传世，或加注解，或加校订①，俾成为古今女丹诀最完全的一部丛书，将陆续出版。以前女子修炼，所困难者，就是无书可看。现在看书的问题，是已经解决了。你们必须多看书，多研究，再寻访已经做过此种功夫的人，与他讨论，或者能得到一点门径。

第五节 安鼎结胎

男以下田、中田、上田为鼎，女以子宫、脐内、乳溪为鼎。子宫离下丹田一寸三分，离脐二寸八分，又在上关乳②下。上乳溪，中脐内，下即子宫。部位由外而内，运用由内而外。男无子宫，以下丹田为大鼎，此所以名同有异。

撄宁按：丹经言鼎必言炉，鼎在上而炉在下。此书有鼎无炉，而且上中下三个部位，都名为鼎，不合古人③之成法。所谓一寸三分、二寸八分者，皆难作准，学者不必拘泥，免受其误。

吕师《金华集》：二目回光，由二目齐平之间，一意专注，至下丹田。女子断龙功法行后，安静数刻，意由二目中间，回光注至乳溪三十六次，注脐内、注下丹田（即子宫）各三十六次。意引华池水到上鼎，引心肺二液到上鼎，意将海中真金送到上鼎。而后意似着力送下，至中鼎④，盘旋十八次。内热火升，鼎安胎凝矣。

撄宁按：此段作用，文义亦不明白，初学恐难以照行。

第六节 胎息自调

呼吸能免风喘粗浅等弊，鼻息即调，息息归根，便成胎息。息行脉动，息住脉停。古书云，服气不长生，长生须伏气。真息运行，即能伏气。断龙功后，再静一时，七情未发，杂念不起。于是足抵泉扉，唇包齿藏，意随目光，注在心肾相去三寸八分之处，左旋右转四十九息，甘露自来，如咽是提，提即归脐，炁即凝矣。久成胎息，不呼自呼，不吸

---

① “或加校订”句后，青城山本多“或加补正”句。

② 此处《精要》本与青城山本仅有一“乳”字，《中华仙学养生全书》本则作“乳溪”。

③ “古人”，青城山本作“古今”。

④ “至中鼎”句后，青城山本多“再送至大鼎”句。

自吸，不提自提。牝户之内，阖辟自然，和暖和①春，丹自成矣。（此节文句略有删改，功法概如其旧。）

撄宁按：从调息以至胎息，中间之现象，未曾说明。所谓心肾相去三寸八分之处，亦不足为据。

第七节　液还胎成

男功河车，神火息风，日采归炉，炼成小药。气足神圆，便成大药，五龙捧圣，运合天然。由下迁中，益气养神，再迁上田，先②透顶门。玉液还丹，醍醐灌顶，阳神炼熟，即曰神仙。若问女子玉液还丹，便是赤龙化为白凤，充满下田，恍如胎孕。功满炁化，神光圆足，透出顶门，炼就阳神。玉液还丹，醍醐灌顶，不离前功，须如大士普陀顶上观妙音③也。

撄宁按：论女功处，太嫌简略，不足为法。

…………

答覆北平学院胡同钱道极先生[④]（1935年）

道极先生慧览：

接⑤六月八日来函，备悉种切。所言注重实行，不尚空谈，此意正合下怀。又言某某社传道，以金钱之多寡而定阶级之高下。非但贵

① “和”，疑作“如”。

② “先”，青城山本作“光”。

③ “大士普陀顶上观妙音”句，青城山本作“王母昆仑宫中听微妙音”。

④ 原载《扬善》第3卷第1期（总第49期，1935年7月1日）。

⑤ “接”，原作“按”，误，校改。

省如此，该社之在他省者，亦不能免除此等陋规。请问：道若可以拿金钱购买得来，尚成其为道乎？大题目已经弄错，小关节毋须再研究了。

“死后成就”这句话，在世界各宗教中皆如此说，我偏不肯附合他们。若果一般修道的人们，对于自己的肉体尚且无法安排，仍旧与普通人同样的结果，妄说死后上天堂，死后生西方，死后免除轮回，岂非天下死尸个个都成了道果么？将谁欺？欺人乎？欺己乎？

从前有许多人常常劝我念佛求生西方，我说西方虽好，我不愿去。他们问是什么意思？我说这就是吴子玉先生不住租界不出洋的意思，你们若能懂得吴先生的意思，就懂得我的意思。无奈他们仍旧不能明白我的苦心。今试设一譬喻以明之：我们所居之世界，等于中国；西方极乐世界，等于欧美。我们既生为中国人，没有本领将中国改造完善，徒然羡慕外人，个个都想抛弃本国往外国跑，试问成何体面？我们已经生在这个世界，总算与此界有缘。若嫌此界不好，何不拿出实力来再改造一下？个个人摇头叹息、束手无策，个个人希望死后往生西方极乐世界，不必说他是一种梦想，就算成为事实，亦是表示我们自己毫无能力，完全要仰仗他力（指阿弥陀佛而言）来救拔我们。较之仰仗国联、仰仗欧美来帮助中国，同是一种幼稚的思想，可笑又可怜也。故我发愿：决不求生西方，更不求生天堂，定要永久长住在这个世界上，改造此世界，方见得道家真实的力量比任何宗教为伟大。

来函又云：得纯阳祖师修舍秘诀，系“借镜调神，阴神出壳”之法，此言恐误。纯阳师决不教人出阴神，若果教人出阴神者，亦不得称为“吕纯阳”矣。非但吕祖如此，即张紫阳亦不赞成此法，请观《悟真篇》云：“鉴形闭气思神法，初学艰难后坦途；倏忽纵能游万国，奈何屋旧却移居。”此诗所谓鉴形，即是来函所云“借镜调神，阴神出壳”之法也。

辟谷之方甚多，将来拟在《扬善》刊上陆续发表，以便同志之研究。

修行人为实行简单生活之故，常有不论四季只穿一件衲衣者，取其便也。若来函所云“夏衣棉而冬衣纱”，似乎是有心卖弄，非出于自然。

高见以为如何？此覆，余容后叙。若有疑问，请尽量的发挥出来，当本我素愿，一一答覆，决不嫌烦。至于来沪面谈，刻下尚非必要，俟将来机缘成熟，再议可耳。

覆南京立法院黄忏华先生书[1]
（1935年）

忏华先生：

接读六月十八日惠函，辱承雅意，示买山偕隐之方，强我著书，以关尹、老聃相比。窃思合作同参，本是当年之定议。今日重提，理应践诺。然而事有碍难遵命者，敢为君约略言之：回忆同游庐山之日，距今已十有六年，当日除君与我堪称健步而外，崔女士与彝珠，皆习于都市生活，向不徒行，乃亦鼓其勇气，竭力追攀。从莲花洞直上小天池，陟绝逾十五里，云路崎岖，几经喘息，居然乐而忘疲。次日复相随跳涧爬岭，扪松滑石，而达三叠泉。日当午，众都饥渴，一罐波萝，争食赛琼浆甘露。归途已届深夜，虽手足胼胝，而乐且未央。此景此情，恍惚如梦。记得君等下山时，我送至岩畔，相去数十武。崔女士掉头仰视而呼曰：买山计划，勿忘勿忘！我亦因风报以回响曰：不敢忘！不敢忘！日后又接彝珠自沪寄数封书，无非促成此事。故我住庐山，为时最久。自秋徂冬，结果竟无所获。仅做得一卷《山居同乐会章程》，并几幅造屋图、几张调查表而已。对于崔吴二人，固不能无歉。乃曾几何时，一则是金粉埋黄土，一则是红颜易白头矣。能毋起"令威化鹤"之感乎！

君等当年旅沪，屈居敝舍，亲见我辟室两间，烧炼外丹炉火，工作亘昼夜，砂汞银铅，鼎池灰炭，常堆积盈庭。彝珠性复好客，逢星期日，大有座上常满、樽中不空之盛概。如黄邃之，如谢季云，如高尧夫，皆此道中坚份子。郑君鼎丞，虽蛰伏京门，未及参加，而与有助焉。彼时君对于此道，固未遑讨论，但每值文字余暇，亦辄从容下楼，袖手旁观我等丹炉中所变化之景象以为快，然乎否乎？

---

① 原载《扬善》第3卷第2期（总第50期，1935年7月16日）。

试问聚六人之财力（郑、黄、谢、高、陈、吴），费十载之钻研，所为何事？岂不欲重浊点金、轻清换骨，剖三元之秘钥、吞九鼎之神符（神符乃外丹专门名词），学黄帝之骑龙、效旌阳之拔宅？当时豪气，诚足以薄孔颜而抗老释、超五祖而驾七真。孰料两次垂成，皆因两次沪战而遭破坏，驯至药材散失、同志流亡。谢郑黄三君，于数年间先后辞世。高君远适他方，音书断绝，五人仅剩一我，如何能胜此重任耶？惟以多年苦心，并数百次之实验，证明古神仙所遗留各种外丹口决，确有可凭，决非欺罔。庶几不致被一般空谈心性、贱视物质之假道学先生所迷惑，是则万分不幸中之一大幸耳。从此改变方针，另起炉灶，将曩日外炼精神转而对内，同时并发三大愿，以为自己长劫修持之准鹄：第一大愿，拟以三十年完成之；第二大愿，拟以三百年完成之；第三大愿，拟以无限量时间完成之。

溯自民国创造以来，转瞬已二十四年矣，有何功绩可见？今限三十年短促光阴完成伟业，若不广遭魔难、誓作牺牲，岂得有些微之侥倖乎？孟子曰："故天将降大任于是人也，必先苦其心志，劳其筋骨，饿其体肤，空乏其身，行拂乱其所为，所以动心忍性，增益其所不能。"故每当百无聊赖之时，抚膺痛泣，未尝不慷慨回环诵此章书以自慰也。

昔者孔无黔突，墨无暖席（见《淮南子》），释迦雪山枯坐，老子西走流沙。彼四圣哲，虽身世出处不同，而志行坚苦如一。我虽不敏，何敢后之！将来纵使入山，亦不过崖洞栖身、蒲团永夕、饥餐柏叶、渴饮寒泉而已。若夫购地卜居、烟霞啸傲、水边林下、岁月优游，此则达官名士之清标，非所论于我之今后矣。来函谓当年既为吕碧城作《女丹诗注》，复为王聘老作《〈黄庭经〉讲义》，故今亦援例要求将《钩玄录》再作钩玄，以玄之又玄之道相授。夫道乃宇宙公物，本无所私，然非遇其人，不可妄授。当日吕女士对于道学，实无所得；若果有得者，后来必不至改而学佛。王聘老虽或闻知，亦仅十之一二，又为逆境所困、礼教所拘，既未曾超脱于凡尘，岂能逃大化之洪冶？君之为人，我所素稔，才情双茂，显密圆通，阅世不为不深，而本来面目始终①未变。品格如斯，可谓无憾矣。道不传君，将谁授乎？惟是默察机缘，犹有所待耳。

我今希望于君者，即从速寻得一名山胜地，作为君等他年修道之根

---

① "终"，原作"於"，误，据圈点文字校改。

据。更于近处筑石室数方，供我藏书之用，并须能经久远、足避三灾。书虽不多，要皆仙学之精华、人间之孤本，辗转传授而及于我。历年以来，因无法保存，已嗟零落。今欲急于整理，重行校勘，亲任抄胥，俾成一部有系统的天府奇观、琅嬛秘典，然后藏之石室，以俟有缘，且为名山生色不少。果能助我了此志愿，则平生所学，当与君共之矣。

夫以道而言，愈融和则范围愈广，儒释道仙四者原可互摄。以术而言，愈分析则畛域愈严。我既专弘仙学，则凡儒释道三教教义有不能苟同者，皆在排斥之列，然对于三教圣贤，固未尝失其敬仰也。彼禅宗之诃佛骂祖，亦犹此心耳，岂真狂妄哉？君本达人，必能领悟。谨布区区，未罄衷曲。

《女丹十则》按语[①] (1935年)

读者须知

一、此书无著者姓氏，旧题为金华山香逸古母[②]。此种名称，太觉浅陋，作书者虽不欲用自己真姓名，然何必伪造孽[③]号乎？故削去不录。

---

① 《女丹十则》属《女子道学小丛书》之一种，无原著者姓名，署“皖江陈撄宁删订”。卷首有陈撄宁撰《读者须知》，正文共“养真化气”、“九转炼形”、“运用火符”、“默运胎息”、“广立功行”、“志坚行持”、“调养元神”、“移神出壳”、“待度飞升”、“了道成真”十个部分，其间夹有陈撄宁的按语，后附录“清净元君孙不二著、济一子傅金铨校订”《坤诀》一则。以下文字，据胡海牙、武国忠主编《陈撄宁序仙学精要》本排印。

② “金华山香逸古母”，香港心一堂2009年出版蒲团子校辑本（以下简称“心一堂本”）作“华藏山清烈古佛”。

③ “孽”，心一堂本作“圣”。

二、此书虽标题十则，然第五则与第六则内容大致相同，第十则所论，又太觉空泛，无另立一条之必要。故于此三则中，皆大加删节，免得惹起读者之厌烦。其他各则，亦有删节并改正①。学者若将原本与此本对照，则知有不能不删改之理由，非多事也。

三、除本文而外，凡有余所加之按语，读者切宜注意。因为那些评论，都是经过数十年的阅历，方能写出，不是像别人做文章，随便乱说，毫无凭据。

四、附录《坤诀》一篇，虽不敢断定确属孙不二之手笔，但文字亦简洁可喜。至于傅金铨的解注，惜其满纸喻言，恐学者难于领会。篇末黄芽、白雪四字之来源，余说得甚详，读者应当研究。

五、女丹经内藏真诀者，自古及今，遍国中只有二十余种，不能算②多。学者必须全读，方能得其门径。然后再寻师访友，实地练习，庶几可望成功。切勿一知半解，自满自足。

皖江陈撄宁作此代序

中华民国二十四年七月（黄帝纪元四千六百三十二年）

第一则　养真化气

撄宁曰：道家工夫，贵在口诀，至于文章之优劣，殊无足重轻。故尝有理论不圆者，或字句欠通者，或见解卑陋者，或夹杂迷信者，皆能使人生鄙视之心，遂致其真口诀亦湮没而无闻，甚可惜也！余今编辑此书，盖欲度中材以上有学识之女子，若概依原本录之，未免贻讥于大雅。兹特撮拾其精华，削去疵累，虽未尽臻纯粹，然已较原本为可观矣。

……平日坐炼之时，必须从丹田血海之中，运动气机，照着心内神室，觉有一缕清气，自血海而出。定久之际，其气必动，随其气机鼓舞，向上飞腾，冲到泥丸，复转下降。斯时微以意引之，随着气机从泥丸降下重楼，此时切不可用意，恐伤形体，即随气机自重楼下至两乳间，内有空穴，凝聚良久，若有动机，照前行持。不过四五十日，其气已透，血化为气，赤反为白。斯时丹元已露，道心已诚。若能坚持静

① “正”，心一堂本作“之处”。

② “算”，原作“莫”，误，据心一堂本改。

守，朝夕不懈，时刻用功，何患大丹不结、女仙不成者哉？此乃女修第一步功夫，果能行到极玄极妙地位，以后功夫，皆从此前进。学者勉之。

撄宁按：当气机从泥丸下降时，既曰微以意引之，又曰不可用意，究竟用意乎？不用意乎？盖此时动作，是有意与无意之间。因要顺其自然，故曰不可用意。又不能置之不理，故曰以意引之。

…………

第三则　运用火符

……学者要记清楚，当其气归血海时，此气虽从血中化出，并非是血。如人出外，变相归家，即家人妇子皆不能认识，安能如前日之相投？故其下降时，血海之中，必如鱼吸水一般。斯时四肢若醉，其快乐如夫妇交媾，有莫能自禁之势。

撄宁按：有人说此时身中快乐之感觉，胜过男女之事若干倍。因为某种女子，生性冷淡，又遇男子身体虚弱者，临时在女子方面，毫无快感。而修道做功夫的女子则不然，虽独自一身，清心寡欲，在静室中打坐，果能如法将自己身内之阴阳配合调和，入于至玄至妙之境，即有特别之景象发现，其快乐不可用言语形容。至于男子做清静功夫者，虽有时身中亦发现快乐之景象，但比较女子快乐之程度，仅得其十之二三而已。此则关乎男女生理上之不同，非人力所能强为也。

…………

第四则　默运胎息

女真修炼者，果能照前口诀尽心行持，自然真气日生，血化为液，自两乳中间流通百脉，润泽周身。此液是血化成，必须常用内运元和之气以温养之，方能镇静中田，以为超生之本。何谓内运元和之气？盖呼吸由中而生，亦由中而定也。女真修炼，既得玉液，须运①用此气以凝之，其液方无走失，并可倚此而结成还丹。当其内运之时②，其势不着

① “运”，原作“连”，误，据心一堂本改。

② “并可倚此而结成还丹。当其内运之时”两句，《精要》本原脱，据心一堂本补。

于口鼻，而又不离于口鼻，虽有呼吸之名，实无呼吸之相。何也？是借呼吸以为呼吸之义也。盖口鼻之呼吸，乃后天呼吸，内运之呼吸，是先天呼吸。此时注重先天，不注重后天，先天呼吸有名无形，随后天口鼻之呼吸一出一入，自然升降。久久行之，则息息归根，呼吸之气，不由于口鼻，而胎息已成，仙道不远矣。

撄宁按：此段工夫，原文就未能①说得明白。余恐后学不易了解，遂力求浅显，将原文删改大半，比较容易明了。至其细微曲折，要在为师者口传面授，并要学人心领神悟，在自己身中实地证验。功深日久，水到渠成，果能一旦豁然贯通，自然暗合道妙，固不必拘拘于文字之间矣。

第五则　广立功行

女子果能潜修至道，已经炼得玉液还丹，认得先天面目，又兼保得住胎息功夫，至此必须借外行以培植道本，方才外无所亏，而内有所助。所以事奉翁姑，宜尽孝思，与人应接，当存忠厚，矜孤恤寡，救苦济贫，尊敬师长，和睦乡邻。举动勿轻浮，言语勿傲慢，一切行为，皆归理法之中，自然气质冲和，不求功行而功行自立。

撄宁按：此篇删去大半，仅此已足。

第六则　志坚行持

……戒规列后：第一戒，孝养翁姑。第二戒，端方正直。第三戒，谨慎言语。第四戒，小心行持。第五戒，尊师重道。第六戒，立志不变。

撄宁按：原文删除五分之四，因其无关重要。至于诫规六条，虽每条皆附有解释，亦未录，因其大意已明。

…………

第九则　待度飞升

女丹修成，养就纯阳之体，摆脱拘束，出没自由，务宜广行功德，

① “能”，原作“成”，误，据心一堂本改。

多种善根，切不可因其神出逍遥，便将道果置之度外。多言泄造物之奇，邪僻失天理之正，种种妄为，定遭遣责。只宜暗施法力，护国救民，待到功行圆满，自有上圣高真前来度脱飞升。上朝金阙，膺受敕封，永住天宫，无边快乐。

但女①真何故必须待度？盖因②其本为弱质，幸得内功修炼，以成阳体。而阴凝之质尚未消尽，缺少还虚一段运用，未能尽天地之妙化，所以不得超升世外者，悉由体相之不坚也。不若男子之体，炼成金刚不坏之身，还虚功成，神光充满天地，故不必待度，而可以了道成真、亲朝上帝、游晏蓬莱也。

撄宁按：此条理论，余不敢赞同，姑存其说而已。女子果能有大智慧、具大力量、得大解脱者，则于百尺竿头，更进一步，色空不二，人我两忘，本性光明，直超无始，方知尘世天宫苦乐平等、男女阴阳异名同出、十方三界不离玄牝之门、仙佛众生皆贵求食于母，到此尚有何待飞升之可言耶？（异名同出、玄牝之门、求食于母，这三句见于老子《道德经》，其中含有深义。）

第十则　了道成真

夫修行所贵者，在于转凡躯而成圣体，不然者，犹如井底之蛙耳，终是孽海中物③，焉能脱轮回而超劫运乎？世间女子，果能有一尘不染之心、百折不回之气，依师口诀，日夜潜修，亦不过三五载功程，便证上乘果位，人又何惮而不为哉？

（此条删改大半，因其纯是空言。）

附录：坤诀（正文略）

撄宁按：黄芽白雪，本是外丹之专名，今用作内丹之比喻，于此吾有不能已于言者。考《浮黎鼻祖金药秘诀》第七章云："紫粉如霜，黄芽满室。"许真君《石函记·药母论》云："一鼎丹砂可服食，久服回阳能换骨。回阳换骨作神仙，须是神符并白雪。大哉神符真白雪，返魂再

① "女"，原作"玄"，误，据心一堂本改。

② "因"，原作"固"，误，据心一堂本改。

③ "物"，原作"动"，误，据心一堂本改。

活生徐甲。”又《石函记·神室圆明论》云：“颗颗粒粒真珠红，红英紫脉生金公。金公水土相并合，炼就黄芽成白雪。紫砂红粉乱飘飘，乱飘飘兮青龙膏。红粉少，白虎老，炼就龙膏并虎脑。长生殿上如意宝，点金万两何足道，能点衰翁永不老。”试观以上所言，红英紫脉、黄芽白雪、红粉紫砂这些名词，都是外丹炉火中所炼出来的实质实物，实有这些形状，可以看在眼里，可以拿在手内，可以吞入腹内，故唤①作金丹。后世修炼家不得其真传，或者虽得其真传，又守秘密，不敢公开，遂一变②将吾人肉体上之精气神团结不散者名为“金丹”，已是不合古神仙之法度，然而尚有迹象可求。再后第二变，又将佛教所用的名词如真如圆觉、涅槃妙心，儒教所用的名词如无极太极、天理良知等类，一概附会上去，都名为“金丹”。于是后世学仙者，遂堕③入五里雾中，弄得莫明其妙，可谓愈趋越下矣。点汞成金之术，中国人不肯公开，遂致失传，反而被国外人发明出来。长生不老之药，中国人不敢自己承认，将来又要被外国人捷足先登。以五千年开化最古之国家，四百兆文明之种族，竟至数典忘祖，道失而求诸异邦，可胜慨哉！

答覆南通佛学研究社问龙树菩萨学长生事④（1935 年）

启者：仆僻处山中，信札往还颇多周折。凡遇各省市寄来之问题，已经答复者，虽不在少数，而未曾答复之信函，尚堆积盈筐。纵愿尽心竭力，以副好道诸君之雅望，奈问者前后相续，势无了期，只得请发问诸君稍宽假以时日为幸。

---

① “唤”，心一堂本作“叫”。

② “变”，心一堂本作“变相”。

③ “堕”，原作“随”，误，据心一堂本改。

④ 原载《扬善》第 3 卷第 4 期（总第 52 期，1935 年 8 月 16 日）。

今又接《扬善》刊社转到一信，仆认为关系重要，不能不提前作答。特将原函先为登出，与众共见。

（原函如下）：前于友人处，见贵刊“问答专刊”一期内有陈撄宁君答海门蔡君一函，说龙树菩萨当初亦欲学过长生法云云。此说不悉究竟可否属实乎？请该陈君指出此事载于佛家《大藏》内何部何卷何页何行，方知言之不谬也。

此致《扬善半月刊》社编辑部

幽谷散人

（回示请即于贵刊上发表，不须另寄可也。南通东乡佛学研究社寄）

撄宁按：幽谷散人，当然是个别号。此君真姓名，我不知道。今观来函上面邮局所盖之图章，有“海门”二字，或者此君与蔡德净君是同乡，亦未可知。蔡君之为人，太谦恭了，而此君之口气，又太傲慢。两位都是佛教中人，其性格不同如此。

原函云：请“该陈君”指出此事。试看这个“该”字，俨有上级官长命令下级属员的口气，又像是地方官出告示的口气。可惜学得不甚完全，最好改为“仰该陈撄宁迅速切实指出此事，毋得违抗，致干未便”，那就神气活现了。

来函又云：“此说不悉究竟可否属实？”这句话是疑心我伪造故事。来函又云：“方知言之不谬也。”似乎我从前所说许多话，早已失了信用，不足以取信于人，今日说话必须要有证据，若寻不出证据，就算是谬言，毫无价值了。来函又要叫我指出载于《大藏》内何部经中，不但指出何部，并且要指出何卷，不但指出何卷，并且要指出何页，不但要指出何页，并且要指出何行。此君还算是代我留点余地，笔下容情，否则更要叫我指出第几行中第几个字，岂不难死我么？

仆阅《道藏》全书时，是在民国元、二、三年间；阅佛教《大藏经》时，是在民国三、四、五年间，距今已相隔二十年。所阅过的书，十分之九都不能记忆。万万料不到今日躲在穷谷之中，尚有人来考我《大藏经》的卷数、页数、行数。此刻我身边所携带的，除却行李而外，别无长物。文房四宝尚不齐备，如何能把几千卷《大藏经》整个儿搬到山里来？主试官出的题目，又刻毒不过，论理是要交白卷子了。像清朝的科举考试，民国的学校考试，中央的文官考试，交白卷子朋友那一届没有？至多不过榜上无名而已。对于他们本人，未必发生何等妨碍，下次仍旧可以应试。假使我今日也同他们一样交白卷子，我想也没有什么要紧。

但是仔细研究起来，行为虽然一样，结果大不相同。他们下次仍旧可以应试，我下次就不能再开口说话了。这次失掉信用，拿不出真凭实据，下次纵肯老著面皮，勉强说几句话，其感化人心之程度，决不会有今日这样普遍。如此一来，我多年提倡道学与仙学的精神，岂非白白的牺牲了么？我个人牺牲尚不要紧，甚至于连带我们老祖宗轩辕黄帝所遗传于后世子孙的少许超人之学术亦同归于尽，岂非更加添我的罪过么？在佛教徒一方面看，我是个妄语者；在道家与仙家一方面看，我是个不肖子孙。请问如何是好？

天下事常常会绝处逢生。正在着急得无可奈何时，跑到树林外兜几个圈子，坐在山坡大石头上，默想从前所看过的各种佛书。如《付法藏因缘传》，如《龙树菩萨传》，如《景德传灯录》、《指月录》等书，虽然记载龙树菩萨用影身法，跑到王宫里同宫女妃嫔发生关系，以及他种奇怪事迹颇多，但无从证明他是学长生术者。忽然间心血来潮，想起佛典中几段文章，足以证明此事真实不虚，足以证明吾言的确不谬。特把他默写出来，寄与《扬善》刊社公开发表。阅者诸君庶几相信“该陈某”不是个妄语者。佛典中原文如后：

原文：龙猛菩萨，善闲药术。餐饵养生，寿年数百，志貌不衰。

撄宁按：龙猛就是龙树。幽谷散人既是一位佛学研究家，当然早已晓得，用不着“该陈某”再来饶舌。若有怀疑，可请教于别位佛学大家，他们必能有满意之答覆。

原文：引正王既得妙药，寿亦数百。王有稚子，谓其母曰：“如我何时得嗣王位？”母曰：“以今观之，未有期也。父王年寿，已数百岁，子孙老终者，盖亦多矣。斯皆龙猛福力所加，药术所致。菩萨寂灭，王必徂落。夫龙猛菩萨，智慧弘远，慈悲深厚，周给群有，身命若遗。汝宜往彼，试从乞头。若遂此志，当果所愿。”

撄宁按：引正王跟龙树菩萨学长生法，所以他也能活到几百岁。他的王子王孙都已老死了，只留得最后的最小的一个儿子尚存在世间。但这个稚子的母亲，必定是引正王几百岁以后续弦之妻，决非原配。若不预先声明，恐又要发生问题。因为这个母亲是不会长生术的，如何也能活几百岁老而不死呢？

于是，王子听了他母亲的话，跑到龙猛所住的地方，乞取龙猛之头。其言如后：

原文：今龙猛菩萨，笃斯高志，我有所求，人头为用。招募累岁，未之有舍，欲行暴劫杀，则累尤多，虐害无辜，秽德彰显。惟菩萨修习圣道，远期佛果，慈沾有识，惠及无边，轻生若浮，视身如朽，不违本愿，垂允所求。

撄宁按：此段乃王子正式乞头之文。

原文：龙猛曰："俞！诚哉是言也。我求佛圣果，我学佛能舍，是身如响，是身如泡，流转四生，往来六趣。宿契弘誓，不违物欲。然王子有一不可者，其将若何？我身既终，汝父亦丧，顾斯为意，谁能济之？"

撄宁按：此段乃龙猛允许给头与王子之文。

原文：龙猛徘徊顾视，求所绝命。以干茅叶，自刎其颈，若利剑割断，身首异处。王子见已，惊奔而去。门者上白，具陈始末，王闻哀感，果亦命终。

撄宁按：干茅叶就能把头割下来，说得好，是菩萨之神通；说得不好，就是魔术家的障眼法。这在乎学人自己用智慧去参悟，我不过照原文写下来，恕我不能解释是什么理由。至于龙树不死，引正王亦不死，龙树一死，王即命终，这也是莫名其妙的一件事实，但其中有个缘故。民国二年，月霞法师与我闲谈，偶及此事。他说这位国王在龙树门下学长生术，曾经发过愿，要与龙树同时死。所以龙树不死他亦不死，因此王子永远不能嗣王位，遂演出向龙树乞头这段公案。可惜我未问月霞法师，引正王发愿之语出于何书。

以上所默写的五段原文，足以证明"该陈某"在《扬善半月刊》第四十二期"问答专刊"上面答覆海门佛教净业社蔡德净先生之问，是没有错误，不是随自己意思捏造的。若定要问我究竟出于佛家《大藏》内何部何卷何页何行，那分明是考我，只好拼着交白卷子。我身边没有全部《大藏经》，此事须得请求幽谷散人并读者诸君的谅解。

再者，龙树号称千部论师。这个名字，学佛的人们都知道的。我现在要问一句：一个人做一千部书，要多少年方做得完？平均算一年做二部，一百年做二百部，一千部书也要费五百年光阴。况且他不是出娘胎就会动笔，总要先学几十年。又如《大智度论》这部书，亦是龙树所造。鸠摩罗什以秦人好简，故裁而略之，已有百卷。若备译其文，将近千有余卷。试思：仅此《大智度论》一部，就非几十年功夫做不成。尚有九百九十九部书，请问要多少年方能竣事？龙树的寿命，起码也得五百年，或许超过此数。他若不学长生之术，如何能到此年龄？这是显而易见的事，用不著什么证据。若再要求证据，这位先生脑筋未免太简单了。

现在世上人都抱着短命思想，所以世事越弄越糟，只有用长生之学说可以稍为补救补救。这也是一种善意，并非是恶意。我不懂一般佛教徒专门反对长生，硬要走短命这条路，究竟是何用意？

读高鹤年居士《名山游访记》[①]（1935年）

我与高居士一别，有十几年不见面了。前几天蒙高居士的盛意，惠赠我《名山游访记》两部，不胜感谢！当时转送一部与同好者，留一部自己阅看。

未曾细读，先把这两本书从头到尾大略翻一遍，就觉得很奇怪，有许多话不像是高居士自己说的，似乎别人家在那里画蛇添足，塞了不少的葛藤进去，未必完全合于高居士的本意。我看着要替居士叫一声冤屈，但不知居士自己作何感想？

《名山游访记》卷首有四幅照片，每一幅照片上有四句偈语，是高居士自己做的，是我在二十年前代他写的，还有草帽子上“惭愧”二字，也是我写的。我深知高居士是个宗门健将，最讲究真参实悟，虽然不喜欢卖弄口头禅，然而也不像普通一般的居士们，开口就是阿弥陀佛。因为他到底是个禅宗，不是专门修净土的。现在我打开《名山游访记》一看，差不多变成专门净土宗的著作，处处提倡念佛，并且扬净而抑禅，如原书卷四第十九页引真歇禅师语云：“宗门大匠，已悟不空不有之法，秉志孜孜于净业者，得非净业见佛尤简易于宗门乎？”这是一个看不起宗门的。又如原书卷五第四十二页引永明寿禅师语云：“有禅无净土，十人九差路。阴境若现前，瞥尔随他去。无禅有净土，万修万人去。但得见弥陀，何愁不开悟？”这又是一个看不起宗门的。其余文句，未能悉举。

① 原载《扬善》第3卷第7期（总第55期，1935年10月1日）。

高居士自己就是宗门，究竟对此有无异议？请你不要为古人所瞒，不要为今人所误，要从顶门上透出一只眼睛来，由皮毛直看到骨髓里去方好。

据我的愚见，这两位禅师说话都有毛病，都不彻底。修净业是希望见佛，参禅的是不许着佛相，如何可以说“净业见佛尤简易于宗门”？难道古来许多宗门祖师表面上假装作“圣谛亦不为”，而他们心目中犹求见弥陀而不可得乎？

“禅”与“阴境”，势不两立。有“禅”就无“阴境”，有“阴境”就无“禅”。既说有“禅”，又说“阴境若现前，瞥尔随他去”，我不懂这是什么禅，莫非是“野狐禅”、“老婆禅”么？一部《六祖坛经》，都是有禅无净土，请问六祖亦随阴境而去否？

若依这两位禅师的判断，凡是修净业的无须再去参禅，而参禅的必定要归到净土一门，方有著落。如此说来，禅宗简直没有独立一宗之资格，把他取消了拉倒，何必留在世上害人？

读卷三第二页有云：“濂溪开宋儒程朱道学之门，而实得之于东林、寿涯二禅师。故宋儒之学，多本于禅。迨后门户见深，反加诋毁，则诸儒数典忘祖之过也。”这几句话，不像高居士的口气，恐怕是那位先生增添进去的。今用他老调子删改数字，以就正于学识渊博之士。其文如下：“禅宗开释氏顿法之门，而实默契于柱下、漆园两部书。故释氏之学，多本于老庄。迨后门户见深，反加诋毁，则佛徒尊己卑人之过也。”

卷首四幅行脚图下面，都有一首五言绝句诗，不知是何人手笔？文词虽好，但非高居士本旨。试为比较排列于后，以备学者参详：

高居士原作之一

踏遍溪山问所图，探玄择要是何如？
长安大道当归去，惭愧而今尚半途。

某君和作

长空何耿耿，眷顾亦恢恢；
净土眼前是，偶然立一回。

高居士原作之二

遍历名山访至人，飘飘云水不沾尘；
芒鞋踏破天边月，竹杖挑回海上春。

某君和作

榔栗横担后，期为五岳游；
只凭腰脚健，悟境在前途。

高居士原作之三

抖擞精神学坐禅，隆冬树下一蒲团；
惭愧此心如不了，廿年空费草鞋钱。

某君和作

一发乾坤际，而今乏道场；
安心能打坐，无处不西方。

高居士原作之四

百重云水万重烟，随地安身到处眠；
漫说有家归未得，双舒白眼望青天。

某君和作

大梦谁曾醒，惟看佛眼开，
此身原不垢，何碍贴尘埃。

今按：原作第一首说“长安大道当归去”，不是说西方净土当归去。某君和作把“净土”两个字搬出来，恐怕不合高居士的本旨吧？若说“长安大道”就是指“净土”而言，我倒要请问高居士：为何不老老实实提明“净土”，偏要弄些狡狯名词，说什么“长安大道”濛混学人？

原作第二首说“飘飘云水不沾尘”，某君和作有“悟境在前途”一句，此句有点不合高居士身分。果如某君所说，高居士全身都是拖泥带水，如何能“不沾尘”乎？

原作第三首说“抖擞精神学坐禅”，可以见得高居士本意是要学坐禅，不是要生西方。虽说禅无坐相，然而坐不妨禅，本是活泼泼地，若如某君所言“安心能打坐，无处不西方”，是一面在打坐参禅，一面又念念不忘西方，尚成其为禅乎？难道达摩当日传来的心印就是“阿弥陀佛”四个字么？

原作第四首说“双舒白眼望青天”，某君和作云“惟看佛眼开”。我不懂“佛眼”二字是何所指？若说指高居士，料定高居士不敢承当，因为他自己明明说是“白眼”，不是“佛眼”。若是指别人，请问谁有佛眼？若是指佛，请问佛在何处？若说佛在西方，请问西方在何处？若说西方就在心中，请问心在何处？

禅宗名为“教外别传”，本有他独立的资格，用不著倚靠旁人家门户。后来一般佛教徒偏喜欢骑墙见解，大唱其“禅净双修”，于是净①

---

① “净”，原作“禅”，误，据圈点文字校改。

土宗的教义遂侵占禅宗坐席，几[①]乎有取而代[②]之之势。而参禅的居士和尚们，亦心甘情愿投降于净土，岂因净土宗之教义柔和迁就、婆婆妈妈，较胜于威猛之棒喝乎？或因极乐世界之七宝庄严、九品莲台，能令穷苦禅和子[③]们动欣羡之意乎？或当真的像印光法师所说：现在众生，都是劣根，没有一人堪承受“正法眼藏”乎？

若果如此，只须关起门来，躲在家中，朝朝暮暮念几句“阿弥陀佛”，等死而已，何必经年累月涉海登山、择友寻师、参求向上？到了结果，毫无把握，反不如他们念佛老太婆，千千万万没有一个不往生西方。然则行脚参访，所为何事？奉劝净土宗，不必再拿什么“上品上生，上品下生”一类的话来诱惑禅宗中人。在净宗是佛说的，在禅宗都认为是魔说的。

撄宁自己既不修净，亦不参禅，何必说这许多废话？因为看见当今时代禅宗太冷落了，净宗太嚣张了，所以立在旁观者地位，打一个抱不平，未免葛藤之上又添些葛藤。高居士，你弗要笑我在鲁班门前弄斧头、孔夫子家里卖书箱，你只把我这些语言当作“干屎橛”看，就完了。

封面上“九得歌”做得很好，可以称得高居士知音，可以值得我们钦佩。

陈撄宁启事[④]（1935年）

两载以来，屡蒙海内学道诸君子殷勤下问，虽不辞固陋，依次作答，奈问者无穷，答何能尽！且因欲结洞天福地之缘，时作南北东西之客，

① “几”字下，原有衍文“几”，今删。

② “代”，原作“伐”，误，据圈点文字校改。

③ “子”，疑作“尚”。

④ 原载《扬善》第3卷第8期（总第56期，1935年10月16日）。

邮件往还，亦非容易。敬告诸君：请俟仆觅得一相当灵窟，聊寄浮生，然后再将亲身实验之情形，逐渐公开于大众，使今世学者，知中国古仙所传修炼之术，确有可凭。倘他年侥幸成功，或能用肉体证得之神通，打倒科学战争之利器，为黄帝子孙稍延气脉，谅亦诸君所乐闻也！盖救国之道，仅有两途：一者科学，急起直追；二者仙术，迎头赶上。否则谈玄说妙，都属空华，见性明心，几如梦呓。飞机炸弹，毒气死光，其毁灭之力，足以令诸君肉体与灵魂同时惨裂，到此尚有何玄妙心性之可言乎？谨白。

"人生唯一积极大问题"答案①（1935年）

一问：天为何要生我？

答曰：老天爷正在那里做梦，我们不要惊动他。

二问：我为何要做人？

答曰：因为偶然高兴，乘老天爷做梦未醒的时候，不妨到世界上来游戏一番。

三问：人应该如何做？

答曰：黑脸是忠臣，白脸是奸臣，戴起平天冠就是皇帝，拿着讨饭碗就是乞儿，披英雄氅的是草寇，穿八卦袍的是军师，摇旗呐喊是喽啰，咬文嚼字是书生。咱老子高兴怎么做，就怎么做，暂时同这班淘气的孩子们厮混着，寻寻开心。等到一朝玩得腻了，说声失陪，顿然踪迹不见。人应该这样做。

甲问：天是何物？何以能生我、生人、生万物？

反答：我是何物？何以能为天所生？

① 原载《扬善》第3卷第8期（总第56期，1935年10月16日）。原刊标题下注曰："原问题见第54期本刊第七页，存诚庐主稿投。"又，原注文"庐"字下脱"主"字，今据原刊第54期《人生唯一积极大问题》一文作者署名校补。

乙问：今此身中，何者是我？

反答：此身以外，那一处不是我？

丙问：我生从何处来？

反答：我死归何处去？

丁问：我生为人，是自己作得主否？

反答：我死了变禽兽、变草木、变土石，是别人替我作主否？

戊问：死后灵性灭否？

反答：灵性是什么东西？有几何大小？吾人未死时，灵性藏在人身什么地方？

子问：辛苦一生，所为何事？

反答：假使我们不愿意白白的辛苦过一生，那末应该如何办法？

丑问：灵性若不灭，则最后应得何种结果？

正答：种瓜得瓜，种豆得豆，因果分明，不必问他人，还须问自己。

撄宁曰：余观存诚庐主所揭出日人藤田操氏三大问题，颇有研究之价值。存诚先生所附加七小问题，亦有深意存乎其间。可惜藤田操氏是个钝根，穷思极想，究竟不能解决，只有出于自杀之一途。世俗眼光中看来，必定笑他愚笨得很，然而我要赞美他是一位有志之士。因为毕生未曾遇着大善知识，所以弄得他没有办法，假使当代有第二个达摩，那怕他不要学神光之断臂？现在青年人为爱情自杀，中年人为经济压迫自杀，报纸上常有记载，比较藤田又何如耶？

存诚庐主，我不知为何许人，总可以称得起是一位先觉者。无奈当今之世，后觉的人实在太少，所以他们把这许多大问题认为无关轻重，不肯在报纸上登出，偏喜欢登载那些荒淫的文字。众生相本来就是如此，又何足怪？

幸而《扬善》刊编辑者是一个明眼且能识得古董的人，如张化声君驳覆某某居士书，如《化声自叙》，如竺潜道人各篇述作，如刘仁航先生来函，如纯一子《仙佛科学之研究》，如存诚庐主人生积极大问题，以及撄宁自己抛砖引玉的各种答问。这许多材料，聚集在极短的篇幅中，在作者原是各人发挥各人的意见，既不欲强人就己，亦不必舍己从人，似乎矛盾冲突是不能免的。然而合拢起来看，不但是没有冲突，并且能互相发明。这几位大思想家，差不多走到一条路上来了，无形中像煞有个团体，我不能不佩服编辑者手腕之灵敏。

三大问题答案，表面上看起来有点滑稽，实际上是表明我自己真确的见地。但人人见地各有不同，切不可因为我已经回答过了，阅者诸君就此默然而息，那倒辜负存诚先生一片苦心。最好是把各人自己的见地和盘托出，无论你们是用儒释道三教义理，或是宗门机锋，或是科学证据，或是凭个人的思想，独标异帜，脱尽恒溪，皆一例欢迎。

假使我们对于这几个问题回答不出，那末我们的人生真可谓毫无价值，“万物之灵”四个字名称当之未免有愧。千祈猛醒，勿再沉迷。

《男女丹功异同辩》读者须知[①]（1935年）

（一）此书作于光绪癸卯岁，即民国纪元前八年。

（二）作者乃一终身不嫁之女子，事母甚孝，母则守节，女则守贞。母女二人皆好道，奈无师授，只得于各家道书中搜寻口诀，承母命，遂集此书。皆杂抄他种丹经而来，非其自作。

（三）所抄各书，有善者，有不善者。故其理论偶有矛盾，而文辞亦颇嫌冗烦，虽稍加以删改，然不能不存其本意。学者当用自己智慧分别观之。

（四）书中如香逸古母、玄天上帝、金阙帝君、瑶池王母、圆明道姥一类的称呼，皆是他种书上假托之名。当此破除迷信时代，本不应再用此等名称，但因原书已有，故仍其旧。

（五）书中谓女丹修成必用待度，此段理论，不甚圆满，盖因昔日重男轻女之习惯使然。世界各种宗教制度，多数是男女不能平等，亦非独中国如是，惟赖女界有杰出之材，方能破此成例耳。

（六）书中金阙帝君一段议论，他说：“有谓赤龙不斩，而丹不得结、道不得成，不知血尽而气亦尽矣。如男子之精败，而丹亦难成，其理一

---

① 《男女丹功异同辩》属《女子道学小丛书》之一种，署“竹阳女史颜泽寰晏清纂述，仙井女史贺为烈全贞参校，皖江陈撄宁重校订”，卷首有陈撄宁撰《读者须知》。以下文字，据胡海牙、武国忠主编《陈撄宁仙学精要》本排印。

也。盖男精女血，多不可绝，气离血而气无由生，血化气而精始流通，如谓血尽乃可炼丹，何以青年血枯而病反起？此终不离血之一证也。”今按：斩赤龙即是用功夫把月经炼断，不是女子血枯，若说斩赤龙就是血绝、血尽、血枯，岂非变成干血痨的症候么？假使女子真有此病，必须要用特别功夫，并医药方法，令月经回复原状，每月按时而至，与普通健康身体无异，然后再依斩龙口诀，慢慢将他炼断。此乃一定之规则。这位先生，把斩赤龙的效验，同干血痨病一样看待，真可谓大大错误。

（七）男女修炼下手方法之不同，就是因为生理上的关系。女子若要入道，必须先能明了普通医学知识，然后再做功夫，庶不至于弄错门路。自古学仙之士，未有不学医者。这是实在的凭据，非空讲玄理、高谈心性所能比拟。

（八）不论男女，若本身无生凡胎之能力者，决不会有结仙胎之希望。生人与成仙，其理原无二致，惟在顺逆之分而已。斩赤龙者，乃逆①行造化也，倘自己身中无造化之生机，误认月经断绝即可以成仙，则彼年龄已过五十之妇女，月经将呈自然断绝之状态，岂非个个都有仙人资格乎？若谓年老者又当别论，然现代青年女子，亦有请医生用手术将子宫卵巢割去者，其月经亦自然断绝，遂能称为斩赤龙乎？此中消息，不能不深究也。

皖江陈撄宁识

中华民国二十四年十月（黄帝纪元四千六百三十二年）

陈撄宁先生覆（河南安阳县周缉光）函②（1935年）

（上略）前接八月二十一日惠函，所询各节，因仆之行踪不定，久

---

① “逆”，原作“递”，误，据青城山本改。

② 原载《扬善》第3卷第10期（总第58期，1935年11月16日），题为《陈撄宁先生覆函》，署“周缉光钞寄”。同时，该“覆函”前原录有《河南安阳县周缉光君来函》及周缉光《上陈撄宁先生书》两信，今略。

羁作答，尚祈原谅。来函中所谓双流刘止唐先生，仆深知其为人，他在四川颇有大名，可惜早已化去。听说此刻是他的孙子继续传道，比较前辈的工夫，不知何如？所谓伍师子渊，是否即黄岩玄都观之伍止渊道人？我也听人说过，他是龙门派第二十四代，在当今玄门中亦是不可多得之人才。刘止唐一派，是儒家工夫，专讲究正心诚意，他目的重在先天。伍止渊一派，是仙家工夫，专讲究采取烹炼，他下手是从后天渐渐的返还到先天。若讲理论，刘派较高；若讲效验，伍派较快。

阁下立志若要学圣贤，请弃伍从刘可也；若立志要学神仙，请以伍传为主，以刘传为辅，先求坚固色身，然后再说明心见性。否则心性工夫尚未透彻，而这个肉体早已朽坏，今生休矣！来世又无把握，将奈何？至于大彻大悟之人，当然不在此例，但非可以教初学也。辱承垂问，敢伸一得之愚，其余各种理论，具见于每期《扬善半月刊》中，兹不赘述。再者，阁下不必问神人降乩道①之事是真是假，只须自问他传你的口诀，做起来有效无效？对于你身体有益无益？这就是实在的证据。若问古来有无其事？这些话太长，非数语所能尽其意，留待他日讨论可耳。此覆，并颂道安。

陈撄宁

《女丹诗集》读者须知②（1935年）

（一）《女丹诗集》行世者，共有三种刻本。一为单行本，二为

① 从后文看，此处“道”字前疑脱“传”字。

② 《女丹诗集》属《女子道学小丛书》之一种，含《女丹诗集前编》（署“济一子金溪傅金铨汇辑，皖江陈撄宁重校订”）、《女丹诗集后编》（又名《西池集》，署“西池金母少女太真王夫人著，孚佑帝君回春子注，金溪傅金铨校订，皖江陈撄宁重校”）、《女丹诗集续编》（署“黔中积善堂述，皖江陈撄宁校订”）、《女丹诗集补编》（又名《贞一子女丹口诀》，署“皖江陈撄宁校订”）四种诗集，卷首为陈撄宁撰《读者须知》。以下文字，据胡海牙、武国忠主编《陈撄宁仙学精要》本排印。

《一贯真机易简录》中附刻本，三为《女丹合编》汇刻本。详略既已互异，而排列次序亦不相同（孙不二诗，仅《易简录》本采入①，他本无之。又《西池集》跋语一篇，仅合编本有此，他本则未见。在单行本内，《西池集》属后编，而合编本又以积善堂诗作后编，而《西池集》则另为一编在前。《易简录》本乃无积善堂诗，且②题名为《女金丹》，而不名《女丹诗集》）。今从其善者，并为之校正一百八十余字。

（二）某诗是否真属于某人手笔，颇不易言。古来做道书者，每喜托名，无从根究。况且此等考据学，对于修炼上，亦非必要。

（三）各家著作，虽名为诗，而其本意，不在做诗。切勿拿文学家的眼光，去评论他的优劣。原文拙陋处，虽经过几次校正，然遇有万不可改、一改则失其本意者，只得仍旧。况且吾国妇女界读书识字者甚少，长于诗文者更少，我辈视为俗而浅者，伊等或畏其雅而深。出世间法，重在普度，不能专为迎合几位文学家心理，而置多数人于教化之外。幸谅作者之苦衷。

（四）集善堂诗本是传道之人所作，偏要托名于某佛③、某真人、某古母等类，计有十六位之多，今皆删去。另于每首之前，加四字题目，以便读者。原本有小字注解，今仍之。

（五）《西池集》中回春子注，大半是参禅打机锋的腔调④，对于命功，固毫无关系，即说是性功，亦用不着这许多噜苏。《吕祖全书》中何尝见此等话头？真可谓冤煞吕祖。惟因其尚有一二句透彻处，故未加以删削。读者当分别观之。

（六）积善堂诗中，如《观香妙法》、《念天尊法》、《六字经法》等类，皆是借用佛家之名字，默运道家之功夫，决不是叫人信仰佛教，更不是劝人死后生西方，读者幸勿误会⑤。普通妇女，学问欠缺，若义理高深，恐其难于领悟，故就彼所知者以启导之耳。知识阶级，当然无需乎此。

---

① “入”，原作“人”，误，据青城山本改。

② “且”，原作“目”，误，据青城山本改。

③ “佛”，青城山本作“仙”。

④ “参禅打机锋的腔调”，青城山本作“参玄说法的空调”。

⑤ “皆是借用佛家之名字，默运道家之功夫，决不是叫人信仰佛教，更不是劝人死后生西方，读者幸勿误会”，青城山本作“皆是仙学之代名词，略示浅近之工夫，决不是道家工法止此，更不是除此而外别无进境，读者勿以庸常鄙之”。

（七）补编《贞一子女丹口诀诗廿四首》，原本无此，乃余由别种道书中选入此集，并为之校正一百一十字，颇有研究之价值，请读者勿忽略过去。

皖江陈撄宁作此代序

中华民国二十四年十二月（黄帝纪元四千六百三十二年）

翼化堂善书局八十周纪念辞[①]（1936年）

翼圣传经一教尊

翼化堂创办人张雪堂老先生，由儒入道，又复旁通佛法，故最初出版书籍，除四书十三经而外，并兼售道经、丹经及大乘佛经等类。取其能羽翼圣经，发挥至理，对于孔教宗旨，相成而不相悖也。张公在当时本为彼教全国之首座，道友共有数十万人。局外人不知，仅称其为慈善大家而已。

化民成俗大功存

《易》曰："君子以化民成俗。"雪堂先生有焉。溯翼化堂开业于咸丰七年，正值洪杨之劫，人心思乱，道德沦亡。张老先生一面办道兴教，一面极力提倡慈善事业。当日全中国书局以专印善书为本务者，仅翼化堂一家。名流俞曲园先生曾亲题"翼化堂善书局"六字以赠，今木刻仍在。又沪上各种慈善机关，大半皆雪堂先生所组织。目下废者固有，而存者尚多。沪人士常追忆称赞不置。

堂堂旗阵开先路

《孙子》书中有云："无邀正正之旗，勿击堂堂之阵。"意谓战时若遇此等军容，则不可与抗。张老先生当日办慈善事业，所以能立于不败

---

① 原载《扬善》第3卷第13期（总第61期，1936年1月1日），署名"撄宁子"。

之地者，盖因其能坦白表示利而不害、公而忘私之气量，故能誉满申江。后有继者，当学张老先生之毅力仁心，则天下无不可为之事矣。

善善家风付子孙

《公羊传》云："君子之善善也长。"又曰："善善及子孙。"张公雪堂羽化时，谆谆嘱咐芝山先生以道为重，以善为怀。故芝山先生行事，一本前人，不敢改弦易辙。芝山先生辞世，竹铭先生继之，仍笃守前人家法。虽毕业上海德文同济医科大学，对于世界最新科学，皆有研究，然中国旧道德犹保留而勿失也。

书外须求真口诀

翼化堂出售各种丹经道书甚多，为他家书坊所不及。近来购买道书者，与日俱增，可知国中好道之士尚不乏人。虽然，道书固当博览，而仅仅在书中寻求，恐尚不足以达到目的。学者宜先将坊间各种道书读完，然后再做第二步事业可也。

局中别自有乾坤

未入道者，譬如局外人；已入道者，譬如局中人。男子修炼，名为乾道；女子修炼，名为坤道。此工夫之不同也。而教中各种仪式规律，其组织法亦颇严密，只有局中人能明了，局外人固不能知其底蕴也。

八仙齐会玄关窍

八洞神仙之历史，妇孺都知，毋庸赘述。究竟八仙当日用何种方法修炼成道，则无人能详言其故，今特注明于此。学者须知所谓玄关一窍者，既不是印堂眉间，亦不是心之下、肾之上，更不是脐下一寸三分。执着这个肉体，在里面搜求，不过是些脑髓、筋骨、血脉、五脏六腑、秽浊渣滓之物，固然不对；撇开这个肉体，在外面摸索，又等于捕风捉影，水月镜花，结果竟毫无效验。着相着空，皆非道器，学者当于内外相感、天人合发处求之。此是实语，不是喻言。际此岁历更新，我望读本刊者个个成道，特不嫌饶舌，泄漏一点消息。果于此道有缘，必能豁然顿悟，庶不负翼化堂提倡道学之苦心也。

世俗称方棹曰八仙棹，谓其四正四隅也。故八仙亦可作八方、八卦解。

十地同归众妙门

老子《道德经》云：玄之又玄，众妙之门。乃一切仙佛圣贤、宇宙万物之所从出，故谓之门。既从此出，还从此入，故曰同归。十地者，谓十地菩萨也。

周正当年原建子

周正者，谓周朝之正朔。以夏历十一月元旦为岁首，故曰建子。商朝以夏历十二月为岁首，故曰建丑。夏朝以阴历一月为岁首，故曰建寅。自汉以后，至于清季，皆用夏正，阴历月大三十日，月小二十九日。因为太阳与太阴合朔之关系，不能不如此判定。虽属人为，实亦顺乎自然天象。阳历专以太阳为主，与太阴毫无关系，乃亦有每年十二月之名称，或三十一天，或三十天，或二十九天，如此分派，殊觉牵强不近情理。既然不管日月合朔与否，何必板数要用十二个月作一年？现代学者主张每四星期廿八天为一个月，每十三个月三百六十四天为一年，另外多一天，放在岁首或岁尾均可。尚有每年的余数四分之一日，满四年又多一日，则须置闰矣。此法比较现行之阳历，似乎来得便利。外国人虽有赞成此举者，但守旧派多数反对，故难于实行。然而反对派亦无理由可说，仅以为骤然更改，诸多窒碍而已。

纪元改历更何论

今岁一月一日，乃夏历十二月初七日，即商历之正月，亦即周历之二月。民国纪元，改用阳历，人民或以为不便。吾尝谓：若阳历与阴历相差在一月前后者，我们譬如奉商朝之正朔；若相差在两月前后者，我们譬如奉周朝之正朔。何不便之有？外国天文博士已经说过：月球这个东西，寿命也不长久了，将来快要分裂成为八块了。果如此君之言，我们老祖宗遗传下来的阴历，根本就要推翻。光明美丽可爱的月球，人类尚且无法挽回他的劫数，何况仰承月球运行而推算的阴历，更不足论矣。哈哈！

念兹创业非容易

《书经·大禹谟》曰："念兹在兹。"盖念皋陶佐禹之功也。吾愿一般好道之士，凡到翼化堂购道书者，皆当念雪堂先生创业扬善之深心，与芝山先生守成继志之诚意。若非二公之力，翼化堂亦不能维持至于今日，而吾国遂缺乏一道书流通之总机关矣。更愿竹铭先生首念前人创业之艰难，更念后学求道之不易，尽量将全国中善本、孤本、秘本、抄本各种道书，翻版印行，以惠后学。纵遭亏蚀，亦所不惜。既可以显扬祖德，又可以丕振玄风，岂不善哉？

辞去荣华返道根

芝山先生在日庭训，常劝竹铭先生从速了脱尘俗之事，中年以后，专心办道，继承祖业。竹铭先生自幼牢记此训，曾屡为余言之。故其对于人间利禄之途，未尝一涉足。而歌台舞榭，亦绝少因缘。现正静待入道时机之至而已。若非夙种道根，孰能与于此乎？

《到四元宇宙去》按语[①]
（1936年）

…………

若论"空间"，有三次元宇宙之原理，即前后、左右、上下是也。

---

① 原连载于《扬善》第3卷第13期（总第61期，1936年1月1日）至第3卷第14期（总第62期，1936年1月16日），正文署名"医师施毅轩"，按语署名"撄宁"。

在一次元之线上任取一点，即有前后之别。譬如甲乙二人面对背立在一线上，则甲之后即为乙之前。可见，前后二项实为相对者也。在二次元之面上，除前后①外，另加左右二项。譬如二人并坐，则甲之右即乙之左。此左右之相对，与前后同也。在三次元之空间上，除前后、左右外，另加上上下二项。譬如甲立乙卧，则甲之头部在乙之上，而乙之全身在甲头之下。此上下二项，亦为相对，与前后、左右同也。

撄宁按：此说可参考代数学之三乘方，几何学之点、线、面、体。

“空间”既为相对，有用则存，无用则废。此存废之别，全视环境而定。譬如在一次元线上，若甲乙二人面对面坐，则甲之前即乙之前，而甲之后非乙之后，此前后之不可固定明矣。故我人若离开地球，则前后、左右、上下之方向，均可视为一体。盖离开地球者，从地球方面论，空间已废，障碍已除，来往可无有矣。

撄宁按：虽离开地球，假使我们的肉体尚在，则上下、前后、左右依然如故，安能废除？

至于“时间”，则有闵可斯奇之四次元宇宙论之为相对，复有安因斯太之相对论，证之而不谬。在三次元宇宙论之，则以“时间”为绝对。盖过去为过去而未来是未来，过去断不能作未来，而未来断不能作过去，理之常焉。殊不知自幼而老者，乃体细胞内所含之电子多寡而已。幼而壮，电子之增进；壮而衰，电子之减退。此物质之增减，遂有“时间”之不同。假定体细胞内电子之全量永保而不减，则虽有地球公转太阳、月球回绕地球，而“时间”之不同不生效力。故若能解脱生死之境界，更无“时间”之可言矣。所以，从四次元宇宙而立论，“返昔为今”自然可能。进一步详论人身返还之理、修养之术，则“长生不死”亦非谬论，且颇合于近世科学之原理也。

撄宁按：“过去”、“现在”、“未来”这三个不同的时间，盖由于吾人之分别心而成立者，与地球公转太阳及月球之回绕地球无涉也，与古代之铜壶滴漏及近代之钟表指针无涉也。日月地球之转动，只能造出年、月、日、时，钟表轮条之卷舒，只能造出点、刻、分、秒。假使吾人没有分别心，任其转动而已，如何能判断其为某年、某月、某日、某时？任其卷舒而已，如何能观察其为几点、几刻、几分、几秒？其所以能判断、所以能观察者，全恃吾人之分别心。纵令日月销沉、钟表毁

---

① “后”字下，原有衍文“左右”，今删。

尽，而分别之心不息，则过去、现在、未来三时间依然如故也。第一念起，名为现在；第二念起，则第一念已成过去，第二念遂为现在；第三念待起而尚未起者，即是未来。不必测日月，不必看钟表，俨然有三种不同的时间存在，然则打破时间之说，岂非徒成戏论耶？

我友吕君纯一，研究科学人也，精通玄理，对于长生学说素有心得，仙佛经书博览无遗。既备天赋智慧，又得真师口诀，此次费尽脑力，注解《金刚经》一书，详性命之学，述修炼之方。贯通中西学识，不涉迷信；阐发古今奥义，独树一帜。俾研究佛老者，有所问津也。……

撄宁按：《金刚经》属于佛教般若宗，他的本旨，是破一切名相，独显真空之理，对于神仙家、金丹法门毫不相干。纯一子是由南派栽接法入手者，此法乃中国神仙家口口相传之秘术，只有中国人能懂，只有在家人能实行。释迦牟尼①是印度人，他自己就不懂中国神仙家的法子。况且他又是一个出家人，就算他能懂，他决不能实行，因为这种功夫非出家人所能办到。赵缘督的《仙佛同源》、伍冲虚的《仙佛合宗》、柳华阳的《慧命经》，已经被佛教徒骂为外道、判为邪教了，何况再将“取坎填离”之法介绍到《金刚经》上去？现在吕君又蹈前人之覆辙，难免又要被佛教徒所呵斥。须知仙佛二家宗旨，是立在相反之地位上，仙讲长生，佛讲无生，断断乎不能合作，不能一贯，不能牵强附会。我们学仙的人，把仙教自己范围以内的书籍宣传也好，注解也好，流通也好，切切不可借用佛典中一个名词，省得受佛教徒轻视，说我们没有独立的资格，要倚靠别人家的门户。仙家借用佛家名词，宋朝以后才有，前人已经错误，今人不可再误。区区苦心，望世间一般著道书的同志们原谅！

又按：南派栽接之法，在民国以前无论什么朝代都可以实行。现在这个时候，若要提倡此种学说，恐怕有点行不通。一者年龄问题，二者人格问题，三者外护问题，四者经济问题，设若有一项弄得不稳妥，就要变成法律问题。不知同志诸君曾注意及此否？在我个人的愚见，还是谈谈北派清净法为妙，省得惹出许多麻烦。至于南派北派之说，亦不过人云亦云而已，其中界限颇不易分晰。譬如南派白玉蟾，就是清净法而非阴阳法。清朝以来，龙门派在家修炼的人，也有用阴阳法者。可知，南北两派是相对而非绝对的。

---

① “尼”字，原脱，据圈点文字校补。

《刘仁航先生与人论佛法书》按语[①]（1936年）

（正文略）

撄宁今日偶过本刊编辑部，适见主持此事者，手中拿来稿两张，蹙眉而视，并谓余曰："原稿字迹太草，我们尚且有许多字不认识，何况印刷所中之学徒。"余取而观之，乃灵华先生之书也，遂曰："让我来尽一点义务。"遂照原稿逐字为之写作正楷，并附愚见于左：

牛之劳苦耕田以养人者，非牛之本愿也，乃被人穿其鼻、系其颈、鞭其身、拽其尾，驱之以走耳。牛之以身肉皮骨供人食用者，更非牛愿意布施也，乃困于桎梏，昏于铁椎，流血于尖刀，斫筋于利斧耳。吾人先用其力，后食其肉，剥其皮而又锯其骨，田中之牛早已饮泣吞声，俎上之牛更骇得魂飞天外。当是时也，方有人合掌膜拜而赞叹曰："牛王佛乎！尔行菩萨道乎！肉以疗我饥、皮以救我穷乎！吾与尔经济提携乎！尔与吾特别亲善乎！尔今生既已做牛布施于我，更望尔来生世世变牛布施于我，非但尔一身如此，尔子尔孙亦复如此。中华之牛王佛乎！尔何不大发慈悲，永久行菩萨道，以救济东西洋之苦恼众生乎？"呜呼！此其所谓印度之文化也欤？

印度甘地，一方面虽持不抵抗主义，另一方面尚有他的不合作主义。圆融之中，未免露出棱角。今者吾人既高唱不抵抗矣，又复口亲善而手提携，俨然有唇齿相依、存荣与共之概。其气度之温和，贤于甘地远矣！甘地且自命为牛，吾人盍以羊易牛乎？盖羊性之驯良，尤胜于牛也。牛乎！羊乎！印度之文化欤？中华之文化欤？

---

① 原载《扬善》第3卷第14期（总第62期，1936年1月16日），正文署名"刘仁航"，按语署名"撄宁"。正文内容以为印度（佛教）文化乃是"牛化"，故按语也多针对此点而发。

一颠迦大和尚悟么？若悟，请到外国作羊去。

告苏州张道初君并全国同胞患肺病者①（1936年）

阁下往日来函，问治肺病方法，此事我时刻留心，奈无良法可以报命。今幸得二法，一为外国医学家所发明，一为中国民间所传授。二法分用，皆有特效，何况兼而用之，岂不更妙乎？若问什么理由，暂时无暇详说，惟望信受奉行，结果必定圆满。至于普通卫生修养等法，谅阁下早已深知，毋庸赘述矣。

第一法：每日饮食中，绝对的禁用一切盐类，须要淡而无味方好（此法乃西人发明），切不可信普通人胡说什么人身血分中不可无盐。我曾见理教前辈谢老先生，他一生就不吃盐，年龄已经有几百岁了。据别人家说，他还是明朝的人。苏州人习惯喜欢吃糖，须知糖也不是好东西，以少吃为妙。

第二法：每日必须以"山药"为主要食品。至于如何吃法，不必拘定。但求保存"山药"之本性，不可烧得太熟。因为植物受最高或最久之热度，则失其本性故。药店里所卖之"淮山药"价值太贵，不便常服，可购乡下人家种的"土山药"日日服之。不可视为平淡无奇，须知此中大有精义。阁下来函问病，是民国二十三年冬季事，迟至民国二十五年一月方作此书，可以见得我不是草草塞责。

除遵守此二法以外，并须忌食一切发病之物，如螃蟹、竹笋、蘑菇、鲜菌以及现时流行的调味粉等类；又须忌食一切兴奋刺激之品，如烟酒、胡椒、咖啡、架厘、壮阳药等类，数不胜数。最好是自己去研究，写一张表贴在墙上，触目惊心，庶免贻误。

① 原载《扬善》第3卷第14期（总第62期，1936年1月16日）。

以上二法，凡有肺病的人皆可用。果能深信不疑，永久奉行，无不愈者。至于因为家庭烦恼、环境恶劣、经济困难，而又兼患肺病者，此则出乎医药范围之外，不可错怪此法之无效也。

阁下玉照，曾在常遵先君处见过，确是早慧之像，然而贵恙就根于早慧而来。所幸地阁颇长，尚为寿征。现既一心向道，望好自为之。

答覆江苏掘港杨逢启君三问[①]（1936年）

（上略）第一问：后学前肄业苏州工业专门时，曾入某社学静坐法，得闻初步上守玄关、二步下守丹田、三步小周天功夫。自己勤行无间，觉得心膈间有凉风，丹田内有暖气，气由三叉路而至尾闾、夹脊、玉枕，三关皆开，唯至任脉，则无感觉。不识此种景况对否？

第二问：有一次在读书时，忽觉腹内暖气四散上炎，心中恍惚，不知如何是好，惟觉周身愉快，不知何故？

第三问：后忽患遗精，停坐可不遗，常坐则常遗，询诸某社之开师，只云少坐，不言理由。又求常州某社之功深者解释，则曰去浊留清。后学奇之，盖因凡精乃元精之变相，凡精浊而元精清，此浊既去，则清从何留得住耶？后因常熟同学袁允中之介绍，至苏州阊门外旅舍中，访晤黄邃之道士[②]（彼时尚有女修士在焉，据云年近六十，而仅有三十许容颜）。渠云：此功不宜于坐[③]，停坐即可止遗（南京少年犯此病者亦多）。后学遵命行之，果验，但不知其理由安在？祈指教之，以为同病者告。（下略）

---

① 原载《扬善》第3卷第14期（总第62期，1936年1月16日），未署名，题《江苏掘港杨逢启君来函照登并答问》。今据圈点文字改为是题，并节录杨逢启致陈撄宁函部分文字。

② “道士”，圈点文字改为“先生”。

③ “坐”，原作“做”，误，校改。

第一答[①]：背后三关皆有感觉者，因为脊骨乃神经之总系也。一到前面任脉部位便无感觉者，因为任脉部位非神经枢纽，故感觉迟钝。必俟真到大周天工夫方有感觉，行小周天时无感觉者甚多，不足怪也。

第二答：此乃身中玄关触机发动之现象，不必一定要在打坐时，随时皆可显露也。

第三答：不做工夫不遗精，越做工夫越遗精，许多人都犯此病，自然有一种理由，但这个理由很复杂而费解，说起来起码要几百字[②]，此刻无暇详释，请原谅之。去浊留清之说，未免强词夺理，不足为训。

袁允中君，我不认识。提[③]起常熟蔡君[④]，我以前曾在他[⑤]家中住过几天，是偕黄邃之君同去的。蔡君本是做同善社的工夫，后来身上做出大病，无可奈何，跑到上海孟德兰路关帝庙中，拜希一子张君为师，另求口诀。由此认识黄邃之君，言谈契合，遂结为道友。黄君先教蔡君去病之法，行之有效。蔡君很诚恳的欲以师礼事黄君，而黄则坚持"自己不成功，决不为人师"之说，常常因此事纠缠不清。余当日亦预闻其说，为彼二人定一折中的办法，即昔贤所谓风义在师友之间者是也。今者张蔡等既皆逝世，黄亦归道山，回想前尘，不胜怅惘！

宁发愿永久长住在此世界，不上天堂，不生极乐，盖欲补救从前一般修道人短命之缺点，忍辱耐苦，以求达此目的。非谓此世界有何乐趣，有何贪恋，舍不得离开。君称我为有心人，我当呼君为知心人矣。哈哈！[⑥]

所谓某女修士者，此人姓陈名端书，原籍杭县，年龄已届六十，面容不过三十许，的确不错。她为未出嫁的女子，所以占大便宜。后来此人到海门去了。惜其智慧欠缺，道力亦不足，将来希望可以做到无疾而终，或能预知死期。若要坐脱立亡，如古代庞居士一家门样子，我想她难以做到。至于白日飞升如谢自然女真人者，出神超脱如孙不二女真人者，更望尘莫及矣。[⑦]

愚意拟将本刊作为全国研究仙道同志们的一种介绍物，如某人做工

---

① "第一答"，原作"答第一问"，据圈点文字改。以下"第二答"、"第三答"同此。

② "说起来起码要几百字"，圈点文字改为"要几百字方能说明"。

③ "提"，原作"题"，误，校改。

④ "袁允中君，我不认识。提起常熟蔡君"，圈点文字改为"袁允中君与常熟蔡君相友善"。

⑤ "他"，圈点文字改为"蔡"。

⑥ "宁发愿永久长住在此世界"这段文字，圈点文字注曰："此段不钞"。

⑦ "所谓某女修士者"这段文字，圈点文字注曰："此段要钞"。

夫有何种效验？某人做工夫有何种弊病？皆可在本刊上发表，以便互相研究，利己利人。而且全国可以联为一气，师友如在目前，免得同志们跋涉山川，长年参访，白费光阴，徒劳心力，不亦善乎？高见以为然否？

答覆湖南常德文仰山君[①]（1936年）

（上略）

（三）兹就所知，绘为五图，不知有误否？乞慈开示。

（四）平日静坐，总觉得非将守山根之法做好，则气不下沉，而元关之气难于会合，但《金仙证论》等书对此法均从简略，不知何意？

（五）《性命圭旨》所言通关荡秽、玉液炼形法，如依其言做去，则既不成功，复觉不妥。不知是否即指第二图所言法则否？或另有秘诀乎？乞慈并予开示。

答来函第三条：此种玄妙机关，非画图所能表明。来函列：（甲）母腹先天呼吸图。（乙）后天呼吸图。（丙）先后天呼吸交合图。[②] 大致不差，姑存其说，亦未尝不可。并请参考《扬善》刊总号第五十一期《读〈化声叙〉的感想》第十七段。此段对于胎儿在母腹中如何生长，说得颇明显，比较他种道书模糊影响之谈，似乎切实一点，千祈注意。

答来函第四条：伍仲虚、柳华阳二位所做的工夫，下手著重在调息，而不在乎守山根。心息相依，神气合一，是他们最要紧的下手诀。

答来函第五条：《性命圭旨》的特长，在他每篇之理沦，颇有透辟精湛之处，至于书中所附载种种图式，皆是由各处采集而来，无足轻重。那些行气导引小法子，利少害多，毋须研究。秘诀应当于普通读《性命圭旨》之人所最易忽略处求之。

---

① 原载《扬善》第3卷第14期（总第62期，1936年1月16日），题《湖南省常德电报局某君来函并答问》。今据圈点文字改为是题，并节录该君致陈撄宁函部分文字。

② 以上“来函列”之甲、乙、丙，圈点文字改为一、二、三。

答来函第一条：令堂大人病有转机，乃是偶然的感应，不足以为典要。总而言之，远隔数千里，精神疗病，颇难有把握。

陈撄宁答

答覆上海南车站某君来函[①]（1936年）

（来函略）

答曰[②]：某君之病，在于勉强造作，不合自然之法度。此后应当改良，勿求速效。每天抽出闲工夫，早晚静坐各一次，只要静坐时身体端正不摇动就对[③]。不必在静坐中又要播弄什么呼吸，以致画蛇添足。须知道家所谓真息者，另有景象，另有玄机，决不是日本冈田氏逆呼吸的做法。冈田氏自己尚且没有做成功，老早得病而死，何况中国人贩卖洋货，如何能得好结果？

（答覆）江浙黄岩周敏得君来函[④]（1936年）

（来函略）

① 原载《扬善》第3卷第14期（总第62期，1936年1月16日），未署名，题《上海南车站某君来函》。今据圈点文字改为是题，并略去该君致陈撄宁原函。

② “答曰”，原作“撄宁按”，据圈点文字改。

③ “就对”，圈点文字改为“就算是好”。

④ 原载《扬善》第3卷第14期（总第62期，1936年1月16日），署名“撄宁子”。

来函备悉，具见至诚，不忍拒绝。将来若有机缘，当图良晤。先此奉覆。

撄宁子白

阳历十一月

关于刊登《仙佛判决书》的意见[①]（1936 年）

编者按：本社接到钱君此稿后，敝同仁等曾经开过一次会议，讨论此稿登出好还是不登出好。汪曰：不登好。因为《扬善》刊宗旨是三教一贯、五教平等，若依据钱君所言，似乎与“一贯”、“平等”之宗旨冲突。张曰：登出好。因为吾国现在所处之情势，万分危急，须要大声疾呼，方足以警醒国民之迷梦。难得钱君一片热肠，不避嫌怨，我们岂可辜负他的美意？自然应该照登。许曰：登与不登，尚属第二个问题。最要紧的，就是审察来稿之理由是否充足。设若公开发表以后，被人家反驳回来，未免扫兴。吴曰：除佛教以外，尚有孔教、耶教、回教，今只说佛教的短处，别教一字不提，颇欠公允。大家议论莫决，遂将此稿并众论专函寄与陈君。陈君覆函，赞成照原稿登出，其言如后：

（1）本刊创办时，虽揭橥三教一贯、五教平等，然自从本刊发行以来，算到现在，已近三年之久，全国皆知，但除了几位好道之士及国内慈善大家常有长篇短著寄与本刊发表而外，其余若天主、耶、回等教，从未有片纸只字寄来投稿。可见本刊对于耶、回二教毫无关系，名为五教，其实只有儒、道、释三教。是则五教平等乃国家法律上之名词，在本刊宗旨上早已不生效力。至于三教一贯之说，本刊虽然提倡甚久，亦

---

① 原载《扬善》第 2 卷第 15 期（总第 63 期，1936 年 2 月 1 日），《仙佛判决书》署名“钱心”，“意见”署名“撄宁”，“编者按”为原刊编者所加。

只能做到两教一贯之地步，即孔、老同源，儒家出于道家是也。若讲到三教，则佛教徒每每妄自尊大，总要把印度产生的释迦牟尼驾于老子、孔子之上。我们要和他们合作，他们屡次翻白眼睛，看不起儒、道两教，鄙视为人天小乘。在佛教徒心目中，既然不屑和我们平等，请问如何能达到一贯之目的？所以三教一贯这句话，也是能说而不能行。故此奉劝本社同人，把一贯的念头赶快取消了罢。

（2）钱君投稿，为何只说佛教的短处，不说儒教及耶、回二教呢？因为钱君是根据三民主义判决的。孔子最重民生，孟子最重民权，况且儒家出于道家，道家始于黄帝，黄帝就是中华民族之代表者。拿三民主义的眼光来观察，应该推崇儒教才是，那有反对之理由？至于回教吧，与我们不生关系，用不着去批评他。天主耶稣吧，简直无学理可言，他们的新旧约圣经，智识阶级看了脑筋就要发昏，若要批评，每苦于无从下笔。那些神甫牧师吧，虽然拚命的宣传他们的教义，奈一般知识分子丝毫无动于中，听如聋，视如瞽，并不感受什么影响。钱君当然未能例外，所以他就免得浪费笔墨。不能因此就认为钱君专事批评佛教，而默许天主、耶、回。

（3）此稿钱君嘱登于“社会论坛”一门，我以为仍旧放在“学理研究”栏内，好让读者诸君发表意见。赞成钱君的，我们固然欢迎；反对钱君的，只要他有文章寄来，本刊亦可照登。至于钱君来稿理由是否充足，我们可以不管，让读者自去审查。若怕有人反驳过来，难道钱君看见之后就此默然而息，不会反驳过去么？何必要我们替他著急。

（4）此稿对于《扬善》刊本旨，毫无冲突。因①为这是研究学理，不是毁坏个人名誉，更不涉及国家政治问题。亦不是说和尚们的阴私黑幕，仅仅对于在家人之迷信佛法万能者痛下针砭而已。彼佛教书籍中，亦常有骂仙道的文章，我们早已读得生厌了。照我的愚见，此稿尽可登出，不必多所顾虑。

（5）我记得本刊初创时，曾经登出过各处乩坛上所寄来的稿件。我们虽然不能判断这些乩笔文章是人做的呢或是神做的，总而言之，对于三教一贯、五教平等的大原则，是不相违犯。后来有某居士写信到本社，说这些乩坛文章非驴非马，有损佛法的尊严，因此本刊以后就不再登乩坛文字。

本刊既以“扬善”二字为名，自然要登载劝善的文章，但劝人行善是要普及教化，不可专对智识阶级发言，亦不可专顾少数文学家的赏心

---

① “因”，原作“固”，误，校改。

悦目，故而本刊劝善文章总不免带几分俚俗气味。于是学界中人又来函责备，说这些劝善文章没有价值，不能列于作者之林，不能在全国杂志界中占一席地位。因此，本刊以后就把劝善的文章逐渐的减少了。后来一打听，才晓得来函的这位先生虽然在学界中办事，却也是个佛教信徒。他因为本刊宗旨虽劝人为善，而不劝人念佛，认为这些劝善文章都是不彻底，所以说没有价值。

再者，本刊以前尚有“性命玄机”、“金丹要诀”二门，专载道家神仙家实行做工夫的法子，又被佛教徒骂为“外道”、“守尸鬼”、“不免轮回”、“未出三界”、“终落空亡”、“萨伽耶贪”这许多批评。因此，本刊以后又把讲工夫、讲口诀的文章逐渐的减少了。各处不明白此中情形的人常有信来质问，为何先登而后不登？今日乘此机会，将这个情形表白一番，并老老实实的奉告诸君：所以不登的缘故，大半是受了佛教徒的影响。难得钱心君今日忽然的跳出来打一个抱不平，这也可以说得是物极必反。

（6）我劝本刊读者及本社同人，从今以后，须要研究仙道与佛法究竟谁优谁劣？孰高孰低？某种适合于吾国之情势？某种不合于现代之潮流？若未曾把这些先决问题弄得明明白白，道也可以不必修，仙也可以不必学了。

（7）钱君来稿既专指居士界而言，我所说的“佛教徒”三字，也是专指居士。因为现时中国的居士实在比和尚多，所有迷信的事都是居士做的，和尚们并不迷信。若说和尚迷信，真真冤枉。

《劝孝歌》按语[①]
（1936 年）

（正文略）

撄宁子曰：孝之一字，本于人类之情感，无所谓新旧，无所谓古

① 原载《扬善》第 3 卷第 15 期（总第 63 期，1936 年 2 月 1 日），署“杭州湖墅施荣章来稿，陈撄宁删改”。

今。其性质与忠字不同，忠字对君主而言，孝字对父母而言。人生在世，可以无君，而不可以无父母。无君自能立国，无父母则不能生人。总统制、委员制，虽可以代替君主执行政权，然父母生育子女之权，则无法可以代替。科学虽云万能，至今尚造不出一个人来。古人忠孝并重，已是错误，今人忠孝俱非，更属荒谬。因为孝之一字，不随国体政体而变迁，无论你们信仰什么主义，你们的身体，总不会离开父母，自己从土里跳出来。设若将来人类，有一天能彀自己制造自己的肉体，不需要父母生育，到了那时，孝字当然消灭。如其未能，免开尊口。

原稿命意颇佳，惜辞句欠妥处及重复处甚多，今特加以修饰，删改五分之一，较原作稍为可观。世间非孝青年，读此庶几猛醒？

吕祖参黄龙事考证①
(1936年)

本刊第六十一期有玄一子投稿，标题为《吕祖参黄龙事质疑》。盖因坊间《吕祖全书》中载有此事，而《仙佛合宗》中又说此事是伪造的，不可信以为真，故疑莫能决，遂投稿于本刊，希望大家公开研究，得一结论。意甚善也！

吾人生在千年以后，而欲判断千年以前事迹之是非真伪，谈何容易！姑就余力所能及者，勉成此篇，以供众览。兹先搜集材料如左：

《指月录》第二十二卷云：吕岩真人，字洞宾，京川人也。唐末三举不第，偶于长安酒肆遇钟离权授以延命术，自尔人莫之究。尝游庐山归宗，书钟楼壁曰："一日清闲自在身，六神和合报平安。丹田有宝休寻道，对境无心莫问禅。"（宁按：此诗首二句与别本不同，想亦有传闻之误。）未几，道经黄龙山，睹紫云成盖，疑有异人，乃入谒。值龙击

---

① 原载《扬善》第3卷第17期（总第65期，1936年3月1日）。

鼓升堂，龙见，意必吕公也。欲诱而进，厉声曰："座旁有窃法者。"吕毅然出，问："'一粒粟中藏世界，半升铛内煮山川'，且道此意如何？"龙指曰："这守尸鬼。"吕曰："争奈囊有长生不死药？"龙曰："饶经八万劫，终是落空亡。"吕薄讶，飞剑胁之，剑不能入。遂再拜，求指归。龙诘曰："'半升铛内煮山川'即不问，如何是'一粒粟中藏世界'？"吕于言下顿契，作偈曰："弃却瓢囊撼碎琴，如今不恋汞中金。自从一见黄龙后，始觉从前错用心。"龙嘱令加护。（本篇全录，一字不遗。）

《吕祖年谱》引《五灯会元》云：吕真人尝游庐山归宗寺，未几，道经黄龙山，值黄龙禅师升座。吕问："'一粒粟中藏世界，半升铛内煮山川'，且道此意如何？"龙指曰："这守尸鬼。"吕曰："争奈囊储不死药，安知与佛有参差？"龙曰："饶经八万劫，终是落空亡。"吕恍然大悟，再拜求指归，言下顿契。

《吕祖年谱》引《道缘汇录》云：咸通七年，吕祖金丹已成，不觉洋洋自喜（宁按：吕祖心中事，做书的人如何能知道？），乃复继游庐阜。至黄龙山，值诲机禅师升座。吕祖登擂鼓堂听讲，师诘："座下何人？"吕祖曰："云水道人。"师曰："云尽水干何如？"吕祖曰："暵杀和尚。"师曰："黄龙出现。"吕祖曰："飞剑斩之。"师大笑曰："咄！此固不可以口舌争也。"因问："汝功夫如何？"（宁按：机锋已毕，何必又问功夫，未免画蛇添足。）吕祖曰："一粒粟中藏世界，半升铛内煮山川。"师曰："这守尸鬼耳。"吕祖曰："争奈囊储不死药，安知与佛有参差？"师指铁禅杖云："饶经千万劫，终是落空亡。"吕祖豁然大悟，乃留一偈云："弃却瓢囊撼碎琴，大丹非独水中金。自从一见黄龙后，嘱咐凡流着意寻。"遂拜礼辞去。

《吕祖年谱》引《仙佛同源》云：黄龙诲机者，乃商山四皓之一，夏黄公所化也。初引钟离祖师见东华帝君王玄甫，继托迹于庐山之黄龙寺，架箭张弓以俟吕真人（宁按：一派神话，皆无稽之谈）。其慈悲可谓至矣！其所启发者，正复不少，则吕祖之受益于黄龙，黄龙之传灯于吕祖，使其集大成归神化者，岂浅鲜也哉？（宁按：赵缘督《仙佛同源论》中无此说，不知其何所据而云然。）

《吕祖年谱》引《草堂自记》云：咸通中，予感黄龙之示，更穷万仞之功。北登医吾闾山，了却归空大道。自此则神满太虚，法周沙界，度人心事，无岸无边。（宁按：吕祖自己赞美自己，真大笑话！）

《吕祖全书》云：吕祖至武昌黄龙山，值诲机禅师升座。祖登擂鼓台听讲，师诘："座下何人？"祖曰："云水道人。"师曰："云尽水干何如？"祖曰："暵杀和尚。"师曰："黄龙出现。"祖曰："飞剑斩之。"（原注云："世因此语作为传奇，有飞剑斩黄龙之事。昔柳真人曾辩此事，谓是答机锋。信然。"宁按：自从净土法门盛行后，打机锋就无人重视了。）师大笑曰："咄！固不可以口舌争也。"遂与指明大道。祖因呈偈曰："弃却瓢囊撼碎琴，大丹非独水中金。自从一见黄龙后，嘱咐凡流著意寻。"（末句《全唐诗》作"始悔从前错用心"。）祖师证圆通佛果，盖本于此。

《吕祖汇集》云：参黄龙机悟后呈偈一首，《道书全集》未载，照《全唐诗》录入。诗曰："弃却瓢囊撼碎琴，如今不恋水中金。自从一见黄龙后，始觉从前错用心。"（"如今不恋"，《神仙鉴》作"大丹非独"；末句作"嘱咐凡流著意寻"。）

清朝礼部尚书王文贞公《崇简春夜笺记》云："俗传洞宾戏妓女白牡丹，乃宋人颜洞宾事，非吕纯阳也。"

《吕帝圣迹纪要》云：吕帝经鄂州之黄龙山，睹紫云成盖，知有异人，乃入。值诲机禅师升座，意必吕公也，欲诱而进，厉声曰："座旁有窃法者。"吕帝毅然出问曰："'一粒粟中藏世界，半升铛内①煮山川'，且道此意如何？"龙②曰："饶经八万劫，终是落空亡。"帝君薄讶，飞剑胁之，不能入，遂再拜。龙曰："座下何人？"答曰："云水道人。"龙曰："云尽水干时如何？"帝君未及对。龙曰："黄龙出现。"帝君恍然悟，求指归。龙诘曰："'半升铛内煮山川'即不问，如何是'一粒粟中藏世界'？"帝君于言下大彻，呈偈曰："弃却瓢囊撼碎琴，如今不恋水中金。自从一见黄龙后，消尽平生种种心。"龙嘱令加护。

同文书局石印《全唐诗》第三十二卷第六十二页"吕岩诗"，录如后：

参黄龙机悟后呈偈

（原注：第二句缺一字）

弃却瓢囊撼碎琴，如今不恋□中金。
自从一见黄龙后，始觉从前错用心。

原集首附有作者略历，其文如后：吕岩，字洞宾，一名岩客，礼部

---

① "内"，原作"里"，据上下文改。

② "龙"，原作"吕"，误，校改。

侍郎渭之孙，河中府永乐县人（一云蒲峻县人）。咸通中，举进士不第，游长安酒肆，遇钟离权，得道，不知所往。诗四卷。

《指月录》第二十一卷云：鄂州黄龙山诲机超慧禅师，初参岩头，问："如何是祖师西来意?"头曰："你还解救糍么?"师曰："解。"头曰："且救糍去。"后到玄泉，问："如何是祖师西来意?"泉拈起一茎皂角曰："会么?"师曰："不会。"泉放下皂角，作洗衣势，师便礼拜曰："信知佛法无别。"泉曰："你见什么道理?"师曰："某甲曾问岩头，头曰：你还解救糍么? 救糍也只是解粘，和尚提起皂角，亦是解粘，所以道无别。"泉呵呵大笑。师遂有省（幻寄曰：玄泉若无后笑，几乎带累岩头。黄龙一笑下脱却毛角，尚未免牵犁拽耙）。问："急切相投，请师通信。"师曰："火烧裙带香。"问："风恬浪静时如何?"师曰："百尺竿头五两垂。"问："毛吞巨海，芥纳须弥，未是学人本分事，如何是学人本分事?"师曰："封了合盘市里揭。"师将顺世，僧问："百年后囊钵子甚么人将去?"师曰："一任将去。"曰："里面事如何?"师曰："线绽方知。"曰："甚么人得?"师曰："待海燕雷声，即向汝道。"言讫而寂。（以上皆《指月录》原文，一字不遗。学者欲知黄龙为何如人，并其程度到何等地步，请研究此篇可也。）

《指月录》第十七卷云：鄂州岩头全豁禅师，（中略）唐光启之后，中原盗起，众皆避地，师端坐宴如也。一日贼大致，责以无供馈，遂剚刃焉。师神色自若，大叫一声而终。即光启三年丁未四月八日也。（撄宁按：岩头虽与本题无关，然欲知黄龙诲机是何时之人，不能不看此段记载。因为黄龙年代不可考，但黄龙曾经参过岩头，必与岩头同时，间接的可以得到一点线索。所谓光启三年者，乃唐僖宗年号，即是民国纪元前一千零二五年。于此可以决定黄龙诲机亦是光启以前的人。吕祖虽是唐朝人，但其生年亦人各异说，或言贞观丙午生，或言天宝十四年生，或言贞元十三年生，或言贞元十四年生。今从《吕祖年谱》，断为贞元十四年生，即是民国纪元前一一一三年，亦即是光启三年前八十八年。）

《指月录》第二十八卷云：太史山谷居士黄庭坚，（中略）既依晦堂，乞指捷径处。堂曰："只如仲尼道，二三子以我为隐乎? 吾无隐乎尔者。太史居常如何理论?"公拟对，堂曰："不是不是。"公迷闷不已。一日侍堂山行次，时岩桂盛开，堂曰："闻木樨花香么?"公曰："闻"。堂曰："吾无隐乎尔。"公释然，即拜之曰："和尚得恁么老婆心切?"堂笑曰："只要公到家耳。"久之，谒死心新禅师，随众入室。心见，张目问曰："新长老死，学士死，烧作两堆灰，向甚么处相见？"公无语。心约出曰："诲堂处参得的使未著在。"后左官黔南，道力愈胜，于无思念中，顿明死心所问，报以书曰："谪官在黔南道中，昼卧觉来，忽尔寻思，被天下老和尚瞒了多少。惟有死心道人不肯，乃是第一相为也。"（撄宁按：此段公案与吕祖黄龙皆无干涉。此名诲堂，彼名诲机；此是宋朝人，彼是唐朝人。《仙佛合宗》认为诲堂即是黄龙诲机，恐不免有误。）

吕祖参黄龙事疑问[①]
（1936 年）

余所搜集吕祖参黄龙这件公案的材料，虽不能说完全，大概可以十得八九。若再有出此范围之外者，都是些齐东野语，可以不论。

余等生于千载之下，而欲判断千载以上之事，本极困难。况且又是方外的事，历代以来士大夫都不屑注意，纵有所闻，亦一笑置之，谁肯浪费笔墨，加以考证？故尔人异其说、说异其辞。佛教徒则烘云托月、推波助澜，惟恐吕祖不做和尚，惟恐吕祖不跪倒在黄龙面前。道教徒则咬定牙关、一概否认，说是佛教徒伪造出来的，惟恐吕祖名誉弄坏了，惟恐道教被佛教压倒了。另外更有一种在家人，非道非僧，亦仙亦佛，调和三教之流。他们虽承认有这么一回事，却又不承认吕祖是输。他们说吕祖慈悲，为度众生故，所以示现如此，亦等于维摩居士本来无病，为度众生故，示现有病；文殊菩萨久已成佛，为度众生故，示现在佛座下求法。并非吕祖真有错误，后学不可执着迹相，致碍圆通。总括起来，全国中人对于吕祖参黄龙公案，有三种派别：

① 原载《扬善》第 3 卷第 17 期（总第 65 期，1936 年 3 月 1 日）。

第一种，肯定派。认为这件事是铁案，丝毫不可移动，如佛教徒是。

第二种，反对派。认为这件事是佛教徒伪造的，后来以耳为目、弄假成真，全不足信，如道教徒是。

第三种，调和派。认为这件事虽不能说子虚乌有，但是吕祖故意示现如此，不可误会吕祖真不悟性，不可误会吕祖真被黄龙所折服，或又谓吕祖经过一番悔悟，因此证了佛果，如在家居士们、乩坛弟子们皆是。

以上三派，都被他们占尽了，现在叫我归入那一派呢？若入肯定派，是为盲从；若入反对派，是为武断；若入调和派，是为骑墙。盲从与武断，固然不是学者的态度，而骑墙派之模棱两可，亦失却研究家的精神。我只得自成一派。其派如何？即怀疑派是也。

所谓怀疑者，因为这件事有许多可疑之点，难以令人相信，若仔细推敲，便要露出马脚。今试举种种疑问如下：

第一问：《指月录》云："飞剑胁之，剑不能入。"请问吕祖用的是什么剑？桃木剑？铁宝剑？还是一条白光剑呢？

第二问：剑如何能飞？用手中之力抛出去呢？用丹田之气吹出去呢？还是口中念念有词祭出去呢？

第三问：剑何故不能入？黄龙有金钟罩、铁布衫工夫么？身上穿了盔甲么？他的剑术胜过吕祖么？或是像现代红枪会、大刀会之类，枪子打不入么？

第四问：黄龙之师岩头和尚，遇到乱贼，不肯逃避，被贼杀死，大叫一声而终。虽然他有视死如归的定力，到底没有刀枪不入的工夫。何故黄龙忽然有这样大本领？

第五问：普通人在世俗上辩论是非，遇到意见不合时，结果只有拂袖而去。若无切肤利害，决不至于动武。吕祖是个得道的人，自然比普通人更加心平气和，岂可因一言不合，就要飞剑伤人？幸而剑不能入，未曾撞祸。假使当日剑入黄龙之身，后事何堪设想？请问吕祖何以蛮不讲理如此？

第六问：吕祖参黄龙诗一共不过四句，历代相传，已经有许多不同的式样，即如第二句，《指月录》作"如今不恋汞中金"，《吕祖全书》作"大丹非独水中金"；又如末句，《指月录》作"始觉从前错用心"，《吕祖年谱》、《吕祖全书》、《神仙鉴》皆作"嘱咐凡流着意寻"，《吕帝圣迹纪要》作"消尽平生种种心"。请问那一句是真？那一句是假？或是全真？或是全假？

第七问："一粒粟中藏世界，半升铛内煮山川"，此意比较"于一毛端，现宝王刹，坐微尘里，转大法轮"之意，是异是同？若说是异，异在何处？若说是同，为什么出在吕祖口里就是"守尸鬼"？出在释氏口里就是"佛菩萨"？

第八问：《指月录》所载吕祖参黄龙诗末句云："始觉从前错用心。"请问错在何处？是否从前学长生术就算大大错误？吕祖当日既然痛悔前非，何不就把斩黄龙的那口剑回过来斩了自己，以表示从今而后不再做守尸鬼，倒也干净。何故仍旧要活在世上，仍旧要著书立说，将这些长生法术一代一代流传到现在？自己已经误了，又要贻误后人，未卜吕祖是何心理？

第九问：若依据《吕祖年谱》及《吕祖全书》所载，似乎飞剑之说不是实有其事，乃是答机锋的。既然讲到机锋，当然不能离开口舌言语，为何黄龙又说"此固不可以口舌争也"这句话？请问答机锋不用口舌用什么？是否要学那不开口的机锋，如眼睛翻上翻下，脚步三进三退，画个圆圈，竖个指头，拍两拍，扭几扭，种种捏怪？这些才算是机锋么？

第十问：《吕祖年谱》引《仙佛同源》谓黄龙诲机者乃商山四皓夏黄公所化云云，这些神秘奇怪之历史，向来没有见过记载。请问作《仙佛同源》的人，从何处得到这个消息？是否能免杜撰之嫌？

第十一问：《吕祖年谱》引《草堂自记》云①，吕祖是唐朝人。《草堂自记》到清朝才出现于世，请问此书是否吕祖亲笔所作？若说真是吕祖自己做的，请问吕祖肉体是否尚在人间？若说是吕祖阳神所作，请问吕祖何故不肯把阳神消灭，偏要保留一千多年？是什么意思？岂非由守"尸"鬼一变而为守"神"鬼么？岂非仍旧不能免贪恋长生之罪过么？

第十二问：俗传吕洞宾三戏白牡丹，是否可信？《冬夜笺记》说，此乃宋人颜洞宾事，误加于吕祖身上。然则飞剑斩黄龙故事，是否亦为宋人颜洞宾事（宋朝亦有黄龙）？这两件事，久已被小说家写作传奇，弄得全国皆知。说假都是假，说真都是真。你们若说戏牡丹故事是误，

① "云"字下，原有衍文"云"，今删。

则斩黄龙故事安知不误？请问吕洞宾与颜洞宾是一是二？

第十三问：学仙的人叫做守尸鬼。守尸鬼不是好东西，我们已经领教了。请问学佛的人叫做什么鬼？抛尸鬼、弃尸鬼、烂尸鬼、灭尸鬼、无尸鬼，这些名字能用么？守尸的是坏鬼，不守尸的是好鬼么？

第十四问：学仙的人经八万劫，终落空亡，我们已经领教了。释迦牟尼活到八十岁就入涅槃，这种现象是否不落空亡？若说是落，他的程度比修仙人的差得远了。一个能经八万劫，一个不过八十年而已。若说不落，请问拿什么作证据？设若没有证据，难道不怕修仙的人反唇相讥么？

第十五问：《指月录》载："黄龙击鼓升堂，吕祖入谒，龙见，厉声曰：座旁有窃法者。"请问"窃法"二字作如何解释？黄龙当日既然是击鼓升堂，必定是公开演讲，决不是严守秘密。而吕祖既称"入谒"，必定是经过号房通报，或是先到客堂，由知客师引导，再至讲堂听讲，决不是私自溜进去的。如何轻易把一个"窃"字加于吕祖身上？以窃贼视来宾，未免太不合礼。就算是吕祖没有正式通报姓名，直撞进去，也不能说他是"窃"，因为和尚们讲经说法向来是公开的，无论何人，不管认识与不认识，都可以进去听讲，自古及今已成惯例。为什么黄龙独要改变这个例子？

再者，提起"法"字，必须要有方法可以教人。并且，这种方法只有黄龙晓得，普通人皆不晓得，才配称得起一个"法"字。请问黄龙所说之法，是什么法？若说是佛法，其法能出三藏教典范围之外乎？佛家藏经既已公开，何故黄龙依经说法偏要守秘密？

《金刚经》云："若人言如来有所说法，即为谤佛"；"无法可说，是名说法"；"法尚应舍，何况非法"。照《金刚经》的意思看来，释家是以无法立教，不是以有法争奇。既是无法，如何能窃？可知"窃法"二字简直不通，若非妄语，便为戏论。

第十六问：《吕祖全书》云：吕祖呈黄龙偈末句，"《全唐诗》作'始悔从前错用心'，祖师证圆通佛果，盖本于此"。请问吕祖证佛果有什么光辉？不证佛果有什么耻辱？吕祖何必定要证佛果？何必定要把神仙资格取消，钻到释门中去？何故情愿降低自己身份？何故学世间凡夫一般的见识？

第十七问：《吕祖全书》云："遂与指明大道。"请问这个"道"字，是就道家而言呢，还是就释家而言？若谓就道家而言，无论什么大道、小道，乃自己本分事，吕祖岂有不知，何必要和尚们指明？若谓就释家而言，普通和尚们都叫做“说法”、“传法”，不叫做“说道”、“传道”。假使和尚能讲“道”，岂不变成道士么？若谓“大道”二字本是借用，以代替“佛法”二字，请①问吕祖既修仙学道，又要佛法作什么？若谓佛法胜过仙道，所以吕祖要改变方针，此等言语出于和尚口里并不奇怪，若出于修仙学道人口里，真有点头脑不清、自相矛盾。做《吕祖全书》的人，也犯了这个毛病。

吕祖参黄龙事平议②
(1936 年)

《孟子》曰：尽信书则不如无书。千载以前的事，谁也不能判断他是真是假。若是假的，徒费唇舌；若是真的，乃等于一幕电影，早已一闪过去，不留痕迹了。我们今日为这件事，居然大开辩论，吕祖、黄龙有知，岂不笑煞？这都是玄一子惹出来的是非，令我欲罢不能。

现在与将来，是科学实验时代，空谈的哲学与玄学，已经感觉根本动摇，何况再夹杂许多神话，如何能令人心悦诚服？仙佛两家，立场不同，各人有各人的志愿，虽不必舍己从人，亦不必强人就己，更不可贡高我慢、轻视外教。

论到究竟地步，长生就是不死，不死就是不灭，不灭自然不生，不生就是无生，无生自然无死，无死就是不死，不死岂非长生么？黄龙执著一边之见，不识究竟之理，于无分别中强为分别，随意乱下批评，谬说流传，至于今日。普通佛教徒，见解更不及黄龙，偏喜拾取黄龙之余唾，动辄以“守尸鬼”、“落空亡”等语动摇学仙者之志愿。一般学仙的人，脚跟欠稳，常常被他们引诱到释氏门中去了。一入释门，任你翻十

---

① “请”，原作“情”，误，校改。

② 原载《扬善》第3卷第17期（总第65期，1936年3月1日）。

万八千里筋头，也跳不出他们的圈套。此等人，仙家视为可怜悯者。

在我眼光中看来，黄龙并不见得怎样高明，那几句机锋，也是老僧常谈，无甚妙义。吕祖当日何以如此钦折，不能令人无疑。

或问：陈撄宁若处吕祖地位将如何？答曰：抱定宗旨，永不改变。慢说什么黄龙，即使释迦牟尼复生，也不能令我屈服。若没有这种毅力，在今日佛教风靡全国的时候，尚敢于开口提倡神仙学说么？

或问：陈撄宁的程度，超过吕祖么？答曰：不敢。吕祖智慧胜常，故能言下顿悟；我是个愚笨人，永远没有悔悟日子。吕祖礼敬黄龙，是吕祖工夫深，有涵养。我器量太小，不能学吕祖那样谦虚。"无明"这个东西，在我是永远要保存、丝毫不许破的。别人家要想破我的无明，请他们先破一破自己罢。我不愿讲三教一贯，更不愿讲仙佛同源。当年印度释迦牟尼，他就不懂中国神仙家的法门，何况后世佛教徒？吕祖参黄龙事，设若是假，固不足论，就算是真，亦只可说偶然游戏而已，何必大惊小怪。

结论：这件公案，是真是假，殊无研究之价值，劝诸君留点有用精神，做实修实证事业，将来到了相当程度，自然就能彻底明白，犯不著因为这些类似小说家的古典争论是非。敢尽我最后的忠告！

答覆山西襄垣崔寓淇君[①]
（1936年）

谨覆者：接读来函，敬悉阁下好道之诚，曷胜钦佩！承询入门口诀，此事颇感困难，一则未尝晤面，二则初次通函，交浅言深，昔贤所病。况且程度高者，每厌闻简易之谈；程度低者，又莫识精微之义。所以自古至今，凡传授口诀，皆是因人说法，不可先存成见。来函既称学道多年，岂能说毫无所得。若有所得，岂肯置之度外，竟不一试。果曾试行，

① 原载《扬善》第3卷第18期（总第66期，1936年3月16日）。

短期数月，长期数载，无论成功与否，其中利弊情形，必有可供研究者。何妨将亲身实验之状，略为吐露，亦如杨逢启君之直言无隐，庶几人己两蒙其益。宁忝属同志，苟遇相当机会，愿贡一得之愚。幸辱教焉。

再者来函云："慈善刊物，不为世人重视。"此意敝社编辑诸君久已知之，现在正思努力改进，务求适合时代之需要。将来纵不免登载此种文字，亦趋重积极一方面。至于消极劝诫文字，虽有佳作，不能不割爱矣。并以奉告。

（附录崔君原函略）

《道学长歌十首》按语[①]
（1936年）

定志歌第一

（正文略）撄宁按：作者乃待鹤山人郑陶斋之师，余未曾得见，仅由老道友黄邃之君口中闻其名。据云此君对于三教之理、南北道派，皆能融会贯通，不固执门户，惟善是从。余今观此十咏，诚为名实相副。但惜此君宗旨，亦主张三教一贯，与余今日所持之理论不同。余主张仙学完全独立，不必牵涉到儒释道三教范围之内，为方便计，亦只能仙与道一贯。再扩而充之，则道与儒本属同源，其间亦自有沟通之路径，但万万不可与佛教相混合。佛教徒之意思，原要制造清一色局面，最怕与别人家合作。正一、全真两派的道士，亦各有他们的信仰，对于佛教界限甚清。然而宋元以来士大夫，偏喜讲三教一贯，此种习气，至今流传

① 原连载于《扬善》第3卷第18期（总第66期，1936年3月16日）至第4卷第4期（总第76期，1936年8月15日），署"江西南昌隐君子方内散人旧作，江西樟树镇黄邃之道人手抄遗稿"。原文歌词之数序编排有混乱之处，今校正之。

更广。岂但三教，还要五教一贯，愈贯愈不通。真可谓弄巧反成拙。

歌中云："修成仙佛永长生。"这句话讲不通。长生二字，是仙家专利品，佛教书中向无此说。并且佛教徒皆极端反对长生之说，如何可以混为一谈？歌中又云："或生极乐或生天。"这句话有两个毛病：第一个毛病，是宗旨拿不定。到底是生西方好呢，还是生天好呢？第二个毛病，将仙家白日升天误作佛教死后生天之义。古人所谓白日升天，乃众目共睹，千真万确，与死后生天、死后生西方之说绝不相同。假使现在有一位白日飞升的活神仙，大可以哄动全球之人类。可惜修道者如牛毛，证道者如麟角。至于死后生西方的人，则多得不可胜数。每一月中，总有几千几万人生西方，其价值就可想而知了。

三教一贯、三教合参、三教调和、三教互摄这些论调，我也会说几句。若果说出，想未必有人能够反对。不过我的良心上认为此种论调不适用于现代之时机，所以特地把神仙学术从三教圈套中单提出来，另成一派。对于儒释道脱离关系，不受他们的拘束，然后方有进步之可言。否则，永远被他们埋在坟墓中，见不到天日。

阅者须知，儒教中人也可以学仙，道教中人也可以学仙，佛教、耶教、回教中人皆可以学仙，甚至于一教不信的人更可以学仙。因为仙之本身，产生于学术之实验，不像宗教要依赖信仰。譬如一个人触了电，身体立刻就有感觉，不管你信不信。若宗教的性质，就与此不同了。你若信他，或许有点效验；若不信他，他就毫无功能。此乃仙术与宗教特异之处，不可不知。

悔过歌第二

（正文略）撄宁按：悔过之说，吾人极端赞成。惟"过"字究指何种事情而言，颇难下一定论。常有古时所认为过者，今时则以为非过；今时所认为过者，将来或又以为非过；甲国所认为过者，乙国或反以为功；此党认为过者，彼党或反以为功；男子所认为过者，女子则以为理之当然；此教认为过者，彼教又奉为天经地义。真所谓公说公有理，婆说婆有理。你认我是过，我认你是过；你有你的过，我有我的过。弄到后来，调和派又出现了。不是说天下人个个都是罪人，就是说世上没有一个不是好人。依前之说，则悔不胜悔；依后之说，则悔无可悔。请问悔过工夫从何处下手？望读者诸君有以教之。

再者，请诸君勿误会我的意思，我不是主张过不当悔，奈处此诸侯放恣、处士横议的时候，“过”之一字，已失了标准，先要把“过”字定义解释明白，然后“悔”字方有着落。不然仍旧是空谈，不能实行。白纸写几个黑字，对于国家社会及个人，有什么影响？

积德歌第三

（正文略）

破障[①]歌第四

（正文略）撄宁按：往日尝闻黄邃之君言，作者性情和平，不偏不倚，文章醇厚，不蔓不枝。今读《定志》、《悔过》、《积德》、《破障》等歌，足信黄言不谬。惟现代局面，比较光绪三十年以前绝不相同，作者若至今尚存，论调必定有变化。盖应时势之需要，不得不如此。余生今之世，为今之文，心中虽明知昔人持论十分通达，笔下亦不便随声附和，或者反要骂他几句。其实是俗语所谓“打死老鼠把活老鼠看”，非与昔人有何嫌怨也。阅者果能谅解此意，是为大幸。

访道歌第五

（正文略）撄宁按：本首末云“快求大道悟重玄”，原稿作“快求大道快参禅”。余观通篇意旨，皆言仙道，此处忽杂入“参禅”二字，颇觉不称，故以“悟重玄”三字易之。又，起首第三句欲“了”生死，原稿作欲“逃”生死。然生死大事，只许“了”，不许“逃”；“了”是彻底解决，乃圣神之事业，“逃”是掩耳盗铃，乃幼稚之行为。宇宙全体，本为生死二字所构成，请问逃到什么地方去？所以一字之差，亦甚有关系，不能不亟为改正。

穷理歌第六

（正文略）

---

① “障”，原作“阵”，误，据圈点文字校改。

尽性歌第七

（正文略）撄宁按：在调和三教一派中，此君真堪称健将，其文章已到炉火纯青之候。后有作者，亦难乎为继矣。余自愧未能学步，故将其十首长歌依次抄出，投登本刊，与众共见。表彰前人，即所以劝勉后人，且令读者知余本非好持偏激之论调者。惟此等文章，譬如药中之茯苓甘草，恐不能适合于现代之病症，故余常用附子大黄以疗之。人或疑余药性猛烈而有微言，盖未尝识余用意之所在也。果附子大黄能痊愈者，是谓万幸，否则第二步难保不用巴豆芫花矣。岂不更加骇怪乎？聊记于此，以质诸贤。

了命歌第八

（正文略）撄宁按："性由自悟，命假师传"这两句话，恐怕已成为铁案，不能摇动了。设若命功也同性理一样，凡是有智慧之人，皆能自悟，则此篇劈头二句即已说错，以后更属蛇足矣。况且作者的智慧未必逊人，何故不能自悟，偏要讲究师传？须知悟者是空理，传者是事实。二者相遇，往往要起冲突。到了结果，仍是空理迁就实事，事实决不肯迁就空理。譬如无人相、无我相、无众生相、无寿者相，这是我们悟到的空理；饿要吃、冷要着、困要眠、病要药，这是我们遗传①的事实。前面的空理，我们已经彻悟了，后面的事实，为什么我们仍旧不能脱离这个定律？因此可见事实胜过空理。徒恃开悟，决不足以打破人生之定律，虽极说生老病死是苦，而毕竟无法可以免除生老病死。呜乎！惟仙道高矣远矣。

辨命歌第九

（正文略）撄宁按：今时人只知阿弥陀，不知《近思录》，理障虽可免，佛障却难除。

（正文略）撄宁按：性与命，本来是一物，不可分作两橛。就其灵机而言，谓之性，就其生机而言，谓之命，所谓一体二用也。吾人之身体，譬如一盏灯，灯中之油就是命，灯中之光即是性。假使有灯而无

---

① "遗传"，圈点文字改为"身受"。

油，此灯必不能发光，可知离命即不足以见性。若徒知保存灯中之油，而不善于发挥其光明以应用，仍旧常常处于黑暗境界，则亦何贵于有此灯乎？由是可知性命二者，乃互相为用而不可分离也。虽然，人究竟名为人，不可叫做性，亦不可叫做命；灯究竟名为灯，不可叫做油，亦不可叫做光，其理固相等耳。或问：初学之人，性与命孰重？答曰：命为重。譬如暗室之中，本有一盏灯，灯中油量充足，奈室中之人不得其法，不能令此灯发光，虽有灯，而依然不免黑暗之苦。忽来一人，教伊点灯之法，一举手间，顿觉满室生辉，从此踏进光明之路。设若室中本来无灯，或虽有灯而无油，或虽有油而油量不足，纵能了解用灯之法，亦不能大放光明。由是可知，性无命则不立，离命即不足以见性，有命而性自在其中矣。故曰，命为重也。

又按：儒释道仙，四家宗旨不同，此公偏要融和为一，竭力未必讨好，何苦乃尔。儒家见解，认为人生是经常的，所以宗旨在维持现状，而不准矜奇标异，因此人生永无进化之可言。释家见解，认为人生是幻妄的，所以宗旨在专求正觉（这是佛教的本旨，其余都是枝叶），而抹煞现实之人生，因此学理与事实常相冲突，难以协调。道家见解，认为人生是自然的，所以宗旨在极端放任，而标榜清静无为，以致末流隐于萎靡不振，颓废自甘。仙家见解，认为人生是缺憾的，所以宗旨在改革现状，推翻定律，打破环境，战胜自然，以致思想与行为往往惊世而骇俗。非但儒释道三家不能融和，即道家与仙家，表面上似乎同隶一种旗帜之下，然二者宗旨，亦难以强同。

夫士各有志，原不必人人共趋一路。但宗旨不能不决定，言论不能不彻底，门径不能不辨别，旗帜不能不鲜明。否则仙佛圣贤混作一堆，老庄钟吕粘成一片，令后之学者何所适从乎？余本不反对儒释道三教之宗旨，但不愿听神仙学术埋没于彼三教之内，失其独立之资格，终①至受彼等教义之束缚，而不能自由发展。以故处处将其界限划分明白，俾我中华特产卓绝千古的神仙学术，不至遭陋儒之毁谤、凡僧之藐视、羽流之滥冒、方士之作伪、乩坛之乱真。自汉明帝以来，一千八百七十余年，佛教徒所给予仙学界恶嘲谩骂之丑声名，于兹刷尽；自金世宗以来，七百七十余年，北七真所给予仙学界三教同源之假面具，一旦揭开。岂不快哉！岂不壮哉！

---

① “终”，原作“纯”，误，校改。

还虚歌第十

（正文略）

中华全国道教会缘起①
（1936 年）

编者附告：此篇乃陈君代中华全国道教会而作，由本社向陈君乞得原稿，提前发表。俾大众周知道教在中国所居地位之重要，庶几不至被人误认，与其他专讲迷信之教同等看待。惟国内设立道教会者，不止一处，请勿借用此篇，以免重复之嫌。谨告。

粤自崆峒演教，轩辕执弟子之仪，柱下传经，仲尼②兴犹龙之叹，道教渊源，由来久矣。盖以天无道则不运，国无道则不治，人无道则不立，万物无道则不生③，道岂可须臾离乎？

夫道有入世，必④有出世，有通别，亦⑤有旁支。

若彼磻溪垂钓，吕尚扶周；圯桥授书，子房佐汉。三分排八阵之图，名成诸葛；一统定中原之鼎，策仗青田。此入世之道也。

又若积精累气，《黄庭经》显示真修；抽坎填离，《参同契》隐藏口诀。勾漏丹砂，谈稚川之韵事；松风庭院，羡弘景之闲情。此出世之道也。

况复由道而通于政，则有洪范九畴、周官六部；由道而通于兵，则有阴符韬略、孙武权谋；由道而通于儒，则有仲舒杨⑥雄、濂溪康节；由道而通于

---

① 原载《扬善》第 3 卷第 19 期（总第 67 期，1936 年 4 月 1 日），署“陈撄宁拟稿”，“编者附告”为原刊编者所加。

② “仲尼”，圈点文字改为“尼父”。

③ “盖以天无道则不运，国无道则不治，人无道则不立，万物无道则不生”，圈点文字改为：“诚以天无道则不运，地无道则不载，人无道则不立，国家无道则不治，万物无道则不生”。

④ “必”，圈点文字改为“亦”。

⑤ “亦”，圈点文字改为“并”。

⑥ “杨”，疑当作“扬”。

法，则有商鞅李悝、申子韩非；由道而通于医，则有《素问》、《灵枢》，《千金》、《肘后》；由道而通于术，则有五行八卦，太乙九宫。此道家之通别也。

以言醮箓，则江西龙虎、句容茅山，威仪咸备；以言炼养，则北地七真、南方五祖，绪脉双延。此道教之支派也。

至于小道之巫医，则辰州祝由，救急屡惊奇效；卫道之拳技，则武当太极，工夫授自明师。诚可谓道海汪洋，莫测高深之量，道功神秘，难窥玄妙之门矣！

再论及《道藏》全书，阅四千余年之历史，拥五千余卷之缥缃，三洞四辅之归宗，一十二部之释例。尊之者，称为云篆天章，赤文紫字；美之者，比喻琅函琼札，玉版金绳。姑勿辩其是非，要可据为考证，历代佚亡典籍，犹多附此而存。岂惟道教门庭之光辉，亦是中华文化之遗产。虽嫌杂而多端，小儒咋舌，所幸博而能约，志士关怀。

请慢嗤迷信，须知乃昔贤抵抗外教侵略之前锋；切莫笑空谈，应恃作今日团结民族精神之工具。①

嗟夫！世变已亟，来日大难。强敌狼吞，群夷鸱顾。此何时耶？

倡本位文化救国说者，固一致推崇孔教矣。然孔教始于儒家，儒家出于道家，有道家遂有道教。试以历史眼光，观察上下五千年本位文化，则知儒家得其局部，道家竟其全功。儒教善于守成，道教长于应变。事实具在，毋庸自谦②。

故尝谓吾国一日无黄帝之教，则民族无中心；一日无老子之教，则国家无远虑。先武功，后文治，雄飞奋励，乃古圣创业之宏规；以柔弱，胜刚强，雌守待时，亦大智争存之手段。积极与消极，道原一贯，而用在知几；出世与入世，道本不同，但士各有志。③

他教每厌弃世间，妄希身后福报，遂令国家事业，尽堕悲观。道教倡唯生学说，首贵肉体健康④，可使现实人生，相当安慰。他教侈讲大同，然弱国与强国同教，后患伊于胡底⑤？道教基于民族，苟民族肯埋

---

① 此段文字，圈点文字改为："请慢嗤迷信，试探求底蕴，即可见昔贤适应环境之苦衷；切莫笑空谈，若裁制得宜，颇足为今日维系人心之工具。"

② "自谦"，圈点文字改为"讳言"。

③ "积极与消极，道原一贯，而用在知几；出世与入世，道本不同，但士各有志"，圈点文字改为："积极与消极，道各有方，妙在知几而用；入世与出世，道原无碍，贵乎素位而行。"

④ "道教倡唯生学说，首贵肉体健康"，圈点文字改为："道教属唯生哲学，首标康健遐龄。"

⑤ "然弱国与强国同教，后患伊于胡底"，圈点文字改为："国界倘永不化除，大同徒劳幻梦。"

头建设，眼前即是天堂。

呜呼！管百家之总钥，济儒术之穷途，揽国家之结晶，正[①]新潮之思想，舍吾道教，其谁堪负此使命哉？

今夫有道自不能无教，无教则道何以弘？有教自不能无会，无会则教何以整？□□等忝属黄帝子孙，生在中华国土。大好河山，慨念先民之遗烈；异端角逐，忍看国教之沦亡？爰集同志，组织此会。[②] 根据现行法律，拟定规条；呈请党政机关，准与备案。

从兹大道偕八德同流，道儒何妨合作。达变与经常并重，奇正相辅而行。[③] 将见禹域风披，具身使臂、臂使指之效；天人感应，征危转安、凶化吉之祥。民族精神，庶有赖焉！

□□□等谨启

（覆）北平学院胡同钱道极君致陈先生函[④]（1936年）

（原函略）

撄宁曰：钱道极君，我未曾见过面，此信称呼太客气了。虽然称呼一层，是各人的自由权，我无法可以阻止，但总觉得心中不安。我是个学仙的人，不是个学佛的人。佛教徒最喜欢收人做弟子，譬如一个法师，有一万人皈依他，他也不会拒绝，有十万人皈依他，他也不嫌多。自古至今的神仙家，都没有这种习气。假使有这种习气，必定是宗教家而非神仙家。至于普度众生之说，也是宗教家口吻。后人七扯八拉，把

① “正”，圈点文字改为“符”。

② “爰集同志，组织此会”，圈点文字改为：“用是召集各省市诸同志，组织中华全国道教总会。”

③ “从兹大道偕八德同流，道儒何妨合作。达变与经常并重，奇正相辅而行”，圈点文字改为：“道德和仁义同流，达变与经常并重，所冀绵延坠绪，继往开来，严肃玄科，改良除弊，方内偕方外齐归，居俗并离尘不二。”

④ 原载《扬善》第3卷第19期（总第67期，1936年4月1日），署名“撄宁”。

神仙学说混入道教之中，又把道教混入佛教之中，又把佛教同儒教联合起来，于是乎三教一贯的招牌就出现于世了。

一方面学仙，一方面讲教，到了结果，仙也学不成功，教也讲不圆满。自北七真祖师王重阳以后，皆是如此，非自今日始。因为那个时候没有乩坛替他们宣传，所以三教一贯之势力，尚不十分发达。今日一般坛弟子们，还要五教一贯，将儒释道耶回五个教主列于平等地位，又弄出一个老祖，驾于五个教主之上。自以为这种法子很高明，其实是：出了大门，一步行不通。若关起门，在房间里，开开沙，寻寻热闹，混混无聊的光阴，却也未尝不可。钱君既是一位研究家，对于神仙与宗教的分别、宗教与乩坛的分别，当然看得很清楚。我不过顺带的说几句，好让大众心里明白而已。

本刊编辑诸公，虽有时采纳我一部分意见，然亦不能完全牺牲他们自己的意见。钱君叫我作一兴奋剂与编辑诸公，恕我难以应命。我不知兴奋剂如何作法，只有将钱君原函转寄与本刊编辑部，我的义务就算尽到了。编辑诸公若有高见，尚望随机发表，以释群疑。

撄宁附白

《前安徽师范学生李朝瑞致其教授胡渊如君研究内丹信十三函》按语[①]（1936年）

第一函[②]

（正文略）宁按：胡渊如先生乃吾乡之前辈，为人诚笃不欺，书法

① 《前安徽师范学生李朝瑞致其教授胡渊如君研究内丹信十三函》原陆续刊载于《扬善》第3卷第19期（总第67期，1936年4月1日）至第4卷第13期（总第85期，1937年1月1日），正文署名“李朝瑞”，按语署名“撄宁”或“宁”。原刊标题下多注有“撄宁昔日所收藏，今于本刊陆续发表”字样，第六函则称：“第五函是普通问候信，故不登。”其中，第二函、第三函、第七函实际上仅有信件内容而无陈氏按语。

② 原载《扬善》第3卷第19期（总第67期，1936年4月1日）。

学邓完白，文章宗姚惜抱，皆卓然成名。余因其为父执，呼之曰"胡老伯"。而彼则呼余曰"陈老师"，闻者咸匿笑，胡正色曰："我等各守本分耳，何笑之有？"余父戏谓之曰："汝呼吾子为师，将认吾为师祖耶？"胡曰："非也，君子不当重新交而弃旧谊，吾二人旧日交情在先，永宜保守，仍是你兄我弟可耳。"相与抚掌绝倒，于以见前辈风流之不可及。

《庄子诠诂》乃胡先生所作之庄子集注，商务印书馆有出售，注中偶有采及愚者一得之言，但余昔日与胡先生所谈实不止此，伊尚未完全宣布，或者虑其惊世骇俗，而故隐秘之乎？

李朝瑞君乃皖北人，廿载以前，胡先生曾携之来吾家一次，盖一诚笃少年也。彼时李君已卒业于师范校，在某小学中任算学教员，后即无缘再晤。

第四函[①]

（正文略）撄宁按：结婚有碍之说，乃北派做清净工夫之人所常言。彼等要把精路关断，不放他漏泄，将生人之种子保留在自己身中，作为内丹之基础。若结婚则男女媾精事必不能免，精路一开，则顺流而出，丹基倾覆，则修炼无功。所以彼等认为结婚对于炼内丹是有妨碍的，此意并未弄错。今李君乃诮彼等为"管窥之辈，拘于一隅"，诚不知何所据而云然？

若谓据《悟真篇》双修之学理，以批评北派独修之工夫，在别人则可，在李君则不可。因为李君那时不过二十三岁，尚是个未曾破体的童男子，又未曾得南派真传，当然不能明了《悟真篇》是什么作用。况且，李君更不懂北派小周天工夫之困难。也就因为李君是童子身，凡手淫遗精等毛病，以及男女房中之事，皆毫无经验，所以凭自己个人的理想，在那里随意批评，实在都是些隔靴搔痒之谈。世间修炼北派清净工夫者，幸勿为其所误。

李君又谓"先贤古圣皆无是语"，不知古圣贤是讲做人的道理。所以，孔子说："男女媾精。"孟子说："无后为不孝。"如何可以同神仙家学说相提并论？神仙乃超人境界，自然行事异乎常人。老庄是道家，不是神仙家，拿道家之说来批评神仙家，就等于拿佛家之说来批评儒家，

---

① 原载《扬善》第3卷第21期（总第69期，1936年5月1日）。

拿儒家之说来批道家一样，都是搔不著痒处。

儒、释、道、仙四家的宗旨，截然各异，学者每每分不清楚，若非笼统混作一谈，即是彼此互相攻击，甚至一家之内亦复各树旗帜。在立说者，本是发挥自己的意见，原无不可。但因此就苦了学人，弄得左右为难、进退失据，几乎动辄得咎。所以读书求学之事，要有天才，方能不被前人所惑。

第六函①

（正文略）宁按：此篇乃李君所作之报告书，其中依次详述工夫效验，一半是他在安徽省城求学时期所已经发现者，我曾同他本人仔细研究过。又一半工夫效验，是他回到皖北自己家中以后，续有进步者。余固未尝得知，即其师胡渊如先生亦不能深悉，屡致函询其状，故李君遂总括前后逐步之景象，作此一篇，寄与胡先生。胡又转寄于余，命考证其说与丹经合否。若不合者，当嘱其改正。

愚见以为：未破体之童子身修炼，其效验当然与已破体者不同，各种丹经皆是为中年或老年人说法，岂可削足就履，强李君必由此道而行乎？虽与丹经不合，亦无妨碍。当日即本此意覆胡先生，后遂罕通音问。

又按：此篇末行云："受亲月余，腹内如故，'得而复失'之言，其殆不可信欤！"这几句话，太觉含糊，所谓"得而复失"者，因余等曾劝阻李君不要回家结婚，"若一结婚，不免前功尽弃，得而复失，颇觉可惜"等语。李君此篇，以"得而复失"之言为不可信，即是针对余等昔日劝阻之语而发，但没有说明是否与其妻交媾？若已实行交媾，是否泄精？若第一次泄精之后，是否尚有继续之举动？诸如此类紧要关头，皆未言及，仅言"受亲月余，腹内如故"，真令人无从索解。

倘李君虽结婚而不尽为人夫之义务，或虽交媾，尚未曾达到出精之程度，或虽出精一二次，而其量不大，尚未感觉根本动摇，皆不致于伤损其丹基。若李君亦欲学俗人之交媾，必以出精为目的者，或服膺外国卫生家之谬论，以为青年男子每星期必泄精一次，而后始免壅滞之病

---

① 原载《扬善》第3卷第23期（总第71期，1936年6月1日）。圈点文字注曰："凡青年人学炼内丹者，必须注意此篇。"

者，余敢决其终必破坏而已。世之学道者，宜注意及此，幸勿被李君所瞒。

第八函①

（上略）承诘房事景象，其中微妙非笔墨所能形容，不过此时心实不动。日中生殖器收缩甚紧，半夜忽壮举，及至私事亦觉寻常，毫无惊喜之态，欢时与从前一身坎离之交无异。外肾收时，必有物从河车以上升，降重楼，下丹田，亦如前状。数月以来，丹田坚实，精神未亏，形迹如此，师台其鉴之。生虽迭经此境，自信颇能主持，决不敢逞逾分之欲。似此室家相处，亦觉无妨。且吾辈习此，只认为正心诚意之道，成仙作佛何敢望耶？（此君沾染儒教习气太深，说出话来总是这种腔调，吾恐将来亦难有大成之希望。）一叶扁舟，放乎中流，听其所止而休焉。（这几句，又像庄子委心任运的态度，也不合神仙家宗旨。）师台其抱定此旨，久当自验，勿为旁言所惑也。（自己见解，已不免有误，尚欲更误其师。可惜我当日不知其通信处，若邮函可通者，余必有良言奉劝，劝其坚持毅力、发大愿心，切勿甘于小成，徒作自了汉也。）

生近来每当夜半微醒，百体畅适，眼见腹内空明，一物无有，帐被历历在目。身体一动，则不复见矣。香气馥郁，呼吸似有似无，杳杳冥冥，不知身在何处，其中至乐，正所谓“只可自怡悦，不堪持赠君”。然后知孔子“曲肱而枕，乐在其中”诚非虚语也。书不尽意，余容续禀。

撄宁按：孔子之所谓“乐”，恐不似李君之所谓“乐”，何必勉强附会？余观古代真正神仙家，皆具耿介拔俗之标、潇洒出尘之想，孤芳自赏，虽集众毁不足动其心，卓识坚凝，纵遇圣智亦不为之屈，固无须借重他人之言论，以掩护自己之畸行。宋元以降，三教混同，仙风寥落，修炼之徒时而高谈《大学》、《中庸》，时而讲究《金刚》、《圆觉》，时而牵涉《道德》、《南华》，竟不知结果走到那一条路上去？做出书来，立足点又欠稳妥，一面受儒家之讥评，一面受释家之攻击，一面与道家之清净无为、乐天安命一派根本又不能调和，终至左右为难、进退失据，真所谓弄巧反成拙也！

---

① 原载《扬善》第4卷第4期（总第76期，1936年8月15日）。

我与李君一别，至今已二十余年矣，不知李君现时程度到何种地步？本刊在安徽一省虽有几处销路，但不知李君能得见否？今不怕李君见怪，直言奉上，果李君愿学孔子，我可以预料将来结果也不过跟孔老夫子一样，七十三岁①就应该“泰山其颓”了。幸而有一部《论语》和《周易十翼》流传到现在，大家还晓得当日有个孔老夫子，不知李君可有什么不朽之著作流传后世，使千载而下尚知今日有一位李朝瑞其人乎？

第九函②

（上略）生于本月二十四日夜半忽外肾壮举，以真息收之，忽觉坎离大交，（宁按：“真息”是自然的现象，难于用人的意思去役使他。李君“真息”二字，不知指何种景象而言？“坎离大交”四字，删去最妥，用之反觉含糊不清。）全身震动，腹部有声，肾心间畅快莫可名状，较经人道尤胜十倍。须臾有物上冲，河车轮转一次，丹田中比从前更加坚实。生自去岁坎离久不交矣，复时有人道之感，乃今者忽复尔尔，其故何也？疑不可解。总之未得真传，小周天功夫尚未完竣耶？敝乡无可语者，师台其为生决之。（宁按：童体做工夫，与已破体之人不同。）

里人有获雌雉伏卵者，见其不动，携至家，置之于庭，状如初。人疑其被伤，不能飞也。半日后，有犬啐之，始翩然高举。生意养丹者，必如此雉，默守规中，冥然无扰，而后可成。若此终日营营，而欲炼虚合道，恐似缘木求鱼耳。（下略）

宁按：李君谓养丹如雌雉伏卵，其喻最确。惟“炼虚合道”一层尚谈不到，因此刻正在做“炼精化气”之工夫，是为初关未了，更有第二关“炼气化神”、第三关“炼神还虚”都未经过，如何就希望跳到第四关“炼虚合道”？未免太觉躐等。

第十函③

（上略）管见以为：守中抱一，节欲养神，顺其自然，不必逆料其

---

① “岁”，原作“藏”，误，据圈点文字校改。

② 原载《扬善》第4卷第7期（总第79期，1936年10月1日）。

③ 原载《扬善》第4卷第10期（总第82期，1936年11月16日）。

结果如何，当自无碍。承诘胸中无物之意，谓无杂念、无过虑耳，人心无事时，若止水，若明镜，不使物蔽之而已，岂能必其中之无影耶？虽孔子亦曰“从心所欲，不逾矩”耳，不能完全无所欲也。（宁按：这几句话，说得颇中肯，不似佛经徒唱高调。）

生已过之事，不设意追想，然亦偶来胸中，随而放下，不致久留。未来者亦然。作事时，心能专一，不使纷驰，如曰毫无一物，则犹未也。（宁按：就让你能彀做到胸中毫无一物的境界，试问又有什么用处？止水无波，案头杯中之水耳，明镜无尘，女子怀中之镜耳，岂能载万吨之巨舰，鉴森罗之宇宙乎？结果不过成就一个活死人、自了汉而已。）

月前一夕，忽耳中如风涛大作，震响数分钟始定，不知是何景象？交媾时，玄精泄与未泄殆不可辨。（宁按：“玄精”二字，不知指何物而言？有形乎？抑无形乎？恨不得就李君而面问之。）丹田确实结丹，坚硬异常，有时满腹作涨，须静坐以意收缩，令其小如莲子，则遍体畅适。有时昏迷欲睡，亦必静坐始清醒。但所谓坚硬者，乃丹田之意耳，以手摸之，非真坚硬也。

生刻意学书，毫无进步，细玩师台笔法，顿挫之精，转折之妙，不减慎伯、完白二人。今日南海、梅庵自负书圣，人亦以此目之，（宁按：李君作此信时，康南海、李梅庵皆尚存。）窃观其用笔，不若吾师远甚。（下略）

宁按：以李君信中所历举之景象而论，应该接下去做大周天“练气化神”之工夫。惜李君无志于此，尚要研究什么书法，真是可笑得很！不必说康南海、李梅庵二人为李君所轻视者，即李君所崇拜之包慎伯与邓完白二人，其尸骨早已变成灰土矣！其精魂早已散于虚空矣！在书界虽负盛名，对于本人无丝毫裨益，以道眼观之，殊不值得！余往年在邓完白后裔家中，曾见完白手书张紫阳《金丹四百字》墨迹，古雅可爱。料完白在日，亦是好此道者，但未能实行耳。

第十一函[①]

五老师台尊前：

发书后二日，接读手示，欣慰无量。李君谓“满腹作涨，须令自尾

① 原载《扬善》第4卷第11期（总第83期，1936年12月1日）。

闾绕一周”，师台谓“谅必如此”。以生自验之，有时脐下作涨①，以意收缩则自转一周；有时心部作涨，即自收缩，无烦再转。承示“心息相依，刻刻不离，便有自然照应”，确乎无疑。盖作涨者，即自然抽添也。在脐下者，未上河车即觉也。在心部者，则既下鹊桥而始觉也。造次颠沛，不离乎此，何危险之有耶？至谓“形如莲子”，与丹经之言不合，不知丹经“形如黍米”者，常如此耶？抑收缩至此而始罢耶？生去岁只能收缩如鸡子，今则能收缩如莲子矣。以此验之，当是愈收愈小。形如黍米，乃是成功之象，非一蹴可几。师台其与韦、李诸君决之。

宁按：丹经虽有黍米之说，非谓形状像一粒黍米，乃是极小极少之意。譬如说黍米之丹，居然能点铁成金，就是说以极少之药力，居然能收极大之功效。此言外丹也。若内丹黍米之说，却是一个譬喻，非谓身中真有一物如黍米大小。张紫阳《金丹四百字》云：“乌肝与兔髓，擒来归一处。一粒复一粒，从微而至著。”此言日积月累、由隐而显也。

《金丹四百字》又云：“混沌包虚空，虚空括三界。及寻其根源，一粒如黍大。”此言“放之则弥六合，卷之则退藏于密”之意，岂可执着“黍米”二字而必欲较量大小之形状乎？故余常谓丹经难读，实因其名词及形容词最足以误人耳！

拙妻现犹无孕，生去岁亦尝三五日而游于房，或旬日或兼旬不等。今在校，每日曜日归家，或遇或否，亦无定准。妻性亦静，每次尽欢即罢，从无纵欲之扰。

宁按：尽欢与纵欲，其不同处何在？未易明了。

以“尾闾无物而阳不衰”验之，当是无漏。

宁按：精射出窍，则谓之漏，若未曾射出，则不名漏。一言而决，何必作游移不定之辞。但佛家之“漏尽通”不作此解，学者勿误会。

承示《读书录》云云，谓早间气清，信然。《春秋繁露》以儒者而为此言，足见修养之术古时家喻户晓，无足异也，又足为三教同源之证。

宁按：儒教与道教，可说是同源。佛教又当别论，不可混扯。

其谓“养生之大者，乃在爱气”云云，盖精、气、神三者一物也。若气与水，形虽殊，其质未尝变也。耗精即耗气，耗气即耗神，纵欲而

① 此函中所有“涨”字，疑作“胀”。

体惫者是也。意劳者神扰，神扰者气少，思虑多而梦遗者是也。故谓不极盛不相遇，极盛而遇，斯无耗矣。精者，保身之大药也；欲者，戕生之贼也。世人不察，纵欲戕生，至死不信，可不大哀乎！

宁按：此段所言，乃房中卫生之理，非神仙家言。

心死者身生，是神仙之秘诀。心不为外物所移，则宇宙间我一人而已。无好无恶，无忧无虑，悠悠乎与灏气俱，洋洋乎与造物者游，则虽人犹仙也。若乃斤斤以长生为念，则亦犹世人之患得患失，未达夫天地一瞬之义，亦陋矣哉！何神仙之可及也？生抱定师台所示《庄子》"不忘其所始，不求其所终"之义，入世出世，无芥蒂于胸中，得之，命也，其不得之，亦命也。安命以听天，何可逆天以违命哉！（后略）

宁按：李君资格甚好，可惜被庄子所误。以道家之眼光来评论神仙家之宗旨，无有是处。神仙家宗旨，要与造化争权，逆天行事，所谓"我命由我不由天"也。若只知安①命以听天，则与世俗之庸人何以异乎？所以，愚见必须将仙术拔出于儒释道三教范围之外，方有进步之可言，倘世上人个个都像李君这样，神仙岂不要绝种吗？

第十二函②

五老师台大人尊前：

承赐手示，并所书《龙溪密谛序》均收到。《序》意推言意之为害，并言诚意之功，即大学之道，静功之要。圣贤心传，释道秘蕴，师台此作，无不尽之。置之座隅，反覆熟读，不啻耳提而面命之也。（中略）生近来无他景象，每月必有两三日四肢酸软，过此则精神如旧。六祖云："在家亦可，出家亦可。"此言足信。

撄宁按：凡读古人书，务须活看，不可死于句下。六祖所谓"在家亦可，出家亦可"之说，亦仅就特别人才与特别环境而言，非为普通人说法。以余数十年来所阅历，适得其反，可谓"在家亦难，出家亦难"。余自廿余岁至三十余岁，十载光阴都消磨于道观佛寺之中，对于出家人之生活知之甚详。惜李君无此经验，遂不免隔靴搔痒耳。

---

① "安"，原作"容"，误，据圈点文字校改。

② 原载《扬善》第4卷第13期（总第85期，1937年1月1日）。

第十三函[①]

（前略）收到附寄之书二页。前一页谓生所获景象当属大周天，并嘱生坚持勿疑，复引庄子“撄而后成”及程子“动亦定，静亦定”之语为证。后一页摘录旧抄杂语及《九转之功》，又录《龙溪大意》，谓古人之学自幼培其基本，固无事乎静坐，程子不得已始教人静坐。譬诸奔蹶之马不受羁勒，不得已而系之以椿。静坐者，即系马之椿也。孔门克己持静之功，兼动静时言，“静者，心之本体，实兼动静之义”，此语至切至当，足破习释道者之偏见。

撄宁按：谓古人用不着静坐、后人不得已始习静坐，此等论调，未免高视古人而卑视后人。古人何尝个个都好？后人何尝个个都坏？况且静坐的工夫，一大半是用以对付肉体上气血之浮动，颇有合于老子“重为轻根”及“虚心实腹”之玄义。常见许多医药所不能愈之症，赖静坐而获奇效者，即就治病一端而论，已无古今之分别。若再论及内丹修炼，专恃静坐固不能有成，鄙弃静坐亦不能见效，今人如此，古人亦莫不如此。盖时代虽有古今，而人的眼耳口鼻、五脏六腑、四肢百节实无古今之异，如何可以说“古人无事乎静坐，后人不得已而静坐”？请问此理可通否？李君当日若不从静坐入手，岂能做到种种效验？自己既由此道而行，又何必故意别唱高调、贻误学者？

“足破习释道者之偏见”一句，将释道混为一谈，立论欠妥。李君与其师胡五先生平日皆推崇庄子备至，请问庄子是不是道家？庄子有没有偏见？

吾人静坐，正如孟子之“求放心”、“养浩然之气”以求“不动心”，孔子之所谓“居处恭，执事敬”、“出门如见大宾”、“视听言动必以礼”、“正心诚意”以“止于至善”，庄子之所谓“听止于耳，心止于符”、“守一以处和”，如是足矣。

撄宁按：庄子所谓“听止于耳，心止于符”、“守一以处和”，这些都是“心息相依”最精之义。孔子所谓“居处恭，执事敬”、“如见大宾”、“动必以礼”，这些都是讲普通做人的态度，很有点像外国绅士们尖头鳗的模样，与老庄见解大不相同。至于《大学》上面所谓“正心诚意”，其作

① 原载《扬善》第4卷第13期（总第85期，1937年1月1日）。

用在养成高尚之人格，其目的在“齐家、治国、平天下”。所谓在“止于至善”者，即是明德新民之标准，亦与治平之事理有关，而对于静坐内炼工夫却毫不相干。孟子所谓“养浩然之气”，盖指“仰不愧于天，俯不怍于人”而言，是义理上事，非静坐上事，与仙家之“炼精化气，炼气化神”绝无关系。后人偏要强拉混扯，把孔子、孟子附会到神仙这条路上来，又把神仙学说附会到孔孟书上去，于是乎没有一个神仙不是圣贤，更没有一个圣贤不是神仙。这个不算，还要把印度的释迦牟尼弄到中国来大出风头，遂变成儒释混杂、仙佛不分的一种局面，可笑可叹！

生意守中抱一、心不外驰，其后也精诚自可不泯，与尸解何异。至用静功发生种种之景象，则反本还原、复其本体之证。先天一落后天，一身百窍间有闭塞，今用静功以复其初，开通百窍，神凝气聚，遂生诸象，无足怪者。承示“天应星，地应潮”之说，生乃于静坐时见之。眉间点点有光，若萤火之闪烁；腹中澎湃，如风卷江涛，其声甚大，此或是气盛能鼓动腹中水分之故？但不必每次如是，亦有静坐时无此现象者。(后略)

撄宁按：李君内功之程度，的确不错。其十三封信中，历次所言各种景象，皆可供学者之参考。惟惜其拘泥于儒家之学说而不能自拔，将来恐难有大成之希望。余昔日与李君一面后，至今已二十余年没有通过音问，竟不知其现在是如何情状？虽欲贡献一得之愚，苦于无从着手，只得借本刊上发表劝勉之忱，并默祝其百尺竿头再求进步而已。

覆某居士[①]
(1936年)

今接翼化堂转来手书一纸，承询却病延年当先学何功。愚见以为从

① 原载《扬善》第3卷第20期（总第68期，1936年4月16日）。圈点文字改题为《答覆某居士七问》。

易筋经、八段锦、太极拳等类入手，比较有效。或者像学校中普通柔软体操亦可。至于坐板疮，宜求外科医生用药治之自愈。未愈时不可打坐，恐有妨碍，即愈后，虽可续行坐功，然坐处宜用软厚之垫子，方免复发。并答去岁九月廿一日各问题如左：

（一）出家人自幼至老，不犯女色，亦不能长生者，其原因在只知守戒律，而不懂修炼的工夫。譬如一枝蜡烛，点在风中，则消灭得快，点在室中，则消灭得慢，然其结果，总归消灭而已。俗家人，风中之烛也；出家人，室中之烛也；况且年幼者多犯手淫，年长者不免遗精，虽不犯女色，而其害更甚于女色。此等出家人，与俗人又何异乎？

（二）古代养生家，一方面不断绝尘俗之事，一方面仍可维持其身体之健康者，盖因伊等善于运用其精力。警如经济人家，将祖遗财产谨慎保存，而不敢浪费，仅用自己在外面所赚得之金钱，故无忧贫乏。今之卫生家，则尽量挥霍，连本带利一概用光，故不免破产耳。

（三）守尸鬼之说，乃佛家骂仙家的一种丑名词，我已经将他痛驳，请看《扬善》刊第六十五期《吕祖参黄龙公案》，就可明白。这件公案，从唐朝以来直到如今，没有人敢去摇动，现在总算是把他全部推翻，为修仙学道的人出一口闷气。

（四）黄白点金术，我虽曾经试验过，但手续太麻烦。红铜变白银，虽是可能，而不免亏本，故劝阁下不必学此术。

（五）南派丹诀，当此时代，极不相宜。我现在与同志诸君所讨论者，皆北派清净之法，将来拟在《扬善》刊上公开研究，请注意可也。

（六）去岁秋间，曾三上黄山，本想觅一修炼之胜地，然事与愿违，徒劳跋涉。在黄山时，展转接到大函，彼时曾作覆书，由山中邮政代办所寄奉，未知此函达到否？我今岁不住上海，已迁移到乡村，此处未通邮政，信札往还甚为不便，虽可由翼化堂转交，但日期耽搁多矣，亦无可奈何之事也。

（七）养生术自然是很重要，然欲精于此，必须先有医学知识。自古修道之人，无不兼学医，葛洪、孙思邈其尤著者也。

论《四库提要》不识道家学术之全体[①]（1936年）

读马端临《文献通考》，见其于《道藏》书目条下作一按语曰“道家之术，杂而多端，先儒论之备矣”云云。后人遂执此言以为道家病，凡《道藏》所收各种书籍，除对于道教有直接关系者而外，皆认为不应列入《道藏》中。《四库全书提要》批评白云霁之《道藏目录》云：“所列诸书，多捃拾以足卷帙。”意谓诸书多与道家无关，因编者欲辏满卷数，故尔随便拾取几种，以壮观道教门庭而已。其由《道藏目录》中剔出各书名如左：

《易数钩隐图》、《遗论九事》、《易象图说内外篇》、《易筮通变》、《易图通变》、《易外别传》（《四库提要》谓旧皆入易类）；

《素问》、《灵枢经》、《八十一难经》、《千金方》、《肘后备急方》、《急救仙方》、《仙传外科秘方》、《本草衍义》（《四库提要》谓旧皆入医家类）；

《黄帝宅经》、《龙首经》、《金匮玉衡经》、《玄女经》、《通占大象历》、《星经》、《灵棋经》（《四库提要》谓旧皆入术数家类）；

《鬻子》、《鹖冠子》、《淮南子》、《子华子》、《刘子》、《意林》（《四库提要》谓旧皆入杂家类）；

《华阳隐居集》、《击壤集》、《宗玄集》（《四库提要》谓旧皆入别集类）；

《太玄经》、《皇极经世书》（《四库提要》谓旧皆入儒家类）；

《公孙龙子》、《尹文子》（《四库提要》谓旧皆入名家类）；

---

① 原连载于《扬善》第3卷第20期（总第68期，1936年4月16日）至第3卷第22期（总第70期，1936年5月16日）。

《墨子》(《四库提要》谓旧入墨家类);
《韩非子》(《四库提要》谓旧入法家类);
《孙子》(《四库提要》谓旧入兵家类);
《鬼谷子》(《四库提要》谓旧入纵横家类);
《江淮异人录》(《四库提要》谓旧入小说家类);
《穆天子传》(《四库提要》谓旧入起居注类);
《山海经》(《四库提要》谓旧入地理类)。

编辑《四库提要》诸君又谓上列各书之分类“虽配隶或有未安,门目或有改易,然总无以为道家者言,今一概收载,殊为牵强”,且将《道藏》与《佛藏》相提并论,谓:“二氏之书,往往假借附会,以自尊其教,不足深诘。”伊等不知当日编辑《道藏》之人具有特别眼光,一面既欲抵御外教之侵略,不能不利用本国整个的文化以相对抗,一面又高瞻远瞩秦汉以前诸子百家之学术皆起源于道家,故将各家著作择其要者录取数种于《道藏》中,亦无不合之处。时贤震于《文献通考》为“九通”之一,夙负盛名,《通考》既诮道家杂而多端,而《四库提要》一书又是治目录学者之金科玉律,其言更可与《通考》互相印证,于是道家学术益遭世人厌弃,每每数典而忘其祖,甚至据释氏之理论以攻击道家,尤觉荒谬,其无识亦与今日欲持全盘欧化以改造中国者相同。本篇非宗教论文,故亦未遑置辩。

《汉书·艺文志》谓:“道家者流,盖出于史官,历记成败存亡祸福古今之道,然后知秉要执本,清虚以自守,卑弱以自持,此人君南面之术也。”据此,则知道家学术即是治国平天下之学术,含义甚广,不可执一端而概其全体。《尚书》、《春秋》所纪载,固不外乎成败存亡祸福古今之道,即全部《易经》所纪载又何尝不是此道,何尝不是人君南面之术?古代艺文皆掌于史官,民间颇难得见,当日老子实任斯职,孔子若非得老子许可,恐未必能全窥六艺之文。昔道祖老子许传《易经》,今《道藏》全书反不许收《易经》一类著①作,亦可怪矣!果《易经》与道家无关,魏伯阳何以作《周易参同契》,陈希夷何以传“先天八卦图”乎?

医道与仙道,关系至为密切。凡学仙者皆当知医,故将医书收入《道藏》,自是分内应有之事。况《千金方》作者孙思邈及《肘后方》作

---

① “著”,原作“箸”,误,校改。

者葛洪，皆道门中之铮铮者，更不容漠视。《素问》、《灵枢》为医家之祖，黄帝为道家之祖，《素》、《灵》二书纵非黄帝自作，亦是黄帝遗传之学术，《道藏》中关于黄帝一派之书本嫌其过少，收几部医家典籍又有何妨？

术数之学，不外乎阴阳。阴阳家为九流之一，其源亦出于道家，所以阴阳家有《黄帝泰素》二十篇，又有《南公》三十一篇。《项羽本纪》载楚南公之语曰："楚虽三户，亡秦必楚。"注谓："南公者，道士，识废兴之数。"试观后世太乙、奇门、六壬诸书，皆托始于黄帝，而种种图谶、碑记、预言，非诸葛亮，即刘伯温，盖常人心目中久存一"惟有道之士方精于此"之感想。可见阴阳术数乃道家之副业，亦犹农家种植五谷而外，必兼理蚕桑耳。就令将所有术数书籍一概收入《道藏》，亦不为过。

淮南王刘安从八公学道故事，人皆知之。《淮南鸿烈》书中形容道之玄妙处，亦可谓尽致。讲道之文章，除《老》、《庄》而外，当无胜过《淮南子》者。杂家之学，不过本道家真义而推阐之耳，岂可谓杂家驳而不纯，遂摈于道家门墙之外乎？又如《鹖冠子》，在《汉志》原列入道家，其书虽涉及刑名，而大旨本于黄老，韩昌黎颇喜读之。作者不详姓氏，相传为楚人，居深山，以鹖羽为冠，故名，盖亦道家之流也。《意林》，唐马总编，书中钞集《老》、《庄》、《管》、《列》诸家言，多与今本不同，可视为道籍中之参考书。以上三种收入《道藏》，未见有何钮铻处。

《华阳隐居集》，陶弘景作。《击壤集》，邵康节作。《宗玄集》，吴筠作。弘景本道家知名之士，不必论。邵子之学出于陈希夷，与程朱之笃守儒教门庭者迥异。希夷先生既经世人公认是道家，则康节先生著作亦未尝不可列入《道藏》。吴筠文章多半趋重仙道方面，对于道教不为无功，况吴本人在唐天宝时自请隶道士籍，则《宗玄集》之收入《道藏》亦固其所。

尹文子虽为名家，其学亦本黄老，故其书以"大道"二字名篇。虽亦泛论治理，而重在正名核实，庄子称其"不累于俗，不饰于物，不苟于人，不忮于众，以禁攻寝兵为外，以情欲寡浅为内"，颇有合于老氏之旨，是盖自道以至名、自名以至法者。公孙龙之徒，虽为庄子所不满，然其立论颇近于道家之玄谈。昔贤谓公孙龙伤明王之不兴，疾名器之乖实，乃假指物以混是非，寄白马而齐彼我，冀时君之有悟焉，可知其书自具深意，非只以诡辩为能事者。《汉志》云“道家出于史官”、“名家出于礼官”，而掌礼乃史之专职，礼官、史官二而一者也，是名家与道家亦同出一源。《道藏》之有名家，殆如《释藏》之有因明乎？

老子“三宝”，一曰慈，二曰俭，三曰不敢为天下先，墨子皆得之。《兼爱》、《非功》，慈旨也。《节用》、《节葬》，俭旨也。《备城门》、《备高临》、《备梯》、《备水》、《备突》、《备穴》等篇，皆极尽守卫之能事，自处于被动地位，而对于先发制人之战略则绝口不谈，是真能笃实奉行“不敢为天下先”之古训者。《庄子》书中，除关尹、老聃而外，独赞墨子，或亦因墨子之学近于道家故耳。墨家素为儒家所排斥，而《墨子》亦有《非儒》之篇，儒墨根本难以调和，只有请其加入《道藏》而已。

《韩非子》有《解老》、《喻老》诸篇，对于老氏之说可谓别有会心。太史公以老、庄、申、韩合传，言申、韩“惨核少恩，皆原于道德之意”，又谓韩子“言刑名法术，而归本于黄老”。夫韩非之书虽为人所诟病，然其学实由道家而出，精要处颇多，不可以耳为目，一概抹杀之。编集《道藏》者，已见及于此矣。

自古道家无不知兵者，所谓有文事必有武备也。若专尚清静无为，其何以靖内忧而攘外患乎？如黄帝、力牧、风后、封胡、伊尹、太公、管子、鹖冠子、文种、范蠡诸人，在兵家皆有著作，虽其书不传，然班氏《艺文志》及刘氏《七略》皆载其书名。盖道家最善于沉机观变，不轻举，不妄动，老谋深算施于战阵，常操必胜之权，故兵学遂为道家之特长，非此不足以定大业。《汉志》“道家”亦有孙子之名，故《道藏》收《孙子》未为创例。

《鬼谷子》，《汉志》不录，《隋志》入纵横家，其书有《捭阖》、《反应》、《内揵》、《抵巇》、《飞箝》、《忤合》、《揣》、《摩》、《权》、《谋》、《决》、《符言》十二篇，又有《本经阴符》七篇。《战国策》云：“苏秦发书陈箧，得太公阴符，简练以为揣摩。”可知纵横之学出于太公，而太公当然是道家人物。鬼谷子既服膺太公之学，而自隐其姓名，不欲表见于当世。《史记》又言鬼谷子长于养性治身，是必有味于道家之精意者。苏秦、张仪得其皮毛，已足以玩侯王于股掌，取卿相如探囊，而鬼谷子反敝屣功利、遁迹山林、恬淡自守，观其书中有云“盛神法五龙，养气法灵龟”诸奥语，非深于道者，孰能之乎？将其书列入《道藏》，可谓名实相副。

扬子《太玄经》，邵子《皇极经世》，皆《易》之支流。《易经》哲理既与道家相通，此二书之收入《道藏》自无问题。

《江淮异人录》所纪多道流、侠客、术士之事，《山海经》语涉神怪，《穆天子传》迹遍遐荒，诸如此类，皆儒家所不敢言。道家思想本是游乎方之外者，故不妨接受耳。

总而言之，道家学术包罗万象，贯彻九流，本不限于"清静无为"消极之偏见，亦不限于"炼养"、"服食"、"符箓"、"经典"、"科教"狭隘之范围。《道藏》三洞十二部之分类，诚不免疏舛，但此或因受佛教之影响，出于不得已。吾人今日谈及道教，必须远溯黄老、兼综百家，确认道教为中华民族精神之所寄托，切不可妄自菲薄，毁我珠玉而夸人瓦砾。须知信仰道教，即所以保身；弘扬道教，即所以救国。勿抱消极态度以苟活，宜用积极手段以图存，庶几民族尚有复兴之望。武力侵略，不过裂人土地、毁人肉体，其害浅；文化宗教侵略，直可以夺人思想、劫人灵魂，其害深。武力侵略我者，我尚能用武力对付之，文化宗教侵略我者，则我之武力无所施其技矣。若不利用本国固有之文化宗教以相抵抗，将见数千年传统之思想一朝丧其根基，四百兆民族之中心终至失其信仰，祸患岂可胜言哉！

《快活歌》按语①
(1936 年)

（正文略）撄宁按：白玉蟾真人虽是南派，然其法与《悟真篇》不同，学者当分别观之，幸勿为名词所误。

---

① 原载《扬善》第 3 卷第 20 期（总第 68 期，1936 年 4 月 16 日），署名"撄宁"。又，《快活歌》乃南宋道士白玉蟾作品。

答江阴汪润才君[①]
（1936 年）

愚按：汪君问题虽只一个，若要回答，必须分为若干条，方容易了解。今逐条说明如后：

（一）迷信二字，乃人类所不能免的。假使没有迷信，无论何种事业皆做不成功。现在一般知识阶级，自己以为很聪明，极力在那里破除迷信，这真可谓大笑话。请问什么法西斯主义、马克斯主义、帝国主义、无政府主义、资本主义、劳农主义，是不是迷信？又如爱美女、爱金钱、爱洋房汽车、爱珍宝古玩、认流氓为义父、拜强盗作门生[②]，花天酒地，如醉如痴，死而不悔，这种人是不是迷信？因为各人见识不同，所以各人志愿不同。他们有他们的迷信，我们有我们的迷信，我们既不去管他们闲事，也不许他们胡乱批评我们。故迷信二字，简直不成问题。我就是个迷信大家，别人骂我迷信，我认为他是我的知己。

（二）成仙的证据，在书上多得不可胜数。道书上所记载，若怕他说谎，请看历代以来的稗官野乘笔记等类文章；若再疑惑这些文章是空中楼阁，请看廿四史列传及各省府县志；若再不相信，请各人到本族祠堂中翻一翻本族家谱，前代总有几位祖宗事迹与史志各传相符合。设若连自己的祖宗都不信，请问世上还有什么事可信？至于乩坛上文章，不敢引为证据，置之勿论可也[③]。

（三）亲眼看见，自然是好，可惜古代神仙已经过去，只有与他们同时的人可以亲眼看见，后来的人就难得看见他们。况且同时的人也不

---

① 原载《扬善》第 3 卷第 21 期（总第 69 期，1936 年 5 月 1 日）。文前原有汪润才撰《请问修仙能说不是迷信么》一文以及编辑部的“编者按”，今省略。

② “认流氓为义父、拜强盗作门生”二句，圈点文字删除。

③ “至于乩坛上文章，不敢引为证据，置之勿论可也”三句，圈点文字删除。

是个个都能看见，譬如此刻苏州出了一位神仙白日飞升，苏州人自然可以亲眼看见，你们江阴人只好得之耳闻。等你赶到苏州来看，他老早飞到天空中去了。你若问，他究竟到何处去？我可以说，他高兴到什么世界，就到什么世界，天空中一个星球就是一个世界，世界正复无穷无尽。你若问，他去了为什么不回来？我就问你，他为什么要回来？你若说，他应该回来度众生。我就说，与他有缘的众生已经度完，与他无缘的众生，他要度也无法可度，只好丢着不管。你若问，现在的众生，有谁来度，岂非绝了希望么？我就要笑你没出息，老实对你说，自己度自己，倚赖人家是没有用的。

（四）四万万同胞，慕道的人固然不少，真心学道的人却少。各省市，各山林，虽偶尔有几位知名之士，点缀其间，不嫌寂寞，但他们是否真心学道，亦未敢断定。就算是真心学道，也不能白日飞升。盖修炼到飞升之地步，必要经过种种历程，他们所做的工夫，常不合于这种历程，所以我不敢十分恭维他们。学仙学道学佛，本是三条路径。现在人把三样混而为一，又添些儒教名词在内，等到结果，自己也不知走到那一条路上去了。这就是不能成功最大的原因。

（五）世间学术，本有普通与专门之别。普通的人人皆能了解，专门的须要高等程度方许入手研究，不能令大众皆知。仙道亦复如是。若要说得明明白白，显示充分之理由，虽亦未尝不可，但究竟还是一种空谈。纵使普通人都能了解，他们仍旧不能实行。我今日所以提倡仙道，因为此种法门快要断绝，想劝化几个有大志愿、有大力量、有大学问的人，共入此门，承担大任。一千万人中能得一人，四万万人中能得四十人，就不算少了。这是惊天动地的事业，决非庸碌之徒所能做到，所以我不望普通人都能了解，让他们钻入别的宗教门中去罢。

（六）凡是就前人已经有过的事实，继续研究而仿效之，这种人只能算第二等角色，尚不能称第一等天才。我希望诸君要有创造的精神，同上帝创造世界一样的伟大。不必问前人已经做过没有，只问我自己愿意做或不愿意做。设若愿意，就立刻做起来。果能一朝跳到地球之外，看一看别的星球上面是什么情形，岂非大家都赞成此举么？古人做不到的事，不敢说今人一定做不到；今人做不到的事，不敢说后人一定做不到。现代若有第一等的天才，能竭力奉行本刊封面所标题十条真义，无论何种奇怪事情，没有做不到之理。自己就是活神仙，何必再要看别人家呢？

陈撄宁先生致《扬善》刊编辑部函[①]（1936年）

《扬善》编辑部诸位先生鉴：

蕲春陈君问题五则，本拟亲自作答，奈僻处乡村，无书可供参考，请诸君代答为荷。再者，道书中托名古仙著述者甚多，学者不察，奉为至宝。此事只许吾辈知之，若一旦揭穿，难免令人骇怪。存而不论可耳。（原注：略）

记李朝瑞君工夫得效之原因[②]（1936年）

李君朝瑞，皖北人，民国初年肄业于安徽省立师范学校。时怀宁胡五先生渊如任彼校国文讲席，因教授国文，遂不能不涉及诸子；因纵论诸子，遂不能不推崇老庄；因研究老庄，遂不能不探讨其玄言奥义；因

---

① 原载《扬善》第3卷第22期（总第70期，1936年5月16日），原题《陈撄宁先生致本社函》。圈点文字改题为《陈撄宁先生致〈扬善〉刊编辑部函》。

② 原载《扬善》第3卷第22期（总第70期，1936年5月16日），署名“撄宁”。又，该文在《扬善》第70期标注“未完”，但却似未再在此刊物上登载其后面的文字。括弧内文字，据胡海牙总编《中华仙学养生全书》本补录。

欲解释老庄书中之玄奥，胡先生于是下问及宁。宁平素所主张，乃狭义的神仙学派，何足以知老庄？惟老庄书中，颇有一部份合于修养之旨，乃约其精义以语胡先生，胡叹为空前之发明。其实宁亦有所受，非能自悟者。胡先生认为不可公开者秘之，可以公开者演讲之。青年学子，性多好奇，群相约试验其法，实行者共十二人。除李君而外，其他十一人，大概都犯同样之病，即一做工夫就遗精，越做工夫越遗精是也。(惟李君非但未有遗漏之患，且获不漏之效验，是故将李君与其师胡五先生谈论修习过程及修炼中各种景况之十三封信函，间以愚见，抄登于《扬善半月刊》，以供诸学者研究参考之。)

《圆峤真逸诗钞》按语（选录）①
（1936年）

（其十二）江上咏魏伯阳

（原按语略）

一卷参同万古传，已将道妙泄先天；阴徐师表承前辈，钟吕渊源启后贤。

消息潜通周易理，阐扬宜证悟真篇；闺丹炉火都研究，我是金床马自然。

宁按：魏伯阳在仙道中之身份，颇不易赞叹，此诗恰到好处，的是能手。

（其十五）凤凰山郭公泉咏郭文举

（原按语略）

① 《圆峤真逸诗钞》是陈撄宁辑录的清代陈颐道吟咏道教神仙人物的诗作，又作《圆峤真逸诗》，原陆续刊载于《扬善》第3卷第22期（总第70期，1936年5月16日）至《仙道》第19期（1940年7月1日），署“撄宁子录”或“撄宁子选录”。全部《诗钞》共辑录75首七律诗，其中一些附有陈撄宁的按语。以下选录的作品，属于“按语”中具有较多思想内容者；至于只有一般性文字说明的作品，则略去不录。每首诗前的序数，为本书编者所加。

秣陵曾访读书台，又见清泉此地开；蕴藻纹深横旧石，葫芦水冷浸寒苔。

梵天古寺鳗何在，元盖孤云鹤未回；失笑文人轻篆壁，当年不为许僧来。

撄宁按：河内与轵，皆属今河南省。洛阳陷，乃晋怀帝永嘉五年，匈奴刘聪遣刘曜等攻陷洛阳，虏怀帝去，强迫帝著青衣行酒时也。丁兹国破家亡之日，稍有人心，能无悲愤？郭君遁迹穷荒，实抱不得已之苦志。而彼三朝元老诸贤，方且宴安江左，自诩风流，竟以饮食男女之凡情，谬测志士仁人之衷曲，亦可怪矣！

（其二十八）江上咏叶法善

（原按语略）

宁按：叶法善当唐高宗及中宗两朝，屡受知遇，常奉召入禁。至睿宗时，拜鸿胪卿，封越国公。开元中，卒。法善在日，尝乞刺史李邕为其祖作碑文。文成，并求书，邕不许。一夕，邕梦法善再求书，应之。书未竟，钟鸣梦觉，至丁字下，数点而止。法善刻碑毕，持墨本往谢，邕惊曰：始吾以为梦，乃真耶？世称此碑为追魂碑，又称丁丁碑。

又按：唐明皇受方士施术，同游月宫，听仙乐，问其曲名，曰紫云回。帝默记其声归，遂制霓裳羽衣曲。此段故事，或谓施术者是罗公远，或谓是申天师，或谓是叶法善，各种记载不同，未知孰是。大约当日确有此事，故能流传久远，至今无人不知。料其所施之术，或类似于近世之催眠术耳。

清溪道士叶尊师，身历三朝作羽仪；东海清泉龙叟报，西园醇酒麹生知。

凉州夜市金钱富，月殿新声玉笛迟；滴露研朱点周易，九天云鹤听吟诗。

（其三十二）三生石咏牧童

（原按语略）

宁按：圆观，在他书上亦作圆泽。大约此僧能入定出阴神，故能预知投胎何处。第二世之牧童，仍旧是一个阴神作怪，决不是真仙面目，虽然记得前生之事，亦无足贵。试观歌中所谓“旧精魂”、“性长存”、“空断肠”这些语气，那里像神仙家的口吻？所以吕纯阳祖师云：只修性，不修命，此是修行第一病；只修祖性不修丹，万劫阴灵难入圣。又张紫阳真人云：饶君顿悟真如性，未免抛身又入身。皆指此辈而言。有大志者，可以猛醒矣。世间一般空谈心性之徒，不必说阳神绝无希望，仅此出阴神工夫，亦未曾梦见，居然狂词瞽说，毁谤神仙，真可谓蜉蝣撼大树而已。

解从身后说身前，知尔今生已得仙；影踏疏林秋有迹，路寻幽涧夜无烟。

锦裆远梦人千里，菱角长歌月一天；何处青山最堪忆，莲花峰下葛洪川。

（其三十八）钱塘咏陈嵩伯（即蓝采和）

（原按语略）

吾家仙侣世间多，又见当年蓝采和；彩凤南州招未下，神鱼东海问如何。

山中境静簪花去，湖上春闲采药过；太息生平晚闻道，双修偕隐两蹉跎。

宁按：蓝采和姓陈，作者亦姓陈，故此诗首句云云。宁忝属同志而又同宗，二十余岁幸已闻道，不能算晚，乃双修偕隐之举，至今仍未能实行。作者闻道之年，已逾知命，即余今日之年龄也。作者尚且太息，余岂不更将痛哭乎？须知此事有时节因缘，盖未可以强求也。

（其四十六）山中咏越处女

（原按语）杭州古越地，猿公试剑，或即在湖上诸山。处女即玄女，剑仙之祖也。

撄宁按：《吴越春秋》所载一段故事如下："范蠡曰：臣闻越有处女，国人称之，请王问手战之道。女将北见王，道逢老人，自称袁公，曰：闻子善为剑，愿观之。女曰：惟公所试。公即挽箖箊竹，以枯槁末折坠地，女接取其末。袁公操其本而刺处女，女因举杖击猿公。公飞上树，化为白猿。"据以上事迹而论，亦不过像近代国术中之击刺术，刀剑枪棍一类的工夫而已。谓为剑仙之祖，颇觉附会。且处女亦未必即是玄女之化身。

非有师承自得之，术经天授始称奇；但看虹影浮莲蕊，已听猿声啸竹枝。

贯斗芒寒飞练急，处囊光敛刜钟迟；分明佳侠婵娟子，红线归来夜月知。

宁按：中条玄女派的剑术，是由炼气入手，与越处女之击刺术武工夫，大不相同。作者牵强附会，似乎未曾得着门径。刜，音弗，斫断也。

（其五十）江上咏严李佗

（原按语略）

严家少妇梅家女，家世神仙女亦仙；仙又传仙真慧业①，女还生女小婵娟。

一肩荷锸樵云路，双髻簪花采药年；七里桐江春水碧，画眉啼断竹林烟。

宁按：严子陵之妻，乃梅福之女，梅福本已成仙，则严子陵妇当然算是神仙世家。所生之严李佗，名分上可称梅福之外孙女。既已沾染外祖父之仙气，且又得真仙左慈之传，其程度必更加超拔矣。

（其五十六）瑞石山咏张紫阳

（原按语略）

求仙容易悟禅难，集庆虚堂积翠盘；灵迹长留三洞箓，新诗妙证九还丹。

礼星元鹤窥寒殿，檄雨苍龙下古坛；瑞石亭前碑石在，轩皇辇路指层峦。

撄宁按：此诗第一句所云“求仙容易悟禅难”，与事实不符。即以现代而论，在宗门下由参禅而彻悟者，未尝无人，而真正神仙却不易得见。应改为“悟禅容易作仙难”，方与事实相合。

（其五十八）三一阁咏白玉蟾

（原按语略）

宁按：作者素负博雅之名，出言应有来历，不料此处亦未能免俗，而有三教同源之说。请问佛教徒肯承认否？

黎母山中礼导师，洞元雷法护蛟融；葛元家学能传道，李白仙才解赋诗。

捣药禽归寒夜确，扫花人去冷春祠；只今三一庵前路，月里新蜍话桂枝。

（其六十四）江上咏伍冲虚

（原按语略）

仙佛何人识合宗，冲虚妙理最圆融；炼丹未是登真诀，点石方成济世功。

---

① “业”，原作“叶”，误，据圈点文字校改。

王屋松云瑶岛近，匡庐雪瀑石梁空；豫章帝子谭经处，回首斜阳有故宫。

节录伍冲虚《万古修仙歌》中之一段（此歌可以证明伍冲虚炼外丹事。撄宁录）：铅砂凡体入池煎，黑尽白现成金木；面上片片红桃花，心中颗颗碎金粟。真铅真汞是此真，物白物黄皆此物；次次丹头实所依，鼎鼎熏蒸化天禄。超之脱之即真铅，暗进明进如酒麴；壬子春来一试焉，般般已验符亲嘱。虽堪点得住世金，怎敢妄为满天福？

（其七十）孤山咏谢凝素

（原按语）谢名太虚，武进人。尝寓毗陵红梅阁，月夜闻群仙环佩声。得白玉蟾注《道德经》，伍冲虚为之解释。尝居孤山，谒王昆阳于宗阳宫。后返金盖梅花岛，陶靖庵比之白鹤，黄赤阳称为梅仙。尝著《金仙证论》及《慧命经》二书，今为僧柳华阳所刻。（宁按：世人皆知二书为柳华阳所作，独此处谓是谢作柳刻。惜余无暇考证，姑存其说而已。）

红梅阁畔栖元处，金盖山中种树年；放鹤有亭来偶尔，冥鸿无迹去翩然。

诀从道德真经得，书任华阳释子传；欲向巢居问和靖，生前生后总神仙。

（其七十四）翠渌园咏闵小艮师

（原按语）师名苕敷，字补之，吴兴诸生。九岁慕道，与沈太虚同事高东篱为弟子，而实受道法于太虚，兄事实师事也。尝官滇，至鸡足山，以《崐阳三大戒》、《易梵音斗咒》、《西竺心宗》授①于黄守中（守中名野阇闼婆②，中印度人，元时入中国者）。师于阴阳炉鼎之道，靡不宣究，晚乃一归清静，性命双修，尤以性功为主。所刊《古③书隐楼丛书》，以“三尼医世”说述及天仙心传为最胜。所至禽兽互乳，草树交芬，善气所敷，动植胥化，得中和位育之道焉。

撄宁按：金盖山闵派所传“三尼医世”之说，理论甚为圆满。惟对于三尼名号，私衷窃有所未安。余仅知孔子为仲尼、释迦牟尼，是二尼也。至于呼老子为青尼者，实不知其何所本。凡世间各种学说与理论，自无妨独出心裁，特创己见。若夫古人名号，概有历史关系，似宜考据

① “授”字，原脱，校补。

② “婆”字下，原有衍文“婆”，今删。

③ “古”字，原脱，校补。

精详，勿随意附会为是。以青尼呼老子，已可怪矣，更以文尼称吕祖，尤属无稽。三尼尚嫌其少，又添一尼，变为四尼，尼何如此之多耶？请问青尼、文尼之“尼”字究竟作何解释？

金盖分明演一灯，三尼医世说三乘；身为炉鼎心为药，佛即神仙道即僧。

命蒂固于花萼敛，性光定到月华澄；年来亲待瑶坛席，云笈真诠了自誊。

（其七十五）怀仙阁咏卢子鹤

（原按语略）

撄宁按：此首诗并小序，乃作者自道。

前世应为无是公，今生且作信天翁；家居东莱西鱼地，人在南花北梦中。

山翠破云浮枕簟，月华澄水漾帘栊；全家道气浓如许，各有灵光炳太空。

圆峤真逸，陈姓，字颐道，浙江钱塘籍，清道光时人。当时颇有才名，曾受知于阮云坛。年迫六十始学道，为闵小艮①之弟子。生平著作甚富，不下百卷。本刊选登各诗，都于仙道有历史关系。其泛泛人物者，或非仙而附会为仙者，皆不录。

撄宁子识

答上海钱心君八问②
（1936年）

第一问：世界上究竟什么是绝对的真理？

答：有口不说话，有心不起念，这个就是绝对的真理。你若一开

① “艮”，原作“良”，误，校改。

② 原载《扬善》第3卷第23期（总第71期，1936年6月1日）。

口，一动念，就落到两边了，就变成相对而非绝对了。所以在语言文字上求真理，都是白费精神。君是研究哲学的，大概因为在哲学中寻不出真理，故发此问。老实说，世界上本来没有真理，犯不著再去研究。纵然被你把真理研究出来，请问有什么用处？遇到生老病死、衣食住行、感受痛苦时，真理能代你解除么？

第二问：儒释道三教书上，都不注重长生，何以贵刊上专要讲长生之术？

答：因为他们不讲，所以我们要讲。假使他们肯讲，我们就不必再讲了。儒教是讲普通做人的法则，生老病死，乃人之常理，故不讲长生。释教偏于唯心，若讲肉体长生，即与他自己所标榜的宗旨冲突，难以自圆其说，故极力反对长生，这是印度人一种习气，传染到中国来，实不足为训。若考吾国道家历史，则与彼等不同。黄帝骑龙上升，群臣葬其衣冠于桥山。老子骑牛出函谷关，西走流沙，不知所终。这两位道祖道宗，皆不现衰老病死等相，虽不注重长生，却是实证长生。孔子只有七十三岁，释迦牟尼也不过活到八十岁左右，都与普通人无异。比较黄老，差得远了。况且我等今日是研究仙学，不是弘扬宗教，如何可以混为一谈？我们注重长生的意思，不是贪恋这个地球上有何等快乐，要永久享受，实在因为将来全地球人类，都不免恐怖与痛苦，想救拔他们，非有神通不可，想感化他们，亦非有神通不可，空口说白话，是无济于事。但是修炼神通，必定先经过长生这个阶段。倘若不能长生，决没有真实的神通发现。辰州符、喇嘛咒、催眠术、红枪会，那些小玩意儿，也不能说全无效验。遇到大事，他们就抵挡不住，结果定遭失败。只有仙学这一门，是脚踏实地一步一步做下去的。果能把己肉体上普通生理改变过来，神通自然就易于成就了。

现在这个时代，你仅仅有法子免除老病死，仍旧是靠不住。因为杀人的利器层出不穷，一个人没有特别的本领，请问以后如何能整理这个世界？任便他是大宗教家、大科学家、大政治家、大教育家、大慈善家、大实业家、大军事家，只要有像笔管长一支手枪，蚕豆大几粒子弹，就可以把他们一齐送上西天去，何必要劳动外国人再搬弄什么炸弹、毒气、电柱、死光这些法宝？若把这一类的厉害东西全套表演出来，岂但肉体变成灰烬，就连灵魂都要粉碎，不能团结。岂但送上西天，并且还要请他们入大涅槃呢！假使一个人没有神通，还是早点死了罢，免得将来身历其境。

第三问：佛教书上所说的无量寿与种种神通变化，都是人们所看不见而无从证明的。如今贵刊宗旨，既然专注重神仙家的长生，但长生是要能够给人家看得见，又要自己可以作主，要活一千岁就一千岁，要活一万岁就一万岁，不高兴活，就立刻化去。并且要做人就做人，要变物就变物，要做佛菩萨，就做佛菩萨，要做天尊上帝，就做天尊上帝，都是自由作主，而不受造化驱使。又要能与众共见共闻，如现在天空中飞机，人家里无线电等类，使凡有耳目者，都不能否认，这方才是真实的神仙家。贵刊同志，能有力量做到这种地步么？

答：虽不敢保证我们一定可以做到，总是努力向这条路上走，别人家也不敢小量我们一定做不到。我们抱定本刊封面所标题十条真义，永远做下去，终有一天做到的希望。至于佛菩萨天尊上帝种种名称，我们都不敢接受，因为佛菩萨是释教，天尊是道教，上帝是耶酥教，我们没有资格做教主，用不著这许多官衔。

第四问：长生不老，变化莫测，神通广大，法力无边，唯物唯心，皆能解决，度人度我，尽可如愿。若果真如此，我敢说无论富贵贫贱、男女老幼，全球上的人类，没有不欢迎、不赞成的。所虑者，就是神仙事业，也是虚空而渺茫，也同生西方、生天堂一样，不能给人看。于是乎人们就不愿注意到这一点了，然乎否乎？

答：所虑者亦近乎情理，然只能代表一部份人意思，即是受过新教育一类的人。至于普通人，非是不相信，乃是不敢承当。他们以为自己没有这种资格踏进神仙门坎，所以就懒于问津了。另外尚有一种人，本来是想学仙的，无奈看丹经既看不懂，寻口诀又寻不著，虽然学到些小法子，等到做起来，若不是无效验，便要出毛病，弄得他们渐渐灰心，结果钻到释氏门中去，看看经，念念佛，了此残年罢。可见神仙法门不是普渡的东西，请你勿在普渡上着想。

第五问：若要引起人家注意，愚见以为现在只有两条路：（一）将世界上的事，暂时丢开不管。比如我已经死了，再储蓄二三年的干粮，当作丧葬之费。于是寻一处清净地方，实行修炼。成功之后，再出现于世，自然能引起全球人类的注意，大家来争相仿效。若此庶几可以解决唯物唯心问题，达到度人度我的志愿。（二）假使现在没有这个机缘自己去实行，只有极力宣传神仙家学说，使社会上人不论智愚贤不肖，一听此说，多少要明白些此中的意义。上智者闻之，立刻研究实行；下愚者闻之，亦手舞足蹈，非常欣羡；富贵人闻之，自然不爱荣华，舍财提倡；贫贱人闻之，亦能认清门路，协力护持。由此推广出去，可以使全国的人，彼此互助，各得其欲。再慢慢扩充到使全球人亦复如是，世界大同理想，或可由此实现。不知贵刊诸公，高见以为如何？

答：你所说第一条路，嫌其过于简单。起手下工夫时候，不能适用。等到做后半段工夫时，或可如此办法。第二条路，活像佛教耶稣教传教的样式。神仙学术不是宗教，只能接上智，不能渡中材，何况是下愚？请问要这般愚夫愚妇有什么用处？倒不如让他们归入别种宗教门中去罢。至于将神仙学术传到外国的话，此事须要慎重。外国的人力财力，胜过我们百倍，所缺少的就是这个法子，假使一旦被他们知道，他们立刻就能实行，不比我们中国人能知而不能行，岂非是老虎添了两只翅膀么？

我赞成仙术保守秘密，先把佛教传到外国去，让他们钻一钻这个圈套，或可以减少他们一点威风。话虽如此，然而效果也很微薄。像意国的墨索里尼，德国的希特勒，无论你拿什么宗教去，都降伏不住。又如俄国的共产主义，根本就要铲除宗教，你想借宗教力量收拾他们，简直是梦话。日本虽可称为佛教国，但是利用佛教，不是迷信佛教，所以他们国家也是很强横，丝毫不受佛教影响。现在只有我们中国，和其余的几个衰弱小国，是真能信仰佛教者。这件事太不公平，最好是把佛教宣传到几个强霸国里去，使他们信了佛教之后，也渐渐的衰弱起来，中国方不至于单独吃亏。大同之梦，或可实现。

第六问：照理论上讲，吾人的确可以形寿长生不死，肉体白日飞升，但以现在论，为什么一个活神仙都看不见？

答：古代的神仙，尸解的已经尸解了，飞升的已经飞升了，都是离开这个地球，跑到别的世界上去了，你如何能看见？尚有一两位未曾做到尸解地步的半仙，他又躲在深山古洞之中、人迹罕到之处，永远不肯出来，在那里等候尸解，所以世上人也不能看见他们。我们的志愿与他们不同，假使将来侥幸成功，必定要长住在地球上面，让世人都可以看见，并且还要管管闲事。别人家没出息，总说今人不及古人。我的见解，认为今人胜过古人，后人还要胜过今人。古人做不到的事，或许今后人能做到，只问我们肯做不肯做。请参看本刊第六十九期《答江阴汪润才君》一篇，大意略同。

再者，君前次所作《仙佛判决书》中有云："虽说仙与佛都是渺茫无凭。"这句话，我认为理路不清，观念错误。佛教之生西方，同耶教之生天国一样，都是死后的事。说他生西也罢，说他上天也罢，说他变禽兽也罢，说他堕地狱也罢，好在死人总归是不能开口，都由这班活人在那里瞎说，真可谓死无对证。不过死人虽不能开口，他家里尚有活人存在。你若说死者灵魂投胎变禽兽，或堕地狱，他的父母夫妻兄弟儿孙等，都要骂你恨你。你若说他生西方、上天堂，他家里人心中虽然有点怀疑，表面上都很愿意承认这句话说得不错。你乐得恭维他几句，博他们活人一个欢心。所以佛教徒死后总是生西，耶教徒死后总是上天，已经成为公例。你说这件事是渺茫，他们心中又何尝相信是真实呢？也等于过新年时，大家见面，总说恭喜发财，谁能保证必定发财么？不过一句客气话而已。

神仙要有凭有据，万目共睹，并且还要能经过科学家的试验，成功就说成功，不成就说不成，其中界限，俨如铜墙铁壁，没有丝毫躲闪的余地。如何可以同宗教徒一样看待，也说他是渺茫无凭？譬如我自己是个学仙的人，设若侥幸将来修炼成功，必有特异之处，可以显示给大众看见。倘仍旧不免老病而死，又无丝毫神通，你们切切不要烘云托月，制造谣言，说我已经得道，免得欺骗后人。像这一类的事，前人书中常有，我看了甚为厌恶。所以我自己不愿再蹈这种陋习。今世修炼神仙之术，能完全成功的，我未曾见过。一半成功却是有的，然也不足为奇。这全靠我们后起之秀发愤有为，方可登峰造极，超过前人。自古神仙成功，都是留得肉体在世，就说白日飞升罢，也是连肉体一同去的，况且又在青天白日之下①，万目共睹，如何能说他渺茫无凭？

第二等的神仙是尸解，他的肉体虽不能长存，他的阳神却能与大众共见，并且可以在世上做凡人肉体所不能做之事，如何能说他渺茫无凭？假使他不能做到这样地步，他就不配称为神仙，因为他和凡夫没有分别。我最厌恶人家冒充神仙，所以把这条例子定得很严，免得一般狡猾之徒在那里影射，把神仙名气弄坏了。你说渺茫无凭，我是不能承认，只可以说成功的很少，每一个朝代不过几人而已。

第七问：一个普通人要学神仙，请问须经过多少时间，才可以毕业？

答：这件事永远没有毕业的日子。不过为学者方便计，在全部历程中，勉强划分几个段落而已。丹经上常言：第一步工夫要一百天，第二

① “连肉体一同去的，况且又在青天白日之下”二句，圈点文字删除。

步工夫要十个月，第三步工夫要三年，第四步工夫要九年。这些期限，说得太死板了，与实际上不相符合。此事要看学人年龄之老少，资①质之愚智，境遇之顺逆，财力之厚薄，障碍之有无，故难一概而论。

你们在学堂中做学生时代，是有毕业的期限。等到出了学堂以后，担负国家社会重大责任时，就永远没有毕业日子。你就学到死也学不完，到了将来进棺材的时候，你尚且要叹息说：今生是虚度了，错误了，来世再学着做人罢！你想，做人既如此之难，做神仙岂是容易么？

普通知识阶级中人，若要求神仙全部学术，凭他们自己力量去钻研，大约须费三十年光阴，尚未必能弄得清楚，因为有些书看不懂，有些书又买不著。传口诀的先生，多是一知半解，罕有全部贯通者。若由我们指导看书，快则三年，慢仅五年，就可以得到全部仙学的一个轮廓。然后再看自己的志愿，要小成就走小路，要大成就走大路。又要审察自己的环境，宜人元就用人元，宜地元就用地元，宜天元就用天元。神而明之，存乎其人。

你若问：专求口诀，立刻实行，免得费工夫看书，岂不省事么？我有个譬喻说给你听：现在学西医的，必须进学校，听讲课本；毕业后，再出洋，求深造。学国医的，虽不必进学校，但是也要从师先读三五年医书，然后方可临证实习，尚未敢说不误人性命。走江湖的郎中，牵骆驼，卖膏药，学会几个草头方子，就是一字不识，也能替人医病。比较进学校读医书，岂不省事么？然究竟不能登大雅之堂，凭他那副本领，只能应付乡愚市侩而已。学仙的人，若专求口诀，不肯读书，就等于走方郎中一样。自古没有不读书的神仙，幸勿贪捷径，免误大事。

第八问：拙作《仙佛判决书》，前蒙贵刊登载后，料这篇文章出世，必定是惊天动地，掀起绝大风潮。因此很注意佛教刊物，但至今尚未见有何举动，而局外人亦没有评论。就是这样无声无臭的过去，吾国人心麻木，总算到极顶了。不知诸位编辑先生可曾看见有对于拙作批评的文章，祈指示为荷！

答：宁僻处乡村，不知外面定期刊物之消息。依愚见而论，纵有人批评，亦未必能切中肯綮。佛教徒自然是抱著书本子打滚，说来说去，都是些老僧常谈，吾等闻之已熟。道教徒只晓得清静无为，闭关自守，别人家骂他，他固然不晓得。就是你费尽心力，代他们作辩护，他们也

---

① “资”，原作“姿”，误，校改。

不晓得。至于普通人对于仙佛二者，又是不分家的，说好，二者全是好，说坏，二者全是坏。所以我认为纵有人批评，亦属无关轻重，可以不必理他。

现在这个时代，是动真刀真枪的时代，不是弄笔杆子时代，说得好听，没有用处，必须要做出一点实在工夫，方足以使人相信。你若要救国，请你先研究仙学，等到门径了然之后，再去实行修炼。等到修炼成功之后，再出来做救国的工作。那个时候，你有神通，什么飞机炸弹毒气死光，你都可以不怕。此刻专在宗教上辩论，把精神白费了，未免可惜。

宗教这个东西，在以后的世界上，若不改头换面，他本身就立不住。无论道教、佛教、耶稣教、天主教，以及其他的鬼神教、乩坛教，一概都要被科学打倒。岂但宗教如此，连空谈的哲学也无存在之价值。我劝君还是走神仙家实修实证这一条路罢？将来或者尚有战胜科学的希望。①

《外丹黄白术各家序跋》② 按语（节录）（1936年）

…………

黄白正宗《渔庄录》李序

（正文略）撄宁按：《道藏全书》中有《渔庄邂逅录》，《古今图书集

① 此段文字，圈点文字注曰："不钞"。

② 原连载于《扬善》第3卷第24期（总第72期，1936年6月16日）至第5卷第3期（总第99期，1937年8月1日），署"陈撄宁辑录"。所收各种序跋，或为陈撄宁本人撰写，或多有陈撄宁按语。

成》中亦有《渔庄录》。此二种虽不能说与丹道无少许关系，然皆非范文正公所传之《渔庄录》，难免影射之嫌。

…………

《十段锦》自序

（此书又名《天台尺咫》）

天地之间，一理而已，有理然后有事。外乎理者，不为邪僻，即是怪诞。若非怪诞邪僻之事，岂得谓为非儒者之事乎？

宁按：非儒者之事，有何羞辱？是儒者之事，有何光荣？此公隐居天台五十年，可谓超然物外矣，而其见解仍如此拘执。无怪李朝瑞君当夫妇床帏之间，尚大讲其正心诚意之道也。

（后略）

…………

《洞天秘典》后跋

（不知作者姓名）

（正文略）撄宁按：《洞天秘典》一书，伍冲虚当日曾经见过。彼于《仙佛合宗》内历数外丹书名，《洞天秘典》即其中之一也。又，碧莲道人作《黄白承志录序》，亦提及此书。但此书世无刻本，《正统道藏》及《道藏辑要》皆未收入。济一子《道书十七种》虽将《洞天秘典》列入外金丹门中，惜其残缺太多，殊不足以供研究。往年友人谢无量君，在北平琉璃厂书肆购得破烂旧抄本《洞天秘典》，持以赠余，喜甚，亟读之。奈脱句误字，不可胜计，竟无法校正。后幸得黄邃之君钞本对勘，逐字逐句，细校一周，始臻完善。此篇跋语，仅黄抄本有之，他本未见。黄君之本，乃从郑君鼎丞处传钞而来。郑君则得之于安徽丹士白云谷，白君则得之于其师老古怪。所谓老古怪者，隐其名，不欲人知，弟子辈讶其师言动拂于常情，戏以老古怪三字拟之。彼不为忤，且乐以此自称，人因从而名之耳。老古怪、白云谷，吾不得见，惟识郑黄。今者郑黄二君，已先后归道山矣，此术殆成广陵散乎？

《承志录》序

（碧莲道人）

（正文略）撄宁按：《承志录》固为黄白术中之杰作，然谓“阅此一书，则凡炉火家言皆可坐废”，实不尽然。各书互有短长，惟在学者深造而自得之耳。

读《古文龙虎上经》书后

（陈撄宁）

此经旧与《参同契》并称，未审何代人所作。宋王道有注疏三卷，收入《道藏》太玄部。明一壑居士彭好古《道言外编》中，则标为轩辕黄帝著，并谓黄帝不敢自处，托言于金阙碧落之古文，遂名为《金碧古文龙虎上经》。不知何据？《道藏辑要》斗集所采，即属此种。

龙虎者，盖指阴阳二气。上经者，即最上一乘之意。清初朱元育作《参同契阐幽》，力斥《龙虎经》为伪，不许与《参同契》等观，务欲贬而下之。今考《龙虎经》之文，类似《参同契》处正多，然其作用，迥不相同，未可显分优劣。《参同契》云：“乾坤者，易之门户，众卦之父母。”《龙虎经》云：“神室者，丹之枢纽，众石之父母。”《参同契》云：“天地设位，而易行乎其中矣。天地者，乾坤之象也。设位者，列阴阳配合之位也。《易》谓坎离。坎离者，乾坤二用。”《龙虎经》云：“神室设位，变化在乎其中矣。神室者，上下釜也。设位者，列雌雄相合之密也。变化为砂汞。砂汞者，金火二用。”《参同契》云：“易者，象也。悬象著明，莫大乎日月。”《龙虎经》云：“金火者，铅也。丹砂著明，莫大乎金火。”《参同契》云：“天地媾其精，日月相撢持。”《龙虎经》云：“神室炼其精，金火相运推。”《参同契》云：“知白守黑，神明自来。”《龙虎经》云：“炼银于铅，神物自生。”《参同契》云：“仿佛太渊，乍沉乍浮。”《龙虎经》云：“灰池炎灼，铅沉银浮。”据以上所列，比类而观，则知《参同契》借易象以明丹道，其义费而隐；《龙虎经》则专求神室，直指银铅，其辞简而明。故《参同契》所敷陈者，乃三道由一之玄理；而《龙虎经》所搬演者，则天元神丹之实事。玄理易假，实事难诬，所以《参同契》之异说日多，《龙虎经》之知音愈少。至是经之称黄帝，亦犹《黄帝内经》、《黄帝阴符经》、《黄帝宅经》、《黄帝龙首经》之类，只求其书之能应用而已，不必问其真出于黄帝否也。许真君《石函记》引《金碧经》云：壳为金精，水还黄液。此二句见于今本《龙虎经》中。是此经出世，尚在晋以前无疑，但未知较《参同契》孰为先后耳。

读《浮黎鼻祖金药秘诀》书后

（陈撄宁）

此书《道藏》未收，《道藏辑要》列入斗集，标名为《浮黎金华秘诀真经》。此外尚有彭好古《道言外》、傅金铨《外金丹》、李保乾《金火大成》中，皆已收入。伍冲虚《仙佛合宗语录》尝推重广成子此书，谓为外丹真传。冲虚子于炉火一门，素有研究，言当可信。张紫阳《序》亦称广成子于崆峒炼丹，度黄帝上升，授以《金丹秘诀金药十二篇》。则知此书传世已久。其文虽非广成之文，其法或是黄帝之法。

张《序》首尾共计千余字，括尽神丹法象。世徒知紫阳《悟真》专讲人元，然而炉火之事，在《参同契》已见明文，紫阳得丹道之全，岂有不知外事者？即如《悟真》所云"铅遇癸生，金逢望远，送归土釜，断配流珠"，以及"潭底日红，山头月白，地魄擒汞，天魂制金"各等语，皆属炉火之事。《悟真》虽借地元名词，以喻人元作用，然必先明其法，方能借用其名，不待智者而后知也。

葛仙翁一注，殊不类晋人手笔。考葛仙翁名玄，字孝先，即葛洪之从祖。得受仙术于左元放，再传至郑思远。稚川复从郑学，尽得其秘。今观《抱朴子·遐览篇》，历数其师所藏古道经目录不下二百种，未曾见此书名。抱朴子最喜表扬祖德，果当日葛仙翁有注，何忍听其淹没无闻耶？又，凡自古仙家所传拔宅飞升之说，盖言神丹成就，全家眷属服之，皆羽化而登仙耳，非谓住宅真可拔起也。葛注乃谓："若欲拔宅，只以清泉研洒三粒，不时门墙屋宇尽皆升举于巫山云雨之程。"无论其屋宇能升举与否，试问仙体清虚，不居贝阙琳宫，而恋此人间敝宅何用？

再者，"浮黎鼻祖"四字，人多不识其义。盖浮黎者，乃先天真土之名也。浮者虚浮，黎者黎黑。当劫初混沌未开之际，浮黎真土，遍满太空，历几何时，方能凝结而成世界。以其虚而不实，故曰浮；暗然无光，故曰黎；天地万物莫不由此而生，故曰鼻祖。

《黄白直指》序

（正文略）宁按：明宪宗成化年间无丁丑年，若作丁酉年，亦不合。盖丁酉乃成化十三年，而竹泉翁作此序时，当在作《铅汞奥旨序》以前。考《铅汞奥旨》一书，本是继《黄白直指》而作，以补其未尽之意。《奥旨序》既作于成化六年之庚寅，则《直指序》或是作于成化三年之丁亥，较为近似。

…………

《铅汞奥旨》序

（正文略）撄宁子曰：余昔日所见《黄白直指》旧抄本，其中错误脱落之字句，几占全部十分之二三，竟无法可以卒读。当时颇欲逐字逐句为之校补，预算需两阅月方能藏事，亦无此暇晷。今只将原书序跋四篇录出，以供好此道者之参考而已。另有少许感想，略表于左：

（一）此书作者陈自得先生，当日研究丹道二十余年，历尽千辛万苦，一朝豁然顿悟，不假师传，故以“自得”二字为名。其坚忍不拔之精神，真可谓驾乎欧美各国大科学发明家以上。因我国学者所处之环境，其恶劣乃百倍于欧美也。吾人今日遭际且然，况远在四百七十年前顽固而兼保守之社会乎？作者毅力诚不可及矣。至其书每喜用隐语令人难解者，亦有苦心。试观本刊上期《金丹三十论》中“言理不言诀论”一篇，即知其故。

（二）神仙学术，自古以来常招庸俗之毁谤，已为公例。陈君炼丹无成，受人讥笑，本不足怪，所可怪者，则在汪好真君之特垂青眼，不以成败论英雄，结果居然厚食其报。求之今日，非但竹泉翁如凤毛麟角，即如汪好真其人者，又安能数观哉！

（三）董守一氏虽自言所学无成，尚赖寻师访友，然能辨真伪，识瑜瑕，其眼力毕竟不凡。余常见世人读外丹书不终篇，早已昏昏欲睡，或废书而叹，或怨詈作书者故弄狡狯，愚弄后学，或批评作书者自私自利，不肯公开，或者直斥为迷信而非科学。凡此种种态度，皆于丹道无缘，求一似董君所云“捧读再三，不忍释手”者，殆罕有其人。仙风寥落可叹！

答江苏如皋知省庐①
(1936年)

(原函)撄宁道长先生慈鉴:敬肃者,前寄上王并真老师双影题词,谅已达左右。王老师现居天津,不知钧长亦有所闻否?

答曰:宁为避嚣故,僻处乡村,尊函若直寄《扬善》刊编缉部者,宁未必定能得见,若写明由《扬善》刊社转交与宁个人者,当可收到。王先生之名,曩亦略有所闻,但不知其详。

(原函)师谓:学道者不可不有神通,有此方足以卫道。"道高一尺,魔高一丈",非神通何以御之?而古今学道者,又多以神通为累,视之无足重轻,或斥之曰小道。鄙意惟在用之者得其权宜耳。又谓道书皆云"斩三尸",其说似是而实非。道成之后,三尸即变为护法神,又何须斩乎?以上二说,质之钧长,高见以为如何?

答曰:尊师之言是也,愚见亦同。

(原函)前阅《扬善半月刊》曾云:日后可将辟谷救荒之方公开。及今思之,大战在即,亟待用此,幸不吝示,早日披露报端,为灾黎之救星,亦生民之大幸。

答曰:宁久有此意,奈搜集此等药方颇费手续,非有闲工夫不可。惜今日尚未有机会,只好俟之将来耳。

(原函)世乱日亟,钧长提倡仙学,救时良药,仁人用心,大德可感!如××志于此道亦已久矣,徒以受经济之束缚,环境之支配,虽得略知一二,不能力行,夙夜自思,能不愧煞。拟俟将来学有小成,再当请益,谅蒙慨允,勿可菲才见弃,幸甚祷甚。

答曰:宁自审资格,不足以为人师,惟乐于代人决疑破惑。同志诸

① 原载《扬善》第4卷第1期(总第73期,1936年7月1日),署名"宁"。

君，若有问难，固甚为欢迎也。

（原函）民廿秋，与上海灵学会杨真如先生通信（杨先生著有《精神祈祷》及《革命的周易》），即有志于此道。杨先生来信云："今世水火深矣，使有为之士尽逃二氏，将谁出而任艰巨哉？愿执事努力学术，毋作出世闲想也。《道藏精华录》，曩曾佐圈点之役，故熟览之，非究竟法也。"杨先生此说，恐不尽然。岂佛老绝对出世，不与世人谋耶？而今之世，水火深矣，舍二氏之说，何能救此浩劫哉！

宁按：尊意与杨先生之意，虽不能强同，然以救世为目的则同，其不同者在于手段而已，正不妨各行其志。

（原函）杨先生所谓究竟法者，提倡人人学《易》，此却极是。学《易》所以寡过，所谓"为道日损"，此之谓乎？近年以来，无暇与杨先生通讯，不知其尚在灵学会否？曩者，钧长亦尝阅《道藏精华录》，或亦知其人。

答曰：杨君所作《精神祈祷》一书，曾经见过，其本人不知现在何处？余仅知《道藏精华录》为守一子所编辑，实不知杨先生亦与闻此事。

（原函）海上有"人学会"（在北浙江路龙吉里），林品三先生讲《周易》、《论语》，对于此道甚觉纯正。××亦致函请益，皆蒙训示一二，不知钧长亦知之否？

答曰：林先生乃江西人，年六十余岁，寓哈同路民①厚北里。宁曾与其晤谈二次，并蒙一皈之惠②，后即无缘再见，至今思之不置。"人学会"我未去过，地址久已知之。伊送我《周易讲义》多份，苦于尘劳扰攘，不能静心一读为憾。林君的确可称忠厚长者，阁下若再致书与林君时，请代达愚忱是荷。

（原函）竺潜道人精《易》学，恐是沪上另一高明之士矣。诸贤群集，不知何日得闻法语以开茅塞？渴望殊切，思之神往。

答曰：竺潜道人研究易理，已数十年矣，其学派或与林先生异趣，惟亦不吝于接引同志。阁下若欲从事于《易》，函件可托《扬善》刊社转交与竺潜道人，必有详答。③ 伊另有真姓名，不愿宣布，料其用意亦与阁下相等耳。宁对于《易》学，算是门外汉，但因《易》中一部分关系于仙道者，至为重要，故甚愿同志诸君致力及此。

---

① "民"字，圈点文字改为"慈"。

② "并蒙一皈之惠"句，圈点文字删除。

③ 此段"已数十年矣"、"惟亦不吝于接引同志"、"必有详答"三句，圈点文字删除。

覆济南财政局杨少臣君[1]（1936年）

（原函）撄宁先生尊鉴：读《扬善半月刊》，对于先生著作，反覆诵习，鼓舞欢欣，不可以言语喻。平素每以为当今学道之人士虽多，而求一澈始澈终、深明阴阳造化之理者，实万不获一。黄元吉先生《乐育堂语录》有云："第以此事关乎天命，非无缘无德无福无根之人可以消受得，以故丹道不轻传。惟结有仙缘、种有道根者，方能遇而能知，能知而能行也。"上阳子陈致虚先生注《悟真篇》亦云："非种根夙世，难得信心，非夙世修行，鲜得闻道。"足证大道至尊且重，不但行之维艰，即知之亦谈何容易。

璲不自揣量，雅慕玄宗，奈慧浅福薄，尘累业重，驹光虚度，年已五旬。记得《老残游记》有云："棋残一局，吾人将老，能勿哭焉得乎？"彼亦有心人，东西奔走，亦系欲救老残而访道者。太阳流珠，常欲去人，人生难得，无常迅速。稍有知识与思想者，焉能坐以待毙，而不汲汲然求跳出迷津、超登彼岸乎？所忧患者，明师难遇，口诀难闻耳。

宁按，以上二段，见解甚是，凡我同志，皆宜借镜。

（原函）读《扬善半月刊》民国二十三年第一卷第十九期，先生《答蔡德净君函》有云："仙家亦有显教有密教，显教可以公开，密教是不能公开的。"末后云："譬如我们有一把刀，善用之者，可以切菜，可以裁纸，可以削木制器，可以御侮防身，有益于人处甚多。若被小孩玩弄，则断指流血矣。若被强盗拿去，则杀人劫财矣。"此种譬谕，轻描淡写，不知者不明先生用意所在，若稍知道者阅之，知先生立言深具苦心，暗中已将不传之秘春光泄漏矣。

---

① 原载《扬善》第4卷第1期（总第73期，1936年7月1日），未署名。圈点文字改"少臣"为"扫尘"。

宁按：杨先生真能知我者，能于众人不经意处独具只眼。

（原函）《道德经》太上有言曰："玄牝之门，是谓天地根。"孔子作《周易·系辞》曰："一阴一阳之谓道。"孟子得孔子真传，亦有言曰："仁也者，人也，合而言之，道也。"仁之为字从二人，推其立言本旨，亦即孔子所谓一阴一阳是也。先生近辑《口诀钩玄录》有云："虽伦常日用之间，何处非道之所在？所患者，人不能参透阴阳之消息耳。"黄元吉先生亦云："非学问优、见识到，不足以语此。"世人习焉不察，如果有人真能参透阴阳消息，则大道即在目前，岂难知乎？

宁按：《悟真篇》注云："路逢侠士须呈剑，不遇知音不鼓琴。"其杨君之谓乎？

（原函）璲私心尝谓《易·系辞》有云："二人同心，其利断金。"此金字，不应依世俗见作金银解。果作金银解，即云二人同心有利可也。一利字即足以包括，何必多加"断金"二字之赘文？盖此二语，即暗藏道机，此系下走揣测之词，未悉先生以为然否？

答曰：孔老夫子自己已经说过："仁者见之谓之仁，智者见之谓之智，百姓日用而不知，故君子之道鲜矣。"《中庸》曰："君子之道，造端乎夫妇，及其至也，察乎天地。"又曰："君子之道，费而隐。夫妇之愚，可以与知焉。及其至也，虽圣人亦有所不知焉。"谨引此数语，以答杨君之所问。

（原函）再者，古人造字多具有深意，例如申时之申字，拆开讲，系中有一宝，所宝为何？即申金也。吕祖诗云："祖师亲有训，一味水中金。"此类文字，理①应俟将来有缘敬谒先生时，踵门请教，不应拉杂妄陈。不过因景仰先生之心诚恳迫切，先布区区，借兹代表耳。

宁按："申"字之解释，仅据楷书，恐不合造字之本意。篆书申字，可以参考。

（原函）《扬善半②月刊》内，先生撰述之《〈黄庭经〉讲义》暨《孙不二女丹诗注》，璲皆汇齐手抄，上下反复思之，务令熟兮，不仅千周万遍回环诵读已也。惟《口诀钩玄录》，因刊中仅有至本年五月份止，以未获即时全读为憾。

宁按：《扬善》刊内所登《〈黄庭经〉讲义》及《孙不二女丹诗注③》，皆宁十几年以前旧作，遇有机会，遂与发表。惜排印时误字太

---

① "理"，原作"礼"，误，校改。

② "半"字，原脱，校补。

③ "孙不二女丹诗注"，原脱"孙"及"女丹"字，校补。

多，幸翼化堂有木刻版出售，尚可据以正误耳。《口诀钩玄录》乃临时所作，投登于《扬善》刊者，后因行止无定，环境不宜于著书，故未能继续下去，宁自己亦以为憾也。

（原函）璲昔日读黄元吉先生《乐育堂语录》，深恨予生也晚，缘悭福薄，未能于其讲道时鹄侍雪立、亲聆训诲。今读先生撰述，殆元吉先生复见于今世，何幸如之！

宁按：道家南北两派，各走极端，而实行皆有困难，其势不能普及。惟有陈希夷、邵康节一派，最便于学者，黄元吉先生所讲，即是此派。亦即宁所私淑，而且乐为介绍者。

（原函）一劫人身，能有几何？转眼光阴，就是迟暮，倘不能脱离轮回，则生生世世皆在愁城苦海之中。方今运际下元，人心陷溺，世道沉沦，大道晦塞，不知底止。诚如先生所云"君主政体改革而后，儒教早已同归于尽，道教又不成其为教"也。

宁按：末尾两句，乃拙作《孙不二女丹①诗注》"凡例"中语。此书成于民国十三年以前，今日情形，则微有不同。

（原函）今得先生出，以阐扬大道、流传高深之学术为己任，则责任之重、关系之大，又岂仅璲私人之欣幸已哉！璲年已五旬，虽身体尚无疾病，但因业重而有家累，只得抱关击柝以维持现状，不能径行己志。外之法、财、侣、地条件，均不备具，大有日暮途远、束手待毙之势，奈何奈何！敬恳先生怜而教之，指示道路，幸甚幸甚！

答曰：实行修道之人，最怕有家累，必须设法将家累了脱以后，方好下手用工，年龄虽大，尚无妨碍。法、财、侣、地四项，以前两项为重要。至于侣、地二项，尚不十分困难。古今来好道者虽众，每每无所成就，皆因有法者患无财、有财者患无法故耳。既有法而复有财，当可成就矣。又因缺乏一种严密之组织，仅凭个人的理想随便行动，或作或辍，意志不坚，无团体的力量为之帮助，无群众的精神为之督促，故亦不能有所成也。

（原函）年岁愈大，返还愈难，古人故常谓"下手速修犹太迟"也。但既力不从心，不能即行南派栽接之法，只得用北派清净之法。先生著《口诀钩玄录》中，亦有云"我所提倡的就是这一派"。《钩玄录》尚未全读，拟求先生提前详为指示。除此又有所谓"学一种投胎夺舍"者，此种工夫，未悉如何做法？

① "女丹"二字，原脱，校补。

答曰："下手速修犹太迟"，这句话是勉励学人之语，但亦不可过于执著。在生理一方面说，自然年幼者为优；在阅历一方面说，却又要让年长者为优。一方面有利，一方面有害，利害本是对待的。年幼者虽得效快捷，而难于保守；年长者虽见功迟慢，而易于保守，盖因其阅历已深，不致于被外境所诱惑也。

《口诀钩玄录》是一部正式的修炼专书，不可草率从事。而宁目前之环境，不适宜于著书，故兹编至今尚未曾脱稿。请台端注意本刊，每期总有几篇与仙道有关之作品，但须要连续不断看下去，方有趣味。因为每期材料不同，前后又有联带之关系，凡前期已经说过后，后期即不再说，必须前后统观，始能贯串。

清净工夫做得好，能出阳神，做不好，只可出阴神。能出阴神，即能投胎夺舍，不必另外做专门投胎夺舍的工夫。古人虽有专从闭息、鉴形、存想等法下手者，其法亦未必就胜过清净工夫。昔日黄邃之君所做的工夫，皆与以上所说不同，他是先从无梦做起。果能做到无梦地步，可谓一半成功。然后再从无梦炼到有梦，并且梦由自己做主：白昼起一念，决定今夜做什么梦，果然如愿以偿，今夜所做之梦就是白昼想做之梦。常常如此不错误者，则投胎夺舍一层，自然易于达到目的。黄君做此等工夫已十余年，前五年已自言后五年要死，到期遂无疾而终。投胎是否真有把握，宁苦于不能以事实证明，仅相信其异乎常人而已。至于我自己，则不愿做此等工夫，亦不愿以此教人。

答广东中山县溪角乡益寿堂刘裕良君八问[①]（1936年）

（上略）附问八则

① 原载《扬善》第4卷第1期（总第73期，1936年7月1日），未署名，题下原有"刘君六十一岁"字样。

（一）十八个月前，初通督任脉，两月后觉丹田有气如卵，旋转如意。

答：这种现象，在别人做工夫时亦有之，是好效验，不是毛病。

（二）越数日，午后入坐，见丹田左右两气相旋相逐，渐渐卷成圆直形，其大于卵四倍，中有心，如笔杆，心外透明，自向左旋。时试使向右转以翻松之，其坚抵之力甚劲，不能移动。

答：凡打坐习静功之人，彼等亦有时觉得丹田中两气旋逐，但不能像阁下说得如此活现，中有心如笔杆，而且心外透明，仿佛是个实实在在的东西，又像一个水晶球中间穿通一条孔窍相似，他们没有这种样子。

（三）又越半月，下午入坐，见此气化开，初似微尘满腹，数分时尘开，如另有天地。

答：化开正好，否则长久下去，此水晶球在腹内，恐怕不大稳妥。

（四）夏间当月下坐，静笃时，见气光满腹，莹皎如月。自此以后，常见下丹田气色如溶铅，若流质，常常在脐下涌绕。

答：在别人工夫做得好时，亦有此景象，不能说是坏。

（五）心之下，腰肾之上，时觉如轮自转，但无气形可见，只觉有此动作耳。

答：无形可见是对的。

（六）久坐静笃时，有轻捷如电飞驰者，细如线，不知从何而来，从何而去。不可以意主之。

答：所谓如电如线之状，是在身内发现，还是在身外闪过，函中未曾言明。别人大概都是在眼面前看见，虽一闪如电光，但不是细如线。阁下效验，比较他人不同。

（七）有时呼吸停止，气则涨满心腹。当气至心部时，立可宁静，迨心放下时，觉下部有物如流质，进入丹田，其状能弹震，在丹田中如虫集蛰，气则冲心部，一上一下，如呼吸焉。此未知是胎息否？

答：此种动作，在丹经名为内呼吸，必须鼻中呼吸停止以后，方能出现。普通人难于做到，阁下以六十余岁老翁，居然能达到此等地步，可喜可贺！胎息形状，比较此为细静，由此再求进步，将来自能达到胎息。

此物久之则结成气团如核状，其势甚劲，但不震弹。或以神凝之，使冲关脊，到枕骨则难过，此物则脱气团出，又复能弹震，惟失劲力矣。此气团间亦有势滑如抛梭，一抛则过顶而落下丹田，至此其劲状或如轮自转，或纵横冲动，散走于腿于背下，头与心部亦均有。

答：此种动作，是大药冲关之状，但不合正式规则，弄得七零八落，可惜可惜！

（八）究此物之形状，初如虫，或游或止，未结气时能弹震，细如花针。讲句笑话，与①生理学上所绘之精虫，形状极似。

答：人身上本无精虫，所以有精虫者，就是此物所变。顺则生凡胎，逆则结仙胎。凡胎种在女人身人，仙胎结在自己身上。胎虽有仙凡之不同，其气则一也。余昔日所得秘传口诀，有数句云："以痒似麻兼似火，如虫如蚁又如蛆。万马奔腾攻两耳，流星闪电灼双眉。若还到此休惊惧，牢把元神莫动移。"此数句所言，乃大药冲关之景。阁下所做工夫，以前都对，独惜此处不合正式规则，遂致炉内火寒，鼎中丹散。然而到此境界，也不容易，务要精研玄妙，努力前程。仆等于君有厚望焉。

广东人习惯，欢喜食各种恶劣的动物，如蛤蚧、三蛇、山瑞、猫、鼠等类，若是修道的人，切切不可沾染此种嗜好。凡做仙道工夫，身中总要多积清灵之气，少存秽浊之气为妙。最好是吃净素，若有不便之处，随缘稍食小荤亦无妨，但不可误认，多食动物之肉即可以补自己之身体。世上人个个都是吃肉食，结果谁能不死？只有辟谷服气，或食仙草灵药者，方能益寿延年耳。仆等不知阁下是否吃素？若按照工夫程度而论，此时应该厌闻血肉腥膻之气，倘若勉强吃下去，胃中决不能容纳，定要呕出，方保平安。仆等见过数人，皆是如此，不知阁下亦如此否？若欢喜肉食者，其工夫程度尚未到家，必须加紧用功方好。

覆江苏宝应□□□女士②（1936年）

（第一次来函略）

---

① "与"字，原脱，校补。

② 原载《扬善》第4卷第1期（总第73期，1936年7月1日），圈点文字改标题为"覆江苏宝应某女士"。

□□女士大鉴：

接读来书，足见好道之诚，曷胜钦佩！宁对于仙道，仅可称为研究家而已，深愧自己尚未成功，实不堪作人师表。但感于阁下诚意访求，若杳无消息，未免失望而灰心，故又不便置之度外。现因初次通函，尊况如何，难以臆测。请将下列各问题逐一详答，然后再做第二步之研究可也。此覆。

（一）是出家人，还是在家人？

（二）已经出嫁，还是未曾出嫁？

（三）尊庚几何？

（四）家庭境况好否？

（五）父母有无，兄弟子女有无？

（六）儒释道三教经书看过几种？

（七）女子修炼各书看过几种？

（八）闭关期限到何时为止？

（九）现在关房中做何工夫？

（十）自己志愿希望将来做到什么地步？

陈撄宁覆上

宝应某女士第二次来函并答[①]
（1936年）

（原函）敬禀者：弟子以宿业深重，身堕女流。幼时未多读书，只于弟辈书案之旁，窥效诵习而已。所幸家藏善书多种，暇即浏览，尤喜阅何仙姑宝卷，因此遂有修行之念。

① 原作为《覆江苏宝应某女士》的附录载于《扬善》第4卷第1期（总第73期，1936年7月1日），题《第二次来函》。圈点文字改题为“宝应某女士第二次来函并答”。

宁按：在神仙家眼光看起来，男女资格是平等的。若论做工夫效验，女子比男子快。若论将来成就，亦无高下之分。至于普通重男轻女之陋习，乃是人为的，不是天然的。世界各大宗教，如佛教，如天主教，中国内地各种秘密教，如某某门、某某堂、某某社，皆是男女不能平等，独有仙道门中无此阶级。因为别种宗教所接引的，大半是普通人材，真正仙道所接引的，概属上智之士，故能不为陋习所拘。有志者，切勿因为自己是女子身，遂觉气馁。

(原函) 随后又得《仙佛真传》、《仙佛合宗》、《天仙正理》诸书阅之，乃觉仙道系易修实证之事。

宁按：《仙佛合宗》、《天仙正理》二书，女子看了，只可以明理，而不能照做。《仙佛真传》又嫌杂乱无次序，尚不及前两种好。

(原函) 爰守皈戒，誓出红尘。斯时已届十六七龄，寡母即托媒妁，以定终身。弟子乃将志愿具以禀告，家母非但不信不听，反从而破坏之，破坏不得，便肆意凌虐。

宁按：俗人都是如此。我记得十岁左右，在家中觅到晋朝葛洪所作《神仙传》两本，不敢明明白白的阅看，只得把此书放在大腿上偷看。书桌上面，仍旧摊摆着一本《论语》以为掩饰，盖恐怕父亲晓得我看异端之书，要打骂也。十三岁时，溜到街上学辰州符，回家来被痛笞一顿。十四岁买了一部《万法归宗》，又被家中人搜去，投在火中烧掉。直到十六岁以后方能自由，他们亦懒得再干涉我了。不过象雷劈枣木印、樟柳神、桃木剑这一类东西，还是不敢公开展览。

(原函) 乃蒙母舅大人，见弟子受百般魔考，并未改初心，遂兴怜悯，设计诳母，方得领来此处，系一带发修行之所，原有道姑数位，于是稍慰初衷。但属荒庙穷庵，并无一毫产业，然既至此，亦只有茹苦含辛，自谋生活。艰窘状况，罄竹难书。民国十年与廿年，两次水灾，复受许多挫折。

宁按：在家既不免尘事牵缠，出家又感谋生之不易，究竟修道是在家好呢？是出家好呢？的确是一件大问题。不但女子为然，男子修道之困难，亦复如此。宁久欲联络全国同志诸君，妥筹善策，解决这个问题。现在机缘尚未成熟，不知何日方能如愿？

(原函) 溯自弱冠至今，二十余载，虽常在忧患之中，而“法财侣地”是求，未尝一日去念。近数年中，又有节妇贞女数人，来庵修行。

窃念本身尚未获真传，难期超证，而彼等又将何以结果？爰于前年，亲往首都，以事参访。奈高人隐迹，顾问无由。于是遂入佛教团体，参访多时，所遇皆属恒流，理解难期超脱。

宁按：现在这个年头，出门访道参学，本不容易。曾见有许多出家道士，并在家好道之人，参访一生，足迹遍全国，结果尚无所得。何况地点不出都城，时间又嫌短促，岂能达到目的？佛教团体，除教人念佛而外，别无法门，我想一定不能满足君之愿望。余前在《旁门小术录》中有几句批评，可以补充此段未尽之意。其言如下："早寻真师这句话，实在可笑。真师一不登广告，二不散传单，三不挂招牌，四不吹牛皮，五面上又没有特别记号，天下如此之大，一般学道者从何而知某人就是真师？某真师住在某省某县某山某洞某街某巷？请问如何寻法？我老实说一句：真师是可遇而不可寻。"

（原函）但认为该教威仪规律，可以约束后学，兼为普度之资，于是返里削发，妄作佛门之标榜。虽略收劝化之微效，深愧自度未能。

宁按：其情可悯，其志可嘉！

（原函）故于去岁三月初九日，实行闭关。意欲下三载静功，为究竟之作用。

宁按：此举甚好，我极端赞成！

（原函）溯自入关以来，日三夜三，昼夜共坐六次。最近数月，耳内常闻有风声呼呼，眼中时见有电光灼灼，偶尔似有丝竹之音、鸠虫之鸣，当时使人探之屋外，开无形迹。

宁按：此种现象，凡真做道家工夫的人，皆要经过，不足为怪，切勿疑惧！

（原函）至于内呼吸一发觉时，即须打坐，否则反而感觉不适之状。坐须二三小时，始觉气足神舒。上列二种现象，不知是好是歹？是何种理由？仰祈师尊有以教之。

宁按：此乃自己身上生理内部起一种变化，不是坏事，再做下去，更有妙境。并须参看本刊前数期安徽师范学生李朝瑞君各封信函，及本刊本期广东中山县刘裕良君八问。虽男女生理不同，其逆行造化则同。

（原函）《女丹十则》云："女子将赤龙斩去，须要炼之以真火，应之以真符。倘火符差失，不独金丹难结，将有血崩之患。"此言真实不虚，弟子业已经过一次。随后用月余之工夫，方始平复，乃过去事也。至于最短期内，又将赤龙斩去，迄今已半年有余。不料既去而又复返，此殆不知真火真符之过耳。窃思女子修道，超证解脱，全在乎此。若不将此关透澈，未免徒劳而无功，结果仍是老死而已，与凡夫何异乎？

宁按：高见甚是，愚见亦同！

又按："斩赤龙"工夫，并不十分困难，比较男子工夫容易数倍。其所以断而复来者，必定有个原因。男子做小周天工夫，常有将阳关闭住至一年半年不漏精者，后来亦复有漏泄之时。若详细研究，皆因其工夫有不合拍处，太过或不及，皆能出毛病。须要识得一个"中"字。饮食小节，也有关系。吃素的人们，常常欢喜吃麻菇、竹笋、味精等鲜味之品，极不相宜。应该食淡而无味之菜饭，酱油盐类、胡椒辣椒亦不宜多食。其他小节目甚多，未暇悉举。

（原函）踌躇之顷，得闻尊师大名，特于日前不揣冒昧，具楮投前，深荷不弃谫陋，大札下颁，捧读再三，欣感莫名！

宁按：我此刻是现外道身，专弘仙学，与佛家宗旨不同。女士既削发皈依佛门，若再从我学道，不怕同门见怪吗？

前几年常有佛门居士从我学道，偶有一二位居士运气不好，被他们同社中人晓得，大起交涉，骇得他不敢出头。后来又与我商量，要我代守秘密，不必公开。我以为学道是正大光明之事，何必瞒人？若像这样鬼鬼祟祟，成何体面？岂非把仙道的名誉弄坏了吗？他虽有他的苦衷，我却不便允许，只得作为罢论。不知女士亦有此障碍否？所以我暂时不将女士姓名登出，就是这个意思。

（原函）兹特备呈始末，聊渎听闻。倘不以鄙劣为嫌，敬乞师尊大发慈悲，将进火、退符、沐浴、温养、大小周天、文武火候、采取封固、活子时等种种秘密口诀，详加开示，以便修持。倘获俯如所请，则将来之成就，皆属师尊大人之所赐矣。感激鸿恩，岂有涯哉！

答曰：学佛的人，常常被名词弄昏了。学仙的人，也有这个毛病。将来我可以代你打破这许多疑团，请你不要着急。

（原函）……又禀者：窃观女丹书云"女命有三"，当系指海底、中宫、乳房而言。究不卜女子修炼初下手时，应当守何部为宜？

答曰：守中最宜。这个"中"字，是"神气合一"之中，不是中宫之中；是内外感应之中，不是执着一身之中。至于海底、中宫，乳房，非不可守，但执着一处死守之，则不合大道。

（原函）至于弟子现在须用何工夫，方能得着造化。阳生之景，人人皆知，但用之的当与否，未必尽能了解。古云："差之毫厘，失之千里。"诚至言也。

答曰：现在姑且用你自己所习惯的工夫，暂时做下去，需要"绵绵若存，用之不勤"（这两句是《道德经》上所说，初下手正好用得着）。阳生之景是否准确，先要明白"活子时"。"活子时"之发现是否清真，先要明白"活午时"。女功修炼，大都是言汞不言铅。① 宋朝曹文逸仙姑之《灵源大道歌》，在女丹书中甚有价值，不可不看。若未曾见过，将来我可以钞一份送与你。

（原函）弟子每遇道中长者，辄以玄妙相问，皆含糊答应，是不肯明言耶？抑不知耶？

宁按：有三种缘故：一种因为男女之界限，不能畅所欲言。二种因为男子只懂得乾道工夫，关于女子身上生理不能透澈了解，说出来似乎隔靴搔痒。三种②伊等当日从师学道时，不问女功，所以后来别人问他，他就不能回答。以上三种，是男导师之缺点。若女导师，虽可免除这三种缺点，又因为她们的程度尚不及你，你问她，她当然回答不出。

（原函）伏维师尊大人内外兼全，功果齐备，言论迥异常人，志愿独超往哲。弟子欣忭之余，窃谓三生有幸，虽属邮函往来，何异亲聆尘教。但恐天机口诀，严守秘密，必须当面开示，不肯纸上轻传，是则无可奈何之事矣。窃念师尊大人心存弘道，志切度生，可否为方便故，破格相授，不胜馨香祷祝，拱俟瑶音，谨此拜白。弟子顿首

答曰：函授亦可，但请勿着急。此事有时节因缘，不能勉强。将来得便，拟钞几种女丹口诀，从邮寄奉。不过此事也要看学者智慧福德如何。完全依赖口诀，亦难保必定③成功。

---

① "女功修炼，大都是言汞不言铅"句，圈点文字删除。

② 此处似脱文字，圈点文字添加"因为"二字。

③ "必定"二字，圈点文字改为"人人"。

覆济南张慧岩君[1]（1936年）

（原函）前于秋末曾上一函，谅蒙垂察，迄今未蒙训覆，不胜闷闷。

宁按：敝处积存各埠来函，有四十封之多，尊函未曾看见，抱歉之至！

（原函）后学幼年体质萎弱，命运坎坷，十四岁失学，以后即无机缘读书。虽天性好道，苦无明师，至三十岁，始略明口诀。奈世变沧桑，师友离散，嗣后不但明师未能访得，即真正同志亦未觅到，以致绝口不谈命学者数年。非不谈也，实无可谈之人，徒招毁谤耳。

宁按：真正同志，国内不乏其人，惜散处各方，不通声气。本刊即是访求真正同志的唯一介绍物。

（原函）在此有限光阴、俗务百忙中，不敢轻易虚度，因是而学佛，由五戒再进而菩萨戒、而净、而禅、而藏密，欲探讨密教即身成佛之真谛。然访求明师之夙愿，未敢须臾忘怀。

宁按：班禅、达赖之辈，都是活佛。密教即身成佛，到了极处，也不过像他们一样，请问你愿意不愿意？[2]

（原函）今春在《扬善》刊中拜识先生，自庆明师已得，并蒙悲示一切，尤为钦感。

宁按：此言愧不敢当。我仅可以帮助同志诸君研究而已，自己尚未成功，难为人师。

（原函）奈后学所处之环境困难，工作忙迫，非遇机不能告假。然不蒙我公首肯，又不敢冒昧进谒。恳乞先生垂怜后学环境限制之苦、多年求道之殷，赐予面诲之缘。尤乞勿以时机有待，见拒门墙之外，则感且不朽矣。

---

① 原载《扬善》第4卷第1期（总第73期，1936年7月1日），未署名。

② “班禅、达赖”段文字，圈点文字删除。

答曰：学道而为环境所困者，岂止阁下一人？遍国中皆是也。若不设法解决此种困难，虽得传口诀，有何用处？无非抱道终身而已。此事须用团体办法，方能有济，现正在筹划此事，请勿着急。

再覆北平杨少臣君[①]（1936年）

（原函略）

少臣先生道鉴：

顷由翼化堂转到惠书，并致济南市长论道信稿，皆已快读一过，欣慰奚似！敝处积存各埠同志来函，近日抽暇稍为清理，竟有四十封之多，拟牺牲一月光阴，于本刊上答复之。从七月一日出版第七十三期起，每期"通函问答"门，必有十页左右，请略注意。去岁尊函，亦在其中。

张化声君现居湖南宝庆，常遵先君现居湖南湘阴，纯一子往来苏沪两地，竺潜君常住上海。宁自己现伏处乡村（地点介于松江上海之间），暂时托足而已。

愚意欲借本刊联络全国好道同志，组织一实行修道之团体，但此刻机缘尚未成熟，望阁下稍安毋躁。只求中国大局粗告和平，宁之目的必能达到。俟团体成立，负责有人，宁即披发入山，刻苦修炼去矣。

现代国家社会，无论办何种事业，皆非有严密之组织不可。孤立独行，断难成事，盖不徒修道为然也。惟组织一种团体，必须经过许多官样文章，手续麻烦已极。愚意俟中国道教会正式成立之后，将我们修道团体，附设于道教会之内，名正言顺，免得另起炉灶。此举能否成为事实，要看时局如何。阁下当然赞成此举，并望多邀几位忠实同志，合群策群力以赴之，必有济矣。

---

① 原载《扬善》第4卷第1期（总第73期，1936年7月1日），署名"撄宁"。圈点文字注曰："此信不钞"。

《中华全国道教会缘起》登在本刊，想早已邀览，故不再寄。北平王礼贤医生亦好道，自云参访多年，尚未得诀。此君相信金丹真传。又北平钱道极君，亦曾经各处乱撞，尚未立定脚跟。伊尝有来上海之意，可惜敝处团体组织办法没有头绪，虽来亦无济于事，徒劳跋涉耳。尊驾如得暇，不妨就便与王、钱二君一晤。张慧岩君现状如何？颇以为念。

再者，张化声君精于佛家唯识宗及三论宗，竺潜道人精于禅宗，常君遵先主张儒释道三教一贯，纯一子笃信双修接命之说，不承认余宗别派。宁之志愿，较彼诸君略有不同，因欲集仙学之大成，不便偏守一家言论，且不肯让仙术为富贵人所独占，以致平民无分，故不提倡栽接说，所以异于纯一。因欲维持仙学地位，不屑借用佛典中之名词与理解，以免受佛教徒之轻视，故异于竺潜。因欲专弘道教，不愿受佛教家教义所支配，将道教摄入佛教天乘，故异于化声。因希望肉体证得之神通，消灭科学战争之利器，不得不注重实验，谢绝空谈，只讲物质变化，不讲心性玄言，故异于三教一贯。

因欲联络全国超等天才，同修同证，共以伟大神通力，挽此世界末日之厄运，非但不赞成生西方，并且不许升天，不许作自了汉，不许厌恶此世界之苦而求脱离，不许欣慕彼世界之乐而思趋附，故异于往昔前辈神仙之宗旨。忝属知音，用敢掬成相告。

此覆并候

道安。

撄宁

湖南湘阴神童常熿来函并答[①]
(1936年)

(原函略)

答曰：来函所言静坐之效验，若在大人，不足为奇。所奇者，十一

① 原载《扬善》第4卷第1期(总第73期，1936年7月1日)，未署名。

龄小童耳。必是夙种慧根，方能领悟及此。观本期所载广东中山县刘君，以六旬老翁，其效验如彼。贤侄不过十一岁，试做初步静功，效验又如立竿见影，可见仙道工夫不问老幼①，皆能有成，就怕人不肯做。《参同契》云："上德无为，不以察求。"××贤侄现在就具足上德之资格，用不着头上安头②，再学什么口诀。只要能每日静坐，不使间断，即足以了却大事，胜过余等百倍。身内一切变化，你莫管他，奇奇怪怪的现象，将来尚层出不穷呢！

令尊大人笑而不答，含有深意。因此我想起古人一首诗云："问余何事栖碧山，笑而不答心自闲。桃花流水杳然去，别有天地非人间。"你能悟会此诗言外之意，工夫包有长进。

尊大人前，望代我问候，南岳衡山，不知已寻得修炼之胜地否？我去岁遍游苏浙皖三省名山，结果仍无所获。盖以时节因缘未能辏合，只得再看机遇耳！

覆浙江金华孙抱慈山人③
(1936年)

（原函略）

敬覆者：

宁去夏偕马、张二君，各处游山，实非流连风景，盖有两种目的：一则寻觅修炼之胜地，一则访求绝俗之高贤。结果他无所遇，仅于赤城紫云洞遇先生一人耳。惜为时间所限，未获畅聆尘教。别后思慕不置，虽白云在望，而青鸟无踪，徒深慨叹！去秋展转奉到瑶章，辱承过誉，惭慰交集！理应早日裁答，又以尘劳挫志，急景凋年，半载蓬飘，未遑

① "幼"，原作"效"，误，据圈点文字校改。

② "头上安头"，原作"头安上头"，据圈点文字校改。

③ 原载《扬善》第4卷第1期（总第73期，1936年7月1日），署名"撄宁"。

安处，迟至于今方能抽暇与先生通问，幸有以谅之！

宁蛰伏农村，朝夕共编氓为伍，蛙鸣阁阁，犬吠狺狺，遥想先生以不食人间烟火之身，徜徉于碧嶂苍松之下，仙凡路隔，未卜何日再接清辉？曷胜翘企！尚希不时将山中消息示我为盼。

敬候

道安。

撄宁顿首

（附告阅者诸君：孙抱慈山人乃辟谷术专家，能一月半月不食，而行动自如。）

答苏州张道初君十五问[①]
（1936 年）

张君原函，乃去岁三月廿一日到社。本欲提前作答，所以迟至今日者，实因宁之行止无定，且居沪时甚短促，故对于各埠来函，大半未能详细答覆。前次又承周敏得君雅意，亲来乡间，约我同游雁荡。余思社中积存问道函件颇多，若再出游，不知何日返沪，是则此等函件永无清理之机会。故决意在乡间作长期休息，并借此一了文字之缘耳。撄宁[②]

（部分原函略）

第一问：读先生答无锡汪伯英君第五问，知道家亦有上中下等品级，《参同》、《悟真》，尚非人己两利之上上等法门。初曾读孙汝忠所著《金丹真传》一书，其书既斥孤坐独修之愚，又深戒三峰采战之妄，似有合于先生所谓神仙眷属之说，未审此法系何种法门？

答曰：《金丹真传》繁琐无当，不如《悟真篇》之简易。后人疏忽，

① 原载《扬善》第 4 卷第 2 期（总第 74 期，1936 年 7 月 16 日），署名“撄宁”。

② 此段文字，圈点文字全部删除。

每每混作一谈。虽以知几子之聪明，且不免为其所误，何况余子？《金丹真传》之法，比较《悟真篇》又下一等，绝对不是我们所谓神仙眷属之说，请勿误会。

第二问：读先生所著《〈黄庭经〉讲义》第四章，知道家修养方法虽多，但起手法门总在调息。初亦曾屡按调息口诀“不急不滞，勿忘勿助”之法而实地试验，不料不调犹可，一调则反感喘息，屡试屡然。此乃不得其法乎？抑另有不可轻传之调息秘诀乎？务祈示知。

答曰：调息之法，由粗而精，自始至终，皆不可离。其法甚简易，并不烦难。阁下不得其法，所以做起来颇觉吃力，是为太过之弊。以后须要顺其自然，不可过于执着。

第三问：先生所著《孙不二女丹诗注》凡例第六条有云：“女子修仙，除天元服食，窒碍难行，人元双修，誓不笔录而外，古今来仅此一门，堪称大道。”请问何谓天元服食？何谓人元双修？并因何故“窒碍难行”与“不可笔录”？

答曰：外丹黄白术，炼到一二年后，九转功成，只能点化，而不能服食，此种名为地元。由地元再求进步，炼满九年或十二年，此种名为天元神丹，可以服食。因其手续麻烦之极，令人不敢尝试，故曰窒碍难行。人元双修，即夫妇同修同证之法。因俗人少所见而多所怪，且非生有夙慧者不能行，非夫妇二人程度相等者，则必遭对方之掣肘，而亦不能实行。故必遇上上根器，而且夫妇二人一心一德者，方许传授。又须经过一种规定之仪式，及严厉之誓辞，否则不准随便轻传，故曰誓不笔录。

第四问：上上等法门，既誓不笔录其诀，但其理可得而闻乎？

答曰：以世俗言，男子偏于阳，女子偏于阴。以丹道言，男子外阳而内阴，女子外阴而内阳。总而言之，不管他们谁是阴，谁是阳，都嫌其偏枯而不完全，此乃人类有身以来最大的缺憾，亦即生死流转唯一的动机。试观电池，正负线相接，则起轮回。再看磁铁，南北极相遇，则相吸引，其故可思也。但后天阴阳，虽分为二，而先天一气，却是整个的，其本性实不欲分离。修道者，贵在利用后天之阴阳，以返还先天之一气。换言之，即是从偏枯不自然之变态上，逆行造化，以求回复中和自然之本性而已。

第五问：得《参同》、《悟真》、《天仙正理》、《金仙证论》等法门而修成者，曰“天仙”，曰“金仙”。未审得上上等法门而修成者，是否亦称“天仙”、“金仙”？抑如人类然，虽总名为人，其间亦有贤愚阶级之分，而未能一致耶？

答曰：在别种动物眼光中，看人类全体，几乎没有一个人不是神通广大的。而在人类眼光中，看自己同类，其间实有优劣之分，阶级等差，多至不可胜数。依此例推测仙界，其间当亦有阶级之分，程度恐不能一律。

第六问：昔年那几位仙人系以上上等法修炼成道者，可得闻其姓名乎？

答曰：中国古昔无出家之说，凡修仙学道之人，都是有眷属同居。自从佛教传到中国以后，才有出家制度，于是男子出家叫作“和尚”，女子出家叫作“尼姑”。其本意原想脱离家庭之苦恼，而求得身心之清静，孰料“一著袈裟事更多”，其苦恼依旧不能减少。道教全真派，即是模仿佛教而作，是后起的，不是古法。古法修炼，皆是夫妇二人同心合意，断绝俗情，双修双证，与孤阴寡阳的制度大相悬殊。刘纲、樊云翘二位，乃夫妇双修中最负盛名者。至于北七真中，如马丹阳、孙不二两位，未免沾染佛教的习气，要讲究抛家离室，各走一边，已失却古神仙的风范了①。

第七问：闭阳关法，以初所知者，有下列数法：（甲）用诸丹经所传风火同用之功，而将阴精炼化，则阳关自闭矣。（乙）用龙虎衣固济外肾，使不漏泄（此法由先祖父所钞《还丹直指》中摘出，但未审“龙虎衣”究系何物）。（丙）根据古语“用之则成路，不用则茅塞之矣”之理论以闭之。除以上三法外，是否另有不可笔录之秘诀？

答曰：风火同用之炼法，可以将精炼稠而变为坚韧，不可使其稀薄而化气。此法有流弊，难以完全信托。“龙虎衣”定是隐语，必须观上下文义与辞句，方可揣测而知，否则不便臆断②。至于“不用则茅塞”这句话，亦不合于事实。人身精窍，地位甚小，里面长满了，自然就要溢出来，不管你用与不用。此外法门尚多，未能悉数，惟在因人说法。

第八问：辟谷设法③，是否依服气而成？

答曰：服气是辟谷法中之一种，另外尚有用药物代食法，或入定不食法。

第九问：心灵学家余萍客所著《精神统一法》及《修养二十派》两书，先生阅过否？有裨于修养之一助否？

① “未免……风范了”数语，圈点文字改为“名望亦望”。

② “必须观上下文义与辞句，方可揣测而知，否则不便臆断”句，圈点文字改为“不便明言”。

③ “设法”，圈点文字改为“诸法”。

答曰：此二书我未曾见过。余君本人，我却会过一面，但未谈及修养之事。此二书并尊处家藏钞本《还丹直指》，如得便，望从邮局寄到翼化堂转交与我，以便研究，要挂号为妥。

第十问：先生答汪伯英君第五问中有云："三种法门，其用语彼此相同，以致无从辨别。"可否请先生将辨别之法详示？俾可跳出闷葫芦。

答曰：外丹与内丹，一个是在炉鼎中烧炼的，一个是在人身内变化的，学者先要把这两条门路认识清楚。铅汞二物，在外丹中是实体的东西，在内丹中却是比喻。精气神三项，在内丹中是正式的名词，在外丹中却是借用。此为第一步辨法。

第二步，又要晓得铅汞二物在外丹中，亦有真凡之别：凡铅是初次从铅矿中烧炼出来的，凡汞是初次从朱砂中烧炼出来的，真铅、真汞是凡铅、凡汞经过种种艰难的手续变化出来的。但真铅、真汞虽只有二个名词，而代表底物件却不止两样。此乃专门学术，非实验不能明白，不比宗教迷信、哲学空想，可以随便乱谈①。

第三步，又要晓得内丹书上也常有外药字样，也常用炉鼎名称，但与黄白术之作用毫不相干。因为这件东西，不在自己身上，是从外面来的，所以叫作"外药"。"炉鼎"二字，有时完全指此物而言，有时完全指彼物而言，有时炉在彼处、鼎在此处，有时鼎属彼家、炉属我家，离合交错，不可究诘。通其法者，头头是道，若执着一端以求其解，则满纸皆荆棘矣。

第四步，又要晓得像伍冲虚、柳华阳一类底述作，只讲清净独修，不说阴阳栽接。他们也有内药、外药之分，意思是指自己身中本有的名为"内药"，从虚空感受到自己身上的名为"外药"。虽也说药从外来，而来源却不相同，这一点学者要辨别清楚。

第五步，又要晓得湖州金盖山闵小艮一派②，是调和派。他因为历来修道的"阴阳栽接"与"清净孤修"常立于反对地位，遂另外开一条门径，将二者合而为一。虽讲清净，而不是孤修；虽说阴阳，而不是栽接；既非《参同》、《悟真》之法，亦非冲虚、华阳之法，更非悟元子《道书十二种》之法。学者当知辨别。

第六步，又要晓得悟元子各种著述，在道书中可以称他是个乡愚愿③。

① "不比宗教迷信、哲学空想，可以随便乱谈"句，圈点文字删除。

② "闵小艮一派"，圈点文字改为"《古书隐楼藏书》"。

③ "在道书中可以称他是个乡愚愿"，圈点文字改为"专讲先天，不讲后天"。

他把别人家所用的旧名词概行排斥，换上他自己所造的新名词，实际亦不过尔尔。

第十一问：先生言三教书籍约有二万卷，读完一半，也需三十年。但以时间关系，初实未能胜此久远之程途，可否恳先生将关于修养最要紧的书籍，指示若干种？俾可循序参读，而又不多费光阴，即得知其概略。

答曰：若专为自己个人修养起见，用不着读许多书。儒家只读“四书”、《易经》，道家只读《老子》、《庄子》、《淮南子》，仙家只读《参同契》、《抱朴子》、《黄庭经》、汉刘向《列仙传》、晋葛洪《神仙传》，丹家只读晋许真君《石函记》、吴猛《铜符铁券文》、宋张紫阳《浮黎鼻祖金药秘诀序》、范文正公所传《渔庄录》、白紫清《地元真诀》。以上各种书籍，已足供研究之用，且与佛教不生关系，界限甚觉分明，比较普通流行底道书，高得多了。坊间通行底道书，每喜夹杂佛教名词在内，把神仙真面目反而掩藏起来，于是乎“神仙”二字，在世俗人眼光中，也等于佛教之生西方、耶教之生天国，一样看待，弄得恍惚无凭，吾等应当力矫此弊。

第十二问：《唱道真言》一书，是否北派？

答曰：此书是乩坛笔录，无所谓派。书中道理讲得不错，自成一家之言，比较现在的乩坛文章，有霄壤之别①。

第十三问：人身关窍，以何书所载者最详？

答曰：关窍等类的名词与地位，须要看医家书，如《黄帝内经》、《黄帝甲乙经》，针灸家所用之铜人图等。昔贤常谓医道通于仙道，故学仙的人应当知医。

第十四问：相传“白日飞升”、“拔宅飞升”这类故事确否？

答曰：“白日飞升”的意思，就是表明不在黑夜而在白昼，可以给大众亲眼看见，自然是实有其事。不然，如何安得上“白日”二字呢？“拔宅”的意思，就是说全家的人都成仙，不是说把住宅弄到天上去，此事非服食天元神丹不可。寻常修炼“金液”、“玉液”、“结胎”、“出神”等作用，仅能了脱个人，而不能超拔全家也。

第十②五问：丹经中所用之“琴剑”及“敲竹唤龟”、“鼓琴招鹤”等隐语，究竟作何解释？乞详示。

答曰：“琴”用指可弹，是调和的意思；“剑”有尖可刺，是锋利的

---

① “比较现在的乩坛文章，有霄壤之别”句，圈点文字删除。

② “十”字，原脱，校补。

意思。“竹”体圆直而虚心，是离卦一方面事；“龟”属北方“玄武”，是坎卦一方面事。丹经只言“鼓琴招凤”，没有“招鹤”之说，“凤”属南方“朱雀”，与北方“玄武”是相对的。就同青龙对白虎一样，剑与琴也是相对的。此处有剑，彼处即有琴。带剑的武夫，不许倚仗自己的利器，随便轻临战阵，与人争强斗胜，只许模仿文人雅士①，隐居密室中。鼓琴养性，按剑怡情，任尔英雄，竟无用武之地。朝朝暮暮，长久于斯，自然心平气和，烟消火灭，于是乎百炼钢化为绕指柔矣。丹道所以异于世法者在此。噫！知之固难，行之尤难。全国四万万同胞中，能明此理者，大约不满四百人，即不及百万分之一也。能略得此诀者，大约不满一百人，即不及四百万分之一也。能全得此诀者，大约不满二十人，即不及二千万分之一也。能实修此道者，大约不满十人，即不及四千万分之一也。能实修又能实证者，大约不满四人，即不及万万分之一也。能实修实证，而且能达到成功之地步，如古人所谓“白日飞升”，大众可以用肉眼共见者，今时全国中尚无一人也。以上所言，仅限于《参同》、《悟真》一派的学者，不是说其他宗派都在此内，幸勿误会。②

与国医某君论丹道函③
（1936年）

□□大医士道鉴：

多日未晤，忆念良殷。前承垂询人元丹法，惜以时间短促，未能罄所欲言，今补述如后：

考吕祖、紫阳、三丰诸位，皆依此法而修成，末学如仆，何敢有所诽议？清净派专讲单修，硬将《悟真》、《玄要》之秘旨，在自己一身之

---

① “士”，原作“事”，误，校改。

② “全国四万万同胞中，能明此理者”以下诸句，圈点文字全部删除。

③ 原载《扬善》第4卷第4期（总第76期，1936年8月15日）。

精气神上摸索，勉强加以曲解，不免厚诬古人。但如阴阳派夸谈妙鼎、艳说彼家，将先哲所传之调息凝神、守中抱一工夫，概视为修性不修命。照伊等之见识而论，几乎吾辈自己身中，只有性而没有命，命全在别人身内。请问此理可通否？须知天空中轰雷打闪之电，电灯厂机器磨擦之电，干电池药物变化之电，蓄电池随时储蓄之电，此四种电之来源虽不同，而电之性质却是一样。普通静功，譬如蓄电池之电；人元丹法，譬如电灯厂之电；地元丹法，譬如干电池之电；天元丹法，譬如天空中之电。事固有异，而理实无异。果能研究至此，则丹道问题，亦不难解决矣。

天元之道有二：一为天元神丹，乃地元再进一步之作用；一为先天一炁从虚无中来之天元，乃清净独修真凭实据之工夫。彼辈讲阴阳栽接之术者，自己工夫未曾做到此种地步，而且见识不广，囿于一家之言，所以不知人身内有此极平易而又极神奇之现象，每每劝人走一种很艰险的路程，以致抱道终身，永无实行之希望。

全国中好道之士，大都是经济力量薄弱、室家累重、生活困难，岂有余力依法设备？势不能不访求外护。流弊甚多，未能悉举。因而人格降低、声名狼藉者，往往有之。何况现代法律条文，比较昔日加倍严密，可谓动辄得咎。与其轻率尝试，贻他日失败之忧，不如慎之于始之为愈也。

专诚奉答，并候暑安！

撄宁上言

《仙道有真实理由》按语[①]
（1936年）

（正文略）

① 原载《扬善》第4卷第4期（总第76期，1936年8月15日），正文署名“中和子”，按语署名“撄宁子”。

撄宁子曰：本刊编辑部将此稿并其他各件，转带到乡间敝寓，遂得快读一过，因此有不能已于言者。作者须知，吾国今日并无真正的科学家，如创造力学上运动三定律之牛顿，发明蒸汽机之瓦特，发明热力学单位及电学上各种器械之克尔文，发见地球磁性之吉尔伯特，定立阴阳电名词及发明避雷针之弗兰克林，发明验电、起电、蓄电各种器具及测定电势差之弗打，测定电流实用单位之安培，创造电学上欧姆定律之欧姆，发明有线电报之摩斯，发明无线电报之马可尼，发明电灯及留音机之爱迪生，发明电话之柏尔，发明空中飞机之莱特氏弟兄，发明爱克司光之栾金，发见微生物之雷温霍，确立细菌学基础之巴司徒，以及进化论之达尔文、电子论之汤姆生、相对论之爱因斯坦。如此一类人才，数不胜数。彼等才配称专门科学家，然皆产生于欧美各国，我们中国何尝挨着一个半个？中国果真有科学家，决不会衰弱到这样地步。至于普通一般由外国或中国学校毕业的人，仅仅读过几本科学书而已，那里当得起专门科学家之头衔？真正的科学家，都是从迷信中制造出来的。他们若没有迷信，如何肯把毕生全副精神牺牲在一件事物之上，成败利钝皆所不计。假使用此种精神修炼仙道，谁敢料其必不能成？况且外国的科学家，常常想设法离开地球，到月球上去探险，又想与火星上人类互相往来。他们不是宗教家，不懂得死后生天，要去就是连肉体一同去，将来倘能达到目的，岂不是白日飞升吗？谁敢小量他们一定做不到？作者所谓“骂仙道是迷信”，乃是世俗愚夫口吻。真正科学家，必不敢轻易下此论断。否则就是误认仙道同别种宗教一样，以为也是死后的事，无从证明，所以说是迷信。若要破除这个疑团，须要事实作证。这全看将来学仙的人成就如何，今日可以不必空辩，枉费笔墨而已。

再者，仙道本来是在佛教范围之外。佛教的教主释迦牟尼，他自己就不懂中国的仙道，何况后代佛教徒？他们说仙道是外道，这句话老老实实，一点不冤枉。他们若说仙即是佛、佛即是仙，使出一种滑头市侩所常用的影射冒牌手段，弄得鱼目混珠，那才真是冤枉呢。作者所见，与我完全相反。

丹道刻经会公启[①]
（1936 年）

敬启者：我国盘居亚陆，雅号中华，道德崇高，历史悠久，举凡国家之文化声威，国民之智能才艺，皆足以震耀寰球。独惜满清末叶以来，朝野上下，故步自封，只知消极退让，不知积极图存，以至国弱民穷，常为外人所轻视，鄙我国若属地，诮我民曰病夫。愧无雪耻之方，时有灭亡之惧。今则愈逼愈紧，国将不国矣。夫救国之道，头绪万端，内政外交，责在当局，吾辈以闲散之藐躬，尽分忧之义务，亦惟有努力于提倡学术一途耳。

试问何种学术最适合于吾国现代之时机？或曰科学，或曰佛学，虽皆有片面之理由，然二者相逢，必起冲突。盖科学偏于唯物，而佛学偏于唯心，各走极端，势不两立。只有吾国自古流传之道家学术，精粗咸备，心物交融，既不屈服于物质，亦不空谈夫心性，小之可以保身，大之可以强种，糟糠可以治世，玄妙可以通神。执两而用中，其斯之谓欤！

愿欲进此超凡入圣之门，不能不借重于经籍。而古本丹经道籍，现在颇多绝版，将来尤恐失传。至道沦夷，可悲可惧！因此亟需设法，筹备基金，翻刻流行，承先启后，俾中华国宝，永留天壤之间，庶亿兆生灵，尚有昭苏之望。惟是层楼巨厦，一木难支，所冀当代仁人君子，具救国之慈怀，矢修真之宏愿，共襄盛举，集众志以成城，广积阴功，为苍生谋幸福。同人等不胜馨香百祷以俟之者也。谨启。

发起人：许得德、张竹铭、汪伯英。

---

① 原载《扬善》第 4 卷第 5 期（总第 77 期，1936 年 9 月 1 日），没有署名。圈点文字注曰：“后来改用九十四期第一一页所登《缘起》之稿。此篇是初稿。”而《扬善》总第 94 期则有《丹道刻经会缘起》一文，圈点文字注曰：“此篇与第七十七期四一三页所登《丹道刻经会公启》大同小异，皆撄宁所拟稿。”

一、刻印范围

（1）道源类。（2）道经类。（3）内丹类。（4）外丹类。（5）修养类。（6）法术类。（7）护道类。（8）劝诫类。（9）杂著类。（10）融通类。

二、刻印方法

（1）木版印。（2）铜锌版印。（3）影印。（4）石印。（5）铅字排版。（6）油印。

三、刻印手续

（1）管理团审查原本或原稿。（2）议定刻印方法及估价。（3）集募款项。（4）刻印流通。

四、本会组织

（1）先由发起人并赞助人共组织管理团。（2）管理团内分各职：主任、副主任、会计、调查、交际、文书、庶务、校对。

五、本会经费

（1）来源：甲、赞助人及发起人等捐助或劝募。乙、定印定刻人所交付之款。

（2）支出：每种图书之刻印成本及零星开支，实报实销（收支清单，当发给印书捐款人，或附载书后）。

（3）基金：（甲）募集。（乙）售书盈余。

《洞霄宫诗》补注[①]
（1936年）

（原诗及自注略）

撄宁补注：洞霄宫，乃宋道观，在浙江省余杭县大涤山中。是处岩壑深秀，泉石清幽，大可洗涤尘襟，故名大涤，为道家七十二福地中之

① 原载《扬善》第4卷第6期（总第78期，1936年9月16日），诗下署“杭县马一浮作，撄宁钞登”，诗后有陈撄宁补注。

第五十三福地。上有许迈修道遗址，并归云、鸣凤、龙光、栖真诸石室。十载以前，曾偕马君游此，惜未穷其胜也。

李沆，宋相，在位日取四方水旱盗贼奏之。王旦以为细事不足烦帝听，沆曰："人主少年，当使知四方艰难。不然，血气方刚，不留意于声色犬马，则土木甲兵祷祠之事作矣。吾老不及见，此参政他日之忧也。"其远虑先识如此，时人称圣相。

邓牧，字牧心，别号三教外人。宋亡，不仕，隐居余杭洞霄宫之超然馆，常经月不出。沈介石为营白鹿山房以居之，与谢翱、周密等友善。大德中，无疾而逝。著有《洞霄图志》六卷，其诗文集名《伯牙琴》。

致湖南宝庆张化声先生书[①]（1936年）

化声先生道鉴；

两蒙惠书，久未作答。一者文字债积欠甚多，酷暑执笔，挥汗成章，蚊虻噬肤，有如锥刺，实不胜其苦闷。二者乡居简陋，不足以容仆役，凡家庭琐屑，皆宁与拙荆分任其劳。自旦至昏，几无暇晷。兼之求诊乞药者踵相接，而村妇牧童复时来喧扰。近之则不逊，远之则怨，孔夫子真不我欺。因此致疏笺候，原谅是幸。

日昨荷黄忏华居士招游浙省富春江，登严子陵二钓台，直上八百级，俯仰绿水苍岩，悠然神往。惟一临西台，想及谢皋羽当年痛哭之情，又不禁为民族前途惧也。古云："大隐市朝，小隐林薮。"鄙志不敢求其大，仅慕其小。今小者且不可得，除每日鸡鸣而起，伸纸磨墨，孳孳与人作辩论外，眼所接者，瓜豆禾黍之离离，耳所闻者，老圃老农之絮絮。长此以往，赤松子之游，未必能从，田舍郎之诮，终不可免。先

① 原载《扬善》第4卷第7期（总第79期，1936年10月1日）。

生将何以教我乎？

曩者曾奉尊函，劝我努力弘扬仙道，勿虑孤掌难鸣，并允助我应战。俟数年以后，付托有人，吾等即可把臂入林，寻寒山拾得之遗踪，继修静渊明之三笑。此意早铭肺腑，用是不辞驽钝，甘效前驱。虽则目无全牛，然已势成骑虎。转瞬四载，尚未有了期。所有赠稿诸君，立在一条战线者甚少，亦可叹矣！北平刘显亮居士曾云："持论有摄法，有拒法。"宁前所用者乃摄法，如《答南通佛学社问龙树菩萨学长生》一篇，及"问答专刊"等皆是。后所用者则拒法，如《吕祖参黄龙》三篇，及其他各篇之按语皆是。

宁之本意，原不欲拒人，无奈自古迄今，佛教徒对于外道，都用拒法。虽亦偶有用摄法者，又不肯以平等相待。亦如现代时髦外交，口头上讲共存共荣，实际上却欲惟我独尊者，如出一辙。① 元明以来，主张三教平等一贯②者，未尝无人，然每每为佛教徒所嗤，此愈欲摄，彼愈欲拒，此愈欲亲，彼愈欲疏，此愈谦和，彼愈骄傲。同属同文同种同国之人③，何其不近人情如此。是非佛教徒之过，彼教义使然也。若不先折服其教义，而贸贸然与之谈平等、讲一贯，焉能不受其排斥哉？印光法师之辟"仙佛合宗"，不过十百中之一耳，又何足怪！印光文钞可以批驳之处极多，宁虽陋其学识，但亦佩其专诚，故不为已甚。又以道家常喜用佛家之名辞，亦属咎由自取，故不愿回护。设若尽力反击者，恐净土宗根本动摇矣。

今有一问题，须费考虑，即"楞严十种仙"是也。仙道每为知识阶级所鄙视者，十分之九受此影响。愚意拟加以纠正，惟尚未觅得所以措辞之方。和平乎？激烈乎？仅限于十种仙乎？抑攻及全部《楞严经》乎？或竟置之不理乎？幸高见为我一决择之。海内修仙学道人士，车载斗量，不可胜数。惟关于《楞严经》十种仙所处地位之卑劣，从来无一人敢为援手，且多有不知其名者。嗟乎！宁安能借助于彼辈哉。

先生对于佛道两教，研究甚深。为学术计，似宜秉当仁不让之风，破拘守门庭之习，发挥大无畏精神，直抒胸臆，倒挽江河，是所切盼。专肃奉达，并候道安！

撄宁顿首

① "亦如现代时髦外交，口头上讲共存共荣，实际上却欲惟我独尊者，如出一辙"诸句，圈点文字全部删除。

② "平等一贯"，圈点文字改为"合参三教同源"。

③ "同属同文同种同国之人"，圈点文字删除。

再者：本刊第六十一期汪伯英君《与苏州木渎法云寺嘿庵法师讨论佛学书》，的确是汪君自己手笔，宁未尝增删一字，仅于括弧内加几句按语，以补充其未尽之意耳。汪君之《人生积极大问题答案》，似乎太不彻底（答案见第六十期），无怪尊意致疑于此篇，谓非汪君自力所能办。天下事竟有出人意料之外者，此类是也。假使此篇书曾经宁手写出，决不会如此圆融。因为拙作口气，皆是锋可吹毛、刚能截铁，一动笔就要开罪于人，不能学汪君之谦恭有礼、委婉陈词、三教调和、无偏无党。虽然，愚意亦不愿与人轻启是非之争，只求将仙术拔出于三教范围之外，庶可不受彼等教义之束缚，而能自由发展，并希望由此多造就几位真实的神仙。对于世界上物质的科学，加以制裁，使好战之魔王所恃为杀人之利器，不生效力，然后人类方有幸福可言，否则二次大战、三次大战，以至不计数次大战，地球众生，将无噍类矣。宗教云乎哉！道德云乎哉！心性云乎哉！

宁再白

致南京欧阳德三先生书[①]
（1936年）

德三先生惠鉴：

奉到瑶章，辱承盛誉，愧不敢当！前者湘[②]滨旅次匆匆，炎威肆虐，虽慰识荆之望，难倾积愫之谈。如能一过都门，再图良觌，私衷自引为至幸。惟何日方能赴约，则须视因缘，未能预定耳。

先生仁厚载福，前程无量！世出世间，在菩萨法眼观之，原无差别。度人度己，下手虽有先后之殊，及其成功则一，大乘根器，誓以宏深之愿力，主宰万劫之轮回。天堂何欣，五浊何厌，修龄何慕，短命何

① 原载《扬善》第4卷第7期（总第79期，1936年10月1日）。

② “湘”，圈点文字改为“湖”。

嗟！所以坚固团结此身心者，惟恃有愿力而已。区区分段生死，安足介意乎？能如此者，自不必言长生，亦正惟能如此者，始可以学长生也。

先生早入圆观，深明实相，毋待饶舌。即如下走，亦非贪生畏死之徒。苟遇可以舍身救世之时机，未尝不欲一捐顶踵。只以不在其位，故不谋其政耳。古云达则兼善天下、穷则独善其身，仆之境遇，兼善既不可能，独善又嫌量狭，故一面隐居求志，一面投稿于《扬善》刊，聊借文字般若之效力，稍抒人己两利之情怀。收小果当在三十年后，完大功当在五百年后，此刻正是萌芽时代，固不期其有速效也。

普通拙稿，已屡见于《扬善》刊，兹不赘述。但有一事先告罪者，即是为提高神仙地位计，将来难免有诃佛骂祖之论调。彼佛祖在天之灵，或且认为契理契机之举，相视而笑，莫逆于心，而一般肉眼凡夫之佛教徒[①]，则不胜其惶悚矣。此须仰仗台端暨忏华先生等之智慧辩才，有以喻解之！率贡愚忱，诸希朗照，并请道安。

《金丹三十论》按语[②]
(1936年)

(前略)

言理不言诀论第二十九

(正文略) 撄宁按：世人妄谓东方点金术不成，遂变而为西方之化学，此乃局外人之言。谁知其中有不成而谬说已成以骗人，如江湖方士

---

① “之佛教徒”四字，圈点文字删除。

② 原载《扬善》第4卷第8期（总第80期，1936年10月16日）至第5卷第1期（总第97期，1937年7月1日），题下有注曰：“此三十篇，乃撄宁子昔日所收藏，系专讲点金术之书，虽借用内丹名词，切不可猜到人身上去。”圈点文字又注曰：“此乃点金术专书，做内功者不必看。”全文仅第二十九论、第三十论两部分有陈撄宁按语。

者；亦有已成而仍说不成以自晦，如道门高士者。外丹书，有真者，有假者，有半真半假者，有上等诀，有下等诀，更有不成其为诀而自命得真诀者。烟幕重重，普通之科学家，诚无从问津也。请观此论，即知古人所以隐秘不传之理由。

传贤不传子论第三十

（正文略）撄宁按：何人为贤，何人非贤，若不经过长时期之审察，决难断定。甚至有终身相交，结果仍自悔无知人之明者。此论所云“择弟更难于寻师”，确是实情。若问如何资格方为载道之器，颇不易言。倘能得英雄气魄与菩萨心肠兼而有之者，最合资格。不得已而思其次，亦要当得起“君子人”三个字的名称，否则恐于仙道无缘矣。或问：果如此者，岂不违背普渡之意？答曰：仙学与宗教不同，只能接引上智，若彼老氏三宝、孔门八德、佛教五戒、耶教十诫等，方能普渡耳。

答上海某女士十三问[①]（1936年）

第一问：初步入手行功，男女是否相同？

答曰：照我平日所认为最稳妥最超妙的法子而论，初步下手，男女是一样地工夫。做到后来，渐渐发生歧异之状态，这是因为男女生理上不同的缘故，乃出于天然，非由于人为。

第二问：如做“斩赤龙”工夫，每日应该行功几小时？需要几许时间，始能斩绝？赤龙斩绝之后，应该再做何种工夫？其间是否有段落？

答曰：若要正式做此等工夫，每日应该做四次，每次应该做两个钟

① 原载《扬善》第4卷第10期（总第82期，1936年11月16日），署名“撄宁”。

头，共计八个钟头，即是四个时辰。快者半年可以斩绝，慢的一年可以斩绝。斩绝之后，自然另有进一步的工夫。初学之人，尚谈不到此。惟月经炼断之后，工夫可以告一段落。若不愿继续做下去，随意休息几年，亦无妨害。但要保守得好，否则月经既断，尚能复来，又要多费工夫。

第三问：每日行功时间，是否有所限定，抑时间愈多愈好？并每日于何时行功最为相宜，或不拘时间俱能行功？

答曰：有几种小法子，是要按准时辰做工夫。若上等法子，可以不拘定时间。每日十二时，做四个时辰工夫已足，太多恐感觉厌倦，反生障碍。何时行功最宜亦无一定，惟吃饱之后，及身体疲乏思睡之际，皆不相宜。

第四问：炼丹应素食抑应肉食，或荤素不拘？或各种食物中亦有宜忌之别？至于空气阳光，是否与普通人同样需要？

答曰：素食虽然洁净，但不宜过于清淡。肉食虽然滋养，但不宜多食腥膻。素食中如磨菇、竹笋、鲜菌之类，味虽适口，但易于发病，宜戒绝之。味精、调味粉、酱油精之类，皆不宜食。肉食亦只可权食鸡鸭鱼并蛋类，其它肉类宜少食为妙。空气要十分清洁，不可有灰尘煤烟秽浊臭味。房内空气要流通，不可把门窗紧闭。阳光自然是好，但静室中阳光不宜过大，要稍带阴暗，方能使精神易于安定。如需要充分阳光者，跑到屋外空处摄受可也。

第五问：女子年龄，至多到几岁即不能修炼？男子年龄，至多到几岁即不能修炼？或者只要得诀，不拘年岁皆可？

答曰：照普通道理讲，男子六十四岁，女子五十岁左右，天癸将绝，即难再做命功。然这样说法，是死板的道理，不能作为定论。仙家妙术，贵在返老还童、无中生有，以人力夺造化之权。若为年龄所拘，束手待毙，则仙术亦不足贵矣。

第六问：阅《半月刊》，有谓“男子修成不漏精，女子修成不漏经”。所谓“不漏经”者，是否指“斩赤龙”一段工夫而言？又如男子之“不漏精”，究竟作何解释？

答曰：“女子修成不漏经”，的确是指斩赤龙工夫而言。“男子修成不漏精”，盖谓永远没有手淫出精、睡梦遗精、小便滑精、交媾泄精各种现象。

第七问：修炼有性功、命功之分，如“炼精化气”、“炼气化神”、

"炼神还虚"这三步工夫，那一种是性功？那一种是命功？或者这三种全是命功？性功乃另有一种办法？

答曰：上乘工夫，性命原不可分。所谓那一种是性功、那一种是命功，乃方便说法耳。姑为启发初机，暂定"炼精化气"是命功，"炼气化神"是命功与性功各半，"炼神还虚"全是性功。

第八问："只修性不修命"能否长生？若不能长生，其结果与普通人区别在什么地方？又，"长生不死"与"白日飞升"有无区别？

答曰：长生之效果，本是从修命工夫得来。若不做命功，决定不能长生。专修性功者，其人结果，与普通人当然有别。或有无疾而终者，或有预知死期者，或有顷刻坐化者，或有投胎夺舍者，皆是普通人所难办到的。"长生不死"是初步效验，"白日飞升"是最后结果，其程度大有浅深之不同。

第九问：阅丹经谓"法财侣地"乃四大要素。在丹财方面，若求其完美，至多应需要若干，最低应需要若干？

答曰：此条所问，乃实行方面之事，不是空洞的理论。简单几句话，很难说得清楚，须当分析言之：

（1）按上海生活程度而论，房租每月四十元，伙食每月三十元，零用每月三十元，共计每月一百元开销已足。最低限度，亦需每月五十元，再少恐不可能。

（2）若离去上海，住到外埠生活程度较低之都市，则五十元一月开销足抵上海之一百元。盖房租十五元，伙食十五元，零用二十元，在外埠已算优等生活矣。①

（3）若离去都市，住到山林出家人之庙宇中，房租饮食，一概托庙中出家人包办，则每月三十元已足。

（4）以上皆是指个人而言，若团体计划，开销当从省。人愈多开销应愈小，人愈少开销愈大，这是反比例。

（5）我平日主张团体组织，就是为同志们节省开销起见，但机缘尚未成熟，犹有待耳。

（6）有种人能吃苦的，开销可以减少。有种人图舒适的，开销尚须增多。以上所估计之数，乃不苦不乐之中等生活费用。至于医药费、应酬费、旅行费，皆不在内。又如本人家庭父母妻子等一切费用，更谈

① 圈点文字在段落旁批注曰："各种开销数目，皆按民国二十五年当时情形估计。"

不到。

第十问：如环境许可，放弃一切，意志坚决，无意外阻碍者，应需若干年始能修炼成功？

答曰：调养身体，回复健康无病之地步，约需三年。“斩赤龙”工夫二年。以后临时再看情形，不能预先说定。再者，此专指君本人而言，若换第二个人，又当别论。

第十一问：丹士每多兼练拳术。请问练拳一事，对于丹道有损耶？或有益耶？

答曰：练得自然合拍，也许有点益处。若蛮干死练，则不免受损伤矣。但各人身体不同，不能一概而论。若像贵体现在之病态，恐怕练拳不甚相宜，似乎要专门静养为妙。

第十二问：丹道有孤修、双修之别，究竟孰利孰弊？孰优孰劣？孰缓孰速？

答曰：这个大问题，自从汉朝以后，一直闹到现在，尚没有解决。盖因环境、家庭、年龄、时代、习俗、礼教、法律、道德、宗教、信仰、学问、志趣、性别、根器、传授种种不同，遂辟开两大歧路，是乃自然之趋势，我不便于其间有所偏袒。专讲双修与专讲孤修的书籍，我看过几百部。专做双修工夫与专做孤修工夫的人们，我三十七年以来，耳之所闻，目之所见，已不计其数。孤修有孤修之利弊优劣，双修有双修之利弊优劣，叫我如何判断？如何批评？今日若发出赞美双修、鄙视孤修之论调，彼财力充足之人，或在家有眷属之人，方可从事于此，请问一般经济困难者，以及出家修行者，如何办法？此中未尝没有人才。若曰：无钱不能修炼，非先筹巨款不可，出家不能修炼，非先还俗不可。此语一出，大足以灰志士之心而短英雄之气，非我所忍言也。尚有未尽之意，请参看《扬善》刊第七十四期第六页《答苏州张道初君》第三、第四、第六各问，再请参看《扬善》刊第七十六期第八页《与国医某君论丹道函》。

我们不谈丹道，先讲人道。请问一个人生在世上数十年光阴中，究竟是结婚好，还是不结婚好？这个问题，也不易于回答。结婚有利有弊，不结婚亦有利有弊，而且各人有各人的利弊，情形甚为复杂。决不能用专制的眼光与独裁的心理去武断，令人心中不服。彼等偏重孤修，或偏重双修，是己而非人者，皆专制独裁之类也。

第十三问：炼丹是否应绝欲？抑节欲即可？或房事与丹道无关？

答曰：无论男女，若平日抱独身主义者，此条就不成问题。若有配偶者，方许研究。所谓绝欲者，即完全断绝之意。此事要男女双方情愿，若有一方不愿者，即难办到。所谓节欲者，即是有节制而不太过之意。此事实行较易，稍觉近乎人情，然对于专门炼丹上颇有妨害。世间男女房事，粗俗已极，与下等[1]动物无异。比较仙道，真有霄壤之殊。若不于其间别求玄妙之法以逆行造化，惟知禀承我们人类老祖宗所遗传的劣根性，轻举妄动，如何能跳出轮回而打破生老病死之定律乎？

因未曾征询君之同意，故不将姓名宣布。若君意认为无妨碍者，下次再有问答，即将真姓名登出如宝应陈悟玄女士一样，盖已得其本人之许可也。

撄宁附白

答宝应陈悟玄女士十问[2] (1936 年)

第一问：尊云遍国中女丹书，只有廿余种。敝处仅有翼化堂之《女子道学小丛书》，及尊著《女丹诗注》，其余不得而知。如有处可买，请示地址。若系宝藏，赐借两种一抄可乎？

答曰：此等书在外面不流通，无处可买。将来得便，在本刊上披露可也。

第二问：弟子白天坐功，妄念易止，定静较易。惟夜眠醒时，便觉神旺气足，杂念纷驰，不能定神，殊有妨害。敬乞妙法以纠正之。

答曰：细阅《坐忘论》，熟读《坤宁经》，当能觅得止念之妙法。我的见解，以为“杂念”这个东西，对于初步工夫并无大害。只要你的身

① “下等”，圈点文字改为“其他”。

② 原载《扬善》第 4 卷第 10 期（总第 82 期，1936 年 11 月 16 日），署名“撄宁”。

体坐着不动，杂念忽起忽落，听其自然可也。止水无波，谈何容易！

第三问：吾道中福慧兼全之女子，将来可期成就者，师尊访道多年，心目中当有赏识。乞指示数位，聊悦心怀。

答曰：世上人福慧俱无者，占大多数。其少数者，或有福而无慧，或有慧而无福。至于福慧兼全者，乃居极少数。若福慧兼全而又好道者，并且可期成就者，今日女界中诚不易得见。现正在留意访求，若有所知，当以相告。

第四问：有节妇某，十九岁出嫁，念四岁丧夫，身体强壮，心性聪明，所可怪者，月经始终未至。今拟立志修炼，不卜其将来可有得药还丹之希望否？敬乞指示。

答曰：女子终身无月经者，世上不乏其人。若非身有暗疾，便是前生带来的夙根。当真做起道门工夫来，比较有月经的女子更加便利，因为可以省却斩赤龙一番手续。从前有一位老牌电影明星，她就是生来没有月经的，人甚聪明，年龄虽大而容貌不衰，但是她不懂得修炼工夫，飘流放浪，甚可惜也。

第五问：丹经皆谓女子用功与男子不同，又云“言汞不言铅”。弟子愚蒙，敬祈开示。

答曰：这是因为男女身上生理之不同，是天然的分别，不是故意的造作。所谓“言汞不言铅”者，不是说女子身上只有汞、没有铅。因为旧时代的女子，被旧礼教旧道德所拘束，每每害羞而不肯明言之故耳。

第六问：女丹书云：“风欲来即须擒虎，雨将降乃可斩龙。不先不后，及时斩取，方可锻炼也。”此中玄妙，未敢强猜，叩乞吾师详示。

答曰：及时斩取的“斩”字，恐是“采”字之误。详细情形，可参看《孙不二女丹诗注》“斩龙”一首。若再不明白，则笔墨颇难宣达，将来只好口传矣。

第七问：“阳火”、“阴符”果系前降后升欤？究竟如何转运，及何时应用？叩乞开示。

答曰：此种运用，玄妙精微，纸上说不明白，非当面问答不可。并且不是短时期所能领悟，必须学道者与传道者常在一处，随时用功，随时指导，若有错误随时纠正，若有弊病随时祛除，庶几可以达到圆满之阶段。

第八问：丹经云“安炉立鼎运周天”。不知炉鼎究竟安在何处？有谓安在中宫是否？

答曰：炉是坤炉，在下部；鼎是乾鼎，在上部。中宫非安炉立鼎之处。

第九问："丹熟不许行火候，更行火候必伤丹"。究竟丹如何谓之熟乎？

答曰：丹熟者，谓已经结丹也。此时注重在文火温养，不可用武火烹炼。若仍旧像从前一样的猛烹急炼，则已结之丹不能安于其位，不免有飞走散失之虞。非徒前功尽弃，尚要弄出大病。

第十问：冲虚真人云："丹熟过关服食而入神室之中，乃行大周天温养火候。"是论确否？

答曰：甚确。

再答陈悟玄女士问斩赤龙以后应如何保守法[①]（1936 年）

上月接到来函，无暇作复，今特拨冗作此数行，聊慰远望。

此等工夫，是活法不是死法，要看各人之身体与环境，而有所变通。世之传道者，常以死法教人，每每做出怪病，皆因不知变通之过也。无论何种口诀，有一利必有一弊。顽固的导师，又遇着愚笨的弟子，于是乎未蒙其利，而先受其弊矣。

医生开方治病，总须当面细细诊察病人。若问病发药，难保不出危险。何况此等与造化争权之大事，并鬼神莫测之玄机，岂可一面不见，仅凭几封问答信函，就能解决？设若做出病来，谁任其咎？故今日在纸上所能告君者，只有"抱一守中"四个字。所谓"抱一"者，即心息相依、神气合一而不分离也。所谓"守中"者，即"神气合一"之后，浑然大定于中宫，复还未有天地以前混沌之状态也。此乃最上乘丹法，有

① 原载《扬善》第 4 卷第 10 期（总第 82 期，1936 年 11 月 16 日），署名"撄宁"。

利而无弊，赤龙既已斩绝，正好继续做此等工夫。果能做到极玄极妙之处，简直可以脱轮回而超劫运，与圣贤仙佛并驾齐肩，俯视人天，游戏生死，区区幻身肉体上少许变化，可谓不成问题矣。“道之出口，淡乎其无味”，君若是上根利器，必能深信斯言。

（所附原函略）

《云笈七签》中“仙籍旨诀部”《道生旨》摘要答覆山西崔寓琪君[①]（1936年）

（崔君原函略）

《道生旨》（摘要）：

于戏！目营万象，心虑异端，神被牵驱，身无管摄，则室家无主，国邑倾颓，固其宜矣。主人不修舍宇而外经营，则舍宇日有危坏矣。夫人若知神之所主、子母运行，则修身了达之门可见矣。若无所主，但任呼吸喉中，主通理藏府、消化谷气而已，终不能还阴返阳、填补血脑。

（陈撄宁）按：此段大意，盖言人之心与目，常用于外，则神亦驰于外。身无所主，不免倾危之患。若但听任喉中之呼吸，不以神驾驭之，其功效甚微薄也。

又众人之呼吸，与真人之呼吸殊矣。《南华经》云：“众人之息以喉，真人之息以踵。”注云：“从根本中来。”又云：“其息深深。”此其义也，岂容易哉！若但信其自呼吸，未有得道者。夫一呼一吸，不得神宰，则不全其呼吸耳。若神能御气，则鼻不失息。斯言至矣。

（陈撄宁）按：此段重在“神能御气”四字。

气不得形，无因而立。形不得气，无因而成。二物相资，乃能混

---

① 原载《扬善》第4卷第11期（总第83期，1936年12月1日），从来函中得知回答者为陈撄宁。

合。圣人知外用之无益，所以还元返本，握固胎息，洞明于内，调理于中。夫神和则可以照彻于五脏，气和则可以使用于四肢。道经云：三月内视，注一心，守一神，则神光化生，缠绵五藏。凡人劳神役役，无一息驻于形中，而希长生，不亦远乎？

（陈撄宁）按：此段大意，言气与形。形与神要相依附而不可离，其法注重内视。

若能胎息道成，精气有主，则使男子茎中无壅精，妇人脐下不结婴。

（陈撄宁）按：古仙皆夫妇双修，所以有“妇人不结婴”之说。“不结婴”者，即不怀胎也。所以能达到不怀胎之地步者，因为妇人之月经已炼断而不来，男子之精门已闭塞而不漏，无论男女，只须有一方面能做到，即可不怀胎矣。若是抱独身主义之妇女，当然是不怀胎，何必待到胎息道成以后，方敢保证永不怀胎乎？由此可知在家人修道之方法，与出家人绝不相同。

万化之用，莫先乎气；至人之用，莫妙乎神。虚无之中有物谓之神，窈冥之中有精谓之气。

（陈撄宁）按：末句认精与气是一非二，此精非媾之精，而气亦非呼吸之气。

其神与气，来既恍惚，去无朕兆。其来也则难，其去也甚易，是以圣人悲痛而惜之。于戏！世人何容易而驱其气也。不知形者，不可与言气；不知气者，不可与言神，知神者则知道矣。所以王母有金珰玉佩之道，轩辕行内视返本之术，不可不信之。吁！万物有终，而天地长久，人民有死，而真人长生，乃俱阴阳交感之气。人能守其阴阳，则阴阳亦能守人矣。

（陈撄宁）按：此段要诀，在“阴阳交感之气”一句。

夫崩墙毁堞，土能填之；老木衰果，以枝接之；破车漏船，木能补之；折鼎穿釜，铁能固之；人遇衰老，返神活之，皆上仙成败之言，不可不知也。

（陈撄宁）按：此段大意，盖即《参同契》所谓“同类易施功，非种难为巧”。

夫阳丹可以上升，阴丹可以轻举。阳丹即大还之丹，阴丹即内修返本之理。黄帝问道于广成子，广成子曰：“无劳尔形，无摇尔精，少思寡欲，可得长生。”夫道之最要，以精为根，以气为蒂，含真之道，御养之术，诀之在口，不传于笺翰也。但能寂然不动、感而遂通，泯灭万虑，久久习熟，由晦而明，必得道矣。

（陈撄宁）按：此段工夫，重在“寂然不动、感而遂通”两句。“含真”即《悟真篇》之“太乙含真气”，“御养”即《参同契》之“帝王御政，黄老养性”。“阴丹”即玉液还丹，“阳丹”即金液还丹。

（陈撄宁）又按：《道生旨》全篇，共计三千三百余字，其要言仅此而已，余者都是些浮词，且理论亦不甚圆满，可以不必置意。

最上一乘性命双修二十四首丹诀串述[①]（1936年）

（原诗略）

右二十四段诗歌，出于二十四人手笔，余将其集合一处，先后排列，颇具深心。前已付翼化堂用彩色排印于信笺上，分赠好道诸君。惜字迹不甚明显，阅者每易忽略过去，资特重登于此，作为对照。学者果能全部贯通，即身就可成仙作佛，不必待到他生后世矣。若是妄语，甘堕拔舌地狱。或问：“‘既登彼岸舍舟楫’，末后一句，究竟如何？是不能说乎，抑不肯说乎？”答曰：“古人不肯说耳。”或问：“何故不肯说？”答曰：“恐根器浅薄之人闻而惊骇，遂致失其信仰心耳。”或曰：“先生之学，素以彻底见称，今日何妨相告。”余曰：“君勿惊骇。”或对曰：“决不惊骇。”余曰：“有几分信仰？”或对曰：“有十二分信仰。”余曰：“可矣，既登彼岸舍舟楫，再入轮回做众生。”问者默然含笑而退。

丙子孟冬　撄宁子陈圆顿识

---

① 原载《扬善》第4卷第11期（总第83期，1936年12月1日），署“撄宁选辑”。

《天台山纪游诗七首》按语[①]
(1936年)

(原诗略)

撄宁曰：常有友人向余索读马君诗，苦无以应，故将其登载于此，以饷同好。愚见认为马君之诗，辞藻固佳，然其特点，不在辞藻，而在性情。世有溺于情而蔽其性者，如缠绵歌泣春蚕作茧之类是也。又有存其性而遗其情者，如释门偈语及宋儒理学诗之类是也。就诗论诗，二者确有太过与不及之弊。马君之为人，虽已见性，而未尝忘情。故其为诗，性情兼至，不枯不缚，超以象外，得其环中。此即马君之诗格，亦即马君之人格也。世人知音，当能契默[②]。

答覆河南安阳某女士[③]
(1936年)

来函读悉。君以廿余岁之人，又是学校出身，居然能笃信此道，誓下决心，诚属不易。虽一时为环境所困，未能如愿。然有志者事竟成，不过迟早问题而已，请勿着急！盖此等事须要机缘辏合、福慧兼全，方可希望达到目的，愈着急则愈无功效。君试想以普通肉体之凡夫，而欲

---

① 原载《扬善》第4卷第11期（总第83期，1936年12月1日），诗下署“作者杭县马一浮，撄宁钞登”。

② “契默”，圈点文字改为“默契”。

③ 原载《扬善》第4卷第12期（总第84期，1936年12月16日），署名“撄宁”。

做惊天动地之事业，应如何沉潜刚毅！应如何活泼圆融！应如何险阻艰难！应如何达观穷变！岂是急得来的？若一着急，恐要患神经病，反而前功尽弃，甚为可惜！

论及双修工夫，必须在斩龙以后，方为稳妥。否则对方工夫一时松懈，失却坚忍之力，就像张三丰真人所说："急水滩头挽不住船。"是则仙胎未成而凡胎已结，又添一重魔障矣。生过子女之后，自然可以再行修炼，回复原状，但比较未曾生育以前，不免要添许多麻烦，没有以前之便利。

至于年龄大小，固有关系。若果对方内功很深，则年龄虽大一倍，亦无妨害。譬如他以劳力所获，赚到一百元，他帮助你五十元，他自己尚储蓄五十元。你以劳力所获，赚到二百元，你帮助他一百元，你自己亦可储蓄一百元。于是乎双方都有一百五十元存款。下次再做，仍是如此。数十次，数百次，亦复如此。等到几年之后，你俩都变成财主了。所怕的就是用老本钱，而不会赚钱。用了几年，本钱精光，贫穷立待，那可真不行了！这就是双修的原理。古人书上不肯明言，我今日略为泄漏一二，已经算是破天荒的论调，千祈注意。

（附录某女士原函略）

撄宁附白：君既是女子师范毕业，国文必定很好。我平日所以不收女弟子的缘故，都因为她们程度太浅，难得入门。君立志学仙，阅书亦不为少，比较普通女子当然两样。今有一题目于此，对于仙学颇有关系，请你做一篇文章，以便同志诸君欣赏如何？题目如后：《儒释道仙四家宗旨异同说》。

《三车秘旨》按语①（1936年）

（正文略）

---

① 原连载于《扬善》第4卷第12期（总第84期，1936年12月16日）至第13期（总第85期，1937年1月1日），署名"撄宁"。

撄宁曰：此书世无刻本，乃福建毛君复初家藏钞本，由福建连城县邓雨苍先生亲携至沪，嘱宁代为校对，预备付翼化堂出版流通。盖邓君志在弘道，非营业性质，宁故选出数篇，登于本刊，俾好道诸君先睹为快，料亦邓君所默许也。

王重阳开北派，张紫阳开南派，陆潜虚算是东派，李涵虚算是西派。此数篇乃西派之学说，自然与前三派略有不同，学者须分别观之。凡遇其中有难解之处，存而勿论可也。

（正文略）

宁按：《参同》、《悟真》一类的丹经，所以要用许多隐语譬喻者，因为他有不能明说之苦衷。倘若明明白白地说出来，一般俗人不懂男女身中逆行造化之玄妙，听了此种修炼方法，必定大惊小怪，并非作书者故意愚弄后学。若果在自己一身精气神上做工夫，尽可老老实实地说精气神三个字名词，已足以代表一切，犯不着再扭扭捏捏、遮遮掩掩，把《参同》、《悟真》上面所用的术语，拉扯到清净工夫上去，以免贻误后学。然而像这一类的道书实在很多，本篇也是其中之一，常常弄得读书的人糊糊涂涂，竟不知他们说些什么。余今日不得不将革命手段拿出来，用在整理道书的工作上。此后就是古今道书著作划分界限之时，是亦宇宙气运所关，半由人力，半因天数。知我罪我，听诸当代与后世而已。

《论性命双修》按语[1]
(1937年)

（正文略）宁按：余常闻前辈言，当年黄元吉先生讲道之文章，大半是其门弟子所笔录，故辞句之间，不免有疵累。本篇偶有一二处未能圆融，余已酌为删改。然其本意固丝毫未失，阅者谅之。

与朱昌亚医师论仙学书[2]
(1937年)

昌亚医师惠览：

日前接奉致室人彝珠书并诗四首，得悉尊志超凡脱俗，较彼庸众之狃于近习而忽于远虑者，迥不相同，至可钦佩！大作第四首云："人间自有奇儿女，立志飞升上九天。"愚意最赞成此二句，以为此等事虽万分艰难、不易实现，惟翻阅列仙传记，每一朝代总有几人成功，足以推知其非绝无希望者。纵令旧籍所载都属虚伪，即由吾辈创始，亦未为不

① 原载《扬善》第4卷第13期（总第85期，1937年1月1日），原题下注曰："选录黄元吉先生杂著不在《乐育堂语录》之内者。"

② 原连载于《扬善》第4卷第14期（总第86期，1937年1月16日）至第15期（总第87期，1937年2月1日）。

可，何况前人尚留下遗轨，便于遵行乎？

满清二百数十年间，全国中男子之优秀者，概为八股文所牢笼，女子之聪明者，又被旧礼教所束缚。神仙学术，非但不敢验之于身，并且不敢出之于口，非但不许寻师访友，并且不许读其书（宁①十岁左右，喜看汉魏丛书中葛洪《神仙传》，但不敢让大人得知，若知之，必痛责也）。于是乎谨愿之徒群归于儒，超脱之士则遁于释。儒教虽近乎常情，而其流弊则不免顽固而迂腐；释教虽似乎高妙，但其弱点在不认识现实之人生（释教认为人生是幻妄的，遂起厌恶肉体之观念，而对于肉体有密切关系之衣、食、住、行四字②，竟无法可以免除。一方面认为幻妄，一方面尚要营求，此乃绝大矛盾）。

道教有两派：一为正一派，一为全真派。正一派最早，全真派自元朝以后方有。目下两派皆已式微，不必深论。宁③研究仙学已三十余年，知我者固能完全谅解，不知者，或疑我当此科学时代尚要提倡迷信。其实我丝毫没有迷信，惟认定仙学可以补救人生之缺憾，其能力高出世间一切科学之上。凡普通科学所不能解决之问题，仙学皆足以解决之。而且是脚踏实地、步步行去，既不像儒教除了做人以外无出路，又不像释教除了念佛而外无法门，更不像道教正一派之画符念咒，亦不像道教全真派之拜忏诵经。可知神仙学术乃独立的性质，不在三教范围以内，而三教中人皆不妨自由从事于此也。

自古儒教之学仙者，如汉朝大儒刘子政、宋朝大儒邵尧夫，释教之学仙者，如宋之道光禅师、清之华阳禅师，道教之学仙者，更不可胜数。此外若王子乔乃周灵王之太子，东方朔乃汉武帝之倖臣，马鸣生齐国之吏胥，阴长生汉室之贵族，魏伯阳隐逸之流，左元放方术之士，吕纯阳唐之进士，刘海蟾燕之宰相，钟离权位列将军，张三丰身为县宰。以上所举诸位，世俗相传，皆承认其为神仙④。然都是在家人而非出家人，岂但不是和尚，并且不是道士，亦复不是孔老夫子之信徒。后人将神仙学说与儒释道三教义理混合为一，而神仙真面目遂失。譬如白净皮肤上涂了许多颜色，自以为美观，适足以贻讥于大雅耳！

君留学美国亦已多年，科学脑筋自不待言，新医知识当然丰富，

---

① “宁”，圈点文字校改为“我”。

② “字”，圈点文字校改为“项”。

③ “宁”，圈点文字校改为“我”。

④ “为神仙”诸字，圈点文字校改为“有神仙资格”。

在他人或不免存满足之心，在君反益见谦虚之量。既确知生死大事徒恃医学不足以解决，遂进一步而求神仙之学术、发超人之思想，若非夙根深厚、天赋聪明，其孰能与于此？宝应陈悟玄女士曾问我："福慧兼全之女子，将来可期成就者，现有何人？"我答："世人福慧兼全者，居极少数。若福慧兼全而又好道，并且可期成就者，今日女界中诚不易得见。正在留意访求。"云云。今既得君，将来或有合格之希望乎？

君目前为医务所累，尚未到实行修炼时期，故宜先从事于学理之研究。今将女子修炼须知各节略述于左，以供清览。同时，将此稿登《扬善》刊公布，俾全国好道诸君之参考，亦所以从彝珠之愿也。

仙学首重长生。长生之说，自古有之。老子曰："深根固柢。"庄子曰："守一处和。"《素问》曰："真人寿蔽天地，至人积精全神，圣人形体不敝。"然理论虽著于篇章，而法则不详于纪载，学者憾焉。自《参同契》、《黄庭经》出世而后，仙家炼养始有专书。唐宋以来，丹经博矣，而隐语异名迷离莫辨，旁支曲径分裂忘归。既不明男子用功之方，遑论女修秘要乎？

上阳子云："女子修仙，以乳房为生气之所。必先积气于乳房，然后安炉立鼎，行太阴炼形之法。"又，丹经常言："男子修成不漏精，女子修成不漏经。"至问及气如何能积、经如何不漏？皆未尝显言。《黄庭经》云："授者曰师受者盟，携手登山歃液丹，金书玉简乃可宣。"《参同契》云："写情著竹帛，又恐泄天符。"又云："三五与一，天地至精；可以口诀，难以书传。"是知修炼家隐秘之习，不自今日始矣。

口诀不肯轻传之理由，详言之有十五①种，已见于《扬善半月刊》历次所登之《口诀钩玄录》中，不复赘述。今特简而言之，大端有六：

（1）有生有死，造化之常，而仙学首重长生不死，与造化争权。若轻泄妄谈，则恐致殃咎（现代人眼光观之，或嗤为迷信，然前人确有此种心理）。

（2）邪正之判，间不容发。"邪人行正法，正法悉归邪"，口诀不载于书者，恐为邪人所得。

（3）其得之不易，故其传之亦不易。百艺皆然，丹诀尤甚。

---

① "五"，圈点文字校改为"四"。

(4) 道可宣明，使世间知有此事；术宜矜慎，俾师位永保尊严。

(5) 世鲜法眼，谁识阴阳？若不深藏，易招毁谤。

(6) 在传授者本意，是欲接度有缘。若偶一失察，则得传授者或不免视口诀为奇货可居，当作商品交易，与传授者本意相违，故不敢轻传。

以上所列隐秘不传之理由，概指正法而言。若夫江湖方士，假传道之名为敛财之具者，不在此例。宁①既深悲夫群骛于形而下者而忘返也，辄欲抉破古人之藩篱以显露其隐秘，俾卓荦不羁之士、富于高尚之思想者不致误用其聪明，而陷于危域。然事与心违，徒存虚愿，今亦仅能择其可言者言之而已。

请②先论女子修炼之派别。

从来丹诀，重在口传，不载于书，而女丹诀尤甚。今欲穷原竟委，俾成为有系统之研究，非易事也！考以前道家分派之法，有以人分者，如邱长春之龙门派、郝太古之华山派、孙不二之清净派等等，有以地分者，如北七真派、南五祖派、陆潜虚之东派、李涵虚之西派等等。然此种分派，对于女丹诀颇不适用，且为教相之分派，而非科学之分派。愚意认为女丹诀之派别，不以人分，不以地分，当以法分，庶有研究之兴味，而便学者之参求。试列如左：

(1) 中条老姆③派。此派下手，先炼剑术，有“法剑”与“道剑”二种作用，其源流略见于《吕祖全书》。现代道门中传有《剑术内炼歌诀》两首，尚可窥见一斑。因其炼法甚不易，故今世很少有人能得成就者。但此种法门，在仙道中可以自成一派，吾等研究派别者不能不承认之。(中条山，在永济县。)

(2) 丹阳谌姆派。此派重在“天元神丹”之修炼与服食，并符咒、劾召等事。丹阳乃地名，谌姆乃人名。晋吴猛本为许逊之师，后许逊尽得谌姆之传，吴遵姆命，复师许。许真君著《石函记》，吴真君作《铜符铁券》文，二书皆言天元神丹之事，即谌姆所遗传也。此二书乃丹法中之上乘，世间学道者群畏其难，不敢尝试。自明朝张三丰、沈万三两君而后，殊乏知音。

(3) 南岳魏夫人派。此派重在“精思”、“存想”，奉《黄庭经》为

---

① “宁”，圈点文字校改为“余”。

② “请”，圈点文字校改为“兹”。

③ “老姆”，圈点文字校改为“玄女”。

正宗。《黄庭经》自魏夫人传出以后，历代女真依之修炼者颇多，如鲁妙典、崔少玄、薛玄同等皆是。拙著《〈黄庭经〉讲义》，稍具一鳞半爪，得暇请稍稍寓目。

（4）谢自然仙姑派。此派从“辟谷”、“服气”入手，当以《中黄经》为必读。后再参考诸家气诀，并各种辟谷休粮之方。年青体健者，可以适用。年长体弱者，专习此法，恐不相宜。谢自然以十余岁童女身即已学道，古今能有几人哉？

（5）曹文逸真人派。此派从“清心寡欲”、“神不外驰”、“专气致柔”、“元和内运”下手，自始至终不用别法，至简至易。详见《扬善半月刊》第七十七期之《灵源大道歌》。①

（6）孙不二元君派。此派即“太阴炼形”法，先从“斩赤龙”下手，乃正式的女子修炼工夫。详见拙著②《孙不二女丹诗注》。

以上六派，将自魏晋以来一千七百年间女功修炼法门概括已尽。其各派本身之利弊得失，并彼派与此派难易优劣之比较，虽为学者所应知，而非今日之急务，暂从缓说。此外如“调和巽艮”、“夏姬有养阴之方”、“肌肉充盈”、“飞燕有内视之术”，以及“房中秘诀”、“素女遗经”，此皆言不雅驯、事多隐曲，未便公开讨论矣。

再论女子修炼与年龄之关系。《素问·上古天真论》云：“黄帝曰：‘人年老而无子者，材力尽耶？将天数然也。’岐伯曰：‘女子七岁，肾气盛，齿更发长。二七而天癸至，任脉通，太冲脉盛，月事以时下，故有子。三七肾气平均，故真牙生而长极。四七筋骨坚，发长极，身体盛壮。五七阳明脉衰，面始焦，发始堕。六七三阳脉衰于上，面皆焦，发始白。七七任脉虚，太冲脉衰少，天癸竭，地道不通，故形坏而无子也。’（以上言人身之常理。）帝曰：‘有其年已老而有子者何也？’岐伯曰：‘此其天寿过度，气脉常通，而肾气有余也。’（此言生理之变例。）帝曰：‘夫道者年皆百数，能有子乎？’岐伯曰：‘夫道者能却老而全形，身年虽寿，能生子也。’（此言修道之人能挽回造化。）”据《素问》之论，似专指生子而言。然顺则成人，逆则成仙，本无二理，惟视其作用何如耳。故女子修仙，亦因年龄之老少而大有差别：

（1）童女修炼。此指十余岁女子尚未行经者而言。此时身中元气充

① 此段之后，圈点文字有注曰：“作此信时，《大道歌白话注解》尚未属稿”。

② “著”，原作“着”，误，校改。

满、浑沦无间、精神专一、嗜欲未开，若其生有夙慧，能从事于道，其成就甚易，较之年长者快捷数倍。盖童女修炼，可免去筑基一段工夫，直截从辟谷服气入手，或从清静无为、安神静坐入手，如谢自然之类是也。

（2）少女修炼。此指十四五岁至二十余岁已有月经、尚未破体之女子而言。此时宜用法将月经炼断，复还童女之状，再做以后之工夫。

（3）中女修炼。此指二十二①岁至三十五岁未曾婚配之女子而言，人身生理已达盛极将衰之候。此时经期有调者，有不调者，有按时者，有不按时者，有崩者，有带者，有杂以他种病症、懊恼难言者。必先用医家与卫生家之法，去其郁闷，和其气血，畅其精神，而后工夫方有效验。较之少女，则又难矣。

（4）长女修炼。此指三十五岁至四十九岁守贞未嫁之女子而言。此时天癸将绝，身中生气日见衰弱，虽终身未出嫁，然其形体之亏损较之已出嫁者无异。亦犹男子终身不娶妻，而仍不免于衰老者，其理正复相同。故修炼下手第一要义，当培补身中之亏损，不必急急于“斩赤龙”也。

（5）老阴修炼。此指四十九岁以后直至六七十岁之女子而言。此时月经已绝，必须日日做工夫采取造化之生气，以培补自己身中之生气，使月经渐渐复行，如中年人一样。然后再默运玄功，渐渐炼之使无，如童女一样。此时骨髓坚实，气血调和，颜色红润，声音柔脆，白发变黑，落齿重生，名曰“返老还童”。此种工夫，有时需二三十年方能做得完毕。（八卦中，兑为少女、离为中女、巽为长女、坤为老阴。）

（6）少妇修炼。此指十六七岁至二十六七岁已出嫁之女子而言。此时情窦正开、欲念方盛，夫妻之恩爱缠绵，家庭之束缚尤甚，对于修炼一事极不相宜。纵女之方面有志修炼，而男之方面必生阻力，贫家妇不必言矣。若彼上无翁姑、下无儿女而又家富身闲者，虽其夫不愿断绝人事，苟其妻有坚忍之力，又得真传者，亦可于顺行之时，暗施逆行之术，既不妨于人事，又有济于仙道。一时纵不能超尘脱俗，亦必能永驻华颜矣。但“斩龙”工夫未做好者，不足以语此。

---

① “二”，圈点文字校改为“余”。

（7）中妇修炼。此指二十六七岁至四十六七岁已出嫁之中年女子而言。此时有室家之劳心、儿女之系念，更谈不到修炼二字。其夫若再反对者，则绝无希望。若夫与妻同志者，则可互约免除人事，各做工夫。有小儿须哺乳者，必须另雇乳母或用代乳粉及牛乳等喂之，不可以己乳饲儿，以致妨害工夫之进步。

（8）孀妇修炼。已嫁而寡，无子女或有子女已①能自立者，此时正好踏入修炼之途，以消遣后半生孤寂之岁月。旧礼教时代，寡妇为名誉攸关，必须守节。民国以来，守节之风虽已被打倒，然再嫁②之妇终不免为人所轻视，何如专门研究仙学，使精神有寄托之乡、肉体有健康之乐？能成固美，纵不能成，亦可获良好之结果，决不至于心力虚抛。入手工夫，与未出嫁者大同小异。

以上所述，凡女子修炼之途径大概粗具，是皆前人所未尝显言者。宁③今日为君言之，盖与二十年前为吕碧城女士作《女丹诗注》同一用意。吕女士后来不知何故又归入佛门，来世未卜如何，窃恐彼身已不欲向今生度矣。虽然，《孙不二女丹诗注》一书若当年无此一段因缘，至今未必遂能脱稿。目前海内外得见此书者，不下两千数百人（《女丹诗注》先登《扬善》刊，每期送出二千份。后刻木版，印单行本，又销出数百部），于中总有几人因此书而得度者。追根究底，则当年请求作注之人不为无功。何况“三十六问”一出，对于女子修炼法门又进一步，阅者获益当更多矣。未能度己，已先度人，吕女士闻之，谅必引为快慰也！

宁④所期待于君者，尤甚于吕。吕之功仅能利人，君今日宜求人己两利、更为圆满。上乘修炼法门，总以今生成就为要务，切不可因循懈惰、放弃现实，而悬想来世之空花，是则愚衷所切望者也！

前次彝珠回乡，借悉君意急欲下手实行，岂不甚善？然而理法之精微，难形于笔墨。他日机缘辏合，容俟划分段落，当面倾谈。先此奉答，并颂诊安。

撄宁覆上

① “已”字下，圈点文字补“长成而”三字。
② “嫁”，原作“醮”，误，校改。
③ “宁”，圈点文字校改为“我”。
④ “宁”，圈点文字校改为“今”。

答吕碧城女士三十六问[①]
(1937 年)

此稿作于民国五年，距今已二十年矣。当日吕女士从余学道，既为之作《孙不二女丹诗注》，并将手订《女丹十则》与伊阅读，乃有此答问之作。今以整理书笥，发现旧稿，因念《女丹十则》原书已早付翼化堂出版流通，阅读之人当复不少，与吕女士怀疑相同者，谅必大有人在，余安得一一而告之？遂决计将此稿由本刊公布，不啻若《女丹十则》之注脚，亦借此可以释读者之疑团，或不无小补尔。

第一问：《女丹十则》云："女子阳从上升。"请问何谓"女子之阳"？如何升法？

答曰：所谓女子之阳者，指女人身内一种生发之气而言。上升者，即上升于两乳。盖童女无乳之形状，因其阳气内敛也。至十余岁后，两乳始渐渐长大。其所以有此变化者，乃阳气上升之作用。

第二问："火符"二字，如何解说？如何作用？

答曰：道家有"进阳火"、"退阴符"之名词，"火符"二字乃简言之也。譬如铁匠炼铁，先用猛火烧令内外通红，此即是"阳火"。然后又将此红铁淬于冷水之中，使其坚结，此即是"阴符"。又如寒暑表，热则上升，即是"进阳火"；冷则下降，即是"退阴符"。人身亦同此理。至于如何作用，则非片言所能解释。

第三问：何谓"形质"？何谓"本元"？何谓"先后"？

答曰：形指两乳，质指月经，本元指"先天炁"。男子做工夫，首从采取先天炁下手，然后再将精窍闭住，永不泄漏，此谓先炼本元、后炼形质。女子做工夫，首要"斩赤龙"，俟身上月经炼断不来，两乳紧缩如

① 原载《扬善》第 4 卷第 14 期（总第 86 期，1937 年 1 月 16 日）。

处女一样，然后再采取“先天炁”以结内丹，此谓先炼形质、后炼本元。

第四问：“养真”之工夫，如何做法？

答曰：养真之法，本书上已经言明，就是下文所言“平日坐炼之时，必须从丹田血海之中运动气机”一大段工夫。

第五问：“丹田血海”在人身属于何部？

答曰：《黄帝内经》云：脑为髓海，胞为血海，膻中为气海。欲知血海属何部分，必先知胞是何物件。胞居直肠之前、膀胱之后，在女子名为子宫，即受孕怀胎之所也。

第六问：何谓“运动气机”？是否像做柔软体操一样？

答曰：“气机”不是说人的气力，乃是身中生气发动之机关。“运动”二字，是由真意元神做主，不是动手动脚的样子。此时正在静坐不动。

第七问：何谓“心内神室”？

答曰：此处是指“膻中”而言，即胸中膈膜之际，乃心包络之部位也。

第八问：何谓“定久”？

答曰：心静息调，神气凝合，是名为定。照此情形一直做下去，尽量延长若干时刻，既不散乱又不昏迷，是名为“定久”。

第九问：何谓“泥丸”？何谓“重楼”？

答曰：“泥丸”在人之头顶，即脑髓是也。“重楼”在胸前正中一条直下之路，大概属于医家冲任脉之部。

第十问：两乳间空穴何在，是何名称？

答曰：两乳空穴，在医书上名为膻中。《黄帝内经》云：“膻中为气海。”又云：“膻中者，臣使之官，喜乐出焉。”又云：“膻中者，心主之宫城也。”此处有横膈膜，前连鸠尾，后连背脊，左右连肋骨。膈上有心有肺，心藏神，肺藏气。心跳一停，人立刻死；肺之呼吸一断，人亦立刻死。所以，“膻中”部位在人身最关重要。

第十一问：何谓“五蕴山头”？

答曰：“五蕴”二字，出于佛典，非道家语。五蕴又名“五阴”，即所谓“色、受、想、行、识”也。但此处蕴字，当作和字解，盖谓五行之气和合而成。山头即指膻中之部位，比血海部位较高，故曰“山头”。

第十二问：书云“血液变为渣滓之物，去而不用”。如何能去而不用？

答曰：去而不用者，指每月行经而言，是天然的，非人为的。

第十三问：二百四十刻漏三十时辰，共合几点钟？

答曰：二百四十刻漏，即是三十时辰，盖一个时辰分为八刻也。三十时辰，即是六十点钟。

第十四问：书云“镕华复露”。何谓“镕华”？

答曰：“镕华”二字，古道书本无此名，其意盖指每月行经完毕以后，经过三十时辰，子宫中生气充起。若行人道，可以受胎生子。若行仙道，可以筑就丹基。镕是镕解，华是精华。

第十五问：“先天”二字，作何解说？

答曰：“先天”之说，须研究易卦图象，方能得正确之解释。孔子云：“先天而天弗违。”老子云：“物有混成，先天地生。”又云：“惚兮恍兮，其中有象；恍兮惚兮，其中有物。杳兮冥兮，其中有精。其精甚真，其中有信。”此数句已将“先天”之景活画出来。张紫阳真人《悟真篇》云：“恍惚之中寻有象，杳冥之内觅真精；有无从此交相入，未见如何想得成？”此诗盖言先天之景，须要亲自做工夫证验，方能领悟。若未曾亲自见过，仅凭空想，仍旧糊涂耳。

第十六问：何者为清？何者为浊？如何认定？

答曰：气为清，血为浊。清者上升，浊者下降。清者可用，浊者无用。但学者勿误会浊者无用之说，遂听其去而不留，不加爱惜，不欲炼断。须知浊血亦是清气所变化，每月身中浊血去得太多，清气亦缺乏矣。上等的工夫，不使清气变化浊血，而月经自然断绝。中等的工夫，要在浊血中提炼出清气，而月经渐渐的减少，终至于断绝。不但是红的永远干净，就是白的也点滴毫无，如此方有成功的希望，否则只好修来生罢！今生不必梦想了。

第十七问：书云：“用神机运动，俾口中液满。”吾人但翘其舌片时，口中液津即满。即所谓“用神机运动”乎？又云：“用鼻引清气。”所谓清气者，即外界之空气乎？

答曰：丹家有金液、玉液之说。此段工夫，似乎古人所谓“玉液河车”：先端身正坐，次平心静气，次调息凝神。此时眼观鼻端，耳听呼吸，舌抵上腭（专门名词叫作“搭天桥”），以俟口中津液生，稍满即咽之。然后再照书上“运转河车”之法做去，能做得顺利最好，若有疑难之处，不能照书行事，则须要用心研究矣。

第十八问：“心舍”、“黄房”、“关元”在人身何处？“玉液”何解？

答曰：“心舍”即心之部位。“黄房”在心之下、脐之上，界于二者之间。“关元”在脐下二寸余，“玉液”即口中甘凉清淡之津液。

第十九问：“尾闾”、“夹脊”、“顶门”之部位？

答曰：“尾闾”乃背脊骨之末尾一小段，四块骨头合成一块，正当肛门之上。“夹脊”乃背脊骨第十一节之下，针灸家名为“脊中穴”。“顶门”即头上正中，针灸家名“百会穴”。

第二十问：如何“升降”？是听其自然升降乎，抑用力强迫使之行乎？

答曰：“玉液河车”，近于古人导引之术。既非听其自然，亦不是以力致之，但以意引、以神行而已。人之神意无处不到，故能宛转如是。

第二十一问：“津”何以能化为“气”？并从何而知“津”已化“气”？

答曰：正当行功之时，自觉周身通畅、头目爽快，腹中暖气如火、腾腾而上，口中液清如水、源源而生，是即“津化为气”之候也。初学做工夫，不能到此种地步，但请勿着急，慢慢地就会有效验。

第二十二问：书云：“用两手运两乳，回转三十六，转毕，以两手捧至中间。”夫两乳为固定之位，何能转移？纵能转移，又如何转法？如何能捧到中间来？

答曰：捧至中间的意思，是将两手捧两乳，使其缩紧如球，不使下垂如袋，而且捧右乳使之向左，捧左乳使之向右，不使其偏向两边。此时自己之神意，当默存于两乳中间之膻中部位。“回转三十六”是谓用手将乳头、乳囊轻轻旋揉三十六次，不是说将底盘转移。盖底盘是固定的，不能改变其方位也。但童贞女不用此法。

第二十三问：何谓“炼药”、“炼形”、“真火”、“真符”？

答曰：“先炼形、后炼药”，即前面所说“先炼形质、后炼本元”之意。“真火真符”，即进阳火、退阴符之妙用。惟阴阳之循环，理本至奥，而作用亦变化多端，不但笔墨难以描写，虽口谈亦未易了彻。必须多阅道书，勤做工夫，实地练习，随时参悟，方有正确之知见。及至一旦豁然贯通之后，又只可以自慰，而不可以告人。盖阴阳之理，固玄妙难言也。

第二十四问：何谓“有坏丹元”？何谓“中宫”？

答曰：“丹元”乃修丹之基本。“有坏丹元”者，谓其气散血奔，丹基不固也。“中宫”在胸窝之下，肚脐之上。既非针灸，不必点穴。

第二十五问：何谓“冲关”？

答曰：“冲关”者，言自己真气满足，一时发动，因下窍闭紧，不能外泄，遂冲入“尾闾”关，透过“夹脊”关，直上“玉枕”关。乃是气足自冲，身中实实在在有一股热气，力量颇大，并非用意思空想空运。古诗云：“夹脊河车透顶门，修仙捷径此为尊；华池玉液频吞咽，紫府元君直上奔。常使气冲关节到，自然精满谷神存。一朝认得长生路，须感当初指教人。”此种作用，无古今之异，亦无男女之殊，乃成仙了道、返本还原的一个公式。除此而外，别无他途。

第二十六问：何谓“凝气混合”？

答曰：即是凝神入气穴，心息相依之旨。

第二十七问：何谓“胎息”？何谓“中田”？

答曰：“胎息”者，鼻中不出气，如婴儿处于母腹之时，鼻无呼吸也。“中田”即中丹田，又名绛宫，即膻中是也。

第二十八问：何谓“玉液归根，用气凝之，方无走失”？

答曰：“玉液归根”，是指血海中化出之气归到乳房一段工夫。所谓“用气凝之”者，即前“凝气混合”之说，实则心息相依也。

第二十九问：何谓“还丹”？

答曰：还者，还其本来之状况，即是将虚损之身体培补充实，丧失之元气重复还原也。

第三十问：何谓“后天”？

答曰：凡有形质，都叫作“后天”，谓其产生于既有天地之后也。此乃广义。若丹经所言“先天”、“后天”，多属于狭义的。如胎儿在母腹中时，则叫作“先天”；生产下地之后，则叫作“后天”。

第三十一问：何谓“中宫内运之呼吸”？

答曰：曹文逸仙姑《灵源大道歌》云：“元和内运即成真，呼吸外求终未了。”《庄子》云：“众人之息以喉，真人之息以踵。”其中颇有玄妙。工夫未曾做到此等地步者，无论如何解说，总难得明了，须要实修实证方知。

第三十二问：何谓“息息归根”？“根”在何处？

答曰：一呼一吸，是为一息。息之根，则在肚脐之内。婴儿处胎中时，鼻不能呼吸，全恃脐带通于胞衣，胞衣附于母之子宫，血气之循环与母体相通，故婴儿能在胎中生长。今欲返本还原，须要寻着来时旧路，此乃古仙特具之卓识。由生身之处，下死工夫，重立胞胎，复归混沌，然后方敢自信“我命由我不由天”也。

第三十三问：何谓“斩赤龙”？殆即停止月经乎？

答曰：是炼断月经，不是停止月经。普通妇女，亦偶有月经停止之时，此是病态。若炼断月经，乃是工夫，与病态大不相同。少年童女，可免此“斩龙”一段工夫。至于老年妇女，月经已干枯者，必先调养身体，兼做工夫，使月经复行，然后再炼之使无，更费周折。

第三十四问：“内呼吸”是何形状？

答曰：“内呼吸”之作用，有“先天炁”与“后天气”之分。后天气降，同时先天炁上升；后天气升，同时先天炁下降。《易经》云：“阖户谓之坤，辟户谓之乾。一阖一辟谓之变，往来不穷谓之通。”其理与内呼吸之法颇有关系。但工夫未到者，纵千言万语，亦不能明白。初学之人，对于起手工夫，尚未做好，则内呼吸更谈不到。传道之人，工夫浅者，言及内呼吸之形状，等于隔靴搔痒，遂令学人更无问津处。

第三十五问：“入定之际，不言不动，为死人者”，应为何做法？

答曰：此乃自然的现象，不是勉强的做作。若论及姿势，或盘坐，或垂腿端身正坐，或将上半身靠于高处睡卧皆可。普通平卧法，似乎不甚相宜。炼阳神者，两眼半启；炼阴神者，两眼全闭。

第三十六问：“出定之后，饮食衣服，随心所欲”。是否随自己所爱悦者取而服御之？又谓“着着防危险”者，是否防备意外之惊扰？

答曰：随心所欲者，谓可以随意吃饭穿衣耳。此时无所谓爱悦，若有爱悦，则有贪恋之情，不能入定矣。防危险不是一种，而惊扰之危险，亦是其中之一，亦应该防备。此时须要人日夜轮流看守，所以修道者必结伴侣。

答宝应岔河镇石志和君[①]（1937年）

君境况如何，我虽不能详悉，然大概可以悬揣而知。在家修炼，自

① 原载《扬善》第4卷第15期（总第87期，1937年2月1日）。

属不易，离家亦未必就有善策。未闻道者难在“法”，已闻道者难在“财”。至于“侣、地”二字，尚居次要。有财总好办道，无财则一身之生活且发生问题，如何能实行修道？集团之意，原欲为诸同志谋一种安全计划，奈此举非仓卒所能成功。君此刻在家乡宜暂时维持现状，静待机会可也。

答宝应岔河镇陈悟玄女士[①]
（1937年）

前接来函，介绍张志德女士学斩赤龙以后的工夫。上月张女士已亲自寻到乡间，停留两日，凡阳火阴符之进退、呼吸升降之循环，已大概与她说明。她读书识字虽不多，而工夫确做得不坏，现年四十一岁，月经已炼断三年矣。所有身中隐秘之情形，我不便细问者，皆由拙荆彝珠女士代我转问。她以前身中之经验，与我所得的口诀若合符节，可知她不是欺骗我者。因为她是个实行家，工夫已有根柢，所以我一说她就能领会，比较有学问的女子，要高明得多多，亦可喜也。她现在已满意而去，可惜我不知她的通信处。听说在上海杨树浦租一个亭子间，自炊自食，不住在唐公馆，君已有所闻否？

君关期未满，自然不便出关，免得俗人讥诮。阳火阴符之运用，是有为法，重在一个炼字；抱一守中之玄妙，是无为法，重在一个养字。有为法不可以包括无为，而无为法则可以包括有为。我对张女士所言者，是中等丹法。前次在本刊上对君所言者，乃上乘工夫，切勿生轻视之心而有所不满也。

---

① 原载《扬善》第4卷第15期（总第87期，1937年2月1日）。

答上海蒋永亮君[①]（1937年）

来函读悉，承盛意为修道集团事条陈利弊，深中肯綮。请俟此事有具体计划时，再专函奉告，以便从长讨论可也。十几年前在民国路研究仙道的朋友，有谢世的，有远离的，有灰心的，而君之宗旨至今未变，甚为难得。

近来出版之《扬善》刊，请特别注意，我把全副精神放在上面。凡有拙作，都是破天荒的论调，乃前人所不敢言者。

答广东琼州王寒松君[②]（1937年）

两封来函均悉。函中凡关于《扬善》刊编辑之分类，及内容之增加等事，宁无权过问，乃本刊发行人及编辑人之责任。敝寓僻处乡村，不通邮政，各埠来函到社积聚已多，方由编辑部专差将信件送到敝寓。宁若在舍，自然择要作答，但有时远出未归，则不免延搁矣。

宁对于撰稿选材，乃纯粹义务性质，无丝毫利益可言。所以乐此不

---

①② 原载《扬善》第4卷第15期（总第87期，1937年2月1日）。

疲，数年来如一日者，因欲普及仙学之故耳。若以“自了汉”测我，非我之知音也。果真是“自了汉”，早已投笔而去矣，舞文弄墨何为哉！为名乎？虚名何益？为利乎？利将安在？

中和子即曹昌祺君，年龄不过廿几岁，服务于商界。月薪所入，亦甚微薄，仰事俯蓄，在在需资。他居然能将坊间所有之道书丹经购买殆尽，此等专心一志之行为，殊非常人所能及。他在本刊第七十八期《性命双修论》中说：“世有抱道终身，只图自了，不肯度人，不肯登坛说法为众生一大父母者，殆亦空有所得，而辜负皇天后土者亦多矣。”云云，此种论调，未免牢骚之意，诚如来函所言。然他自与我晤谈而后，已不复作此感想矣。

宁常说自己没有资格做人师表，这是真实话，却非过谦，亦非推托。因为我心中时时拿往昔成功的人作为模范，总觉得我的资格欠缺。但不是与时下人相比较，若就时下一般人而论，我亦不必过于客气，以免矫枉过正。修道的人，总以真实为第一要义，骄傲自然是大病；若过于客气，则不免虚假，也有点违背真实之义。今将不必过于客气之理由说明如后：

以学理论，像这样破天荒提倡仙学的定期刊物，全国中只有一份，没有第二份。优劣无从比较，何必过于客气？

以口诀论，本刊虽未曾将南北派口诀和盘托出，然每一期中，总有几处流露出来，聪明而细心的人，自能体会。比较别人家专尚空谈，满纸心性玄言，以及五行八卦、龙虎铅汞等等隐语，犹觉此胜于彼，又何必过于客气？

以普及论，凡全国各埠许多不认识之人来函问道，无论赵钱孙李，有问必答。凡好道诸君，以为“通函问答”尚有所未尽，必欲亲自面谈者，只须其人具足诚意，我亦未尝拒绝。不管富贵贫贱、男女老少，一律平等相待，并不要他们报酬。事过之后，甚至于把来人之姓名住址一概忘记者。如此之热心弘道，全国中能得几人？又何必过于客气？

以工夫论，现在工夫程度超过于我者，自有其人。然这几位前辈先生，老早就隐藏起来，不肯把这副重担子挑在肩上，正对着来函所谓“自了汉”三个字的批评。就让他们今日肯出而度人，也不能适合社会大众的心理，因为工夫好的未必会做文章，会做古文的未必会写白话，讲旧道德的未必喜欢新思潮，懂五行八卦的未必懂科学，晓得孤修的难保不辟双修，笃信双修的又看不起孤修，由法术下手的未免带点江湖气，由宗教入门的又脱不了迷信，注重口诀的不能谈学理，纵能勉强说几句门面话，又不敢与别教抗衡，被人家几声“外道”一骂，就哑口无言。如此类者，工夫虽好，但可利己，而难以利人，我只得“当仁不让于师”，亦无所用其客气了。倘再客气，则仙学要绝种矣。

阁下须知，我不是宗教家，不像基督教的牧师，劝人信仰耶稣，不像佛教的法师，劝人往生净土。他们以传教为职业，其事易办。我不是以传道为职业，其事难行。牧师传教，是在巨厦洋房；法师讲经，是在丛林大寺；我现时撰稿之处，不过在穷乡僻壤借住农村中几间房屋而已，而工作则比较他们烦难百倍。倘若再有人说我只图“自了”，不肯公开度世者，未免太觉冤枉！以我此刻这样简陋的生活，发这样宏大的愿心，差不多可以说是来者不拒，请问全国中尚有第二个人肯干此傻事么？

为篇幅所限，其余各问题，下次再答。又，来函要我作自传一篇，亦未为不可，但苦于没有闲暇。现在应该动笔的文章，做不胜做。

答温州瑞安蔡绩民君[①]
(1937年)

第一问：“活午时”是不是有中之无、动中之静，如明镜晶莹，清波澄澈？

第二问：“活子时”是不是无中之有、静中之动，如浩月当空，万里无云，而玉露横秋，丝丝欲滴？

答曰：以上二问，理想上是不错，总须体会到自己身上来，工夫方

① 原载《扬善》第4卷第15期（总第87期，1937年2月1日）。

有着落。

第三问："正子时"是不是月当初八廿三，不明不暗，恰到好处？

答曰："正子时"是一个代名词，不是说每天半夜之子时，更不是说每月之上下弦，乃是说人身上阳气发动，并无淫欲之念，而生殖器自然翘举之时。

第四问："清净派"是不是静极而阳生？

答曰：人身中静极而阳生，可说是做工夫时期一种现象，不能称为派别。老实说一句，无论男女，抱独身主义，不要配偶，而专心做仙道工夫者，都名为清净派。男女皆有配偶，但不行世俗男女之事，双方同意做仙道工夫者，则名为阴阳派。

第五问："陈抟派"是不是睡浓时而一阳来复？

答曰："守中抱一，心息相依"，这是陈希夷派的要旨。一阳来复，只可说是现象，不能算是工夫，岂可因此遂名为"陈抟派"乎？凡睡浓而阳举者，世上青年男子莫不皆然，能说他们个个都是陈抟派乎？

第六问：静坐调息之法，在于不急不滞、勿忘勿助，不知用如何方法始能到此境界？

答曰：只要你身体端坐不动，自然就能到此境界，不必用什么方法。

第七问：静坐之姿式，趺坐乎？抑如平常坐时任两腿直垂乎？

答曰：随自己的意思，要盘腿就盘，要垂腿就垂，不必拘定。惟盘坐之时间，不能过久，太久则酸痛而麻木，是其缺点耳。

第八问：调息时之呼吸，如平时之听其自然乎？抑系深呼深吸，直至下丹田乎？

答曰：听其自然，就是调息最好之法。不可用深呼吸，若常行深呼吸，非但息不能调，恐怕弄出毛病。

第九问：就"调"字看来，必有调之之法。不知如何调法，而其息乃调？

答曰：端身正坐，不动不摇，听其自然，不加勉强，这就是调息之法。除此而外，另觅调息之法，未免画蛇添足。

附告：末一问，正如来函所言，故不赘述。阁下困于经济，不能出外参学，这也是普通人所常有之境况。好在年力正富，来日方长，先解决生活问题，然后再求出世法可也。承惠玉照一张，已收到。

答江苏海门□□□君[①]
（1937 年）

接八月十二日来函，内有问题十则，本想早日作答，苦于没有机会。今已不能再迟延矣，特将可以公开各问答，由本刊发表如左：

第二问：南派栽接法，较北派清净法见效为速，已闻命矣。但不知非南非北之夫妇双修法，比南派见效为何如？

答曰：见效之迟速，不能专就派别与方法而论。凡年龄之老少，家境之贫富，用功之惰勤，天资[②]之愚智，魔障之轻重，俗累之多寡，皆有关系。

第四问：（从略）

答曰：早泄症属于医药范围，因为神经衰弱，感觉过敏，筋络松驰，收缩无力，故有如此现象。世上的男子，百分之九十九都犯了这个毛病，此事可以请教于医生，他们自然有治法。若要用神仙家修炼之术来对付早泄症，未免小题大做，割鸡用牛刀矣。如果因为经济困难，无力就医，只好借助于古人之导引术，亦甚有效。八段锦中之低头弯腰两手到地之姿势，可以治此症。

第五问：（从略）

答曰：女子做到不漏经地步，约须一二年；男子做到不漏精地步，约须二三年。此亦只就大概而论，非谓板数如此。

据我所知，男子不漏精工夫做成的，前有李朝瑞君，现有张慧岩君，但张之程度不及李。女子不漏经工夫做成的，北平有曾道姑，宝应

---

① 原载《扬善》第 4 卷第 15 期（总第 87 期，1937 年 2 月 1 日）。原文问答顺序不连贯，今从之。

② “资”，原作“姿”，误，校改。

有陈悟玄女士，上海有张志德女士。李朝瑞君本来就未曾漏过，及至结婚以后，仍旧不漏。听说张慧岩君不漏已有三年了，可惜当日未曾多谈，详细情形，我不明白。北平曾道姑，我是在民国十年以前会过她。陈悟玄现在闭关，尚未满期。张志德上个月到我处访道，住过一夜，据云斩赤龙工夫在三十八岁时已做好了，今年四十一岁。陈悟玄是自幼修行，未曾出嫁。张志德已嫁过，尚有一女儿已十七岁。以上五人，做工夫时间之长短，各人不同。可知日数月数年数之说，皆无一定。故不漏之期限，难以预言。

张慧岩君曾受菩萨戒，是正式佛教居士。陈悟玄女士早已削发出家，是正式佛教比丘尼。李朝瑞君笃信孔子之学说，是正式儒教中人。曾道姑乃龙门派嫡传，是正式道教女黄冠。张志德乃西华堂派，属于三教一贯之先天门。以上五人，皆能自由修炼此术，而获绝大功效。可知仙学是在三教范围以外独立的一种科学，无论那一教信徒，皆可自由求学，对于其本教无丝毫之妨碍。而且一教不信的人们，学此术更觉适宜，因彼等脑筋中不沾染迷信之色彩，用纯粹的科学精神，从事于此，其进步更快也。

第六问：《参同》、《悟真》之法，与夫妇双修法，其进行步骤不同之点，与见效迟速难易关头，请指示一极详细比较大纲。

答曰：这些都是学理研究问题，虽数千言亦说不完，留待他日再讨论可也。

第八问：当年彭祖所修之法，与《摄生种子秘诀》一书，属于何派？

答曰：彭祖所修者，可称为“房中养生术”，乃人己利害调和法。《摄生种子秘诀》，其书粗劣异常，结果两败俱伤，不成其为派也。

第九问：道书常言：子时至巳时属阳，坐功有益；午时至亥时属阴，坐功无益。此说如何？

答曰：其说理由不充足，不必拘泥。

第十问：（从略）

答曰：预备之工夫，必需之手续，自然是有的。但默察君之环境，宜用静坐调息，抱一守中之工夫，不宜从事于别法，以免徒劳而无功也。

答昆明工业学校李忍澜君[①]（1937年）

第一问：《因是子静坐法》中言，静坐时眼可轻闭。但同善社之坐法，则曰初步当以平视为宜。其他各种书籍，则曰当半开半闭，以见鼻尖为度，谓之“垂簾”。此三说不知何者合于正轨？

答曰：我赞成因是子之说，但后二说我亦不反对。因眼睛之或开或[②]闭，对于工夫上无密切之关系。

第二问：初学静坐，杂念游思不能除去，故不能得真静境。除杂念游思之法，有曰用数息法，有曰注心于两眉间，有曰注心于脐下丹田，未知以何者为是？

答曰：我赞成数息袪，古时苏东坡就用此法。后二法有流弊，不可常用，弄得不好，就要出毛病。

第三问：静坐至虚极静笃之时，下身阳物勃然而举，心中毫无欲念，是名为“阳生”。此时急当以神驭气，留恋元精，此说然否？

答曰：此说不错。

第四问：非在静坐之时，如睡眠、工作、行走时，亦有阳生之景象否？若有之，能作调药之功法乎？

答曰：非静坐时，虽亦有阳生之景，但不便用调药之法。

第五问：睡眠时，阳举而不自觉，元气因化淫精而泄去。有何法以救济之？

答曰：此即普通之遗精病。宜常用河车逆转之法，以闭固精窍。

第六问：在校中每日早晚静坐半小时，要需多少时日，方有阳生

① 原载《扬善》第4卷第15期（总第87期，1937年2月1日）。
② “或”，原作“我”，误，校改。

之景？

答曰：廿岁以前之青年，不到两星期，已可见阳生之景。

第七问：用小周天之功法已毕，即成“漏尽通”。现今修成者，实有其人乎？

答曰：“漏尽通”乃佛教之名词，本不作如此解释。元明清以来，修仙道的人最喜借用佛书之语，以附会仙道，常常惹得佛教徒之厌恶，骂他们是“外道”。所以我不愿再借用这类的名词，须知仙道是三教以外独立的一种科学，无须倚靠别人家门户。不漏之功，修成的人甚多，并不稀奇。

答上海民孚实业社某君①（1937年）

第一问：生已三年余浊精不泄，何故常有腰痛或腹泻等症？

答曰：若是炼精化气工夫已到家者，决无腰痛腹泻之病。来函所谓三年不泄者，是永久独宿乎？抑或偶有男女之事乎？是勉强忍耐使其不泄乎？抑或出于自然毫无勉强乎？是仅认外表无放射之形状，即名为不泄乎？抑或既萎之后，小便之时，真真实实，干干净净，无一点之溢出，无一滴之滑溜乎？是做工夫得来之效验乎？抑或不做工夫，清静无为，自然有此现象乎？以上种种，来函皆未言明，故不能回答。

第二问：欲火最易伤身，以何法能息灭之？

答曰：有积极与消极两种办法。积极的办法，宜习练武功，如太极拳之类；或做柔软体操，如十五分钟体操之类；或学导引之术，如八段锦、十二段锦之类。消极的办法，禁止吃兴奋刺激一类的食品，如胡

① 原载《扬善》第4卷第15期（总第87期，1937年2月1日）。

椒、韭蒜、鱼虾以及煎炒烹炸等类，禁止看肉感影戏、画片、小说等类，禁止夫妻同床。照以上的办法，奉行不怠，则欲火可灭去十分之七。尚有十分之三，留做生育儿①女之用可也。

第三问：生殖器一举即萎，对于身体是有益乎？或是衰弱之预兆乎？

答曰：若是常常做工夫的人，正当采药之时，有此种现象，可谓曲直从心、有求必应，非坏事也。若不由工夫上得来，而是无缘无故得此现象者，不能不说是病态。

第四问：生现看《张三丰全集》，能获益否？

答曰：《三丰全集》是一个总名，其书之内容甚为复杂，不能用简单几句话就去判断，应当分别观之。如果会看，不执着一偏之见，自然可以获益。

答直隶涞水赵伯高君②（1937年）

原函：（前略）请先生费神示以仙道之宗派，入道之门径，起首宜读何种丹书，习何种道法，方可循序而入？至修养服气炼神，当从何书入手？道书有云："道无法不显，法无道不灵。"学道者宜习何法？又有所谓"六甲灵文"者，是否道中之法？又有火龙真人传吕祖之"天遁剑"，或谓即道中之法，世有其传否？又闻道家能吸罡步斗，有无其书？是否道中嫡派？（后略）

一答：仙道之宗派。仙道有南北两大派，另有非南非北诸派，名目繁多，数不胜数。

二答：入道之门径。先要博览道书，后要寻师访友，并须常年订阅

① "儿"字，原脱，校补。

② 原载《扬善》第4卷第15期（总第87期，1937年2月1日）。

《扬善半月刊》，因为本刊乃全国仙道门中唯一无二之介绍物也。请勿误会本刊是营业性质，若有人认为本刊是谋利者，则辜负撰稿人及发行人之苦心矣。

三答：宜读何种丹书。宜读伍冲虚之《天仙正理》，黄元吉之《道德经讲义》并《乐育堂语录》。伍书是北派，黄书是非南非北派。

四答：宜习何种道法。道成之后，万法俱备，用不着预先学法。道若不成，法亦无灵，虽学法何用乎？

五答：六甲灵文。此类之法，皆属仙道门中之南宫派，比三元大丹正法要低一级。

六答：天遁剑法。我所闻者，有三男一女，是此道中人，但未曾亲眼看见他们显过本领，故不敢为君介绍。

七答：吸罡步斗。此种书在《道藏》中最多，坊间没有单行本，惟四川成都二仙庵道观中有两部刻本。此种道法，属于道教之茅山派与正一派。不过作法时一种仪式而已，灵不灵又当别论。

答上海华德路杨名声君[①]
(1937年)

原函：(前略) 晚梦想欲学佛教徒所鄙视的"守尸鬼"之法，但年已半百，精力甚衰，血脉难调，始悔前数载光阴虚度，未曾专心用功。今虽略做工夫，得有下列各种现象，未知是效验或是病态？请先生在《扬善半月刊》中指示，感恩非浅。(后略)

答曰：来函所述各种现象，总括之有五种：(1) 玄关似动非动，似麻非麻。(2) 背脊筋从下热至泥丸，不静坐不热。(3) 腹中略觉转动，不静坐不动。(4) 下丹田常觉发烧。(5) 四肢及周身常觉肉跳。以上五

① 原载《扬善》第4卷第15期(总第87期，1937年2月1日)。

种现象，皆是初步工夫所应该经过者，可以说是效验，不能说是病态，请仍旧向前做去，当更有进步也。

杨君之信，是廿五年三月廿五日到社。今日方能作答，亦非我始料所及。此实无可奈何之事。附记于此，以表歉忱。

答苏州西津桥任杏荪君[①]
(1937年)

第一问：玄关一窍，是否在两目中间不内不外之处？

答曰：这个是他们的玄关，不是我的玄关。我平日教人的玄关一窍，简直可以和上帝争权，与仙佛并驾，宇宙在乎手，万化生乎身。做得好时，真能自信"我命由我不由天"，岂是像他们所传的那样浅近。然而我的玄关，却不可以随便乱传于人，须看准是一个载道之器，方许向他点破，不许拿口诀当人情送，不许把传道当生意做。历代以来传授，皆是如此慎重，自然有他的充分理由。我现在虽然用革命的方法来弘扬仙道，但对于这个成例，尚不愿将他打破。故此今日不能在纸上写明，俟有机会，面谈可也。

第二问：人身全部阳精，是否在双目中？

答曰：双目在医书上虽说是五脏之精华，但人身性命根原，另有寄托，并不在眼睛上。

第三问：夜间或清晨，无欲而阳举，用猛力呼吸，或目观玄关，均能炁返原状。两法中何法为佳？

答曰：前法太野，后法为佳。

第四问：初下手学道，何法最要？

答曰：读书明理最要，不可先求法子。俟书理透彻之后，法子一说

① 原载《扬善》第4卷第15期（总第87期，1937年2月1日）。

便知。再者除读书明理而外，尤须立德立品，如果品学兼优，更遇机缘辏合，则所得者必是上上等法子。若品德虽好，而学问不足，则所得者当是上中等法子。若学问虽好，而品德欠缺，此种人只能学普通法子。若品学俱无者，此种人对于仙道，可谓无缘，纵然勉强要学，只好学一点旁门小术江湖诀而已。

以买卖物件论，代价愈高，质料愈好。

以修仙学道论，代价愈贵，法子愈坏。

世间法与出世间法，是相反的，不可拿俗情来测度。他们传一层工夫，要一层代价，层数愈高者，代价愈多，这已经不合前辈先生的规律。然或者因为开支过巨、经济困难的缘故，尚属情有可原。现在的江湖朋友，传授口诀，竟有讨价两万元者，真可谓大大的笑话。本条所说，是对阅读本刊诸君而言，不是对君一人而言，因回答问题之便，遂连带论及耳。

答河南省安阳□□□女士[①]
（1937年）

原来函：……附问题一则：前读《孙不二女丹诗注》凡例，第六项内云："女子修仙，除天元服食，窒碍难行。"弟子对此天元服食一节，不甚明了，敬乞示知。

答曰：天元服食之说，可先看本期"学理研究"栏内《与朱昌亚医师论仙学书》中之"丹阳谌姆派"一段记述，再看《扬善》刊第七十四期第六页《答苏州张道初君十五问》中之第三问，即可知其大概。

---

① 原载《扬善》第4卷第15期（总第87期，1937年2月1日），署名"撄宁"。圈点文字改题为《答河南省安阳县董女士》。

答化声先生[①]
（1937年）

承教甚感，尊意欲将世界上唯心与唯物两大敌派，皆归纳于唯生论中，以造成和乐升平之世界，善哉善哉！虽然，愚见认为唯物之科学，将来再进一步，或可与仙学②合作；而唯心之佛法，对于仙术，常觉格格不入，颇难觅得妥协之机会。世上果真有人要求仙佛合作，第一个条件，必须使仙佛两方都立于平等地位，像英国之对待美国；切勿从中显分阶级，像英国之统辖印度。如此始有妥协之可言也。

整理《道藏》，确是一件烦重的工作。倘若我辈亦如胡博士那样大胆，轻于尝试（胡适之《陶弘景真诰考》起首就云：这是我整理《道藏》的第一次尝试），自然容易照办。但请问世上能有几个胡博士呢？所以我辈只好敬谢不敏。况且此等事业，应该由国家文化机关或中华道教会担任，方为名实相符。我辈个人之精神财力，恐不足以语此。

《楞严经》真伪，乃佛教内部之问题，非我辈所当过问。况且像佛经一类的著作，本无所谓真伪，不能说印度有原本就算真的，无原本就是伪的。也许当初有原本，而后来湮没，也许连原本都靠不住。盖释迦牟尼虽然说法四十九年，却未曾亲手写成一部经，都是由后人制造出来的，"如是我闻"四字就是靠不住的代表。尊函谓"三藏十二部，不当执为佛说，乃中华、印度两大民族思想之结晶"，洵属通论。惟思想非

---

① 原载《扬善》第4卷第16期（总第88期，1937年2月16日），署名"撄宁"。其后附有《陈撄宁先生致张化声先生书原稿》，文字全同于《扬善》第4卷第7期（总第79期，1936年10月1日）载《致湖南宝庆张化声先生书》，唯"撄宁顿首"之下多写"若蒙赐福，请邮寄《扬善半月刊》发表"两句。圈点文字则在《答化声先生》题下注曰："化声来函见前面页。"

② "学"字，原脱，据圈点文字校补。

一成不变之物，前人思想不合于今人之思想者甚多，青胜于蓝，冰寒于水，后来居上，非不可能也。

宁对于儒释道三教，不欲议其得失，免启无谓之争。今只将仙术从三教圈套中单提出来，扶助其自由独立，使世人得知儒教、释教、道教而外，尚有仙教，理学、佛学、玄学而外，尚有仙学，于愿已足。较之中华民国从列强条约层层束缚中努力挣扎，以求自由独立者，其用意正复相同。敌乎？友乎？惟在儒释道三教信徒之自处，不容我预存成见于其间也。

未尽之言，请俟他日写出就正。谨布区区，诸希慧察。

撄宁顿首

《仙佛同修说》按语[①]
(1937年)

性命双修，此本成仙作佛为圣之大旨。或谓佛修性，仙修命，儒治世，分门别户，盖不深究其宗旨也。

宁按：此公又是一位调和派，开口就把仙佛与圣人做起亲家来。可惜此公不是儒教中人，又不是佛教中人，乃仙道西派之开山祖师长乙山人紫霞洞主李涵虚是也。南派之张紫阳，北派之王重阳，都是三教调和派，他们从来没有轻视儒佛两教之态度。东派之陆长庚，仍旧秉承此种意旨，虽志在学仙，而亦同情于佛，并有《楞伽》、《楞严》二注。其他如《仙佛同源》、《仙佛合宗》、《性命圭旨》、《慧命经》等书，引证佛典，也许有牵强附会之处，然其对于佛教之尊敬，实未尝减轻。但佛教徒却不屑于领他们的盛情，依然斥他们为外道。无论他

① 原载《扬善》第4卷第16期（总第88期，1937年2月16日），原文作者李涵虚，按者陈撄宁。

们如何附会，佛教徒一概饷之以闭门羹。历代以来皆如此，非自今日始。

佛重性，而其中实有教外别传，非不有命也，特秘言耳。其重性功者，盖欲人从性立命，能使性量恢宏，照十方而无边无际也。

宁按：佛家之教外别传，是指禅宗而言，不是指命功而言。禅宗一法不立，哪里有什么命功？你若同禅宗中人讲命功，须防吃三十大棒。

仙重命，而其中亦有教内真传，非不言性也，特约言耳。其重命学者，盖欲人即命了性，能使命根永固，历万劫而无尽无穷也。若使性功圆满，外无立命之修，则真性难存，终属空寂，又何能法周沙界乎？

宁按：佛教本旨，原要趋向空寂。所以佛之别号曰空王，佛教又名为空门，佛之结果叫作涅槃。涅槃之义，就是寂灭，所以和尚们死了也叫作“圆寂”。“空寂”二字，乃佛教究竟之义，若离开空寂，就不成其为佛教。作者既不满于释氏之空寂，难道要请一般和尚们都来学炼丹的工夫吗？和尚果真要炼丹，岂不先要皈依太上老君做弟子吗？

若使命功周到，内无尽性之修，则真命难守。徒保色身，又何能神通三界乎？

宁按：性命二字，虽是两个名字，却不是两件东西，乃一物二名耳。命字代表此物之体，性字代表此物之用。如果命功真能到了极处，是其本体已经修炼圆满，自然可以由全体中发出大用，自然可以具足无边无际不可思议的神通。若命功不能到这样程度，仅能却病延年，在世界上多活一二百岁，此种命功实不配称为命功。

惟佛有教外别传，则从性立命，极乐之地益见空明。惟仙有教内真传，则尽命了性，而大罗之天益见超脱。是仙也佛也圣也，此双修而非单修者也。

宁按：以上所言，皆是仙佛对举，不见有圣。

故释迦到禅定时，而有贯顶穿膝之效。迦叶谈真实义，而有倒却刹竿之奇。试思于意云何？

宁按：在作者之意，以为贯项、穿膝、倒却刹竿这些名目，都是佛教中的命功，而一般佛教徒完全不肯承认，以为尽是邪见魔说。譬如下级僚属，逢迎上级长官，很想送一份贵重礼物，以为进身之阶，又怕长官不肯赏光，只得投其所好，窥探长官家中日用必需之品，将其名目记下，逐件购买齐全，把自己真名字写好贴上，送到长官家里去，以为这一次总可以巴结上了。谁知仍旧被他们大骂一顿，挥之门外，垂头丧气而返。事后打听，方知所送的这许多礼物，虽然是长官们所喜欢的，但千万不该把自己的名字贴上去，遂至弄巧反成拙。学仙的人，借用佛教的名词，说是命功，常被佛教徒所诃斥，真可谓自寻烦恼。

吕祖云："单修性兮不修命，此是修行第一病。"紫阳云："饶君了悟真如性，不免抛身却入身，何似更兼修大药，顿超无漏作真人。"略举一隅，可以类推也。至于行深般若，五蕴皆空，丹熟大还，十年面壁，六十耳顺，七十从心，夫而后性命双了，同登空超之境，而仙佛圣皆成也。故达摩初祖《了道歌》云："三家法一般，莫作两样看；性命要双修，乾坤不朽烂。"人又何必是非哉？

宁按：达摩居然也要调和三教，真是怪事！

且更有说者，三教嗣续①，皆不能知此。知此必不互相抵毁，只须各尽其道，以归于道也。今设一大道主人于此为三教说法曰：夫三教者，吾道之三柱，分而为三，合而为一者也。道不能分无变化，道不能合无统宗，是故以三柱立其极。释道言性默言命，仙道传命默传性，儒道则以担荷世法为切。言性难闻，言命又罕，并性命而默修之。遂使三家后裔，各就祖派，分为专门，掀天震地，讲起是非，开出无边境界。佛攻道，则有翻空出奇之妙想；道攻佛，则有踏实指陈的神思；儒攻佛与道，则有波澜不穷的文章。而岂知皆道之分也？道既分三，其中岂无支流之不同、邪正之不类者？奈何不思其本而谈其末也。

夫以性兼命为一脉，以命兼性为一脉，浑乎性命为一脉，此三脉皆道脉也，及其还无一也。偈曰："吹了明灯顽耍子，谁知打着自家人？吾言若有相攻者，又是飞花点汝身。"

宁按：自来儒教徒常骂二氏曰异端，是佛老全非、释道并斥也。佛教徒常骂仙家曰外道，曰邪教，而不及儒。盖畏儒教势力之盛不敢撄其锋，见仙教人才之衰，遂肆其狂吠也。仙学书籍，开口就是三教一贯，总未肯独树一帜，并喜援引儒释两教书中义理与名词以自重，惹人厌恶鄙弃而不知悔，究竟是何居心耶？

---

① "嗣续"原作"词续"，误，校改。

为"中黄直透"法答上海殷羽君[1]（1937年）

原函：（前略）一月五日晚静坐时，阴跷发胀如常，惟方圆约四五寸，较平日为大。逮呼吸稍细，神渐静寂时，此炁突然上冲，直抵岭颠。回忆当时情形，似若轰然作响，惟升不循督，而由黄道直上。霎时气粗心急，头目发胀，隐隐钟磬齐鸣，浑身汗透。第以初历此境，不免惊惶失措。次日四肢乏力，病一日方兴。窃思循督上升，谓之正透，若即循中道，如生之学养不足，未免后凡杂入，而有"闹黄"之弊。惟不明者，何以并未用意引导，而此炁居然自由闯入黄道？兹将仰叩各点列后，乞夫子垂慈开示。

（一）外阳不举，丹田不热，只阴跷胀跳，此炁亦有可冲之理否？

答曰：有可冲之理，毫不奇怪。

（二）此炁发动时，并无机兆，故不及防护，亦未攻尾闾，但由阴跷上心位，直冲胸部，如任督未通，则此举有害否？

答曰：此时果能端身正坐，稳定如泰山之不摇，万虑皆空，清净似寒潭之彻底，任其自然冲动，自然熏蒸，自然融化，自然凝结，则非但无害，而且有利。若静定工夫未到家者，则其害甚大。

（三）上冲后，以惊惶而停止坐功，此炁未及还归本位，其弊如何？

答曰：惊惶切不可有。此刻所幸者，是自己内部惊惶，尚未发生危险。设若当时不幸，受外界人事之扰乱，或巨声疾响之震骇，必至气散神飞，一身冷汗，小则得癫狂之疾，大则有生命之虞，非同儿戏。以后若不获安全地点，并未有道伴作护法者，切勿轻于尝试。此等超凡入

[1] 原载《扬善》第4卷第17期（总第89期，1937年3月1日），署名"撄宁"。

圣、成仙了道初步下手重要的工夫，不在名山洞府中做，仅能在尘俗都市中或普通乡村中做，已经算是委屈了，何况象贵寓所那样地点，我老早就说不合做工夫之用。

（四）此时脑部大胀，是否不循黑道之故，抑或循黑道亦须胀？又凡气粗、心急、汗出种种现象，是否应该有的？

答曰：别人做得好的，并无脑胀、气粗、心急、汗出之象。我想这些现象是不应该有的。

（五）次日病疲，是否未行全功之故？

答曰：病疲是因为工夫不合法度之故。仅此病疲，尚属万幸。

（六）近日阴跷常跳动，可否置之不理？

答曰：宜暂时将坐功停止，俟“财、侣、地”三字完备时再做。若坐功不停，则跳动亦不停，跳动力大气足时，又要往上冲，冲起来你又招架不了。徒然不理，也无济于事。

总答：接第一次来函之后，余即仔细审查，认为此种效验，既非柳伍一派，又非黄元吉一派，疑是从闵小艮方法入门者，但不敢决定，故致书相询。及接第二次来函，观所叙下手工夫次序，方知确属金盖山的派无疑。此派有一种专门术语，叫作“中黄直透”，就与来函所说的现象相同。求仁得仁，本是美事，自无所用其忧惧。惟此等工夫，最要紧是“虚寂”二字，若自问工夫真能到此境界者，尽可放胆做去，倘或未能，则不免“后天闹黄”之弊。你现在有公务萦心，白昼奔波劳碌，夜间伏处小房中，勉强习静，地点又不适宜，“虚寂”二字，当然谈不到。于是乎未得其利，而先受其害矣。

再者，此炁发动，多半是由中间直冲上来，并不须你用神意去引导，你若要他改变道路，由督脉上升，则非引导不可。有种人虽引导亦不听命令，仍旧由中间直上，竟有欲罢不能之势，我见过数人。余认为君在世间，尚有事业可做，此时若要专心修道，抛弃一切，似乎违背定数，未必能得良好之结果。故劝君今日对于世法，宜采进取主义，对于出世法，宜采保守主义，只求能不沾染一切恶习，不使精气神作无谓之消耗，不使堕入室家之累而难以自拔。一方面为社会尽相当之职责，一方面乘时储蓄充分之财力，预备四十岁以后实行修道之经费。将来若有余力，尚可帮助同志之人，岂不甚善？望三思之。

《溥一子内功日记》（一）按语[①]
（1937年）

撄宁按：溥一子②乃徽州人，服务于上海商界，现年六十六岁，练习静功，已经三载有余。以前用功，不甚得法，常常做出毛病。伊不肯灰心，愈有病，愈要做，并随时逐渐改良，方能到今日之地步，诚可谓老当益壮，虽少年人不及也。

伊日前偕中和子亲到乡间敝寓访问，带手折一具，书此日记于上，盖以备遗忘而便研究，本非投稿性质。余见其逐日记录，实地试验，大有益于学人。遂将原折暂留敝处，重抄一遍，送登本刊，使世间好道诸君阅之更为兴奋。庶几年老者急起直追，勿以老而自馁，年青者精神振作，不至暴弃自甘，岂不美哉！

（正文略）

覆常遵先函[③]
（1937年）

遵先道兄先生惠鉴：

经年阔别，云树空思，忽奉瑶章，如闻謦欬。借悉衡云仙友，栖真

---

① 原载《扬善》第4卷第17期（总第89期，1937年3月1日），署名“撄宁”。因《扬善》后来又曾发表过另一篇《溥一子内功日记》，故此处加注序数以区别之。

② 圈点文字注曰：“姓程名渊如。”

③ 原载《扬善》第4卷第17期（总第89期，1937年3月1日）。该文本为常遵先《述怀寄撄宁子》诸诗的附录，原题《陈君覆函》。

南岳，安享洞天，徒殷仰止，弟以负有使命在身，目下未容高蹈，论及实际工夫，早输却衡君一着矣。倘他年吾兄茅庵筑成，与衡君比邻而居，朝夕餐霞服雾，习静谈玄，此乐虽帝王不易，届时可能分我一角蒲团之地否？凡关于南派学说，弟不欲越俎代庖，努力弘扬，惟兄是赖。再者，愚见对于前人三教一贯之旨趣，固未尝厚非，奈彼教徒等法执不破、我见太深，每多轻视仙道之论调，是为遗憾耳！果伊等肯稍事圆融者，弟亦何必浪费笔墨乎！此层须求吾兄谅解是幸。

弟陈撄宁顿首

答云台山赵隐华君[①]
（1937年）

隐华先生意鉴：

敝处收到尊函，仅此一封。据上海本刊编辑部云，前次尚有尊函一封，内附问题数则，由上海转寄来乡，但未曾得见。盖敝寓所在，不通邮政，凡有各埠来函，皆由《扬善》刊发行部代收，再送到编辑部，复由编辑部将来函寄到乡间小镇上一家店铺代收，再看机会，托农夫村妇或牧童等和敝寓接近之人带交与宁。转折太多，逐不免贻误，此亦无可奈何之事也。

宁之志愿，对于昔贤，固不敢多让，然求其志愿之满足，则非短时期所能奏功。溯自本刊出版以来，已阅四载，经敝道友张竹铭医师努力维持，再加之以宁个人牺牲一切之精神，逐步改观，始有今日。试问我辈将何所图？则引古语一句答之曰：君子谋道不谋食而已。

集团一事，正在计划。能成与否，殊未可必。盖谋事在人，成事则不尽由人意也。宁答张道初君十五问，说得太觉明显，违背古仙戒律。

① 原载《扬善》第4卷第18期（总第90期，1937年3月16日），署名“撄宁”。

既承明教，下次当格外谨慎矣。

答第一问：常遵先君现在湘阴，杨少臣君现在北平，中和子现在上海，纯一子或在上海，或在苏州。潇湘渔父乃常遵先君之别号。以上四位的住址门牌，我不记得，最妥的办法，是由阁下作函托《扬善》刊编辑部转交，必可达到，盖本刊负有联络全国修道同志之使命也。纯一子是医界，中和子是商界，杨少臣是政界，潇湘渔父乃隐逸之士。除纯一子而外，其他三人，皆与宁相识。知关锦注，并以奉告。

答第二问：三元丹法中之天元，有两种意义：一种是由地元再进一步，炼到白雪神符之程度，亦名为天元；一种是感受先天一炁从虚无中来之工夫，亦名为天元。无论天元、地元、人元，其药皆是从身外来的，皆可名为外药。南派与北派，其中界限，颇难分清。若依普通习惯之论调，即呼之为北派，亦未尝不可。

答第三问：闵小艮一派之学说，完全见于《古书隐楼藏书》中，请细细研究此书，即知他所持之宗旨。若问成功以后，是否与《悟真》一派结果相同，依愚见而论，到究竟地是相同的，惟其间之历程则不同。

答第四问：琴剑二物，施用于何时？我想如阁下现在之程度，一定是早已明了，无须宁之赘言矣。

答第五问：吉亮工、陈翠虚二位，闻名已久，惜未曾见过。惟吉先生与上海黄胜白医师，有葭莩之亲，而本刊创办人张竹铭医师又与黄胜白医师有同学之谊，故关于吉亮工先生之事迹，张竹铭君知之颇详。

答第六问：本问所云："采药之先，是否先将己汞炼好？"此语颇难索解。《参同契》云："太阳流珠，常欲去人，卒得金华，转而相因。"据《参同契》之意，乃因己汞炼不好，所以要采药。采药之作用，就为的是要炼己汞，不是先将己汞炼好，而后再去采药。譬如地元丹法，因为生朱砂见火容易飞走，所以要得铅气制伏朱砂，并非俟朱砂已死之后，再去采铅气也。果朱砂真死，已不必再用铅矣。先后轻重之间，大有研究。《钟吕传道集》理明而法不备，难以照做。《天仙正理》是孤修法，《金丹真传》是栽接法，宗旨不同，难以比较优劣。

答第七问：本问所云："何以铅汞难合，魂魄未互入，丁公门外喊死，而三家暂相聚，童子现全身，过后又无验。"宁按：此种弊病，凡实行栽接之术者，多不能免。三十年间，见过失败之人，已非少数。失败之原因，各人不同，难以悉举。而其最普通之原因，一则由于缺乏种种预备之手续而轻于尝试；二则由于徒知看死书、守死诀，而不知量体裁衣、随机应变。

虽清净工夫，亦难免失败，何况用鼎器哉？虽然，失败者成功之母，失败之次数愈多，则将来之成功亦愈有希望，盖因其经验丰富，临事小心，善于运用，不致于再被死道书、死口诀之所误耳，阁下其勉之。

答福州洪太庵君[①]（1937 年）

太庵先生阁下：

久慕高风，未亲道范，海天在望，引企为劳。前阅尊处致张竹铭医师长函，列举修养法门，咸中肯綮。后蒙寄赠大著一册，读竟，深感此书选材之精要、理论之圆融、次序之分明、工夫之切实，所有后天作用几全备于此小册中，叹观止矣！惟关于先天一层，尚未见泄漏，是知之而不言乎？抑或对此无上玄机犹有疑虑乎？窃念阁下春秋快邻花甲，徒恃后天工夫如体操式之修养，健康却病则有余，续命延龄则不足，似宜及时用功，采取先天一炁以立丹基，方能万化生身、我命由我，而前途始可见曙光。博雅仁贤，谅不以斯言为河汉也。长筋术最切实用，容得便当代为宣传，以期普及。

答第一问：《悟真集注》所论聚气开关之法，夹杂旁门，不足深究。其他部分，皆大有可观，材料丰富，在《三注悟真》之上。

答第二问：剑不能用时，当用《悟真篇》××××之法。清净工夫与服食兼行，亦有效验。

答第三问：用乾鼎不合《参同》、《悟真》之本旨，乃后人锦上添花、穿凿附会者。伊等谓“纯乾方是真青龙，纯坤方是真白虎”，乾坤一交，乾之中爻走入坤宫，坤遂实而成坎，坎离一交，坎之中爻填入离宫，离遂复而还乾。乍闻其说，似乎有理，及正式做起工夫来，竟毫不

① 原载《扬善》第 4 卷第 18 期（总第 90 期，1937 年 3 月 16 日），署名“撄宁”。

相干，阁下幸勿为其所误。

再者，宁于民国五年，住址在北平西四牌楼大拐棒胡同跨鹤吕祖观中。有一道士，年已五十几岁，当彼三十岁时即患阳萎症，阅二十余年不愈，常戚戚于心。宁慰之曰："君是出家人，对此可不必注意。"彼曰："不管出家在家，衰弱病态，总不相宜。"彼在吕祖观做静功一年之后，有一日笑而告我曰："二十余年之痼疾，今已愈矣。可惜我是个道士，若是俗家人，尚可望生子也。"由此观之，年长而身弱者，清净工夫大足以补其亏损，不必定要做栽接之术。世间修炼同志，常认为年老之人非用栽接不可者，未免固执偏见，不识清净工夫中有先天一着之玄妙也。愚意非不赞成栽接之术，但默察世间好道之徒，大半为经济所困，生活问题尚难解决，岂有余力实行此术？若固执偏见，竟谓非由此途不能成仙了道，请问除却极少数几个富贵人而外，一般财力微薄的人都该死吗？出世法那有这样不公平呢？（此段补答第二问）尚有未尽之言，请俟下次详答。遇有必要，当以邮函相告，先此略复，以释远念。

答瑞安冯炼九君①（1937年）

（1）玄关一窍，向来本有几种说法，君等所学之玄关，乃最普通之一种。现在全国中传授口诀者，十分之九与此相类，但不及令师口诀之高明。所以他们常常做出毛病，皆由于死守一处之过。果能如来函所言"知而不守，若存若亡"之玄妙，何至于未得其利而先受其害哉？

（2）贵道友林君、刘君初步工夫所获之效验，不能算是坏现象。伊等后来弄得毫无结果者，诚如令师所言为"不知转手"之弊。守玄关所得之效验，各人不同，可参看本刊第八十九期第七页上海殷羽君一篇问

① 原载《扬善》第4卷第18期（总第90期，1937年3月16日），署名"撄宁"。

答。此篇对于初学最有关系，切不可忽略过去。

（3）令师所传者，的确是清净无为之法，非栽接有为之术。然依愚见而论，凡世间学道者，如果对于最简单之清净工夫尚且做不好，竟欲学彼复杂繁难之栽接术，恐亦徒劳梦想而已。

（4）《金仙证论》所言阳生时候呼吸烹炼等等作用，亦不妨算是有为法。其法可以奉行，口诀都在书中。但有两种困难，一则必须有过来人讲解传授，方可试做。做不得法时，须要逐渐改良。若完全照书上行事，未必就能顺利。二则此法年青人容易见效验，年过五十者，身中阳气衰微，在短时期中，药产之景恐不易得见，必须有恒心与毅力方可。

答厦门周子秀君[①]（1937 年）

子秀先生阁下：

旧岁奉到手教，辱承过誉，愧甚！大著《仙佛判决书之平心论》，已在本刊第八十二期第十一页登出，谅早邀慧览矣。《有益身心之大补药》一卷，亦拟择要抄寄本刊编辑部，知念并闻。《平心论》毫无左右袒，不愧平心，《大补药》适合众生机，真能疗病。

世常谓学佛之士，不应再学仙。愚则谓学仙之士，尽可兼学佛。盖伊等所谓既学佛不应再学仙者，乃宗教家浅陋之眼光，防彼教徒等为仙学所动摇而叛其本教也。宁所谓已学仙不妨兼学佛者，乃使学者有所比较，挹彼注兹，择善而从也。二者用心之广狭，大有殊也。钱君年少气盛，笔端每不肯让人，惟独对于阁下之《平心论》，竟无反响，其故可思。鄙志已屡见于本刊各期，而第八十八期《答化声先生》一篇，尤觉显露。不识高见以为何如？得暇尚希续教。

① 原载《扬善》第 4 卷第 18 期（总第 90 期，1937 年 3 月 16 日），署名“撄宁”。

亲老家贫，昔贤不免，米盐琐屑，豪杰难支。修道者不幸而遇此等关头，只得尽人力以听天命，别无良策可图。但求留得筏子在，不怕将来不能渡河，请勿以为虑。

答白云观逍遥山人[①]（1937年）

来函未曾将下手用功之方法说明，故不能代为决定其工夫是否合法，更不能指出其错误在于何处。行小周天工夫而走丹者，常有其事。其弊由于贪睡，或死守下丹田，积精太多而不知运化之故。至于用静功反致吐血者，甚属罕见。彼等学日本冈田氏静坐法者，则偶有患吐血症者，其弊由于逆呼吸用力过猛，血管破裂之故。《道德经》云："致虚极，守静笃。"此一章经文，切须注意研究。世上人做工夫弄出大病，即经文所云"不知常，妄作凶"一类是也。

北平杨扫尘君来函并答[②]（1937年）

（来函略）

---

① 原载《扬善》第4卷第18期（总第90期，1937年3月16日），署名"撄宁"。

② 原载《扬善》第4卷第19期（总第91期，1937年4月1日），署名"撄宁子"。

撄宁子答曰：来函所论易卦之理，皆甚为中肯。至于所说“成”、“存在”、“坐”四字之义，亦皆暗合道妙，惟不免被人笑为拆字先生耳。若要研究天元神丹，可看许旌阳之《石函记》及吴猛之《铜符铁券》。至于地元丹法，其书甚多，未能悉举，可先看《道言五种》内之《承志录》，及《扬善半月刊》“金丹秘诀”一门。所谓金丹者，本指黄白术而言，后来人元丹经常喜借用地元之名词，以致喧宾夺主，而地元反无人过问矣。××××四字，其作用不便在本刊上公开，他日遇有机缘，当相告也。三月十二日曾寄上挂号信一封，关系重要，不知收到否？

附录《女丹十则》中一段按语以补答杨君所问（略）。

济南张慧岩君来函并答[①]
（1937年）

（原函略）

撄宁答曰：三月十二日，曾有信一封挂号寄上，想已达到矣。该信对于庄子《南华经》上一段下手重要工夫，解释得很透彻。自古到今，凡注《庄子》者，皆未见有像我所解释的那样明白。他们大多数是看不懂《庄子》，所有注解，都是隔靴搔痒。其中极少数人，得有真传者，虽能懂得《庄子》之妙义，却又不敢泄漏玄机，草草敷衍过去，于是乎注与不注无异。惟独我今日方大胆的把它说破。《参同契》云：天道无适莫兮，常传于贤者。我认定君与杨君不愧为贤者，方敢冒[②]禁相传。君等他日传人，亦必须慎之又慎。若是普通朋友关系，或是亲属关系，切不可将此道当人情送于他们。昔贤诗云：“一言半句便通玄，何用丹

---

① 原载《扬善》第4卷第19期（总第91期，1937年4月1日），署名“撄宁”。

② “冒”，原作“买”，误，据圈点文字校改。

经千万篇。”即指此道而言也。若后世所传鼎器栽接之术，麻烦极矣，岂是一言半句就能领会？术则繁难，而道则简易，乃术与道之所以分也。未尽之言，下期续布。

答江苏如皋知省庐[①]
(1937年)

(1) 敝处收到外埠来函多极，答不胜答，故偶有遗漏或迟延者，实亦无可奈何之事，请阁下原谅。

(2) 宁现时之工作有二：一则古代道书丹经虽汗牛充栋，其论调大半腐旧，而不能适合现代人之眼光，每为知识阶级所鄙视，长此以往，不加改革，则仙道恐无立足之地，宁只得勉为其难。二则仙学乃一种独立的学术，毋须借重他教之门面。试观历史所纪载，孔子生于衰周，而周朝以前之神仙，斑斑可考，是仙学对于儒教毫无关系。佛法自汉明帝时方从印度流入中国，而汉朝以前之神仙，亦大有人在，是仙学对于释教毫无关系。道教正一派始于汉之张道陵，道教全真派始于元之邱长春，张邱以前之神仙，载籍有名者，屈指难数，是仙学对于道教尚属前辈。不能因为儒释道三教中人偶有从事于仙学者，遂谓仙学是三教之附属品。请问像目下基督教、天主教、回回教等，人才亦复不少，设若将来其中偶有一二人性喜研究仙学，居然侥幸成功，吾等肯承认仙学是耶回两教之附属品乎？肯承认耶稣与穆罕默德二位为仙教之发起人乎？有以知其必不然矣。

中国仙学相传至今，将近六千年。史称黄帝且战且学仙，黄帝之师有数位，而其最著者，群推广成子。黄帝至今，计四千六百三十余年，而广成子当黄帝时代，已有一千二百岁矣。广成子未必是生而知

① 原载《扬善》第4卷第19期（总第91期，1937年4月1日），署名“撄宁”。

之者，自然也有传授。广成之师，更不知是何代人物，复不知有几千岁之寿龄。后人将仙学附会于儒释道三教之内，每每受儒释两教信徒之白眼，儒斥仙为异端邪说，释骂仙为外道魔民。道教徒虽极力欢迎仙学，引为同调，奈彼等人数太少，不敌儒释两教势力之广大，又被经济所困，亦难以有为。故愚见非将仙学从儒释道三教束缚中提拔出来，使其独立自成一教，则不足以绵延黄帝以来相传之坠绪。环顾海内，尚无他人肯负此责，只得自告奋勇，尽心竭力而为之耳。

（3）来书所誉“作普渡慈航”之语，宁自愧无此法力，不敢承当。况且普渡慈航乃宗教家之美名，宁非宗教家，亦不敢掠他人之美。至于来书所谓异教纷争之现象，在今日与将来，诚难避免。只求仙学能自由独立，不再蹈前车覆辙，陷入宗教漩涡，则无虑矣。否则宗教迷信有一日被科学打倒之后，而仙学亦随之而倒，被人一律嗤为迷信，正应着两句古语“城门失火，殃及池鱼”，岂不冤枉？宁观全世界所有各种宗教，已成强弩之末，倘不改头换面，适应环境，必终归消灭，所谓异教纷争者，亦不过最后五分钟之挣扎而已。

（4）尊师王并真先生，宁闻名已久，如蒙其辱教，甚为欢迎。

（5）林品三先生，不知仍在上海哈同路慈厚北里否？惜不知其门牌号数，且宁之足迹罕至上海，故难觅再见之机缘也。

（6）龙积之先生，宁昔日亦曾相识，前年在西湖某医院中尚晤谈一次。

（7）玉照一张已收到，姑妄作两语判断：“慧属中姿，福恐不足。”正宜一面用功研究，渐渐化中慧为上智；一面借医药修福，以补其不足，则于仙道庶几其有望乎。

（8）人元丹法，世间所传授者，亦有几派，其中作用亦不尽相同。《扬善》刊中所发表者，仅此理论，而非口诀。传授口诀之师，各省皆有，无须宁之越俎代庖。故以后凡各埠来函，有问及人元丹法者，恕不答覆。若有人要研究此道者，请问其本师可也。

（9）玄关一窍，世间传授者，也有几派，其下手作用，亦至不一律，请看本刊第九十期第八页《答瑞安冯炼九君》各问。至于本刊第八十七期第十一页《答苏州西津桥任杏荪君》第一问玄关之说，乃是因人说法，所以与众不同。若另换他人发问，虽同是一个问题，而答语恐又变矣。

（10）北派清净之法，虽未曾和盘托出，然亦有问必答。办杂志与著书，其性质两样，自不能责备首尾先后层次段落之齐全，则东鳞西爪，亦势所难免。但如七十七期之《灵源大道歌》、八十三期之《二十四家丹诀串述》，清净工夫已包括无余，只须将其读熟，到后来自可豁然顿悟。一旦贯通，方知大道就在目前，丹诀皆成废话。

（11）本刊上之材料，有时偏重于此，有时又偏重于彼，乃视读者多数人之需要，而酌量其缓急轻重，编者亦无成见。

（12）下手专做胎息工夫，是一种专门学术，是与服气辟谷之事要合作者。唐宋以前道书中，颇多记载，此等经书皆收入《道藏》内，坊间没有单行本。其法宜于山林隐逸之士，不宜于尘世普通之人，存而勿论可也。

（13）黄岩周缉光君，曾亲见吕祖圣像于空中，并历验许多灵异，去岁对宁痛哭流涕而言之。盖深悔自己缘浅，虽蒙吕祖垂慈，而至今尚浮沉人海也。东派陆潜虚是明朝人，西派李涵虚是清朝人，皆吕祖直接传授者。故祈祷吕祖亲传口诀一事，有效与否，全视学者之缘分而已。宁不敢说此事毫无希望，亦不敢保此事必定成功也。

（14）敝寓在荒村僻壤，车辆不能达，邮政不能通，无大路又无目标，外来生客，万难寻访，恐致迷途，勿劳枉驾。

（15）宁今年虚度五十八岁，自幼十岁看葛洪《神仙传》，即萌学仙之念。十三岁得先父抄本三丰真人《玄要篇》，及白紫清《地元真诀》，读之津津有味，是为平生第一次获见人元、地元两种仙学书籍。十六岁得先叔祖家藏古本《参同契》并《悟真篇》，十九岁得舍亲乔君家藏原版《仙佛合宗》并《天仙正理》，方知出家人修炼之法与在家人大大不同。二十岁得同乡丁君家藏初刻大字版《金仙证论》并《慧命经》，方知和尚也有学神仙之术者。

先父业儒又好道，惟不喜宁学此，家中虽有许多抄本道书，但只可偷看，而不敢公然翻阅。若彼知之，必痛斥也。先叔祖以名医而精于仙学，故其家藏医书道书皆为珍本，伺其有暇，辄执经请益。伊尝谓：“医许学，仙不许学；书可传，诀不可传。”无奈，只得作罢。宁平生仙学所亲受家庭之赐者，仅此几本丹经书籍而已。传口诀师虽有几位，皆与家庭无关，即至亲骨肉亦不知我师之姓名，故不足为外人道也。

（16）地元所以失败者，乃受两次沪战之影响：第一次南北之战，第二次中日之战。彼时因战事而致家破人亡者，不可胜数，烧炼外丹道友四五人，虽幸免波及，然大局已非，不能安心续炼矣。费十载光阴并千百次试验之结果，只有两句话可以奉告："红铜确能变为白银，但不免于亏本。"在外国人眼光中，或认为吾辈为破天荒的大发明家，而在吾辈自己观之，则认为失败耳。古人生活程度既低，原料价值又贱，果能筹备一二百两资本，即可动手烧炼。每月开支，亦不过几两白银已足，故能以点金术充实道粮。吾辈在上海生活开支，每月动需数百金，而材料起码需一二千金方能办到，所点出之物，其数量亦不能超过古人。所以在古人能借此养道，并能以余力济世，在吾辈欲借点金术养活自己一身，且不可能，况欲博施济众乎？此古今时势之不同也。明乎此理，则知仙学在今日实未便墨守成规，而有随时代演变与改进之必要。

（17）宁对于仙学，是抱定一种试验性质，故有时依口诀行事，有时又变通办理，独出心裁，不依口诀。若问我现在自己做到什么程度，合于哪一部丹经第几层工夫，则不能回答。因为三十七年间所做的工夫，大抵杂乱而无次序，亦不喜死守一家之言故耳。今姑且将可以宣布者，为阁下言之：

甲、地元丹法，证明红铜确能变为白银。死砂干汞，更不成问题。然亦仅能到此程度而止，后来惜未能继续下去。若论及古今讲地元一派的丹经，差不多被我搜罗尽了。至于炼地元灵丹作服食之用者，虽亦曾试验，但难保绝无流弊，故不敢劝人为此。

乙、人元丹法，证明此术确有捷效，但《参同》、《悟真》之本文虽可信，而各家注解则不可信者实多。《吕祖全书》、《三丰全集》亦讲人元，然其内容真伪错杂，不能视同一律。又如《金丹真传》一派，较《悟真篇》大有分别，不足以代表张紫阳之学说。至于济一子傅金铨，仅可称为人元丹法之应声虫而已。

丙、天元丹法，证明"先天一炁从虚无中来"之语决非欺人者。但其入手法门，亦有上中下三等，故见效之快慢，用功之巧拙，遂由此而分。伍柳一派，不是上乘，惟李清庵、陈虚白、黄元吉诸公庶几近之。

丁、宁现在内功是取保守主义，以便从事于仙学革命之工作，故无暇再求进步。设若将来继续前进者，尽可自己了脱自己，用不着寻伴侣，用不着访外护，用不着神仙开示，用不着佛祖垂慈。程度仅此而已，固不值识者一笑也。

戊、若问我六通之中有几通，老实说，一通也没有。至于"出阳神"之事，更谈不上。再过二十七年，或许有出阳神之希望。

己、自审资格不足以为人师，故不敢滥收弟子。《扬善》刊只讲学理，俾仙学在各种宗教、哲学、科学以外，独树一帜，于愿已足，别无作用。人家来函，一定要师弟称呼，亦无法禁止耳。

答覆逍遥散人[①]
（1937年）

来函读悉，宁因笔墨太忙，本无暇再作答问，但恐阁下不久或云游他方，若错过机会，则此后本刊上所有各答语未必能入阁下之目，故特提前作答。既以慰阁下之望，亦聊尽我一片愚忱而已。

（1）小周天工夫，做到阳光三现，即当止火采大药。阁下当初已经有过阳光一现之景，是距三现之程度相差不远。虽说不幸而失败，但这条路径大概总不至于忘记，俟身体调养回复原状之后，仍旧照《天仙正理》之法，再做小周天工夫。不必急求速效，宜用和缓之手段，慢慢前进，自然就能水到渠成，毋须别寻门路。

（2）无论何种断食辟谷之法，仅可以解决吃饭的问题，而不可以达到成仙的目的。如果真到生活困难时候，不妨借重此术，逍遥物外，免致仰面求人。若欲专恃辟谷术作修道之梯航，非古仙之本意也。做命功能结内丹，做性功能入大定，则不必求辟谷而自然辟谷矣。中年人身体上总有多少亏损，倘不从积精累气下手，如何能结丹？既不能结丹，如何能出阳神？然积精累气之作用，须要从食物滋养中炼出精华，譬如从几十斤铁中炼出一斤钢来。若下手就断食，是铁尚未有，钢从何来？岂非永远无结丹之希望乎？

（3）地元丹法普通人看不懂，人元丹法出家人不能做，阁下皆可不必留意，免得白费心力。天元丹法，可看黄元吉先生所著《道德经讲

① 原载《扬善》第4卷第20期（总第92期，1937年4月15日），署名“撄宁”。圈点文字注曰：“此人乃甘肃省道教会长。”

义》并《乐育堂语录》二书，已足应用，不必他求矣。《天仙正理》一派，也可以算是天元，但嫌其太着迹相耳。

《永免疾病法》按语[①]
(1937 年)

(正文略)

撄宁按：周君去岁曾由厦门寄来自著修养书一册，名曰《有益身心之大补药》。右列“永免疾病法”十条，即该书中之精要，故特提出转登本刊，亦所以助成周君人己两利之善愿也。愚见认为第二、三、四、五、六、七、八、九等条较易于实行，若第一条所云“每日必大笑三次”，恐非人人所能做到。盖凡笑必有因，无可笑之资料而勉强大笑，似乎不近情理。又如第十条所云“视天下皆可敬爱之人，皆可喜悦之事”，此层亦是言之非艰而行之维艰，盖据实际而论。世间可敬爱之人与可喜悦之事，固甚难遇也。

《仙传辟谷灵方》按语[②]
(1937 年)

(正文略)撄宁按：敝处常接各埠来函问辟谷之术，并恳求将方

① 原载《扬善》第 4 卷第 20 期（总第 92 期，1937 年 4 月 15 日），正文署名“出尘道人周子秀”，按语署名“撄宁”。

② 原载《扬善》第 4 卷第 20 期（总第 92 期，1937 年 4 月 15 日），原文作者张万钟，按者陈撄宁。

法公开。奈世间所传辟谷之方大半用代替品，如黄豆、胡麻、糯米等物，假遇真正荒年，此等代替品亦不易得，故各种辟谷之法总以服气法为上，而以伏气法为最上乘，因其无须用代替品也。必不得已欲用他物代食者，亦当人弃我取，吃众人所不能吃者，如近处山野所产药草之类。其名称形状气味性质，平日得便，宜用心研究并尝试，以备不时之需。若是稀少之药草，更宜早为储蓄，庶可有备无患。坊间通行之《绘图本草纲目》，及《农政全书》中之《救荒本草》二书，皆可作参考之用。至于张道人此篇所论辟谷之术，盖为入山修道者而设，恐非普通人所能行也。上期本刊登有孙抱慈先生《论仙学书》，对于“复”、“服”、“伏”三字工夫之解释，甚有精义，盖孙先生乃辟谷术专门实行家，故能本其经验而言之透彻如此。

《斩龙功毕有感》按语[①]
(1937年)

（原诗略）撄宁按：董女士诗第一首第四句，所用“曲江”二字，恐阅者不甚明白其玄妙，特为解释如下。津者，济渡之处也。“曲江”即今之“浙江”，又名“之江”，以其水多曲折，如“之”字形，故名。下游曰钱塘江，潮水最大，八月中秋更甚。古仙丹诀，常借用“曲江”二字作为隐语。吕祖词云：“曲江上，见月华莹净，有个乌飞。”三丰真人《无根树》道情云：“鹊桥上，望曲江，月里分明见太阳。”又本刊第八十三期《二十四家丹诀串述》

① 原载《扬善》第4卷第21期（总第93期，1937年5月1日），署名“撄宁”。《斩龙功毕有感》诸诗作者原署“中州董女士”，圈点文字注曰：“此人名董文凤，年二十四岁，师范学校毕业。”

云："西南路上月华明，大药还从此处生。记得古人诗一句，曲江之上鹊桥横。"皆隐语也。

《道教分宗表》按语[①]
(1937年)

(正文略)

撄宁按：右列十宗，将道教宗派概括已尽，甚为难得。原稿表格划分亦颇清晰，但在印刷所铅字排版时殊觉不便，只好另行排列，并除去原稿上之横直线，庶几与手民以便利耳，非欲擅改原稿也，请作者谅之。再者，各宗之内自有本宗专门之经书典籍，有最要者，有次要者，如能酌其轻重缓急，每宗之内隶属几种书籍名目，则更觉完善矣。譬如佛教贤首宗有《华严经》、《华严著述集要》等等，天台宗有《法华经》、《涅槃经》、《智度论》、《中观论》等等，净土宗有《阿弥陀经》、《无量寿经》、《往生论》等等，三论宗有《中论》、《十二门论》、《百论》等等，法相宗有《解涅槃经》、《唯识论》、《瑜伽论》等等，禅宗有《指月录》、《五灯会元》等等，皆是本宗所因以建立者。道教分宗之法，亦不妨照样归纳。曩者湖南宝庆张化声先生与宁通函，有云："今欲提倡仙学，必先整理《道藏》，编辑一部有系统的《道藏目录》，有源流的道家历史，使人按图索骥、自由研究，此为吾辈工作之第一步。"宁自愧无此精力、无此学识，不能胜任。今既有易君出，或可以满足张君之宏愿，请易君勉为其难可也。

① 原载《扬善》第4卷第21期（总第93期，1937年5月1日），正文署名"易心莹"，按语署名"撄宁"。

读洪太庵先生《五大健康修炼法》[1]（1937年）

历年以来，许多学仙之士，或通函，或面询，最不容易解决者，有一个问题，即是初学入门应当看何书是也。余常被此问题所困，竟无法可以回答。盖丹经道籍虽多，而接引初学之书实在难得。今既有洪君此作，庶几足以供给一般之需要矣。

本书第一篇长筋术，据作者所列举之功效如下：固肾、节欲、抗寒、安眠、通鼻、健足、舒筋、愈风寒头痛、治睡梦遗精、治糖尿脚气、预防中风、永免气血不调所生诸病。固有充分之理由，而余最赞成者，则以此术能预防男子走丹（医家名为梦遗），并女子回龙（或名为漏经，即是用工夫将月经炼断之后，或数月，或年余，又复行经。因其去而复来，故曰回龙），兼能治女子白带症。盖长筋术运动，全身最得力之部分，在腰椎、命门、卵巢、子宫、督脉、带脉及男女生殖器等处故耳。学者果能将此术与静坐法相辅而行，必有不可思议之神效。

长筋术虽起源于"十二段锦"中之低头扳足一式，然普通国术炼工夫，亦有此种动作，其应用甚广，盖不仅为修养而设。当年上海某君以此术教人，目的仍注重在武功。某君对于国术颇有研究，而仙道则未得门径。一方面想长寿，一方面讲采战，适以自促其生也。近来有人炼易筋经工夫，欲从事于女鼎者，恐不免又蹈某君之覆辙，结果可以预料。

长筋术动作方法，原书分列十条。但依愚见而论，宜再补充几条。其动作更为周密，其功效更为显著。质之洪先生高见以为何如？

---

① 原载《扬善》第4卷第21期（总第93期，1937年5月1日），署名"撄宁"。原文末言："未完，下期续登。"但第94期却未见有续文。

第五条后补一条：两手握拳，曲肘，两肘尖角尽量向后方伸出，两拳从两耳旁直上头顶，将拳放开，十指朝天，然后接行第六条俯首曲腰式。

第六条后补一条：正在俯首曲腰、伸手摸趾之动作时，下部肛门海底前阴等部肌肉要同时紧缩，如忍大小便之状。

第七条后补一条：一度动作已毕，周身筋肉须全部放松，休息几秒钟。不可一度刚刚做完，马上就接二连三的，前俯后仰的，做个不休。学此术者，当知宜慢不宜快。宜每度之动作皆合乎轨范，不宜贪度数之多而草草了事。

其他如原理、方法、姿势、图样、效果、禁忌等等，俱见原书，兹不赘述。

再者，凡人做长筋术工夫，若觉腰脊等处有酸痛者，此乃暗疾伏藏之处。切勿畏怯停功，宜稍为忍耐，照常做去，日久其病若失。

《道窍谈》读者须知[①]
（1937年）

一、本书作者姓李，名西月，字涵虚，又字团阳，乃四川乐山县长乙山人，于清咸丰丙辰岁成道。

二、吾国仙道，旧有南北两派。南派始于浙江天台山之张紫阳，北派始于陕西终南山之王重阳。至明嘉靖时，陆潜虚著《方壶外史》，大阐玄风，世称为东派，而本书作者李涵虚，则群目之为西派。西派传代有九字，如下：西道通，大江东，海天空。

三、张紫阳得丹道于成都异人，但未言为谁氏。同时有王冲熙

① 原载《扬善》第4卷第21期（总第93期，1937年5月1日）至第4卷第22期（总第94期，1937年5月16日），署名“撄宁”。段前序数及文末落款据胡海牙总编《中华仙学养生全书》补。

者，遇刘海蟾传金丹口诀。冲熙尝谓："举世道人无能达此者，独张平叔知之。"于是陆彦孚遂据此语而断为紫阳亦得海蟾之传。考海蟾乃正阳真人钟离云房之弟子，与吕祖同门。王重阳文集中亦称："正阳的祖，纯阳师父，海蟾师叔。"由此可知，南北两派盖同出一源。又，明之陆潜虚自云见吕祖于北海草堂，亲闻道妙。清之李涵虚亦曾在峨眉山遇吕祖于禅院，密付本音。是则南北东西四大派，皆可认为吕祖所传也。

四、北派工夫，重在清静。而七真之刘祖，则以在妓院修炼著名，未闻如长春真人之枯坐也。南派口诀，重在阴阳。而五祖白玉蟾，则自幼出家，终身云水，未闻如道光禅师之还俗也。同一讲道文章，陆作则精醇，而李作则复杂。同一人元丹法，陆说则简易，而李说则繁难。由此可知：道本同而法或许有巧拙之殊，法虽同而诀未必无简繁之异，是在学者会而通之，勿自限耳。

五、张紫阳乃宋神宗熙宁间得道，时在民国纪元以前约八百三十余年。王重阳乃金世宗大定间得道，时在民国纪元以前约七百四十余年。陆潜虚乃明穆宗隆庆间得道，时在民国纪元以前约三百四十余年。李涵虚乃清朝咸丰间得道，时在民国纪元以前约六十余年。

六、李涵虚著作，有《太上十三经注解》、《无根树道情注解》并编订之《三丰全集》，俱早已风行一世。唯《道窍谈》、《三车秘旨》、《圆峤内篇》三种，未曾刊版行世，而《圆峤内篇》之钞本亦未得见。今特先出《道窍谈》并《三车秘旨》二书，以慰好道诸君之渴望。

七、本书乃福建毛君复初家藏抄本，由福建连城邓君雨苍亲携至沪，嘱宁代为校勘，出版流通。其排版、印刷、装订、纸料等费，则由邓君雨苍与张君竹铭向丹道刻经会商妥筹垫。今后本书始能与读者相见，毛、邓、张三君不为无功。

八、本书经宁手校正之处，约有数十字，皆属当日辗转传钞之误。其误处仅在文句之通与不通，不在理论之谬与不谬，关系颇轻，故无须另作校勘记，以免多占篇幅。

九、邓君当日曾嘱宁将书中要旨提出，以便读者。愚意丹经中历来所习用如离坎汞铅等皆代名词，说心肾可、说神气亦可、说男女亦无不可，是在学者深造而自得之。若必定指出某名即是某物，则仁智之见，各执一说，而是非之争，将无了期。窃恐本书应用之范围或因此反致狭隘，有违流通之本愿，不如其已也。

十、本书中画龙点睛处，就是“彼家”二字，如第三章云：“欲养我己汞，必用彼家真铅。”又如第五章云：“内炼己者，将彼家之铅，养我家之汞也。内养己者，亦用彼家之铅，养我家之汞。”又如第八章云：“此铅非还丹之铅，彼家之真火也。”又如第十章云：“本元走漏，精、气、神皆落于后天。不能求之于我，则必求之于彼。”又如第十七章云：“元精在我家，真精在彼家。”又如第十八章云：“上德之体，得于天者甚厚，不必求之于彼家也，故曰天元。”又如第二十五章云：“我运一点阴火之精，种在彼家之内。”又要如第二十九章云：“采炼者，采彼家阳铅，炼我家子珠之气也。”观以上所列举彼家之说，可谓详矣。究竟“彼家”二字是如何解释，颇有研究之余地。如谓“彼家”是指肾中之气而言，则单炼心中之神者非矣。如谓“彼家”是指身外之太虚而言，则执着肉体在腔子里面摸索者非矣。如谓“彼家”是指同类异性者而言，则一己孤修、专事静坐者非矣。读者须于此等玄之又玄处着眼，方可谓头头是道。

皖江陈撄宁识于上海西乡之众妙居

中华民国二十六年丁丑仲春百花生日

丹道刻经会缘起[①]
(1937年)

夫一国之有文化，犹一身之有精神。精神涣散，则身体浸衰。文化销沉，则国家弱丧。吾轩黄世胄，开辟亚陆，垂数千年，道德崇高，历

① 原载《扬善》第4卷第22期（总第94期，1937年5月16日）。圈点文字注曰：“此篇与第七十七期四一三页所登《丹道刻经会公启》大同小异，皆撄宁所拟稿。”

史悠久，不但国民之智能艺术，比较他族具独立之特长，即出世修养一途，其思想圆通、法门广大、魄力雄伟、造诣宏深，如自古相传之仙学，真可谓輘轹宇宙、彪炳瀛寰矣。

惜自满清以来，三百年间，研究仙学者，概守秘密，非逃名于山谷，即浪迹于江湖，先知怀自了之心，后学乏问津之处，遂致黄钟毁弃、瓦缶雷鸣，捧客教之狂言，拾异邦之余唾。唯心唯物，各走极端，出世罕见真修，住世饱尝忧患，做人既不可，不做人又不可。若非用仙学精神，以挽此颓势，则中华民族之文化，日益没落，嗟吾黄帝子孙，尚有何幸福之足言哉！

惟仙学者，虚实兼到，心物交融，既不屈服于物质，亦不空谈夫心性，小之可以保身，大之可以强种，糟糠可以论治，玄妙可以超凡，执两而用中，其斯之谓欤！

顾欲实证此事功，必须借重于经籍。而古本丹经道籍，现在颇多绝版，将来尤恐失传。文化沦夷，可悲可惧！因此同人等不揣棉薄，交换心力，筹备基金，翻印流行，承先启后，俾中华国宝，永留天壤之间，庶亿兆生灵，尚有昭稣之望。

但是层楼巨厦，一木难支，所冀当代仁人君子，推爱国之热忱，发度生之弘愿，共襄盛举，集众志以成城，广积阴功，为前途谋福利。同人等不胜馨香百祷以俟之者也。

谨布愚忱。诸希

惠教。

丹道刻经会同人谨启

（附）丹道刻经会刊印流通简则

（一）刊印范围

（1）道源类。（2）道经类。（3）内丹类。（4）外丹类。（5）修养类。（6）法术类。（7）护道类。（8）劝诫类。（9）杂著类。（10）融通类。

（二）刊印方法

（1）木版印。（2）铜锌版印。（3）影印。（4）石印。（5）铅字排版。（6）油印。

（三）刊印手续

（1）管理处审查原本或原稿。（2）议定刻印方法及估价。（3）征求付印。

(四) 组织概况

(1) 先由发起人及赞助人共组织管理处专主其事。(2) 管理处分下列各职：主任、副主任、文书、交际、调查、会计、庶务、校对、发行。

(五) 经费处理

(1) 收入：(甲) 赞助人等筹集。(乙) 付印费。(丙) 售书盈余。

(2) 支出：图书之印制及零星开支，实报实销。每一次书籍出版，即将收支清单报告、筹款人及付印人或附载书后。

《金丹赘言》评论[①]
(1937年)

欲[②]下静功，须备静室，坚固门户，屏除杂念，备办布帐，温厚坐褥。毋使风寒侵袭，务令身体舒畅。

撄宁按：凡天气、地点、人事、饮食等等，皆与做工夫利害上有密切之关系，不仅静室一端而已。

必须闭目静坐片时，俟气稍平，心思宁谧。又须将大道层次、逐节火候，一一考究，件件明晰，方可下手。

撄宁按：真实做工夫的人，果能把层次、火候件件明晰，自然比不明晰者要便宜多了。但是仍有困难，因为各人身中所做出的现象，往往有出乎丹经范围之外者。必须常与经验丰富、学识充足之师友同居一处，互相研究，始能去其偏驳而归于纯正之途。这是实修实证、有作有

① 原连载于《扬善》第4卷第22期（总第94期，1937年5月16日）至第5卷第3期（总第99期，1937年8月1日）"清净独修诸家工法评论"栏目，署名"撄宁"。《金丹赘言》题下有注曰："不知作者姓名。"

② "欲"，原作"歇"，误，校改。

为的大事业，不比讲心性、谈哲理，可以任凭自己的意思发挥。

凡大道有一层秘诀，必有一层危险。遍访名师，详细咨询，务使胸中了然，不令稍有疑惑。否则遇有危险，不知堤防，以致鼎炉走失，极为修士大害。

撄宁按：最上等法门，虽然也有口诀，但其中危险程度，比较减轻。做得好，就没有危险，做得不好，偶尔出几次危险，亦不十分要紧。中下等法门，口诀愈麻烦，危险性愈增重。

少年丹走，尚有可待。年老阳衰，一经丹走，再起炉灶未免艰难。与其事后追悔，何如当场询明。此修士切要之关键也。

撄宁按：走丹就是遗精。遗精之病，在普通男子生理上是极平常的现象。何以修炼家每逢走丹，就大惊小怪，认为不幸之事？这也有个原故。因为不做工夫的人，周身精气神是散漫的，不是团聚在一处，虽然偶有漏泄，尚无关重要。做工夫的人，常喜回光返照下丹田，日积月累，将全身精气神团聚在下丹田一小块地方，保守不得其法，遂至冲关而出。不但前功尽弃，而且身体大受损伤。譬如人家所有的金银财宝，不肯放置各处，偏要谨慎收藏在一个铁箱之内。强盗入门，拿出手枪，逼迫主人把铁箱打开，搜括干净，立刻就变作贫穷之人了。若当日将贵重之物四散放置，不聚于一处，纵令丧失一部分，但其他部分尚可以保存。可惜主人见不及此！世上凡做《金仙证论》及《慧命经》工夫的，大半犯了这样毛病。

起手工夫

修道之士，入室静坐，垂帘塞兑，回光返照。以鼻微微吸气一口，下不冲肾，上不冲心，上下往来，舒舒徐徐。以心火下注丹田，用一意存于丹田，一意存于心上。此第一着起手之秘法也。如或鸿鹄贼心，意为牵引，则一阳不旺，五气不能朝元。此则起手之小有危险也。

撄宁按：一意存于丹田，一意存于心上，是一意分存于二处矣。以多数做工夫人之经验看来，凡用意专注一处者，较易为功；神意分散者，则难于见效。此种工夫，不能称为秘法。

次则加调息之功，其法：在真如心内，分一意下注丹田，分一意上存心中。俟口鼻引有后天之气来，由意接引，下注丹田，不可冲肾。随顺其势，升送至心，不可冲心。以回光之两目，上下循行，往来接引，微微鼓送，绵绵若存。后天之气虽出口鼻，而意盘居气中，似在心下肾上八寸四分之中，若未出口鼻也。

撄宁按：后天气呼吸之机关，全在肺部，与心肾本不相干涉。

息既调匀，阳气自旺，虽年老人，于虚极静笃之候，其活子时亦必来之多多矣。此调息兴阳之秘法也。

撄宁按：此等调息法，亦甚属普通，不足称为秘法。

倘或以口鼻之后天气直运至丹田，势必勉强制伏，力为默运，则必成疾。或气坠肾囊，肿其肾子；或冷气下注，风伤丹田，小腹疾痛。此调息不得法之危险也。

撄宁按：运气与调息，本是两事，不可混为一谈。此条算是运气不得其法之危险，若调息则无所谓危险也。

遇有俗事酬应，心如明镜高悬，物来则照，物去则无，心地常静，气息常平，莫为牵引，莫为移动。后随以双目下注丹田，提起精神，扫除杂念，如法调息。每夜如调至七百息，斯为得矣。如或迷睡，一俟醒来，乃接数天机，则阳气大旺，通身快畅。此酬应后之调息，亦即经云筑基之秘法也。

撄宁按：虽说“物来则照，物去则无”，但实行起来颇不容易，等于空谈。至于白昼人事应酬，夜晚静坐调息，亦是极普通的一件事，不足称为秘法。此书喜用秘法并危险字样，耸人听闻，余不欲附和。

如不知收摄心神，为物所迷，则神疲气丧，睡魔来侵，或梦寐不安，以致错误活子时，或至偶尔遗泄。此即不知收摄心神，酬应神疲之危险。

撄宁按：专心做工夫之人，总以身闲心静为妙。若日间疲于酬应，或困于职务，夜间勉强打坐，竭力撑持，未必有好结果。纵善能收摄心神，不为外物所迷，亦无济于事。

调息既久，身体或致无故震动，此系修功好景，不可误认为病。或因调息功勤，腹内有声。经云：“黄芽出土，阴气追散。”此亦系调息功验。以上二者，皆药产之机也。

撄宁按：震动虽不可误认为病，然自有其限度。若过此限度，竟至摇头摆尾，手舞足蹈，则出乎常轨矣。腹内有声，本是好效验，但不可用呼吸之力，一收一放，故意令其作响。必须神息安静，自然有声者，方为合法。其所以有声者，乃腹内气①行之效验。

① “气”，原作“飞”，误，据圈点文字校改。

调药之道，亦有危险，不可不知。如或识神作怪，凭空想及夫妇房帏之私，顿起淫念，致动相火，亦能兴阳。此系邪火妄攻，阳气虽动，万不可采。一经采回，将来必成幻丹，非长生之药，乃速死之事。

撄宁按：此种警告是不错，望修炼家注意。所以名为幻丹者，因其来源不清，虽暂时勉强留住，终要走失也。

采药必认源头清浊。如偶遇重浊之阳，及淫念兴起之阳，即刻提起正念，打起精神，猛加武火，鼓荡熏散，以免将来作怪。此驱邪淫之大法也。邪阳既息，即加意温养，以免将来危险。

撄宁按：武火鼓荡熏散之法，不甚见效，且有流弊，难以信任。

采药有时，如有药来或阳来，其时或值杂念丛生，不可采取。其念既杂，虽与淫念有间，其实体质重浊，采而炼之，亦只能成地仙。地仙者，因所采之药质本重浊，则所修之仙不能离地故也。其与虚极静笃之气采而成天仙者，大相悬殊也。

撄宁按：杂念丛生之时，本来谈不到工夫二字。此时如觉身中阳生，只有听其自然，不可妄行采炼。能渐渐将念头收住最好，否则下座散步，或将身睡倒，让过这一刻，俟杂念稀少之时再做亦无妨。尝细察杂念，多因环境恶劣或俗务纷扰而来。若不将环境改善，俗务减轻，徒欲祛除杂念，实未见其能顺利也。

调息既久，于虚极静笃之时，一阳发生，气奔阳关，即施以口授天机之法，如法采回，加意招摄，不可睡迷。

采药有地，从阴跷内采回，逆入丹田。若不从阴跷，则药不能回，徒劳无益。又不使散漫无着，如水之沟渠，旁设埂坝，以息为之，庶不致泛溢无归。修士不可不知也。

药产景象

药产有景，不可不知。如周身温和，精神爽快，一阵一阵温暖，四肢似乎沉重，周身筋骨自动……

撄宁按：以上论药产景象，大概如此。但亦不可过于拘泥，须知各人身中气候各有不同，未能一律看待，全在心领神会而已。

采药法则

药来时，自知内里清净，的系真药；但不可发大明觉，否则药气即散，不能聚会。此真药来时之危险，不可不知。

撄宁按：“不可发大明觉”这句话是对的，学者须要注意。

药到阳关，用口授秘诀，徐徐采之。……如药来采取失候，归炉封固失候，又或缺少攻激，药不能熔化，自不能存留，又将由熟路奔走矣。此系采药缺少火候之大危险也。

撄宁按：所谓“缺少攻激，药不能熔化”，此二句未免过于着相。假使所采得者是无形之气，则毋须攻激，毋须熔化，只求其凝结可也。若所采者是有形之精，任用如何方法，亦不能使之化气，暂时虽可以封固不漏，再过几日之后，仍旧要漏。若勉强留住，此物将在里面作怪，搅扰得身心不安，无可奈何，只好放他出去，结果是一场空欢喜。所以凡事总要有丰富的经验，书虽不可不看，亦不可完全信赖。

《天声人语》按语[①]
(1937年)

问：何者是道？答曰：道即太虚中无形之生气。问：如何谓之修道？答曰：即是采取太虚中无形之生气，来修养吾人之身心。问：太虚中无形之生气藏在何处？答曰：无所在，无所不在。问：何谓也？答曰：因其是无形，吾人肉眼不能见，故云“无所在”。然无形之中，实含有生机，遍一切处，故云“无所不在”。

陈撄宁按：不但肉眼不能见，虽道眼亦不能见者。

问：即是无形可见，何以知其含有生机？答曰：于一切动植物之生

① 原连载于《扬善》第4卷第22期（总第94期，1937年5月16日）至第4卷第23期（总第95期，1937年6月1日），原文作者志真子，按者陈撄宁。

生不息，岁月无间，故知之。

陈撄宁按：不但动植物如此，虽金石矿物亦如此。

（正文略）撄宁按：讲到极处，性与命原不可分。以上各条，将性命分而为二，乃是方便说法耳。①

又按：原作尚有二十余条，专论儒释道三教之不同，并比较其优劣。虽亦持之有故，言之成理，然未免多生枝节，反令儒释二教信徒有所不满。况吾国今日所谓教者，岂仅儒释道三教而已？请看像天主教、耶稣教、喇嘛教、回回教等又将如何比较？吾辈只须抱定宗旨，专弘仙学，不谈宗教，自然可以扫除许多无谓之纠纷矣。故将原作中涉及儒释道三教比较优劣之文章，概行删去，免起是非之争。阅者谅之。

《温州张君平生学道之经过》按语②（1937年）

（原函略）

撄宁按：凡欲求出世法诸君，读张君此函，应得几种教训：

第一种教训，徒看死书，不得传授，是无济于事的。

第二种教训，徒抱大志大愿，不做实在工夫，亦无济于事。

第三种教训，普通守窍之法，很难有成功的希望。

第四种教训，净土法门，不能接引知识阶级，难以起人信仰。

第五种教训，参禅看话头，能说不能行，只好自己欺骗自己。

第六种教训，张君求出世法三十余年，今已六十六岁，而对于真正神仙学术，尚未曾得人传授。可知现代深通此道之人甚少，可见本刊努力弘扬仙学确是当今之急务。

---

① 圈点文字于此段后注曰："但喻意甚妙，足破偏执之惑。"

② 原载《扬善》第4卷第22期（总第94期，1937年5月16日），署名"撄宁"。圈点文字改题为《温州张君来函言平生学道之经过》。

《溥一子徽州程渊如君四年间工夫之进步》按语[①]（1937年）

（正文略）

撄宁按：程君此函，乃去岁秋间寄到者，今岁伊所做之工夫，又比去岁大有进步。读者可参看本刊第八十九期第十一页《溥一子内功日记》，即知其详。此日记乃阳历二月间事，最近又有日记送来，尚未登出。余细察之，较今岁二月间更不同矣。程君至乡间敝寓，畅谈数小时，诊其脉，观其气色，聆其言论，的确是工夫有显著之进步，可喜可贺。无论将来成道与否，但从今以后，再延长三十余年[②]寿命，并非难事（即是从六十七岁至一百岁）。

普通人做工夫，做到全身浮肿，气喘紧急，群医束手的时候，幸而死里逃生，对于工夫一层，早已谈虎色变，谁敢再继续做下去？溥一子雄心毅力，真不可及，能有今日，决非偶然。

《溥一子内功日记》（二）按语[③]（1937年）

…………

三月二日下午，垂坐，熏蒸之气，自头面笼罩，徐徐而下，包固全

① 原载《扬善》第4卷第22期（总第94期，1937年5月16日），题下有“来函照登”字样，按语署名“撄宁”。圈点文字改题为《徽州程君来函言四年工夫之进步》。

② “三十余年”，圈点文字改为“二三十年”。

③ 原载《扬善》第4卷第23期（总第95期，1937年6月1日），署名“撄宁”。

身，肃然无声，约近半句钟之久。静极而动，忽觉满地燃放爆竹之声，继觉万马奔腾，又见车轮急转，显然明确，眼见耳闻，有声有色，如风如电，一现即收，复归于静。再续坐半点钟。

撄宁按：做工夫时，若遇此种现象，最好的办法，就是置之不理。

…………

三月十四日清晨，垂坐一句钟，气机升降，一收一放。近旬日来，练习呼吸，升之太上，头脑作痛；降之太下，自腿以下甜酸难熬，只可在绵绵密密、若有若无之间，方能调和畅适。今日练习至内外气息全停，顿入混沌境界。

撄宁按：这种现象是对的，再进一步，当用“三丰真人钻字诀”。

三月廿一日清晨，垂坐一句钟，气机升降。默察升降之来源，似从督脉起，无内无外，浑身气□膨胀上升，至头部，两耳震响，转向下，直降至脚趾尖。复上升，循尾闾河车路至泥丸，其时耳目口鼻如裂，喉颈伸直，出泥丸下降而入丹田。依此道路，上升下降，按日或五六次，或七八次不等。初起二三次，蓬勃力壮，其后数次，力渐微弱。

撄宁按：这种升降，似合乎正路，但惜仅限于自己身中之气循环升降，未能和外界虚空之灵气相接通，延年却病则有余矣，还丹结胎尚嫌不足。

三月廿四日清晨，垂坐，气机升降。自督脉至谷道紧吸，自脐以下，半身如在黑暗之中，只觉肾囊温暖缩紧，别无感觉。约五分钟，缓缓由中路上升，至耳目之间，转而下降，至脚趾尖，复上升，循河车路而至泥丸，转入丹田。如此周行六次，皆有力，至末一次，其气结成一团，约尺余长，茶杯口粗，蜿蜒而入丹田，光溜溜，外无零星散气。

撄宁按：所谓尺余长并茶杯口粗之气，恐不合法度，希望将来能有改变方好。

…………

四月六日清晨，垂坐一句钟，上升下降，气包内外，耳目微觉闭塞。

撄宁按：因为夹杂有浊气在内，所以觉得耳目闭塞，若是纯粹清阳之气，则无此等弊病。本刊第八十九期第十一页所登二月二日之记载，与此同犯一病。又，八十九期第七页殷羽君①所言气粗心急、头目发胀诸现象，其病亦同，但更觉厉害耳。凡做工夫的人，欲免除此弊，要在饮食、起居、职业、环境并杂念上，特别注意，否则须防半路上发生危险。

---

① “殷羽君”下，圈点文字补加“来函”二字。

四月十日，垂坐一句钟，凝神调息，由静而定。绛宫之下，丹田之上，有物渺小，徐徐动弹。此物上通泥丸，下连涌泉，酸甜无比，身心快乐，殆即古仙所云“吾有一物，上柱天，下柱地”者是耶？或者即胎息耶？道书云：“胎息常住金鼎之中”。

撄宁按：此种景象，近似“真息”，尚未到“胎息”之地步。若能废弃人事，谢绝酬应，摆脱家累，寻觅清静之处，衣食住三项不要自己烦心，并有道伴作护法，专心一志，下死工夫，渐渐的就可以达到“胎息”之程度。鼻孔中永无呼吸之气，方可名曰“胎息”。

……

撄宁按：余读溥一子内功日记，不免有几种感想，略书于左：

（一）世人常谓年老之人，修炼难见功效，每易灰心。今程君年龄已过六十六岁，不能说不老，而其勇往直前之精神，与逆行造化之力量，犹胜过少年人，可知事在人为，无所谓老不老也。

（二）世人学栽接术者，第一步工夫，就是开关展窍，用尽方法，丑态百出，关窍仍旧不通。程君工夫，仅事静坐，并不像方士们，有许多动手、动脚、动嘴、动舌的花样，在轻而易举之中，关已开而窍已展矣。用不着什么插金锹、狮子倒坐、瞪目、耸肩、擦腹、搓腰、研手、摩面、拍顶、转睛、闭息、嗽津等等动作，更用不着吹笛呵气、裹茎露顶、扳膝登天、栽葱吸涕种种捏怪。世有至诚学道之君子而误走旁门者，闻余言切宜猛醒。

（三）学道者常被家累所困，各处道友来函，十分之九都不能免。溥一子亦是其中之一人，据伊自云：“再过五六年，俟小儿女能成立，或可脱离家累。”余闻之不禁慨然。出家人既无家累，照情理而论，可以专心修炼矣。然而也很困难，不念经，不化缘，就没有饭吃。于是乎谈及修炼一事，在家出家，都无办法。在家只有少数显要及资本家，出家只有几个拥巨大庙产的当家师，以他们的经济与环境，若肯走修炼这条路，衣食住三项是不成问题，可惜他们又无志于此①，到了结果，肉体埋入坟墓中，化为枯骨，灵魂投胎，不能由自己做主，来世不知变个什么东西？所谓“人生”者，如此而已！

（四）广东中山县刘裕良君，年已六十二矣，去岁来函言及工夫效验，前途亦颇有希望。刘君原函登在本刊第七十三期第五页。今溥一子

---

① 圈点文字注曰：“抄止于此。”

程君年龄长于刘君四岁，工夫效验，较之刘君又不同矣。最好程刘二君彼此互通音问，互相研究，必能双方皆有裨益，即以本刊为介绍可也。其他各埠道友，有愿与程刘二君通函讨论者，想二君亦不至于拒绝。愚见如此，不知程刘二君以为然否？若有函件，可寄本刊发表。

众妙居问答①（1937年）

第一问：本刊第八十八期《答化声先生》一篇中，有“仙学”之说，请问于古有征否？

答：所谓仙学，即指炼丹术而言，有外丹、内丹二种分别。自古学仙之人，无不炼丹者，此种人常隐藏于儒释道三教牌名之下，不肯出头露面大胆的承担。试看《参同契》冠以《周易》之名，并引伏羲、文王、孔子以自重。《悟真篇》又牵涉老子《道德经》，如“大小无伤、虚心实腹、左右军、休轻敌、他主我宾、谷神玄牝、异名同出、恍惚杳冥、有无相人、归根复命、祸福倚伏”各等语，皆从《道德经》原文脱化而出。后来如《仙佛同源》、《仙佛合宗》、《性命圭旨》、《慧命经》等书又将佛教拉入仙学之内，而佛教徒绝对不肯承认，常骂为邪说、斥为魔民，请看《印光法师文抄》即可略见一斑。故自汉朝至现代，此二千年间，遂成为有仙无学之局面。非真是无学，因这班学仙的人，将儒释道三教之名辞与义理，混合组织，做成遮天盖地一个大圈套，彼等躲在此圈套中，秘密工作，永不公开，务其实而讳其名。如此圆滑行藏，常常招惹儒教之拒绝，释教之毁谤，甚至于道教徒亦根据老庄清静无为之旨，而不信有神仙。彼仙学者流，竟弄得东家不收，西家不纳，进退失措，左右为难。余今日迫不得已，将仙学从三教圈套中单提出来，扶助

① 原载《扬善》第4卷第24期（总第96期，1937年6月16日），署“高尧夫问，陈撄宁答”。

其自由独立，摆脱三教教义之束缚，然后方有具体的仙学之可言。

第二问：仙学对于理学、佛学、玄学，有何不同？

答：理学乃儒家之学，如周、邵、程、朱、陆、王等所讲之学是也。彼等皆偏重世间做人的道理，充乎其量，亦不过希圣希贤而已。假使我等嫌普通人类之能力薄弱，不肯自满自足，而必欲求一超人之学术，彼等理学家就瞠目结舌，不知所对。这是理学家的缺点，若仙学则可以补足此缺点而有余。

佛学乃释家之学，既不免与世间做人的道理相冲突，又同仙道立在反对的地位。佛之宗旨要“无我”，仙之宗旨要“有我”。佛不敢和宇宙定律相抵抗，眼见世间生老病死、成住坏空一切现象，难以避免，故说诸法无常；仙要打破宇宙之定律，不肯受造化小儿之戏弄，不肯听阎王老子之命令，故说长生不死。佛最后之结果是入涅槃，涅槃之表示就是死，涅槃之意思就是寂灭；仙最后之结果是白日飞升，飞升之表示就是不死，飞升之意思就是脱离凡界而升到仙界，永远不会寂灭，但亦非如佛教行十善道死后生天、念阿弥陀死后生西之说。此皆仙学与佛学大不同处。

玄学乃道家之学，唐朝尝列之于学官，凡习《老子》、《庄子》、《文子》、《列子》各书者在当时皆称为玄学。此等书中虽亦偶有关于修养之言，然总不能称之为丹经，不能认其为仙学。又如玄旨、玄妙、玄悟、玄言、玄谈、玄机、玄览等，凡带上一个“玄”字的，都有点令人难以捉摸。仙学乃实人实物、实情实事、实修实证，与彼专讲玄理之书不同，故只能名之为仙学，而不能名之为玄学。

答拙道士、犁道人二君[①]
（1937年）

敬覆者，顷接惠书，备聆尘教，辱蒙奖饰，愧不可言。承嘱加强

① 原载《扬善》第4卷第24期（总第96期，1937年6月16日）。原题下有注文曰：“不知姓名地址。”

仙学之机构，团结仙道之精神，辟开道眼之宣传，勿使仙道之分裂，鄙志本来如此，请观拙作《中华道教会宣言书》一篇，即是将道教、孔教、诸子、百家、正一、全真、南宗、北派、宗教思想、神仙学说、民族精神、三民主义、新生活运动混合团结而不可分也。又一篇名《四库提要不识道家学术之全体》，连登《扬善》刊第六十八期、六十九期、七十期，该篇最后结论有云“吾人今日谈及道教，必须远溯黄老，兼综百家，确认道教为中华民族精神之所寄托，信仰道教即所以保身，弘扬道教即所以救国”各句，更可见仆弘道护教之微意矣。

无奈当今之世轻视道教者，实繁有徒，请看商务、中华两家出版书籍，凡关于道教者，皆无好评。而且《道教史》中，居然有佛教痛骂道教之语。《道教概说》、《道教源流》等书，亦复偏袒佛教。仆自憾才疏学浅，又苦于辅助之无人，若就道教立场与彼等作笔战，设不幸而失败，恐重累及道教之全体，故将阵线范围缩小，跳出三教之外，以仙学为立足点，而抵抗彼等之进攻。苟受挫折，亦不过损我一人之名誉，与中华整个之道教固无伤也，并且不至于惹起儒释道三教之争议。愚见认此为最妥的办法，故改变以前之论调耳。

再者，南方习俗与北方不同，故对于辞气之间，彼此见解，颇难一致。常有南人视为无关轻重之语言，在北人则认为含有侮辱之意味。仆居沪之日最久，已将平津鲁豫之方言遗忘殆尽，一切皆从苏浙之习俗，而未曾顾及北方之忌讳。即如××××四字，在仆实出于无心，在诸君或疑为有意，此乃南北习俗不同之误会也。又如×××三字，上面亦无道观、道院、道教等字样，理合一并声明。

来函未标住址，复书无从寄递，谨借本刊奉答。

专此，并候

道安！

撄宁顿首

辩《楞严经》十种仙[①]
(1937年)

附告:《楞严》十种仙说，自唐至今，约一千二百三十年。历代以来，仙学中人读《楞严》而灰心变志者，当不可胜计。凡夫俗子更因此轻视仙道，而偏赞佛法之无边。其对于仙佛二门略有所得者，亦仅认仙道为学佛的一种方便之过渡，最后仍当以归佛为究竟，如《性命圭旨》等书即其代表之作。目下全国居士界，嗜仙学者颇不乏人，屡被浅识的佛教徒所呵斥，每借《楞严经》为泰山压顶之神威，而居士辈遂噤若寒蝉，不敢抗辩矣。余纳闷已久，亟欲一吐为快，因作此篇，聊伸己见。既脱稿后，删之又删，改之又改，理论虽不妨驳诘，辞气则倾向和平，盖已预留仙佛两家将来妥协之余地，故未忍出全力以相搏，免致佛教学理上基础之动摇。世倘有得"他心通"或"宿命通"之大善知识乎？畏前因而泯后果，必能深谅于愚衷。

《楞严正脉》[②]云：夫仙道起于众生厌惧无常，想身常住，妄设多途，无非志于长生不死，不知此身乃真心中颠倒错认。（略）今因怖死而又妄修长生，是错之又错。展转支离，迷不知返，可胜惜哉！

撄宁按：世上人都是醉生梦死，很少有志于长生不死之人。吾国四万万同胞，心中真正希望达到长生之地步者，全国至多不满一千人。就算他们是妄想，何故普通人连这点妄想也没有？难道除却一千人而外，其余三万九千九百九十九万九千人，都成了正觉吗？都把妄想消除净尽吗？老实说一句，这般无志气、无魄力可怜的群众，他们认为有生必有死，是天经地义，非人力所能反抗，老早就服服帖帖、心甘情愿听宇宙

① 原连载于《扬善》第4卷第24期（总第96期，1937年6月16日）至第5卷第2期（总第98期，1937年7月16日），署名"撄宁"。

② 圈点文字注曰："《楞严正脉》乃《楞严经》注解之一种"。

定律所支配。问到他们的结局，若不是追随释迦牟尼同入大涅槃，便是被阿弥陀佛把他们全数接引到西方极乐世界，用不着大和尚为他们担忧。

再按：释迦牟尼当年出家修行之动机，何尝不是因为厌惧无常而起？出东门在路上遇着一个老朽，出西门在路上遇着一个病夫，出南门在路上遇着一个死尸，然后才发心入山、勤修苦行。可惜他老人家鸿运欠佳，不投生于中国，而投生于印度，所遇到的两位导师学问不见得怎样高明，故对于免除老病死三苦实修实证的工夫尚未能十分彻底。他老人家一出拿手好戏，摇旗呐①喊，鸣锣击鼓，整整唱了四十九年，就是一个“觉”字。我并非说人生不应该有“觉”，所引为遗憾的，就是除了一“觉”以外，没有丝毫免除老病死的方法。参禅吧，修观吧，诵经吧，持咒吧，都不能达到这个目的。徒然一觉，又有什么用处呢？现在的人们，更来得干脆，索性连“觉”也不要了。一声阿弥陀佛，就立刻把你送上西天。

《楞严正脉》云：西竺上古外道，宗摩醯首罗天为主。及佛出世，号一切智人，随机权立，尚列人乘，岂无仙道？亦闻观音为仙乘教主也。

撄宁按：摩醯首罗天，即所谓大自在天，乃印度民族所崇拜之神，与中国人不相干涉。佛虽然号一切智人，亦只能了解印度事情，而不能了解中国事情。佛教人乘，比较儒教，欠缺实多。而且佛并不知有仙道，观其结局，生老病死四件事亦无异于常人，岂不与当年出家修行之初心相违悖吗？若说这些现象都是示现，而非真实，请问世间事那一件不是示现？只许佛教示现无生，不许仙教示现长生？吾人说到长生，就要受佛教徒种种批评。“守尸鬼”、“未出三界”、“终堕轮回”这些恶语，未免太不公平。

观音在这个世界，无历史可考。民间传说是妙庄王第三女，名曰妙善，在汝州龙树县白雀寺为尼，死而复活，又到惠州澄心县香山隐身修炼等语，尽属无稽。非但我们不信，连佛教自己人也不信此说。观音只可以为一般念佛善女人的教主，不可以为仙乘教主。因仙乘教主要有历史可考，又要有仙学著作流传，我们方能承认，不是随便就能做的。

《楞严正脉》云：顾此方大乘机纯，小乘犹不传习，岂务杂乘？故

① “呐”，原作“纳”，误，校改。

藏教未闻其至也。

撄宁按：吾国人性习，喜空言而畏实践，故特别欢迎大乘而厌恶小乘。因为小乘佛教虽不敢说决定能免除老病死诸苦，却也要做一番工夫。懒惰的人们，只晓得唱高调，而不肯下苦功，所以到今日样样事都落了后尘。试观魏晋之间，何晏、王弼、王衍诸公放弃世务，专谈玄理，寖成风气，遂以清谈误国。此即大乘佛教之前驱。宋儒虽极力排佛，但说到“心性”二字，总与佛教纠缠不清，甚至堕入佛教大乘经义圈套中而不自觉。明排之，适以暗助之，而大乘佛教遂俨然把握着吾国人心性界无上之权威，所最不可解者。秦汉以前佛教未入中国，唐虞三代之政治淳良、民情敦厚，远非后世所能及，而且版图一统，无河山破碎之羞。自佛教东来以后，将如此大乘高深之哲理，熏陶全国亿兆之人心，更应该功迈唐虞、德超三代，何故国步日益艰难，民俗日益浇薄，民生日益憔悴，民气日益衰颓？有五胡十六国之乱华，有南北朝之分裂，有后五代之割据，有辽金辱国之耻，有元清灭汉之痛，有列强侵略之虞？所谓“此方大乘机纯”者，亦不过如此而已。

《楞严正脉》云：此方仙道与儒同源，而老庄皆儒之太上清净者也，学仙者附会及之。

撄宁按：吾国仙道，始于黄帝，乃是一种独立的专门学术，对于儒教无甚关系，而比较老庄之道亦有不同。后来仙学书籍，固不免有附会老庄之处，但只采取老庄一部份修养方法，而非全部接受他们的教义。老子大患有身、绝学无忧之旨，庄子谬悠曼衍、荒唐諔诡之辞（见《庄子·天下篇》），对于后世制造佛经的工作，其助力实非浅鲜。本是舶来，偏称土产，于是释迦文佛遂成为老子之化身。本是国货，冒列洋装，于是《起信》、《楞严》遂高踞丛林之讲座（《大乘起信论》、《楞严经》二书，在今日佛学研究家多数人眼光中，认为二书都是中国人自己制造的）。

《楞严经》本文云：阿难，复有从人不依正觉修三摩地，别修妄念，存想固形，游于山林人不及处，有十种仙。《正脉》云：“从人”者，但从人身修，即人身证，非局前十类之人。“正觉”即本觉真心，“三摩地”即首楞正定。不如是正觉正修，而邪悟五蕴身中有性命，可修养之使长生不死，所谓“存想固形”。十类修法不同，而“存想固形”乃总妄念也。

撄宁按：世上人们，不想靠自己力量实修实证，而妄念西方有个极乐世界，妄念死后阿弥陀佛来接引我去，妄念往生净土求免轮回。把自己死后杳无凭据之妄念认作实事，把别人生前实修实证之功行当作妄念，何其颠倒是非乃尔！

《楞严经》本文云：阿难，彼诸众生，坚固服饵而不休息，食道圆成，名地行仙。《正脉》云：此言“饵”者，盖炮炼和合为丸作饵之意。于此服食而得功效，故曰“食道圆成”。“地行仙”者，但百体康壮，寿年延永，而未得轻飞，止于地上行者也。

撄宁按：果如《正脉》所言，有此功效，亦不过像世上人吃几料膏丹丸散大补药，使身体强健，多活几年而已。充乎其量，不过到百岁左右，名之为“仙”，未免过分。此种人只能安居于城市山林，不能如后文所言休止深山或大海岛，绝于人境，亦不能有千万岁之寿命。做《楞严经》的人，是门外汉，遂致理想与事实不合。

《楞严经》本文云：坚固草木而不休息，药道圆成，名飞行仙。《正脉》云：草木如紫芝、黄精、菖蒲、松柏之类，久服身轻，行步如飞。

撄宁按：这一类是吃生药而不吃烟火食的人，几百岁寿命不成问题。若如后文寿千万岁之说，却非事实。

《楞严经》本文云：坚固金石而不休息，化道圆成，名游行仙。《正脉》云：“坚固金石”，如烹煎铅汞、炼养丹砂，号“九转大还”者是也。“化道”、“游行”者，化销凡骨而成轻妙之身，瞬息万里、周行不殆者也。

撄宁按：这一种可以算是真正地仙，今世很少得见。而佛教净土宗死后生西者，则多至不可胜数。

《楞严经》本文云：坚固动止而不休息，气精圆成，名空行仙。《正脉》云：“坚固动止”者，如抚摩搬弄、运气调身、动静以时、起居必慎者也。“气精圆成”者，所谓炼精还气、炼气还神、炼神还虚也。“空行”者，方是羽化飞升、虚空游行也。

撄宁按：果如《正脉》所云，亦不过按摩、导引、搬运之类，仅能达到卫生却病之程度，谈不到炼精还气、炼气还神。若根据此等方法，希望羽化飞升、虚空游行，何异于痴人说梦！此等工夫果能成仙，空中早有①仙满之患。可见《楞严经》作者对于仙道完全不懂。

《楞严经》本文云：坚固津液而不休息，润德圆成，名天行仙。《正

① “早有”，原作“有早”，误，校改。

脉》云：此是吐故纳新，如环师所谓“鼓天池、咽玉液”是也。能令水升火降而结内丹，故曰“润德圆成”。此复超空行而至天上，故号“天行仙”也。

撄宁按：经文仅有“津液”二字，注文又添出“吐故纳新”四字，未免蛇足。须知吐故纳新是指呼吸而言，不是指津液而言。而且徒恃“鼓天池、咽玉液”，没有别种工夫帮助，亦不能结内丹，更不能“超空行而至天上”。作者把这件事看得太容易，的确是个外行。

又按：《正脉》在此处已经承认仙能上天，故云“超空行而至天上”，而在后文又说：“天趣与仙趣迥然不同，世人仙、天不分，而学仙者滥附于天，且谓诸天皆彼祖仙。今略辩之：仙以人身而恋长生，最怕舍身受身；诸天皆舍前身而受天身，岂其类哉！又，仙处海山，如蓬莱、昆仑，皆非天上。四王忉利尚无卜居，况上界乎？况色界乎？是知天趣最为界内尊胜之流，迥非仙与鬼神之类也。”据此一段议论，仙又不能上天矣。前后见解，自相矛盾，可笑之至！

《楞严经》本文云：坚固精色而不休息，吸粹圆成，名“通行仙”。《正脉》云：朝闭目以向东方而采日精饮之，夜采月华乃至服五星等，是谓精色。而言通行者，亦以精神流贯而与造化交通也。

《楞严经》本文云：坚固咒禁而不休息，术法圆成，名“道行仙”。《正脉》云：此专持咒自成仙道。内教持准提等，亦许成仙道是也。兼以咒枣书符以愈疮病、禁毒驱魅以利群生等，有济世道心，故名“道行仙”也。

撄宁按：持咒之功效，只能愈病或禁毒驱魅，然亦是偶中而难保必验，对于自己肉体亦不起变化，“老病死”三个字仍不能避免。持咒若能成仙，则仙人满街走矣。诸君若不信余言，何妨牺牲几年光阴，自己试一试看。

《楞严经》本文云：坚固思念而不休息，思忆圆成，名照行仙。《正脉》云：环师所谓“澄凝精思，久而照应，或存想顶门而出神，或系心脐轮而炼丹，皆思忆圆成也”。（略）予又见仙书：“初系心脐下，透尾闾，升夹脊，乃至达泥洹，方以冲顶出神，皆思忆所谓也。”

撄宁按：徒恃精思存想等工夫，在仙道中亦不能有大成的希望。至于冲顶出神，就像一粒种子放在土中，经过相当的时期，自然会破土而出芽，自然会开花而结果，并不是由思忆上得来的。又像女人十月怀胎，自然就会生出小儿，也用不着什么思忆。若徒恃思忆工夫，将自己的神搬弄出来，那个神没有同物质在一处锻炼过，是个无影无形的东西，仙家名之为“阴神”，毫无用处，亦不能冲顶而出。

《楞严经》本文云：坚固交遘而不休息，感应圆成，名精行仙。《正脉》云：环师谓“内以坎男离女匹配夫妻”是也。所谓婴儿姹女，即坎离交遘而“取坎填离”以结仙胎之谓也。（略）道教末流顺人之欲，故人易从。内教本来夺人之欲，故人难奉。今夫财色长寿，人之大欲也，道者以铅汞泥水二种金丹投其财色之欲，又以精气内丹顺其恋生之心，谁不乐从？至于内教檀度梵行逆其财色之心，而又令观身如毒蛇、弃身如涕唾，苟不达其深故，谁不难之？

撄宁按：《正脉》所言道教顺人之欲，故人易从，佛教夺人之欲，故人难奉，其言与事实不符。即以现代而论，全国僧尼约有七八十万人，全国佛教居士约有三四百万人，何能算少？若问真正炼丹的同志全国中有几个人？说出来诸君不要失笑：炼外丹点金术的，全国寻不出二十个人；炼内丹长生术的，全国寻不出一千人。比较佛教徒人数，相差太远。所谓“夺人之欲，故人难奉”之佛教，信仰者如此之多，所谓“顺人之欲，故人易从”之金丹，信仰者如此之少，是什么缘故？莫非这几百万人都是离欲阿罗汉吗？否则如何肯信仰夺人欲之佛教，而不肯信仰顺人欲之金丹呢？或者西方极乐世界之可欲，更甚于神仙世界吗？

《楞严经》本文云：坚固变化而不休息，觉悟圆成，名绝行仙。《正脉》云：此悟通化理，能大幻化，如刘根、左慈之类，甚至移山倒水、妙绝一世者，故称“绝行仙”也。此中觉悟如庄子观化、谭子达化之悟，非正觉中真悟。

撄宁按：刘根、左慈之变化，是工夫到了那种程度，自然就会运用那种神通，并不是凭空觉悟出来的。学仙的人们，只讲工夫，不讲觉悟，决不会单由觉悟上就能得到神通变化。因为神通变化是与物质有密切关系，而觉悟则离开物质境界太远。就让你觉悟到极顶，而身外之物质仍旧一丝一毫不能改变，移山倒水，谈何容易！据余所知，只有大地震的威力可以移山，只有月球的吸力可以倒海，古今修炼成功的仙人，未必有这样大的法力。纵然有之，亦等于魔术或催眠术一类的障眼法而已，非真能使“器世间”改变其位置。

觉悟两个字，已是捕风捉影之谈、水月镜花之比，何况于其中尚有正觉、非正觉、真悟、非真悟这许多糊涂印象。仙家只讲工夫，不讲觉悟。作者把佛家帽子戴在仙家头上，可谓冤哉枉也！

《楞严经》本文：阿难，是等皆于人中炼心，不修正觉。别得生理，寿千万岁，休止深山，或大海岛，绝于人境，斯亦轮回妄想流转，不修三昧，报尽还来，散入诸趣。

撄宁按：此段乃《楞严经》十种仙之结论，学佛的人往往根据此等见解而轻视仙道。学仙的人亦常有听讲《楞严》或阅诵《楞严》而受其愚弄，遂至自己不敢相信自己。是与吾辈所提倡之学说大有妨害，故不能不辨。

第一辨：炼心与修正觉二者，其中界限，颇难划清。如何是心？如何是觉？如何叫做炼？如何叫做修？心与觉其不同处何在？炼与修其不同处又何在？如何可以断定十种仙只会炼心而不会修正觉？或者只肯走炼心这条路，而不肯走正觉这条路？是不是一修正觉就把仙人的资格丧失了？一方面修正觉，同时一方面做仙人，又有什么冲突？这些问题，表面上看来很容易回答，实际上并不怎样容易。

第二辨：寿千万岁之说，意义亦不明显。究竟是千岁呢？是万岁呢？还是一千个万岁呢？这三种寿命之长短相差太远，须要分析清楚，不可含糊其辞。

第三辨：十种仙中，如第一种坚固服饵是吃熟药的，第二种坚固草木是吃生药的，第四种在动止上施功，第五种在津液上运用，第六种坚固精色，第九种坚固交遘，他们都是有肉体留存于世，并且都是在肉体上做工夫。那些工夫的效力，仅能延长寿命，未必就能得到什么神通。假使能够活到千万岁，总不能躲过世间人的耳目。他们决不会隐身术、障眼法一类的把戏，何以世间人丝毫没有闻见？现今环球交通极其便利，倘若深山海岛之间，有这许多拖着死尸走路的仙人，老早就被那班探险家拍出照片、传播全球了。何以除却生番、人猿、猩猩、狒狒这些人不像人、兽不像兽的动物而外，没有一个半个千万岁仙人出现呢？

第四辨：佛经中常喜用“轮回”二字概括六道众生，如天上、人间、修罗、畜生、饿鬼、地狱名为“六道”，又叫作“六凡”。以为这些众生都不免轮回之苦，都是凡夫境界。只有声闻、缘觉、菩萨、佛这四种圣界，方能永远脱离轮回。彼等制造佛经的诸位沙门不认识“有世界即有轮回，无轮回即无世界”这个根本原理，遂以私意安排，把六凡界放在轮回之中，把四圣界放在轮回之外，俨如秦楚交兵，诸侯皆作壁上观的态度。又若苏俄闹共产，欧洲各国闭关自守的政策。又若中国各省起革命，租界居民置身事外的心理。请问结果能幸免否？亦不过暂时苟安而已，终久是要波及的。无论他们入涅槃也罢，生净土也罢，都不能逃这个轮回公例。

第五辨：假使成仙是妄想，我们也可以说成佛是妄想。假使休止深山海岛是妄想流转，我们也可以说往生西方净土是妄想流转。大家都是一样的妄想，请免开尊口罢！

第六辨："三昧"之义，即是禅定。不修三昧，即是不做禅定的工夫，而做别种工夫，遂招惹佛教徒的批评。其实此等批评也是一偏之见，就等于拿外国法律来裁判中国人民，那是永远行不通的。

第七辨："报尽还来，散入诸趣"二句，只可以说六道众生，不可以说十种仙。彼十种仙所用十种不同样的方法，是否就能够成仙，这是专门仙学上的问题，暂置不论。今姑且依《楞严经》之说，一概承认他们都有仙人资格。但这种资格是由工夫上得来的，不是由福报上得来的，比较佛书所说生前修十善业，死后投生天界、报得天福者，大大不同。譬如甲乙二人，各有财产万元，甲之财产自父母遗传，不劳而获，乙之财产得自本人储蓄，积少成多。经过数年之后，甲必定贫穷，而乙必定巨富。因为不劳而获者，由于前生修善之福报；积少成多者，由于今生勤俭之工夫。福报有尽时，何况加之以挥霍，故贫穷立待。工夫无止境，何况用之于勤俭，故巨富可期。所以五戒十善、死后生天、报尽则堕，即甲之类也，坚固不息、仙道圆成、永不退转，即乙之类也。须知仙道门中只讲工夫，不讲福报，讲福报者是门外汉。"报"之一字，尚不欲闻，"报尽"之说，更无着落矣。生天与成仙，本是截然两事，未容混作一谈。

《楞严正脉》：上之十种，乃修门各别。此之炼心，乃操行总同，如持戒积德、救济累功。而言不修正觉者，以不达本心真常、万形自体，又不了死因生妄、生死二非，顾乃怖死留生、长生为号。岂觉言长仅以胜短，说生终以待灭，讵识无生之至理、本常之妙体哉？故云不修正觉也。别得生理者，谓于正觉外别得延生妄理，寿千万岁者，妄修功满、妄理相应也。

撄宁按："炼心"二字之义，若果如《正脉》所谓持戒积德、救济累功，是不仅图一己之长生，而且兼能利人济物，岂不甚善？何必故意鄙视长生，而别唱无生之高调？寿千万岁之说，亦不过一种希望而已，未必真能办到。就让他们真能达到这个地步，也不能算是犯罪的行为。宇宙之大，何所不容？短命众生，数量已非微尘所能计算，仅此区区十种仙人号称长寿，然比较无量众生已如沧海之一粟，听其隐藏在深山海岛中自生自灭可矣。而必欲一网打尽，使这班长寿仙人都变成短命而后快，天下最不近情理之事，尚有甚于此者乎？

交光大师既不达万化从心、我命由我，又不了生因灭起、生灭互根，顾乃怖生趋灭、短命为荣。岂觉言短已不敌长、说灭终以待生，讵识长生之至理、神仙之妙体哉？

《楞严正脉》：问：世无不贪生为乐、恶死为苦。今罗汉菩萨动经累劫方成，纵一生得归净土者，亦不免于现死。忽闻仙道现世寿千万岁，志见不定者多兴苟就之心，何以示之？

撄宁按：世上人都是醉生梦死，并无真正贪生恶死之人。若果贪生，决不肯纵戕生之嗜欲。若果恶死，决不敢启自杀之战争。然而人类事实所表现者，每每与此相反。他们无所谓志见，更无所谓苟就，只认定生老病死是人之常理，做一日和尚撞一日钟，几时死，几时算了。不管什么罗汉、菩萨、净土、仙道，他们眼光中看来并没有分别，像这样人在世上占绝对的多数。

《楞严正脉》：答：妙哉问也，谁不为斯言所误哉！盖彼言现世长生者，亦约多生功满，至末后一生，方见其现得也。若推彼前身，其苦修不得而死者不知其几世也，岂人人初修而即现得哉？若但观其果之现成，而不推其因之久积，则佛惟六年成道。而佛会闻法者，立谈之间，证果入位，不可胜数，岂独神仙现世可成哉？

撄宁按：仙道之方法，就是今生现得。学仙者之志愿，亦希望今生现得。以现得之希望，行现得之方法，总不能说他们是错误。至于前身究竟修过几世，似无讨论之必要。今生能否一定成功，亦看各人努力与否以为断。徒有希望而不实行，或虽实行而不努力，亦属无济。譬如我们有一处目的地，相距百里之遥，走得快，一日可到，走得慢，二三日或四五日可到。修仙原不限定一世成功，所怕的就是南辕北辙。仙佛两家之争论，盖为彼此目的之背驰，非因成功时间之快慢。

《楞严正脉》：问：初修何知必不现得？答：初修者，前生已成短寿定业因种，或数世仙业未圆，则无生成仙骨，故不现得。必宿世仙道染心，生生苦积功力，乃成长寿定业因种，方得生有仙骨，自然现求现得矣。是知末后成仙，必不易形方得长生。纵令尸解，亦是隐形而去，非真死也。吴兴谓其命终转生，非是。

撄宁按：交大师能见到此，其学识亦自不凡。普通佛教徒常将死后生天之说解释仙道，故有“命终转生”之笑话。果真是命终转生者，与凡夫何异，尚配称为仙人乎？虽然，交大师亦只能识得长寿定业生成仙骨之仙，而不晓得尚有金丹换骨转移定业之仙，毕竟不能脱离佛教的窠臼。学仙者若果为定业所拘，仙亦不足贵矣。

《楞严正脉》：休止下，明其不杂人居，亦非天上，宛然自为同分耳。斯亦下，方是正判轮回。是知神仙千万岁满，但是后死，非真不死。譬如松柏，但是后凋，非真不凋。第以过人之寿，人不见其死而已矣。

撄宁按：人生寿命，有长有短，平均计算，不满五十岁。在一千年中，可容纳五十岁的二十倍。在一万年中，可容纳五十岁的二百倍。如此看来，仙人的一世，足抵凡人的二十世或二百世。我们自然愿意做仙人，不愿意做凡人。无论将来后死与否，但求在这个一千年或一万年中，免却许多投胎转世的麻烦、生老病死的痛苦，于愿已足。世有不厌麻烦、不畏痛苦的人，尽管随着大化轮转去，我们决不来强迫你们定要走仙道这条路，彼此各行其志可矣。

《楞严正脉》：妄想流转者，以身中本无性命主宰，而迷执为有。生死俱如梦幻，而妄生爱憎，非妄想而何？

撄宁按：妄想流转者，以西方本无极乐世界，而迷执为有。净秽二土俱如梦幻，而妄生爱憎，非妄想而何？

《楞严正脉》：不修三昧者，不习住楞严定也。报尽受轮者，以仙劣于天。天尚不出轮回，况于仙乎？

撄宁按：修行法门，千差万别，岂但仙佛两家法门不同？就以佛教本身而论，亦复分裂十宗，各执一说。自己教内尚且不能统一，如何能统一教外之思想？不习住楞严定，未必就犯了什么罪过。请问全国佛教徒有几个住楞严定的？不去警告自己，偏要警告别人，可谓多管闲事。论及仙劣于天，不过一句空谈，并无实在证据。吾等亦可说佛劣于仙，闹到结果，不过彼此互相轻视而已。总而言之：仙有仙的世界，佛有佛的世界。有世界即有轮回，无轮回即无世界。若要免除轮回，必先毁灭世界。世界如果毁灭，仙佛众生同归于尽，则轮回不出而自出矣。请问佛教徒愿意照办否？哈哈！

《楞严正脉》：夫初修不能现得，得之不出轮回，何如念佛求生西方，一生即得，金身浩劫，永出轮回。而无缘不信者，痛哉痛哉！

撄宁按：以前费了九牛二虎之力，做出五百七十余字的大文章，和仙道诤论不休。我起初认为交大师当真有什么高见，谁知仍旧是老僧常谈，到此处方才露出马脚，简直像一般市侩拉生意的口吻。其意若曰：你们仙道门中的货色，初买不能现得，得之又不耐用，何如我佛门西方老店，价廉物美，一求即得，坚固耐用，永不变坏，但是你们无福消受，可痛呀！可痛呀！像这种论调，我们学仙的人要同他辩论，可谓浪费笔墨，只有请基督教徒对付他们，堪称半斤八两。今试模仿基督教口吻如下：夫念佛不能得救，得救不能生天，何如信主耶稣，祷告上帝，求生天国！一生即得，永享快乐，不堕地狱，而愚迷不信，痛哉痛哉！

《楞严正脉》：问：修仙者妄谓释教修性不修命，万劫阴灵难入圣。惑此言者甚多，请此附辩，以觉深迷。

撄宁按："只修性，不修命，此是修行第一病。只修祖性不修丹，万劫阴灵难入圣。"这几句是吕纯阳真人《敲爻歌》中之语。此歌是否吕祖所作，我们也不能判断，但是这几句话却未曾说错。说者本非妄，听者亦不惑，斥为妄、讥为惑者，彼等自己已不免妄且惑矣！

《楞严正脉》：答：彼所说性命，二俱非真。盖指身中神魂为性，身中气结命根为命。故说单修性者，但得阴魂鬼仙，无长生身形；兼修命者，方得轻妙长生之身，而夸形神俱妙。

撄宁按：极端唯物派的科学家只承认我们一个肉体，至于人类的意识作用，不过肉体中一部份物质在那里冲动，并无所谓灵魂。等到肉体毁坏、物质分解、不能团结时，人类的意识也就随之消灭。谈到肉体以外还有性命，他们笑你是说梦话。我们仙学家想争这口气，必定要下一番苦功，实实在在做到"形神俱妙"的地步，方能令科学家折服。须知仙学家的劲敌是科学家，而宗教的敌人也是科学家，但是将来世界上足以同科学家对抗的，独许仙学家有这个希望。

《楞严正脉》：安知佛所说性，是人人本有真如性海，乃无量天地无量万物之本体。证此性者，岂惟但能现无量妙身，兼能现无量天地万物。其所现者，岂惟但能令住百千万岁，虽尘沙浩劫亦可令住。且欲收即收，一尘不立；欲现即现，万法全彰。得大自在，得大受用，方谓真如佛性。斯言信不及者，请细阅前文显性处，自然悟彼无知而妄谤矣。

撄宁按：仙家所谓“只修性，不修命，万劫阴灵难入圣”，是指做工夫的流弊而言。意欲调和于性命二者之间，不欲有所偏执，反惹起此处一大段噜苏。要晓得这是做工夫，不是做文章，何必卖弄笔尖儿，把一个“性”字讲得天花乱坠。我似乎看见《老子》、《庄子》、《淮南子》书上讲“道”字之全体妙用处，其广大精微甚过此段文章百倍。吕纯阳是唐朝进士，未必没有读过《老》、《庄》、《淮南》等书，倘若他要做起文章来，恐怕比交大师更加玄妙。交大师除了把“道”字改作“性”字而外，尚有何新发明呢？佛教徒既可以改“道”为“性”，仙学家自然不妨改“性”为“命”。彼等安知仙所说“命”，是人人本有“长生命蒂”，乃无量天地无量万物之本体。修此“命”者，岂但能现无量妙身，兼能现无量天地万物……方谓“长生仙命”。斯言信不及者，请细阅仙经论“命”处，自然悟彼浅识之徒无知而妄谤矣。

神仙一派，极端自由，早已跳出佛教六道轮回之外。《楞严经正脉》所谓“不杂人居，亦非天上”，却是实情。若将神仙判同人道，一则生活状况不同，二则寿命长短不同，三则明明说是“绝于人境”，如何能再以普通人类的眼光看待？若将神仙判归天道，亦有困难之点。因佛教中所谓天道者，都是死后投生、命终转世，而神仙家永远不肯命终、绝对不说死后，并且不一定希望上天。虽偶有白日飞升或阳神冲举之现象，似乎可以承认他们是上登天界，然而飞升乃肉体腾空、冲举是阳神脱壳，虽同为升天，又不合佛教天道中转世投生之原则。可见仙家所向往之天决非佛教天道所能统摄，弄得这班中国的印度思想家进退失据，既不能将仙道判同人道，又不能将仙道判归天道。设若于六道之外别立仙道，则六道变成七道，显然有破坏自己教义之嫌。若将仙道纳入四圣道内，则不免认凡作圣，佛教徒又不甘心。他们素来以“圣”自命而以“凡”视人，如何肯与人平等？况仙佛两家宗旨相反，很难觅得调和之机会。到此地步，伎俩已穷，无可奈何，只有将仙道痛骂一顿，稍泄气愤而已。所以历代佛教徒批评仙道，总是隔靴搔痒，并无学理可言。盖在印度民族脑筋中，根本就没有中华民族的神仙思想。释迦当年创教，只有六道轮回，而无七道轮回之说，于是中国神仙遂享有“治外法权”而不受佛教法律之裁判矣。这个缺点，只能怪彼自己的教义组织颇欠完密，致中国一班①漏网的神仙“逍遥法外”，不能怪我辈仙学家手段太

① “班”，原作“般”，误，校改。

滑、野性难驯也。

余观历代谤仙之书，当推《楞严经》为巨擘。因其不动声色，淡淡而叙，款款而谈，能使学者于无形中改变其思想，而不觉察经文理论之错误。加之法师们到处演讲，全国从风，而仙家资格因此坠地。修出世法者，遂鄙弃仙道，视为畏途，不敢涉足；除却保持宗教迷信、聊以安慰自心而外，毫无他策。追原祸始，“楞严十种仙”之流毒最深。则知余今日之辨实非得已，贤哲君子，尚其鉴诸！

《某君来函自述工夫之怪状》按语[①]
（1937年）

（正文略）

撄宁曰：某君此种现象，已不在普通静坐法范围之内，很像前几年湖北某道人所传授一种神拳样式。我非神拳专家，恕我不能批评。即如日本冈田式静坐法，以及中国各处流行的守窍法，他们在打坐时候，也会偶然发生各种怪现象，或哭或笑或吟呻，或嘴脸歪斜，或身体摇摆，但是他们的两条腿仍旧坐在原处，没有移动。今观来函言，气到两腿时，则自能起立，自能散步，自能退归原位，并能表演许多拳术之姿势，如此情形，早已失却“静坐”二字之本旨。如果某君目的是要打神拳，我就不敢赞一辞。若要修道，真可谓相差万里，愈走愈错，越弄越糟，还是赶快把工夫停止为妥。若原来有人传授，则传授之师应当负救正之责。若无人传授，只靠自作聪明、翻新花样者，应当急速改悔，勿再堕入魔道是幸。

---

① 原载《扬善》第5卷第1期（总第97期，1937年7月1日），署名“撄宁”。圈点文字注曰：“××二君即张复真、冯炼九二君。来函之某君乃温州瑞安之蔡绩民君。”又注曰：“湖北某道人即苏恢元君。”

致庐山某先生书[①]
(1937 年)

××先生阁下：

迭奉鸿笺，备聆尘论，更蒙惠赠玉照一帧，尤觉丰姿俊拔，当卜无量前程。修道学仙，诚为美事，但值国家多难，正乃志士效力之秋，若令远祖子房公辟谷从赤松子游，盖在功成名遂之后，深可思也。愚为阁下计，洞天福地，自可怡情，不必念念于归隐；道籍仙经，尽堪博览，不必急急于实行。独善其身，已非今日大局所容许，似宜暂图世务，静待良时，只求不昧夙因，定可还登上界。庐山景象，迥异当年，游客恐无插足处，辱荷宠招，惟有心感。

专覆，并候　暑安！

再者，××法师所谓：以根尘幻合之身，生死流转，全为业识所驱，道家修命之说，已堕寿者相，纵其长生可企，终是人天小乘云云，都是佛教门面语。以××法师之立场，当然作如此说，否则亦不成其为佛教徒矣。但有几句话须请问者：假使现在吾国被强邻侵略，是不是应该抵抗？抵抗之目的，是不是要争取中华民族之生存？抵抗行为，是不是有“人我相”？生存竞争，是不是堕“寿者相”？若果无寿者相，则敌人杀我，听其杀死可矣，何必抵抗？没有饭吃，听其饿毙可矣，何必赈灾？疾病损伤，听其夭折可矣，何必医药？推而言之，凡国家之政治设施，社会之慈善救济，学术之生理卫生，皆属多事，以其种种作用，皆不外扶助人类之生存，皆不免堕寿者相耳。若谓此非寿者相，然则孰为寿者相？人类生活寿龄，究竟以几岁为最高限度？过此限度，即为寿者

① 原载《扬善》第 5 卷第 3 期（总第 99 期，1937 年 8 月 1 日），署名“撄宁”。圈点文字注曰：“此人即张剑锋君。”

相，而为佛教法律所不容，吾人诚莫名其妙。阁下智慧胜常，能代彼等加以解释否？总而言之，佛教学说譬如凉泻之剂，根本不适宜于衰弱之中国。昔日中国服凉泻之剂，已千余年矣，结果衰弱到如此地步；今日中国须服温补之剂，若再灌以凉泻药，断其一线之生机，是自速其亡也。最好是将佛教传播于法西斯主义的国家，使其狂躁火性稍为平静，则于人类未尝无益。宁之学说大半散见于《扬善》刊中，偏重积极而反对消极，盖以此故。××法师，乃佛教革命派，当然能默喻此意。宁素日虽提倡仙学，却不一定崇拜老庄，因老庄亦难免有引人趋向消极之流弊耳。

答湖南湘乡刘勖纯先生[①]
(1937年)

勖纯先生大鉴：

惠教敬悉，所论至堪钦佩！本应详细作答，奈为时间所限，故只能用简单语句，略表寸衷，祈垂察之。撄宁顿首。

（一）《扬善》刊中，虽极力提倡仙学，但止注重理论，俾阅读本刊诸君因此可得悉仙学之派别源流，而非以传授口诀为事。盖仙道明师当世尚不乏人，学者有缘，自然遇合，固毋须宁之越俎代庖也。

（二）修道集团，原属同志诸君一种希望，实行颇多困难。宁不反对此事，然亦未尝赞助此事。盖已自处于旁观之地位矣。

（三）请求本刊公开传道，乃门外人之意见。彼等以为佛教、耶教概属公开演讲，为何仙道一定要慎重其事，致违普渡之旨，而招自了议，但已入门者皆知此道不能公开。愚见亦不主张公开，因仙学与宗教性质不同，难以普渡故也。

---

① 原载《扬善》第5卷第3期（总第99期，1937年8月1日），署名“撄宁”。

（四）各处来函问道诸君，彼等早已得师，仍欲与敝社通函研究者，在彼方自属虚心求益，而敝社却不负函授之义务。虽偶或于派别源流上加以指导，亦不外接引缘人之意，与正式传授口诀大不相同。

（五）《扬善》刊中材料，虽以拙稿为最多，然非如尊论所谓公开示世，仅仅为仙道争回一点立足之地而已。此亦有定数存乎其间，不是个人私意作用，将来自有适可而止之时。

（六）伦常道德，未尝不好，可惜仅能安内，而不能攘外。外国强盗早已打到我们家里来了，讲“四书五经”给他们听，是没有作用的。再拿《太上感应篇》及《文昌阴骘文》等类善书劝化人民，亦不过制造出一种极驯良极柔弱的老百姓，毫无抵抗外侮之能力，只有听他们宰割而已。本刊上凡关于消极的劝善文章，概不登载，即以此故。现在吾人所需要者，乃民族精神与国家思想，团结一致，竭力御侮，否则国破家亡，生命且不保，伦常道德从何说起？须知中华民族所以敌不过他种民族者，其最大原因，并非伦常道德不及他人，乃国家思想不能充分发达，而民族精神亦未能团结一致也。①

（答）上海某女士来函②（1937年）

（前略）附问五则：

（1）每在经期前后，常觉血海阴部有暖气涨而蠕动，并连两腿均觉酸麻之状，是否系真阴发动乎？其时虽用意摄回，然有时竟不能摄回。仰恳指示采取之口诀，以免走失而莫能挽救。

答：此种景象，颇似真阴发动，但其气尚嫌不旺。若要收回，并不

① 第六部分“伦常道德”一段，圈点文字注曰：“不钞。”

② 原载《扬善》第5卷第3期（总第99期，1937年8月1日），未有署名，唯与此文同属“工夫实验”栏目的另文《温州瑞安某君来函述工夫现状》有“宁按”字样。

困难，只须用三不动方法应付之已足。

（2）意运周天，由尾闾升顶门，由顶门下降至何处而停？升降快慢有关系否？经期内亦可运行否？

答：由顶门下降至子宫部位，即可停矣。初步练习升降，宜慢不宜快。经期内以不运行为妥，但静坐无妨。

（3）《女丹十则》中九转炼形法，生可照做否？

答：若要照书上所说的动作试做亦可，务必小心谨慎，不可勉强行事。如能自然合拍最好，否则宁可不及，切勿太过。

（4）凡遇口生津液，应咽至何处？

答：当然是同吃茶水一样，吞到胃中去。若有人说尚有别路可去，此乃不懂人身生理之言，不可信也。

（5）现在弱体渐觉痊愈，可否赐传正式斩赤龙口诀，以便遵循修炼，借资功夫进步？

答：可先研究《女功正法》并《女丹十则》二书中断龙功夫，得便不妨试做。须要和缓行之，切勿勉强从事，恐怕不合轨道，反而做出病来。试做三个月之后，再看情形如何。假使中间有什么变化，可写信来报告，或面谈亦可。若有错误，要随时改正。

《温州瑞安某君来函述工夫现状》按语①（1937 年）

（来函略）

宁按：老年人工夫，重在培补亏损，应该多睡为妙。一睡一觉，一静一动，循环互根，方为合法。若长坐不睡，乃是后来事，非前半段工

① 原载《扬善》第 5 卷第 3 期（总第 99 期，1937 年 8 月 1 日），署名“宁”。圈点文字注曰：“此人即张复真君，本刊第九十四期（七）页有他来函一通，可参看。”

夫所宜。纵能勉强振作，亦未必能得益，因明明白白景象，不合于先天之妙用也。道家与禅家工夫之不同，即在于此。

新出版的《道窍谈》书中第二十章及二十一章论玄关处，可以参看。又，第二十四章《中字直指》亦佳。《三车秘旨》中之收心法下手工夫，亦可研究而实行之。

众妙居问答续八则[①]

(1937 年)

“仙学”二字之界说，恐人不易明了，今附抄十七年前拙作数条于后：

第一问：仙学之说于古有征否？

答：所谓仙学，即指炼丹术而言，有外丹、内丹二种分别。

自古学仙之人无不炼丹者，此等人常隐藏于儒释道三教牌头之下（牌头是俗语，例如质问人曰：你靠什么人的牌头），不能独立自成一家的学说：试看《参同契》冠以《周易》之名；《悟真篇》又附会老子之语，其实与《易经》、《道德经》毫无关系，后来如《仙佛同源》、《仙佛合宗》、《慧命经》等书，又将佛法拉入仙学之内，而佛教徒亦不肯承认。故东汉至现代，此一千九百年间，仙学呈现为有仙无学之局面。这班学仙的人，将儒释道三教之名词与义理浑合组织，做成遮天盖地一个大圈套，彼等躲在此圈套之中，秘密工作，务其实而讳其名。如此圆滑

① 此文作于 1937 年，但未在陈撄宁生前发表。后来，陈撄宁弟子胡海牙编著《仙学指南》（北京：中医古籍出版社，1998 年）时曾将其收入书中，并在此文前有按语曰：“先师撄宁夫子 1937 年遗作《众妙居问答续八则》，乃集中阐述其仙学观念之专文，传吾近六十年矣，执吾手中，奉若珙璧，未曾发表，每每品读，总觉耳目倍新。道乃天授，人非敢私，福缘私之。老朽半生勉力仙道，乐以忘年，虽已耄耋，独身轻神爽，常思恩训，仙道匪易，亦匪不能，唯志者识者得之。又当因时而化，相机而传，使我华族灵脉，愈益恢弘。今私牍公示，为广后闻，以飨同好。”以下文字据《仙学指南》本排印。

行藏，常常招惹儒教之排斥，释教之厌恶，甚至于道教徒亦根据老庄清静无为之旨，而拒之于门外。彼学仙者流，竟弄得东家不收，西家不纳，进退失据，左右为难。我今日迫不得已，将仙学从三教圈套中单提出来，扶助它自由独立，摆脱彼等教纲之束缚，然后始有具体的仙学可言。敢谓仙学证验之方法，虽历代先哲所遗传，而仙学独立之精神，前人实未尝注意到此（《抱朴子》颇有这种精神，惜方法不足以应用；《老子》上也有许多修养的精义，但与《悟真篇》的作用不同）。

第二问：儒释道仙四家宗旨何在？

答：儒家人生观是庸常的，其宗旨在率由旧章，其流弊则在尊古卑今，而妨碍民族社会之进步。如中国妇女缠足的恶习，历代儒家从来不肯提议改革，可见他们保守性何等顽固（缠足是民间恶习，并非先王的礼教，也不是后王的法制，何必要保守）。

释家人生观是迷妄的，其宗旨是明心见性，其流弊则思想与现实相抵触，而理事不能无碍（华严宗标榜理事无碍，完全是空谈）。

道家人生观是自然的，其宗旨在清静无为，其流弊则堕于消极的厌世主义，而放弃有为之事功（这是庄子的大病，老子尚不如此）。

仙家人生观是缺憾的，其宗旨在改造自然，其流弊则不求实践，而变成虚伪荒诞①的神话（老子颇想救世，庄子则极端的厌世，两家宗旨不同。后世老庄并称，未免错误）。

第三问：仙学比较理学、佛学、玄学有何不同？

答：理学乃宋儒所讲之学，彼等皆侧重于世间做人的道理，充乎其量，不过希圣希贤而已。虽有时论及形而上学者，亦止于空理而不切实用。假使我们嫌普通人类之身体桎梏，寿命短促，能力薄弱，不甘听其自然，而想求得一种改造自然之学术，以满足吾人之愿望，彼等即无词以对，这就是理学的缺点。若仙学则可以补救此缺点而有余。佛学乃释家之学，立在与仙学反对的地位。宋元明清四朝的道书，每喜将仙佛两家之说混合一处，牵强附会，非但不知佛，亦不知仙。佛家无法和宇宙定律相抵抗，眼见世间生老病死难以避免，故说："诸行无常。"仙家要推翻宇宙之定律，我命由我不由天，故说："长生不死。"佛家最后结果是涅槃，涅槃现象就是身体死亡，涅槃意义就是精神寂灭。仙家最后结果是飞升，飞升现象就是重浊有生命的肉体化为轻清有生命的炁体，飞

---

① "诞"，原作"延"，误，校改。

升的意义就是离开短命的世界，而升迁到长命的世界，永不寂灭（仙字古写作僊字，僊者迁也。先迁化其形质，然后再迁移到适合此形质寄托之处所，与飞升之义相同）。玄学乃道家之学，唐朝尝列之于学官，凡习《老子》、《庄子》、《文子》、《列子》各书者，在当时皆称为玄学。此等书中虽亦偶有关于修养之言，然总不能称之为丹经，不能认其为仙学。又如玄旨、玄谈、玄机、玄览、玄悟、玄妙等名词，凡带上一个玄字的，都有点令人难以捉摸。仙学乃实人实物、实修实证、实情实事，与彼专讲玄理者不同，故只能名为仙学，而不能名为玄学。

第四问：仙学与道教是一是二？

答：道教中的正一派，创始于汉末张道陵，发扬于北魏寇谦之；道教中的全真派，创始于宋末王重阳，发扬于元初邱长春。正一派历史不过一千九百年，全真派历史不过六百六十年左右。西汉大儒刘向撰《列仙传》记载古代仙家事迹七十二人；《汉书·艺文志》分方技为四种，其中即有神仙一种，并著录仙学书籍若干卷，此时尚无所谓道教。考吾国的仙学，自尧舜以前即有之，如《神农本草经》中屡见“轻身延年”之说；又如《素问》一书，其学说之粗浅者属医学范围，其理论之精深者即仙学初步。史称：“黄帝且战且学仙。”又言：“于地黄元年正月甲子游名山以求神仙。”今河南省临汝县之崆峒山，即当日黄帝访道于广成子处（甘肃省亦有崆峒山，黄帝亦曾到过，但非广成子所居）。史又言：“神农氏在位一百四十年。”料其本人寿命当不止此数，至少也有一百八十岁左右。因为神农乃开国之君，不是继承帝位，其本人必须先立大功，并且于政治多有经验，然后方能受人民之拥戴，故非到四十岁不能登帝位。在位一百四十年，再加以前四十年，合为一百八十岁。此数不可谓是虚构。若无修养方法，如何能得偌大年龄？足见仙学来源最古，尚在轩辕黄帝以前五百年，至今有五千余年之历史，与中华民族之文化同源。后世道教中人虽亦有从事于仙学者，而仙学则不以道教为根据。

（或疑《神农本草经》是后人所作，非神农时代之书。此事陶弘景已说过。其言曰：轩辕以前，文字未传，药性所主，当以识识相因，至于桐雷，乃著编简。此书当与《素问》同类，所出郡县，乃后汉时制，疑仲景、元化等所记。此说甚是。《汉书·艺文志》有《黄帝内经》，无《神农本草经》，但有《神农黄帝食禁》七卷。“食禁”二字，《周体》贾疏引作“食药”或即《本草》一类之书。须知上古文具缺乏，作书不易，皆是师傅口口相传，弟子以脑记，代代相传不绝，至后来方写于竹帛。书虽成于后人，而方法则传自古代，谓后人有所增益则可，谓完全是后人所创造则非。）

第五问：仙学是哲学还是科学？

答：欲解决此一问题，先要明白哲学与科学之定义。

所谓哲学者，是以宇宙间万事万物为对象，而普遍的、综合的加以思考与认识之学。如儒家六十四卦的《周易》、佛家百法的唯识，皆可称为哲学。

所谓科学者，是就世界上每一类事物作实验的研究和分析，而得以有系统的知识及归纳的方法。如物理、化学、心理、生理、天文、地质、动物、植物、矿物等学，称为自然科学；如工业、农业、医药、卫生、冶金等学，称为应用科学；如历史、地理、教育、政治、法律、经济等学，称为社会科学。

仙学是缩短人类进化的过程之学，不是宇宙观和人生观的概念，故不属于哲学范围。仙学有方法可实验，有系统可以研究，有历史可以考证，不能说它是非科学的。但仙学之作用，是要改造自然现象，不是仅以了解自然现象为满足，故非自然科学。仙学初步之却病延龄虽与医药卫生有关，外丹炉火虽与炼矿冶金有关，但皆未发展到一般可以应用之程度，故亦非应用科学，只可名为特殊的科学。

第六问：如何是人类进化？

答：要明白进化之义，先要研究人类之起源，此事约分三说。

第一说：人是上帝造的，上帝最初抟土为人，造一男性，名亚当；又取亚当的肋骨，造一女性，名夏娃。此二人即人类的始祖。此说乃耶教所主张，毫无理由，俨如童话。

第二说：地上人类最初是天界降下来的，因为吃了地面产生的食物，身体变为重浊，不能再回到天上，遂留在此世界上作人类的始祖。此说乃佛教所主张，似乎好听一点，可惜没有证据。

第三说：人的始祖是类人猿，因为这种猿类有创造能力，并取得各种有利的条件，经过长久时期，逐渐进化，变为今日的人类。此说乃生物学家所主张，有理由，又有证据。

我们现在承认第三说。须知进化是无止境的，古代之猿既能进化为今日之人，安知今日之人不能再进化为将来之仙？世俗一闻到仙字，每觉得奇怪不可思议，若在猿类的眼光中看我们人类，也是不可思议，因为彼此程度相差太远，遂有这种感想，并非不可思议。但不可坐待，应当积极发挥自己创造之能力，若一切听其自然，非但不能进化，恐怕还要退化。古代猿类中富于创造性者，即能进化为人，其无创造性者，至今仍旧是猿，再经过长久时期，猿的种类不免更要减少，甚至于消灭。我们如果想由人类进化为仙，亦要努力创造，不可听其自然，因此就应当研究仙学。

第七问：如何能够缩短进化的过程？

答：有[①]猿进化为人，所经过时间极长，至少亦需数十万年；若再由人进化为仙，其中所需要的时间亦可比例而知，非今日有知识的人类所能久待，必须用一切方法帮助，始可望其速成。这些方法都是缩短进化过程之学，除各种科学而外，仙学尤为专门。仙学中分两大部分，即住世仙学和出世仙学。住世仙学中包括身体健康法、寿命延长法、驻颜不老法、人种改良法。这些方法如果皆能普及，则进化过程当然可以缩短。在别种科学上，虽亦有类似之法，大概要借助于身外的物质，在仙学上只凭自己修养的功夫。物质条件，非经济宽裕者不能办。修养功夫，只要有恒心毅力，人人皆可以奉行，此乃仙学与其他科学不同之处。出世仙学比住世仙学更进一步，须得初步功夫有了基础，方可从事于此，其中包括断烟火食法、肉体化炁体法、炁体出入自由法、炁体聚散随意法、炁体绝对长生法、炁体飞升到另一世界法，此乃专门仙学所独有者，别种科学万难做到。但必须下多年苦功，方有成就，普通人不敢问津，只好将历代遗传之学说加以整理改编并保藏，留给后代子孙去实验。惟初步的住世仙学适合今日人类所需要，若机缘凑合，不妨随份提倡。

第八问：所谓长命世界者是否一种幻想？

答：是理想，不是幻想。幻想无根据，理想有根据。地球顺着轨道环绕太阳一周，所经过的时间在历法上称为一年，在寿命上即算是一岁。假定人类寿命为一百岁，地球上一百岁比较其他七大行星上一百岁，其时间之长短，各不相同。

水星上 100 岁等于地球上 24 岁；

金星上 100 岁等于地球上 61 岁；

火星上 100 岁等于地球上 185 岁；

---

① “有”，疑当作“由”。

木星上 100 岁等于地球上 1 186 岁；

土星上 100 岁等于地球上 2 945 岁；

天王星上 100 岁等于地球上 8 402 岁；

海王星上 100 岁等于地球上 16 476 岁。

以上是按七大行星绕太阳一周所经过时间之长短和地球上一年的三百六十五日作比例推算，零数不计，前三星及地球，我们称为短命世界；后四星，我们称为长命世界。

人的身体，是固体、液体、炁体和灵性所构造；仙的身体，是单纯炁体和灵性所结成。人没有肉体，即不能生活；仙离开肉体，更可以长存。肉体构成的成分复杂，故不耐冷热，热极则腐烂而亡，冷极则冻僵而死。仙是单纯的炁体，故冷热皆无妨害，热极不过身体膨胀放大而已，无所谓腐烂；冷极不过身体收缩紧密而已，无所谓冻僵。仙在此世界上，虽暂时以肉体为房舍，若一旦迁移到其他世界，即抛弃肉体，仅用炁体上升，极热之处如木星、土星，极冷处如天王、海王，皆可以去。但冷处尤为相宜，愈冷则炁愈团结而神愈坚凝，因此寿命遂无限量。（据天文家说：木星直径比地球直径大十倍以上，土星直径比地球直径大九倍，因为体积甚大，所以至今未冷，表面还是炽热。海王星直径比地球直径只大四倍以上，天王星直径比地球直径只大四倍，而且距日皆甚远，所以极冷。此外尚有所谓冥王星者，为太阳系中第九大行星，乃 1930 年所发现，公转周期尚未测定，距日较海王更远，其冷必更甚于海王可知。）

以上所说，虽属理想，未成事实，然理想为事实之母，常常走在事实的前面。科学家的态度，当事实尚未发现时，本容许理想假说之存在，等到将来有事实证明，假说即成为定论。今姑且保留以上诸说，待后学作进一步之探讨。

现代科学家常想用无线电与火星上人类互通消息。又言：彼处人的身体比地球上人为轻，行动如飞，而且智能亦胜过我们。科学家更想做一种特别飞行器具，带着人的肉体，并肉体生活所必需之养料，超升地球以外，到月球上去探险。又言：将来别的星球上的人类设若向地球上作侵略战争，我们可借用月球作前卫基地。像这些奇怪的话，何尝不是理想？但亦不敢断定在无限量的将来永不会有事实发现。唯科学家不懂改造肉体之方法，处处被肉体所累，乃最大的缺憾耳。

《琴火重光》读者须知[1]（1938年）

（一）本书作者陈自得先生，号竹泉，乃明朝福建人。余昔日所藏《黄白直指》与《铅汞奥旨》二书，其自序之末行，皆有“福建陈自得序”字样，本书阳春子序，亦言先生为闽人。而本书原抄本，首题“明福堂竹泉陈自得著”，今疑“福堂”乃福建之讹。故刊本竟将“福堂”改作“福建”，仍记原文于此，以存真相而昭慎重。

（二）玉峰山人阳春子序，作于清雍正六年，序中断定本书为辛酉年遇师以后所作。考辛酉乃明孝宗弘治十四年，在雍正六年戊申前二百二十七年，而雍正戊申到今岁戊寅，中间相去又二百一十年，则是吾等今日校刊此书，距昔日作书时代，已经过四百三十余年，作者之精神亦可以不朽矣。原抄本序跋两篇之后，有玉峰山人印并阳春子印各二枚，色犹鲜红，知其为玉峰山人亲手校正之本无疑。

（三）陈自得先生外丹著作共有三种：①《黄白直指》；②《铅汞奥旨》；③《琴火重光》。三种皆无刻本行世，惟少数炉火专家历代秘密相传，奉为枕中鸿宝而已。战祸既作，转徙流离，前二种抄本不幸遗失。喜高观如君，偶于北平书肆觅得旧抄本《琴火重光》，持以示余。此本今日在陈著外丹书中，殆为仅存之硕果，亦即竹泉翁毕生之结晶。明清以来，各家外丹书常引《琴火重光》中诗词语句，以证己说不谬。可见，本书在外丹著作中实占重要地位。《黄白直指》等书已遭劫运，安忍令此书再受同样之厄。是则余等今日制版流通之微意也。

（四）仙家丹法，大别为四：天元谓之神丹，言其神妙莫测；地元谓之灵丹，言其夺造化灵气；人元谓之还丹，言其还我固有；黄白谓之

---

① 以下文字，据胡海牙总编《中华仙学养生全书》本排印。

金丹，言其点石成金。

地元能点金又能服食，黄白止能点金，不可服食，此乃二者不同之处。本书《西江月·第七首》云：以石点成恰易，将人服食终难。因此可以断定，本书乃黄白丹法。

（五）本书阳春子序中所列举各书名，如《承志录》，今在《道言五种》内；如《金谷歌》、《黄白破愚》，今在济一子《道书十种》内；如《渔庄录》、《秋日中天》，今在《金火大成》内；如《洞天秘典》，虽有刻本，然甚不易得，济一子《外金丹》中所收《洞天秘典》，仅寥寥数页，残缺实多，而《金火大成》中竟只字未收，皆为遗憾。

又余往日所藏《渔庄录》旧抄本，内容较《金火大成》中《渔庄录》，详略互异，正拟使之合璧，以全其美，不料亦随《黄白直指》而同逝矣。可叹！

至于序中所谓成化三年前所作之《养道策》，世无此书，意即《黄白直指》之初稿耳。

（六）附录中序跋四篇，虽无关宏旨，然以原书既失，仅留此序跋四篇在《扬善半月刊》中。而《扬善》刊又因战事停版，倘不趁机将其附载于此，窃恐若干年后，考古者欲求此四篇序跋且不可得，遑论原书耶。是亦慰情聊胜无矣。

皖江陈撄宁识于上海仙学院

中华民国二十七年戊寅中秋节

陈撄宁先生与因是子蒋竹庄先生讨论先后天神水①（1939年）

来函之一段：灵泉神水，似指先天。虽后天之津液，从此而出。今即以津液释灵泉，先后天不分，恐致学者误会。

覆函之一段："神水"二字，原是一种代名词，说"后天"可，说"先天"亦可。但在各家道书丹经上，虽其所用名词往往杂乱无章，而"先天"与"后天"的界限却划分得很严，不便通融假借。凡所谓先天，都是无形的；凡所谓后天，都是有形的，如涕唾精血汗泪等物，当然属于后天。即《大道歌》所云神水，亦不合先天定义，惟比较涕唾精血汗泪等物，其程度则超过一级耳。盖因《大道歌》原文"纵横流转润一身"这七个字，已将神水的界限划定了，俨然是有形的物质，而非无形的先天。

至于所谓"神水难言识者稀，资生一节由真气"，这个真气，似指先天而言。假使说神水是先天，则神水所赖以资生的真气更是先天。于是乎有两个先天，恐不合理。愚谓自先天无形的真气，一变为有形的神水，自有形的神水，再变为不仅有形而且重浊的涕唾精血汗泪等物，其中显分阶级。可知本篇所谓神水，乃先天无形真气变后天有形物质时中间过渡之物。今世医家学所谓内分泌者，或不无关系。

据汪先生云："灵源者，泉窟也，泉窟即神水之根也。"汪意盖谓：灵源如山中石隙之泉眼，其水至清洁而且静止。神水如尚未出山之流泉，其水因流动所经过之路程太多，已不免灰沙混入。惟幸其尚未出山，究与江河湖沼浑浊之水不同。故汪不曰灵源即是神水，而曰是神水

① 原载《仙道月报》（以下简称《仙道》）第2期（1939年2月1日），仅有标题而未署名。

之根。可知神水之根乃先天，而神水则非先天矣。

拙注引朗然子诗“华池神水频吞咽”句，的确是指口中津液而言，然较之常人口中涎唾，则有清浊之别。《黄庭内景经》第三章：“口为玉池太和官①，嗽咽灵液灾不干。”《内景》第三十三章：“取津玄膺入明堂，下溉喉咙神明通。”《外景》第一章：“玉池清水灌灵根。”《外景》第二章：“玉池清水上生肥，灵根坚固老不衰。”各等语，皆同朗然子之意。昔日拙作《黄庭讲义》，略有发明。

总而言之，“灵源大道”是指先天，“涕唾精血”是指后天，而“灵泉神水”则是先天变后天时中间过渡之物（若按返还效验，亦可以说是由后天返还到先天时中间过渡之物）。是否有当？敬请指教。

（答）瑞安某君来函② （1939年）

谨禀者：

荷蒙吾师指示××一法，自觉山根有孔开模样，一呼则山根与下丹田两相对动，一吸则下丹田与上山根相动亦然，两间自然两相对。此后就睡，睡醒不觉身中阳生，比较壮年时候，阳旺数倍。因此致令心身不安，一至沉睡，则有梦泄。当下惊醒即坐，不意醒坐时又复泄去，泄后仍举。乃加意存神，注于动处，息息归根，顷刻阳气自回，而下丹田与上山根又两相应动。一呼一吸，候有四五分钟许沉睡，即变为心神爽快，口内如蜜之甜，四肢指尖，似有微麻木及抽缩，两足亦自然发跳动力非常。以上所得之效验，不知合法否？

至若××××××天人合发之景象，则尚未得见。祈夫子指示一

① “官”，疑作“宫”。

② 原载《仙道》第2期（1939年2月1日），署名“撄宁”。

切，并请勿宣。

撄宁曰：某君来函所述工夫效验，又与他人不同，可知效验这件事是与人体质有密切关系，未能一概而论。余前次在沪时，见某君之体质乃阳有余而阴不足。阳气固是修炼家所必需者，但如身中真阴不足，不能收摄真阳，则此阳遂变而为亢阳。若无法对付，第二变则为浮阳。再不设法挽回，第三变则为孤阳，至此而大事已坏矣。孤阳且不能生人，如何能成仙乎？

须知仙家所谓纯阳者，与孤阳绝不相同。纯阳的阳字，是指轻清微妙之质体而言。盖谓重浊粗笨之质体皆属阴，非仙家之所贵也。然此轻清微妙之质体，仍是先天之真阴真阳配合而成，绝非孤阳之谓。先天真阴真阳，是如何形状？即静而生阴，动而生阳，动静互相为用也。

此理张复真君参之最透，不妨常与张君讨论之。

《灵源大道歌》白话注解[①]（1939年）

（原序略）

读者须知

（一）《灵源大道歌》，虽是女真著作，但不是专讲女丹口诀。凡是

① 《〈灵源大道歌〉白话注解》是陈撄宁于1939年初出版的著作，《仙道月报》创刊号（1939年1月1日）及第2期（1939年2月1日）曾有关于此书的“新书预告”和销售广告，且第2期至第4期（1939年4月1日）还连续刊出过洪太庵、赵慧昭、高克恭、朱昌亚等人关于此书的序文。后来诸家所编陈撄宁文集多收有《〈灵源大道歌〉白话注解》，且文字基本相同，唯中国道教协会编《道教与养生》（北京：华文出版社，1989年）较其他版本多收有蒋竹庄、张任父的两篇序文，以及吴彝珠、汪伯英的两篇跋文。以下文字，据胡海牙、武国忠主编《陈撄宁仙学精要》（北京：宗教文化出版社，2008年）本排印。

学道的人，无论男女老少，用这个功夫，都很有效验，绝无流弊，可以算得仙道中最稳妥最普度的法门。以前学人，对于本篇不大注意，埋没多年，甚为可惜。久已想用白话注解，出版流通，无奈得不着机会。今以仙学研究院需要讲义，注解方能完成。又以丹道刻经会志在流通，出版方能如愿。可知世间万事成功与否，各有时节因缘，信非偶然。

（二）本篇正文的好处，在毫无隐语，从头到尾，都明明白白，阐扬真理。不像别种丹经，满纸的龙虎铅汞、天干地支、河图洛书、五行八卦，弄得学人脑筋混乱。本篇注解，虽没有特别优点，但是少用文言多用白话，完全顺着正文的意思，力求浅显。使粗通文理的人一看就懂，并且能依照注解的意思，再讲给好道而不识字的人听。于是乎普渡的愿心，慢慢就可以实现了。

（三）有人疑惑本篇中，女功为什么不讲斩赤龙，男功为什么不讲炼精化气，对于命功一层，恐怕尚不完全。但要晓得，女子炼断月经和男子闭塞精窍，这两种功夫，有急进法与缓进法，有勉强法与自然法。他书上所说的法门，是勉强，是急进。此书上所说的法门，是自然，是缓进。勉强急进，做得好时，效验很快，做得不好，就要弄出许多毛病，反而误事。自然缓进，做得好时，同样发生效验，做得不好，至多没有效验而已，决不会做出毛病。比较起来，要算这种法门最稳妥而无流弊。所以当日曹真人就把这篇歌诀传于后世，并非是不懂斩龙与炼精的功夫，更不是保守秘密弗肯对人说。

（四）或问：本篇中，三分之二是高谈玄理，三分之一是劝人断绝俗情。做功夫的口诀，究竟在何处呢？答曰：学道的人最难悟通的就是玄理，最难摆脱的就是俗情。这两件事果能做到，虽说目前尚未能专心修炼，但已经具足修炼的资格了。等到一天实行用功，就很容易见效。否则，纵让你把口诀念得烂熟也无用处。倘若你一定要晓得口诀隐藏在什么地方，我可以指与你看。本篇中有四句最要紧的口诀：第一句，“神不外驰气自定”；第二句，“专气致柔神久留”；第三句，“混合为一复忘一”；第四句，“元和内运即成真”。功夫到此，大事已毕，以后的口诀不必再问了。

（五）本篇未尝没有缺点，但这个缺点，是各家道书千篇一律的，不是本篇所独有的。试看古今道书所讲，大概不外三件事：一铺张玄妙，二隐藏口诀，三劝勉修行。若问及学人的生活环境，饮食起居，要合于那几种条件，才能正式做炼养功夫。倘与某种条件不合，对于做功夫是否有妨碍，各家道书从来不注意到此。因为中国以前社会情状，和现在大大两样。今人所感受的，古人或许梦想不到。人生今世要想修道，必须注意自己环境，并社会情状是否适宜，切勿徒知责备功夫无效。

（六）本篇宣传大道，开示灵源，直指性命，专讲神气，所以不用铅汞等类代名词。汪东亭先生曾言："此歌通篇无一字及铅，所说无非真汞一物。"愚按：本篇所云神水，虽可以说是真汞一物，但又云："神水难言识者希，资生一切由真炁。"这个真炁，却是指铅，不是指汞。况且修道比较炼丹，究竟有点分别，假使我们把他颠倒过来说修丹炼道，在旁人听了未免要笑我们文理欠通。因此可以明白两者不同之点。修道的人，果能够从后天神气返还到先天性命，就算是功德圆满，不必再去讨论什么铅汞问题。只有三元丹法，才须注重铅汞。世上道书，往往把修道和炼丹混而为一，笼统批评，贻误后学非浅。

再者，汪又云："历代女真著作，皆是言汞不言铅，言水不言火。盖女真身属坤体，故不便言阳火，而只说阴符也。"愚按：孙不二元君所作《女丹功夫次第诗》有"神铅透体灵"一句明明说铅字，又孙诗第七首标题"符火"二字，明明指阴符与阳火而言，可知汪说亦不足为定论。

（七）古人学道，必须从师口授，所以各家道书皆没有初步下手的规程，今世学人每视为憾事。往岁见福州洪太庵君所著《五大健康修炼法》，条理详明，可作为初学入门参考书之用。

皖江陈撄宁识于上海仙学院

中华民国二十七年戊寅中秋节

（《灵源大道歌》原文略）

注　解

宋朝徽宗皇帝宣和年间，有一位曹女士，在当时颇有女才子之名。徽宗皇帝生性好道，又喜欢会做诗文的人。曹女士道学即可以配称第一流，而且诗文确也做得不坏，所以宋徽宗很看得起她，召她到京城居住（宋徽宗时首都在汴京，即是现在的河南省开封市），特别优待，又赐封她为文逸真人。这篇《灵源大道歌》，就是这位曹文逸真人在那个时候，做给一般学道人看的。流传到现在，差不多经过八百二十多年（从宣和初年算起）。《孙不二女功内丹次第诗》，比较此歌后出几十年。其余各种女丹经，更在孙不二之后，大概都是明清两朝的作品。《黄庭经》虽由晋朝魏夫人传出，然不能算是魏夫人自己的著作。谢自然、何仙姑等，虽在唐朝成道，也没有著作流传（乩坛上沙盘中扶出来的诗文，不能算本人著作）。我们可以说，历代女真亲笔所写正式丹经，当以此篇最古了。全篇共计一百二十八句，所讲的道理，所论的功夫，不限定女子方面，男子亦可通用。现在特把本文依次序分开，每句每字，用白话注解如后：

我为诸君说端的，命蒂从来在真息。①

我，曹文逸自称。诸君，指当时并后世修仙学道的人。端的，即是真正而又的确。命蒂，即是吾人生命最关紧要的地方。凡花叶瓜果，和枝茎相连处，都叫作蒂，此处一断，花叶就立刻枯槁，瓜果就不能生长。真息与凡息不同，凡息粗，真息细；凡息浅，真息深；凡息快，真息慢；真息是凡息的根源，凡息是真息的发泄；真息可以化为凡息，凡息也可以化为真息。譬如山中石头缝里流出的泉水，就是真息；江河中风翻浪涌的长流水，就是凡息。

照体长生空不空，灵鉴含天容万物。

照体，是回光返照自己性体。长生，即是性体永久存在。空，是说性体本空。但因为这个性体无所不包，真空与妙有同时显露，所以又说不空。鉴，是镜子。灵鉴，就是指性体而言。含天容万物，就是把天地万物都包含容纳在这个灵鉴之中。第二句，说的是命。第三、第四句，说的是性。

太极布妙人得一，得一善持谨勿失。

《易经》上说："易有太极，是生两仪。"《道德经》上说："此两者同出而异名，同谓之玄。玄之又玄，众妙之门。"这就是"太极布妙"的意思。"一"就是道，得"一"就是得道。老子说：道生一。周子就说：无极而太极。老子说：一生二。孔子就说：太极生两仪。因此我们可以明白，"道"就是无极，"一"就是太极，"二"就是两仪，两仪就是阴阳，阴阳就是性命，性命就是神气。"道"不可说，"一"不可见。凡可以说可以见的，不是"二"便是"三"。譬如上下、左右、前后、

① 《道教与养生》本在此段末尾有用括弧标注的"第一句，第二句"字样，以下各段歌词也依序标注有"第三句，第四句"或"第五句，第六句"等字样，兹不赘注。

大小、长短、厚薄、多少、轻重、冷热、刚柔、吉凶、利害、善恶、是非、虚实、有无、性命、神气、阴阳，这些相对的都是“二”。在这些“二”的当中那个就是“三”。有了“三”以后，就能演变而成千成万。所以老子说：“三生万物”。万物既然是从道中生出来的，我们人类号称万物之灵，自然也是从道中生出来的。离开道就没有世界，也就没有人类。人得“一”，是说每个人都得着大道全体中极小一部分，但可惜微末得很。倘若我们把这点微末东西再弄失掉，恐怕第二世连人也做不成，渐渐要变成下劣的动物。所以作者劝大众们，幸而生成一个人身，就应该时时刻刻小心谨慎，护持此道，切勿令它丧失。

宫室虚闲神自居，灵府煎熬枯血液。

宫室虚闲，比喻人身没有恶习和各种不良的嗜好，以及心中没有妄想和杂念。果能如此，我们的元神自然安安稳稳住在里面，不至于流离失所，飘荡忘归。然而世上人们，心中常常被七情六欲搅扰，没有片刻清凉。情欲一动，阴火跟着就动。阴火一动，周身气血津液都要受伤，弄得面黄肌瘦，形容枯憔。这个病根，就在于人人心中看不破、放不下，所以说“灵府煎熬枯血液”。人的意识与思想发源之处，叫作灵府。

一悲一喜一思虑，一纵一劳形蠹弊。

凡人当失意的时候，就要悲哀。当得意的时候，就要欢喜。遇到困难，不能解决，就要思虑。未得患得，既得患失，更不免时时用尽心思。我们平时所经过的境界，十分之九都是失意，很少有得意的时候。几十年有限光阴，就在忧患中消磨干净。身心放松是纵。身心紧张是劳。一时放松，一时紧张，就是一纵一劳。我们的肉体受不住这许多刺激，自然要变成衰朽，不可救药了。形蠹弊，是说身体里面腐坏，等于木头被虫蛀一样。

朝伤暮损迷不知，丧乱精神无所据。

早也吃亏，晚也吃亏，自己糊糊涂涂，不晓得厉害，精神耗丧而昏乱。若问他们：在世做人怎样可以做得好？出世修道怎样可以修得成？他们丝毫没有把握。

细细消磨渐渐衰，耗竭元和神乃去。

因为是细细消磨，所以吾人身体有亏损，尚不至于感受剧烈痛苦。因为是渐渐衰老，所以人生数十年中，每容易忽略过去，不知不觉地头发白了，面皮皱了，不知不觉地血液枯了，筋骨硬了。元和，就是元始中和之气，又名为先天炁。实在讲起来，就是生天生地生人生物的一种生气。宇宙间生气，本是无穷，但每个人身体上由娘肚子里带来的那点生气，可怜太少。从小到老，几十年中，身体里面所储蓄的生气消耗已尽，我们的灵魂就要和我们的肉体告别了。形神分离，人岂能不死？

只道行禅坐亦禅，圣可如斯凡不然。

禅字可以作定字解。一般唱高调的人，都晓得说：行也在定，坐也在定，甚至于睡卧也在定，不必要做什么功夫。倘若早早晚晚，刻苦用功，反嫌他过于执着，缺乏活泼天机，或者笑他是磨砖做镜。然而这种话只能对程度很高的人说，不能对普通人说。圣人可以这样做，凡夫万万办不到。

萌芽脆嫩须含蓄，根识昏迷易变迁。

草木最初从土里长出的小苗，叫作萌芽。因为它的体质脆弱而娇嫩，经不起损伤，须要培养有法，保护得宜，他日方有成材的希望。这就是比喻人身中一点生气，根基不牢，最容易丧失。须要设法把他含蓄在身内，不让他常常向外面发泄，然后吾人寿命方可延长。眼、耳、鼻、舌、身、意，叫作六根。六根所起的作用，就是六识。根与识被尘境所扰乱，陷入昏迷状态，容易由善变恶，由正变邪。若不彻底下一番苦功，恐怕没有什么好结果。

磋跎不解去荆棘，未闻美稼出荒田。

荒田之中，多生荆棘。倘若懒惰懈怠，游手好闲，不把田中荆棘斩除干净，好的稻谷决不会生长出来。这两句话，比喻人心中妄想以及恶劣的习惯若不去尽，功夫很难有进步，好的效验不易于发现。

九年功满火候足，应物无心神化速。

九，是阳数中的极数。九年，表示纯阳之意，不是必定要九个年头。功满，是说功夫圆满。火候足，是说用功到了这个时候，可以告一段落。应物，就是在世间做利物济人的事业。无心，就是随缘去做，不是有心要做功德。神化速，就是用自己全神来行教化，功效自然很快。《孟子》说："所过者化，所存者神。"与此处意思相同。

无心心即是真心，动静两忘为离欲。

无心心，就是无念头的心体。普通人心中没有一分钟不起念头，他们认为这个念头是心的本体，其实错了。诸君要晓得，那个无念的心方是真心，有念的心却是假心。人能认识真心，自然一动一静全是天机，可以做到忘物忘形的境界，这个就叫做离欲。

神是性兮气是命，神不外驰气自定。

古丹经常说："是性命，非神气。"是对功夫深、程度高的人说法。此处说："神是性，气是命。"是对普通人的说法。各有用意，并非矛盾。因为普通人只认得他们自己的肉体，除了肉体以外，从来不注意到神气上去。如果教他们认得神气两个字的作用，比较普通人已算是大有进步。性命二字的真相，只好留待日后他们自己去参悟。修炼家初等功夫，离不掉神气。须要把自己的神收在肉体里面，然后气方能定得下。

本来二物更谁亲，失去将何为本柄。

二物，就是神与气。这两样东西，本来最亲密不过。神离开气，神无所养；气离开神，气无所驭。没有气来养神，神就要逃亡；没有神来驭气，气就要耗散。失掉一项，即等于失掉两项。请问还有什么东西作我们身体的根本，作我们自己的把柄呢？

混合为一复忘一，可与元化同出没。

混合为一，就是做心息相依、神气合一的功夫。复忘一，就是功夫做到神气合一之后，不要死死的执著舍不得放松，须要把这个合一的景象忘记方好。既能合一，复能忘一，那时身中气候，自然与元始造化机关同出同没。出是显露，没是隐藏。化机应该显露时就显露，化机应该隐藏时就隐藏，自己丝毫不作主张。

透金贯石不为难，坐脱立亡犹倏忽。

寻常人精神被肉体限制住了，不能直接达到身外物质上去。修炼成功的人，精神可以离开肉体，而能支配肉体以外的别种物质，所以说"透金贯石不为难"。倏忽，是顷刻之间。坐脱立亡，是坐着或是立着的时候，我们的神倘若要离开肉体，顷刻就可以离开，不至于被肉体所拘束。

此道易知不易行，行忘所行道乃毕。

这个道理，虽容易明白，却不易于实行。纵能勉强去行持，也难以毕业。必须由勉强而进于自然。由自然而造于浑然，由浑然而致于释然，才是"行忘所行道乃毕"。

莫将闭息为真务，数息按图俱未是。

息，是鼻中呼吸。闭息，是把呼吸暂时闭住。数息，是数自己的呼吸。从一、二、三、四数到几十几百。按图，是按照图样做功夫，或用全副精神死守身中某一窍，或动手动脚做各种姿式。这些法子，都不是大道，因为闭息病在勉强，数息未免劳心，按图又嫌执著，对于自然大道相差太远。

比来放下外尘劳，内有牵心两何异。

比来，等于近来。曹真人意思说：修道的人们，在近来这个时候，既然能把身外的一切尘劳都放下了，为什么身内的尘劳却放不下，仍旧有许多东西挂在心头？请问身内百事萦心，比较身外一切尘劳，有何分别呢？

但看婴儿处胎时，岂解有心潜算计。

诸君请看婴儿未出胎在娘肚子里那十个月的时候，婴儿心中可曾经在暗地里算计什么？诸君既要学道，何不先学婴儿？

专气致柔神久留，往来真息自悠悠。

老子《道德经》第十章说："专气致柔，能如婴儿乎。"专气，就是专心一致在气上面做功夫。致柔，就是功夫柔和到了极处，没有丝毫刚强急迫的样子。果能如此，神就可以久留于身中，而不向外驰，"神不外驰气自定"。气定之后，真息自有发动之时。悠悠二字，是形容真息的样子，深长而久远，和缓而幽闲。

绵绵迤逦归元命，不汲灵泉常自流。

绵绵，微细不绝之意。迤逦，旁行连延之意。元命，即人身生命根源。这句是形容真息在身内行动的状态。虽说四肢百骸无处不到，然自有他的归根复命之处。灵泉，在后文又叫作神水。地面上泉水总是往下流，不会往上流。人要用水，非拿器物汲取不可。人身上的灵泉，却无须汲取，自然会在身中周身循环。真息所到之处，即是灵泉所到之处，因为津能化气，气能化津，充满一身，所以有如此妙用。

三万六千为大功，阴阳节候在其中。

今历法一昼夜共九十六刻，古历法一昼夜共百刻。张紫阳《金丹四百字·序》上说："夫一年十有二月，一月三十日，一日百刻，一月总计三千刻，十月总计三万刻。行住坐卧，绵绵若存。胎气既凝，婴儿显相。玄珠成象，太乙合真。三万刻之中，可以夺天上三万年之数。何也？一刻之功夫，自有一年之节候。所以三万刻能夺三万年之数也。故一年十二月，总有三万六千之数。虽愚昧小人，行之立跻圣地，奈何百姓日用而不知。"此段文章，说得很明白，可以作此处注解。曹文逸是宋徽宗宣和年间人，距今约有八百七十年①。张紫阳是宋神宗熙宁年间

① "距今约有八百七十年"，《道教与养生》本作"在民国纪元前约七百九十年"。

人，距今约有九百二十年①。两人前后距离不过五十年，所以他们的论调颇有几分相近。

蒸融关脉变筋骨，处处光明无不通。

此二句是说功夫的效验。蒸是蒸发，融是融化，关是关节，脉是血脉，变是变换。先蒸发而后方能融化。常常融化，不要让它坚硬，而后方能慢慢地变换，这个功夫就叫做“金丹换骨”。处处光明，即是《孙不二女丹经》中所说“元神②来往处，万窍发光明”的意思。无不通，即是周身全部通畅，没有一处闭塞。

三彭走出阴尸宅，万国来朝赤帝宫。

三彭，即是三尸。道书常说：上尸名彭倨，在人头中，令人愚痴没有智慧；中尸名彭质，在人胸中，令人烦恼不能清静；下尸名彭矫，在人腹中，令人贪饮食和男女之欲。或名三尸神，又名三尸虫。《太清中黄真经》上有两句：“可惜玄宫十二楼，那知反作三虫宅。”这个意思，就是说吾人洁净美好的身体被许多三尸虫盘踞在里面，弄得秽恶不堪，是很可惜的。道家斩三尸法子，有用符咒的，有守庚申的，有服丹药的，都不算彻底解决。经常用内炼功夫，运元和之气，充满脏腑，蒸融关脉，变换筋骨，逼令三尸无处藏身，非抛弃他们的老窠逃走不可。坏东西一去，好东西就来了。万国来朝，比喻五脏六腑、四肢百骸的精气神，都聚会在绛宫一处。绛宫属于心的部位，心属火，其色赤，医家称为君主之宫，所以叫作“赤帝宫”。

借问真人何处来，从前原只在灵台。

真人，即是真我。吾人肉体有生有死，不能算是真我，只可以叫作假我。除掉有形质的肉体，尚剩下那个无形质的念头，是否可以叫作真我？然而也不是真我，因为那个念头，也是忽起忽灭，不能由自己做主的。再除掉忽起忽灭的念头，另外寻出一个无生无死万劫长存的实体，这个方是真我，又名为真人。这个真人，从前未曾见过面，此刻第一次认识他。究竟他由何处而来呢？其实他从前就住在我们灵台之中，未尝瞬息离开过，并非由外面进来的。

昔年云雾深遮蔽，今日相逢道眼开。

因为历年以来，被云雾遮蔽，把真人的面目隐藏。虽说他从前就住

---

① “距今约有九百二十年”，《道教与养生》本作“在民国纪元前约八百四十年”。

② “元神”，原作“六神”，误，据陈撄宁撰《孙不二女功内丹次第诗注》校改。

在灵台之中，我们却认识不出。今日功夫做到相当的程度，道眼遂开。道眼既开，如拨云雾而见青天，真人因此露面。云雾二字，比喻我们的七情六欲、妄想杂念。

此非一朝与一夕，是我本真不是术。

这个功夫，不是一朝一夕做得成，须要经过若干岁月。并且不是用什么取巧的法术，讨什么意外的便宜，仅此寻得吾人本来真面目而已。

岁寒坚确如金石，战退阴魔加慧力。

《论语》上有一句话："岁寒，然后知松柏之后凋也。"岁寒，是每年天气最寒冷的时候。凋，是树木落叶子。松柏后凋，是说别种树木到这个时候，都已枯槁零落，独有松柏仍旧青翠不凋，比喻修道的人有坚忍的力量，可以耐得困苦，受得磨折，而不致于改变初心。确字，同坚字一样解释。松柏不凋已经称得起坚确，金石比松柏更要坚确，所以此处拿金石比喻修道人的志气。有金石般的志气，自然能够战退阴魔。阴魔既已去尽，慧力即同时增加。慧是智慧，力是毅力。只有智慧而无毅力，虽可以见道，而不能成道。只有毅力而无智慧，又恐怕认不清大道，误入旁门。必须智慧与毅力二者俱足，方免遗憾。

皆由虚淡复精专，便是华胥清净国。

心中没有妄想和欲念就是虚，不染一切嗜好并恶习就是淡。仔细研究，彻底明白，就是精。信受奉行，始终如一，就是专。《列子》书上说："黄帝昼寝，而梦游于华胥氏之国。其国无师长，其民无嗜欲。不知亲己，不知疏物，故无爱憎。不知背逆，不知向顺，故无利害。"其实是一种寓言，等于今人所谓乌托邦之类。人们心中果能十分清净，也同到了华胥国一样。

初将何事立根基，到无为处无不为。

世间无论做什么事，起初总要立一个根基，以后方能有所成就。修道是大事业，更要把根基立稳，方能步步前进。等到功夫纯熟，程度高深，自然显得头头是道。表面上好像无所作为，实际上已是精全、气全、神全，没有丝毫缺陷。老子《道德经》第三章说："为无为则无不治矣。"又第三十七章说："道常无为而无不为。"此篇"到无为处无不为"句，也是根据老子的意思。

念中境象须除拔，梦里精神牢执持。

这两句，就是立根基的办法。吾人当静坐的时候，须要把心中杂念打扫干净。等到坐功纯熟之后，杂念可以完全消灭。然后在睡梦之中，也不忘记修道之事，也同平常静坐的时候一样，自己很有主宰。

不动不静为大要，不方不圆为至道。

功夫偏于动，嫌太浮躁；功夫偏于静，嫌太枯寂；性情偏于方，嫌太板滞；性情偏于圆，嫌太巧滑。能不落于两边而得其中和，才是大道。

元和内炼即成真，呼吸外求终未了。

吾人果能在身内运用元始中和之气，流行不息，就可以成道。倘若在外面呼吸上永久执著，不肯放松，到底未有了脱之日。

元炁不住神不安，蠹木无根枝叶干。

元炁，即是上文所说元始中和之气。不住，即是不能长住于身内，而向外面发泄。发泄太多，身体里面的元炁渐渐亏损，元神因为没有元炁来培养，遂不能在身中安居而要逃亡。譬如树木被蠹虫所蚀，根本受伤，枝叶自然就干枯。人身中元炁，被七情六欲、饥饱寒暑、劳心苦力所伤，身体自然也不能长久。

休论涕唾与精血，达本穷源总一般。

鼻中生出的流质叫作涕，口中生出的流质叫作唾，心中生出的流质叫作血，外肾生出的流质叫作精。虽有四种名称不同，但是这些东西本源却是一样。达本，是看透它们的根本。穷源，是追究它们的来源。

此物何曾有定位，随时变化因心意。

人身上各种流质，不是分疆划界固定在一处而不许移动的，都是临时因外界的感触和内心的刺激而后生的。

在体感热即为汗，在眼感悲即为泪。

皮肤里面的流质，外感于天气温度太高，就变化为汗，从毛孔中出来。眼睛里面的流质，内感于情意过分悲哀，就变化为泪，从泪腺中流出来。

在肾感念即为精，在鼻感风即为涕。

外肾里面的流质，内感于心中淫欲之念，就变化为精，从精管①中出来。鼻粘膜里面的流质，外感于空气寒冷之风，就变化为涕，从鼻孔中出来。

纵横流转润一身，到头不出于神水。

纵，指人身上下。横，指人身前后左右。流转，是说在身体里面周流循环。润一身，是说身中无一处不走到，无一处不滋润。所以能有这

① “精管”，《道教与养生》本作“尿管”。

种变化和这种功效，总不离乎神水的作用。

神水难言识者稀，资生一切由真气。

“神水”这件宝物，它本身的道理太玄妙，颇难以言语形容。而且世间有学问的人虽多，识得神水的人却很少。须知汗、泪、涕、唾、精、血等等，都是神水所生，神水又是真气所生。人身若没有真气，神水就不免要干枯。神水既然干枯，于是乎有眼不能视，有耳不能听，有鼻不能嗅，有舌不能尝，有生殖器不能生育，有四肢百节不能活动。到了这个地步，离死也不远了。

按：学者读丹经最感困难的，就是同样的一个名词，无论在什么方法上都可以混用。即如“神水”二字，在此处是如此解释，若在别种丹经上，虽有同样的名词，却不能作同样的解释。

请看张紫阳《悟真篇·后序》云：“金丹之要，在乎神水华池。”又张紫阳《金丹四百字·序》云：“以铅见汞，名曰华池；以汞入铅，名曰神水。”这是人元丹法的神水。

又张紫阳《金药秘诀·序》云：“金水者乃得金气之玄水，又号神水。炼丹之诀，但能引神水入华池，万事毕矣。”许真君《石函记·圣石指玄篇》云：“铅砂抟成如土块，六一固济相护爱。用火锻炼一昼夜，火灭烟消土化灰。腾铅倒装入灰池，火发铅熔化神水。”这是天元丹法的神水。

又《明镜匣》云：“若人识真汞，黄金内神火；若人识真铅，白金内神水。”白紫清《地元真诀》云：“华池神水，神不真金。闪灼先天，发泄乾金。”这是地元丹法的神水。

又灵阳子《洞天秘典》云：“阴阳铅汞为神水，神水施为不离铅。谁识丹炉神水，乃为月魄金浆。”伍冲虚《修仙歌》中自注云：“暗进者，暗进神水，暗进神火，属烹炼之工。明进者，明进神水，明进神火，属超脱之工。”朱痴伯《金火灯》云：“生铅但有壬水癸水，既成白金，其中方有神水。”这是黄白术的神水。

以上所列各种丹经中“神水”名词，比较《灵源大道歌》中“神水”，确有霄壤之别。

又朗然子诗云：“夹脊河车透顶门，真修捷径此为尊。华池神水频吞咽，紫府元君直上奔。常使气冲关节透，自然精满谷神存。一朝得到长生路，须感当初指教人。”此诗所用神水名词，专指口中津液而言，乃狭义的神水。《灵源大道歌》中神水，包括人身一切粗细流质而言，乃广义的神水。意义虽同，而不完全相同。倘若学者只知其一，不知其二，依先入为主，看见名词相同，就说方法是一样，那真是误人而又自误。

天元丹法，重在服食，不重点化。地元丹法，既能点化，又可以进一步炼成服食，而上接天元。黄白术，只能到点化程度而已，不能再往前进。人元丹法，要用同类阴阳，虽有铅银砂汞等名词，其实与五金八石毫无关系。这是三①种丹法不同之处。

至于《灵源大道歌》的宗旨，乃是修道，不是炼丹，也不是参禅止观。其中作用，学者应当辨别清楚，不可稍涉含糊。世上流传的各种丹经道书，都病在笼统，理路不清，阅之往往令人厌倦。我深悉其中弊病，所以专重分析，想把科学精神用在仙学上面，以接引后来的同志。因为这个缘故，凡是拙作论调，每不肯附和前人之说，亦自有苦衷，读者能谅解为幸。

再按：《扬善半月刊》第四十一期第六页所载《玉华宫侍书仙子降坛诗》末二句云："为惜前缘开后觉。早留真液渡衰残"，真液二字，正合《灵源大道歌》"神水"二字的本意。留得住真液，才可以济渡衰残，即是留得住神水，才可以维持生命。这种理论，已成为铁案如山，不能摇动。既然当年曹文逸真人不惜苦口婆心，把第一等修炼的方法宣布流传，诸君总算有缘，虽然在八百年以后出世，但是能读她这篇歌诀，也就如闻其声，如见其人了。因此奉劝诸君，务必努力奉行，不可虚度岁月。否则，转世投胎，未必再有今日的机会。

但知恬淡无思虑，斋戒宁心节言语。

"但知"二字的意思，就是只晓得照以下所说的方法去做，其它一切都不去管。恬，是心中安静。淡，是把世间虚荣看得很淡。思，是思想。虑，是忧虑。斋戒，是古人在将要祭祀天地鬼神之前一种预备的行为，如沐浴、更衣、不饮酒、不茹荤、不作乐之类。宁心，是心不妄想。节言语，是口不乱说。

一味醍醐甘露浆，饥渴消除见真素。

牛奶第一转叫作酪，第二转叫作生酥，第三转叫作熟酥，第四转叫作醍醐。醍醐，可以算得牛奶中精华所结成的。芭蕉有一种，名叫甘露蕉，花苞中有露水，味甚甘，就是甘露浆，可以算得芭蕉中精华所结成的。一味，是说没有第二样。因为上面所做的功夫，纯洁而安静。所以

① "三"，《道教与养生》本作"四"。

身中发生的效验，也是甜美而清凉。

饥则思食，渴则思饮，都是表示吾人身体里面有所欠缺，需要补足，方好维持。假使身体内部无所欠缺，自然就不饥渴，能入大定。自然就能看见本来面目。凡丝类没有染颜色的，叫作素。吾人真面目，本是白净无疵，一尘不染，所以叫作“真素”。

他时功满自逍遥，初日炼烹实勤苦。

到了将来功夫圆满之后，自然逍遥快乐，但在当初下功的时候，实未免勤劳而辛苦。用武火时叫作炼，用文火时叫作烹。如何是武火？打起精神，扫除杂念，端身正坐，心息相依。如何是文火？全体放松，含光内守，绵绵似有，默默如无。

勤苦之中又不勤，闲闲只要养元神。

虽说下手做功夫要耐得勤苦，然又不是劳心劳力动手动脚的事，所以老子《道德经》上有一句口诀，教人“用之不勤”。既说要勤，又说要不勤，岂非自相矛盾吗？须知所说“不勤”的意思，就是不劳动、不执著、不揠苗助长。所说“勤”的意思，就是不虚度、不懈怠、不一暴十寒。闲闲，就是表示不勤。能闲闲，方能保得住元炁，能保元炁，方能养得住元神。

奈何心使闲不得，到此纵擒全在人。

奈何世上的人心，总是要休息而不可得。虽说因为环境所困，不能完全放下，然而有一半也是历劫以来的习惯，难以改变。做功夫的人，常常被这个念头所累。到了此种地步，或任他放纵，或设法擒拿，全在各人自己做主。

我昔苦中苦更苦，木食草衣孤又静。

曹真人言她自己当日做功夫时期，受过许多困苦。吃的穿的，都是别人家不要的东西。所处的境遇，既孤寂而又冷静。

心知大道不能行，名迹与身为大病。

心中分明认得大道是好，无奈不能实行。所不能实行的缘故，因为受三种之累：一种虚名，二种事迹，三种身体。虚名之累，就是能者多劳；事迹之累，就是权利义务；身体之累，就是衣食住行。

比如闲处用功夫，争似泰然坐大定。

修道的人，就怕不得闲。幸而得闲，又被许多有作为的旁门小法所累。比如我们身心，已经得到了清闲境界。与其再要用各种旁门小法功夫，倒不如一切放下，专修大定的功夫为妙。“争”字与“怎”相同，

“争似”犹言“怎若”。

按：张紫阳真人《悟真篇》七言律诗第二首云：“大药不求争得遇。”第十三首云：“争如火里好栽莲”。七言绝句第一首云：“争得金丹不解生。”第八首云：“争似真铅合圣机。”第四十首云：“争得金乌搦兔儿。”第六十四首云：“教人争得见行藏。”凡所有的“争”字，都作“怎”字解。宋朝人文章上面所习用的字眼，和现在人所用的两样。为诸君读道书便利计，特附注于此。①

形神虽曰两难全，了命未能先了性。

大道之要，在全神而又全形。全神，普通叫作性功。全形，普通叫作命功。修道的人，能得形神两全最上。如其不能，先做性功以全神。等到有机会时，再做命功以全形，亦无不可。下文所说，就是了性全神的办法。

不去奔名与逐利，绝了人情总无事。

不去同人家争名夺利，谢绝人情上的往来应酬，就能够达到清闲无事的境界。

决烈在人何住滞，在我更教谁制御。

不贪名利与谢绝应酬，这两件事，看起来很不容易做到。但是事在人为，若真肯下决心②，未必一定就有什么障碍。在我自己本身，更是要做就做，教谁来干涉我呢？住滞，即障碍之意。制御，即干涉之意。

掀天声价又如何，倚马文章未足贵。

掀天，形容其人声价之高。倚马，形容文章下笔之快。但是对于修道上都无用处。

荣华衣食总无心，积玉堆金复何济。

上句说一心向道，不注意于荣华衣食。下句说有钱的人，若不肯修道，等到老病死的时候，虽有钱又何济于事呢？

工巧文章与词赋，多能碍却修行路。

此言成为一个文学家，也无大用，反而成为修行的障碍。

恰如薄雾与轻烟，闲傍落花随柳絮。

此言文人不能成大事业，就像那些薄雾轻烟，和落花飞絮为伴，总

---

① 此段自“第八首云”至“特附注于此”数句，《陈撄宁仙学精要》本原置于上段“‘争似’犹言‘怎若’”句后，实为错排。今据《悟真篇》原诗及《道教与养生》本将其置于“七言绝句第一首云”内容之后。

② “若真肯下决心”，《道教与养生》本作“倘若真肯下决烈的心”。

觉得飘荡无根，虚而不实。

缥缈浮游天地间，到了不能成雨露。

上句说薄雾轻烟的形状，下句说薄雾轻烟与雨露不同。雨露有益于人世，烟雾无益于人世，而烟雾终究是烟雾，不能变成雨露。缥缈，形容其飘荡无根。浮游，形容其虚而不实。

名与身兮竟孰亲，半生岁月大因循。

世上没有一个人不喜欢名誉，更没有一个人不爱惜身体。名誉和身体比较起来，哪一样同我最亲近呢？自然是身体最亲近了。可惜世上人半生岁月，就此因循过去。因循二字的意思，就是遵守旧章。我们抱定人类始祖所遗传的饮食男女习惯，永远不肯改变，服从造化所支配的生老病死定律，绝对不敢违抗，这些都叫作因循。

比来修炼赖神气，神气不安空苦辛。

比来，就是近来，大概指中年以后而言。因为凡人到了这个时候，身体已渐渐衰朽，全靠在神气上面用功夫，才能有少许补救。神气若不能安居在身内，所做的功夫都是白吃辛苦。

可怜一个好基址，金殿玉堂无主人。

好基址、金殿玉堂，皆指人的身体而言。主人，指人的元神而言。身体譬如一所房屋，元神譬如这房屋的主人。倘若时时刻刻让他在外面游荡，不肯回到腔子里，就像一所好房子，无人居住，无人打扫，无人修理，渐渐的这个房子就要变坏了。

劝得主人长久住，置在虚闲无用处。

我们应该用种种方法，把房屋的主人劝回来，长久住在家中，不要野心勃勃，常想跑到外面去。并且要把他放在空虚闲静的地方，使他心无所用，然后他的旧习惯始能慢慢改变。

无中妙有执持难，解养婴儿须借母。

我们的元神，当其寂然不动的时候，不可以说他是有，当其感而遂通的时候，又不可以说他是无，只好说是无中妙有。凡世间道理，不可拿言语形容，不可用心思推测的，都叫作妙。妙有也是这种道理。既不偏于无，亦不偏于有，因此就难于执持。所谓难于执持，就是说把握不牢，捉摸不定。照这样看来，功夫究竟如何下手呢？但诸君要懂得，世上①养育婴儿，全靠母亲力量。我们元神譬喻婴儿，试问元

① “世上”，《道教与养生》本作“世人”。

神之母是什么？老子《道德经》第一章云："无名天地之始，有名万物之母。"第二十章云："我独异于人，而贵求食于母。"第二十五章云："有物混成，先天地生，寂兮寥兮，独立而不改，周行而不殆，可以为天下母。吾不知其名。字之曰道。"因此我们可以断定母就是道。若要养育元神，必须凭借道力。

道是什么？道就是阴阳，阴阳就是性命，性命就是神气。初下手功夫，就是以神驭气，以气养神。神气合一，就是修道。

缄藏俊辩黜聪明，收卷精神作愚鲁。

精神发于耳目，叫作聪明，发于言论文章，叫作俊辩。缄，是封闭。藏，收藏。黜，是废弃。收卷，等于收捲。这两句大意，是劝人把自己精神收藏在身体里面，不要发泄在身体外面，要学老子《道德经》上所说"大辩若讷，大巧若拙"的样子，是为修道初步下手的办法。

坚心一志任前程，大道于人终不负。

心要坚定，志要专一，任我们向前途走去，终可以达到目的，那时才晓得大道不负于人。所怕的就是人们自己不肯走这条大道，偏喜欢走邪路旁门，非但今生落一场空，并且来生尚要招得种种恶报，何苦乃尔！

(原跋略)

附录：《灵源大道歌》之按语[①]

撄宁按：《灵源大道歌》[②] 在各家道书中，常题[③]名为《至真歌》，谓是刘海蟾真人所作。与此篇对勘，仅题目及作者姓字[④]不同而已，本文未见有何[⑤]特异处。《至真》、《灵源》，刘作、曹作，纷纭[⑥]聚讼，迄无解决之方。

---

① 此"按语"原载《扬善》第4卷第5期（总第77期，1936年9月1日），署名"撄宁"。

② "《灵源大道歌》"，《合集》本作"此篇"。

③ "题"字，原脱，据《合集》本校补。

④ "字"，《合集》本作"名"。

⑤ "何"，《合集》本作"一句一字"。

⑥ "纷纭"，《合集》本作"纷纷"。

余观此篇体制[①]，殊不类刘真人手笔。然欲判归曹[②]仙姑名下，又苦于搜不出证据。虽光绪年间，体山真人汪东亭曾有论断，理由亦不充足[③]。余后偶阅《古今图书集成·神异典》，见其中引《罗浮山志》[④] 一段云云，方知《大道歌》确属曹作。

曹为宋徽宗时人，其名不传，文逸二字乃其封号。曹在当时并有《赠罗浮道士邹葆光》七言长歌一首传世，格局气味，与《灵源大道歌》极相似。于是数百年疑案遂以大白。

陈撄宁先生答某君问道函[⑤]
(1939 年)

□□先生道鉴：

敬复者日前由张竹铭君转来惠书，辱承错爱，推奖逾恒，实深惭愧。

敝处少数同志，组织一仙学院，宁被迫在此，暂维现状。因笔墨工作太忙，故空闲时间极少，俟至阴历明春，或许有休息之机会。目下对于来函所询各节，不能详细解释，仅能作简单之答覆如后：

（一）先生志大才高，见地透彻，又能实行用功修炼，乃今日道门中不可多得之人材，将来成就，定必远大，可为预贺。

（二）三年闭关期内，虽自称无甚进步，以愚见论之，效验亦颇有可观。明春出关以后，只须常常用文火温养，自然身中会见无穷之变

---

① “体制”，《合集》本作“文气”。

② “曹”字，原脱，据《合集》本校补。

③ “理由亦不充足”，《合集》本作“亦只据理而言，究无精确不移之凭据”。

④ “余后偶阅《古今图书集成·神异典》，见其中引《罗浮山志》”，《合集》本作“余后偶阅《古今图书集成》，见《神异典》中引《罗浮山志》”。

⑤ 原载《仙道》第 4 期（1939 年 4 月 1 日），仅有标题而未署名。

化。请勿务近功，勿求速效，须知此三年关中，乃下种入土之时，非开花结果之时。今者种子既已入土中矣，阳有日光，阴有雨露，月计不足，岁计有余，只须保护得宜，不遭斧斤之斫伐，何患无生长之望？此时只守其自然，顺其自然，斯可矣。

（三）精关非不可闭，然亦不必急急求闭。即以世俗而论，富厚之家重在保守，贫穷之人要能赚钱。徒知保守，而不善于赚钱，虽一钱不用，仍旧是个贫人，又何济于事？假使一人每月能有百元进益，纵每月用去十元廿元，尚有八九十元可以储蓄，固于大体无伤，年岁久远，亦可以变为富人；若每月有千元收入者，即使每月用去百元，不过损其十分之一。若每月没有收入者，则非用自己老本钱，就要担负债务，终必破产。所以理财家以开源为第一义，节流为第二义。能开源又能节流，更好；能开源不能节流，亦无妨；不能开源，仅能节流，虽可获益，颇嫌微末；既不能开源，又不能节流，只有坐以待毙耳。此中消息盈虚，大堪研究。《扬善半月刊》第九十四期第三页《清净独修诸家功法评论》，请注意。

（四）仆往日《覆杨扫尘君信》、《解庄子口诀》，与尊函所说者，无二无别。今日若向君饶舌，不免河边卖水之讥。谨借用六祖《坛经》上答永嘉玄觉禅师语："如是如是。"再借用六祖答南岳怀让禅师语："汝既如是，吾亦如是。"

（五）玄关一窍，诚如尊论，较普通修炼家执著上中下三丹田固定之处为玄关者，高过百倍。若非有夙根者，不能悟到此境，可谓再来人也。

（六）《〈灵源大道歌〉白话注解》，志在普度，不久即当出版，由丹道刻经会发行。若有人附印，每部大约在二三角之间。听张竹铭君言，各处附印之数，已一二千部。此书对于先生自己虽无甚需要，若以之教初学，比较他种道书，似乎易于入门。尊处若有人附印者，请与张君接洽。

（七）《乐育堂语录》、《道德经讲义》二书，乃当年黄元吉前辈之门弟子所记录，文字冗繁重复，在所不免。昔日愚见与尊见相同，颇欲加一番整理功夫，使其醒豁动人。但道门中之卓识者，多不赞成此举，谓为泄漏天机，于道有损无益。仆认为彼等未尝无理由，故不敢轻率从事于此。今日请先生对该二书亦取慎重之态度。

（八）孔子曰：不得中行而与之，必也狂狷乎？孤峭亦似狂狷，在孔门原是美德，不能以坏论。老子所谓和光同尘之真人，若行之不得其道，将变为孟子所谓同流合污之乡原。其实同流合污与和光同尘二者，表面上颇难辨别，所异者在有道无道之分而已。若能以孤峭为骨格，以圆通为运用，则尽美尽善矣。

专此奉达，并候

清安！

答复如皋唐燕巢君[①]
（1939年）

由《仙道月报》社转到惠函，具悉一切。

《印光法师文抄》，乃专门提倡净土宗念佛生西之书，对于仙道毫无关系。

《中华道教会宣言》，原稿见于《扬善半月刊》第六十七期。阁下若有此刊物，不妨查阅之。

至于来函所询命功三日一做或五日一做，以及做而不坐等法，乃《仙道月报》上登载“性命问答”之语。此说既非拙作，自不能妄为解释，恐有越俎代庖之讥。愚观“性命问答”前几条，每条之后附编者按语一篇，理论亦甚圆融，然未必尽合原作者之本意。阁下若要知其究竟，必须通函与《仙道月报》社，托该社将尊函转交于严先生本人。倘能得原作者自己之解释，方可免阁下推测之误会。

仙学院讲义《〈灵源大道歌〉白话注解》，现已正式出版，公开问世。如得便，亦可向丹道刻经会邮购一部，作为研究。

---

① 原载《仙道》第5期（1939年5月1日），署名“撄宁”。

答覆福建福清县林道民君[①]（1939年）

由翼化堂转到夏历腊月十二日惠函，足见阁下好道之诚，至堪钦佩！承询仙学院章程，以及入道之手续，此时尚不能报名[②]。敝处少数同志，暂时于清静地点合租一屋，作为炼习静功并每星期讲道之用。彼等皆是已经学道多年，而非初入门者，且人数不多，故未有章程之规定。倘将来学道同志人数增加，或者需要章程以便利进行，俟临时再议可也。特覆。

答覆河北宁晋县王同春君[③]（1939年）

去岁阳历七月下旬，由翼化堂书局转来惠函，内云“慕道心切，寝食俱废，一日不明正道，一日心中难安”各等语，真可谓生有善根、笃志好学之人矣。所询各节：（一）出世法以何教为最准确；（二）道教名称及派别；（三）丹经以何种为最有益。此等问题，若详细讨论，虽数

---

① 原载《仙道》第5期（1939年5月1日），署名“撄宁”。

② “报名”，原作“报命”，误，校改。

③ 原载《仙道》第5期（1939年5月1日），署名“撄宁”。

万言亦不能尽，今姑作简单之说明如下：

（一）就主观而论，出世法当然以仙道为最准确。若就客观而论，各教有各教的好处，全在乎学人自己之信仰，他人不便代作主张。

（二）道教之派别，就出家人一方面说，有正一派与全真派。全真派中又分数十派，最通行者曰龙门派。就在家人一方面说，道门亦有数十种，名称各别，颇难一一叙明，惟视学者之因缘遇合而已。

（三）自古传世之丹经，有益于人者甚多。可惜贵县偏僻之区，未必能得见此种书籍，不无遗憾。然纵使得见几部，恐亦不能完全领会。因丹经本文及注解，都用隐语，而不肯显言之故耳。宋朝曹文逸真人所作《灵源大道歌》，不用隐语，朴实说理，而拙作《〈灵源大道歌〉白话注解》，更是和盘托出，一目了然。愚见以为，此书对于普通学道诸君最为有益。拙作此书，原为弘道起见，脱稿以后，即交丹道刻经会设法流通。幸诸位道友踊跃附印，方能出版。此书非营业性质，请勿误会。

陈撄宁先生致《仙道月报》社函[①]
（1939 年）

《仙道月报》社诸君慧鉴：

二月间，由贵社转到北京钱道极君寄与君等之函件，读毕曷胜叹息！盖东亚所以造成今日之局面者，非一朝一夕之故，其由来者渐矣。若欲挽救浩劫，先须观察人心，果多数人心厌乱，将来自有治平之望，少数人则无济于事也。余遵孔子之训：“不在其位，不谋其政。”惟知尽我本分之责任而已，既非漠然无动于衷，更非借口于时机未熟，而坐待幸运之降临。钱君种种猜想，都不合鄙意。

尝推究杀劫之起源，实由于人心之好斗，而人心所以好斗者，则由

---

① 原载《仙道》第 5 期（1939 年 5 月 1 日），题《陈撄宁先生致本社函》。

于戾气之所钟。宇宙间乖戾之气，深入人心，麻醉众生，如服狂药，狠①毒贪嗔，理智全失。此种现象，试问有何法使之复归于平静乎。老子《道德经》云："民不畏死，奈何以死惧之。"可见世俗所信赖"杀以止杀，武装和平"之手段，其收效亦微末矣。余认为欲弭杀劫，须正人心；欲正人心，须平戾气；欲平戾气，则孔门"致中和，天地位，万物育"之大经大法，不可不注意也。苟长此以往，无所补救，乖戾之气，日甚一日，整个世界且不免毁灭，局部战争之惨酷，又安足言哉。

"致中和"三字，在儒家虽有此名称，苦无入门之法，仅云："喜怒哀乐之未发，谓之中；发而皆中节，谓之和。"二语乃解释中和之字义，而非"致中和"之工夫。此等工夫，惟历代道家尚有传授，如《〈灵源大道歌〉白话注解》，即是"致中和"功夫真实下手处。凡注解未尽之意，他日得暇，当续有发明，以度有缘。修养之士，果能使一身气候中和，则一身无病；一方气候中和，则一方无灾；国家气候中和，则国家安乐；世界气候中和，则世界太平。是即区区救世度生之志愿也。若世人笑余所提倡之道法为迂且缓者，彼等自可别寻不迂不缓之法。世界如许大，众生如许多，本毋庸强人人同趋一路，惟在各尽其心而已。

请以此函公布于报端，既以答钱君属望之情，兼就正于有道。

《偕伍止渊李净尘一道友游天台桃源》诸诗附记②（1939年）

（原诗略）

① "狠"，原作"很"，误，校改。

② 原载《仙道》第5期（1939年5月1日），诸诗署名"黄山濑石生彭中明"，附记署名"撄宁子"。

以上四首诗，乃浙江省天台山桐柏宫道观内彭中明炼师由邮函寄至敝处者。正月初间，已经收到。今特从原函中摘出，重录一过，转寄贵报刊登。彭炼师乃安徽省人，有茅蓬在黄山，即古翠微宫旧址也。彭君喜吟咏，兼善绘事，名山访道，足迹半中国。往年有《七载云游记》一篇，登载《扬善半月刊》中，早为识者所称许。原住上海白云观，炼习静功。自沪战起后，遂遁迹浙省天台山，想功夫更进步矣。来函有云："前居上海，如堕入海中，今到天台，不啻超升天界。"诚属确论。虽黄山与天台自古皆称名胜，然以修道的眼光观之，天台实较黄山为优。余对于黄山天台山有深刻之认识，将来得闲，将细述之，今日尚无暇及此。

清明前三日撄宁子附记

《戊寅秋六一初度述怀并序》附白[①]
（1939年）

（原诗及自序略）

以上七言绝句五首，乃福州洪太庵君由菲律宾寄来者，余读之甚感兴趣，兹特抄投贵报，以供同志诸君欣赏。洪君年过花甲，人视其貌，皆以为四十许，盖其生平得力于长筋术及静坐之功，故其效如此。惜因商业关系，未能专心修炼，否则成绩必更有可观也。今将其六十一岁述怀诗五首，抄登报端，以饷同好，并征求名山洞府及安全城市修仙学道诸君之和韵，但作者年龄须在五十以上，若未满五十岁者，余不敢劝其从事于仙道。设因身体有病，自愿炼习粗浅之工夫，以求回复健康者，则又当别论。

己卯清明节撄宁子附白

---

① 原载《仙道》第5期（1939年5月1日），诗作署名"洪太庵"。

答覆天台赤城山张慧坤女士[①]
（1939 年）

前次由《仙道月报》社转来华翰，所言各节，不能谓其无理由。惜对于《扬善》刊全部未曾仔细研究，如果当日将该刊从第一期至第九十九期依次序先后逐渐看过一遍，阁下心中必能了然明白该刊编辑之宗旨，及其逐渐改变作风之过程，而无所疑虑矣。

凡《扬善半月刊》中一切仙佛论辩之文章，皆处于被动之地位，迫不得已而为之，否则谁肯无缘无故浪费笔墨？张化声居士乃儒释道三教之信徒，本非偏重于仙而轻视于佛者，故化声君所作之文章，都是注意于调和仙佛。无奈彼等有意制造清一色之教徒，不容化声君之调和，必欲将佛教之地位抬高于儒道两教之上。化声君迫不得已，起而抗之，遂至多生枝节，其实化声君本意原不欲如此。呜呼！是谁之过欤？

古今中外，无论何种学说，有赞成的，必定有反对的，有反对的，必定有调和的。譬如仙道学说，我本人及我同志诸君，是属于赞成派一方面者；彼毁谤仙道之流，其人甚多，皆属于反对派一方面者；又如化声、竺潜、遵先诸君，皆属于调和派一方面者。世间万事万理，都不免有这三派参预其间，谁也不能把谁消灭，只有自己方能消灭自己。假使受人毁谤而不与之辩论，即同自己消灭自己一样。我等本无意攻击他人，但亦不肯消灭自己，仙佛异同之辩论，遂由此而生。此乃自然之趋势，无足怪也。

古人所作道书，大半属于调和派的性质，所以书中每每杂用儒释二教之名词。儒教中人置之不问，盖早已默许矣。反对派因为要制造清一色的局面，以便抬高彼教之地位，故不欢迎这种调和派的著作，遂极力

---

① 原载《仙道》第 6 期（1939 年 6 月 1 日），署名“撄宁”。

排斥之。我等因为要保存仙学独立之资格，免其被反对派之轻视，故亦不愿杂用佛教之名词。所最感困难者，就是宋元明清四个朝代所流传的各种仙道书籍，都是调和派的手笔，三教名词随便引用，很少有清一色的著作，因此我所校订出版之道书，其中所引用佛教名词虽已屡经删改，尚未能完全去尽。倘若将其去尽，又恐怕失了原书的真相，只有等待将来我自作道书，则可以完全不用佛教名词矣。又，古道书如老子《道德经》、庄子《南华经》、《周易参同契》、《抱朴子内篇》、《黄庭》“内景”“外景”之类，书中皆无佛教名词，所以道书越古越好。惟古书文理太深，恐难了解耳。

《琴火重光》乃专门讲外丹之书，若非于外丹炉火一门得有真传实验者，决定看不懂。此书由丹道刻经会出版，我不过稍效微劳，代为校订而已。此书出版之后，刻经会办事人送我几部，作为酬劳，我早已将此书分给平日研究外丹诸君，此时手边没有此书，故不能赠与阁下，祈原谅是幸。依愚见而论，凡做内功的人，不必看外丹书，因为这种书另是一件事，对于吾人身体毫无关系，徒费脑力耳。

《仙道月报》编辑者另有其人，凡外来稿件登出与否，由该报编辑者自己酌定之。我非该社办事人，故不便干预其事，仅可代为转交而已。外埠来函寄与《月报》社者，由编辑人自己答覆，其原来函我亦不得而见之。若来函封面写明寄与我名下者，该社方将原函转送敝处。至于答覆之早迟，则无一定期限，因为敝处事情太忙，实在没有闲暇应付各种问题。又因为我非《仙道月报》编辑人，来函诸君亦不能强迫我必须答覆也。

凡敝处所答覆各处关于仙道来函，若已经在《月报》某期上发表者，届时当通知月报社发行部，将某期《月报》寄赠一份给来函之人。至于下期《月报》是否再接续寄赠，则不得而知。此指未曾订阅全年者而言。若已经订阅者，自然接续照寄。但值此非常时期，交通困难，邮件亦不能保其不失误，倘日期相隔太久，而订阅诸君仍未收到该报者，请用明信片通知月报社，当可补寄一份。切勿因订报赠报补报等事寄函与我，盖敝处距离《仙道月报》社有十里之遥，往返太不方便，反致多费转折，多延时日。

仙学院自二十七年阳历五月开办至今，已满一年，时时在飘摇不定之中，所以未曾正式订立章程，更没有道友住院。将来是否续办，亦无把握。外埠道友常有来函相问者，故于此作一总答。

《“三元一贯丹法”英文演讲录直译》按语[①]（1939年）

（前略）人元功成以后，即预备继续做一种困苦艰难之事业，如进行所谓地元丹法是。人元丹法工夫，亦分两派：一曰北派，方法极其简单；一曰南派，方法甚为复杂。北派工夫路径，是专赖学者自己独身修炼，约须三十年至五十年之久方可成功。（按：此亦视学者年龄之老少、身体之强弱，不能一概而论。）南派则须觅得知音伴侣之合作，仅费六年时间即可成功。（按：此指法、财、侣、地四项条件俱备，而本人又真能遵守奉行者而言，否则亦无成也。）及至能出阳神，则人元工夫已可谓圆满，然后由以下所说二法中任择一法，而更求进步：

…………

约在一百年前，有一修道者闵小艮先生，隐居金盖山，此山乃浙江省湖洲名胜之地。当时，有几位前辈老师到山拜访，彼等皆汉朝人，其朝代距当时已经八百年矣。（按：闵小艮先生，乃清朝人，生于乾隆二十三年戊寅，卒于道光十六年丙申，住世七十九年。道光十六年即是西历一千八百三十六年，今岁乃西历一千九百三十九年，闵先生卒年距今已一百零三年。但前汉尚在西历纪元以前，后汉末年亦在西历二百二十年左右，距闵先生卒年已相差一千六百余年。英文原稿所谓汉朝到闵先生时代约八百年，此数目字恐有错误，否则彼等当是宋朝人，而非汉朝人。）

白马李道长亦是来宾之一，闵先生偶致疑于肉身化气之事，李道长即傍闵而立，并与闵偕行于日光之下，使闵觅视李之身影，但闵实不能

---

① 此文乃陈撄宁翻译的某君《“三元一贯丹法”英文演讲录》稿件，以及该文中文版发表时陈氏所加“按语”，原连载于《仙道》第7期（1939年7月1日）至第8期（1939年8月1日）。

见李影，仅能见自己之影。李道长复令闵戴李所戴之帽，而李则换戴闵帽，于是闵先生只能看见自己之身影，而不见头上帽影；再顾视李道长方面，则仅有帽影而无身影。此事足以表示：凡成道之人，非但能将自己肉体化气，并且衣冠等物一概能使之化气。（按：此段故事，据《修真辩难前编参证》所载，似是沈太虚说自己当年遇李泥丸之事与闵先生听，而闵则转述太虚翁之言耳。）

……到此时期，地元工夫，可谓完毕。在修炼此种法门之历程中，学者须忍受极大之艰苦。即如守丹炉，看火候，昼夜不歇，且须立定某一地点，注视池中变化之景象。经过一年至两年之久，方能有所成就。（按：外丹炉火工夫，不是自己一个人所能动手，就因为有这许多困难。）

今者吾将论及天元矣。……所需水则取之于器皿，此器名曰“方诸”，即是凹形之大蚌壳。于中秋月夜，从前半夜九点钟露置于月光之下，至后半夜一点钟止。每一年中仅此一夜可用，且此夜必须晴朗，若遇阴暗天气，则方诸器内不能凝结成水也。（按：假使方诸器无机会得水时，尚有其他变通之法。）

天元所用之火，则取之于日光。以凸面透光水晶置于神室之上，每当晴天，从上午十一点到下午一点，由太阳中收聚热力。连续不断行之，历九年至十年而不休息，一种光华灿烂之朱粉遂无中生有于神室之内，此粉名曰“神丹”，乃天元之成绩也。此种神丹，是纯粹先天炁凝结成形者，无论何人，服此丹少许，立刻体质改变、肉身化气，如此则肉体与灵性和宇宙本体合而为一，学道者最高之造诣已达到矣。（撄宁按：谈及此种法门，世人不能相信者颇多，然彼等实亦别无他法以代替此法，仅知束手待毙而已。）

三段法程，俱已经过。此成道者应做各种慈善博爱之事，以救济贫苦之人类，并宜对于一切生物常存爱护之心。希望在离开物质世界、返本还源之前，行三千阴功、积八百德行，如疗病救灾等事，则其夙世一切因缘可了矣。（按：三千八百功德，古仙大概于出阳神以后行之，及至还虚合道之时，其功德早已圆满。）

…………

英文原稿作者某君，乃矿学专家，自幼即好道，数十年不倦，并为上海万国证道会中之会员。该会外国人甚多，素知某君学道有得，屡次请求其演讲中国道术之概要。某君固辞不获，遂作此篇。闻原稿已由上海证道会寄至欧美各地该分会，且拟登载某外国杂志。余不欲让外国人矜为独得之奇，而吾同族诸君尚梦梦然也，爰将英文演稿再译成华文，送登《仙道月报》，以饷海内好道之同志。

己卯天中节撄宁子识

覆闽省新泉邓雨苍先生书[①]
(1939 年)

敬覆者：

昨接端午前三日寄来惠书，并佳作多首，均已拜读一过。忆自沪乡揖别后，转瞬而时局万变，景物全非，有如隔世。不料今日彼此虽难得再图良晤，尚能借邮件以通消息，是犹不幸中之幸也。近闻台从习静山庵，幽居乐道，此固为吾辈本分上事，然在今日能实行达到此种志愿，已可称为大有幸福之人矣。新泉地点，僻处闽西，无关重要，当能长保安全。

细味大作五言律，及竹园先生五言律，闲情逸致，音调颇似唐贤。涵咏再三，令我神往。因思幼年所诵唐人山居诗一首，其词云："不求朝野知，卧见岁华移；采药归侵夜，听松饭过时。荷竿寻水钓，背局上岩棋；祭庙人来说，中原正乱离。"愚最喜此诗末二句，意谓若非庙中烧香人来说起，竟不知国内有战争之事。此种境界，真可称世外桃源矣。贵处山中亦有几分相似否？功课余暇，甚盼以情况见示，借涤尘怀。更欢迎如本报第七期《温州乐清县杨八洞略述》一类的记载，能详言之尤妙。盖法财侣地四字，在今日"地"最难得。上海目前米珠薪桂，人心恐慌，较各处山中其生活代价之高低，实有霄壤之别。虽则云壑烟岚，徒劳梦想，倘获畅读留仙招隐之文章，亦聊

① 原载《仙道》第 9 期（1939 年 9 月 1 日）。

以望梅而止渴也。

专此奉达，并候

道安！

陈撄宁顿首

致四川灌县青城山易道人书[①]
（1939 年）

心莹大炼师玄鉴：

丁丑阴历七月间曾收到航空信一封，系阁下并成都二仙庵退隐方丈王君、青城山天师洞监院彭君、内江县李君亲笔签名。辱承不弃，邀仆速往青城避乱，且蒙指示水陆程途，雅意隆情，久铭肺腑。惟以彼时扬子江已经封锁，交通既感困难，沿途复多危险，遂致未能赴约，抱歉良深！此后大局日益危迫，海上居民，直似釜底游鱼矣。

今岁春间适逢张梦禅君由沪返川，因托其带交阁下并诸师一函，略伸谢悃，不知已达左右否？今忽由《仙道月报》社转到大著《道教三字经》钞本一册（未见信函），拜读之下，具见宗派源流朗若列眉，在道门中尚属创作。愚意倘能再经阁下自己手笔，加以简明之注解，则尽美尽善矣。此书传世，将来必有他人代为作注，然终不及原作者自注之确切，高见以为何如？

今借本报邮递之便，附刊数语，以代芜笺，诸希慧察。并候王、李、彭各位大炼师道安！

陈撄宁顿首

① 原载《仙道》第 9 期（1939 年 9 月 1 日）。

答浙省天台山圆明宫虑静道人[①]
（1939年）

两次来函，均已收到。阁下慕道之忱，至堪钦佩！惟上海今非昔比，许多在上海避难之人，此刻又设法逃往内地各处去了，故劝阁下切勿急于到上海来。目前遍国中无一块安乐土，阁下今日尚能住于名山胜地，未受兵火之灾，幸福已不浅矣。

来函内所附河南省舞阳县明善局各种问题，可写信转请教原寄信人刘先生，当知其详。仆自愧无才，不敢回答。但依愚见而论，那些法门，恐非方外人所能做到，阁下宜从《天仙正理》、《金仙证论》等书入手，方不失全真派家风也。

蒙赠玉照，谢谢。

专此奉答，并颂

道安！

答北平某君来函[②]
（1939年）

（一）年老不足虑，惟身弱多病为可虑。身弱多病亦不足虑，惟徒

---

① 原载《仙道》第9期（1939年9月1日），署名“撄宁”。

② 原载《仙道》第10期（1939年10月1日）。

知其方法，而被环境所困，不能实行，为真可虑。或环境尚佳可以实行，而自己历年以来，在世俗所沾染各种习气，未能扫除净尽，致为工夫上之障碍，此则更可虑耳。

（二）论及修道经费，预备几何方能足用，亦甚难言。盖因各人各地生活程度有高低之不同，则费用自然有多寡之别，须要自己作一精密之预算。总而言之，凡有家累者，必须先筹划一笔安家费，另外自己个人衣食住三项，须可以维持而不患缺乏（并且要清闲无事），此乃最低之限度，省无可省者也。再能稍备云游访道用，及常年补药费则更好。若《道书十七种》之说，在今日非有三万元存款者不必问津，故我从来不主张此说。

（三）往年北平某君，虽从我学道，奈以时间短促，来去匆匆，未必能完全领会我意。又以许久没有通信，不知某君是否仍在北平？欲彼代传，恐难如愿。又，凡有一定职业之人，或劳心或劳力，虽可以维持生活，然不能维持身体。欲学长生，须要不劳心、不劳力、无嗜好。

（四）学长生术，贵在明白原理，口诀乃其次也。我教人初步工夫，口诀很简单，只有八个字："神气合一，动静自然。"果能做到如此地步，延①长寿命，定有把握。若要明白原理，则《〈大道歌〉白话注解》、《〈黄庭经〉讲义》不可不看。

（五）人的行踪，有时不能由自己做主。即如丁丑年冬季，我想到天台山去，走了四次，仍未能离开上海。因此戊寅年，遂有仙学院星期讲道之盛会，而《〈灵源大道歌〉白话注解》亦于彼时出版。这也是因缘有定，不由人意安排。上海租界势难久居（因为消费太巨），将来因缘在于何处，此刻亦未能逆料。惟以目前情形而论，来北京之动机，似尚未发现也。

专此奉复，顺颂

健安！

陈撄宁

---

① "延"，原作"廷"，误，校改。

答某君七问[①]
（1939 年）

第一问：静坐时杂念纷扰，难以制止。

答曰：凡静坐遇有杂念纷扰，最好是不去管他。只要身体稳坐不动，任他杂念急起急落、思前想后，等到坐过半个钟头或一个钟头以后，杂念自然就慢慢地平下去了。中间猛然一觉，杂念全消，这也是静坐时常有的现象，用不着勉强制止。

做工夫的时候，杂念纷扰，已经令人厌烦，再加之去杂念这个念头，又是一个杂念，譬如两个人在打架吵嘴，已经在那里难解难分，旁边又添上一个强迫劝和之人，三个人闹成一团，如何能弄得好？劝和原是美意，总要等他们两人火气渐平，用权巧方便之手段，一劝自然息争。若劳神费力，强迫劝和，手段未免太拙。

第二问：以前由尾闾上升之气，至泥丸下降，颇觉顺利。近来突有一股粗气，由尾闾上升，行走颇为滞涩，至夹脊上，辄动摇斜冲左右。

答曰：这种气如何发生，来函未曾言明。究竟是因为做工夫而发生呢，或是不做工夫自然发生？我不知其来源，故难以回答。

第三问：有时尾闾上升之气，至玉枕下，聚成疙瘩，少停再上，觉脊骨泥丸均疼，精神疲倦。

答曰：此种现象不好。

第四问：漏精不能断绝，每漏后一二日，脑及小腹气冷。

答曰：漏精乃普通人所不能免，若一月漏一次，或数月漏一次，于身体健康亦无妨害。若专门修炼家，自以不漏为贵。但要其人有

① 原载《仙道》第 10 期（1939 年 10 月 1 日），署名“撄宁”。

特别之环境，能做特别之工夫，方可使其永远不漏，普通人难以照办。

第五问：坐静念止后，丹田上呼之气，由左胁上冲，至喉下，转右胁下降。

答曰：此种升降之道路，在工夫上不关重要，能免除最好。

第六问：尾闾上升之气，过昆仑，觉有多数水珠，降至鼻梁中间即无。

答曰：工夫做得好时，泥丸之气化为甘露下降至口中，乃是常有之事。未闻有降至鼻梁中间之说。此种现象，是否合法，不敢断言。

第七问：由尾闾上升之气，至泥丸后，每觉泥丸疼痛。俟降至承浆，再下不知不觉，究竟如何走法？

答曰：泥丸疼痛，恐不相宜。若是自然上升者，不致于疼痛，或者由于勉强用力运气之故。人身神经总机关系于背脊骨，所以由后背上升之气，最容易使人发生特别之感觉，及至由前面下降时，则感觉已极微细。凡做工夫者，大概皆如此。

统观以上各节，似乎由于做工夫太执着不化，或者由于用力运气，遂致气行发生障碍。假使工夫做得合法，身体必定舒畅。若感觉身体上某一部有不适之状，如所谓泥丸疼痛者，可知工夫不甚得法。须抛弃一切有为法，而以无为法对治之，可望渐愈。

覆小吕宋洪太庵君[①]
(1939年)

（前略）以前我等所讨论者，皆在法字范围之内。虽然，徒法亦不能有成，观察目下情形，修道之福地最不易得。岷埠是否合宜，不得而

---

① 原载《仙道》第10期（1939年10月1日），署名“撄宁”。

知。惟国内受战事之影响，颇难寻一幽栖之处。君故里南安县山中，气候既寒燠调和，风景亦殊不恶。虽民国四、五年间，地方遭匪祸，然不过一时之害耳，未必年年闹匪。如果该地人民能安居乐业者，则亦可称为福地矣。闽省北部崇安县相近之武夷山，在仙家历史中素负盛名，其地距海口甚远，且非今日用兵必争之地，不知彼处现在情形如何，有足称世外桃源之资格否？

前几年我游遍苏浙皖三省名山胜境，想谋一修道根据地，为少数同道诸君解决法财侣地四要素中之“地”字问题，已有实现之可能。不料战事爆发，前功皆成画饼。最佳地点，在浙省富春江上游，自杭州西湖出发，不过一日路程。该处有严子陵钓台古迹，两面青山叠嶂，中间绿水漪涟，绵亘数十里不断，而且移步换形，处处引人入胜，民俗淳朴，物产丰饶，诚合隐者之居，亦初步工夫适宜之地。今则该处已划入防线，断绝交通矣。文章家常有两句陈语：“如入山阴道上，使人应接不暇。”考山阴即今浙江省绍兴县，其地山水秀丽，胜过西湖，游客真有目不暇给之慨。目下该地情状，迥非昔比，本地人苟延残喘，他乡人不敢问津矣。

君学道多年，且素有山水之癖，凡贵省各处名胜，想必周游殆遍。不知可有几处适合于隐居修道之条件否？

天台、雁荡，亦在浙省。若以苏浙皖三省山水比较而观，不能不推浙省为第一。皖省有名之黄山、九华山，皆不合于隐居之条件。苏省句容县之茅山，仅可视为道教香火之地而已。

“地”字而外，尚有家累亦须筹划一种办法。若家累无了期，则工夫难进步矣。自己个人修道经费，须另外提开，不可算在家庭生活费用之内。

山林隐逸之士，当以农业作根据，不当以商业作根据。因商业风险太大，脑筋常受刺激，修道人恐不相宜。

所谓农业者，不一定要种稻谷。凡杂粮、果树、茶叶、药材、森林、竹笋等类，皆农业也。听说中国今日出口土货，以桐油占第一位，即油桐树所产。

至于西人避暑式之山居，如江西省九江县之牯牛岭，浙江省武康县之莫干山，一切设备，皆极其舒适。该两处华人亦复不少，然彼等生活根据，皆不能离开都市，一旦都市有大变，彼等在山中将难以存身。此种办法，非吾辈所宜仿行者。（后略）

覆四川灌县青城山易道人书[①]
(1939 年)

心莹大炼师玄览：

前蒙寄赠《道教三字经》钞本一册，已于本报第九期上附函接谢。另有华翰一封，乃是夏历五月十六日所发，最近始收到。信封破烂不堪，白色信笺已变成红色，且有几处污损，惟字迹尚可辨认耳。此信在途中谅遭魔难，居然能寄到此间，诚属万幸。今者全国中已陷于水深火热矣，阁下此时犹能高隐洞天，从事名山不朽之著述，我辈望风景仰，顿觉有仙凡之隔云泥之叹也。

来函称呼，过于客气，愧不敢当。下次若蒙惠函，请以平等相待是荷。

手此布臆，并颂道安！

覆道友某君书[②]
(1939 年)

(前略) 人生所以要修道者，贵在能改命耳。若一切听之于命，则

① ② 原载《仙道》第 10 期（1939 年 10 月 1 日），署名“撄宁”。

道亦可以不必修矣。世上常有百岁不死之人，书中断无百岁不死之命，故修道者不言命也。

若欲明心见性，当由禅宗下手，法门最为简捷。密宗又是一件事，即如持咒结印观想等等，初做颇有兴味，日久不免使人厌倦，至其将来成就如何，程度恐未能超过喇嘛之上。

谈及邱长春真人之兴龙门派，固由于自己愿力宏深，但亦赖元朝皇帝作彼护法，始足以有为。今日纵有邱长春，奈无元太祖其人何？故来函所希望者，终不过空抱此希望而已。

敝友杭州马君有《洞霄宫》七律诗一首，登在《扬善》刊第七十八期第十页中，该诗对于长春之归附异族，似有微辞。虽然，元朝入关，崇奉道教，本非出于诚意，盖借长春真人之名，资为号召，以收拾一部分之人心耳。大局既定，遂遭摈弃。元世①祖至元十八年，听喇嘛僧之言，竟下令焚毁全国道书矣。古今中外野心政治家，利用各种宗教之手段，大都如此。

仆今日仅可称为学道之人，而非成道之人。自问资格，颇觉欠缺，曩者已屡将鄙志宣布于《扬善》刊中矣。至于拙注道书数种，及《扬善》刊上面问答辩论各篇，皆经诸位好道同志敦促而后作者。仆本意原欲遁迹山林，先了脱自己，然后再出而度世。今以机缘未到，只得暂时混俗同尘，素志固未尝稍变也。来书称谓，过示谦抑，读之令我愧汗不禁。

真正神仙学术，若要彻底研究，颇需岁月。及至一朝实行起来，复有种种障碍，未必皆能顺利。丹经道书，不可不读，亦不可尽信。各省传道诸师，门户甚多，各执一说，仆不愿与人争短较长，故每深自韬晦。《扬善》刊停版以后，方幸从此可以闭门寡过，不料海上同志诸君又有《仙道月报》之创作。仆既称近水楼台，当然未容藏拙，偶或送登几篇稿件，不过借此与海内外同玄互通声气，并为散处四方素未谋面诸道友作一中间介绍人而已，非以此自炫也。知关垂注，谨以附告。

① “世”，原作“始”，误，校改。

《拜读列位仙翁赐和佳章再叠前韵奉答》附注[①]
(1939年)

客秋述怀之作，方以献丑为恧，乃蒙撄师齿及，遂至引起列位仙翁赐和。凡所称许，实不敢当，然而抛砖引玉，荣幸多矣。用是不揣固陋，再抒鄙怀，既表谢忱，兼酬高谊，尚祈斧正，毋任钦迟。

己卯中秋节前太庵洪万馨草于菲律宾之吗里拉旅次

帽影鞭丝年复年，林泉何日许休肩。微吟敢自矜风雅，惭愧垂青到列仙。

撄宁子附注：帽影鞭丝，谓风尘奔走，不获安居之意。

八洞三山世外身，乘槎霄汉早知津。最怜小谪东方朔，游戏文章也出尘。

撄宁子附注：唐人诗云："三山银作地，八洞玉为天。"按：三山即蓬莱、方壶、瀛洲也，八洞有上八洞、下八洞之别，皆神仙洞府。世外身，指本报各期所登载和韵诸公而言。第二句"乘槎霄汉"，是比喻大还丹作用。张三丰真人《无根树道情》云："无根树，花正高，海浪滔天月弄潮；银河路，透九霄，槎景横空泊斗梢。摸着织女支机石，踏遍牛郎驾鹊桥；入仙曹，胆气豪，盗得瑶池王母桃。"读此即知乘槎霄汉喻意之所在。早知津者，言和韵诸公皆过来人，无须再问津矣。本诗第三句"东方朔"，乃洪君自况。东方朔以滑稽著名，善作游戏文章，而东方朔偷桃故事，亦与还丹作用有关。

爱河无处不风波，人欲横流奈彼何。但使滩头撑得住，慈航稳渡出娑婆。

---

① 原载《仙道》第11期（1939年11月1日），诗作署名"洪万馨"，附注署名"撄宁子"。

撄宁子附注：爱河，即在房帏之间，人欲往往胜过天理。彼者，彼家也。张三丰真人《登高台道情》第四段云："防只防身中无慧剑，怕只怕急水滩头挽不住船。"又《一枝花道情》第三首云："提起我无刃锋芒剑，怕则怕急水滩头难住船。"又《天仙引道情》第一段云："显神通向猛火里栽莲，施匠手在弱水上撑船。"洪君之言，盖有所本，非空谈也。此为修炼真实工夫，同道诸君，请于此三致意焉。

坎离颠倒地天翻，暂忍须臾莫畏艰。寄语留心葭管动，一阳来复霎时间。

撄宁子附注：《参同契》云："天地者乾坤之象也，坎离者乾坤二用。"此言天地乃乾坤之体，坎离乃乾坤之用。《悟真篇》云："日居离位翻为女，坎配蟾宫却是男；不会个中颠倒意，休将管见事高谈。"此即坎离颠倒之妙用。地天翻者，地上于天，泰卦是也。暂忍须臾者，以天理克制人欲也。芦中薄膜，名为葭莩。古以葭莩之灰置于律管以占气候，交冬至节，阴极阳生，则黄钟管中葭灰飞动。人身气候，亦同此理。有我家之冬至，有彼家之冬至，皆所谓"活子时"也。但其消息甚微，非粗心所能觉察。

十载搜求诀返童，天涯何幸接春风。自从一纸传心后，始见无为造化功。

撄宁子附注：往年洪君功夫偏重有为，于古今养生家言搜罗殆尽，努力奉行不懈。余劝其百尺竿头更进一步，故洪君近来每于无为法上着眼。有为无为，双轮互运，而丹道全矣。《悟真篇》云："有无从此交相入，未见如何想得成。"盖极言此道之玄妙也。当代知音，其共勉之哉。

《盖竹山宝光洞唱和诗》附注及按语[①]
（1939年）

（原诗及序文略）

---

① 原载《仙道》第11期（1939年11月1日），诗作署名"施君"、"逸叟"，附注署名"撄宁子"，按语署名"宁"。

撄宁子附注：江苏吴县虎邱山，有大石，面积甚广，可坐千人，世称千人石。梅福，汉朝人，为南昌尉，及王莽专政，遂弃官归隐，严子陵之妻即梅福之女也。处机邱，即邱长春真人，乃全真教龙门派之初祖，有小周天工夫口诀传世。

宁按：本篇投稿者陈诚凯君，曾有《和洪太庵君述怀诗》五首，见本报第九期第二版中。又查本报第七期周敏得君所作《温州乐清县杨八洞略述》一篇，记载颇详，读者可以参考。再按：《扬善半月刊》总号第六期第九四页《洞天福地考》云："第十九长耀宝光之天，在浙江台州府城南三十里盖竹山，山周八十里，群峰拱青揖翠，而石室天门香炉三峰最著。旧有八洞，今多湮塞，惟三洞可通，洞景奇胜，不可名状。"云云，大致不差。但台州疑是温州之误，当改正之。

参同契讲义①
（1939—1940年）

周易参同章第一

乾坤者，易之门户，众卦之父母，坎离匡廓，运毂正轴。

乾坤，两卦名。乾为天，坤为地；乾属阳，坤属阴。两卦乃是易道的门户。易，一日一月也。故云：日月交光谓之易。又云：阖户为坤，辟户为乾，能阖能辟，所以称门户。盖单扇者为户，双扇者为门。门字

① 《参同契讲义》是陈撄宁于1939—1940年间在上海仙学院讲解《周易参同契》的笔记，后来他曾于1953年进行过补订。2004年，胡海牙编著的《仙学必读》（香港：天地图书有限公司，2004年）曾首次将此稿在香港公开，题为《参同契讲义（未定稿）》。2006年，胡海牙总编的《中华仙学养生全书》则首次将此稿在中国内地刊布，题《参同契讲义》，署"陈撄宁讲解，胡海牙校订"；由该书《道术是非章第十五》的注解内容，可知其括弧内按语似为校订者胡海牙所加，今略去不录。以下文字，据《中华仙学养生全书》本排印。

即两个户字相合而成。户，为奇为阳，属乾家；门，为偶为阴，属坤家。

众卦，包括六十四卦，除去乾坤两卦为父母不算。父母者，乾生三男：震、坎、艮；坤生三女：巽、离、兑。于是阴阳相交，生子生孙，变成六十二卦，皆以乾坤为本，故曰众卦之父母。

坎离，亦是两卦名词，坎是水是月，离是火是日。坎离两卦，阳包阴，阴包阳，如匡廓然。盖水和月，均是外阴而内阳；火和日，均是外阳而内阴，如匡廓。匡廓者，匡与筐同，廓与郭同。坎，外阴而内藏阳；离，外阳而内藏阴。如筐中藏物，郭中藏城之义。又门框之框字，古时亦作匡，亦如城之有郭。故《契》云：坎离匡廓。

又如运动车毂者，必先置正毂中的车轴。车轮中心小圆孔，曰毂；横木作杆，两端穿入毂中者，曰轴。此处毂譬犹身，轴譬犹心，谓要运用人身之水火、阴阳、日月，必须安正人心，不得稍存邪念。

又仇注谓：毂轴二字与门户、橐籥例看，亦取牝牡之意。盖车上轴头正固，方能运毂，犹人身剑峰刚健，方能御鼎。轴指下峰昆仑，不指中心主宰，下文"处中制外"方言及正心。

牝牡四卦，以为橐籥，覆冒阴阳之道，犹工御者，准绳墨，执御辔，正规矩，随轨辙，处中以制外。

乾坤，鼎器也，在人即为人之身体也；坎离，药物也，在人则为神气也；橐籥，喻阴阳之门户。上阳子曰：橐象坤门，籥象乾户。

覆冒，即包括也。又云：盖于上面曰覆冒。《中庸》云：譬如天地之无不持载，无不覆帱。覆冒之义，与覆帱同。阴阳之道者，《易·系辞上》传曰：一阴一阳之谓道。程子曰：离了阴阳便无道。阴阳，气也。所以阴阳者，道也。气是形而下者，道是形而上者。

犹工御者，准绳墨，执御辔，又作：犹御者之执御辔，有准绳。御者，马口铁也；辔者，马缰也；准者，验平之器也；绳者，验直之器也；规者，为圆之器也；矩者，为方之器也；轨者，两车轮中间之距离也；辙者，两轮行地之迹也。

中者，即规中。规中不单指清净言，南派丹法在阴阳接触、小往大来时，亦须知雄守雌，存无守有，恍惚杳冥，念念规中，使真人潜深渊，自优游而舒适。

一牝一牡，一阴一阳，四个卦象，作彼此相通、往来不穷的橐籥，用以包括一切。凡合于阴阳之道者，犹之乎御马者执着御辔，有一定的准绳，正一定的规矩，随着所行的轨辙，处其中以制其外。这是譬喻修道的人，只要一心不乱，念念规中，结果自有神妙不测之变化，不必去注意工夫的效验，而效验自来。亦犹御马，不必去细看马的走法，只要执御辔、准绳，正着规矩，随着轨辙，则马之行也，自会达到目的地。《庄子》云：枢得其环中，以应无穷。亦是此意。

数在律历纪，月节有五六，经纬奉日使。

律者，十二律也。律有十二，黄帝时伶伦所造。截竹为筒，阴阳各六。筒有长短，则声音有清浊高下之分。阳律者六，即黄钟、太簇、姑洗、蕤宾、夷则、无射；阴律亦六，即大吕、夹钟、仲吕、林钟、南吕、应钟。

修丹之道，与天运循环、阴阳往复之例是相同的，所以他的气数在律正合十二管，在历正合十二月。而每月的节令以五日为一候，正是六候。六候之中，前三候为金，后三候为水，用以调合营卫补气补血，为之经。而一日之中，朝进阳火，暮退阴符，自屯蒙需讼以至既未，为之纬。如此逢月逢日，有经有纬，好象每日奉着值符使者的命令。

兼并为六十，刚柔有表里。朔旦屯直事，至暮蒙当受。昼夜各一卦，用之依次序。既未至昧爽，终则复更始。

六十者，谓行火候，除去鼎器药物四卦，故只算六十卦。

屯直事者，震下坎上䷂，为屯卦，震为长男，而能复坎中之阳，以行温养之功，施生育之德，故谓屯直事。

蒙当受者，艮上坎下䷃，为蒙卦，艮为少男，而能聚坎中之阳，以行温养之功，故谓蒙当受。

昧爽，一作晦爽，即次月之初也。

一月三十日，一日一夜共两卦，兼并共计六十卦。刚是阳，柔是阴；刚是金，柔是水；刚是铅，柔是汞；刚是气，柔是神；刚是命，柔是性；刚为表卫，柔为里卫，所以刚柔有表里。而自初一之旦辰始则进阳火，为屯卦直事，到暮晚时退阴符，则蒙卦当受。至明日（按语略）之旦辰，进阳火则需卦直事，暮晚退阴符则讼卦当受。如此依次挨排，计日用卦，朝师暮比，昼夜各用一卦，直到月晦日，则正值朝既济暮未济，以至次月之朔，再复朝屯暮蒙，所以说终则复更始。然这不过《易经》上的卦名如此，其实没有什么深意。所以张紫阳真人云："此中得意休求象，若究群爻漫役情。"又说："卦中设象本仪形，得象忘言意自明；后世迷途惟泥象，却行卦气望飞升。"

日辰为期度，动静有早晚。春夏据内体，从子到辰巳。秋冬当外用，自午讫戌亥。

辰，一作月；期度，即规则及法度也。春夏内体、秋冬外用者，朱夫子云“春夏为朝，秋冬为暮”，内体谓前卦，外用谓后卦。彭真一子云：阳火自子进符，至巳纯阳用事，乃内阴求外阳也；阴符自午退火，至亥纯阴用事，乃外阳附内阴也。由内至外谓之内体，由外至内谓之外用。

此是申言修炼的火候。一日、一辰、一月、一年，其阴阳、进退、消息、升降的道理，完全是相同的。一日一辰有四时可以用子、午、卯、酉等地支相计算，而一月一年亦有四时可以用子、午、卯、酉等地支相计算，所以可用日辰作为期度，而年月可以类推。动属阳，是早；静属阴，是晚。春夏则由内阴而求外阳，进阳火也，是以从子到辰巳，谓之据内体；秋冬则由外阳而附内阴，退阴符也，是以自午讫亥戌，谓之当外用。一年如此，一月如此，一日、一辰亦无不如此。

赏罚应春秋，昏明顺寒暑。爻辞有仁义，随时发喜怒。如是应四时，五行得其理。

赏应春，罚应秋，昏顺寒，明顺暑。细玩爻辞，有仁有义。爻有奇偶，奇爻为—，属阳，阳为仁；偶爻为--，属阴，阴为义。仁为赏，义为罚，工夫亦准此。随其时候发喜发怒，这都是合乎一阴一阳的性质。理，一作序。

陆注云：此乃总结，明丹道与天道、易道，无不相准，盖赏罚喜怒者，火候文武惨舒之用也。天道，春一嘘而万物以生，秋一吸而万物以肃。《易》书卦爻，喜而扶阳，怒而抑阴，莫非消息自然之理。丹法进火退符，一准是道。故昏则宜寒，为罚，为怒；明则宜暑，为赏，为喜。一日之中而四时之气俱备，皆要顺其自然，非有所矫柔造作于其间者。如是则身内之五行各得其序，而丹道可冀其成矣。

乾坤二用章第二

天地设位，而易行乎其中矣。天地者，乾坤之象也；设位者，列阴阳配合之位也。易谓坎离，坎离者，乾坤二用。二用无爻位，周流行六虚，往来既不定，上下亦无常。

上天下地，既定其阴阳之位，而日月即往复回环，运行乎其中。天地，即是乾鼎坤炉的大象。乾鼎为阳，坤炉为阴，故乾坤亦列有阴阳配合之位。日月为易，易为坎离者，盖坎离为人身之日月，而日月为天地之坎离。又日月为天地之易，坎离为人身之易；日月为天地之二用，坎离为人身之二用（按语略）。日月二用，在天地间，固无定位，而周流行乎六虚之间；坎离二用，在乾鼎坤炉之中，恍惚杳冥，亦无一定爻位，而周流乎人身之六虚，以补气补血。然坎离二气之运用，但觉融快乎身心，而其往来则不定，是以上下亦无常。此盖形容离家之汞与坎家之铅，一交之后，先天之炁即源源而入我身中，自有周流六虚、往来不定、上下无常之景象。

幽潜沦匿，变化于中。包裹万物，为道纪纲。以无制有，器用者空。故推消息，坎离没亡。

先天一炁，幽玄而深潜；杳冥恍惚，没藏而不得见。然及其时至机动，一阳爻生，则自然变化于中，生天生地，生人生物生仙，皆赖此一炁。故云包裹万物，而为道纪纲。

然此先天一炁，若有心求之，则必不能得，必须以无心求之，借象罔而得玄珠，非离朱吃诟之所能求也。故云以无制有，器用者空。盖谓器若实者，则不能得其用，惟中空者，乃能受物而得用。此无论清静、阴阳皆如此。

清净功夫，若不能虚极静笃，则一阳不生；阴阳功夫，若离器不空，则坎宫之气，安能默运过来？然空之与气本不相离。关尹子云：衣摇空得风，气嘘物得水。摇空得风，则鼓物可以生气；嘘物得水，则积炁可以化精。是气水炁精，盖本是一物之变化，可分可合者也。

消息者，诸家皆云进火为息、退符为消，一消一息，其阴阳升降进退之时，自有一种融和温薰之景象，不识不知，顺帝之则，尚安知有坎离二爻存乎其间哉！

又一说：息则朔旦至望，震兑乾为阳火；消则望后至晦，巽艮坤为阴符。一日两卦，始至屯蒙，终则既未，皆六十卦爻之妙用，并无坎离可见，是坎离没亡也。亦通。

中宫土德章第三

言不苟造，论不虚生。引验见效，校度神明。推类结字，原理为征。坎戊月精，离己日光。日月为易，刚柔相当。土旺四季，罗络始终。青赤白黑，各居一方。皆禀中宫，戊己之功。

魏公，真人也，真实而无妄，所以言语不肯苟造，议论不肯虚生，况且引验而能见效，测量合乎神明。又推类古圣作字之意，即原其理以为征。彼坎家之戊土，实含月之精；我离家之己土，实藏日之光。彼之坎月，我之离日，互为交易，方得铅汞之刚柔相当、阴阳之情性和合。然所以能如此者，必须用土。

观乎五行之土，分旺四季，而罗络乎终始，万物生成，皆不能外之，则知作丹之道，亦同此理。

丹家之土谓何？即真意也。彼之金水，我之木火，若无真意去融会贯通而混一之，则木魂之青、火神之赤、金魄之白、水精之黑各居一方，分离散失，永无成丹之望。若欲成丹，必须坎离两家都用中宫的真意，寂然不动，感而遂通，自然两而化者，变一而神，岂非坎戊离己二土妙用之功哉？《悟真篇》云：坎离若也无戊己，虽含四象不成丹；只缘彼此怀真土，遂使金丹有返还。

引验见效，谓引证事实和经验，以见其功效；推类结字，谓古人作字之意，合日月而为明，而成易，而成丹者，皆是。

日月神化章第四

易有象也，悬象著明莫大乎日月，穷神以知化，阳往则阴来，辐辏而轮转，出入更卷舒。

易，即日月。日月者，象也。悬象于太空，最为显著而明白者莫大乎日月。

穷者，推也。推日月交易生养万物之神，以知化理。亦即可推离己日光与坎戊月精彼此相射交易而生人生仙之神，以知化理。盖均不外阳往则阴来，此往则彼来，小往则大来，如辐之辏毂轮转不停之理耳。

出入更卷舒者，知几子所说“炼己纯熟，温养火符，出入有度，操纵由己”是也。然此，但就阴阳派而言，范围似乎狭小。存存子云：日月行于黄道之上，一出一入，迭为盈亏，互为卷舒，则其理包罗万象矣。

朔受震符章第五

易有三百八十四爻，据爻摘符，符谓六十四卦。铢有三百八十四，亦应卦爻之数。晦至朔旦，震来受符。当斯之时，天地媾其精，日月相掸持，雄阳播玄施，雌阴统黄化，浑沌相交接，权舆树根基，经营养鄞鄂，凝神以成躯。众夫蹈以出，蠕动莫不由。

易有三百八十四爻，谓易共六十四卦，每卦六爻共合三百八十四爻，正合药重一斤，三百八十四铢。知几子云：大药重一斤，计三百八十四铢。易有三百八十四爻，其数适相当也。

除去牝牡四卦四六二十四爻，则三百六十爻。据其爻象而摘采其符，则以一爻当一时，一日十二时，一月则三百六十时，则三百六十爻。尽矣！

符指六十四卦爻中之符。抱一子云：符即爻画也，非别有符也。据易言之，谓之卦；据丹言之，谓之符。故曰：符谓六十四卦也。惟存存子则云：一卦有六爻，一爻有三符。此则与抱说不同。

（按语略）

由三十日晦至初一日朔旦，乃阴极生阳之时，故震卦来受符。震卦，一阳生于二阴之下。故当此之时，正天地媾精、日月掸持之候。

雄阳之虎，播其玄施；雌阴之龙，统其黄化。混沌交接，权舆树根。经营以养其命蒂，凝神以成其圣躯。此论仙家作丹之道也。然而生人生物之道，亦由乎此，不过顺逆、动静之异耳。所以凡众之夫亦蹈此以出，而蠕动之物亦莫不由之。

天地媾精者，《易·系辞下》传曰：天地氤氲，万物化醇，男女媾精，万物化生。

（按语略）

日月掸持者，掸与探同。探者，自远处而取之也。日月二体在天空中相距甚远，而月能感受日之阳光而生明，又能遮蔽日体而为日蚀。并且，日光复能将月球之形体隐藏而不使人见。此即所谓日月相掸持也。

权舆者，万物始生之义。

玄施、黄化者，《易·坤卦》文言传曰：夫玄黄者，天地之杂也。天玄而地黄。

鄞鄂，此处谓边际也。

（按语略）

天心建始章第六

于是仲尼赞鸿蒙，乾坤德洞虚。稽古当元皇，关雎建始初。冠婚炁相纽，元年乃芽滋。

赞乾坤德洞虚，此《易》也，无极也；稽古元皇者，此《书》也，无极生太极也；《关雎》者，《诗》也，太极生阴阳也；冠婚者，《礼》也，阴阳相交也；芽滋者，《春秋》也，阴阳交而生万物也。

因此之故，孔夫子所以称赞乾坤，以形容鸿蒙之德，洞然而虚空；稽古则思元皇之至治，关雎①遂咏夫妇之始。初冠婚，后其炁自相纽结；元年届，则事物均得芽滋。

(按语略)

故易统天心，复卦建始初。长子继父体，因母立兆基。

易即日月，日月一交，天心即现，故易统天心。

复䷗，即月与日交，阴与阳交，晦复之朔，坤中之震，以六爻之剥极，则谓之复。此中有先天一炁，谓之天心，生人、生物、生仙，莫不由之。故云：复卦建始初。

长子继父体，即震卦代乾；因母立兆基，谓由坤得体。存存子云：以丹法言震为龙，龙即长子，即《悟真》所言家臣继者代也。长子代父之体，乘其活子时至，投入母怀（按语略），气精交感，先天真铅之兆基于此而立，即丹经所谓太阳移在月明中也。

圣人不虚生，上观显天符，天符有进退，诎信以应时。消息应钟律，升降据斗枢。

天符，即天机也。经云：观天之道，执天之行，尽矣。今夫天地之阴阳升降，日月之晦朔盈亏，岁序之寒暑往来，日辰之昏明早晚，莫非天符之显然者。陶云：月行于天，一夜一夜与日交合，谓之天符。

进退者，自朔至望进也，自望至晦退也。诎信，即屈伸也。

钟律者，十二律是以黄钟为首，故谓之钟律，亦即十二律是也。阴阳各六，六阳律为黄钟、太簇、姑洗、蕤宾、夷则、无射也，六阴律为林钟、南吕、应钟、大吕、夹钟、中吕也。

圣人不是虚生者，故上观显然之天符，则天符有进有退，自当顺其诎信，以应其时。而作丹之道，其火候消息当应阴阳钟律之数，其火候升降当据北斗之枢机。

(按语略)

而斗枢者，即北辰，亦即天心也。孔子云：为政以德，譬如北辰。

---

① “雎”字下，原有衍文“咏”，今删。

居其所，而众星拱之，盖谓其能端拱无为，无为而无不为也。今作丹之斗枢，盖谓人身之斗柄亦当端居不动，守雌不雄，专其气而致柔，则火候之升降自然合度矣。

附注：黄钟律吕，每月换一管，一岁换尽十二管；北斗枢机，每时移一位，一日移遍十二辰。

日月始终章第七

日含五行精，月受六律纪。五六三十度，度竟复更始。原始要终，存亡之绪。

日乃太阳元精，中含五彩五行之精，所化万物得之而成五色。以丹道言之，则火是也。

月乃太阴，其体白而无光，必借光于日，晦、朔、弦、望皆以去日之远近为标准。月晦之日，与日合璧，一年之中十二月，与日会者十二度。圣人以六律、六吕纪之。以丹道言，则药也。

日则含五行之精，月则受六律之纪。五行与六律相乘，正合三十度数，度竟则日月合璧，晦也；更始则合璧之后，月光复苏也。终而复始，始而复终，存而复亡，亡而复存，故原始要终为存亡之绪。

药生象月章第八

三日出为爽，震庚受西方。八日兑受丁，上弦平如绳。十五乾体就，盛满甲东方。蟾蜍与兔魄，日月气双明。蟾蜍视卦节，兔者吐生光。七八道已讫，屈折低下降。

盖月自三十日晦后，至初三日生明，新月阳光出而为爽，见于西方庚位，象一阳起于二阴之下，故云：震庚受西方。

西方者，庚金也。初八日象兑卦☱，由一阳进为二阳，兑卦纳丁为南方火位，正值上弦，月光其平如绳。

至十五则三阳盛满，乾体就矣。乾纳申，申属木，在五行之方位为东方。盖蟾蜍月精与兔魄月体，必待望日，日月之气双对而始明。故阴阳必须合而离坎必须交也。

至蟾蜍之所以生，惟视乎卦节下之阳渐长，则蟾蜍之精渐生，然后兔魄者吐之，以至光明。

（按语略）

仇注：此由前章朔旦震符释经文震出为征阳气造端一章之意。此一节言上半月之三候，乃昏见者。

阴符转统章第九

十六转受统，巽辛见平明。艮直于丙南，下弦二十三。坤乙三十日，东方丧其明。节尽相禅与，继体复生龙。

十六，则阳道屈折下降，转受阴符统制，一阴生于二阳之下，于象为巽，平明见于西方之辛位。

艮卦☶，则一阴进为二阴，二阳退为一阳，平明见于南方之丙位，正是下弦二十三之时。

坤乙三十日，则三阴俱全，三阳俱退，卦为纯阴，月为全晦，故于东方乙位丧其光明，盖日月合璧之时。

然合璧之后，卦节虽尽，而阴极阳生，相与禅代，复由晦至朔旦，震来受符矣。

震为长男，长男属木，为青龙，故云继体复生龙。

（按语略）

壬癸配甲乙，乾坤括始终。

此节陆注颇明，姑照原注录下：

月现之方，震下纳庚，巽下纳辛，兑下纳丁，艮下纳丙，乾下纳甲，坤下纳乙，卦节即周，而十干尚余壬癸，则以壬癸而配甲乙，复分纳于乾坤之下，是乾坤括纳甲乙终始也。夫乾纳甲，而复纳壬，则盛于甲者，未始不盛于壬；坤纳乙，而复纳癸，则丧于乙者，未始不丧于癸矣。然而不言离纳己、坎纳戊者，何也？土居中央，流行则无定位，故不言耳。

七八数十五，九六亦相当。四者合三十，易象索灭藏。

七八之数十五，九六之数亦是十五。四者为易中之四象，正合三十而成晦，日月合璧，易象索然而灭藏矣。

七八者，少阳数七，少阴数八；数，易之策数也。九六者，太阳数九，太阴数六。

又，易中通揲蓍策数，余三奇之数则为九，余三偶之数则为六，二偶一奇则为七，二奇一偶则为八。

或又云：七八九六，金木水火之成数也，故为四象，亦通。

象彼仲冬章第十

象彼仲冬节，草木皆摧伤。佐阳诘商旅，人君深自藏。象时顺节令，闭口不用谈。天道甚浩广，太玄无形容。虚寂不可睹，匡廓以消亡。谬误失事绪，言还自败伤。别叙斯四象，以晓后生盲。

象彼仲冬节，十一月中，阳气闭藏，草木皆已摧伤，于是养其微阳，同先王至日闭关之诘商旅。人君深自藏于内，犹真人之潜深渊。象其时以顺其节，闭其口而不用谈。盖天道甚为浩广，太玄眇无形容，虚寂者不可睹，匡廓是以消亡。此盖在故推消息、坎离、没亡之候。若或谬误失其事绪，多言还自败伤。故别序此老阴、老阳、少阴、少阳之四象，以晓后生之盲者。

佐阳，养阳也，佐有扶助之义，即扶助人身中阳①气而使其生长也。诘商旅者，谓先王以至日闭关，盘诘商旅，使不得行，以养微阳也。

推度符征章第十一

八卦布列曜，运移不失中。元精妙难睹，推度效符征。

八卦虽分布于列曜之方位，然其山泽通气、水火相射、地天交泰、雷风相搏之时，彼此运移，实不能失其中心之枢机。天地如此，人身何独不然，欲一身之精神魂魄、水火木金之周流旋运，安能不借夫中枢？中枢者，虚无之窍也，即玄关也。玄关若开，则元精可睹。惟玄关不易开，故元精妙难睹②，必须推之度之。如何推度？即专心致志、纯一不二、无欲观妙、谨候其时，久之，则妙难睹者自然忽而开关。玄窍之内，效验之符候，先天一炁之苗征，应而发生矣。至其景象，则阴阳与清净，皆属相同，惟一则在神气交媾之中，一则在龙虎相合之中。

居则观其象，准拟其形容。立表以为范，占候定吉凶。发号顺时令，弗失爻动时。

---

① “阳”，原作“阴”，误，校改。
② “睹”，原作“赌”，误，校改。

居者，静也。静则观八卦列曜（按语略）、玄精符征之象。准拟，仿佛其形容，盖人身本无所谓八卦列曜，惟以人合天，人在天中，则自其天象之八卦相应，而仿佛想象其形容。

立表为范者，因天时人事实有相通之处，故天之子时为正子时，人之子时为活子时，则在人身可觉，一日内，十二时，意所到，皆可为。正子时则有一定之时，如一日之子时为半夜，一月之子时为晦朔，一年之子时为冬至。此则须立表为范，惟古时只有日圭刻漏，至今日则可以钟表代之矣。

《参同发挥》云："大丹火候，不用时辰，何必立表占候？所以立表占候者，恐失天人合发之机也。"天人合发之机，即以活子时当正子时也。

占候者，占气候。吉凶者，和气为吉，戾气为凶；清气为吉，浊气为凶；纯粹先天为吉，夹杂后天为凶。即以立表为范，又复占定吉凶，如是则时弗可失也，故宜发号顺时令，弗失爻动时。发号，即发刚柔相交、阴阳互战之号。顺时令，即顺天人合发之时令，静极而动，一战而天下平。先哲云：君子有不战，战必胜矣。此言虽论军事，可喻丹道。

爻动时，即恍惚杳冥中，一阳爻动之时也。恍惚中有精，杳冥中有信，即静极而动，虚中之一觉也。《百字歌》云："此中真有信，信至君必惊。"

又陆西星云：象以凝形，则知药材之老嫩；表以测候，则知火候之消息。吉凶者，火候中之休咎也，如隆冬、大暑、盛夏、霰电之类。

上察河图文，下序地形流，中稽子人心，参合考三才。动则依卦爻，静则循彖辞。乾坤用施行，天下然后治。

河图文，或作天河文。心，或作情。

上察先天河图之卦文，下序大地形质之源流，中稽人心七情之变化。天地与人，谓之三才。故参考而合此三才，皆是动则依其卦变（按语略），而静则顺其彖辞。于是乎天则资始，地则资生（按语略），以行乾坤之二用。乾坤之二用既已施行，则致中和、位天地、育万物矣。故云：天下然后治。此论天地之象也。

今以人身论之，则阳性为乾，阴性为坤。阴中之阳为坎（按语略），阳中之阴为离（按语略），是乾坤之二用。此二用施行，则以致中致和，人身同天地一般而治矣。

御政之首章第十二

可不慎乎？御政之首，鼎新革故。管括微密，开舒布宝。要道魁柄，统化纲纽。爻象内动，吉凶外起。五纬错顺，应时感动。四七乖戾，誃①离仰俯。文昌统录，诘责台辅。百官有司，各典所部。

可不谨慎乎？御政的起初，应当有鼎新的气象，革去故旧陈腐的政治。而知几子以为，此喻修道者革去故鼎，而易发新鼎也。上阳子则以为，迁善改过谓之鼎新革故。存存子则曰：鼎新，一阳初动，药苗正新也；革故，阳火忽萌，改革重阴也。

管括微密，管，是管理；括，是约束；微，是隐微；密，是严密。或云指地宜谨严，或云指鼎防破真。或云管括微密者，耳目口三宝，固济勿发通，凝神以固气也。

开舒布宝者，是开诚布公之义。或云，即对鼎而言，须待以诚心，而施以恩惠。如是，则药真意投，可以有求必获。

要道者，阴阳交接之要道也。是全在乎魁柄，谓下昆仑也，以统制造化纲纽。旧解魁柄作辰极，但斗柄乃外指者。辰极乃居中者，有上下表里之辨。

纲纽，谓如网之有纲，衣之有纽，谓关键处也。

爻象内动，即活子时在内发动。惟是爻象内动，则吉凶即应之而外起。以清净而论，爻象内动，即自身中的先天一炁发动。当此之时，能至诚专密、精心不二、毫无妄念，则其自能转折上行，所谓山夹脊河车而直上昆仑，所谓气之轻清上浮者为天。又云：气之至而伸者为神，此则吉也。若当爻象内动，自己心中不清，夹涉后天，或生淫念，则其气变而为后天浊气，所谓气之重浊下凝者为地。又云：气之返而归者为鬼，此则凶也。盖当此子爻发动之时，一转念间，即为神鬼生死之关、吉凶变化之地也。若以阴阳而论，则于坎离交接之时，则此爻象动于鼎中，其适应到吾人之身，与清净法同一道理。

五纬错顺者，五行纬星不顺而逆行也；盖丹道用逆而不用顺，感动作用也。应时，临期也。

四七，二十八宿也。乖戾，东南西北易位也，陆云：子南午北，龙

① “誃”，原作“訑”，误，校改。

西虎东，一时璇玑，皆为逆转，故曰乖戾。

诊，改移也。诊离仰俯者，柔上而刚下，是皆丹法逆用也。谓改移其仰俯之姿势也。盖本则坎仰而离俯，今则离仰而坎俯，所谓地天泰也。

文昌，喻临炉之人。统录，谓总持大纲。台辅，谓道侣。诘责台辅，谓凡纠察之权，归责任于道侣。百官有司，指供应任使之人。各典所部，谓各司其执事也。

或君骄溢，亢满违道。或臣邪佞，行不顺轨。弦望盈缩，乖变凶咎。执法刺讥，诘过贻主。辰极处正，优游任下。明堂布政，国无害道。

君是乾，臣为坤。故或乾卦骄盈，亢满违道，而恣行野战；或坤卦邪佞不顺正轨，而搅动丹心。于是弦望盈缩，不能得其一定步骤，则乖变凶咎立见矣。

执法者，谏诤之官，此喻明理而能开道临炉之主者。及至君骄臣佞，以致乖变凶咎，为执法者，自不得不诘过于其主矣。盖明告其不合于道。

辰者，北辰也。极者，北辰中至中至小之一星，以比人静定之心也。吾人静定之心，处乎大中至正之地，而优游自适，则人身之气机流畅，关窍开通。任下者，不愿为上而为下。经云：夫江海能为百谷王者，以其善下。又云：大国以下小国，则取小国；小国以下大国，则取大国。又云：以贵下贱，大得民也。盖世间惟下者乃能虚，虚者乃能受。虚心下气，则先天自来，即知白守黑，则神明自来。此理推之，修身，齐家，治国，平天下，皆可相通，不仅指炼丹一端而言也。

明堂布政，国无害道者，即心正身修，家齐国治，而天下平矣。明堂，即天子所居之正殿。

内以养己章第十三

内以养己，安静虚无。原本隐明，内照形躯。闭塞其兑，筑固灵株。三光陆沉，温养子珠。视之不见，近而易求。黄中渐通理，润泽达肌肤。初正则终修，干立未可持。一者以掩蔽，世人莫知之。

兑者，凡有缺口之处均是，如耳、目、口、鼻等，因兑卦三口缺之故。

灵株者，陆云："灵株，即灵根。"引《黄庭经》：玉池清水灌灵根。

三光者，仇云："天有三光，日、月、众星；人有三光，两目一心。"或云即耳、目、口也。陆沉者，以土沉水，谓之陆沉。此喻人之性光下照气海。性光，真土所生；气海，人身真水之源。气海，即气穴，孤修双修均有之。孤修气海在自己脐下，双修气海在既济之中心，皆先天一炁发生之所。

温养，即用文火静养也。子珠，玄珠也，陆云：神为气子，得阳火以炼之，则子母相抱而成玄珠。

理，即气也。一，即先天一炁，隐藏而不见，盖即坎中之一阳爻也。

内以养自己之真性，则当安静而虚无，其原初的本来面目，隐藏其外耀之明，回其光以内照自己之形躯，是故闭塞其兑。筑固灵株，三光陆沉于气海，以温养其子珠。然此子珠视之虽不可见，实则近在身心，只要阴阳一交，极易寻求。于是吾身黄中之道，渐通其理，施化润泽而达于肌肤。盖其初能正其身心而合乎至道，则其终必能享受修龄；其干本能卓然树立，则其枝末亦必能自持而不倒也。此盖勖修道之人，宜慎其始而固其本也。然正者何？干者何？一即是也。惟此一者，掩蔽而不能明，故世人莫能知之。

知白守黑章第十四

上德无为，不以察求。下德为之，其用不休。上闭则称有，下闭则称无。无者以奉上，上有神德居。此两孔穴法，金气亦相须。

上德者，不识不知，混沌未破，毫无奢欲，纯乎先天也。先天者，无为，故不以察求。下德者，知识已开，纯乾已破，奢欲多端，落于后天。既入后天，则当用返还之道，渐渐补养，故云其用不休。

上闭者，坎也。称有者，坎中满也。下闭者，离也。称无者，离中虚也。以离中之虚无处下，恭敬以迎奉其上，因其上有神妙之德（按语略），居于坎中之故。

上则为坎，下则为离；上则为玄，下则为牝，乃是两个孔穴。夫此两孔之穴法，若一交合，则自有金气相须乎其中矣。两孔穴，即玄关一窍。《悟真》云："此窍非凡窍，乾坤共合成；名为神气穴，内有坎离精。"须，或作胥。此处两孔穴法，即男女雌雄生人生物之世间法也。

此处金气亦相须，即逆行造化，取水中金之法。亦不离乎男女，亦不外乎两孔穴也。

知白守黑，神明自来。白者金精，黑者水基。水者道枢，其数名一。阴阳之始，玄含黄芽。五金之主，北方河车。故铅外黑，内怀金华。被褐怀玉，外为狂夫。

倘能知其坎中之白，而守其坎体之黑，则上有之神明神德，自然而来矣。盖白者为金精，居于坎中；黑者为水基，即是坎体。陆云：奉坎者，但守其黑，盖晦尽之期，朔当自来，守之既久，自尔震来受符，而神明之德见矣。

夫水者，为道之枢机，其生数名一，为阴阳之原始；一者，天一生水也；水在色为玄，玄即黑也；玄含黄芽，是五金之主，乃北方之河车；黄为土色，黄芽者，土之所生，五行土能生金，则金即黄芽也；五金，金银铜铁锡也；北方，水之方也；河车，言能生阴生阳，可循环运转流通于一身者，阴真人云：北方正气为河车。

铅外黑者，即云坎水之体本黑也；内怀金华，言水中有金也；被褐者，外黑也；怀玉者，内白也。内怀玉而外被褐，故云外为狂夫。

又按：北方河车者，盖坎卦属水，位在北方。以外丹法象而言，黑铅属水，属坎卦；朱砂属火，属离卦。车能载物，又能转运。先天真一之炁隐藏于黑铅中，譬如车之载物。及至临炉烧炼，则此先天真一之炁流转运行于铅池之上下四方，有种种变化，如外丹书所言：红霞缥缈笼秋月，锦浪翻腾浴太阳。迨到退火寒炉，则此物复凝结成一饼块，如外丹书所言：面似绛桃酣降日，心同金橘裹金砂；中含真土精神足，内隐阳华气味佳。此即所谓河车是也。凡世间五金之类，以此河车炼养多日，皆能改变其本性，故此物名为五金之主。若以后升前降解释此处所谓河车，恐非魏公之本义也。

又：婴儿胞胎所以名为河车者，即取象于外丹之原理。盖谓其中包裹先天真一之炁，而变化成人形也。所以名为紫河车者，因胞衣多血，其色紫也。

金为水母，母隐子胎。水者金子，子藏母胞。真人至妙，若有若无。仿佛太渊，乍沉乍浮。进退分布，各守境隅。

五行之中，金本为水之母，而今则母反隐乎子胎之中，金在水内，是水生金矣。盖先天之五行本颠倒，丹道宜逆用也。后天则不然，五行顺行，金生水矣，故水为金子。子藏母胞，修道之人宜用先天，故采水金。金生水，水生金，本循环互拥者，譬之月晦者，水也，朔旦则水生金矣。望者，金也，既望，则金生水矣。水金金水，循环不息也。

真人者，即先天一炁，水中金也；至妙者，不可测也。真人至妙而不可测，故既恍惚若有，而又杳冥若无，仿佛如太渊之乍沉乍浮耳。此演临炉交接之景象也。太渊，大海也。

及其交接既已，则进退布分，各守境隅，不相涉矣。

采之类白，造之则朱。炼为表卫，白时真居。方圆径寸，混而相扶。先天地生，巍巍尊高。旁有垣阙，状似篷壶。环匝关闭，四通踟蹰。守御固密，阏绝奸邪。曲阁相连，以戒不虞。可以无思，难以愁劳。神气满室，莫之能留。守之者昌，失之者亡。动静休息，常与人俱。

采取鼎中的先天一炁，即是水中金也。金在五行之中其色主白，故云类白。及采得之后，入我身而为丹，丹之色则赫赤而朱矣。何故色朱？火色本赤也。盖以火温养，炼为表里之故。然外虽为朱，里则仍白。真居者，如真人之居于中也。中在何方？即方圆径一寸之地，今之所谓方寸也。径，即近也。方寸之间，混混沌沌似相扶持，而其实中藏之物，乃先天地生、巍巍尊高、无与伦比者也。《道德经》云："有物混成，先天地生，独立而不改，周行而不殆，可以为天下母。"此即先天地生、巍巍尊高之意。旁则似有垣阙，其状好似蓬壶，回环周匝，关闭四通，均须踟蹰。

垣，墙垣也；阙，宫阙也；蓬壶者，外丹地元术有蓬壶等物，此处亦可形容坤鼎四周景象；踟蹰，谓房室相连之状。或谓：阁旁小室，亦曰踟蹰。注家有以行走徘徊、不进不退为说者，于本文之义不合。

守御更当固密，尤宜阏绝奸邪。阏，遏也；奸邪，即不明道之门外汉也。曲阁相通，以戒不虞，或指一时恐有奸人入内，修丹者可以随时见机走避，以防万一也。盖谓虽以环匝关闭、四通踟蹰、守御固密、阏绝奸邪矣，犹恐万一有不测之事发生耳。谨之至，慎之至也！可以无思，难以愁劳，又指内养之事矣。然而神气满室，莫之能留者，盖不知守之者昌、失之者亡、动静休息、常与人俱之道理耳。

勤而行之，夙夜不休。伏食三载，轻举远游。跨火不焦，入水不濡。能存能亡，长乐无忧。道成德就，潜伏俟时。太乙乃召，移居中州。功满上升，膺箓受图。

辛勤而行之，昼夜不休，至诚无息也。此节指道成上升，功行圆满之时。本文颇显，不必细解。

伏食三载，即后代丹经所谓三年乳哺也。知几子谓：伏食者，乃伏先天真炁，非指天元神丹。太乙者，指天上至尊之神，即玉皇也。

道术是非章第十五

是非历藏法，内视有所思。履斗步罡宿，六甲次日辰。阴道厌九一，浊乱弄元胞。食气鸣肠胃，吐正吸外邪。昼夜不卧寐，晦朔未尝休。身体日疲倦，恍惚状若痴。百脉鼎沸驰，不得清澄居。累土立坛宇，朝暮敬祭祀。鬼物见形象，梦寐感慨之。心欢而意悦，自谓必延期。遽以夭①命死，腐露其形骸。举措辄有违，悖逆失枢机。诸术甚众多，千条有万余。前却违黄老，曲折戾九都。明者省厥旨，旷然知所由。

内视有所思者，此言存想。履斗步罡宿，六甲次日辰者，陆云此法无考。陶云：即选时日以行子午也。

阴道厌九一者，此言采战。九一，即九浅一深。陶云：分上、中、下三峰，采人精气，托号泥水金丹也。《玉房秘诀》云：凡施泻之后，当取女气以自补复；建九者，内息九也；厌一者，以左手杀阴下，还精复液也。施泻，即施泄；内息，即纳息；厌一，即压一；杀阴下，即用手指紧按阴穴，此穴在肛门之前、阴囊之后。

浊乱弄元胞者，即服紫河车也。食气鸣肠胃、吐正吸外邪者，此言吐纳。

昼夜不卧寐，晦朔未尝休；身体日疲倦，恍惚状若痴；百脉鼎沸驰，不得清澄居。此皆今之炼魔法。

累土立坛宇，朝暮敬祭祀；鬼物见形象，梦寐感慨之；心欢而意悦，自谓必延期；遽以夭命死，腐露其形骸。此皆汉武祷祀之法。

前却违黄老、曲折戾九都者，前却曲折，皆做功夫之姿势，违背黄帝、老子之道。《玉房秘诀》云：今陈八事，其法备悉，伸缩俯仰，前却屈折，帝审行之，慎莫违失。戾，亦违背之意。九都，诸家皆谓九幽、酆都。

道藏清字号《张真人金石灵砂论》中《黑铅篇》引《九都丹经》

① “夭”，原作“天”，误，校改。

云：修炼九光神丹，将铅抽作，千变万化，不失常性，惟铅与汞。据此可知，九都乃书名。戾九都，众谓获戾于九幽、酆都，其实非是，乃指古有《九都》仙经，谓曲折的姿势，不合古时《九都》仙经也。

（按语略）

二八弦气章第十六

偃月作鼎炉，白虎为熬枢。汞日为流珠，青龙与之俱。举东以合西，魂魄自相拘。上弦兑数八，下弦艮亦八。两弦合其精，乾坤体乃成。二八应一斤，易道正不倾。

偃月者，仰而倒曰偃。半弦之月，其形半偃，名曰偃月。此处以象坎卦也。前文有：坎戊月精。

鼎炉，一物也。或云二物，鼎指乾，炉指坤。鼎炉者，谓鼎下之炉也。

白虎，即炉中应时产生之先天炁也。熬者，以火烧物曰熬。枢，动机也，此即指炉中暖气发动之机。

流珠者，丹经中水银名汞，以象我家之真精。水银、真精皆流动，如珠走盘而不定，故曰流珠。

青龙者，五行汞为木，木属青龙，即我家之真火。其实青龙、流珠一物也。

东家者，青龙、汞、木，皆在东方，道书云：东方甲乙木。故我家为东家。西邻者，白虎、铅、金，皆在西方，道书云：西方庚辛金。故彼为西邻。

魂魄相拘者，《悟真》云：但将地魄擒朱汞，自有天魂制水金。即魂魄相拘意。

乾坤体，即圣胎。

上下弦者，此上下弦有两种解释：一专指坤炉之中前半月、后半月，前金、后水，进阳火、退阴符而言；一谓上弦兑是少女，下弦艮是少男，上弦、下弦乃指彼、我而言。

以偃月作为鼎炉，鼎炉之中有白虎，以为熬枢。离之汞日，名曰流珠。流珠之中，常有青龙与之相俱，故举我东家，以合彼西邻，则乾之天魂与坤之地魄自相拘恋。

夫以太阴月象论，自朔旦至初八，是乃上弦兑数之八日，自既望至二十三，是乃下弦艮数之八日，上下两弦，共合其精，乾坤之体，于是乃成。而上八下八，二八十六，正应一斤之数，则大易日月相交之道，合乎中正而不倾颓矣。

金火含受章第十七

金入于猛火，色不夺精光。自开辟以来，日月不亏明。金不失其重，日月形如常。金本从日生，朔旦受日符。金返归其母，月晦日相包。隐藏其匡廓，沉沦于洞虚。金复其故性，威光鼎乃熹。

朔旦，即初一也；日符，即太阳光；金返归其母，金即月魂月光，母即母家，指月体当晦之时，好象月中的金性已离月他往，所以光重现说返归其母；鼎，指坤鼎；熹，谓光明貌。

金放在猛火中锻炼，其精光之色，不为火所夺去，只有愈炼而愈精光。自从开辟到今，太阳太阴，仍是如此，不亏其本体之光明，所以金则不失其重量。日月之形，依旧如常。

夫月体为水，就是月魄；月光为金，就是月魂。然而月光月魂，却是得到太阳光的反射而生出，所以说金本从日生。朔旦受到日符，月中的金性，正如重返归到母家来了。当月晦之日，月中的光明被日体相包，隐藏在太阳的匡廓之中，沉沦于洞然虚空之际，日月合璧，所以一点也看不出来，然而并不是没有，乃是隐藏在里边而不现。若等到朔旦为复、三日生明之后，则月中之金光又复其故性矣。而于是威光之鼎，乃熹然而炽盛，可以供离家之采取矣。

或又云："金复其故性者，乃金来归性初，是取坎填离之意。威光鼎，指离非指坎也。"但与《参同契》本文似不甚相合，至道理亦可相通。

二土全功章第十八

子午数合三，戊己数居五。三五既和谐，八石正纲纪。土游于四季，守界定规矩。呼吸相含育，伫息为夫妇。黄土金之父，流珠水之子。水以土为鬼，土填水不起。朱雀为火精，执平调胜负。水盛火消灭，俱死归厚土。三性既会合，本性共宗祖。

子为坎水，其数一，即天一生水；午为离火，其数二，即地二生火。一加二合为三。戊为坎土，己为离土，数居五，即天五生土。合子午之三，与戊己之五，三五既得和谐，即水火土三者调和之意也。而三与五为八，正如外丹中八石之得正纲纪也。

八石，乃外丹炉火中所用者。有二说：即朱砂、雄黄、雌黄、硫黄、空青、云母、硝石、戎盐（按语略）为八石；另一说则将云母、硝石、戎盐改硼石、胆矾、信石，其余五种不变。

八石正纲纪者，等于下文"土游于四季，守界定规矩"之意。土既是喻言，则八石亦未尝不是喻言。盖中央之气，既已和谐，因此八方之气，亦各正其位矣。夫土为人身之真意，故在彼为戊，在我为己。四季在一年为春、夏、秋、冬，在五行为水、火、木、金，在人身为精、神、魂、魄也。

游于四季者，犹真意周流乎一身精神魂魄（按语略）之中，倘将真意收在戊己之中宫，守其界限，定其规矩。

守界定规矩，上阳子谓：东有氐土，能守青龙之界；西有胃土，能规白虎之威；南有柳土，能矩离火之户；北有女土，能定坎水之门。

呼吸顺自然之真息，绵绵若存，由粗入①细，驯至神依息而凝，息恋神而住。一收一放，呼吸调和，摄取外来真一之炁，入②吾戊己之宫，与我久积阴精，两相含育，而精神魂魄，亦归于中。呼吸渐次伫定，阴阳结合，成为夫妇矣。

然何以能如此哉？盖黄土为坎中之戊，戊土为先天乾金。先天乾金生于戊之中，故黄土为土之父（按语略）。流珠为离家木汞，木汞生于水，故为水之子；而土能克水，故水则以土为鬼。

克我者为鬼，《悟真》云："真土擒真铅，真铅制真汞；铅汞归真土，身心寂不动。"鬼，即归之意。木为水子，自亦从母而归土矣。水木俱于土，则土势太盛矣。土势太盛则水无所用，故土填水不能起。然五行阴阳，当以调和为贵，不可有太过不及。今土势太过矣，故须以朱雀之火精，执其平衡，以调其胜负。

（按语略）

夫朱雀火精，在人为心神，即以心君之神火，下照于水土泛滥之处（按语略）。于是乎火为水灭，水不泛滥，水火调和，阴阳既济，而俱归于中宫之厚土（按语略），则水、火、土之三性，俱归而合一。于是乎

---

①② "入"，原作"人"，误，校改。

知本来之原性，实共一宗祖也。

金丹妙用章第十九

巨胜尚延年，还丹可入口。金性不败朽，故为万物宝。术士服食之，寿命得长久。金砂八五内，雾散若风雨。熏蒸达四肢，颜色悦泽好。发白皆变黑，齿落生旧所。老翁复丁壮，耆妪成姹女。改形免世厄，号之曰真人。

此节言效验，本文已显，不必再解。惟“老翁复丁壮，耆妪成姹女”一节颇堪研究，今遂略作探讨。

老翁、耆妪者，古人七十岁曰老，六十岁曰耆；丁壮者，汉朝法制，男子满二十岁为丁；姹女即少女之意。

耆妪用何种方法可以变为少女，所有数十家《参同契》注解皆不言及于此。或谓是服食外丹所致，然《参同契》第二十章有云：欲作服食仙，宜以同类者。炉火烧炼之外丹，非人之同类，窃恐不合《参同契》本意。

除去炉火烧炼之外丹，则本章所谓“金砂入五内，熏蒸达四肢”者。金砂果为何物乎？据陆先生《测疏》本《内以养己第十三章》注解中有云：“果能收视返听，闭口勿谈，则心息相依，神炁相守，自然打成一片，而和顺积中，英华外鬯矣。故曰黄中渐通理，润泽达肌肤。不言老翁丁壮、耆妪成姹者何？非阳丹故也。”可知陆先生之意，认金砂为阳丹。

然则阳丹又是何物？陆先生又引上阳子之言曰：“一者，坎之中爻也。一之为妙，非师莫传。世人不知一者掩蔽之妙，执言内炼可以成道，而独修孤阴一物，至论药自外来，又认为房中采战之术，岂不误哉？”据此，可知陆先生所谓阳丹者，即坎卦之中爻。

夫坎卦之阳丹既已具足，果能保守此中爻之一而炼养之，留为自用，则可以成己。若以其有余者，转而布施与人，又可以利人，岂不两全其美乎？

若问坎卦中爻之一从何而来，则仍从乾卦而来。盖乾坤二卦，彼此以中爻互换之后，乾方变而为离，坤方变而为坎。乾不与坤交，虽破体之后，不能算是离卦，纵到衰老，只可算是残缺不完之乾卦而已。坤不与乾交，虽二七之期已过，不能算是坎卦，至老仍是坤卦。

同类相从章第二十

胡粉投火中，色坏还为铅。冰雪得温汤，解释成太玄。丹以砂为主，禀和于水银。变化由其真，终始自相因。欲作服食仙，宜以同类者。

胡粉，铅所造之粉也。若投入火中熔化，色虽变坏，还复凝结为铅。冰雪已成为质，若得温汤解释，仍然化为太玄。太玄者，水也。盖谓理有其本性，总可还元。

丹，或作金。夫金者，铅也，炁也，坎中之戊，阴中阳也；砂者，汞也，神也，离中之己，阳中阴也。铅之所以能来者，必须以汞迎之。铅外来是为客，汞在内是为主。铅以汞为主，即金以砂为主也。

禀，或作面。水银，则玉池金鼎也，彼此两家均有之，在彼家或称神水，有时则直称之为水银，如《悟真篇》谓："玉池先下水中银。"在我家有时亦或以汞名之，惟有真汞假汞之分。此所谓禀和于水银者，当是真汞。真汞神水，盖能调和阴阳者，故云：禀和于水银。

金砂之所以能变化者，由其有神水与真汞也。然此神水、真汞究是何物？则只能意会，难以言宣。盖称神称真，均是微妙而不可测者，是在学者于恍惚杳冥中去领悟之耳。若能悟得此真，则知始终，终始皆须相因此真而成变化，故知欲作服食之仙，宜以阴阳之同类为之。

植禾当以黍，覆鸡用其卵。以类辅自然，物成易陶冶。鱼目岂为珠，蓬蒿不成槚。类同者相从，事乖不成宝。是以燕雀不生凤，狐兔不乳马，水流不炎上，火动不润下。

此篇无甚深意，不必细解。

背道迷真章第二十一

世间多学士，高妙负良才。邂逅不遭遇，耗火亡资财。据按依文说，妄以意为之。端绪无因缘，度量失操持。捣治羌石胆，云母及礜磁。硫黄烧豫章，泥汞相炼飞。鼓铸五石铜，以之为辅枢。杂性不同类，安肯合体居。千举必万败，欲黠反成痴。侥幸讫不遇，圣人独知之。稚年至白首，中道生狐疑。背道守迷路，出正入邪蹊。管窥不广见，难以揆方来。

邂逅，即不期而遇，邂逅不遭遇者，即言未能不期而遇真师传授炼丹正法；耗火亡资财者，言白费炉火烧炼之资，而无所得；端绪无因缘者，言对于丹法之首尾始末，无因缘而知；度量失操持者，言度数之长短、剂量之轻重，亦没有把握。

羌石胆，即胆矾，此物产于西羌。礜磁者，礜，音遇，即砒石之类；磁，即磁石。豫章者，木名，用以烧火炼药，如用桑柴火之意。泥汞者，泥如六一泥之类，汞即朱砂中炼出之水银，泥汞即泥包水银也。五石铜，即以五色石和入铜内，铸各种器具，取其美观，汉时颇为风行。

欲黠反成痴，即弄巧反成拙之意；侥幸讫不遇，即妄想非分，终无所遇。

三圣前识章第二十二

若夫至圣，不过伏羲，始画八卦，效法天地。文王帝之宗，循而演爻辞。夫子庶圣雄，十翼以辅之。三君天所挺，叠兴更遇时。优劣有步骤，功德不相殊。制作有所踵，推度审分铢。有形易忖量，无兆难虑谋。作事令可法，为世定此书。素无前识资，因师觉悟之。皓若褰帷帐，瞋目登高台。火记不虚作，演易以明之。火记六百篇，所趣等不殊。文字郑重说，世人不熟思。寻度其源流，幽明本共居。窃为贤者谈，曷敢轻为书。若遂结舌喑，绝道获罪诛。写情著竹帛，又恐泄天符。犹豫增叹息，俯仰辄思虑。陶冶有法度，未忍悉陈敷。略述其纲纪，枝叶见扶疏。

庶圣雄者，在众圣中为最杰出者；天所挺者，即天之所特产也。

优劣有步骤、制作有所踵等六句，言作《参同契》之由来。

皓若褰帷帐者，皓然若褰开帷帐，忽觉一室生明。言因遇师觉悟之后，彻底明白矣。

瞋目登高台者，张开两目，登在高台上，则一览无余，远近皆见矣。

火记者，丹经也。六百篇者，谓古有《火记》六百篇。此喻言也，非实有此数。存存子说：《火记》演于易卦，六百篇，十个月之候，朝屯暮蒙，一月六十卦，十月六百卦，卦相同，较以六百，篇篇相似。

幽明本共居者，言显明之法，即有隐秘之玄机。

金火铢两章第二十三

以金为堤防，水入乃优游。金计有十五，水数亦如之。临炉定铢两，五分水有余。二者以为真，金重如本初。其三遂不入，火二与之俱。三物相含受，变化状若神。

以金为堤防者，金，即铅也；堤防，即筑土以制水也。铅能防汞，使汞不飞也。

水入①乃优游者，谓庚金所生之壬水也。此皆指彼鼎中之物。盖金者刚气，太刚必折，故须得柔和之水气相并入内，乃得优游而闲暇，从容而不迫。

金计十五者，悟元子谓："先天真金自一阳复，而渐至于纯全，圆陀陀，光灼灼，通幽达明，如十五之月，光辉盈轮，无处不照。"取数为十五，此金之本数也。有一分金，即生一分水；有十分金，即生十分水。如月十六，一阴潜生，至三十日，光辉尽消，复为黑体，取数亦为十五。故曰：水数亦如之。此言人身之中，阴阳必须平均也。

然临炉以定铢两，则金数虽是十五，水数则不得用十五，非但不得用十五，即五分之水，已为有余。何以故？盖金为先天之金，其初生一二分之水，有水之气而无水之形，谓之先天真一之壬水。因其接近乎先天之金，故此水至真，是曰：二者亦为真。惟真金能生真水，亦惟真水能生真金。真者不增不减、不败不坏，故金之重如本初。

虽然，假者亦真之所化，真者即假之还元。真金生水，在一二分之际，则有气无形，恍惚杳冥，此为壬水。若渐到三分，则气已化液，落于后天，即为癸水矣。癸水气浊，不可入也。故云：其三遂不入。

夫当壬水生到二分之际，既知其为真，则亟须以丙火二分与气相俱。然后金水与火，三物在鼎炉之间，互相含受，其变化之状自尔若神矣。丙火，即真汞也。与之俱者，即运汞迎铅，凝神入气穴之法也。

下有太阳气，伏蒸须臾间。先液而后凝，号曰黄舆焉。岁月将欲讫，毁性伤寿年。

上文三物既相含受，变化状已如神，然终须赖有太阳之气，伏蒸于下，方能须臾之间熏腾，由河车载而逼之上升。当其升之时也，先是液

① “入”，原作“人”，误，校改。

体，及其继也，降下而至丹田，乃凝而为丹，号之曰黄舆。所以名黄舆者，因其上升之时，兀兀腾腾，如车舆行于黄道之上也。陆云："此明以汞求铅之义。"

太阳气，离宫火也。须臾间，一时半刻也。作丹之法，乘其爻动之期，运一点真汞以迎之（按语略），则火蒸水沸，其金丹随水而上矣。尔其贯尾闾，上泥丸，下重楼，入紫庭，先则气化为液，而有醍醐甘露之名，后则液凝为丹，乃有黄舆之号。黄舆者，以其循河车而逆上，行于黄道之中，如车舆然，故以名之。到此则金公归舍，还丹始成。

岁月者，攒年成月，攒月成日，攒日成时。而一时之中，分为三符，求铅之候只用一符。所以如此之速者，知止足也。故攒簇之岁月欲讫之时，不能持盈守满。忽尔姹女逃亡，是谓毁性。金汞归性，性即毁矣。

金液何附？所谓藏锋之火，祸发必克，年寿之伤，无足异者。

形体为灰土，状若明窗尘。捣合并治之，驰入赤色门。固塞其际会，务令致完坚。炎火张于下，昼夜声正勤。始文使可修，终竟武乃陈。候视加谨慎，审察调寒温。周旋十二节，节尽更须亲。气索命将绝，休死亡魂魄。色转更为紫，赫然成还丹。粉提以一丸，刀圭最为神。

灰土，外丹中名目；尘，因日光而显。

形体乃渣浊的东西，是后天，终须为灰、为土。惟其状若明窗之尘，光明而有耀，为先天之炁也。此炁能生金生水、伏铅伏汞，若捣合而并治之，即驰入赤色之门。

捣合，即阴阳交合也；赤色门，即种入乾家交感宫之意，因乾为火赤故也。又曰赤色门，离宫也，亦通。

驰入之后，即当固塞其交际会合之窍，务令它完固坚凝。然欲如此，必须使炎火伏蒸于下，亦即神光下照之意。

炎火者，或云离宫火，即太阳气伏蒸之意。如此，方能使气水上腾。朝暮如此，则昼夜有河车转运之声，似极辛勤。盖始则用文以修之，恍惚杳冥，混混沌沌也；终则以武而锻炼，载金上升，驱逐阴邪也。

文武者，文武火也。陆云："文火为先天，武火即固际、守御等火。"如此一文一武，即所谓一爻刚兮一爻柔也。

候视加谨慎者，防临炉时走丹也。即依时加减定浮沉，进火须防危甚之意。审察调寒温者，即审察自己之精神气血，有否太过不及之处。若觉其人体肥多湿、阴盛阳衰者，当以武火锻炼，即专气存神，使浊阴气化为清阳也；若或体瘦多火、阳亢阴虚者，当以文火温养为重。如何温养？即致柔守静，使亢阳化为和阴也。

阴化为阳，为调其寒；阳化为阴，为调其温。此之谓调寒温。又养丹之时，须要念不可起，念起则火燥；意不可散，意散则火寒。此亦是调寒温。又性功主养，属阴，而阴性寒；命功主炼，属阳，而阳性温。性命双修，阴阳互济，是亦是调寒温之例。

十二节者，即卦节也。由复而剥，由剥而复，阴极则阳，阳极则阴，六阴六阳，循环周流，终而复始，故曰节尽更须亲。

此循环之道无端，丹道、人道、天道、地道、一年、一月、一日、一时均不能外，此卦节之周旋也。是以神气索然，命似将绝，休息而死，亡其魂魄矣。

索，尽也；休死，当作体死。

不料绝后重苏，大死再活，且道貌盎然，色更转而为紫，赫然成为还丹矣。

紫者，戊土为灰色，己土为紫色。紫为木火，合色青与赤也。有道之人必有紫色，故道祖过函谷，文始真人望见有紫气东来矣。

提者，以甲撮物曰提也；刀圭者，十分之一方寸匕也。粉提刀圭者，小而少也。言还丹虽是至微至小，而其用至神，故曰最为神。

水火情性章第二十四

推演五行数，较约而不繁。举水以激火，奄然灭光明。日月相薄蚀，常在晦朔间。水盛坎侵阳，火衰离尽昏，阴阳相饮食，交感道自然。名者以定情，字者缘性言。金来归性初，乃得称还丹。

因炼丹与五行甚有关系，故须推演五行之数理，即推演五行生成之数。然其数理亦极较约而并不繁，不过举彼铅水，以激我汞火，则能奄然消灭我汞火妄动之光明。

水者，铅水也，即彼之真水，当于杳冥中求之。火者，汞火也，即我之欲火。然光明的本性，并非永灭也，亦不过如日月之互相薄蚀，常在晦朔间合符之时，暂时淹灭耳。若到初三之后，则重复光明，金复其故性矣。

薄，迫近之义；蚀者，日蚀月蚀也（按语略）。是以水盛者，则坎宫之水必来侵阳；火衰，则离日之光必致昼昏。盖阴阳相射之道，如彼此互相饮食，其交感之道实自然而然也。

名字者，本为一人有名有字，名属于情，字属于性。寂然不动，曰性；感而遂通，曰情。名者定情，离欲求坎；字者缘性，坎愿嫁离。无名，天地之始；有名，万物之母。名者，以定彼情之动。字者，则缘我性而言。仇注：一说古人缔婚有纳彩问名，女子许嫁，则笄而加字。名者，以定情，男求婚于女也，此喻以性摄情；字者，以性言，女作配于男也，此喻情来合性。借婚姻之事，以喻阴阳交感之道，名字皆就女家言。以相对而论到，彼为金情，我为木性，彼之金情，来归我之木性。《西游演义》谓："金来归性还同类，木去求情亦等伦。"

性初者，谓我原初之木性，本与金合，及情窦既开之后，乾金方破而为离。今仍得彼之金情，来还我原初之木性，故为归性初。金木既合，返本还原，故称还丹。

古今道一章第二十五

吾不敢虚说，仿效古人文。古记题龙虎，黄帝美金华。淮南炼秋石，玉阳嘉黄芽。贤者能持行，不肖无与俱。古今道由一，对谈吐所谋。学者加勉力，留念深思惟。至要言甚露，昭昭不我欺。

古题龙虎记者，真一子彭晓《周易参同契通真义·序》中言魏伯阳真人得古文《龙虎经》，尽获妙旨，乃约《周易》撰《参同契》三篇。愚按：今世所传《龙虎上经》题轩辕黄帝著，其作用是讲神丹，其文义颇有几分类似《参同契》，是否魏真人当日见之《龙虎经》虽未敢断定，若竟谓《龙虎经》是后人伪作，亦无确据，存而不论可也。

金华者，兑也；秋石者，艮也；黄芽者，水火二者相合而生成者也。淮南王，汉刘安，厉王之子，封于淮南，因号淮南王。性好道，感八公授道。王弃位，随八公往寿州修炼，丹成而去，今八公山现在。玉阳，或作王阳，汉时有益州刺史，常好道，以作金救人，故阳贵此，立号黄芽，但此均外丹名也。

乾坤精气章第二十六

乾刚坤柔，配合相包。阳禀阴受，雄雌相须。偕以造化，精气乃舒。

此章即乾坤为鼎器，坎离为药物之意。

乾是天，坤是地；乾是男，坤是女；乾是刚，坤是柔；乾是阳，坤是阴。天地配合，即是男女配合；男女配合，即是刚柔配合；刚柔配合，即是阴阳配合。

相包者，天之形包乎地外，而天之气入乎地中。入乎地中是地包天，故曰相包。至世间男女之交合，其象亦仿佛如此。盖总不外乎阳则禀与（按语略），阴则接受（按语略），一雄一雌，彼此之相须耳。

相须，即相交往之意，上文有"此两孔穴法，金气亦相须"。然徒然相须不生作用，必须合以太空中先天一炁为造化之本，然后阳之精、阴之气，乃得舒畅而流行。

按：先天一炁为造化之本，不特逆则生仙之出世法须此物来，即顺则生人之世间法，亦须此物来。但此物不能目睹，非人力所能谋而致之，只在阴阳相交、一呼一吸，则此物自在不知不觉、有意无意中摄受得来，至为神妙不可测者。今科学家谓此物为原始之电子。而佛家论生人之道，则曰凭父精母血与前生之识神（按语略）三者交相和合而成。

又按：父精母血相合者，即雄雌相须也；与前生之识神者，即偕以造化也。

又李文烛注："雌雄相须，乃物性之自然，但坤中造化未到，虽合不成胎；必待先生造化将至，然后元精流布，因气抱神而胎始凝焉。"

又知几子注："癸水到后六十时辰，坎宫机动，即其造化也，布种结丹在此时，采药成丹亦在此时。"

又陆西星注曰："朱子谓：阴精阳气聚而成物。"盖精者，阳中之阴气者。阴中之阳精，先至而气后来，则阳包阴，而成女；气先倡而阴后随，则阴裹阳，而成男。

又《易》曰："精气为物，游魂为变，故知鬼神之状。"夫为物则鬼也，为变则神也。上阳子曰："为物者，顺行而生人生物也；为变者，逆用而成仙成佛也。"

坎离冠首，光耀垂敷。玄冥难测，不可画图。圣人揆度，参序立基。

坎为月，离为日，不曰离坎，而曰坎离者，日月交光，颠倒而为月日也。以天地为乾坤，则以日月为坎离；以男女为乾坤，则以精（按语略）气（按语略）为坎离。天地为体，若无日月，不生作用，必须借日月，冠首光耀，交垂而敷布，方能生人与生万物；男女为体，若无精气，亦不生作用，必须借气精冠首，雄雌相须，其理亦同日月之光耀交垂敷布。然后顺而行之，则为世间之生男育女；逆而用之，则为出世之作祖成仙。

然其生之原，却是空洞无凭，玄冥难测，不可以画图形容之。惟圣人能揆度其本元，知其配合交光之理，参其次序，知其往来消息之时，于是用之，而立为丹基。

立基者，一作元基，一作元模，今从朱本。

又知几子云："玄冥属坎宫水位，此指先天真一之炁。"李注："玄冥内藏，有气无质，恍惚杳冥，乌从摹写其形似哉？"

四者混沌，径入虚无。余六十卦，张布为舆。龙马就驾，明君御时。

四者，乾、坤、坎、离也。乾为男，坤为女，坎为阴中阳精，离为阳中阴精。混沌者，坎离交媾时之景象也。

乾坤本不能混沌，借坎离之交，于是乾坤亦随之而混沌。既混沌矣，自不知不觉，而径入乎虚无。夫丹道合乎易道，易道有六十四卦，丹道亦然。今除去乾、坤、坎、离四卦为体为用外，余之六十卦，则张布以为车舆。

舆，或云坤为大舆，或云以为周天火候。因舆之辐有三十，一月亦三十日，故曰为舆。

然后龙马则就而驾之，明君则以时御之。龙马皆乾家之物，盖龙为阳物，《周易》谓之能潜能现，能耀能飞，能进能退，能屈能伸。

又云乾为龙为马，明君则我之心神也。以我之心神，驾我之龙马，而御彼之坤舆，必须依时消息，随彼六十卦气次序自然之变化，不容预存成见于胸中也。

又，或作六十卦，用乾坤配合，等于龙马之御车舆，或云龙马负图而出，盖瑞物亦灵物也，明君则圣君也。修丹之道，既当如龙马之就驾，又当如明君之御时也。

和则随从，路平不邪。邪道险阻，倾危国家。

驾驭之法，当以和为贵。然则如之何为和？即以我之心神，调和我之龙马，然后就而驾彼之车舆。则彼之车舆，自然随我之龙马，而从我心之所欲。如行在大路上，平而不陂，坦荡舒适，我心神自然宽和畅快矣。

李文烛注："御鼎（按语略）以和为贵，和则上下之情得以相通，上随下之所好，下从上之所命，斯得心而应手矣。"知几子云："和有二义，一是情意协和，一是水火调和。"协情意，须养鼎有恩；调水火，须炼己纯熟。此平易中正之大道也，舍正道而涉旁门，佳兵轻敌，小人得之轻命矣。若行于邪道，而不以和平为贵，则险阻横生，必致倾危国家而丧失生命也。国家，即喻一身也。

入室休咎章第二十七

君子居其室，出言其善，则千里之外应之，谓万乘之主，处九重之室，发号施令，顺阴阳节，藏器待时，勿违卦日。

陶注："此《易传》释鹤鸣子和之词。"《易》曰："同声相应。"又曰："鹤鸣在阴，其子和之。"引之以明入室火候，亦有母气先倡，子气后和之意。《易》曰："君子居其室，出其言善，则千里之外应之，况其迩者乎！"谓感应之道，虽远能通，何况在近？

（按语略）

今炼丹之君子，在丹房中临炉，犹万乘之主处九重之室，其驱龙就虎，发运汞迎铅之号，施进退屈伸之令，宜如大帅用兵，必须老成持重，务要顺阴阳之卦节，沉机观变，不可孟浪轻举，致败乃公事也。所以藏器待时，能勿违值卦之日（按语略），是为至要。

万乘之主，至尊也；九重之室，至尊所居之处也。

器，济一、知几均谓即鼎器也。惟济一则言此器是先天鼎，知几则谓是后天炉药之鼎。故云：每鼎月凡六候，欲行火六十卦，恐轩辕九鼎（按语略）犹未为敷，况有潮汐同期者？朝暮两度，未必金水适均，则藏器非大有力者不能也。是云鼎器要多也。

屯以子申，蒙用寅戌。六十卦用，各自有日。聊陈两象，未能究悉。

接上言，弗违卦日，卦日又作卦月。但卦日一日两卦，一月六十卦。卦月，则一日一爻，一月五卦，一年六十卦。

总之，卦爻可以活用，由小至大，则一时可推一日，一日可推一月，一月可推一年。由大返小，则一年可推一月，一月可推一日，一日可推一时。由小至大，谓之推广；由大返小，谓之攒簇。盖时间问题，本来可以伸长，可以缩短，万劫即刹那，刹那即万劫。达者皆可随时运用，心领神会。

今若按卦而言，则屯☳☵乃坎震合卦，坎为水，震为雷，雷在水中，阳动于阴中也。屯以子申者，坎在子为水，水生于申，旺于子，阳气至子而升，阳用事也。蒙☵☶乃艮坎合卦，艮为山，坎为水，水在山下，阳气止于阴中也。蒙用寅戌者，艮在寅藏火。火生于寅，库于戌，阳气至戌而藏，阴用事也。屯主生阳，蒙主养阳，修丹之道，藏器于身，待时而用。

（按语略）

当进阳而阴中返阳以进火，当阳足而阳中运阴以退火。此阳中运阴，是休息之意。盖阳足者，阳盛极矣，盛极必衰，阴气自然来承，来承之时，刚返为柔，直返为曲，伸返为屈，不能再进火矣。自当休息致柔，以天一真水养之。如炼铁然，进阳火，譬如将铁放在火中猛锻，及锻得通红，则取出，向水中一浸，即是退火，亦叫阴符。如此一烧一浸，火水交炼，经过几次后，结果自能炼成纯钢，丹道亦是此意。如蒙阳止阴中也，即谓阳在阴中自然缩小也。

六十卦用，即屯、蒙、需、讼、师、比、小畜、履、泰、否、同人、大有、谦、豫、随、蛊、临、观、噬嗑、贲、剥、复、无妄、大畜、颐、大过、咸、恒、遁、大壮、晋、明夷、家人、睽、蹇、解、损、益、夬、姤、萃、升、困、井、革、鼎、震、艮、渐、归妹、丰、旅、巽、兑、涣、节、中孚、小过、既济、未济。以日算，则一日两卦，一月六十卦。以月算，则五日一卦，一月六卦，一年六十卦。照卦次序，依次挨排，故云各自有日。

聊呈两象、未能究悉者，盖谓这个卦气乃是自然经过的历程，只要顺时听天，依法行功，则身中的阴阳变化、营卫升降，自然会暗合六十个卦气。不必一定要去细细推求，徒费笔墨唇舌。倘若愿意去研究它，可去观《周易》六十卦的象爻可也，兹不赘述。

在义设刑，当仁施德。按历法令，至诚专密。谨候日辰，审察消息。

在义设刑，就是用武火封固之法，严密谨守，静养浩气，使刚大充塞乎天地，则邪魔鬼怪不敢相乘，杂念游思消除净尽。好象用一种严肃威猛的手段、大义凛然的设刑罚折摄群小（即六根六尘之类），使群小不敢弄权，一听主君（按语略）号令。

当仁施德，就是当鼎中阳气发生的时候，宜应时采取。采取之法，当优游闲暇，从容不迫，则鼎中仁德，自然柔软布施；坎宫铅气，不劳你去如何用心，它自会输送过来。这便是当施仁德，属外药，坎离两方面事。在义设刑，属内药，离卦一方面事。

按历法令，至诚专密，即顺阴阳之自然，不可妄用心机，只要至诚不息，专心严密，则丹道之运用，自合一年春夏秋冬四季之升降。

谨候日辰者，谨候坎宫爻动之日辰也；审察消息者，审察坎宫爻动之消息也。盖消者亏也，息者为盈也。

知几子注："六时退符，此在义也；六时进火，此当仁也。进火用阳金，以发生为德；退符用阴水，以收敛为刑。金水得宜，则顺而成吉；金水误用，则逆而成凶。故当按历法令，至诚专密，以候爻动之日辰，以察火符之消息。"

陶云："按历者，按历数以排火候；法令者，法时令以还抽添。"

纤芥不正，悔吝为贼。二至改度，乖错委曲。隆冬大暑，盛夏霰雪。二分纵横，不应刻漏。风雨不节，水旱相伐。蝗虫涌沸，山崩地裂。天见其怪，群异旁出。

纤芥，即一些；悔，不当也；吝，啬滞也；二至，冬至夏至也。

冬至一阳生，子时宜进阳；夏至一阴生，午时宜退阴。此言人身之冬夏二至，譬喻也。

改度，即应进火而反退符，应退符而反进火。

隆冬大暑者，以比适在阳足之时，正宜运用阴符，以退火性，然后可以保藏真精，坚固不泄。今乃不然，反恣情纵欲，以竭其精，使阳气亢甚，而外强中干。

盛夏霰雪者，以比阴寒适盛之时，正宜进以阳火，代其阴精。今乃反盖以阴寒，使浊邪更甚，如此则安能望育婴儿而结圣胎哉？

二分，春分秋分也，亦喻人身之中也。丹家火候，有一日之分至。萧廷芝曰：子时象冬至，阴极阳生；午时象夏至，阳极阴生；卯时象春分，阳中含阴；酉时象秋分，阴中含阳，人身之中各有分至。

纵，直也；纵横者，离坎也，一直一横也。

若有一些不正，即悔吝来为贼害。譬如二至，乖逆差错，而委曲不能顺阴阳之节，于是乎隆冬大暑，万物不得封固闭藏；盛夏霰雪，五谷不得开花结实。二分纵横，不顺自然之节度。故陆潜虚谓之君骄臣佞也。不应刻漏，不能静调呼吸，不肯轻运默举，驯致水溢火燥、多寡不匀，正如风雨之不节，而水旱之相伐。

李文烛云："金水错投，即二至改度；情性不合，即二分纵横。火盛则伤于旱，如蝗虫涌沸；水盛则伤于滥，如山崩地裂。水火不调，阴阳失应，则灾害交作，如日星雷雹之怪异。"如上种种，皆临炉时，不诚不敬之故也。

孝子用心，感动皇极。近出己口，远流殊域。或以招祸，或以致福。或兴太平，或造兵革。四者之来，由乎胸臆。

必当如孝子之用心，光明磊落，爱敬慈仁，至诚无间，纯一不二，自然能感动彼鼎中之皇极（按语略）。《易》不云乎"寂然不动，感而遂通"？是近出己口，尚能远流殊域，盖感应之道使然也。或以招祸，此心之存乎邪也；或以致福，此心之念乎正也；或兴太平，此心之存乎仁也；或造兵革，此心之念乎暴也。潜虚子曰：丧宝为祸，得宝为福；为而不为，曰兴太平；轻敌强战，曰造兵革。四者皆由于心之诚与不诚、正与不正而已。

动静有常，奉其绳墨。四时顺宜，与气相得。刚柔断矣，不相涉入。五行守界，不妄盈缩。易行周流，屈伸反复。

陆西星说："动静谓火候之早晚，绳墨为卦爻也，四时为寒、热、温、凉，气谓阴阳二气。早屯为动，暮蒙为静，卦中爻动，有一定之绳墨，如阳极必生阴，阴极必生阳，藏器于身，待时而动，盖丝毫不爽者也。"

知几子解此节则曰："鼎中气机，各有动静，丹家依其常度，当如匠者之奉绳墨，方静而翕也。先调鼎以养其气，及动而辟也，则按候以采其真。按候须乘四时，子寅在朝，宜进阳火，得其金气（按语略），以固内体；申戌在暮，宜退阴符，得其水气（按语略），以培外用。"此四时顺宜之法也。

刚柔断矣，指六候火符，朝以刚为里（按语略），取诸震兑乾（按语略），用刚而不涉于柔；暮以柔为表（按语略），取诸巽艮坤（按语略），用柔而不涉于刚也。又须五行守界，使两相配当。金水戊土，为坎之界，守之于坎，不使此盈彼缩，而水至于干。此犯轻狂粗暴、阳亢烁阴之病也。木火己土，为离之界，守在于离，不使彼盈此缩，而火至于寒。此乃铅动而汞失应，离家不知按候探求以进阳火也。

易行周流者，即坎离交媾，象日月之运行周流也；屈伸者，阴阳消长之机；反复者，屯蒙颠倒之象。

晦朔合符章第二十八

晦朔之间，合符行中。混沌鸿蒙，牝牡相从。滋液润泽，玄化流通。天地神明，不可度量。利用安身，隐形而藏。

晦朔之间，即日月合璧，乃天地、阴阳两性交会之时。

夫阴阳两性之交会，在人身，则有神气合一；在卦象，则有水火既济；在时日，则亥子之半（按语略）；在气运，则曰贞元之会（按语略）。以性情而言，则曰动而未形，有无之间（按语略）。天地于此乎开辟，日月于此乎合璧，人身之阴阳于此乎交会，乃天、地、人之至妙。至妙者，神仙于此时盗其机而作丹，则内真外应，若合符节矣。

混沌鸿蒙者，陆氏云："鼎中氤氲之气也。其时天机已动，阴阳有相求之情，而雄阳播施，雌阴统化，滋液润泽，自相流通。即所谓混沌相交接，权舆树根基也。"知几子注谓："此论鼎上火符，先从晦朔序起者，合璧之后，方有震兑诸候也。"盖晦朔之间，日月并行于天中，是谓合符行中。合符，即合璧也。此时月为日掩，不露其光，自朔以后，方得生明。鼎中癸尽铅生而药苗新茁，候亦如之。

混沌鸿蒙，乃先天真一炁乘此牝牡交接，其气之滋液润泽（按语略）者，能施化于吾身，而遍体为之流通矣。

又云："混沌鸿蒙，应指首经元炁；下文始于东北方，指每月初铅。若以此一条就当六候之震庚，在下文为重复。且后天铅生，焉能混混蒙蒙，常如先天炁之淳厚哉？"

夫混沌鸿蒙之炁，乃人身活子时，难以窥测，虽天地鬼神，亦不能度量。故丹士只能静以密俟之。

度量，谓不能以智虑谋。天地鬼神犹不能以智谋，况于人乎？静即诚也，即寂然不动也。既不能以智谋，是只有以诚感。

安身者，安静虚无，炼己待时也；隐藏者，闭塞三宝，韬光养晦也。如是，则可以失至静之原而不失乎爻动之机。

又上阳子注："晦、朔、弦、望，一年十二度，天上太阴与太阳合璧，常在晦朔之间。人间少阴，即兑卦也，亦有十二度，以隐形而看经，故混沌鸿蒙之时，经罢而符至也。"

济一子注："隐形看经，这经是不可见之经，故曰隐形看之。此处十二度者，谓女子月事亦是一月一来，一年十二次也。"

按：晦朔之间，若专就先天鼎而论，则必坤之二七十四，两卦气已足，阴气已纯，乃谓之晦然。阴极必生阳，乃造化不易之序。故《内经》云："女子二七而天癸至。"癸至者，即朔也。晦朔之间者，谓二七之期已届，而天癸则在将萌未萌之际。于时乾卦乃与坤卦接触，迎神以入彼气穴，以合其符苗，而共行中央戊己之功，是谓晦朔之间合符行中。此即天人合发，可以采药归壶之时。邵子云："一阳初动处，万物未生时；此际宜得意，其间难下辞。"又曰："冬至子之半，天心无改移；一阳初动处，万物未生时。"

始于东北，箕斗之乡。旋而右转，呕轮吐萌，潜潭见象，发散精光，昴毕之上，震出为征，阳气造端，初九潜龙。

上文隐形而藏，虽指修丹，然以月为喻，谓晦朔之时，月形隐藏而不见。然阴极必阳，故晦后即朔，乃始于东北方箕斗之乡。

箕者，东方七宿之尾；斗者，北方七宿之首。

陆西星云："正谓亥子之交，其实按时纳宿，当在丑寅之界。"

知几子云："晦朔后，新月初出，东北正值箕斗之乡，但月升在日间，故不见其景色耳。旋而右转，向牛女虚危一带，呕其月轮，吐其萌蘖，如龙潜在深潭者，现出景象，发散其精光，移至西方酉中之界，昴毕之上。"

陆注：呕、轮、吐、萌四字要有分晓。呕者，尽出；吐者，微出；轮者，全月之水轮；萌者，轮下之微光，如草之萌孽然。

悟元子云："毕昴西南坤地，坤中孕震，现蛾眉之光，是谓震出为征。"知几子谓："至黄昏之候，则吐萌散光，移在潜潭西方昴毕之上矣。所谓初三月出庚也。"又云："见象于水轮中，微见金光也。"

震卦出而为征者，即前文所谓震庚受西方也。是乃阳气之初造其端，象易乾爻之初九潜龙也。

震☳者，一阳为震。陆注：卦象震雷出地，一阳起于重阴之下，爻应乾之初九，如龙之潜伏于渊下也。此时阳火起绪，药则可用，而火宜微调者也。

又按：药则可用，即当运汞迎铅；火宜微调，即是轻运默举，调其天然之神息也。

阳以三立，阴以八通。三日震动，八日兑行。九二见龙，和平有明。

初三日昏，月光出庚（按语略），故云阳以三立；初八丁（按语略)，故云阴以八通。陆注：三乃阳数，八乃阴数，至此则阳与阴相和通矣。

三日震动，即前云震庚受西方；八日兑行，即前云八日兑受丁。兑者，二阳为兑。盖震为一阳，兑则二阳矣。爻应乾之九二，龙德正中也。喻人身阳火用功之半，和平有明，言火力均调之意。陆云：身中药物均平，始当利见，采则已老，而火宜沐浴者也。按《易传》："见龙在田，天下文明。"

三五德就，乾体乃成。九三夕惕，亏折神符。

陆注：三五十五，即望也。德就，功德圆满也。月廓盛满，乃成乾体，此时阳升已极，屈折当降。象乾方阳火已足，采药已毕，则动而直者，自转为静而屈矣。乾爻则，当九三夕惕之爻。乾三者，三阳为乾。《易·乾》之九三曰："君子终日乾乾，夕惕若厉，无咎。"是宜持盈守满，不得怠纵。盖谓即宜虚心下气，速行致柔之道，急流勇退，切勿仍居鼎中，如驽马之恋栈而不休，则必致有铅飞汞走之危也。《悟真篇》云："依时采取定浮沉，进火须防危甚。"即勖人宜知持盈守满之道也。神符者，神火有符信之谓，其名见《铜符铁券》中，此处以喻坎鼎中之火符。

盛衰渐革，终还其初。巽继其统，固济操持。九四或跃，进退道危。

陆注：十六则盛极当衰，渐亏渐减，终当成晦，故曰还初。于时阳亏阴长，于象为巽卦继统。然而阳退一符，则阴进一符。当此进退改革之际，正应乾爻之九四，或跃在渊，可以进而不遽以进，是以固济操持，当使阴符包裹阳气。

固济，即封固也，外丹语。此则言以神合气，以气合神，神气相依，以坚固其窍道也。悟元子云：此谓修道者，刚气进添至极，须当以柔按之，固济操持，保养其刚。在乾卦为九四之或跃。或云者，疑之也，疑其进退，于道有危。谨慎之至也。

或问：火为神火，吾固知矣。阴符何物，亦可言乎？曰：凡人一身之中，皆后天阴气也。阳退一分，则阴自进一分，正如月廓之亏，阳自亏耳。白者岂别有物？即本体也。

(按语略)

但知几子之意则不然，谓阳火阴符，皆在坤鼎中求之，惟有前半月、后半月之分耳。按《易传》九四有："或跃在渊，乾道乃革。"又：

"上下无常，非为邪也。"谓上下易位，非为邪道。又："进退无恒，非离群也。"进退道危，谓在进退维谷、阴阳交界之间，最宜谨慎小心，不然其道甚危，难免亰走之虞。丹经常谓防危虑险者，于此际极宜注意。又巽者，一阴为巽。

艮主进止，不得逾时。二十三日，典守弦期。九五飞龙，天位加喜。

艮☶卦，为一阳止于二阴之上，阴符进而止其阳。盖阳精内隐而阴气外承，进火宜止，不得逾时过份。因是时正为二十三日，典守下弦之期，阴阳各半，金水又平。其在乾爻则当九五飞龙，位乎天位，以正中也。《易》曰："飞龙在天，乃位乎天德。"又云："同声相应，同气相求；水流湿，火就燥；云从龙，风从虎；圣人作而万物睹；本乎天者亲上，本乎地者亲下。则各从其类也。"丹药至此可庆圆成矣，故云加喜。

六五坤承，结括终始。韫养众子，世为类母。上九亢龙，战德于下。

此处六五非指卦爻，勿误会。陆注：六五二十日也，阳尽阴纯，于卦象坤。承者，坤承艮后也。即坤☷卦继在艮☶卦之后。此时大功已罢，神气归根，寂然不动。少焉则晦去朔来（按语略），复生庚月（按语略），又为药火更始之端，故曰结括终始。

坤☷，三阴为坤。以三画论，则坤下孕震；以六画论，则坤下孕复。积阴之下，纯韫养诸阳，为众子之母。盖阳不生于阳，而生于阴，古人称十月为阳月，亦取此义。

韫，一作韬；类者，万类，即万物也；类母，即万物之母也。知几子谓：同类众生之母也。爻应乾之上九，乾为龙亢。《易》曰："亢龙有悔，盈不可久也。"又曰："亢龙有悔，穷之灾也。"又曰："亢之为言也，知进而不知退，知存而不知亡，知得而不知丧。"盖谓阳太过而无阴以制之也。

坤为龙战。《易》曰："龙战于野，其血玄黄。"又曰："龙战于野，其道穷也。"又曰："阴凝于阳，必战，为其嫌于无阳也。"夫坤为纯阴，乾为纯阳。然纯阴无阳则为孤阴，孤阴不生；纯阳无阴则为亢阳，亢阳不长。故必乾坤相合，方足为纯。今坤为龙战者，即阴承阳也。《内经》云："亢则害，承乃制。"今非亢矣，故上九亢龙，必须战德于野。阴阳相敌，有战象焉。太阴太阳，于斯合璧，其诸均敌者乎。均敌者，即取和之象也。

用九翩翩，为道规矩，阳数已讫，讫则复起。推情合性，转而相与。循环璇玑，升降上下。周流六爻，难以察睹。故无常位，为易宗祖。

用九者，用乾卦之全爻也。又，九者，阳数也。乾为阳，故称九焉。用九者，即用阳之道也。

翩翩者，鸟飞貌，谓从容不迫，优游闲暇，进退自如，从心所欲。

我能用阳，而不为阳所用；我能用九，而不为九所用，如此故能为道的规矩。有心则助，失念则忘。绵绵若存，顺其自然。但至诚法自然，自然之道静，故天地万物生。天地之道浸，故阴阳胜。阴阳相推而变化顺，真火无候，大药无斤。不刻时中分子午，无爻卦里别乾坤。盖权操于己，可圆可方，方圆无碍，则飞藏潜跃，可以待时而动矣。

《易》曰："乾元用九，天下治也。"修丹之士约天下于一身，则一身治矣。阳数已讫，讫者终也。终则阴复起，而承之阴进阳退，阴极则阳复进。故推彼之金情，以合我之木性，转辗而相与循环。陆注：即以气合神，以神驭炁，以成其岁功而已。上据璇玑，同斗枢之升降；中参易数，符卦爻之动静。上下周流，前后往返，视之不见，一炁流通，听之弗闻，一灵恍惚，至刚至大，至微至幽，玄冥莫测，神妙难名。其将若之何？察睹之乎？故《易》曰："大哉乾元！"岂非其以无有常位而为易之宗祖乎？

按璇玑者，即浑天仪，我国古代用以测天文之仪器。《尚书》有"璇玑、玉衡，以齐七政"。

卦律火符章第二十九

朔旦为复，阳气始通。出入无疾，立表微刚。黄钟建子，兆乃滋彰。播施柔暖，蒸黎得常。

朔为一月之始，旦为一日之始，而此章以一年十二月之律卦序之，则复为十二律卦之始。故日月之朔旦，正合十二律中之复卦。

朔旦为复䷗，则阳气始通，盖阴极生阳也。在人身则为静极而动，阳气虽通而尚微，故运火之时，务宜出入无疾。

出入无疾，言和平也，即从容不迫之貌。故《易》曰："出入无疾，朋来无咎，若疾则朋来有咎矣。"陆西星云："呼吸出入乃用火之橐籥也，疾则火燥，散则火冷，暖则火调，自然之理也。"陆又云："出入者，呼吸之义，乃乾坤阖辟，日月运行之象。”此乾坤、日月均指人身言。《黄庭经》云：“出日入①月呼吸存。”今夫一阳来复之时，含光默默，真息绵绵，出入以踵，则一身之中一万三千五百气息、三百六十骨节、八万四千毛窍，得此柔暖播施，自然融和顺适，而得其常道矣。

立表以测其微刚，刚者，阳也；微刚，即微阳也。上阳子则曰：立表微刚，乾动而直也。立表者，即立现也。

黄钟之气建子者，以十一月斗杓建子，律始于黄钟也。陆注：钟者踵也，又种也。言中黄之气，踵踵而生以种万物。

兆者，众也。在天地则生机之发现，在人身则代表生炁之始萌，而今科学家所谓原子电子也。滋彰者，滋化而彰布，由微而至著也。

播施柔暖者，象一阳生后有柔和之暖气，然后众庶乃得安然而不失其常。至于修丹之士，若感觉鼎中生气已萌，则接触之时，自②有柔暖之气播施于营卫，而遍体得以常温矣。上阳子曰：“出入相通，行炼已功，柔暖播施，微温直透。”蒸黎，即众庶也，精气也。丹法以身为国，以精气为民。

又李注：“一阳始生之顷，乾坤一合，乾宫一点阴火精光，射入坤腹，即是朔旦为复，阳气始通。”炼士下手追摄，不疾不徐，自然出坎无滞、入③离无碍，何疾之有？此时阳气始生，药苗正新，有气无质，有象无形，故谓之微。

又上阳子注：“阳伏于五阴之下，先复而后能伏也。”卦辞曰：“入无疾。”言阳之始，气出入往来，大小无伤也。曰：“朋来无咎。”言得同类之朋，有益无损也。曰：“反覆其道。”言丹道用逆，颠倒而行也。曰：“七日来复。”言得药大醉七日复苏也。曰：“利有攸往。”言逐月阳生，皆可往取也。

临炉施条，开路生光。光耀渐进，日以益长。丑之大吕，结正低昂。

在易卦地泽为临☱☷，由复卦一阳，进为二阳矣，故文有光耀渐进之说。而此文之临炉施条者，临字乃是双关。上阳子云：“临驭丹炉，施条接意，开辟道路，不僭不狂，分彩和光，愈低愈下。”知几子注：“北方炉用煤火，以铁为通条，插入炉口，下穿灰土，火气方得上升。”此

① “入”，原作“人”，误，校改。
② “自”，原作“白”，误，校改。
③ “入”，原作“人”，误，校改。

临炉施条，开路生光之象也。若炼士临炉，其施条而开路者，可以意会矣。盖阳气之道路既以开通，而生光明。光明者，阳也。由复之一阳进而为临之二阳，故曰光耀渐进，合乎时日，则圭影益长。其月建丑，为十二月，在律则为大吕。或曰："吕者，侣也。"又曰助也，太阳得侣相助以进也。

结正低昂者，互相交结，以正其低昂之位。结，参看四十章：刚柔相结，而不可解。又按第四十章有："观夫雄雌交媾之时，刚柔相结，而不可解。"此即结之意也。低昂者，柔上而刚下，子南而午北即颠倒是也。又低昂者，谓处低下，而昂然直竖也。

仰以成泰，刚柔并隆。阴阳交接，小往大来。辐辏于寅，运而趋时。

上文低昂之位既正，则乾卦仰乎下，坤卦覆乎上。二卦相合，本为天地之否，今成地天之泰☷，地上于天，天下于地，一刚一柔，并宜承重。盖乾卦三阳为刚，坤卦三阴为柔。隆，即承重意。又按：隆者，注重也，亦平和也。

于是阴阳交接，此则小往，而彼却大来。小往大来，即凝神入彼气穴，运火而迎合其就近便处，运一点真汞以迎之。陶注："阴阳之气，两相交接，小往则前行须短，大来则后行正长，乃汞迎铅入之意，如车辐之来辏车毂。"

今云："辏于寅。"寅，三阳也。三阳为乾卦，是坤之辐来辏乾之毂也。又正月为宜月，律逢太簇。簇者，凑也，言万物至此，辐辏而生也。陆西星云："乘此辐辏之时，是宜进火，与时偕行。"

运而趋时者，河车不敢暂留停，运入昆仑峰顶（仇云：此指下峰）。又谓："运火而迎合其时也。"

渐历大壮，侠列卯门。榆荚随落，还归本根。刑德相负，昼夜始分。

渐历大壮☳，四阳二阴，斗杓建卯，律应夹钟，为二月。陆注："荚者，侠也。侠列卯门，则生门之中已含杀气。"

（按语略）

榆，大树也；落，叶落也。夫春主生物，而榆荚反落者，德中有刑故也。

德中有刑，即《阴符经》之恩中有害。又刑德者，即《悟真》之恩害也。于时阴阳气平，刑德相负。相负者，相平均也。是故昼夜始分长短，正相平衡，盖二月春分之时也。故作丹者，立为卯酉沐浴之法。

因渐到大壮，故宜沐浴洗濯，即洗心濯虑意。知几子注："卯酉沐浴，《参同契》所未言，此说正须善参。"（按语略）又陶存存子《火候歌》云："忆我仙翁道法……在识其窍妙而已。"（按语略）又吕祖《沐浴诗》云："卯酉门中二八时，赤龙时醮玉清池；云薄薄，雨微微，看取娇容露雪肌。"又伍冲虚《论沐浴法》亦宜参考。

夬阴以退，阳升而前。洗濯羽翮，振索宿尘。

泽天为夬䷪，夬卦则阴气渐以退位。五阳一阴，于卦为夬。夬云决也，犹祛也。以五阳祛一阴，阴无以自存，阳气升腾而前矣。其象如大鹏之洗濯其羽翮，而振索其宿尘。

陆注："三月始洗司律。"洗者，有洗濯之意焉，洗濯谓沐浴，象丹士之洗心濯虑也。

又："三月斗杓建辰。"辰者，振也，有振索宿尘之义焉。仇云：振索犹云摆落，宿尘谓羽翮上宿有之灰尘也。以比丹士阳气充足，升腾将至乎顶，快达纯阳之位，而所有身中尘浊之阴邪，及旧染之污垢，可以一概驱除消灭矣。

又存存子曰："丹经沐浴一阴宿垢，振索立尽，喻身中阳火即盛，大鹏将徙天池，势当奋发也。"

又悟元子曰："此节指刚气旺盛，阴气微弱，从此可以洗濯一身积习之旧染，抖去人心平生之宿尘，振羽翮而一往直前矣。"

又曰："振者，振发道心之刚气也；索者，索求人心之秽污也。"

乾健盛明，广被四邻。阳终于巳，中而相干。

乾卦䷀，六爻皆阳，其象至健，光耀盛明，能广被于四邻。陆云："阳火盛明一身之中，圆满周匝，故曰广被四邻。"

健，谓刚健也。四邻者，仇云："四邻，指同类之人，亦取仲侣为侣也。"

彭注："四月斗杓建巳，律应仲吕。"然阳终于巳月，巳过则午，阳极即阴，巳午之间，阳阴之界，谓之天中。中而相干者，谓至天中之时，则阳终而阴相干也。修丹之士阳火退而阴符进，亦同此理。

干，一作终。

姤始纪绪，履霜最先。井底寒泉，午为蕤宾。宾服于阴，阴为主人。

天风为姤䷫。夫阳气既已盛极，不能再盛，则姤卦一阴始纪其绪，实为履霜之最先。

《易》曰："履霜坚冰至。"盖既履霜，则必至于坚冰。此时序之自然，无可更改者。然履霜之最先，实为一阴之姤卦。若无姤卦纪绪，则阳极无阴，安有履霜之时？而当此之时，井底之泉水已寒。盖五阳在上，而一阴在下。若论鼎中，则此时亦外阳而内阴，阳火退而阴符进矣。

又悟元子曰："阴符之符，非外客气之阴，乃阳气收敛退出之真阴。"这边真阳退，那边真阴生，真阴生而假阴自消自化。若阳不退，真阴不现，阳极必阴，一阴潜生，客气又来，得而复失，大事去矣。故阳刚进至于纯，阴符所必用。又按：进阳火，则退阴符；进阴符，则退阳火。

其时为午月，即五月。蕤宾司律，宾者，客也。宾服于阴，阴为主人者，谓阳气退而为客，及宾服于阴，而使阴为主人也。以丹道而论，则《悟真篇》曰："饶他为主我为宾。"此语虽其作用之时间不同，而其宾主之取义无异。

遁世去位，收敛其精。怀德俟时，栖迟昧冥。

天山为遁卦䷠，二阴进矣，斗杓建未时，为六月，律应林钟。

夫遁者，喻君子见小人过长，遂避尘遁世，辞职退位，作明哲保身之举。比修道之人以阴符进至二分，阳火自宜退守，阴进阳退，收敛其精神，深藏乎密处，怀至德以俟明时，栖幽境而游昧冥。若以时而论，则为六月，亦是阴将进而阳将退，寒欲来而暑欲往之候。寒欲来者，阴气逐也；暑欲往者，阳内敛也。盖天时人事，出世世间，丹道易道，皆不能外此自然之阴阳也。是以古昔圣哲，要与天地合德，与日月合明，与四时合序，与鬼神合吉凶者，职此故也。鬼神，即代表幽明，代表阴阳也。

否塞不通，萌者不生。阴信阳诎，没阳姓名。

信，音伸；诎，同屈；没阳，一作毁伤。

彭注："三阴三阳，于卦为否䷋，斗杓建申，律应夷则。"

陆注："乾上坤下，二气相隔，否塞不通之象也。万物至此，不生萌孽。七月建申，申者阴之伸也，阴伸则阳屈，律应夷则，夷者伤也。阳屈则没其姓名。"

观其权量，察仲秋情。任蓄微稚，老枯复荣。荠麦芽蘖，因冒以生。

四阴二阳，风上地下，于卦为观䷓，斗杓建酉，律应南吕。

陆注：“观者，观也。观其权量，以察仲秋（按语略）之情，阴阳之气至此又平（按语略）。八月南吕司令，南者，任也，万物至此有妊娠之义焉。谓阳气隐藏于内，如妇人之怀胎也。任蓄微稚，谓如蓄养微嫩幼稚之生气，则虽已年老，然保护丹体则要如保赤子之状，则老枯得以复荣，有返老还童之象。观夫荠麦芽蘖，可见刑中有德。刑中有德，有害中有恩也。按卯酉二门，在人身为生①死关头，其实即玄牝之门也，可生可死，可死可生。愚者则以生为死，达者则反死为生，不过一转念之间耳。故凡能生我者，即能死我；亦惟能死我，便能生②我。生者死根，死者生根，生死之间，其惟智者能神而明之耳。”

又李注：“观者，有省方观民之义。”民为精气，丹道以精气为民。权者，权爻铢之斤量。察者，察药材之老嫩。秋杀之时，而荠麦芽蘖，即转杀为生，老枯复荣之象。

仇注：“王者省方所至，则审律度量衡。八月金精壮盛，故察仲秋之情。”任蓄，谓倚任而蓄养之，借此少稚以济老枯。犹言枯杨生梯③，老夫得其女妻。冒者，受也。冒生者，因蒙秋气，而荠麦发生也。细玩本文，初无沐浴停火之说。《淮南子》云：“麦秋生而夏死，荠冬生而仲夏死。”即谓：麦，金王而生，火王而死；荠，水王而生，土王而死。

剥烂支体，消灭其形。化气既竭，亡失至神。

五阴一阳，于卦为剥䷖，斗杓建戌，律应亡射。

陆注：“五阴剥一阳，阳气受剥，枝头之果熟烂而堕。形体消灭，造化之气于此竭穷。且时当九月，火库归戌，物皆内敛，不露精之至神。”或曰：失当作佚，亡佚即亡射也。

仇注：“凡物形毁则神离，故炼士须神驭气，而气留形。”

《易传》：“剥，烂也。”

道穷则返，归乎坤元，恒顺地理，承天布宣。玄幽远渺，隔阂相连。应度育种，阴阳之原。寥廓恍惚，莫知其端。先迷失轨，后为主君。

坤䷁者，为纯阴之卦，六爻皆偶。《易》曰：“坤为地。”又曰：“坤至静而德方。”元者，谓一炁混元，上下、左右、前后皆属乎阴之时也。

---

①② “生”，原作“牛”，误，校改。

③ “梯”，疑作“枝”。

故《易》曰："至哉坤元。"

阳道既已穷尽，则返而归乎纯阴无阳之卦。于是恒顺大地至静之理，寂然不动，以俟天机之至。即感而遂通、静极生动之际，易道谓之一阳来复，又曰天地之心。盖亥子之交，即天人地中，地炁将上于天之时也，乃即承之，而敷布宣化，使阳气又复流畅。惟此天地之机、阴阳之气，虽云变化不测，玄幽而远渺，然而隔阂相连，而能应度育种，实为阴阳之本原。

阂，丹碍。阂字，有用意。相连，即相通意。度，度数也，即时刻之意。应度育种，谓应其时刻而生育种籽。

存存子谓："取十月斗杓建亥，律应应钟之义。"又曰："钟者，种也。"《道德经》云："天地万物生于有，有生于无。"有者，阴阳之象也；无者，阴阳之原也。坤为至阴，实无象可见，惟能滋生万物。万物不出乎阴阳，故曰阴阳之原。惟其寥廓恍惚，莫知其端倪，是以至于先迷而失其轨。然能谨候其时，知白守黑，则神明自来复，又后为主君矣。主君者，指阴中之阳，即震卦复卦之类。丹道所谓先天一炁，杳冥恍惚中之真种籽也。

无平不陂，道之自然。变易更盛，消息相因。终坤始复，如循连环。帝王乘御，千载常存。

有平则有陂。陂者，陷也，即不平也。仇云：地卑，蓄以为陂。无平则不陂。盖平与陂相对待者，有平则有不平，无平则亦无不平矣。《易》曰："无平不陂，无往不复。"此道之自然变化，易更为盛衰，一消一息，一去一来，相因互换，故在易道则终于坤阴即始于复阳，如循连环，川流不息。帝王若能乘御此炁，即同此炁之终则复始，循环往复，川流不息，无有穷期，而千载常存矣。

陆注云：此总结上文，提出自然二字，以见造化消息相因之妙，乃无心而成化者。《易》曰："无平不陂，无往不复。"此天道之自然也。丹家观天运之变易盛衰，而知消息之相因，按卦图之，终坤始复，而识火候之循环。能法此以乘时御天，则立命在我，可以千载常存矣。

又上阳子注：帝王乘御，千载常存者，黄帝炼九还大丹，丹成之后，乘龙上升也。

性命根宗章第三十

将欲养性，延命却期。审思后末，当虑其先。人所秉躯，体本一无。元精流布，因炁托初。

吾人将欲修养其性，延长其命，而却退其死期者，则细思其后末，当穷究其始先。

后末，即将来之事也；虑，即穷究也；思后末者，即欲却死也。欲却死，则必须穷取生身受炁之初，以修性命，然后可以不死。孔子云：原始反终，是故知死生之说。

始先何如？则人所秉之躯体，本来是一是无。一者何？先天一炁，太极也。无者何？无名，天地之始，无极也。无极即道，无极生太极，即道生一。一者既生，于是乎元精流布，即因此一炁，而托初矣。托初者，即托初生之种籽。

阴阳为度，魂魄所居。阳神日魂，阴神月魄。魂之与魄，互为室宅。

《道德经》云："道生一，一生二。"道生一，即无极生太极。一生二，即太极生两仪。两仪，即阴阳也。夫一炁不可见，是谓先天。曰一炁而生阴阳，乃有性命、神气、魂魄、水火、木金之分，是谓后天。后天者，以阴阳为度，乃魂魄之所居。以一身而论，则肝藏魂，肺藏魄；以离坎而论，则离藏魂，坎藏魄。离为日，日为阳，故曰阳神日魂；坎为月，月为阴，故曰阴神月魄。然日魂阳中含阴，月魄阴中含阳，因此魂魄可以相通，彼此可以互御。

魂能御魄，魄可钤魂。魂御魄者，即魂入魄里，以阳化阴也；魄钤魂者，即魄来魂中，以阴和阳也。魂入①魄，则魄为魂之室；魄入②魂，则魂为魄之宅。故曰：魂之与魄，互为室宅。

潜虚云：所谓托初之炁者，乃先天之物，有气无质，魂之谓也；所秉之躯者，乃后天之物，有气有质，魄之谓也。魂即人之阳神也，魄即人之阴神也。阳神日魂，阴神月魄，此日魂常居月魄之中，故月借日则明，魄附魂则灵，而魂之与魄，互为室宅也。

又《集注》云："阴阳二度，直指男女二体，故以阳神阴神，分配日魂月魄。若就一身言，则魂为气之灵，魄为精之灵。"另是一义矣。

性主处内，立置鄞鄂。情主营外，筑完城廓。城廓完全，人物乃安。于斯之时，情合乾坤。

性主处内，立置鄞鄂者，谓炼己养性之功也。鄞鄂，谓边际也，此

---

①② "入"，原作"人"，误，校改。

处即谓神室也。

情主营外，筑完城廓者，筑基保命之功也。情者，金情也，以金情来归木性也。夫性在内，故云处内；情在外，故云营外。

城廓完全，人物乃安者，即筑基之功已毕也。

按《悟真篇》云："先且观天明五贼，即性主处内，立置鄞鄂也；次须察地以安民，即情主营外，筑完城廓也；民安国富方求战，即城廓完全，人物乃安也。"

于斯之时，情合乾坤也。盖情合乾坤者，即采大药之时也。夫此情非寻常之情，非普通之情，乃天地间阴阳两性中之至情也。一得此情，则还丹结矣。丹入①身中，则战罢而见圣人矣。圣人者，喻丹也。

乾动而直，炁布精流。坤静而翕，为道舍庐。刚施而退，柔化以滋。九还七返，八归六居。

《易》曰："夫乾，其静也专，其动也直；坤，其静也翕，其动也辟。乾动而直，则炁布精流矣；坤静而翕，则为道舍庐矣。"

夫炁布精流，即汞往求铅也，所谓运一点真汞以往迎也；为道舍庐，谓坤静暂为乾道之舍庐。及乎刚施而退，即柔化以滋，铅气满炉，源源大来。

夫乾为刚、为阳、为小；坤为柔、为阴、为大。乾之炁精，流布往坤，坤之柔化，即来滋乾。即前文所谓刚柔交接、阳往阴来、小往大来也。

九还者，金还也；七返者，火返也；八归六居者，木与水皆归舍而居也。《集注》云："河图之数，天一生水，而地六成之；地二生火，而天七成之；天三生木，而地八成之；地四生金，而天九成之，专言九七八六者，合丹以后，取其成数，如金来伐木，是九与八合；水能灭火，是六与七合也。"

又，此节诸家多以顺则生人解之，但对于九还、七返、八归、六居等文义似乎不顺。

男白女赤，金火相拘。则水定火，五行之初。上善若水，清而无瑕。道之形象，真乙难图。变而分布，各自独居。

以人道而论，则男之天癸白，女之天癸赤；以丹道而论，则男白为坎中之水金，女赤为离中之木火。水金为婴儿，故称男白；木火是姹

① "入"，原作"人"，误，校改。

女，故云女赤。水金与木火相拘，则以水金来定木火。盖以五行之最初，则天一生水。天一为先天，含至善之炁，绝无混浊之渣质，故云：上善若水，清而无瑕。即《悟真》所谓“华池神水”也。其实此五行之初之水，即是道也。

道之形象，至真至一，如赤水之玄珠，难以智虑寻图。及其变而分布，则一阴一阳，又各自独居矣。陆西星则云：一变水居北，二化火居南，三生木居东，四化金居西。不相涉入，故云各自独居。但《集注》不然此说。《集注》云：“初出之水，质清而气纯，故称之为上善，亦可名为道枢，实则先天真一之炁耳。”

夫道无形象，何从窥其真一？曰：水中之金，外无形象而内有气机。《道德经》曰：“杳杳冥冥，其中有精，其精甚真，其中有信。”苟能至诚以待之，专密以伺之，自可探应星应潮之初候，而采白虎首经之至宝矣。

类如鸡子，黑白相扶。纵广一寸，以为始初。四肢五脏，筋骨乃俱。弥历十月，脱出其胞。骨弱可卷，肉滑若饴。

其和合为一也，则类如鸡子，黑白相扶，纵广不过一寸，以为始初之象。及其继也，则四肢而五脏筋骨亦完俱。满至十月乃脱出其胞，肉滑若饴，胎仙已成矣。

弥者，满也；历者，至也；饴，糖也，形容其绵软也。

或云：凡胎为肉体，仙胎为炁体；凡夫有形，仙躯无质，今何以亦有四肢、五脏、筋骨等类乎？曰：不过异于凡夫耳，并非没有筋骨脏腑也。故仙家只言脱胎换骨。脱者，脱凡胎，结圣胎；换者，换俗骨，为仙骨。《翠虚篇》云：“透体金光骨髓香，金筋玉骨尽纯阳。”虽然顺则成人，逆则成仙，其分别不过在清浊之间，若其形象，则初无二致也。故本文所言圣胎，若与凡胎相似。

二气感化章第三十一

阳燧以取火，非日不生光。方诸非星月，安能得水浆。二气至悬远，感化尚相通。何况近存身，切在于心胸。阴阳配日月，水火为效征。

阳燧者，铜做之镜，只能照一面，因其不是透明体故，今则用火镜代之矣；方诸，前人说是阴燧，但唐时试用不灵，故今说是大蛤。

阳燧取火，非当日而照，不能生光；方诸若五①星月，安能得有水泉？夫阳燧与日，方诸与月，两种气可谓玄远矣，然而感化尚能相通，何况近存于身（按语略），切在于心（按语略）胸乎？故以离中之阴配日，坎中之阳配月，日月颠倒，即水在上，火在下，水火既济，则可以推度效符征矣。

或云：水火为效征者，是以水火既济为证据也。亦通。

关键三宝章第三十二

耳目口三宝，闭塞勿发通。真人潜深渊，浮游守规中。旋曲以视听，开阖皆合同。为己之枢辖，动静不竭穷。

耳目口为外三宝，精神气为内三宝。外三宝能闭塞勿发通，则内三宝自固济不渗漏。于是真人潜乎深渊，浮游守其规中。

真人，元神正念也；深渊即气穴，又谓元海，然无论是阴阳、清净，均是指坎宫而言；浮游，即优游之意，谓自然也；规中二字，或谓坎宫，或谓离宫，或谓中丹田，或谓下丹田，其实所谓规中，乃规圆之中道，即玄关也。三丰真人云："黄庭一路皆玄关。"玄关宜活用，则规中亦宜活用，不当指定一处。总之，规中玄关皆是随至妙之处，而不能执著死守，故曰浮游守规中。

旋曲者，盘旋屈曲，象真人在内，似游龙也。以视听者，谓收视返听，即用元神正念，回光默照也。

开阖皆合同者，仇云：呼吸绵绵，其一开一阖，尝与真人合同而居也。盖即谓神气相恋之状也。

为己之枢辖者，谓坎中之气，能管束离己之汞也。己，即修丹之人也；枢为枢纽，辖为管辖，枢辖，为能管束之物。

动静不竭穷者，谓一动一静，坎中之气，绵绵密密，无有枯竭穷尽之时也。此即是指做得好时，则先天一炁由虚无中来。虚无中之先天炁则取之无尽，用之不竭，任君要取多少，只要取得其法耳。

离炁纳营卫，坎乃不用聪。兑合不以谈，希言顺鸿蒙。三者既关键，缓体处空房。委志归虚无，无念以为常。

离炁，即目光。离炁纳营卫者，知几子云：离主目光言，即经言内

① "五"，疑作"无"。

照形躯。营卫者，周身之血气。医书谓：营主血，卫主气。又云：营行脉中，卫行脉外。

坎者，耳也。不用聪者，即不用聪于外，而返听于内也。

兑者，口也，此与前文闭塞其兑稍异。前文之兑，乃广义的口，此处之兑乃狭义的口。兑合不以谈者，即闭口不谈也。故又云：希言顺鸿蒙。

顺鸿蒙者，顺元气自然之升降也。

目也，耳也，口也，三者既以皆用关键闭住，则使和缓之体，处于空房之中，而委其志以归于虚无之境，绝无一毫念虑，以此为恒常之功作。

此节为得药后之事，即太上所谓长生久视之功，道书所谓抱元守一、三年九载面壁之功夫也。

证验自推移，心专不纵横。寝寐神相抱，觉寤候存亡。颜色浸以润，骨节益坚强。排却众阴邪，然后立正阳。

从此之后，则证验自步步推移，心专志一，不得有纵横杂乱之念。寝寐则神气相抱，觉寤则候其存亡。常常如此，自然颜色浸以润泽，骨节日益坚强，排却众阴之邪，乃立正阳之体。

不纵横者，陆注云：不纵横者，心无出入驰骛也；寝寐神相抱，即行时卧时神气皆要合一也；众阴邪，即身中一切病痛等。

修之不辍休，庶气云雨行。淫淫若春泽，液液象解冰。从头流达足，究竟复上升。往来洞无极，拂拂被容中。

庶气，即众气也，盖庶即众也，如众庶、庶民之类；拂，一作沸，一作怫；容，一作谷。或谓：容作谷也，谷中为谷神之所。亦通。

陆注云："此证验之见于内者。"盖得药之后，丹降中宫，于时众气自归，河车自转，蒸蒸然如山云之腾于太空，霏霏然如春雨之遍于原野，淫淫然如春水之满四泽，液液然如河水之将欲解。往来上下，洞达无穷。百脉冲融，和气充足，满怀都是春，而状如微醉也。此非亲造实诣，难以语此。

李注云："阴邪排尽，周身脉络无一不通，五脏六腑之气尽化为金液。前降后升，一身流转，再无穷极。神光瑞气，郁郁浓浓，披于空谷而不散。"

反者道之验，弱者德之柄。芸锄宿污秽，细微得调畅。浊者清之路，昏久则昭明。

《集注》谓："《道德经》云反者道之动，谓一阳来复，乃道之动机；又云弱者道之用，谓懦弱不争，乃道之妙用。"此以反为道之验者，真气返还，自有效验也；以弱为德之柄者，弱人强出，操柄在我也。反乃得药之功，弱乃临炉之法。老圣又言："专气致柔，知雄守雌。"此皆所谓弱也。

芸锄宿秽，言排阴之功；细微调畅，言阳立之效。陆云：至此，则真气充裕，百脉归源，如所谓气索命将绝、体死亡魄魂者。故昏昏默默，莫知其然，久之则神气自清明，无更虑其昏浊矣。《经》又云："孰能浊以静之徐清，众人昭昭，我独若昏。"意亦若此。

陆又云："道德二字，要有分别。无为者曰道，有为者曰德；自然者曰道，返还者曰德。"

陶注："如醉如痴，有似乎昏浊者。然浊而徐清，昏而复明，如大死方活也。"

旁门无功章第三十三

世人好小术，不审道浅深。弃正从邪径，欲速阏不通。犹盲不任杖，聋者听宫商。没水捕鸡兔，登山索鱼龙。植麦欲获黍，运规以求方。竭力劳精神，终年不见功。欲知服食法，事约而不繁。

此章无甚深旨。

珠华倡和章第三十四

太阳流珠，常欲去人。卒得金华，转而相因。化为白液，凝而至坚。

太阳为离，流珠为离宫真汞，因其流转不定，如珠之走盘，故名称珠。其性好动，常欲离人而去，卒得金华之气，转而与真汞相因相结。卒者，忽然也。金华，即坎宫之真铅。

陆潜虚曰："金华者，金之精华，水中之金，号曰真铅。"真铅一合真汞，即有恍惚杳冥、混混沌沌、如痴如醉之象，《四百字》云"真铅制真汞"，即指此也。遂化而为洁白之液，凝而为至坚之丹。

因，作依解；白液者，陆谓：白液象金，得金华相因而化，故为白液；至坚者，谓坚而韧也，非坚而刚也。坚而韧，则能小大变化，忽有忽无，忽液忽凝；若坚而刚，则如石矣，顽而不能化，岂神仙之道哉？又液与凝，即前文先液后凝意。

金华先倡，有顷之间，解化为水，马齿阑干，阳乃往和，情性自然。

然当铅汞相因之际，则须待金华先倡，于爻动之顷，阳即往和，以迎其真一之炁。斯时渡于鹊桥，转于昆山，解化为水，乃有甘露之名。下于重楼，降于黄宫，结而成丹，则有马齿阑干之象。

陆又曰："古歌云：好丹砂，白马牙。"《承志录》云："灵铅凝并簇金华，干脆敲来似马牙。故色如马齿，状若阑干。"阑干，美珠名，即琅玕。盖借外丹法象而言，非真有是物也。然而金华倡矣，阳乃和之。何谓之阳？

乾也，男也。阳不主倡，而乃往和者，饶他为主我为宾也。一倡一和，则木性爱金，金情恋木，欢欣交通，自然感应，而丹道成矣。

迫促时阴，拘畜禁门。慈母育养，孝子报恩。遂相衔咽，咀嚼相吞。严父施令，教敕子孙。

迫，逼迫；促，催促；迫促者，迫促静中之生气也。

陆注："时阴，阴极之时。阴极则阳将复生，故当此之时，迫之促之，以感其气。及夫一阳来复，得药归鼎，则又拘之畜之于禁密之门，所谓环匝关闭，守御固密，即此意也。"

禁门，大抵属命门地位。拘畜禁门，即吸抵撮闭之意。

慈母者，坤母也；育养者，坤母中坎宫之气，能资生长养也；孝子者，震卦也，震为龙，属于离方，观下文"衔咽相吞"句可见；报恩者，驱龙就虎，运汞迎铅，慈母在外，孝子迎归奉养，以报其恩也。

遂相衔咽，咀嚼相吞者，形容子母相恋之情，即临炉之际神气相交，如下文云：龙呼于虎，虎吸龙精也。

严父者，乾父也；施令者，发号施令也。谓全借乾父执阳刚中正之道，一而不二，诚而无邪，方得发号施令，教敕龙子龙孙，准时行潜藏飞跃之功也。又谓：以元神运元气，是严父教敕子孙。

五行逆克章第三十五

五行错王，相据以生；火性销金，金伐木荣。三五与一，天地至精；可以口诀，难以书传。

五行者，水、木、火、土、金也；错王者，相错而旺也，如水旺后则木旺，木旺后则火旺，火旺后则土旺，土旺后则金旺，金旺后则又水旺。

相据者，凭借也。相据以生者，即水生木，木生火，火生土，土生金，此世间顺行之常道也。今丹道逆用，则离火生木汞，往销其坎中之金，

金气伐木，而不致太过，于是离家之木气反得欣欣向荣矣。

销者，熔也。存存子曰：五行各旺一方，相对则相克，南火、北水、东木、西金是也；相依则相生，兑金生坎水，坎水生震木，震木生离火，离火生坤土是也。其在丹道以火炼铅，是火性销金，不知金中含水，火被水制，反化为土，而金愈旺，不止不能伤金已也；以铅制汞，是金伐木荣，不知木中含火，金受火制，反化为水，而木愈荣，不但不能克木已也。又按：此往则火性销金，彼来则金伐木荣。

三五者，东三南二，一五也；北一西四，又一五也；中央戊己，亦自为一五。三五共合于中央，而归于一，谓之三五与一。此为天地之至精，只能以口诀之，而不能以书显然而传也。

龙虎主客章第三十六

子当右转，午乃东旋；卯酉界隔，主客二名。龙呼于虎，虎吸龙精；两相饮食，俱相贪并。

陆注："子当右转，金公寄体于西邻；午乃东旋，离火藏锋于卯木。子转于西，虎向水生；午旋于东，龙从火出。"《契赋》云："青龙处房六兮，青华振东卯；白虎在卯七兮，秋芒兑西酉。"如此龙东虎西，界隔卯（按语略）酉（按语略），分为主客，则酉者为主，东则为客。《道德经》云："吾不敢为主而为客。"《悟真篇》云："饶他为主我为宾。"足以相发明矣。

仇注：右转东旋，就方位上取义，不在时辰上用功。所云主客，与常道不同。常道以卯为主，丹道则以酉为主，乘坎宫爻动，而离方与之交接，全以在彼者为主也。若非时妄作，则阳骄阴佞而致凶矣。

龙呼虎，即火往销金；虎吸龙，即是金来伐木。两相饮食，俱相贪并者，乃金木交合、子母相恋之象也（按语略）。

荧惑守西，太白经天。杀气所临，何有不倾。狸犬守鼠，鸟雀畏鹯，各得真性，何敢有声。

荧惑，火星；西者，金方。荧惑守西者，即火往销金也。

太白，金星；经天者，白日之中有星现于天上也（按语略）。

金星现于天之何处，识天象者即知该处有兵革之事。故云：杀气所临，何有不倾。

陆潜虚注：金来伐木，则为太白经天；凡杀气所临之处，则战无不克，故以象之。盖谓汞即见铅，自不敢飞。汞在乾方，故以象天。铅为金，在坤方；太白者，即金星。故曰：太白经天。

狸犬守鼠，陆云：象汞之求铅；鸟雀畏鹯，陆云：象铅之伏汞。铅汞皆归真土，是谓各得真性。

真性者，静而不动，相敬如宾，则安得有声耶。仇注：何敢有声，所谓禽之制在气也。

不得其理章第三十七

不得其理，难以妄言；竭殚家产，妻子饥贫。自古及今，好者亿人；讫不谐遇，希能有成。广求名药，与道乖殊。如审遭逢，睹其端绪。以类相况，揆物终始。

此章与二十一《背道迷真章》意同。

父母滋禀章第三十八

五行相克，更为父母。母含滋液，父主禀与。凝精流形，金石不朽。审专不泄，得成正道。

五行相生，为顺行世间法，则乾为父，坤为母；五行相克，为逆用之出世法，则坤为父，乾为母矣。故曰更为父母。

夫世间法，则此主禀与，彼含滋液，则凝精流形，而结凡胎；出世法则反复其道，雄里怀雌，则金石不朽，而成圣胎。是故能审专不泄，则自得成正道。

陆云："审专，即至诚专密之意；不泄，即关键三宝之意。"仇云："审专者，至诚专一，候其药符也；不泄者，蒂固根深，守其命宝也。"

药物至灵章第三十九

立竿见影，呼谷传响。岂不灵哉，天地至象。

夫此道如立竿见影，呼谷传响，岂不灵且妙哉！盖天地之至象也。

若以野葛一寸，巴豆一两，入喉辄僵，不得俯仰。当此之时，虽周文揲蓍，孔子占象，扁鹊操针，巫咸扣鼓，安能令苏，复起驰走。

野葛，一名水蔓草。

野葛、巴豆，皆毒药；周文、孔子，皆圣人；扁鹊为名医，即秦越人，著《难经》者；巫咸，神巫也，《列子》云："郑有神巫，自齐来，曰季咸，知人生死、存亡、祸福、寿夭。"

此节盖言人服毒药，则必然致死，虽圣哲无法使之复生；若服大药，则必定长生，而造化亦不能使之死亡也。

天元配合章第四十

河上姹女，灵而最神；得火则飞，不见埃尘。鬼隐龙匿，莫知所存；将欲制之，黄芽为根。

河者坎象，姹女为离中汞。常道交感，离处坎上，故离汞称为河上。夫此坎上离汞，至灵而又最神，一得欲火之动，则飞而不见埃尘，如鬼之隐，如龙之匿，莫知其所存。若欲制之伏之，必用戊己真土黄芽，以为其根。

真土黄芽，即真意也。盖即绵绵密密，混混沌沌，不以心感，而以气感也。陆潜虚云："黄者，中黄之气；芽者，爻动之萌。"究其实，则真铅而已。以此为根，则情来归性，而丹基于斯立矣。

物无阴阳，违天背元；牝鸡自卵，其雏不全。夫何故乎？配合未连；三五不交，刚柔离分。

故若物无阴阳，则违造化之天道，而背生物之元始，此牝鸡自卵之所以其雏不全也。夫何以故乎？盖因配合未连，水、火、木、金、土三五不相交，阳刚阴柔彼此相离分故也。

施化之道，天地自然。犹火动炎上，水流润下。非有师导，使其然也。资始统正，不可复改。

观夫雄雌交媾之时，刚柔相结而不可解，得其节符，非有功巧以制御之。若男生而伏，女偃其躯，禀乎胞胎，受气元初，非徒生时著而见之。及其死也，亦复效之。此非父母教令其然，本在交媾定制始先也。是以施化之道，乃天地之自然，犹火动而炎上，水流而润下，并非有老师指导使其如此，盖其本性然也。故乾元则资始，坤阴则统正，不可复为改变。

请观雌雄交媾之时，刚柔相结而不可解，则自会得其节符，并非有良功巧象以制御之。是故男生而伏，女偃（按语略）其躯，乃禀乎胞胎之中，受元初之气使然。且非徒生时著而见其如此，即其溺水而亡也，男浮必伏，女浮必仰，亦复效初生之时。此非父母教令其如此，其本在伏仰交媾受初时元炁之际，即定位置于始先矣。人道如此，丹道亦如此，不过一顺一反耳。故前文云：自然之所为兮，非有邪伪道。

日月含吐章第四十一

坎男为月，离女为日。日以施德，月以舒光。月受日化，体不亏伤。阳失其契，阴侵其明。晦朔薄蚀，掩冒相倾。阳消其形，阴凌灾生。

坎男为月者，阴中有阳精也；离女为日者，阳中有阴精也。夫月，外阴而内阳，其体黑；日，外阳而内阴，其体红。日以施外象之阳德于月，月遂得以舒其光明而变其黑体。月受日德之化，而其体乃不亏伤，而有十五日之金精壮盛，光明圆满。迷失日之外阳与月之内阳，失其契照，则金逢望后，阴侵其明。由下弦而至晦朔薄蚀（按语略），则月为日掩，日为月冒，相倾相轧。月体之阳先尽消其形，阴气凌而灾害生矣。

（按语略）

男女相须，含吐以滋；雄雌错杂，以类相求。金化为水，水性周章；火化为土，水不得行。男动外施，女静内藏；溢度过节，为女所拘。魄以钤魂，不得淫奢；不寒不暑，进退合时。各得其和，俱吐证符。

男女相须，即互相为用之意；以类相求，谓在同类中相求异性也。

金化为水者，陆注：金化为水者，爻动之时，金初生水也。

周章者，《楚辞》云："聊遨游以周章。"注云：周章犹周流也。

火化为土，即以离家之真意摄之，使水不滥行，此为己土，即真土擒真铅也。又知几子云：真土擒真铅者，采药之时，离能取坎，而尚有真铅制真汞者，则得药之后，坎能填离也。

证符者，陆云：药生曰符，药成曰证，皆自和气中来。

男女相须，则含吐以滋矣；雄雌错杂，则以类相求矣。此皆阴阳两性之交感也，不论丹道、世道、人类、物类，均如此。若讲丹道，则火往销金，金为火熔而化为水。但水性则周流泛滥，横溢无极，故必火化为土，使水不得行，而自为我制。若男动而施精于外，女静而藏气于内，则每致溢度过节，而为女所拘，戕其命宝，受害不浅矣。苟能用坎魄以钤离魂，使金情来归木性，不许邪淫骄奢，自然不寒不暑，进退合时，各得其和，而俱吐证符矣。

上阳注：周章溢度，淫奢过节，则阴凌而灾生。修丹者必使一寒一暑，得进退之宜，则和合有时，火不热而符不冷矣。

四象归土章第四十二

丹砂木精，得金乃并；金水合处，木火为侣。四者混沌，列为龙虎；龙阳数奇，虎阴数偶。

丹砂为赤色，赤色属火，木能生火，故为木精。木与火，性皆属阳而好动，惟得金之制，乃能相并。金水二者，皆合处于坎；木火为侣，皆发生于离。金、水、木、火四者混沌，而列为龙虎。龙在五行为木，木之生数三，故龙阳数奇；虎在五行为金，金之生数四，故虎阴数偶。

仇注：四者混沌，契文两见，前指乾坤坎离，取先天卦位之四正；此指金水木火，取后天卦位之四正，其实一也。盖以乾坤为鼎器，则乌兔乃药材；以水火为男女，则龙虎乃弦气。读者当善参会耳。

肝青为父，肺白为母；肾黑为子，心赤为女；脾黄为祖，子五行始。三物一家，都归戊己。

肝属木，象青龙，青龙属乾，为阳为父；肺属金，象白虎，白虎属坤，为阴为母。肝木能生心火，心色赤，象朱雀，属离，离为中女；肺金能生肾水，肾色黑，象玄武，属坎，坎为中男，男即子也。肝肺心肾，皆归于中央脾土，故脾黄为祖。黄者，中央脾土之色（按语略）。然以先天五行论之，则天一生水，而子又为五行之始矣。

三物者，即木火、金水、戊己也；一家者，即都归于戊己一家也。故有“五行金借土，三元八卦岂离壬。”

好古注："木生火女，阳中之阴，是曰己土；金生水子，阴中之阳，是曰戊土。金木二者，俱从土生，故土又为水火之祖。此后天五行之相生者。"

阴阳反复章第四十三

刚柔迭兴，更历分部。龙西虎东，建纬卯酉。刑德并会，相见欢喜。

刚柔者，乾刚坤柔也；迭兴者，阳往阴来、小往大来也。

更历分部者，即龙西虎东也。部，一作布。盖龙本在东，今往西而建纬于酉；虎本在西，今来东而建纬于卯。卯酉者，二八之门也。

若行世法，则似德而实刑；若用丹法，则似刑而实德。德与刑，当作生死解。行世法则似生实死；用丹法，则似死实生。刑中有德，德中有刑，刑德并会，性情相见，刚柔和合，如夫妻相得，而欢喜矣。

悟元子曰：龙性属木为德，居东卯阳位，建纬于酉，是以性求情也；虎情属金为刑，居西酉阴位，建纬于卯者，是以情归性也。

刑主杀伏，德主生起。二月榆落，魁临于卯。八月麦生，天罡据酉。

伏与杀，皆静而不动之象；生与起，则动而非静也。刑本主伏与杀，德本主生与起。

二月为卯月，生之月也。而榆荚反落者，盖河魁之凶星临于卯位，煽动木气太旺，龙性难驯，遂致为金所克、为虎所伤也。落，一作死。悟元子曰：二月万物生，榆荚反落。

魁星辰时指卯，罡星辰时指酉，此生中有杀也。

八月为酉月，杀之月也。而荞麦反生者，盖天罡之吉星据于酉位，当俟金气先动，虎情来归，自得木气向荣，龙德正中矣。

上阳注：世人但闻沐浴为卯酉，岂能明刑德之故？德与生，即半时得药之比；刑与杀，即顷刻丧失之喻。德中防刑，害生于恩也；刑中有德，害里藏恩也。

仇注：卯酉沐浴，丹家皆云：卯酉两月，停火不用。据《参同》刑德并会、相见欢喜，即《悟真篇》刑德临门所自来也。夫春和秋爽，正当温养之际，岂可云停炉息火乎？上阳子以半时得药为德生，顷刻丧失为刑杀，其于卯酉沐浴之法，洞然明白，兼可知沐浴在时不在月也。

子南午北，互为纲纪。一九之数，终而复始。含元虚危，播精于子。

子为水，为精，为坎，为铅，本在于北；午为火，为神，为离，为汞，本在于南。今则子南午北者，水火既济、精神混一、坎离颠倒、铅汞相投也。

互为纲纪者，陆云：常道以阳为纲、阴为纪，今皆反之，故曰互为纲纪。又曰：一九之数，水中金是也。水之生数为一，金之成数为九，惟此金水，互相含蓄，遍历诸辰，循环卦节，莫非真炁之妙用。故一九之数，终而复始。其交会之际，则含元于虚危，而播精于子矣。

虚危者，二宿名，在北方，在人身则阴极为虚危穴；子者，亥子之间，贞元之会，时至机动，正在于此。陶注："虚危二宿，当子位之中。"

子时，一阳初动处也；含元，属先天寂然不动、杳杳冥冥、太极未判之时，日月合璧虚危度是也；播精，属后天感而遂通、恍恍惚惚、太极已判之时，雪山一味好醍醐是也。先天惟有一炁，后天始化为真精，而雄阳播施，乃在于子。

牝牡相须章第四十四

关关雎鸠，在河之洲，窈窕淑女，君子好逑。雄不独处，雌不孤居，玄武龟蛇，蟠虬相扶。以明牝牡，意当相须。假使二女共室，颜色甚殊，苏秦通言，张仪合媒，发辩利舌，奋舒美辞，推心调谐，合为夫妻，弊发腐齿，终不相知，若药物非种，名类不同，分剂参差，失其纲纪，虽黄帝临炉，太乙执火，八公捣炼，淮南调合，立宇崇坛，玉为阶陛，麟脯凤腊，把籍长跪，祷祝神祇，请哀诸鬼，沐浴斋戒，妄有所冀，亦犹如①胶补釜，以硇涂疮，去冷加冰，除热用汤，飞龟舞蛇，愈见乖张。

此章无甚深旨，不过明修道之必须借同类阴阳耳。

继往开来章第四十五

惟昔圣贤，怀玄抱真；伏炼九鼎，化迹隐沦。含精养神，通德三

① "如"，疑作"以"。

元；精溢腠里，筋骨臻坚。众邪辟除，正气长存；累积长久，变形而仙。忧悯后生，好道之伦；随傍风采，指画古文。着为图藉①，开示后昆；露见枝条，隐藏本根。托号诸名，覆冒众文；学者得之，韫椟终身。子继父业，孙踵祖先；传世迷惑，竟无见闻。遂使宦者不仕，农夫失耘，商人弃货，志士家贫。吾甚伤之，定录此文；字约易思，事省不繁。披列其条，核实可观；分两有数，因而相循。故为乱辞，孔窍其门；智者审思，以意参焉。

此章，古本称《后序孔窍章》，亦无甚深旨，不必细究。

丹法全旨章第四十六

法象莫大乎天地兮，玄沟数万里。河鼓临星纪兮，人民俱惊骇。晷影妄前却兮，九年被凶咎。皇上览视之兮，王者退自改。关键有低昂兮，周天遂奔走。江河无枯竭兮，水流注于海。天地之雌雄兮，徘徊子与午。寅申阴阳祖兮，出入终复始。循斗而招摇兮，执衡定元纪。升熬于甑山兮，炎火张于下。白虎唱导前兮，苍龙和于后。朱雀翱翔戏兮，飞扬色五彩。遭遇罗网施兮，压止不得举。嗷嗷声甚悲兮，婴儿之慕母。颠倒就汤镬兮，摧折伤毛羽。刻漏未过半兮，龙鳞甲鬣起。五色象炫耀兮，变化无常主。谲谲鼎沸驰兮，暴涌不休止。接连重叠累兮，犬牙相错距。形如仲冬冰兮，阑干吐钟乳。崔巍而杂厕兮，交积相支拄。阴阳得其配兮，淡泊自相守。青龙处房六兮，春华振东卯。白虎在昴七兮，秋芒兑西酉。朱雀在张二兮，正阳离南午。三者俱来朝兮，家属为亲侣。本之但二物兮，末乃为三五。三五并危一兮，都集归一所。治之如上科兮，日数亦取甫。先白而后黄兮，赤色通表里。名曰第一鼎兮，食如大黍米。自然之所为兮，非有邪伪道。若山泽气蒸兮，兴云而为雨。泥竭遂成尘兮，火灭化为土。若蘖染为黄兮，似蓝成绿组。皮革煮为胶兮，曲蘖化为酒。同类易施功兮，非种难为巧。惟斯之妙术兮，审谛不诳语。传于亿后世兮，昭然而可考。焕若星经汉兮，昺如水宗海。思之务令熟兮，反复视上下。千周灿彬彬兮，万遍将可睹。神明或告人兮，心灵忽自悟。探端索其绪兮，必得其门户。天道无适莫兮，常传与贤者。

① “着为图藉”，疑作“著为图籍”。

法象之至大者，莫如天地。法象，即许多代名词；天地，即是乾坤，乾坤即是男女。玄沟，天河也，指坎方。《易经·说卦》传云："坎为水，为沟渎。玄武为北方水神，坎卦位在北方，又为水。"玄，即黑色。水之色黑，故以玄沟比喻坎卦。又，玄字含有幽深之意，沟字则形容流通之状。又沟者，象形也。数万里，形容其长也，指彼此往来之道路也。

河鼓，谓牛郎也，象乾卦。《尔雅》云："河鼓，谓牵牛"。《古乐府》云："黄姑织女时相见。"盖黄姑与河鼓音韵相同，遂混用之耳。《天文志》云："河鼓三星在牵牛北。"据此河鼓与牵牛原非一物，但此处宜从《尔雅》为是。星纪者，谓天河。在各家注解，都说是天盘丑位。盖即天盘十二个星次之一。《尔雅》云："星纪斗，牵牛也。"言其部位在斗宿与牵牛星之间。仇氏《集注》云："星纪在王氏本作天纪。"《天文志》云："织女三星在天纪东端。"《岁时纪》云："天河之东有织女，天帝怜其独处，许嫁河西牵牛郎，嫁后遂废织绖。天帝怒，责令归河东，使其一年一度相会。"据此，则天纪即是天河。河鼓临星纪者，谓牛郎与织女驾鹊桥而相会于天河也（按语略）。人民俱惊骇者，身为国家，心为君主，精气为人民。阴阳交感，则其中精气不免激动，而现非常之状态。俱者，指坎离两方而言。

晷影者，即日影。又为测日影以定时之器具，器面有针，比喻离卦之作用。前却者，前为进，却为退。妄前却者，妄有所动作而进退，而进退不以矩，不合度也。离卦既妄有所动作，进退不肯以矩，则不免有洪水泛滥之灾。即木液飞扬，金精湮灭也。象尧之九年，被其凶咎。咎，盖谓咎由自取。

当此之时，必用元神正念观察觉照，以象皇上之览视。妄动之人心，则当退后而改悔其以前之错误，以象王者之退自后。《书》云："惟皇上帝降衷于下民。"盖皇上者，指道心也；王者，象人心也；改字，上阳本、《阐幽》本、《集注》本皆作改字，潜虚本、《脉望》本、《发挥》本、抱一本皆作后字。按文义，似用改字较优。

关键既正其低昂兮，则一身之周天自然循环。关者，要路口之门也；键者，关牡也，又名门牡，用直木为之，双关宜低而插，键宜昂。前云"丑之大吕，结正低昂"，亦是此意。此处之低昂可作俯仰讲。周天，又作害炁，又作周炁。俞琰《参同契释疑》云害炁，周本皆作周炁。朱子疑周炁二字无义理，遂改为害气，亦非是。盖害字与周字相似，炁字与天字颇相近也。

（按语略）

江河，即指河车运行之处。按：此则江河与海，皆当指离。又按：江河无枯竭之“无”字，上阳本、阐幽本作“之”字，诸本皆作“无”字。《释疑》云：旧本“无”作“之”，非是。然“之”字理较优。盖谓江河指坎，而海指离，谓坎宫之所以枯竭者，因坎水流注于离海故也。然坎水流离，倘致枯竭，则非大小无伤矣。故尚宜斟酌。又仇注：江河无枯竭，常资神水以灌灵根，上自①天河而来，下从昆仑而入。

夫天为雄，地本为雌。今天地之雌雄者，是以天为雌，以地为雄，反其道而行之，是丹道之逆行造化、颠倒阴阳也。徘徊者，不进不退、亦进亦退之象。子者，阴极一阳生也；午者，阳极一阴生也。又子与午，言坎离两方，非指时辰。纵谓时辰，亦是活子时、活午时，而非每日昼夜之时辰。

寅申阴阳祖者，子水生于申，午火生于寅，故曰阴阳；出入终复始者，子进阳火，午退阴符，徘徊出入，退而后进也。又，寅时之后四刻至卯时之前四刻，申时之后四刻至酉时之前四刻，方有出入之象。所谓终复始者，盖出为终，而入②复为始也。后来丹经都说卯酉不讲寅申，只有《龙眉子金丹印证诗》云“兔遇上元时便止，鸡逢七月半为终”，是以寅申为用。盖以由子到巳、由午讫亥，上下各六个时辰，当以寅卯申酉之交界时，最为中心也，故不宜单提卯酉。又按：此皆是人身上的时刻，不是钟表上的时刻。

然当此之时，宜循其斗柄，而招摇摄取，尤须执其平衡，以定其元纪。《集注》云：“斗为众纪，故曰元纪。”又云：“招摇乃斗柄，比采药之剑，取其能招摄也。斗柄起自衡星，有平衡之象焉，喻剑锋之横指也。临时交接，凡浅深颠倒，前短后长，顺去逆来，皆系此一衡，故执衡所以定丹法之纲纪。”又云：“北斗七星，自一枢二璇至三机四权为斗魁；自五衡至六开七瑶为斗杓，杓即招摇星。”又《测疏》云：“执衡招摇，执其杓而转之也。”《无根树》云：“运转天罡斡斗杓。”又云：“槎影横空须斗杓。”《丽春院词》云：“半夜开丹灶，三更运斗杓。”《金丹诗》云：“逆回海水流天谷，侧转风帆运斗杓。”《金液还丹破迷歌》云

① “自”，原作“白”，误，校改。

② “入”，原作“人”，误，校改。

“点开透地通天眼，斡转天关斗逆行”（按语略）。

于是升熬于甑山之上兮，离家之炎火则张于其下。熬，为熬火之枢机，即白虎为熬枢之熬；甑山，离峰也。

候白虎唱导于前兮，即金华先倡意。苍龙乃和之于后，即阳乃往和之意。

朱雀则翱翔以戏兮，其飞扬之色具五彩。朱雀，为姹女，即汞火也；翱翔，谓能飞也。

遭遇先天一炁之网罗来施功兮，遂压汞性之飞阳，使不得伸举。

嗷嗷之声似甚悲哀兮，好象婴儿之慕母。盖谓神气相合、铅汞相投，如子母相恋之状。嗷嗷甚悲，乃形容其恋慕之情，非真有什么声音也。

颠倒以就离家之阳镬兮，遂摧折以伤其毛羽。盖汞为铅伏，不得复飞扬也。此以外丹喻人元也，即朱砂入铅之时也。外丹书中有句云：“朱雀炎空飞下来，摧折羽毛头与脚，水银从此不能飞。”即摧折伤羽毛之说也。

刻漏未过半，龙鳞甲鬣起者，谓不到半个时辰也，即如龙鳞之甲鬣，纷纷而起。甲鬣，又作狎猎，即重叠相接之意。《玄要篇·大道歌》云：“一个时间辰六候，只于二候金丹就。”吕祖《敲爻歌》云：“一时辰内金丹就，上朝金阙紫云生。”

于时有五色之象，炫耀夺目，变化之状，神妙无常。《敲爻歌》云：“一派红光列太清，铅池迸出金光现。”《道情歌》云：“霞光万道笼金鼎。”又云：“一颗红光似至真。”又云：“远似葡萄近似金。”《打坐歌》云：“神光照耀遍三千。”又云：“半夜三更现红莲。”《金丹歌》云：“一颗红光似月明。”《固漏歌》云：“浑身一片霞光照。”又云：“紫气红光常晃耀。”此皆五色炫耀、变化无常之象。

谲谲然在乾鼎中沸驰，暴涌而不休止。于是逆行而上，火逼金行，接连重叠，由河车、夹脊而至泥丸，再累累然下降绛宫、黄庭而入①丹田。其时内视所觉之形象，既似犬牙之互相错距，一升一降，若有所磨擦也，又如仲冬之寒冰片片，色白而有光也。而阑干吐钟乳、崔嵬而杂厕交积、相支拄等说，皆形容其身中奇异之景象也。《测疏》谓：是乃大药还丹之验。钟乳，中空而透明之石。崔嵬，土山之戴石者。《测疏》

---

① “入”，原作“人”，误，校改。

又作：崔，巍巍高峻貌；交积，即渐凝渐钟也。总之形容其各种景象之不同也。

但所以能如此者，盖由阴阳得配，然虽有种种景象，而不可着相生心。若一着相，便落在后天，故只能淡泊相守，则自有神妙不可测之变化。

所谓青龙处房六者，青龙与房宿，皆位于东也。然《河图》之数，东方乃三与八，不是六。此云六者，因为水之成数，木生于亥故耳。故云：春华（按语略）震东卯。春、震、卯皆属木，在东方。

白虎在昴七者，白虎与昴宿，皆位于西也。然《河图》之数，西方乃四与九，不是七。此云七者，因七乃火之成数，金生于巳故耳。故云：秋芒兑西酉。秋、兑、酉皆属金，为西方。秋芒者，秋谷垂芒也。

朱雀在张二者，朱雀与张宿，皆位于南也。故云：正阳离南午。夏、离、午皆属火，为南方；二，为火之生数；正阳，即夏令。

金、木与火三者，俱来朝宗，如家属之为亲侣，本来只水火之二物，其结果乃成为三五。按：三五者，有三说：（一）三五即十五，房六、昴七、张二，共为十五数；（二）子午数合三，戊己号称五，三五既和谐，八石正纲纪，乃水一火二，连土五在内，合称三五；（三）东三南二一个五，北一西四一个五，戊己中央一个五，也是三五。

三五并于危宿水一之处，即北方虚危穴，为先天一炁发生之所。故云：都集归一所。此即混为一也。但《集注》谓："危一，指真一之炁；一所，指黄庭神室。"此又是一说。又按：从《集注》似文义较顺，盖谓金、木、火三五并危宿水一，都集归于黄庭中央之土，为一所也。

所谓治之如上科者，谓大药已得之后，当从事温养功夫，亦如前筑基固命之法，惟日数则当从此处起头。故云：日数亦取甫。取者，资也；甫者，始也；取甫，犹言资始。

先白者，陶注云：采之类白，金液之色。后黄者，凝而至坚，号曰黄舆。赤色达表里者，造之则朱，火色内外也。

所谓第一鼎者，陆云：先天之物；食黍米者，陆云：初得之丹。经云：元始有一宝珠，悬于虚空者，盖是物也。此皆是自然之所为，并非有邪伪之道故。若山泽之气自然相通，兴云自然为雨，泥竭自然成尘，火灭自然化土，蘖染自然为黄，蓝染自成绿组，皮革久煮自能成胶，曲蘖作酵，自酿成酒。此皆因同类之易于施功，非种则难以为巧也。蘗，音柏，俗名黄柏，可作黄色染料；蓝，即今之靛青；绿组，即绿丝绳也。又《测疏》云："炎火下张，升熬甑山，即山泽之蒸气也，化为玉浆，降下重楼，滋液润泽，和通表里，即兴云为雨，洗濯乾坤，皆成明润也。故蒸气，则白云朝于顶上；化雨，则甘露洒于须弥。及乎铅为火锻，则日以渐抽，化为窗尘，片片飞浮而去，是泥竭而成尘。汞为铅擒，死归厚土，烟消烬灭，冷于寒灰，是火灭化为土也。"又《集注》引："或云染黄成绿，于色相中求药也；皮革煮胶，火候欲其完足也；曲化为酒，得气者常似醉也。"此说亦牵强支离，不合本意。

惟如斯之妙术审谛，不稍妄语，传于亿万世后，昭然自可考据。焕然若星之经汉，众目共睹；昺然如水之宗海，万古不移。只要思之务令详熟，反复环视上下，千周万遍，彬彬可睹，精诚感通，神明造人，心灵自悟，探端索绪，必能得其门户也。盖天道并无适莫，常传与有贤德之人。审谛，细考根蒂也；汉，天河也；探，以手摸物也；端，头也；绪，丝端也；端绪皆言纲领；门户，即坎离；适，音的，适莫，谓一定也。《论语》云："无适也，无莫也，惟义之比。"

又《集注》谓："此章举《参同契》而约言之。"法象天地，是刚柔配合乾坤，为鼎器也。河鼓临纪，是男女相须，坎离为药物也。玄沟取象于坎门，关键取象于离户，晷影则离之神火，江河则坎之神水。王者退改，以中心为主宰也。雌雄者，人身之天地。低昂者，颠倒之阴阳。子午寅申，指火符之进退。循斗执衡，以魁柄为纲纽，出入终始，筑基而温养，首尾运火之功也。白虎唱而苍龙和者，原金华唱而阳往和乎。朱雀翔而五彩飞其河上，姹女得火则飞乎。纲罗施而不得举者，其魄以钤魂，不得淫奢乎。刻漏未半而龙鳞狎猎，是盖簇年月于一时，簇时刻于一符，凝精流形其在斯乎。此条皆借外丹景象以形容内丹之神妙，即谓滋液润泽，施化流通，各得其和，吐证符邪。震东兑西，乃龙呼而虎吸，正阳离南，殆守西之荧惑邪。分之为三五，合之皆归一，斯即三五与一，天地至精，九还七返，八归六居耶。白黄与赤，盖采之类白，造之则朱，得黄舆而成丹矣。象且白赤，为金火之色。金火相交，不离戊己者，玄牝之门，天地之根，真铅真汞于此而生，成人成圣由此而出。经云："孔窍其门。"此云："得其门户。"皆此物也。天地之法象雌雄，篇中频露意矣。而又云："山泽通气，何也？山泽之咸，兑艮合体。"《易》曰："柔上而刚下。"上而悦男下女，二气感应以相与，其于丹法，尤为显著。柔上刚下，象其颠倒低昂也。止而悦者，艮性欲其专一，兑情欲其和谐，以此男求于女，则有感而必应矣（下略）。

鼎器歌第四十七

圆三五，径一分。口四八，两寸唇。长尺二，厚薄匀。腹齐三，坐垂温。阴在上，阳下奔。

圆，一作围；径，一作寸；齐，一云即脐；齐三，一作三齐，一作三正；垂，作待字解。

圆为乾鼎，方为坤炉。算术上公式，圆形三寸，径长一寸；圆形三五，径长一五，故云：圆三五，径一分。方形八寸，则径长两寸，而四围适有四个两寸，二四得八，故云：口四八，两寸唇。又三五一为奇，故象乾；二四八为偶，故象坤。长尺二者，比十二月、十二时、十二律，卦气循环无参差也。厚薄匀者，即调停火候，配合均匀，念不可起，意不可散，念起则火燥，意散则火寒也。腹齐三者，外丹鼎炉腹下三足，人元亦象之也。坐垂温者，坐待其气之温暖也，即吕祖《沁园春》词云："七返还丹，在人须先炼己待时；正一阳初动，中宵漏永，温温铅鼎，光透帘帏。"阴在上，阳下奔者，坤炉之坎卦在上，而坎中之一阳爻（按语略），望下而奔入乾家也。亦即取坎填离、水火既济之义。

首尾武，中间文。始七十，终三旬。二百六，善调匀。阴火白，黄芽铅。两七聚，辅翼人。

首尾武，中间文者，此言下手及末后皆用武火，中间则用文火。外丹烧炼，凡拉动风箱、加足煤炭、火力盛强者，即算武火；不动风箱、火力平和者，即算文火。内丹文武火如何解释，则人各一说。或云：先天丹母为文火，后天药符为武火。或云：呼吸有数而繁重为武火，无数而轻微为文火。或云：打起精神驱除杂念为武火，温温不绝绵绵若存为文火。或云：文火乃发生之火，求铅之时用之；武火乃结实之火，结丹之时用之。或云：后天鼎中筑基与温养之火为武火，先天鼎中大药还丹之火为文火。如此种种，莫衷一是，惟在修炼者自己把握矣。然遇真师传诀者又当别论。

始七十，终三旬，二百六，善调匀者，即七十日、三十日、二百六十日，共计三百六十日，即是十二个月，亦即一年一周天也。但此亦是比喻。若缩短而言，则一月三十日，共计三百六十时辰，未尝不可代替三百六十日。倘再缩短言之，则一日十二时辰，未尝不可代替十二个月。再以攒簇火候而言之，则一刻之中，亦备一年之气候。因一刻之中有一个周天，一个周天等于一年故也。此四句，各注家无一合原书之本意者，大概都属牵强附会。

阴火白，黄芽铅者，阴火，即白雪，故云阴火白；白雪属阴火，则黄芽当属阳火，故曰黄芽铅。

两七聚，辅翼人者，青龙七宿与白虎七宿，阴阳二火聚在一处，以辅翼行功之人也。陆注：铅汞之气同聚中宫，辅翼人身以成仙体。《集注》又云："两七者，或云十四以下之鼎器，取其气旺而药真。运火须九鼎，故曰聚也。"

赡理脑，定升玄。子处中，得安存。来去游，不出门。渐成大，情性纯。却归一，还本元。善爱敬，如君臣。至一周，甚辛勤。密防护，莫迷昏。途路远，极幽玄。若达此，会乾坤。

赡理脑，定升玄者，即目视顶门，赡顾其脑，久之则自能药气升顶。顶者，玄宫也；赡理，即赡养修理之义。此即丹法所谓移炉换鼎也。

子者，婴儿也。婴儿处于玄宫之中，得以安存。

来去游，不出门者，只能优游于一身之中，不能出神于玄门之外，盖婴儿幼小未成人也。及乎渐凝渐大，情性日纯，再退归元海，还于本原，用抱元守一之功，要善事爱敬如君臣之间。若是者，至一周年之久甚为辛勤，严密防护，切莫迷昏。

如是之后，方可阳神透顶，来往自如途路。远则放之弥乎六合也，极幽玄则卷之潜藏深渊也。若能达此，则宇宙在手、万化生身，会通乾坤之理矣。会通者，即融会贯通也。

刀圭沾，净魄魂。得长生，居仙村。乐道者，寻其根。审五行，定铢分。谛思之，不须论。深藏守，莫传文。御白鹤，驾龙麟。游太虚，谒仙君。受图箓，号真人。

刀者，撇为戊土，折为己土，乃戊己二土。刀圭者，二土成真也，金丹大药也。既沾刀圭，魄魂自净，于是得长生而居仙村。沾，当"得"字解。

魄魂净，即身心大定，烦恼全无，六根清净，寝无梦，觉无忧也。若欲如此，惟乐道者能寻大道之根宗。以先天一炁为之本，审五行之顺逆，使生克制化得其宜（按语略），定药物之铢分（按语略），使铅汞抽添合度。此等至理，但可审思密藏，难以口谈文述。惟默默行之，三年九载，道成德就，则身外有身，驾鹤骖龙而神游乎寥廓之表；膺箓受图，而天赐以真人之号，是谓圣修之极功，丈夫之能事毕矣。

（按语略）

又，麟，一作鳞。

序第四十八

《参同契》者，敷陈梗概。不能纯一，泛滥而说。纤微未备，阔略仿佛。今更撰录，补塞遗脱。润色幽深，钩援相逮。旨意等齐，所趣不悖。故复作此，命三相类，则大易之情性尽矣。大易情性，各如其度。黄老用究，较而可御。炉火之事，真有所据。三道由一，俱出径路。枝茎华叶，果实垂布。正在根株，不失其素。诚心所言，审而不误。

《参同契》者，敷陈梗概，不能纯一。敷，即宣布也；陈，告也；梗概，大略也；不能纯一，谓不能纯粹精一，完全宣露也，即前文所谓写情著竹帛，又恐泄天符也；泛滥而说者，广说，不说一件也，如有时说天地，有时说人类，有时又说物类，用种种譬喻也；阔略仿佛者，辽阔而约略，仿佛似之也。

今更撰录，补塞遗脱者，谓更撰录歌赋序文，以补塞本文之遗脱也。

润色幽深，钩援相逮者，即润色幽玄深邃之文章，钩之援之，使相连也。钩援，攻城器；逮，作连字解，即指歌赋之类。

旨意等齐，所趋不悖者，谓所作之歌赋等，其宗旨之意与原文相同。所趋之途，并不悖谬也。

故复作此者，因补塞遗脱之故，复作此。命三相类者，命其名为三相类，即大易、黄老、炉火三道由一之意。则大易之情性尽矣者，谓虽可分而为三，实不能出大易情性之外，能明此三者相类，则大易之情性无不尽矣。

大易情性，各如其度者，谓大易情性，不外乎一阴一阳耳。阴之度数若干，阳之度数亦若干，盖阴阳之数必须相配也。故云：大易情性，各如其度。

黄老用究，较而可御者，言黄帝、老子发明之妙理，应当用作研究，且较然可以运用而乘御。

炉火之事，真有所据者，炉火即地元黄白术，天元神丹也。学者得诀之后，依法实行，按程修炼的，有成就之可能。古仙都有服之而飞升者，故云真有所据。

三道由一者，谓大易、黄老、炉火表面虽可分而为三，然皆不出阴阳配合各如其度耳。故云：三道由一。

俱出径路者，谓二道若能明理得诀，而具足机缘，皆是至简至易之事，并非繁难也。径路者，谓路极近也。

枝茎花叶，果实垂布，正在根株，不失其素者，谓有枝茎与花叶果实自然垂布，然其正则在根株之不失其素。以喻修道者之能由结丹而脱胎神化。推其所以能如此者，则在绵绵呼吸调养元神，正心诚意不失其根本之朴素也。

诚心所言，审而不误者，谓此皆魏公诚心所言，苟能细审其理而行之，决不误人也。

郐国鄙夫，幽谷朽生。挟怀朴素，不乐权荣。栖迟僻陋，忽略利名。执守恬淡，希时安平。宴然闲居，乃撰斯文。歌叙大易，三圣遗言。察其旨趣，一统其伦。务在顺理，宣耀精神。施化流通，四海和平。表以为历，万世可循。叙以御政，行之不繁。

郐国鄙夫者，郐国在河南，会稽在浙东，借郐国以寓会稽；鄙夫者，自谦也，谓处边鄙之夫，亦谓鄙陋之人也。幽谷朽生者，幽谷，山谷中；朽生，谓无用于世也。

挟怀朴素，不乐权荣者，谓心中怀着朴素之念，不喜争权夺利富贵荣华也。

栖迟僻陋，忽略利名者，谓栖迟于僻陋之处，忽略货利声名。

执守恬淡，希时安平者，即执守恬淡生活，只希时局安平。

宴然闲居，乃撰斯文者，谓方可宴然闲居，乃得撰作斯文。

歌叙大易，三圣遗言者，谓所做者诗歌之文，所叙者大易之道。三圣，即伏羲、文王、孔子也；遗言，即遗传之言。

察其旨趣，一统其伦者，盖谓三圣之遗言，若察其宗旨与趣向，实一统其伦而无殊，皆不出一阴一阳之道也。

务在顺理，宣耀精神者，谓其所务者，在乎顺自然之理，而宣化光耀吾人之精神。

施化流通，四海和平者，谓若能顺自然之理，以宣耀精神，而施化流通于宇宙之间，自然能四海和平，而万国咸宁。《尧曲》云：光被四表，格于上下。亦同此理。

表以为历，万世可循者，即表明大易阴阳消长之道以为历，则虽万世可以遵循。故《易传》云："君子以治历明时"。

叙①以御政，行之不繁者，即叙大易之道，以御政治，则亦可以端拱无为，行之简易而不繁，所谓道无为而无不为也。

引内养性，黄老自然。含德之厚，归根返元。近在我心，不离己身。抱一无舍，可以长存。配以伏食，雌雄设陈。四物念护，五行旋循。挺除武都，八石弃捐。审用成物，世俗所珍。罗列三条，枝茎相连。同出异名，皆由一门。

引内养性，黄老自然者，谓用大易之道，引之于内，以养心性，即黄老自然之道也。盖黄老养性，亦不外乎大易之阴阳也。

含德之厚，归根返元者，含德，即含受先天一炁也。盖道德皆本乎一炁也。广义的谓道，狭义的谓德；普遍在宇宙间的谓道，寄存在人身中的谓德；统而言之谓道，分而言之谓德。所谓德者，即一炁在乎人身也。今含受先天一炁，使之深厚，自然能归根返元（按语略）。

近在我心，不离己身，抱一无舍，可以长存。盖谓此等道理，皆近在我心，并不离乎己身，苟能抱元守一，而无舍弃，则自可以永远长存矣。《集注》云："此即久视长生之道也。"又《道德经》云："含德之厚，比于赤子。"又云："归根曰静，静曰复命。"又云："载营魄抱一，能无离乎？"又《孟子》亦云："操则存，舍则亡。"亦此同理。

配以伏食，雌雄设陈，四物含护，五行旋循者，以天、地、人三元皆可作注。盖天元本讲伏食，而地元则天元之初步；人元之伏食，则伏先天一炁。然皆须雌雄设陈，用阴阳相配合，龙虎雀龟之四象为念护，加戊己二土为五行，以周旋而循环其间，方可成丹。

挺除武都者，挺除，犹云排却；武都，山名，产二黄之地。《集注》云：炼药封口，用武都山紫泥。八石弃捐者，《集注》："朱砂、硼砂、硇砂、雌黄、雄黄、硫黄、砒霜、胆矾谓之八石。"二元之道，均不须如此繁杂，故皆在挺除弃捐之例。

审用成物，世俗所珍者，存存子注：能审其作用而成物，则九年成白雪，十二年成神符，白日飞升，枯骨生肉，为希世之珍。此炉火伏食之道也。

罗列三条，枝茎相连，同出异名，皆由一门者，谓大易、黄老、炉

① "叙"字原脱，据上引原文补。

火，今虽罗列为三条，然其枝茎实相连络，道理可以一贯，同出于一途而异其名耳。若论归根返元，皆由一门也。

非徒累句，谐偶斯文。殆有其真，砾硌可观。使予敷伪，却被罪愆。命《参同契》，微览其端。辞寡意大，后嗣宜遵。

非徒累句，谐偶斯文者，谓并非徒然累叠成句、和谐排偶而为斯文。

殆有其真，砾硌可观者，谓殆有其至真之理，明白显露，而可以观也。砾硌，明白貌。

使予敷伪，却被罪愆者，即假使予宣布的道理是虚伪的，却要受一种过愆。

命《参同契》，微览其端，辞寡道大，后嗣宜遵者，谓所以命名为《参同契》者，盖微览金丹大道之端也，言辞虽寡，而其道实大，后嗣应当遵循。

委时去害，依托丘山。循游寥廓，与鬼为邻。化形为仙，沦寂无声。百世一下，遨游人间。敷陈羽翮，东西南倾。汤遭厄际，水旱隔并。柯叶萎黄，失其华荣。各相乘负，安稳长生。

此魏伯阳歌四字隐语也。俞琰注：委时四句藏魏字，化形四句藏伯字，敷陈四句藏阳字。委邻于鬼，魏也；百去其一，下乃白字，合于人，伯也；汤与厄遭，隔去其水，而并以厄傍，阳也。陶注：柯叶四句藏歌字。柯失其荣，去木成可；乘者加也，两可相乘，为哥；负者欠也，哥旁附欠为歌。

知几子云："有韵之文，谓之歌，即所谓歌叙大易也。"又云："此节文义亦可顺解，委弃时俗，以避物害，身居寥廓之境，几与山鬼为邻矣。意在韬声学仙，百世重游，如丁令威化鹤归来也。敷陈羽翮者，羽化之后，四方任其翱翔矣。东西南倾者，缺北方之水，则火木旺而销金，故喻汤年大旱，柯叶萎黄，水枯不能生木也。神仙则身外有身乘鸾跨鹤，不受侵陵生灭矣。故曰：各相乘负，安稳长生。"

《论济一子傅金铨先生批注各书》附注[①]（1940 年）

（原文略）

撄宁附注：作者方内散人，原籍江西南昌，与黄邃之君谊属同乡，而又同道。清朝光绪时代，广东香山郑陶斋君曾授业于方内散人之门。方内全家，皆笃信儒释两教，而于仙道无缘。故其自己著作，亦止署别号，不用真姓名，盖免为反对者所诟病也。郑君当年作彼护法，助以财力，俾克入室下功，已大见效验。但因发生意外之障碍，竟不能终局。黄邃之君曾为余言之，并深致感慨，惜余未追询此公后来结果究竟如何。本篇所论傅金铨先生谬误之处，颇有益于学人，今特钞登报端，以饷读者。

论“白虎首经”[②]（1940 年）

《悟真篇》“西江月”词第三首云：“白虎首经至宝，华池神水真金。”知几子《悟真集注》谓：“首经即五千四十八日之期，此期初至，

① 原载《仙道》第 13 期（1940 年 1 月 1 日），正文作者方内散人，按者陈撄宁。
② 原载《仙道》第 14 期（1940 年 2 月 1 日）。

先升白气，降为神水，水中有真金之气，故曰神水真金。”其意盖指二七天癸为“白虎首经”，但《悟真三注》其说与知几子不同，今考陆子野注云：“男子二八而真经通，女子二七而天癸降。当其初降之时，是首经耶？不是首经耶？”观此数语，乃疑惑之辞，而非决定之论。下文又云：“神水即首经也。《老子》曰：‘上善若水，善利万物。’真人以首经神水为喻，言其利生之功，非其他丸散外药可比。”此一段盖谓神水即是首经，而神水与首经又皆是喻言，并未指明何物。

再考薛道光注云：“首者初也，首经即白虎初弦之气，却非采战闺丹之术。真一之气，在天曰真一之水，在虎曰初弦之气。若炼在华池，名曰神水。此乃真经之至宝，皆不离真一之精。流历诸处，故有种种之异名。以其能成就造化，经曰：‘上善若水。’盖真一之水，生于天地之先，故曰上善。其利源甚为深远，却不比寻常后天地滓质之物。”请观此段中连用四个“真一”字样，学者应当特别注意。至于“二七天癸”，虽可名为首经，试问与“真一”二字何涉？

再考上阳子注云：“白虎为难制之物，倘用之不得其道，岂无伤人之理？首经为难得之物，倘求之不失其时，必有天仙之分。只此白虎首经，强名先天一气。仙师太忒漏尽，薛陆注之太详，世之愚人若指为采战之说，或谓闺丹之术者，则祸及于身。学者若知三日月出庚之旨，方许求华池神水之丹。”据此一段而细察之，虽有“求之不失其时”及“三日月出庚”之说，安知不是指每月而言？若竟断定为二七天癸初降之时，亦未必然。

统观道光、子野、上阳三注，皆未言白虎首经即是二七天癸，惟三注皆以首经与神水相提并论，可知首经与神水，乃一物二名。果能明了神水是何物，则首经问题亦可以解决矣。《悟真篇·后序》云：“修生之要在乎金丹，金丹之要在乎神水华池。”此意人多不能了解。再看石杏林《还源篇·后序》云：“先师《悟真篇》所谓金丹之要在乎神水华池者，即铅汞也。人能知铅之出处，则知汞之所产。既知铅与汞，则知神水华池，既知神水华池，则可以炼金丹。金丹之功，成于片时，不可执九载三年之日程，不可泥年月日时而运用。钟离所谓四大一身皆属阴也，如是则不可就身中而求，特寻身中一点阳精可也。然此阳精在乎一窍，常人不可得而猜度也。只此一窍，则是玄牝之门，正所谓神水华池也。”按：石杏林仙师乃南宗第二祖，亲受紫阳之传，其言当比后来各家杂说为可信。所谓“神水华池”，不过如此。对于二七天癸，毫无关系，学者可以醒悟矣。更参考紫阳仙师《金丹四百字·自序》云："以铅见汞，名曰华池；以汞入铅，名曰神水。"此意与杏林仙师所谓"神水华池者即铅汞也"一句，正相符合。因此可知铅汞相交即是华池神水，华池神水即是白虎首经。而白虎首经，决不是二七初降之天癸，则可以断言者。

学道诸君，若不将此种紧要关头先弄清楚，仍迷信非五千四八之期不足为金丹大药之用，则前途荆棘多矣。此尚指自己有力能设备完全依法试做者而言，其无力照办者，终身在望梅止渴之中，永无实行之日，尤为可怜。

余根据四十年之阅历，耳闻目见，各省学道诸君用五千四八采大药者，结果总归失败。北京二人、南京一人、苏州一人、上海一人、成都一人、武昌一人，前后共计七人，没有一人达到目的。其间困难多端，未暇细说。而方法之不善，确为失败之主因。同道中人，谈及此事，每归咎于筑基炼己工夫未曾做好，而急求速效、轻举妄动，故不免失败。愚谓此种弊病固亦有之，但非彻底之论。盖彼等最大的错处有二：一则误会先天大药出产于鼎器身中，其来源已经认识不清；二则误会兑卦最初一次首经为无上至宝，下次来者即不堪作大药之用，其理由亦欠充分。语云："前车覆辙，后车之鉴。"余愿世间学道诸君勿再执迷不悟，奉五千四八为神圣规条，以致自误误人。则仙学庶几有正轨可循，而不至于镜里看花，结果终无所得也！

读知几子《悟真篇集注》随笔[①]
（1940年）

《集注》卷首第五页"张真人传道源流"篇末云："此非有巨室外

① 原连载于《仙道》第15期（1940年3月1日）至第17期（1940年5月1日）。

护，则易生谤毁，可直往通邑大都，依有德有力者图之。”愚谓访“外护”一事，在古人行之甚为便利，但在今之学道者，若依样画胡芦，恐未必相宜。其理由如下：

第一种理由：江湖方士，一知半解，动辄冒古人访外护之美名而别有作用，历年以来已将名誉弄坏。虽有真传实学之士，人亦不敢相信，视为与彼江湖朋友无异。盖普通学道者流，阅历太浅，没有认辨之能力，遂致如此，亦不足怪也。

第二种理由：今人心地，不及古人忠厚，而计算却比古人精明。古人做外护，等于做功德；今人做外护，等于做买卖。古人做外护的意思，乃自问有余力时，即发愿帮助他人修道。倘能因此造就一位神仙出来，即算自己做了一件大功德事，不必希望什么报酬。今人做外护，要现钱买现货。假使世间有已经修炼成功之人，让他们亲眼看见，他们必定争先抢着要做外护。其实此种见识，未免愚笨。盖修炼所以需要外护者，正因其尚未成功耳。若已经成功，何必再求外护？十年前×××君并其他数人，被江湖方士号为周神仙者所愚弄，其事亦甚可笑，大有哑子吃黄莲之滋味。×××君之为人，未尝不精明，但是此等事比较世间事不同，人愈精明，吃亏愈大。

第三种理由：外埠某君来函说，已得人元之诀多年，奈访不着外护，所以不能下手，现在年龄已老，恐又要虚度云云。此事亦甚可悯。虽然，如果真有人做彼外护，余敢料其结果双方皆不免失望。盖其法夹杂旁门，而非南宗正传心印，如何能成仙了道？幸而无人做彼外护，自己尚可藏拙，否则人又以江湖方士目之矣。某君固非江湖，而其所得口诀之无效，则与江湖诀相等。此种人各省皆有，若某君者，不过其中之一而已。

基于上三种理由，所以我不赞成“访外护”之事。

或问“访外护”既不许，在家中修炼，其势又绝对不可能。然则如何办法方足以应用？答曰：此事要看自己环境之优劣，及年龄之大小，于各种丹法中选择一种而用之。总以有严密之组织为第一着，改良之训练为第二着，绵长之道统为第三着。从此而东方绝学永留天壤之间，将来总有几人由此道而成仙。切忌过分宣传及扩大范围，庶免后患。因为仙学性质，与各种宗教不同。宗教是要普渡，所以注重宣传，只求人人信仰，凡有来者不拒；仙学难以普渡，不是人人所能行的。

世间做××工夫者，无论靠“外护”之力，或靠自己之力，都不过费去一笔钱财，弄得几只××关起大门在家中就做起来，各种条件都不完备，草率从事，如何能有成功的希望？反而惹出许多烦恼。所以传授口诀与人，须要仔细审察其人家庭、环境、学识、年龄、性情、身体，看何种法门适宜，则传授何种法门。勿固执一法以教人，则流弊可免。

康熙年间，知几子自刻《参同契集注》、《悟真篇集注》，全部无一错字，此二书已归杭州马一浮君收藏。兵燹后之，不知遗失否？广东翻版《悟真集注》，舛误迭见，远不及原版之精美。然今者虽翻版亦不易得矣。再者，道光年间刻本《三注悟真》，字大而清晰，今坊间通行有光纸小字石印本最坏，阅之令人生厌。

卷首第十五页“论养己筑基”一段有云：“所未详者，玩三丰真人《节要篇》及孙汝忠《金丹真传》，自可得其分晓也。”今按《三丰全集》中，止有《玄要篇》是自作。若世间抄本三丰《节要编》，既未收入全集，又别无刻本，是否三丰手笔颇有疑问。济一子所刊布之《金丹节要》，此较抄本《节要篇》又不相同，想是经过江湖传道者之删改，遂致愈传愈劣，失其真相耳。至于《金丹真传》，亦不合《悟真篇》本旨。知几子学问虽博，奈其徒富于记诵而未曾实验，竟使泾渭不分。今世学道者，无不以《金丹真传》代替《悟真篇》，余前在《扬善半月刊》上已指其谬，今再补述于此：

卷首第十六页后半页第三行，引李晦卿之说与事实不合。凡李晦卿所作之书，无论讲黄白术或讲阴阳法，皆是杜撰捏造、自欺欺人。知几子对于丹道，虽阅书甚多，惜未得南派嫡传，竟为旁门所误。做《道言五种》之陶存存子，有时亦被李晦卿蒙混过去。

卷首二十一页后半页第二行，所谓“玉京洞”，在天台县赤城山上，今已为尼僧居之，非复仙家气象矣。

卷首二十二页前半页所云：“金液之术，不可乱传人，必逢积德善人，方可指授，否则难逃天谴。”此语诚然，学者宜知警惕。故凡以最上乘口诀传人，必须访察其人之前辈是否积德，其自己是否真为善人？此乃第一要注意。

卷首廿七页所谓：“开关须三七，炼剑用百天。筑基在期岁，还丹只片时。温养经十月，抱元历九年。”此说不可拘泥，要看学者年龄之大小、身体之强弱、性情之躁静。大概年老、身弱、性躁者，每需要甚多之岁月，年壮、身强、性静者，则日数比较可以减少。更要得其真传口诀，方能希望成功。若世间江湖朋友所传授者，不免夹杂旁门；方外人所传授者，又不能适合于在家人之环境。徒抱定几句呆板的口诀教人，每每窒碍难行，须知这件事是活泼圆通的，于学者本身之环境有绝大关系。世间常有抱道而终、永无实行之机会者，皆因拘泥双修之说，不识清净阴阳一贯之玄妙，以为非用鼎器则必无所成，而其人之环境又不容许走这条路线，于是乎磋跎岁月，今生又虚度矣！吾愿世间同志诸君力矫此弊，务必做到头头是道、路路皆通而后可。

卷首第二十九页后半页“知几子略历”一段，原刻本无之。盖原版乃知几子所自刻者，故少此一段耳。

知几子即鄞县仇兆鳌先生，乃清朝康熙年间进士。仇先生不愿将自己真姓名宣布，亦学魏伯阳仙师之用隐语。读者每苦于不得其解，今说明如后（隐语见卷首二十九页前半页第一行小字）：

“十治数、阳老先”：此二句暗藏一个“仇”字。昔周武王有乱臣十人（注家谓“乱”字当作“治”字解），十人皆开国元勋，前九人是男，末一人是女。“十治数”乃暗藏“亻”字，“阳老先”乃暗藏“九”字，盖指九个阳性年老者在先，一个阴性年壮者居末也。

“千年实，摘树边”：此二句暗藏一个“兆”字。“千年实”，指桃子而言。“树边”，即桃字本身之木字边旁。“摘树边”者，谓桃子已摘离树边，等于桃子本身边旁，则变成“兆”字矣。

“龙伯国人把钓竿”：此句暗藏一个“鳌”字。《列子》书上说：“龙伯之国，有大人，一钓而连六鳌。”

“海石之上注斯篇”：“海石之上”四字，暗藏“沧柱”二字，即仇先生之大号也。“沧海”及“柱石”二语，乃文辞中所习见者。海字之上，暗藏沧字，石字之上，暗藏柱字。

七律诗第一首末句“无常买得不来无”：下一个“无”字当作“否”字解，乃问语口气。意谓世人虽有多金，可能买通“无常”叫他不来否？

七律第二首：“昨日街头犹走马，今朝棺内已眠尸”二句，最能惊醒世人痴梦。知几子改为“昨日庭前方宴乐，今朝室内已悲伤”，殊觉意味平淡，不足以动人。且世间可以伤悲之事甚多，不限定专为死人而伤悲，如何能代替“棺内眠尸”之意乎？

七律第三首：“遂使夫妻镇合欢”一句，凡各家注解，都非《悟真篇》本意。学者必先能解释《参同契》“老翁复丁壮，耆妪成姹女”二句之义，然后方能解释《悟真篇》此句之义。但各家注《参同契》者，仅能解释“老翁复丁壮”一句，而对于下句“耆妪成姹女”则弃而不论。是则止许男人成仙，而女人决无成仙之望矣，岂得谓事理之平？知几子《参同契补注》中，虽说“女功先守乳房，斩除赤龙而求大药”，然未曾言明大药产生于何处，以及如何求法？又引李晦卿之说，谓：“男子作丹，先铅而后汞；女子作丹，先汞而后铅。”复自加以说明，谓：“李注所云铅汞，即指朔后晦前之金水。”此说不通之极。考古今各种丹经，凡是言铅者，皆指金水一方面而言；凡是言汞者，皆指木火一方面而言，从未有以水为汞者。今既谓铅是朔后之金、汞是晦前之水，试问木火一方面又将用何种名称？

七律第六首末句云：“何须寻草学烧茅？”所谓寻草者，寻药草也。所谓茅者，盖指江苏省句容县之茅山。宋朝以前，茅山素以奇怪法术著名，故点金术中有一派做手叫作“茅法”。烧茅者，谓依茅山所传之法烧炼外丹也。若认为茅草之茅，则大误矣。

律诗第十二首陈注①云：“顺则为凡父凡母，逆则为灵父圣母。”可知灵父圣母与凡父凡母，其不同处就在一个“逆”字，别无奇怪之现象。凡父凡母是二人，灵父圣母亦是二人，决不至于拉第三人加入合作。若果如此办法，是谓侮辱大道。又律诗第十五首陈注云：“真铅乃灵父圣母之气。何谓灵？常应常静之谓灵，逆施造化之谓灵。何谓圣？太极初分之谓圣，虎不伤人之谓圣。”可知所谓灵父者，因其有“常应常静”之能力与“逆施造化”之手段也。请问丹房中第三人有此种能力与手段否？世间做工夫多年之老修炼家，尚且难以到此地步，而谓初出茅庐之童男子有此种资格乎？若不然者，如何能配称灵父乎？

又七绝诗第一首子野注云：“我为乾鼎，彼为坤鼎。”可知所谓乾鼎者，即指修炼家本身而言，非另有一童男子也。又陈注②云：“鼎器者何？乾男坤女，灵父圣母也。”可知乾男即是灵父，坤女即是圣母。凡父凡母是那两个人，灵父圣母仍旧是那两个人。他们两个人，当初作凡父凡母顺行人道的时候，未曾听说要请第三人帮忙；为什么到了做灵父圣母逆行仙道的时候，就要请第三人相帮？天下最滑稽之事，没有过于此者。近世江湖传道者流，除彼我两方面而外，又复画蛇添足，丹房中弄出一个童男子，算是乾鼎，真可谓以大道为儿戏矣！

或问：丹经中言三人之处甚多，如所谓“须用同心三个人”、“三人

①② “注”，原作“驻”，误，校改。

同志谨防危”、“三人一志互相扶”、“同志三人互相守”等语，皆说炼丹要用三人。今言不要三人，岂不与古说相左乎？答曰：古说要用三人者，指同心同志的道友而言，不是指十几岁乳臭未干之童男子而言。请问如此无知无识的小童儿，他懂得炼丹是怎么一回事，他配称为同心同志之人乎？如何可以指鹿为马、自欺欺人，误尽天下后世之学仙者？

《鹡鸰吟稿续编》序[①]
(1940 年)

邓道友雨苍者，当代之有心人也。昔曾任职司法界，公平正直，遐迩咸钦。后以夙因不昧，顿悟世事空花，爰效弘景之挂冠，竟赋渊明之归去，精研梵典，性相双融，矢志玄修，诚行交励。若非根基深厚，智慧胜常，其孰能与于此哉！

丁丑初春，余小隐上海西乡之众妙居。邓君适由闽来沪，携《道窍谈》、《三车秘旨》原稿，嘱余校订，遂以此识君。虽则彼时中原鼎沸，而东南半壁尚未睹烽烟，吾辈犹能偷一日闲，煮茗清谈于紫阳篱落翠柏园林之际。而今不堪回首矣！

邓君令弟觉一居士，甲戌岁往生西方，其详具见事略中。并于《鹡鸰吟稿》及觉一居士遗稿诸篇，俱已拜读。邓君最近自新泉水竹洋云峰庵寄书云，将有《鹡鸰吟稿续编》之举。函内附录忆弟诗四首，辞调栖惋，其情自重，其志亦大可哀矣。余安忍无一言以相慰乎？

尝考世间修行法门，何止千百，而其共同目的，总不外离苦得乐。西方净土，号称极乐世界，众人求往生而不得，觉一居士乃竟得之。故爱居士者，当为居士贺，而悲者胡为哉？

或谓往生固善，惜非其时，百岁之后厌世而去，不且愈于颜龄之仅

---

① 原载《仙道》第 15 期（1940 年 3 月 1 日）。

过其二耶（颜子三十二岁，居士三十四岁）？虽然，为此言者，盖狃于承平时代优游逸豫之心理，非所论于千古未有之奇变也。试思居士今日果尚在者，凡耳之所闻、目之所见，皆拂意事，其衷怀苦痛，又将何如？则知当年撒手西归，诚属断除烦恼之妙诀矣！

或又致疑于西方净土与唯心净土是一是二？余则认为非一非二。彼崇拜西方而屏斥唯心者，不知西方净土亦唯心所现，西方岂在心外乎？偏执唯心而轻蔑西方者仅知有理而不知有事，净土之说岂非徒托空言乎？是在学者圆观无滞而已。

夫释贵无生，道贵长生，其宗旨有别；佛曰生西，仙曰升天，其途径各殊。世人多徘徊于歧路之间，而莫能自决。愚谓此当视学者之志愿以定趋向，既不必强人就已，更不必舍己从人。长生固非究竟，无生亦只落于半边；升天本是游戏神通，生西亦属权巧方便。未彻悟者，每欲作茧自缚、画地为牢；已彻悟者，将无往而不自在矣。谨以此言质之邓君，并当代后世之有道。

己卯十二月皖江陈撄宁作于沪上寓庐

上海紫阳宫道院何仙姑塑像开光疏文[①]（1940年）

（原注：前略）伏闻潇湘神女，踏白莲而降生，改像真君，赠黄庭而悟道，调藕粉以代乳汁，素口本前世之因，喜布施不吝钱财，仁德继先人之志，命出东华，授琴心之三叠，仙逢南岳，赐桃宝之一枚，入终南服食灵丹，身能轻举，赴阆苑朝参王母，位证元君，从兹处处飞鸾，坛谕遍传于海内，方方驻鹤，金容早识于人间。至根等浊世庸材，玄宗末学，自警浮生若梦，发愿精修，劝人苦海回头，专忱向道。紫阳宫

① 原载《仙道》第15期（1940年3月1日），署“陈撄宁代撰”。

殿，近已落成，圣相庄严，择期供奉，惟雕装之手续虽完，而感应之威神未显，明珠双目，犹待新开，满目圆光，方能普现。是以谨涓于十一月初一日，邀请合境善信，暨本观道众人等，虔遵太上经箓科仪，启建开光道场胜会，以彰灵显，而利群迷。伏愿华鬘影里，法眼频瞻，宝盖幡中，慧光朗照。消灾赐福，使闺门无悲叹之声，护道兴玄，俾巾帼有超尘之志。扬八洞之清风，强暴愚顽齐感化，作一方之救主，名媛淑女尽皈依。将见炉香霭瑞，挽浩劫于杳冥，从今殿宇腾辉，保吉祥而永固。谨疏。

答覆某医师书[①]
（1940年）

某某先生伟鉴：

昨由翼化堂转到惠函并大作《心影与力象》一册，俱已拜读。篇中列述人类各种毛病，及其矫正之法，甚有益于世俗，钦佩良深！

敝处往岁得到《悟真集注》原版书一部，此书后归杭州马一浮君收藏，恐已遭兵燹之灾矣。翼化堂主人探知《悟真集注》翻刻之版，广州某处尚有藏者，但无印成之书发售，不得已托广友设法，自己买纸，雇工印刷十余部，前几年寄到上海。好道者闻之，群起争购，不数日即已售罄，后来者遂不免向隅。近年广州遭劫，该书木版恐已毁坏。敝寓所有之一部，于沪战初起时失落在漕河泾乡间某祠堂中。目下手边已无此书，故未能应命。

《仙道月报》上所载之拙作《读〈悟真集注〉随笔》，乃昔日旧稿。本无意公布，因该报编辑人屡次要求供给有关仙道之材料，迫不得已，在故纸堆中寻出，摘抄几段付之，聊以塞责而已。不料竟蒙青睐，可谓

① 原载《仙道》第20期（1940年8月1日）。

有缘。

愚见以为，知几子《悟真集注》虽不易得，而陶存存子《悟真约注》大字石印本，翼化堂尚有出售，不妨一览。陶君浙江会稽人，仇君浙江鄞县人，二君在康熙年间为最密切之道友，仇氏书中常引陶语，而陶氏书中亦常引仇语。若案头备有陶著《悟①真约注》并知几子《参同契集注》，则《悟真集注》虽缺席而无碍也。

专此奉覆，顺颂

道绥！

陈撄宁顿首

《欢喜佛考》注解②（1940年）

此篇出于哲学家刘仁航先生所著《天下泰平书》第九卷中。世人到过北京雍和宫者，见各殿内供奉着许多奇怪佛像，都是莫名其妙。而北五台山菩萨顶、大文殊寺亦有此等佛像，朝山进香之客观之，竟不知其中有何神秘作用。请读此篇，即知其故矣。

庚辰七夕撄宁子识于沪上

原文

《明人集》云：崇祯辛巳，同姜如须过后湖，入一庵，后殿封锁。具施乃开，皆裸佛交媾形，凡数百尊。守者曰：天地父母，前年大内发出者，其像皆女坐男身，有三头六臂者，足下皆踏裸女，累人背而叠

---

① “悟”，原作“语”，误，校改。

② 原连载于《仙道》第21期（1940年9月1日）至第22期（1940年10月1日），署名“撄宁子”。

之。考元成宗大德九年，天宁寺有秘密佛，即言此佛。郑所南亦言，素佛裸与女合是也。

今闻红教喇嘛僧食肉近女，每年十一月黑十日，于寂静时，在毡上端身而坐，合掌恭敬，以虔诚心发愿曰：普为利益法界一切有情，愿我速证本尊吉祥形噜葛身，故我今依乐欲定剂门也。

本尊吉祥形噜葛，一面一臂，其身白色，右手持（阙文），左手持白色铃，头发结髻，三目，微少啮齿，身上并无严饰衣络，展右跪左，二手交抱金刚亥母。一面二臂，其身白色，右手向上，持白色钩刀，左手抱吉祥形噜葛之颈，及持满盛五肉五果甘露头器，三目，微少啮齿，具喜悦容，披发散垂，身上并无严饰衣络，展开左足右足，骑于本尊吉祥形噜葛，口出诃诃大乐之声。其金刚亥母口出兮兮大乐之声。其兮兮大乐之声，充满十方佛土。尔时十方一切报身佛，如空注雨，入于吉祥形噜葛净梵窍中，变成法身自性白菩提，充满亥母花宫之内，充满亥母一身。其法身自性白菩提心，展转满盛，流出二根相交之门，如空注雨，（此处有阙文）诵本尊字咒百八遍已后，证诸法平等妙理，心境两空，乐双融住，或记录句，皆消除也。出定之后，随意游行，威仪中起，共观诵“实哩形葛吭”五字。若修习人不获成就，再依前例，共作观定，及诵咒补阙记句，即得成就。一切勇猛母，常随拥护。无始以来，所积一切罪障，悉得消灭，福德寿命，展转增胜。临终之时，无诸痛苦，住于正念，无量万亿勇猛母众，亲来接引，随意往生空行宫中，为大乐金刚尊也。

附注如后：

崇祯辛巳：即明思宗崇祯十四年，距今岁庚辰将近三百年。

姜如须：人名。

具施乃开：言游客以钱财布施与和尚，方肯开锁，以便观览。

天地父母：谓天地万物皆由阴阳而生，故名之曰天地父母。

大内：即皇宫库藏之所。

累人背而叠之：言每一人背上复有一人，积累而重叠之也。

元成宗大德九年：即乙巳年，距今岁庚辰约六百三十五年。

郑所南：郑名思肖，乃宋末之遗民，誓不仕元，著有诗集名《心史》。

红教喇嘛僧：喇嘛教为佛教中之一派，唐朝自印度传入西藏，后推行于蒙古、满洲各处。有新旧两教，旧教穿红衣，新教穿黄衣。所谓红教喇嘛，指旧教而言。

依乐欲定剂门：乐欲者，即色、声、香、味、触五欲之乐。定者，禅定。剂门，即法门。谓修密宗者，当依世间五欲之乐，而为出世间禅定之方便法门也。

其身白色：表示清净纯洁之意。

持白色铃：表示有感必应之意。

头发结髻：表示整齐端肃之意。

微少啮齿：表示忍耐镇定之意。

三目：中间一目，表示天眼。意谓行此等事者，乃天上人，非凡间人也。

身上并无严饰衣络：谓周身无庄严之衣饰及缨络等，盖完全裸体也。

展右跪左：即伸展右足，屈跪左足。

金刚亥母：以十二地支配五行论，亥属水。所谓金刚亥母者，或同于丹家水中金之义。

持白色钩刀：持刀者，表杀机也。《悟真篇》云："若会杀机明反覆，始知害里却生恩。"钩者，如佛书所云：先以欲钩牵，后令入佛智也。

左手抱颈持满盛肉果甘露头器：此表示以全体布施，及以诸法供养之意。

具喜悦容：表示皆大欢喜之意。

披发散垂：表示纯任天然，毫无矫揉造作之意。

诃诃兮兮大乐之声：譬如《悟真篇》所谓龙吟虎啸之声。

其声充满十方佛土：譬如无线电放电机迸出火花，震动空中之"以太"，变为电浪，无处不到。

报身佛：佛有三身：清净法身、圆满报身、千百亿化身。法身即是真空，报身即是妙有，化身即是宇宙万物，连人亦在其内。再者，法身真空即是无极，报身妙有即是太极，化身即是太极生阴阳、阴阳生五行、五行生万物。读者必先明此理，而后方能解释此篇之奥义。否则，十方一切报身佛如何会钻入人身中去？读者须知：报身佛、妙有、太极，并丹经上所谓真一、科学家所谓"以太"，其名虽异，其实则同。

如空注雨：言报身佛到人身上来时，就像空中落下雨点一般。

净梵窍：净者，洁净之义。梵者，离欲之义。窍者，玄关一窍也。

此窍或言有定处，或言无定处，或言在身内，或言在身外，或言有形状，或言无形状，或言每一个人身中皆有一窍，或言两人合体方成一窍，古今来聚讼纷纷，迄无定论，赖学者自己的聪明智慧认识之、寻求之可也。

花宫：吕祖《敲爻歌》云："洞中常采四时'花'，'花花'结就长生药。"张三丰真人《无根树》词云："借'花'名，作'花'身，句句《敲爻》说得真。"钟离祖赠吕祖诗云："含元殿上水晶'宫'，分明指出神仙窟。"高象先真人《金丹歌》云："珠玑宝殿森其中，双童指曰西华'宫'。'宫'中彩仗何昭晰，有女年方十六七。鬓发缤纷垂暮云，素云轻淡凝春雪。"

变成法身自性白菩提：言空中无量数报身佛，为密宗行者定力所感应，摄入自己身中，变成清净法身，其法身具足先天之性命。法身之性，名曰"自性"；法身之命，名曰"白菩提"。

法身自性白菩提心：此处所谓"菩提心"，与佛教普通所谓"发菩提心"之"心"字大不相同。盖发菩提心者是发一种行菩萨道之宏愿，而白菩提心之"心"字，则不能作"愿心"解，只能作"核心"解，或作"种子"解。譬如果内有核，核内有仁，仁即核心，核心即种子，所含生殖力最富。又《易经·复卦·彖辞》曰："复其见天地之心乎？"这个"心"字，与白菩提心之"心"可以互参。

展转满盛：言彼此往来循环不已，与车轮辗转相似。满盛，即坎中满之义。

流出二根相交之门，如空注雨：前言十方一切报身佛，从身外进入身内时，如空注雨。此言法身自性白菩提心，由身内流出身外时，亦如空注雨。报身佛之入，既无形状可见，则菩提心之出，当亦无形状可见，决非后天之浊质所能冒名混充。若以佛经中"男女二根自然流液"之说解释此句，必至弄成笑话。再者，白菩提心流出之后，结果到何处去了？惜本篇有阙文，无从探究。是否最初从虚空中来，现在仍消散到虚空中去？或者最初从虚空中来到对方，复从对方来到此方，现在仍由此方归还到对方去？其间大有问题。当此要紧关头，偏偏遇着阙文，岂真天机不可泄漏乎？愚谓此即仙佛两家分界之处，由前一说则成佛，由后一说则成仙。由前一说则临终往生，或投胎转世（西藏活佛多半是投胎转世）；由后一说则长生不死，或白日飞升。

证诸法平等妙理：从虚空中来者，仍归还到虚空中去，不增不减，无欠无余。此即诸法平等妙理。

心境两空：《清静经》云："内观其心，心无其心。外观其形，形无其形。远观其物，物无其物。三者既悟，惟见于空。"意与此同。盖谓对景忘情，不着于色相也。

乐双融住：双方融化为一而同住于寂定之中，禅悦为食，法喜充满，其事甚乐，有真实受用，不落于顽空也。

或记录句，皆消除也：平日所记诵或抄录之经典语句，到此境界，皆完全消除。譬如禅宗由"看话头"入手，到后来一念不生时，则看无可看。净土宗由念佛入手，到后来一心不乱时，则念无可念。

出定之后：至此方言出定，可知以前许多工夫皆在定中修证。倘不能入定，即无实修实证的资格。若以世俗躁动狂荡之习惯，及愚昧邪秽荒谬之心理，妄想成就神圣高尚之事业，则是地狱门前之人也。

威仪中起：佛教以行、住、坐、卧为四威仪，言一切举止皆合法度。

共作观定：观者，观想。定者，禅定。言"共作"者，可知非静坐孤修也。

勇猛母：即是具大神通、有大威力之女神。

罪障悉得消灭：罪障所存积之处，不外乎肉体与灵魂。今仗不可思议之秘密法门，将肉体与灵魂彻底改造，使罪障无所依附，自然消灭矣。

临终之时，无诸痛苦，住于正念：所谓临终，与凡人之将死不同。盖人死未有不感受痛苦者，纵或偶有一二人能免除痛苦，但其念头若非散乱，即是昏沉，决不能常住于正念。今既谓临终能免除一切痛苦，又谓能住于正念而不昏不散，是乃解脱旧躯壳而建立新生命，非真死也。

随意往生：言随自己灵性的意思，要往何处，就往何处。不像凡人临死时糊糊涂涂、瞎钻瞎撞，难保不堕入三途恶趣。

空行宫：即诸天宫之一。彼处人类，身体轻清，非如地球上人类身体之重浊，故能行于空中。近代天文家言：火星中人类，身轻能飞行，一切知识与能力皆超过地球上人，一切境界皆极其美妙。此言或可信。虽然，太空中星球无量数，则世界亦无量数，其美妙胜过火星者，当多至不可计算。世人不求上进，徒知生老病死，局促于此狭隘之地面，已觉眼孔太小，并且大家都不肯安分而效蛮触之争，伏尸百万，流血千里。呜呼！何其愚耶！

大乐金刚尊：金刚者，永久不坏之义。尊者，天中之至尊。大乐者，享受诸天最大之快乐也。

撄宁子曰：世间学佛者，无不知佛教有显宗密宗之分。显者，明显义；密者，秘密义。学佛教密宗者，无不知有东密与藏密之别。东密者，日本之密宗；藏密者，西藏之密宗。学藏密者，无不知有黄教与红教之异。黄教在喇嘛教中为新教，创始于明朝永乐年间，而红衣旧教在唐朝已有之。世人少见多怪，崇黄教而斥红教。其实，红教方是西藏密宗之本来面目。此篇记载，虽有阙略，然大概情形已能明了。今特照原文登出，并参加愚见，附以解释，以备同道诸君作印证之用。余不欲提倡此法，亦不欲毁谤此法，但认为此法非普通人所能奉行。惟以世界如此之大、人类如此之多，不敢谓其中竟无一二上上根器堪以承受者，故将其揭载于报端，俟彼道高德重、智慧超群、因缘具足之士能自得之。普通人请勿问津，盖此辈躁动狂荡之习惯牢不可破，倘冒昧尝试，非徒无益，且有损伤；若再夹杂旁门、趋向邪径，则罪业更深，余不负其责也。

再者，世间无论何事，有赞成的，自然就有反对的。即如西藏密宗之双身法，赞成的人固多，反对的人料亦不少。吾等既不暇顾虑有人反对，遂将此篇文章埋没而不登出，亦不便迎合一般赞成人的心理，竟故意说得天花乱坠、节外生枝。但愿本着实事求是的精神，为同道诸君尽一点义务。原文所有，不减一字，原文所阙，不添一字。至于注解中杂引丹道家言以互相印证者，亦非无因。昔年有西藏大喇嘛某君，与老道友郑鼎丞君交谊颇笃，曾由南京同船至汉口，水程约需二三日之久。长途得闲，彼此遂畅谈仙佛两家秘密法门。某君承认仙家双修工夫与彼宗双身法大同小异，而郑君则以为《参同》、《悟真》一派比较喇嘛所传之法，更觉精微。盖彼宗虽知阴阳之配合，而不知火候之妙用，虽有禅定之工夫，而无结丹之希望，故其后果止能成佛（如西藏活佛之类），而不能成仙。学者倘愿投胎转世或死后生天，则由彼宗入手亦未尝不可。若立志要留形住世或阳神冲举，除却炼大还丹而外，别无其他更好的方法。至问及仙佛两家地位之高低，此关于各人信仰之不同，本无一定是非可说，吾等亦不欲作无谓之辩论。再问此种法门可有流弊？则答曰：凡事有一法必有一弊。此法传到中国以后，其末流变成元顺帝之“演揲儿法”，秽乱宫闱，致招世俗之诽议。此乃人之过，非法之咎，吾等不可因噎废食，遂将其法根本推翻。譬如预防男女纵欲之伤身，乃禁绝夫妻婚姻之制度，岂合于情理乎?!

为止火问题答覆诸道友[①]
(1940年)

八月一日本报所载《起火与止火》一篇，惹起读者许多疑惑，纷纷来函请求解释“西派三部止火秘诀”。但此篇文章，乃海印山人所作，照理须得作者本人自己解释，方为确切。海印先生既不在上海，而来函发问者又不肯直寄本报编辑部，偏要投递于仆个人之名下，倘一概搁置不答，读者诸君或不免失望。若依来函先后次序，用邮件回覆，笔墨工作实嫌太忙，而难以应付。无可奈何，只得在本报上作一次公开的答覆，亦仅仅发表我个人之意见而已，读者不可遂认为“西派三部止火口诀”即在于此。诸君若问口诀，须直接请教于海印先生为妥。

欲明白止火之理，先须认识“火”在人身中是何形状。倘对于火之形状尚认识不清，则止火之作用更谈不到。吾人当做工夫的时候，将自己心神注重在身中某一部分，这就是火。世间所传初步下手工夫，有守印堂者，有守绛宫者，有守脐下一寸三分者，有守顶门者，有守夹脊者，有守两肾中间者，有守海底者。凡是心神专注之处，都是火力所到之处（各种守窍之法，虽不怎样高明，若用之得当，亦颇见功效）。心神何故称之为火？因中国医书以五脏配五行，心藏神，在五行属火。无论人身上何处，若自己用心神在该处紧紧守定，勿使移动，亦不放松，日日如此，经过相当的时间，必觉该部发热发烧，或觉酸麻，或觉膨胀，甚至于有跳跃之状态，此皆神火集中之力所表现。世人做工夫到如此地步，每每私衷窃喜，以为道在是矣，更加死守不放，拚命用功，长久下去，遂成不治之怪症，此皆不善于用火之弊也。譬如煮饭，火太少则饭不熟，火太多则饭变焦。饭不熟尚可添火，饭变焦则无可救药，此

① 原载《仙道》第22期（1940年10月1日）。

时纵想止火，已嫌其迟。故初做工夫者，宁可不及，切勿太过。

火的性质，既已明白，然后可以论及止火。炼精化气一段工夫所谓止火者，乃停止武火而不用，仅以文火微微照顾而已。须知所谓照顾者，乃照顾鼻中出入之息，不是照顾下丹田。若照顾下丹田，则周身精气神都聚会在这个小块地方，渐集渐多，不能容纳，必至冲关而出（按：火太过水沸而溢亦能如此）。

上乘工夫，直截了当，简易圆融，本不分段落。昔人为初学方便说法，勉强分作三段：

第一段虽名为炼精，但不可着在精上。若执着后天有形之精，当做一件宝贝，拚命的死炼，用火愈多，则浊精愈不能化。遗精尚是小事，就怕关在里面舍不得放他出去，又无法使之化气上升，浊精与邪火混作一团，搅扰得身心极不安静，其害更甚于遗精。

第二段虽名为炼气，亦不可着在气上。若执着后天呼吸之气，在身中搬运升降，工夫愈勤，则粗气愈不能化。泄气尚是小事，若关在里面不放他出去，又不能神气合一、心息两忘而入大定，粗气没有出路，凝结在身中某一部分，成为痞块，或生无名肿毒，其害百倍于泄气。

学者须知，一碗清水，用火烧之，立刻可以化汽；一碗稀痰，经火煎熬，只能变成老痰，再烧则变为痰块，愈烧愈干，愈干愈结，永无化气之希望。先天元精，譬如清水；后天浊精，譬如稀痰。又当知电气磁气，极细极微，无影无形，却富于感应之力；空气、水蒸气，性质粗笨，皆无丝毫感应。先天元炁，譬如磁电；后天粗气，譬如空气、水蒸气也。

第三段虽名为炼神，其实就是止火。神即是火，火即是神，炼即是止，止即是炼。学者能懂得炼神的工夫，就不必再问止火的方法。炼神与止火，其名为二，其实则一。炼精化气者，以元神炼元精也；炼气化神者，以元神炼元气也；炼神还虚者，以元神自炼也。若问如何谓之自炼，即是以不神之神，作不炼之炼也。到此地步，非但武火要完全停止，即文火亦无所用之，只有浑然一个元神，不见一点火性，如此岂非止火乎？若不肯止火，则炼神工夫即无下手处。

有人疑惑仆自己的工夫尚未到此地步，如何能懂得这许多道理？恐不免捕风捉影之谈，未必就能奉为标准。请看张三丰真人《玄机直讲》上说："一刻之中，亦有炼精化气、炼气化神、炼神还虚之工夫在内，不独十月然也。"若以三丰之语为可信，则仆今日所说亦未尝不可信。

盖上乘工夫，本不分段落，一刻之中如此做法，一日一月一年亦是如此做法，三年五年十年亦是如此做法，所以称为直截了当、简易圆融也。

伍冲虚、柳华阳之书，硬要明明白白的划分段落，所谓百日筑基、七日过关、十月结胎、三年乳哺、九年面壁，按之实际，皆不相符合。既然与事实不符，何必定要说出一个死板的数目？想是当时遇到一般学道的人，生性愚笨，苦苦追究成功的期限，所以传道者不能不方便说法，以安慰大众迫不及待之心理。后学若执为定论，反被古人所误矣。

附告：仆既非本报编辑人，亦不负何种责任，设诸君对于本报有问题，可直寄本报编辑部，不必写姓名，他们自然有办法。能回答者就回答，不能回答者，或能代为请教于原作者。若来函问仆，除仆自己动笔而外，别无办法，纵勉强越俎代庖，未必就合于原作者的本意，因为各人的意见不尽相同也。至于购书之事，信面请写翼化堂书局收，定报之事，信面请写《仙道月报》社收，最为稳妥。敝寓距离报社甚远，交通极不方便，仆又非书局报社之办事员，此层务希外埠诸道友原谅是幸。

《余之求道经过》按语①
(1940年)

此篇附在《化欲论》之后，乃某君所作，民国二十七年冬季出版，非卖品，无版权，乃印成专书以赠人者。余细阅一遍，深惜某君自弱冠时求道至今，年龄已过花甲，四十余年访求“玄关一窍”而不可得，愈求愈谬，最后竟误认旁门愚笨之法以为大道，并劝人人照做。学者没有经验，难免不被其所误，故将其转载于本报而加以“按语”，俾世间有志之士晓然于是非之真相，不至见鱼目而诧为宝珠、得壁②玉而弃同顽

① 原连载于《仙道》第23期（1940年11月1日）至第30期（1941年6月1日），正文署名“隐名氏”，按语署名“撄宁子”。

② “壁”，原作“壁”，误，校改。

石，则幸甚。

本篇作者姓名，及篇中所列举他人之姓名，皆一概隐去。因余所辩论者，乃“法”的问题，非人的问题，何必宣布姓名？即使原作者观之，亦当能谅解也。

庚辰重阳后撄宁子识于沪上

余年十九，在宁波训蒙。忽撄痨瘵，潮热不退，咳嗽见血，食量大减，终夜失眠，肝火过旺。一闻学生读书声，即生烦恼。当时甬东尚无西医，虽不知为肺病第几期，然痨病已成，则无疑也。一日，偶至道署海关册房访友，遇×姓幕友，自云蜀人，年五十余，一见余形容憔悴，即曰：“君已染沉疴，非药石能愈。与子有缘，赠书一册，按此行之，可不药而愈。”书名《导养忠书》，分上下两卷。上卷言静坐之法，即闭目塞耳，舌抵上颚，津满口中，徐徐咽下。同时收心凝神，调和气息，使呼吸由粗而细，由细而无。外息既停，内息自生，绵绵不绝，如怀婴儿。内息者即“祖息”，亦名“元气”，所谓“运气存神”者此也。下手工夫，首在一念不动。初坐之时，杂念纷起，一分钟念头十数，心不能定，气不能匀，口苦舌干，何津能生？越日乃访×师，告以念头杂来、不能定心之故。师曰：“初坐之时，何能无念？寻常人坐五分钟，多者可起三百念。”

愚按：一分钟有六十秒，五分钟共计三百秒。此处云五分钟可起三百念，是一秒钟即起一念，过一秒钟又换一念，急如闪电，状若旋轮。按之实际，未必尽然，不免形容太过。

少者六十念。

愚按：五分钟共起六十念，一分钟平均起十二念，即是五秒钟换一念。普通人大概如此。但中间亦偶有不起念之时。

子一分钟起十数念，尚系慧根。

愚按：此乃勉励之辞，其实与普通人没有分别。

佛家云：不怕念起，只怕觉迟。道家云：不怕念多，即怕念续。儒家云：知止而后有定。所谓觉者、断者、止者，即定心之法也。汝当一念起，立刻斩断。俟另起他念时，再断之。随起随断，不使连续。久而久之，自能由多而少，由少而无。念无则息无，内息自生。此为静功之初步，持之有恒，自能见效。

愚按：以上所言，甚合于理。学者可以照做。

得师指示，乃用此法调息存神。初时随念随断，随断随起。半月后，念遂减少，一分钟不过一二念。久之，一分钟可一念不起。初坐半小时，一月后可坐一小时。有一天坐久，一念不动，身心两忘，如痴如醉，不知调息，不知咽津，忽然大放光明，通体舒畅，其乐不可言喻。乃告×师，师曰："此阴阳调和，心肾交媾也。身外夫妻交媾之乐，只快一时，事后精神疲倦。身内夫妻交媾之乐，可以长生，事后精神饱满。故身外夫妻不能夜夜交媾，而身内夫妻可以时时交媾。"

愚按：其师明言身内夫妻交媾可以长生，而某君不悟，以为这是性功，不是命功。到后来仍要苦苦追求什么窍，大错特错。工夫得效之迟早，于学者年龄颇有关系。此君不过二十岁左右，所以容易见效验。五六十岁以外者，则不能一概而论。身外夫妻交媾，其发动有合于天机者，有出于人欲者。此云事后精神疲倦，指出于人欲者而言。若夫妻交媾合于天机者，事后非但不感觉疲倦，而且精神更加健旺。但世人都不明白天机与人欲之区别何在，往往任意为之，因此苦多乐少耳。

余时未娶，不知男女性交之乐，以为心肾交媾之乐当更胜之。从此教读完毕即静坐，贪此乐趣。向来讨厌儿童读书声，现则听而不闻。有时夜间亦以坐代睡，坐至极妙处，恋恋不舍，觉遍体微汗，舌本生甘，津液满口。始悟寻常睡眠安适，次早舌润而甘，不安适则次早舌燥而苦，此即心肾交与不交之别也。以后有事一夜不眠，只要静坐一小时，与睡足四小时无异。如此用功半年，疾病早已全愈，身体精神反强于前。上卷书中所载之功，均已完毕，急读下卷。上卷但言调息存神，系"性功"事，其效不过却病延年。下卷乃言炼精化炁、炼炁化神、炼神还虚之法，系"性命双修"，可以长生不死。

愚按：做调息存神之工夫，得却病延年之效果，已经是"性命双修"了。此处认为偏属性功，乃错误之见。如佛家所谓参公案、看话头、止观、念佛、持咒等法，方是偏属"性功"一面的事。

凡人莫不有贪心，余既初步见效，岂有不思再进一步？书中所载"三步九节"之功，均详悉无遗；惟入门方法"玄关一窍"，但云非文字所传，必得明师指点。且云一得此窍，则精化为炁，可以不死。不得此窍，盲修瞎炼，终归无益。上卷虽言运气调息之法，只能"小周天"，不能"大周天"。"小周天"者，呼吸由鼻而喉，由喉而腹，至于足底。"大周天"者，呼吸由鼻而喉，而脐下，转尾闾，循脊骨，而上达于脑，再由脑而至鼻，始谓"一周天"。

愚按："小周天"、"大周天"之名目，不见于古道书中。后世道书虽有此种名目，而意思各别。有以"坎离交"为"小周天"、"乾坤交"

为“大周天”者；有以采小药、运河车、后升前降为“小周天”，采大药、冲开后三关、直达泥丸、再降落中丹田为“大周天”者。而此处所谓“小周天呼吸”由鼻而喉、由喉而腹、至于足底，“大周天呼吸”由鼻而喉而脐下，转尾闾、循脊骨而上达于脑，再由脑而至鼻，此种说法非但不合前人书中之意思，而且贻误于后学。盖前人书中所论大小周天，意思虽有不同，然皆指身内之气而言，不是指鼻孔中呼吸之空气。《庄子》书上说：“众人之息以喉，真人之息以踵。”分明说普通人鼻孔呼吸乃用肺管为发动之机关，有道之士“内真息”乃用脚后跟阴跷脉为发动之机关。“以”字当作“用”字解，“踵”即脚后跟也。众人后天气之呼吸用喉，真人先天炁之运行用踵。后天气之呼吸，由鼻入喉，到肺而止，断断乎不能至于足底，更不能转尾闾循脊骨而上达于脑。先天真炁虽可以至足底，又可以冲开后三关而上达于头顶，然于两鼻孔毫无关系。二者界限甚为分明。此处将凡息与真息、后天与先天混作一条道路，与实际不相符合。

盖不得窍，尾闾一关即不能通，更何论三关哉？余知不得窍无法修炼，乃谒×师，叩求指示玄关所在。师曰：“玄关一窍，乃洩造化之机，握生死之权，历代修道者有访师数十年而未得者，有虽得明师，随从数十年而未得真窍者。此盖半由福命、半由功德，所谓非人不传也。”

愚按：虽说半由福命、半由功德，而学者之智慧更为重要。某君由调息凝神入手，初步工夫即踏上正路，故有以前所说种种效验。果能抱定此法，一直做去，自然更有进步。乃以智慧缺乏之故，认识不真，误信以前种种效验都是性功，必须另求命功方能算是“性命双修”，遂致骑驴觅驴，愈觅愈不可得，终身为“窍”之一字所迷，而难以自拔矣。

余痛哭跪求，哀请指示。师笑曰：“吾年二十即访师，迄今已三十余年，尚未遇明师，何能知此窍？盖自来皆师访弟子，弟子不能访师。吾如得窍，已入室静修，或入山面壁，岂肯奔走天下依人作幕耶？子年未冠，尚有应尽之人事，何必亟亟？但能积德行仁，有志于道，将来自有明师指点。此时不必作求道想，虽求亦不可得也。”余见×师如此坚决，断不肯传授，迄今思之，究竟×师确未知“窍”乎？或以余年少尚非修道之时乎？抑以余无此福命、非法器耶？

愚按：观其师口气，分明是故意推托。其所以推托之原因，虽不得而知，但某君之福命、功德、智慧、年龄，皆不合其师所选择之条件，似属实情。否则，何必如此坚拒？足见求师一层，也不是容易的事。

余年少气盛，自恃聪明，以为窍虽仙师所秘，不能明白记载，未始不可摹拟而得。况照“铜人图”上说人身不过百四穴，一一试验，终必得此窍。孰知此窍不见于丹经，不载于医书，在有形无形之间。所谓“时至则见，时过则隐”，至今日始知，而当日则不知也。

愚按：“铜人图”中穴道，只能作针灸之用，并非丹经上所谓“窍”。因为丹经上的“窍”字，不能作医书上的“穴”字解释。谓此窍“不见于医书”，这句话不错。又谓此窍“不见于丹经”，这句话恐未必然。丹经上言“玄关一窍”之处甚多，而且说得很明白，某君当时看书忽略过去，遂谓此窍不见于丹经。

一意购求丹经道书，多至百余种。遍加研究，各宗一说，大致可分四派：主符箓者，本于“日诵《黄庭》万遍，自能得道”之说，以诵经礼斗持咒画符入手，久而膺上天符箓，可以飞升。所谓张天师、茅山道，均此类也。

愚按：此派中程度高者，亦兼做内功，惟多注重于“存想”。

主采补者，以阳尽则鬼、阴尽则仙，人在半阴半阳之间，可鬼可仙。人至十六岁而精通，过八年则去一阳，至六十四岁而阳绝。故除童子修道可以不用采补，若至中年，损精已多，非采补不足以还原，道书所谓“竹破竹补”、“衣破衣补”是也。迨至元阳补足，然后可以筑基炼己、结胎出神，而道成矣。倡之者彭祖，和之者张三峰（非三丰祖师）。

愚按：彭祖姓篯名铿，古帝尧之臣，封于彭城，故称为彭祖，又号老彭。至商朝时，年已八百岁。彭祖寿命之长，自非侥倖而得，当有一种工夫帮助。惟上古时代，知识阶级虽讲究长生之术，却没有筑基、炼己、结胎、出神之说。这些名词，唐宋以来方盛行于世。张三峰乃宋朝徽宗时人，本武当山丹士，工技击，为内家拳之创始者，然亦未必就是彭祖一流人物。须知旁门中“三峰”二字，乃术语，非人名。因字面相同，世俗遂将术中的“三峰”与人中的“三峰”混而为一、纠缠不清，而张三峰无辜受谤矣。又因“张三峰”与“张三丰”字不同而音同，于是普通学道者复将宋朝的“三峰”与明朝的“三丰”混而为一、泾渭不分，而三丰《玄要篇》竟被人误认为“三峰采战”术矣。某君谓非三丰祖师，是已知“三丰”与“三峰”之别；惜其将张三峰与彭祖相提并论，犹未知“人三峰”与“术三峰”之分也。

主药物者，倡内丹、外丹之说，以为内丹不易成就，外丹如成，鸡犬可仙，何况人乎？外丹者，以鼎炉为工具、汞铅为药物、火候为妙用，分人元、地元、天元三种：人元丹只能却病延年；地元丹可以点石成金，为神丹之原料；天元丹谓之金丹，亦曰神丹，非神仙不能炼，一粒下咽即羽化而登仙。此说本于秦汉方士，而葛仙翁、许旌阳，尤其著者也。

愚按：宇宙间万事万物，都是相对的，有正面必有反面。世上既有人会制造毒药，使人服之立死，自然就有人会制造仙药，使人服之长生。这也是极浅近的道理，并非奇怪。不可只信“坏”的一方面，而不信“好”的一方面。古来仙学精华，就寄托在炼外丹工夫上。后世学者因外丹工夫手续麻烦，非寻常所能做到，遂改从自己身中精气神下手，名为内丹。虽比外丹易于入门，但其功效稍嫌薄弱。再后又受佛教的影响，修出世法者都趋向空寂一途，非但不懂外丹如何炼法，并且连内丹亦在排斥之列。修道的人若谈到“炼丹”，就像犯了什么顶大的罪过。从此而中国古代之仙学，遂无人敢问津矣。

主清净者，不持经咒，不用药物，不主采补，全以本身之阴阳抽坎填离，迨至精化为炁、炁化为神、神返乎虚，始谓之三花聚顶（精炁神归一）、五气归元（五脏之气归一），仙道乃成。其中亦有人、地、天之分：“人仙”只能长寿，不能不死；“地仙”可以不死，不能离地，地毁则同毁；“天仙”则超出世界，与天常存。自来修仙莫不由此，为道家之正宗。

愚按：以上所说，大概是与各家丹经道书相符合。

入手之法，首在得窍。所谓窍者，依稀仿佛，不知所在。或指头顶（上田），或指眉心，或指腹中（中田），或指脐下（下田），或指尾闾，或指谷道，或指睾丸，或指内肾，或指心肾，或指脑门，各执一说，皆自以为窍在是矣。互相印证，未能确信。

愚按：学道的人，必先能明白原理，然后再讨论方法。假使原理尚未明白，方法倒晓得不少，那就被这些方法把你弄得无所适从。你说这些窍都没有用处，却未必然。当行功到了每一部时，自知该部之重要。若在平常静坐时，执定某一部而死守之，则非善法，不可盲从。

惟有“顺之则生男生女，逆之则成佛成仙”二语，各种道书，千篇一律。认此“窍”必与精有关，其在何处，则遍查不得。

愚按：某君既已认定所谓“窍”者必与精有关，就可以在中国古医书上寻求之，或亦可在外国生理学、生物学、胎生学、生殖器解剖学各书上寻求之即得，何必定要在丹经上搜查？如果丹经上所谓“窍”者就是出精之窍，世间一般外科医生、花柳医生，谁不知此窍之所在？顺行则泄漏，人人所忧；逆行则坚固，人人所喜。这班做医生的人对于顺行之关窍，平日认识非常之清楚，用不着再去访求明师指点。假使他们要逆行，只须一举手之劳就可做到，何故千千万万医生都是“顺行生男生女”，没有一个人肯“逆行成仙成佛”呢？因为他们究竟有些医学上的知识，晓得闭精不泄、运气逆转，这些法子不甚高明，长久做下去要酿成大病，所以鄙弃而不屑为耳！

读至张紫阳“智过颜闵莫妄求”之语，始知非遇明师无法自悟。读至“说到丹经一字无”及“达摩西来一字无”之语，始知各种道书徒乱人意，一切束之高阁。

愚按：《悟真篇》所云：“饶君聪慧过颜闵，不遇明师莫强猜。”乃指丹法全部口诀而言，并非专指人身上某一窍。“说到丹经一字无”这句话的意思，乃指先天工夫，如老子所谓“无名天地之始”也。“达摩西来一字无”这句话乃指禅宗工夫，意谓“明心见性”不在乎语言文字之间也。某君定要在肉体上弄出一个窍来，这些书自然话不投机。

道书既无所得，乃参释氏之书，惟禅宗与道为近。以为参禅亦用性功，必有说明此窍者。遍阅祖师语录，除斗机锋、参话头外，别无文字纪载。

愚按：参禅虽属性功①，却不是今日江湖朋友所传授之性功，用不着在人身指窍。

乃返而求诸《二程遗书》与《朱子语录》。其静坐之法，与道相近，亦但言“性功”、未言“命功”。阳明“语录”较为感人，仍未言命。

愚按：儒家所谓性命工夫，是一贯的，是圆融的，不是硬要把性与命拆开分作两半边的。《中庸》第一句就说：“天命之谓性。”意思说命即是性，非命之外别有性，亦非性之外别有命也。《易经·说卦》传云“穷理尽性以至于命”，即是一贯的工夫。假使把性命分作两个东西，尽性不过尽性而已，如何就能至于命乎？后人把自己肉体当命，以为锻炼肉体使其无病长寿，才算是“命功”，完全与古人意思相左。

经此五年之研究，卒未能得。立志求道誓不娶妻者，至此已二十四岁，心灰意懒，迫于父命，只得娶妻生子，以尽人事矣。

愚按：五年的短时期，如何弄得明白？非下数十年苦功不可。至于学道的人究竟有妻子好呢，还是无妻子好呢？这真是一个绝大的问题。

---

① “功”，原作“力”，误，校改。

不才对于此问题研究得很透彻，惜为篇幅所限，不能在此处发表。

迨乡试中式，游幕各省，尚时时访求明师。

愚按：求道访师，未尝不可，但请勿一见面就问窍在何处。

附注：乡试中式，即是中举人。游幕，即是在各衙门中担任刑名、钱谷、书启等类职务，昔日称为“师爷”，又称为“老夫子”。民国以来，这些名称都消灭了，三十岁左右的人恐未必能知，故附注于此。

未几，先父见背。弟妹均幼，上有高堂，一家生活置之肩上，只能奔走衣食，更无求道之机会。

愚按：已往学道的人，大半被家庭所累，而无暇专门从事于此。现在学道的人，除却家累而外，又添上一重国难，是累上加累也。

惟静坐既可养心，又可息劳，则时时行之。至于求道，则已不作此妄想矣。

愚按：各种法门比较起来，还是“静坐”好。惜某君当年在静坐中得到许多好处，自己不认识，以为那些好处都不是道，只有“窍”才是道，大错特错！

宣统元年重九月，约友登高。上吴山吕祖殿，适值扶乩，问事者甚多。友人嘱余叩求。余素不信乩，以为此文人游戏，近于幻术。且亦无事可问，虽叩求，并未默祝。而乩上忽批云：“子知性命之学乎？”不觉大惊，触动十年来之心事。乃叩求指示窍之所在。乩又批云：“将来自有明师指点。”不觉废然而返。然求道之心，又为死灰复燃矣。

愚按：又犯了老毛病，仍要问窍。

民国元年，为改革盐政来北京，适值同善社在此设总会。入社者甚多，并云能指明窍之所在，坐功以守窍为主。余以为今日始得明师矣，乃入社为弟子。此为正式拜师之第二次。

愚按：既要指窍，当然要入同善社，因为同善社是指窍的专家。

当指窍时，不但不传六耳，并立誓虽父母妻子亦不许泄漏。即同道谈及窍时，先须焚香跪请护法神保护，恐为妖魔鬼怪所窃听。其严密慎重如此。

愚按：这都是故意做作，以表示其窍之宝贵。其实青天白日，那有妖魔鬼怪？

其所指之窍，乃在两眉之间。问师何以此为玄关真窍？师曰：“道书不名此窍为‘山根’乎？佛家之慧眼，仙家之山根，均指此也。”至今日始知所谓“山根”者，并非此山之根也。

愚按：此山之根，虽不是“玄关窍”，但如某君今日所知彼山之根，亦未必真是玄关窍。

其余抵颚、咽津、调息、凝神之法，与前无异。惟目要垂帘。垂帘者，下垂一线，而不可漏光。学之经年，始能成功（此实大误，违反自然，且与闭三关之旨相背）。至于盘膝，及两手捏诀，无非使四肢由分而合，气血交流之意，尚无关重要。

愚按：两目垂帘或不垂帘，亦无关重要，随意可也。

惟静坐心神全注于窍，此则大有害处。年老之人，因守窍而血管爆裂、中风而死者，已有多人。余以后遂不敢守窍。三胞弟同时求道，用功九年而得神经病，患病十年而死，临终之时尚不忘守窍。越二年，余已蒙×师指点真窍，而吾弟墓草已青，可哀也！

愚按：守两眉之间，得怪病的人甚多。余历年所见所闻，证明某君之说为不错。但×师所指点之真窍，亦有人做出毛病。惜某君无此经验，只言其利，不知其害也。

迨至行年五十，经营事业略有成功，而血气已衰。若不赶紧求师，则行将就木。道家既无所得，惟有再求于佛门。闻密宗亦有窍，适值××法师以东密来京开示，乃正式拜师。此为第三次。

愚按：佛教中并无却病延年之术，而且佛教徒最反对世人贪恋臭皮囊而不肯抛弃，所以骂这班在肉体上做工夫的人为“守尸鬼”。某君又错投门路了！

所传六种手印及咒语甚简单，一个月内已完毕。坐功不守窍，每坐须二小时。朔望则自子时至亥时，须坐满九座。是一昼夜只有食宿六小时，余皆在坐中。余年已五十以上，第一次坐至七座已不能支，故知做此等工夫非壮年不可。然某大学中一青年，已坐满数个月，并无何种功效，亦遂不再习。××法师在北京传道，其门下多至八千人，未闻有一人得道。如余更无论矣。

愚按：不但五十岁以外之人受不了这个苦头，就是青年体弱者，也要做出毛病。往年余在北京时，正值某某法师亦在北京传授东密。某某督军之女公子二人，年龄在二十内外，学密宗工夫太勤，遂得干血痨之症，面黄肌瘦，月经停闭，每日下午身体发烧。此等现象，余亲见之。凡学密宗，不得病者已属万幸，若求愈病，难之又难。因为人的身体是肉做的，不是铁做的。一味蛮干，决定没有好结果。

至五十六岁以后，气喘失眠，血压高至二百度以上。自知死期将至，照卦爻而论，六阳已去其五。剩此孤阳，而又多病，岂尚有得道之望？然信“朝闻道，夕死可矣”之语，比诸十九岁时访师之念，尤为迫切。

愚按：某君总可称得起有志之士，惜其见理不明，只晓得逢人问窍。纵让他将人身上各种关窍都弄明白，结果“老病死”三字仍不能免。因为返老还童、却病延年、长生不死这些学术，问题是很复杂的，不是仅仅懂得一个“窍”字就能毕业。

至五十八岁，闻某处×师于内外丹法均有秘传，及门已有二十余人，政学界居多。×师自云：“机缘在北。”乃约同志三人，聘请来平。凡拜师者，贽见千金，加以旅费川资及一切供养。觌面之下，×师自汉朝以来各种丹经口诀，可以不必查书而背诵一过。其论内外丹之源流，以及下手之工夫，原原本本，按步就班，成仙可以计日而待。虽亦用静功，不过为采药与温养之预备。若但知调息、存神而无药，丹经所谓“犹如水火煮空铛”，非徒无益，而反有害。

愚按：江湖上传授此等方法，内容亦大有分别，不可一概而论。彼等表面上虽皆以各种丹经作为印证，而对于丹经之全部，又多不求甚解。其所能解者，仅书中之一段或数句而已。此派中人，程度高者偶亦有之，惟彼等都喜用权术待人，不肯说老实话。果真有志于修道学仙、以性命大事为重者，切勿沾染此种习气，务须以至诚待人，前途始有希望耳。

药从何采？重在选鼎。鼎有金、玉之分，金鼎为上，玉鼎次之。药亦有金液、玉液之分。选鼎以无毒、无病、药旺者佳，而养鼎与调鼎之法，全在“黄婆”。盖大药之生与火候之时间，非“黄婆”不能知。此丹经所谓“西家女”与“东家郎”之配合，非“黄婆”牵引不为功也。

愚按：《悟真篇》虽有“黄婆”之说，但不是指“人”而言。如《悟真》七绝第十九首云：“黄婆自解相媒合，遣作夫妻共一心。”又第二十六首云：“归来却入黄婆舍，嫁个金公作老郎。”这两个“黄婆”，是“真意”的代名词。盖“真意”在五行属土，黄乃土之正色。而八卦中之坤卦亦属土，坤为“老阴”，又为“母”，所以中央真意号曰“黄婆”。后世将“黄婆”二字当作黄脸老太婆解释，笑话百出。既把“黄婆”作人看待，于是遂有利用自己妻妾做“黄婆”者，教他们管理鼎器，并试探消息。初下手时，妻妾辈不识其中有何等玄妙，姑且听从其说，以观其究竟。到后来露出马脚，知其仍旧未能免俗。昔日施之于己者，今日亦照样施之于人，不禁惹起妒火，泼翻醋罐，家庭之间从此多事矣。男的说：我不过采药炼丹，毫无邪念。女的说：你仍在调情寻乐，老不正经。请问这场口舌是非如何判断？

至于采药之法，与彭祖五字诀无异。万一不慎，不但不能得药，而反走丹。种种口诀与方法，均详细传授，用隐语笔之于书，今尚藏在箧中。惟火候之时间，每日不同，须由黄婆试采，临时推算。所谓“神仙传药不传火”者，此也。

愚按：五字诀非彭祖所作，乃后人慕彭祖大名，伪托之耳。彭祖当日活了八百岁，世人奉行五字诀者，未到八十岁即死者甚多，尚不及彭祖年龄十分之一。可知彭祖另有玄妙，非五字诀所能尽也。所谓火候时间每日不同，须要黄婆试探、临时推算，这些方法始于明朝。当宋朝张真人作《悟真篇》时代，未见有此等烦琐难行而不切于实用之方法。后人因《悟真篇》有“不将火候著于文”之语，遂各自任意捏造、出卖秘诀。你若说他口诀不合于丹经，他就说：丹经上本无口诀，口诀须要口传，不写于书上。闻者亦无言可对。等到后来经试验多次，方知那些法门都是无用。然而人已老矣，财已去矣，悔已迟矣！此只怪自己没有眼力，不识方法之真假，不能怪传口诀先生们误人。他们原是把传口诀当作一种营业，不管你将来有效无效。

余初闻此说，不能无疑：历代祖师，必购鼎采药，所费不资，贫寒者何能得道？师曰：上古道在君相，非君相无此大力。宫女名曰“采女”，大臣赐“女乐”，均为采药之用。当知修仙者必“法、财、侣、地”四字俱备，始能修炼。法者采药之法，财者购鼎办药之需，侣者即黄婆，地者即入室用功之地。此药为家家所有，不能离开城市，故须托有力者为之护法。往往隐姓改名，到一处住数月后，即往他处，恐日久事泄，起外魔也。此与某几种丹经颇多暗合，尤其如××××、××××等书，更为吻合。

愚按：某君所怀疑之处，不为无见，而其师答语，则附会得可笑。盖道乃宇宙万物所公有，不是少数人所私有，假使修道之事只许极少数富贵阶级所独占，而贫寒者无份，则亦不成其为道矣。彼谓上古道在君相，非君相则无力修道，然考神仙历史，凡成道者大半是山林隐士，并非富贵阶级中人，此又何说耶？采女乃宫女之别名，因其衣服具有色采，故称采女。女乐即女伶之别名，因其擅长歌舞音乐，故称女乐。今以“采女”、“女乐”等名称，附会于采药之说，太觉牵强。“法、财、侣、地”四字本意，范围是很宽广的。法者，指各种修炼法门，不是专指采药之法。财者，除自己常年开支而外，尚须筹备一笔安家费。因专心修道之人，不能兼做其他谋利事业，自己既需要生活费，家庭又需要赡养费，故非有财不可，并非专以财作购鼎之用。侣者，即志同道合之伴侣，或志同道合之夫妻。世俗所谓“黄婆”者，岂足以当此？地者，乃三段工夫所选择之地，各有所宜，不能相同，非专指城市而言。山林之中，亦大有讲究。某师所谓“法财侣地”，范围太狭，与本意不合。

时有×××君，乃新疆之伊犁镇守使。当新疆督军被刺后，军民一致拥戴×君督新。×君志在学道，乃让与×××。×免职，中央派宣慰使前往，徇新省军民之请，再推×君主持新政。×君乃秘密乘飞机入关，临别时谓其家人曰：“此次访师求道，道成后当来度汝等，否则，无再见期，亦不必访我踪迹。”人能在壮年敝屣富贵，割断恩爱，出家求道者，虽古时亦不多得。×君本拟入①蜀，道出北平，遍访道友，闻雍和宫×喇嘛亦云知窍，来学者必先在寺诵经咒六年，一天不能间断，湘督×××及×××总长均在弟子之列，且已做满六年苦功，当于九月间指窍。×君与×总长同乡，因介绍于×喇嘛。所谈不合，始来我处。一谈之下，信服万分。×师亦以×君可传大道。

愚按：无论什么道理，无论什么法门，有相信的，自然就有不信的。常见许多幼稚的宗教家，每欲强拉世上人都相信他们所宣传的那种宗教，结果白费心力。但是有不信的，自然就有相信的。只要你能够独立自成一派，用不着宣传，总有不少人会表示同情。即如×喇嘛所传之工夫，究竟是好是坏？若说好，何以×君不信？若说坏，何以×督君×总长偏要笃信？因此可见人类生来的根器千差万别，不能一律看待。所以当我的一种学说成立后，有人赞美，固不足为荣，有人反对，亦不足为辱。人能信我，我未尝不欢迎，设若不信，我决不用手段引诱他们相信。只求尽我自己在人类中一份子义务，已无愧矣。

余与×君，因家中不便，另租一宅，雇用黄婆，选择鼎器，以为采药之地。余当时亦用至四鼎，（中略）但以年将六旬而又多病，不敢作采药之尝试。万一药未采到而先走丹，不能成佛成仙，反而生男生女，岂非笑话？（中略）故鼎器虽多，未敢一动其心，而同志笑我为迂腐。四个月后喘疾更甚，华池玉液毫无功效，而病反加剧，乃拒而不饮。

愚按：某君喘症，属于阳虚；而华池玉液，则偏于阴性。阳虚症不

① “入”，原作“人”，误，校改。

去补阳，反而滋阴，自然越弄越糟。

一日，扶病谒师，叩求指窍。

愚按：到此时仍未能忘情于“窍”，可叹！

师谓：“窍易指，不过数分钟即了，然必待外丹成后，始能传授。因汝等有财，一指窍即可修成，而多数弟子无钱，非待外丹成不能修道，汝不能专为个人谋也。现在安鼎地点已定，药物亦备，惟建屋置炉及炭火食用之需，约二万金可以济事。四年后丹成，则点石成金，何患道之不成哉?”

愚按：凡偏执“彼家”之说者，皆注重于多备鼎器、按时采药，本来用不着指什么窍，因为指窍另是一种法门。某君硬要在“窍”字上追究，其师无可奈何，只得顺了他的意思，作口是心非之语。所谓“一指窍即可修成”，这句话实不足信。某君前已说过：“种种秘密口诀与方法，均详细传授，用隐语笔之于书，今尚藏在箧中。”到了此刻，尚要指窍方可修成，难道以前所传授的许多口诀都是无用的吗？都是修不成的吗？

余对于外丹，虽不敢谓其必无，然必内丹成，而后外丹就。神丹非神仙不能炼。至于黄白之说，乃方士所以欺世者，决不可信。今×师以黄白为修仙之诀，余信仰渐失，而病亦日深。

愚按：某君对于外丹批评，自相矛盾。服食的神丹与点金的黄白术，原是一条路上事，不过程度有深浅之分而已。既相信有神丹，即不能不信有黄白；既不信有黄白，即不当再信有神丹。黄白易炼，神丹难炼。昔日张三丰真人传道于沈万三，沈在南京炼黄白术成功，家中有聚宝盆，人皆知之。而天元神丹，仅三丰真人在云南炼过，沈君却不会炼。明清两个朝代，会炼黄白的常有其人，会炼神丹的则未之闻。某君信其难，不信其易，信其深，不信其浅，实无理由可言。至于方士欺人，本是古今同慨，然天下事有假的，就有真的，有不灵的，就有灵的。岂可因失其信仰之故，遂将中国数千年遗传之绝学一概抹煞？黄白术各种丹经，世间流传者甚多，比较内丹书尤为难懂。某君于内丹书既是走马看花、不求甚解，自然更不懂外丹，所以发此隔靴搔痒之论调。

至翌年春，两腿俱肿，气喘如牛，一动作，通体汗下，棉衣俱湿。自知不起，预备遗嘱后事。师亦命诸弟子朝夕问病，盖余若死，则同志均失信仰也。幸得中医萧龙友先生以蛤蚧尾治愈。

愚按：某君气喘，既能用蛤蚧尾治愈，必是下焦虚寒、肾不纳气之故。此病宜服温补元阳之药，再加以静坐工夫，即可有效。本无用鼎之必要，而且没有资格用鼎。所以前段说“用鼎四个月，毫无功效”，就是因为药不对症。

×师亦回湘炼外丹，×君同往。余自此次病后，觉悟身外之物决不能补益本身之阴阳。真窍既未得，则本身之阴阳无法抽添，只可听之而已。是为民国二十三年，已五十九岁矣，惟静功仍日日行之。

愚按：若谓身外之物不能补益本身之阴阳，何以服蛤蚧尾遂能愈喘病？若谓真窍未得则本身之阴阳无法抽添，何以某君当十九岁初做工夫时，完全不知窍在何处，乃居然有阴阳调和之效验？（参看本报第二十三期第一版）

至民国二十五年春，余已六十有一。闻有×师为人治疾，不用药，不用符，但教人以性命工夫。凡中西医认为不治之症，无不立愈。尤以肺痨心脏肾亏之症为更捷，友好中治愈者甚多。惟必须本人发誓病愈后立志学道，始肯医治。

愚按：此处说得太过分。治愈者虽有其人，不愈者料亦不少。

长男自幼失明，又早婚，以致身弱多病，患遗精病已数年，中西医治殆遍。乃请见×师，一谈之下，始知四十余年访求未得者，而真窍有着矣。所谓“踏破铁鞋无觅处，得来全不费工夫”，其斯之谓欤！

愚按：窍虽然有着落，但不是丹经上所说的“玄关一窍”，且慢欢喜。

尚不敢轻信，先令长男拜师，指点性命工夫。第一次行命功，遗精之患即愈，真可谓立竿见影。乃约同志数人拜师，求点真窍，此为第五次正式拜师。坛即设于韬园。

愚按：本文所谓“第一次行命功，遗精即愈”，不知是做一次工夫，或是做多次工夫？更不知是永远不遗，或是暂时不遗？其辞颇觉含糊。历年以来，我遇到所谓做命功的人不少，有的弄得邪火上冲、脑胀眼红，有的弄得小便淋沥、腰酸腿软。自表面看，精虽然不出，其实被欲火煎熬，早已变成稠浊之物，被这班所谓做命功的人将关窍堵塞，当时未曾射出，停滞在下部，又不能还源。或者于小便前后滑溜而下，或者仍旧留在里面作怪，搅扰得身心不安。经过日久，难以忍耐，只有放他出去，才能风平浪静。但是这班人因为要顾面子，要夸张自己工夫做得好，不愿将真相轻易告人，等到做出病来、求教于医生时，方肯说实话耳。

一年之内，拜师求治病者五十余人，无论何种虚弱之症，只要元阳未绝，百天之内无不立愈。

愚按：自己做工夫治自己的病，虽有时可愈，但不愈者亦多。若说无论何种虚弱之症一概能愈，恐未必然。

惟当临危时，自知不治。为救命计，无不曰：苟能病愈，当放下一切，专心学道。迨病愈后，则一切性命工夫，置之脑后，即余长男亦然。真为求道而拜师者，不过一二人，可见真心学道者之少也。

愚按：世上真心学道之人，的确很少。学道本是最高尚的事，为什么大家都不欢迎？就因为这件事与普通人情相违反，做起工夫来，实在乏味。除非身体有病，方肯学道。等到病愈之后，他们自然都不愿再前进了。惟某君所提倡的那种工夫又当别论，既不违反人情，而且动手做起来亦复兴味无穷。据某君原书上说："惟道家化欲之法，既不必强制其不漏，亦不必限止其少漏。惟利用其欲漏之时而退回之，因败以为功，变出而为入，其法自然，为人所欲。（中略）出精之乐，在于气喘血沸、心动脉张、四体酥麻耳。而返精之乐，其心动气喘、百脉紧张、四肢酥麻亦犹是也，而快乐过之。且出精后头目昏迷、身体疲倦、口干舌燥，往往事后不胜其苦；而返精后则精神奋发、头目清明、口舌生津，其乐有不可形容者。（中略）道书云：顺之则生男生女，逆之则成佛成仙。"顺之者即出精，逆之者即返精也。此理浅明，人人可能，且人人所贪。《金刚经》所谓："合相者，即是不可说。但凡夫之人，贪着其事，亦指此。"果如某君此说。凡做此种工夫者，既有快乐可贪，又能成仙成佛。这个法门，真是人间少有，世上无双，应该人人欢迎，到死不肯放手。为什么他们五十余人都不愿永久照样做下去，岂非出乎情理之外吗？试以此事质问某君，谅他亦无言可对。

余自得窍后，将数十年所经营之事业逐渐脱卸，一切交际亦断绝。四五年来之喘疾，冬春必发者已全愈。血压由二百度减至百六十度。最讨厌之失眠症，四年来非安眠药不能睡三小时者，已恢复六小时之睡眠。十余年之嗜好亦戒绝，两年来阳已不能举，现则每五天能行一次命功，一年后宿疾全愈。

愚按：某君自得窍后，有五种好处：第一种好处，四五年的喘疾已全愈。第二种好处，高血压已减低四十度。第三种好处，四年来的失眠症已全愈。第四种好处，十余年的嗜好已戒绝。第五种好处，两年来的阳痿已有起色。不过做了一年工夫，就有这许多效验。若再做下去，成仙了道，定可如愿以偿。为什么下文又说“此生恐已无望”，岂非自相矛盾吗？

去年夏，乃游黄山、雁荡、金华诸山，以为隐居之地。归未匝月，即遇事变。手创之三大公司，与南京新落成之房屋以及各种财产，均已荡然，骨肉四散，相隔万里。而余静功依然每日行之，财产事业、名誉恩爱均不足以动我静坐时之一念；惟一闻飞机声，则静中即不能再坐。向来每日可坐三四次，每次一小时以上，现在只能坐二次，每次未满一小时。屈指六十四岁阳绝之时不满两年，而懈怠如此，此生恐已无望。如此窍在十年前得之，当不至此，或者无此福命耶？

愚按：某君所谓窍，乃肉身上出精之窍，非法身上玄关一窍。不必说在十年前得之无益，即在二十年前或三十年前得之亦无益。世上人知此窍者不计其数，请看他们的好处何在？某君所以能见效验者，盖得力于平日静坐工夫，不在乎知窍与不知窍。今将静功一概抹煞，专归功于窍，未免舍本而务末。

生平认为最误人者，即×××先生敝屣督军之尊荣、割绝家庭之恩爱、抛弃巨大之财产，万里访师，欲得真窍，因余介绍，入于×师之门，随师赴湘炼外丹已四年，无所成就。

愚按：×××先生万里访师，是想成仙，不是欲得窍。虽说炼外丹四年无所成就，他心中到底尚有一种希望。请问世上许多得窍之人又有什么成就？非但没有成就，并且连希望也没有的。某君就是其中之一人。上文自言“此生恐已无望”，又在原书序文中自言：“弟子年已六十一，去精绝之时不过三年，惜早不遇师。今已垂绝，即使修炼，未必能成。”这些话就是没有希望的铁证。某君在前文中又言：“一年之内，拜师求治病者五十余人，病愈则一切性命工夫置之脑后，即余长男亦然。”观此言，可知五十余人都是没有希望。因为这种工夫假使做坏了，就不免病上加病；就让你做得很好，充乎其量，仅能愈病而已，决无成仙的希望。这班人也有自知之明，所以做到病愈就不肯再做，晓得再做下去亦不过尔尔。某君说自己年老阳绝，虽做工夫未必能成，难道同时拜师的五十余人个个是年老阳绝吗？何以他们都心灰意懒呢？某君又说，这班人不是真心学道，所以没有希望。某君自己总可以称得起真心学道之人，又因为年老阳绝，所以也没有希望。说到结果，大家同归于无希望之一途，可叹可叹！

余得窍后，曾请同志×君回湘两次，劝其北来。乃入魔已深，未能自觉。至去年已有北来之讯，仍未实行。今则南北隔绝，不知行踪如何？以×君之弃家求道，在历代祖师中亦不可多得。且尚在壮年，因余一言而入于外道，万一误彼终身，此则万死莫赎也！恐后之求道者误入旁门，略述一生访道之经过以为戒。

愚按：×××先生在湖南省炼外丹，不肯听从某君之劝回到北方来，是否入魔已深，我不晓得。惟×××先生弃家求道，志在成仙，目下虽无所成，心中尚有最后的希望。若当真的北来，陪伴某君一同钻窍，他成仙的希望就断绝了，所以他不肯来。余观某君一生求道，总算诚恳，待朋友亦极其热心，独惜智慧欠缺，不能认识性命二字之真相，而读书又不求甚解，竟把肉体上的出精窍当作法身上的玄关窍，可谓大错！余恐世间学道者被“窍”所迷，钻入其中莫能跳出，故不避嫌怨，逐节批评，聊进忠告。这是学术上的研究，与个人无涉，故又将原文中所有人的姓名一概隐藏，免致误会。既非对于某某有所不满，亦非对于自己巧作宣传，不过为世间好道同志尽少许义务而已。请原作者并阅报诸君谅解是幸。

与某道友论《双梅景闇丛书》之利弊[①]
（1940年）

中国古代帝王制度，天子立六宫、三夫人、九嫔、二十七世妇、八十一御妻（说见《礼记》），其余宫娥彩女，不可数计。唐白居易《长恨歌》云“后宫佳丽三千人”，谅非虚言。除皇帝而外，如诸侯大臣，侍妾之多亦骇人听闻。《孟子》云：“食前方丈，侍妾数百人，我得志弗为也。”可见当时真有如此情形。若无特别方法以应付之，必至被其所困，故房中之术乃应运而兴。所以《汉书·艺文志》“房中”专列一门，其

① 原载《仙道》第24期（1940年12月1日），署名“撄宁”。

书有《容成阴道》、《尧舜阴道》、《汤盘庚阴道》、《黄帝三王养阳方》等书，皆言房中之事。后世如《素女经》、《素女方》等，皆从以上各书脱化而出，内容想亦相差不远。此皆古代富贵阶级所必须研究之学识，盖时代使然也。

今者时异代更，国家制度、社会风俗都非昔比。床笫之间，寒俭萧条，虽英雄亦无用武之地，若仍欲照书上所说，如法炮①制，勉强效颦，则是小题大做，割鸡用了牛刀，本非实际之所必要。此犹就彼富贵者而言，已觉其术不能适用。若夫普通人民，生活艰难，饮食缺乏滋养，卧室小如鸽笼，白昼工作既已劳心劳力、深感疲倦，夜间正宜极端休养、回复精神，倘再鞠躬尽瘁、筋脉偾张，妄想在虎口边拔须、剑锋上舐蜜，结果未获其利，先受其害，徒增烦闷而已。

该书所云，用某种姿式动作，即可以愈某种疾病。在平素身体强壮、阴阳不调者，行之偶或有效。若身体亏损者，常常依样画葫芦，则流弊甚多，非但不能愈病，反而添病。愚意凡世间好道之士，欲专心修养工夫者，此等书以不看为妙。

该书内容，共分六种。前五种皆由日本国旧医书中转录而出，条文虽同，而先后次序则不同。后一种《大乐赋》，乃唐朝白居易之弟白行简所撰，出自敦煌石室，其文已残缺不完。以上六种，皆长沙某氏于光绪三十年前后刻版流通。民国十几年间湖南省闹共产，该书发行人某氏被共产党指为土豪劣绅，遂遇害。说者谓是刊布该书之果报云。

又与某道友论阴阳工夫②
（1940年）

如此世界，如此人生，自然以修道学仙为最高尚。惟此等事谈何容

① “炮”，原作“泡”，误，校改。

② 原载《仙道》第24期（1940年12月1日），署名“撄宁”。

易？各种条件，必须完备；有一不合，即白费精神。所以学者虽多，而成者极少。

现代之人，福德不足，若做阴阳工夫，必至魔障重重，结果无不失败。譬如贫穷人家子弟（“贫穷”二字意思，不一定指财产而言。人的福德不足，即是身内贫穷，财产不足乃身外贫穷耳），不肯吃苦耐劳以事积蓄，偏想暴发横财，欲于短时期中立成巨富，不啻望梅止渴、画饼充饥。故愚见认为：凡属我辈同志，都应该惜福修德，专心走清净一门；丹经上阴阳炉鼎之说，存而不论可也。

所谓现代之人福德不足，乃指普通人类而言，不是专指少数修道之人。假使吾辈生当康熙、乾隆时代，全国人民一生不睹兵革之祸，在位的多老谋深算之臣，在野的多三教明通之士，家家安居乐业，人人心旷神怡。当此时期，修道学仙善缘具足，魔障少而成功易。今日者何时耶？请试一回思，则知现代人福德不足之说非妄语矣。

沈永良真人事略[①]
（1941年）

沈永良真人，浙省黄岩县人也。幼孤贫，母命习工匠业，郁郁不得志。母殁，遂弃本业，投身行伍中。亦非所愿，亡何复弃去，竟至天台桐柏宫，受道于金教善师。后遍游名区，得传南岳高士内丹心法。从此佯狂玩世，饮必醉，语必颠，因自号醉颠。众则以沈魔头呼之，彼未尝稍愠也。终岁一衲，不知寒暑，城市深山，随缘栖止。又好与群儿戏，人问之，曰："吾以全吾天耳。"初不读书，而谈言微中，缙绅先生以是乐接之。寿逾古稀，无老态。清同治五年丙寅秋七月七日，尸解于洪家场水边，翘一足作鹤立状而逝。

有旧交池达庵者，时署江苏太仓州知州。中秋节偶赴钱塘观潮，路逢数童子作剧，用稻草绳牵真人过桥。邂逅达庵，欢然叙契，阔如平日。是年冬，达庵返里嫁妹，真人忽造访，未及通报而去。事后遍觅不见，询知其羽化实在七月间，方悟八月武林桥畔所遇，及冬季所降临者，乃阳神而非肉体也。池君慨叹久之，遂迁其遗蜕归葬于羽山之阴，俾胜迹与仙踪共垂不朽焉。

撄宁曰：黄岩沈真人奇闻轶事，见于记载者甚多。其详情自有县志山志等书以显扬之，非余拙笔所能为役，兹篇止以应蒋君之命耳。惟同治丙寅，距今岁庚辰不过七十余年，故老犹存者，尚能追忆儿时与沈魔头共嬉戏事。然则近代无仙之说，殆不足信也！或疑沈固仙矣，而以颠著，何耶？抑知品格超凡谓之仙，举动异常谓之颠，既已超凡，欲不异常，奚可乎？且世以俗眼观仙，无有不颠者，酒中仙如唐之张颠，佛中仙如宋之济颠，丐中仙如明之周颠。皆颠也，又何怪沈氏之号醉颠哉！

---

① 原载《仙道》第25期（1941年1月1日）。

重修《委羽山大有宫宗谱》序[①]（1941年）

道不易闻，赖有仙而后知道之足贵；仙难普渡，赖有教而后知仙之可修。世间奉道者，固未必皆仙，而历代成仙者，都不离乎道。试观秦汉以降至于近代诸仙对于道教关系何若，其故堪思也。

浙省黄岩县南之委羽山，乃道教第二大洞天，历代仙迹，相续昭著。洎乎清初，赤马红羊，劫灰几换，白云苍狗，世事靡常，遂至道统陵夷、坠绪欲绝。当时有杨来基真人者，黄岩东乡横林望族，皈依龙门派下第十三代宗师也。道法兼备，戒律精严，乘愿复兴本宫，弘教以为己任。嘉庆元年正月，大开戒门，玄风丕振，教化盛行，迄今阅一百四十年。代代传薪，枝枝衍秀，四方徒众，源远流长。其创始也艰辛，其贻谋也深厚，不有当年，安能今日？杨真人之功，可谓钜矣。

兹者各房嗣师，恐岁久派繁，或紊系统，因集议重修谱牒，且思有以光荣先辈、垂裕后昆。猥蒙不弃，征文于仆。窃惟仆虽慕道，尚未能脱俗，虽学仙又无缘入山，愧尘海之飘萍，似蓬壶之弃草，何足以彰美杨公？更何足为诸师重？但以欣逢盛典，谨献愚忱，聊赘数言，用伸颂祝耳。

原夫洞天福地，皆古今仙侣所往还，了道登真，多借助山川之灵气。全国十大洞天，浙省竟有其三：委羽、赤城、括苍，胜迹标题已久。再考各小洞天，全国之数三十有六，浙江一省乃居其十；福地七十有二，浙省亦得十九。大小洞天福地合计一百十八，其中三十皆在浙境，山川灵气独占全国四分之一。为浙人者，固堪自豪；非浙人者，能毋企羡？浙人而不成仙，谁人当成仙耶？所冀诸山道友，共励玄规，后

① 原载《仙道》第25期（1941年1月1日）。

起高贤，克承先业，勿负洞天福地之佳名，齐发了道登真之宏愿，广龙门之祖派，继凤羽之遗踪，于诸君有厚望焉。

中华民国二十九年庚辰冬月皖江撄宁子陈圆顿拜序

募修天台山桐柏宫胜迹缘起[①]
（1941年）

夫募捐之事，若无充分之理由，则必遭社会之轻视，布施之举，若无真实之目的，则不免金钱之虚抛。惟在募者一方面须出于至诚，而在施者一方面亦有其道，始可称为人己两利焉。

浙省天台山者，名胜甲于东南，历史由来已久。周秦以前，本山即有仙迹可资考证。东汉时刘晨阮肇入天台采药遇仙女一段姻缘，至今传为佳话。魏晋唐宋以来，神仙辈出，而南宗初祖张紫阳真人为尤著。盖以兹山灵气所钟，诞生奇杰，固非偶然也。

本山道观甚多，以桐柏宫为领袖。考桐柏宫乃唐朝皇帝所勅建，以居司马子微真人者。真人在当时颇负盛名，上自唐睿宗皇帝，下如王摩诘、李太白诸高士，皆从之学道，故奉旨特建道观，作为修养之所。殿宇辉宏，山林生色，观内所藏历代珍贵物品亦甚多。事经千载，兴废迭更，今已大非昔比。规模所遗留，田产所保守者，尚不及往日百分之一。再加受时局影响，常住道众，虽有复兴之愿，苦于经济困难，是不能不仰望于海内好道之君子矣。

世人论布施功德之大小，每视金钱之多寡为标准，愚意则谓当视其关系如何。盖布施所关系者大，则其功德亦大，所关系者小，则其功德亦小。天台山自上古轩辕皇帝受金液神丹以来，本有四千六百余年之历史，而桐柏宫自唐睿宗景云二年勅建至今，亦经过千二百载。山中名胜

---

① 原载《仙道》第25期（1941年1月1日），署“撄宁代撰”。

古迹应当爱护者，不可毕数。而桐柏宫则为道教南宗之祖庭，故天台桐柏，对于中国历史宗教，关系之大，可想而知。因此布施于天台桐柏者，其功德自亦无量矣。

桐柏宫今日所以必须募捐者，盖有三种正当用途：一、修补本宫四周近处风景古迹。二、添造本宫殿宇，并客室寮房。三、预备常住斋粮，维持道众生活。虽说三种用途同属切要，但亦视所得捐款数量之多少，以定先后缓急之分配耳。

十方善信布施功德之无量，既如上述，而其附带之利益，亦不可不知。盖凡有捐款人台衔，照例必须勒石，以昭大公。从此诸君姓字，与名山胜迹，共垂不朽。其声价之清高为何如耶！况值春秋佳日，乘兴来游，朝山进香，按期而至，交情既非泛泛，招待自必殷勤。比之普通之游客香客，地位当不问矣。又或嫌城市之烦闷，聊思息影于林泉，感身体之疲劳，欲换新鲜之空气，偶尔在山小住，暂借道观为家，既有功德在先，自然一见如故。以上种种，皆所谓有形之利益，虽属微末，谅亦诸君所乐闻也。谨献芜词，敢邀慧察，倘蒙金诺，请署台衔。

天台山桐柏宫住持道末伍止渊叩募

陈撄宁启事（二则）[①]
（1941年）

（一）

社会情形，日趋恶劣。仆之现状，事与心违。各处问道来函，堆积盈尺，若一一答复，势所不能，千祈原谅。以后诸君如有问题，请直寄

① 原载《仙道》第26期（1941年2月1日）。

本报编辑部，必能从速作答。幸勿寄仆个人名下。仆俟环境许可，即当入山。若永久被文字工作所误，非但自己有志未遂，即诸君亦将笑我纸上谈兵。谨启。

（二）

启者：仆近来有许多必要的工作，又想研究仙道以外的学术，因此无暇答复各种问题。千祈阅报诸君原谅！下次若有来函，请直寄本报编辑部，封面上勿写陈撄宁字样，以免迟误。再者，仆对于本报之关系，只能算是投稿人中的一份子。凡编辑发行及订报购书等事，皆与我无涉。谨启。

紫阳宫讲道语录[①]
（1941年）

铁海问：如我等出家修道，是先度人好呢，或是先度自己好呢？

撄宁答：这件事真是一个大问题，不容易解决。依愚见而论，可以不必拘泥，须要圆通一点方好。看目前环境应该走那条路，宜于度人者即先度人，宜于度己者即先度己，宜于人己同时并度者，即不妨兼而行之。

铁海问：何种环境，宜于度人？

撄宁答：假使信仰你的人很多，一言一动，别人家都承认你是不错，在许多信徒之中，有钱的出钱，无钱的出力，都能帮助你做开山弘道之事业，凡有举办，无不顺利，这种环境，宜于先度人，不宜急于作自了汉。等到应该做的事业立定根基，付托有人，然后抛弃一切，专做

① 原载《仙道》第29期（1941年5月1日）。

自己工夫，这叫作先度人、后度己。

铁海问：何种环境，宜于度己？

撄宁答：假使信徒不多，护法太少，自己经济力量又嫌薄弱，做起事来无人帮助，一切情形皆不顺利，在此种环境之下，就应该闭关静坐，断绝尘缘，或入山隐居，苦修苦炼，等到自己有所成就，然后再出而行道，这叫作先度己、后度人。

铁海问：听所谈两种办法，无论度人度己，总不免有先后之分，请问人己同时并度之法？

撄宁答：此种办法，即是一方面随缘应化，但不必积极进行；一方面偷闲用功，亦不必刻期见效。虽做利生事业，也要经过许多困难；纵说劝善语言，也未免有许多烦恼。困难与烦恼，既可以增长你的智慧，又可以磨炼你的心性。利生劝善，固然有益于世人，困难烦恼，未尝无益于自己。等到若干年后，度人事业，当有成绩可观，同时，自己智慧已如澄潭秋月之明，自己心性亦到炉火纯青之候。此时若求了脱自己，不必多费工夫，只须一念回光，即足以破尘网而超劫运。这就是人己同时并度。古代祖师，常有如此做法。以上三种路线，愿君审察环境，择而行之。

铁海曰：今日幸蒙开示，路路皆通。我辈出家人，若真有志于道者，按照这个路线走去，可谓进退咸宜，甚妙甚妙。

《和黄异吾道人诗五首》按语[①]
(1941 年)

黄异吾炼师，人极洒脱，能文工诗，出家天台。后住持浙江武康升

① 原载《仙道》第 29 期（1941 年 5 月 1 日），诗作署名“永嘉汤璧垣”，按语署名“撄宁子”。

玄观，复寄迹杭州玉皇山，今驻鹤上海玉皇山福星观分院，或亦大隐居廛市之意耳。一日，余过周敏得君寓所，见伍止渊师手中持有此诗，索而观之，不禁飘然有出尘之想。因抄寄本报，以饷同好，并僭易数字，谅汤先生不我责也。

撄宁子识于上海位中堂

声气言从异地求，初平惯与素心俦。剧怜浮世多尘梦，未获先生给枕头。

风雨相思知我共，烟波遥隔使人愁。今承远道遗诗简，特对青灯拨冗酬。

宁按：浙江金华山有黄初平叱石成羊仙迹，本诗第二句借用以喻黄炼师。又第三、四句，系用邯郸梦吕祖度卢生故事。前人有诗云："四十年中公与侯，虽然是梦也风流；我今落魄邯郸道，要向先生借枕头。"

身骑只鹤出天台，化作黄刚度世来。曾把芙蓉朝玉阙，为调铅汞访丹台。

探幽幸得栖真宅，怀古端凭炼句才。海上已无清静土，不须飞鸟到蓬莱。

宁按：第三句本于李太白"手把芙蓉朝玉京"句。又《悟真篇》云"调和铅汞要成丹"，第四句本此。

小谪尘寰数十秋，入山深被白云留。神全不畏蜉蝣短，气伏能将龙虎收。

论境原非千里隔，泛舟争奈五湖游。忽闻掷地金声振，犹向霞标注两眸。

宁按：蜉蝣乃水面飞虫，朝生暮死，寿命极短。龙虎，譬喻神气。末二句人多不解，今注如下：晋孙绰尝作《天台山赋》，辞致甚工，以示友人范荣期云："卿试掷地，当作金石声也。"赋首尾约六百三十字，其中有四句云："理无隐而不彰，启二奇以示兆；赤城霞起以建标，瀑布飞流以界道。"盖天台山奇景虽多，而以赤城栖霞及石梁雪瀑二景为最胜。作者以孙公之赋，比黄君之诗，睹景思人，故曰"犹向霞标注两眸"。又按：黄炼师平日注重内功，故此诗第三、四句有神全气伏之语。

…………

闻说重阳古节临，振衣长啸答秋砧。登高不减参军兴，辞国还同越相心。

喜有鸿篇传旅雁，愧无凤管写来禽。计然一去筹难藉，我对斯山亦感吟。

宁按：第三句用孟嘉重九日龙山落帽事，第四句用范蠡去越归隐、变姓名为陶朱公事。第六句来禽，因王羲之有《来禽帖》，故云。第七句计然，乃人名，即范蠡之师，隐居浙江武康县东南三十余里之山中。计然多才智，善于筹策，故后人名其山曰计筹山，升玄观在此。

《洪太庵先生诗》附记[①]（1941年）

（原诗略）

附记：洪君与我，堪称同志。洪君好道，我亦好道；洪君想入山，我亦想入山；洪君念念不忘天台，我亦承认东南一带名山以天台为最胜。山中桐柏宫道观，供奉南宗初祖张紫阳仙师像，神采如生，其像手中持书一册，上题“悟真篇”三字。当年塑像者，可谓有心人矣。又龙门正宗第十代高东篱祖师（即金盖山闵小艮真人之师）住世一百五十一岁，于乾隆三十三年羽化，遗蜕即葬于天台桐柏宫道观山后。仙道南北二宗，皆与此山有密切关系。修道学仙之士倘要入山，愚谓天台最适宜也。将来时局好转，交通恢复，拟再往天台一行。若有机缘，能觅得结茅佳境，当与洪君共之。惟诸道友做初步工夫者，则以杭州西湖之城市山林较为方便耳。

撄宁

---

① 原载《仙道》第29期（1941年5月1日），诗作署名“洪太庵”，附记署名“撄宁”。

与林品三先生谈话记[1]
(1941年)

林曰：《易经·损卦》六三爻辞云："三人行，则损一人；一人行，则得其友。"这是讲双修之事。

陈曰：诚如尊论。但文王的爻辞，虽微露其端，尚不十分明显。孔夫子怕后人看不懂，所以在《易经·系辞》上面格外说得透彻，如云："天地细缊，万物化醇，男女构精，万物化生。《易》曰：三人行，则损一人；一人行，则得其友。言致一也。"读《易》者到此处，仍未能了解，皆因《中庸》上"造端夫妇"之道在儒家久已失传。而后世所谓"九琴九剑"、"三虎朝龙"之口诀，又非古圣先贤一贯之心法。并有于丹房内除十四两坤鼎外，更预备十六两乾鼎，谓吕祖《敲爻歌》中"八八青龙"即指乾鼎而言，尤为荒谬。徒见其能说不能行而已。现在居然有人相信他们的程度，真是幼稚得可怜。

附注："三人行，则损一人"，是说一阳二阴或一阴二阳皆不是道，必须把多余的那一个减去，方合于道。所谓"损"，即减去之义。又如"一人行，则得其友"，是说孤阴寡阳各走一边亦不是道，必须把缺少的那半边加入，方合于道。所谓"得其友"，即得着配偶之义。如此，正是孔子所说"一阴一阳之谓道"。

---

① 原载《仙道》第30期（1941年6月1日）。

《化欲论》按语[①]
(1941年)

撄宁按：此篇及《余之求道经过》同为一人手笔，民国二十七年冬出版。书中无作者姓名，亦无版权，并无发行寄售之处，大约是印送或宣传性质。天台山伍止渊炼师不知从何处得来，持以示我。细看此书，理论亦颇有可取，惜其方法太不高明，学者若照样做去，必多流弊。本不拟将此书公开研究，然世间知此法者不少，常有人写信到敝处，问此法能照做否？实令我难以回答。今见此书所主张之方法，与彼等所问者相同，特将其转载于《仙道月报》，以便学此法者自己试验、自己判断，恕我不负责任。但有一语应该声明者：凡人肉体上出精之窍，决非丹经上所说的“玄关一窍”，幸勿被此书所误。至于吾人欲念，是否用此种方法即可以化除，请勿问我等，问诸君自己可也。

覆上海某君书[②]
(1941年)

（前略）据云五味子难服，想是在口中咀嚼之故。若像吃丸药一样，

① 原连载于《仙道》第30期（1941年6月1日）至第31期（1941年7月1日），正文署名“隐名氏”，按语署名“撄宁”。该文在第31期曾标明“未完，下期续登”，但后来却因《仙道月报》停刊而未再见续文。

② 原载《仙道》第31期（1941年7月1日），署名“撄宁”。

用白开水吞服，在口中过而不留，则不觉有异味矣。每粒除黑包皮外，其中尚有一粒硬核，形如腰子，味辛而兼苦，皮肉则酸而兼甜，又皮与核都有咸味。一物而五味俱全，遂因此得名。服时须将每一粒连皮带核，敲作扁形，使其中硬核破裂，然后吞服到肠胃中，方可以吸收其核内所藏之药力。若整个囫囵吞下，则皮之味出，而核之味不出，其功用偏而不全。此层当注意。

原本《道藏》，上海西门外白云观内有一部，收存于藏经楼中，不轻易让人看见。宁当民国二、三年时，住在白云观内，大略将《道藏》翻阅一遍。今闻该观所有全部《道藏》，早已贴上封条，恐将来无机会可以再看矣。商务书馆影印之《道藏》，战前上海大场宝华寺有一部，后遭兵燹，散失在外，当作废纸出售，每一斤价铜元数枚。某道友购得几十册，皆首尾不完，且有火烧之焦痕。某山某观虽有二部，都在山上，并未携来上海。徐家汇天主教堂图书馆中有一部，得熟人介绍，方可入览，但不能借出。贵友欲阅《道藏》，是何目的？若为著作计，须参考材料，自不妨一阅；若为学道计，则此路甚为迂缓，难以到家，宜另求门径为是。

又据尊函云："有人做静功者，觉得头部一半皆空。"大凡做静功者，自己每有许多特别的感觉，而为他人所未尝经历者。若欲人人强而同之，其势殆不可能。只求身心安定、气血调和，毫无不适意之状态，即可以算得是好效验。据云"将来全身亦应觉得空寂"，此又似乎近于坐禅工夫，与《天台止观》书中所云"自觉其心渐渐入定，身心泯然空寂"景象颇同。

《化欲论》自序

…………

愚问："病至垂危，尚能静坐乎？"师曰：性功不限定坐，卧亦可也。行止坐卧，均可修性。佛家所谓卧禅，陈抟以卧得道，同一意也。至于命功，只在得窍，本不必坐，故虽久困床褥，不能转侧起坐者，亦能用功。惟阳绝者，不能修命功。不自知将死者，用心不专，用功不勤，其效不见。吾以是治病，已愈数十人。当诸医回绝、死生呼吸之际，无人不曰：苟能活命，当抛弃一切，以求至道。一旦病愈，好名利者仍奔走于名利，嗜淫赌者仍专心于淫赌。（宁按：据此可知"化欲"之说不足信。）欲再如病时之用功，千百人中无一人，可见真心好道者难得。吾此后当不再为人治病矣。

…………

一日，语×师曰："按卦爻，男子二八而精通，八八而精绝。弟子年已六十一，去绝精之时不过三年。惜早不遇师！今已垂绝，即使修炼，未必能成。惟四十年来访求而未得，几堕落于旁门。世之好道如弟子者亦多矣，何历代祖师秘而不传耶？（宁按：因为历代祖师不赞成这种法子。）况今日礼教失其权威，宗教失其信仰，恋爱自由，淫欲横行，小之伤其生命，大之弱其种族。若能因势利导、化欲有方，既可寿人以寿世，又可强身而强种。古来传道者，恐传匪人，致干天谴。弟子志存救世，愿公开此道，即有天谴，当身受之。"（宁按：古今房中术各书上，早已将此法公开。若有天谴，应该让他们先受，轮不到某君头上。即请公开，保无祸患，不必少见多怪。）×师曰："兹事体大，俟吾师来时，当再请命。"

…………

愚有见于此，愈觉大道公开之必要。秋×祖师自关外来，遂以此为请。×祖师云：是吾志也。世变日亟，三教公开，大道究难终秘。惟昌明有时，姑少待之。为强种计，胎教尤要。胎教倡自太任，秦火后失传，仅散见于医书。是以后世人民愚恶者多而贤良者少，夭弱者多而寿强者少。外国亦有优生之学，彼所注重者，在身体健全、容貌美丽。惟胎教则身心并重，道德健康两不偏废。现正欲与通人重兴此学，汝既有志于此，不妨以原理示人。至于指窍返精之妙，不可妄传。非仅为天谴，恐人恃此保身之法以纵欲也。（宁按：某君屡言此法可以化欲，而其师祖则谓此法须防纵欲，两人意思完全相反。）

…………

《化欲论》本文

儒家谓之欲，道家谓之魔，佛家谓之尘，其实一也。欲虽不一，凡耳目口鼻身意之欲，除食欲外，尚易戒除。惟色欲为最难，因其本于天性。人何以生？即由父母色欲而生。无论老弱男女智愚贫富，一息尚存，此欲即难断绝。自来对于欲的办法，不外三说：

甲、纵欲说

此说倡自西洋，以为男女淫欲之起，由于过为神秘。因礼教之防闲，使男女隔绝，交媾之事，视为秘密而神奇，故欲一尝以为快。若色相显露、神秘公开，男女之间毫无歧视，则平淡无奇、不起淫念。此玉体横陈、味同嚼蜡之说也。故乳也臀也臂也腿也，凡可引起淫念者，莫不显豁呈露，甚至将少女赤身置于大众之前，供男子赏玩描摹，名之曰模特儿曲线美。从前夫妻在被底所不能见者，亦公开之。至于两性之裸体跳舞、裸体游泳、拥抱接吻，以为文明。凡此主张，皆新学家公认为防淫之法。此与禁烟者谓不必禁其吸，但使烟馆林立，寝食于斯，即能断瘾；禁酒者不必禁其饮，但使酒池十里，沉没其中，自能戒绝，何以异耶？（宁按：男女之欲，等于饥则思食、渴则思饮。饮食过量，虽于人有害，滋养不足，亦使身体①受伤。至于烟酒，则非人生所必需，终身不吃烟酒，身体上毫无欠缺。终身没有配偶，生理上则感觉偏枯。而且烟酒之瘾，越吃越大，越老越深，欲戒不能；男女之欲，多则厌倦，老则淡薄，不戒而自戒。两者性质不同，未可相提并论。）

…………

乙、绝欲说

此说创自释氏，视女色如蛇蝎、交合为污秽，以出家为根本绝欲之法。……淫根者，造化生生不息之基，此要根断则人种必灭。儒家所恶于佛，谓其寂灭者，即指此也。

丙、节欲说

纵欲既不可，绝欲又不能，于是中国圣人乃有节欲之说。其节欲也如何？男女不同席，不相授受，内言不出，外言不入，防其始也。青年当春情发动期，最易犯淫，故设礼以防之。明知男女居室，人之大伦，食色天性，不可抑止，惟导之以正、限之以时，乃有女子二十而嫁、男子三十而娶之规定。不专为色衰爱弛、难以偕老之调剂，亦所以保身而强种也。明知男女媾精势难终秘，惟当男女尚未成熟之时，禁止一切非礼之举动，使其情欲逐渐发生，不为助长。盖迟一日破身，即延长一年之命，不仅为伤风败俗，亦所以身强而保命也。（宁按：青年男女之欲，虽可设法禁止，请问对于他们手淫之举动将如何防范？须知独身手淫之害，胜过男女交媾之害，自应该想一个彻底的办法。否则，空谈节欲，实无济于事。）

…………

① “体”，原作“礼”，误，校改。

今之学者，不知节欲，反教以纵欲。男女同校，移干柴而近烈火。恋爱自由，学养子而后嫁。青年男女终日追逐异性，不以学业为务，不得于异性则求之于同性。莘莘学子，每年死于色欲者，不可胜计。前年医生调查某地女学，十八岁以上女生破身者占百分之七十五。女生如此，男生可知。学校如此，社会可知。照此下去，欲国之不亡、种之不灭，岂可得耶？（宁按：某君屡言古代女子二十岁即嫁，然则现代女子十八岁以上破身并不违背古训，何必大惊小怪，故作危辞以骇人听闻?）

由上观之，纵欲之害既如此，绝欲之难又如彼，惟有节欲为中道，行之而无弊。然礼教已被打倒，今日而欲再设男女之防、严定婚姻之制，大势所趋必不能行。盖善良风俗，养之百年而不足，坏之一日而有余。既坏之后，欲求匡复，非圣人在位教民再世不可，况在今日兽欲横行、举世疯狂之日乎？然则中国其无救乎？曰：化欲可以救之。

宁按：某君谓化欲可以救国，不知所指何事？若说维持旧礼教，但旧礼教已被打倒，无法可以挽回，某君已自言之矣。若说改造国民体魄，然据某君前文所云"纵欲之说，创始于西洋"，而西洋人个个身强力壮；"儒教节欲、佛教绝欲之说，盛行于中国"，而国民大半是衰弱多病之躯，远不及西洋人身体之强壮，请问是何理由？况且世界上几个强国，他们的国民未尝听说有什么"化欲"秘诀，"纵欲"则有之耳。可知欲之化与不化，对于国家强弱毫无关系。

化欲者何？既不必绝欲，自亦不愿纵欲，与节欲志同而道异。一则勉强而行，一则纯任自然；一则反性而行，一则顺性所为；一则消极限止其欲，一则积极利用其欲。节欲之功，非读书明理修养有素者不能，化欲则愚夫愚妇无不能之。

宁按：此段谓节欲是勉强，是反性，是消极，非上智之士不能；化欲是自然，是顺性，是积极，虽愚夫愚妇皆能。这种理论，读者心中实在感觉到神妙不可思议。

欲念之动，由于精动。精何以动？欲外泄也。男子在母胎中有精一两，长一岁加一两，至十六岁而满十六两；女子在母胎有精二两，长一岁加一两，至十四岁而满十六两。迨精满一斤，即欲排泄，精一泄，即失其童真而为破体。不必限于男女之交媾，如同性相奸也，手淫也，梦遗也，同一漏精也。

宁按：女子身上生理，与男子大不相同，未便混为一谈，至于斤两多少之数，亦无根据。前人姑妄言之，今人姑妄信之耳。

佛家之绝欲，即为断绝其漏精之路，然能止其下泄，不能禁其上漏。尝见苦修之和尚，终身不近女色，亦不起一淫念，卒以淫根尚存。忽然圆寂，玉箸自鼻孔下垂，人皆以为修道有成，其实即漏精而死，非死后始漏也。佛家之绝欲欲精不漏者，其难如此。

宁按：鼻孔所垂之玉箸，是否与下窍所出之精同一性质，颇有问题。精能种子，能生人，请问玉箸亦有种子生人之功用否？再者，还有一层疑案尚未明白。究竟是因为先垂玉箸的关系而人不能不死呢，或是因为人将要死而后始垂玉箸呢？亦当仔细考查，多多经验，方好下一句判决。不可凭一二人偶然的现象就统而言之，恐被科学家所窃笑。

儒家节欲之功，设种种礼教以为防闲，无非欲其少漏。然能防之于有形，不能防之于无形。尝见老师宿儒，时以戒之在色诲人，而闺门之内有不告人者。非必作伪，实精欲冲动，不能自制耳。儒家之节欲欲精少漏者，其难又如此。

宁按：此段所说，亦是实情，固不必讳言。人能常吃素食而口味淡薄者，欲念比较可以减轻。若喜肉食、贪厚味，则欲念更难制伏，盖以生理上受了刺激，影响及于心理，欲念遂由是而起。仅赖道德观念以对治之，实际很少有效，压迫之极，每患神经病。

惟道家化欲之法，既不必强制其不漏，亦不必限止其少漏，惟利用其欲漏之时而退回之，因败以为功，变出而为入，其法自然为人所欲。盖好淫者不过贪出精时顷刻之快乐耳，若化出精而为返精，其乐更倍于出精，则登徒子不好美色、河间妇不贪健男矣。

宁按：人身元精，即《灵源大道歌》所谓神水，本散布于身中各处，不限定在下部一小块地方。及至变成形质浓厚之浊精，积少成多，储藏于下部精囊之内，其事已坏。当时虽暂为保留，总有一朝一夕要冲关而出。纵然把关门封锁得很紧，不放他出来，此物在里面经过的时日太长久了，就要作怪，搅扰得身心不安。譬如身上生一个无名肿毒，当初红肿尚未化脓之时，可用药将其消散，不必定要破头；设若医治不得其法，错过消散之机会，而肿毒已经成熟，好的血液已经变脓，则非开刀出脓不可。否则，只有听其自动破头，将浊脓流尽，方可用生肌收口之药。假使有人说不必开刀破头出脓，只须用法将里面腐败停滞之脓复返还于血管、运化于周身，肿毒自然可愈，请问此等治法合于医理否？又譬如人肺中有痰，必须咳嗽吐出方能畅快，若谓此痰乃津液所变，常常吐痰，身体不免亏损，只须等到痰从喉管将要咳出之时，极力忍住，重复咽下，常常如此则身体不至于受伤，请问此种方法合于卫生之道否？某君所谓化出精而为返精者，就等于肿毒有脓不肯开刀、肺里有痰不肯吐出，其方法之错误显而易见，虽愚夫愚妇亦知其不可行。或谓：精为人身中三宝之一，不可与痰脓相比，痰脓是坏东西，自然要把他去尽；精是宝贵之物，必须将其保留。此言亦似是而实非。盖元精在身中尚未变成浊精时，的确有保留之必要；若已经变为浓厚而又粘滞之形状，就等于血已变脓、津已变痰，再要勉强保留，非但无益，而且有害。丹经所谓炼精化气，乃炼一清如水散布周身之元精，不是炼重浊稠粘停滞下窍之浊精。张紫阳仙师云："不识阳精及主宾，知他那个是疏亲？房中空闭尾闾穴，误杀阎浮多少人。"又，白玉蟾仙师云："人身只有三般物，精气与神常保全。其精不是交感精，乃是玉皇口中涎。其气亦非呼吸气，乃知却是太素烟。其神更非思虑神，可与元始相比肩。"学者观之，当能领悟。惜某君求道四十年，读遍丹经，竟不识先天一着！此则关乎本人智慧与福命，局外者固爱莫能助也。

附注：河间妇，河间乃地名，即今河北省之河间县；古时该处有某妇，喜乱交异性，至死不休，故后世以河间妇之名代表女子之狂荡者。

现代各种道门派别名称①
（1941 年）

先天道、归一道、还源道、圣贤道、五台道、茅山道、太上门、混元门、天师门、天仙门、天地门、大乘门、大儒门、皇极门、真武门、金丹门、无为门、全真派、正一派、理教、夏教、清门教、天理教、三圣教、八卦教、太谷教、救世新教、同善社、悟善社、道德学社、宗教

---

① 原载《仙道》第 31 期（1941 年 7 月 1 日），署名"撄宁"。

哲学研究社、红卍字会、中教道义会、一心天道龙华会、某某乩坛（各省各县名目繁多，不可胜数）。

以上所列各种名称，仅据已知者列入，未知者尚多，难以备举。凡此数十种名称，除正一、全真两派而外，其余各派对于道教皆有或深或浅之关系。有秘密的，有公开的，有以前守秘密而现在公开的，有半秘密半公开的。全国合而计之，人数当在一千万以上。拘泥之士每嫌道教杂而多端，不及其他宗教之纯粹。愚则谓道教伟大之处，就好在杂而多端，惟其如此，方足以包罗万象。他的短处，即是他的长处。独惜派别虽多、人材虽众，而正式的道教公认为世界五大宗教之一者，尚未有坚强之组织，并改革之精神。世界潮流进化太速，急起直追尚恐落后，停滞不动何以图存？道教诸君，似不能不预为谋也。

再者，我国古代所遗传之神仙学术，本与宗教性质不同。各种宗教皆言死后魂灵如何如何，独有仙学只讲生前、不说死后。又凡宗教首重信仰，信仰者，仰仗他力也；仙学贵在实证，实证者，全赖自力也。所以神仙学术，可说是科学而非宗教。但自汉朝以后，仙学和道教常结不解之缘，道教中人成仙者亦不少。既然在历史上有过密切的关系，今日我辈研究仙学诸同志若为修炼便利之计，则与道教中人合作，比较容易进行。惟须妥筹办法、详定章程，务使双方皆得其益而无流弊。愚见如此，未知同志诸君以为然否？

上海紫阳宫百日消灾弭劫道场疏文[①]（1941年）

（原注：起首例句并职衔名称从略）

① 原载《仙道》第32期（1941年8月1日），署名“宁”。以下所录，保留该疏文原来的格式。

伏维

上帝有好生之德，阴阳同禀玄施。
皇天无歧视之心，中外皆为赤子。
神权默化，冀灾劫之全消。
道法兼行，望罪愆之可赎。

臣勉承道绪，忝列玄门。今为祈祷世界和平，并超度十方幽魂事，臣陈至根洎各界善信人等（各人姓名从略），齐集壇前，同伸祈祷，一心皈命，百拜通诚。窃思华夏殷忧，倏经五载，欧洲大战，已届三年，飞机电闪，庐舍为墟，巨炮雷轰，杀声震野，罹国破家亡之惨，抱妻离子散之悲，海山万里，尽成危险之封疆，少壮良民，徒作牺牲之工具。虽言弱肉强食，螳螂捕蝉，奈黄雀已暗窥其后。慢羡鹬蚌相争，渔翁得利，惜象齿已自焚其身。祸殃溯厥由来，皆因人不明道，痛苦难于忍受，惟知急则呼天。某某等，丁兹浩劫，幸保安全，忧患余生，岂容暇逸。用是上体

祖师度人之愿，下尽匹夫有责之诚，爰择辛巳年闰六月××日××良辰开坛，至九月××日××良宵圆满，启建百日消灾弭劫道场，于中跪诵××经全堂，朝礼××忏全部。伏以时逢闰夏，薰风有解愠之功，节届高秋，爽气退炎蒸之候，一年次序推移，欣值收成之月令，百姓回心向善，遂开胜会之因缘。玄音归雅正，虔讽灵章，法器响清虚，敢云仙籁。藉达微忱于

玉座，恭迎
圣驾于琼霄，想见
御杖森严，历贝阙金衢而降临凡土，
威仪肃穆，偕曹官辅弼以暂驻云坛。赖百日

真宰之感通，挽亿兆生灵之厄运，待看五洲万国，欢腾杯酒释兵戎，四海一家，亲爱异族如兄弟，风调雨顺，岁无旱潦之荒，户给民安，人免流离之苦。况复幽明普度，存者既获蒙福佑，亡者亦随得超升。公私两全，正荐既叨沐慈光，附荐亦同沾甘露。十方三界，胥在祥和庇护之中，六趣九幽，齐登净妙光明之地。臣冒干洪造，无任悚惶，不胜激切屏营待命之至。顿首瑶阶，谨意以闻。

业余讲稿[①]
(1943—1945年)

胡海牙序(略)

第三章　千岁上仙，说见《庄子》

道书向以“老”“庄”并称，《老子》第五十九章虽已发明长生久视之道，而未言仙，《庄子》第十二篇则有“仙”字，且主张积极，而反对消极，与全部作风大异，兹特录其原文如下，使人知庄子亦非专贵无欲、偏尚无为者。

《庄子·天地篇》尧观乎华。华封人曰：“嘻！圣人。请祝圣人，使圣人寿。”尧曰：“辞。”“使圣人富。”尧曰：“辞。”“使圣人多男子。”尧曰：“辞。”封人曰：“寿、富、多男子，人之所欲也，汝独不欲，何耶？”尧曰：“多男子则多惧，富则多事，寿则多辱，是三者，非所以养德也，故辞。”封人曰：“始也，我以汝为圣人耶；今然，君子也。天生万民，必授之职。多男子而授之职，则何惧之有？富而使人分之，则何事之有？夫圣人鹑居而鷇食，鸟行而无彰，天下有道则与物皆昌，天下无道则修德就闲，千岁厌世，去而上仙，乘彼白云，至于帝乡，三患莫至，身常无殃，则何辱之有？”

---

① 该《业余讲稿》是陈撄宁于1943—1945年间所撰手稿，未曾在陈撄宁生前刊行。后来，该手稿的保存者、陈撄宁弟子胡海牙主编《陈撄宁仙学精要》时曾将其收入书中，署“陈撄宁原著，胡海牙整理”，并撰有长篇序文对该《讲稿》的来历作了介绍。以下文字据《陈撄宁仙学精要》本排印，原文有缺章。

第四章　华封三祝，大机大用

既寿且富，又多子孙，常人心理，原是如此，圣人当不复尔。华封人乃谓圣人当与应与常人同欲，否则不配称为圣人，止可称为君子。奇矣！

天生万民，必授之职，则无失业游惰之民；富而使人分之，则无贫富不均之弊。我国先哲于四千年以前唐虞时代已见到此，更奇！

至于“鹑居鷇食”一段议论，乃奇之尤者。鹑居者，巢居野处，随遇而安也；鷇食者，箪食瓢饮，自给自足也；鸟行者，老子所谓“善行无辙迹”也；无彰者，老子所谓“和光同尘”也；与物皆昌者，达则兼善天下也；修德就闲者，穷则独善其身也；千岁者，即《庄子·在宥篇》中广成子所谓“修身千二百岁，形未尝衰”也；厌世者，非如普通厌世思想，盖谓功成名遂，可以归休，未来之事业，将付托与后人也；去而上仙者，冲举飞升，往上迁徙也；乘彼白云者，肉体化为炁体也；帝乡者，上帝所居之境界也；三患莫至者，水、火、刀兵三种灾患所不能及也；身常无殃者，聚则成形，散则成炁，永无生老病死之苦也。人生到此，亦可以无憾矣。

或疑庄子文章未免太近于理想，而为事实上所不可能。试问：今日之飞行机、潜水艇、无线电等类，岂非皆是先有理想，而后有事实乎？西方人理想既可成为事实，东方人理想偏不许其成为事实，何耶？（三患，在华封人本意，乃指多惧、多事、多辱而言。）

第五章　圣凡之分，视其作用如何

往年偕江西樟树镇老友黄邃之君游常熟虞山，触景生情，有感于古诗所云“出郭门直视，但见丘与坟；古墓犁为田，松柏摧为薪”，以及“何不学仙冢累累”之句，遂联想到“华封三祝”故事，谓如此结局，庶几美满。黄曰：“诚然。唯寿、富、多子三种欲望，圣人既与凡人相同，其间亦尚有不同者在乎。”余曰：“此须视其作用如何。圣人多子，必施教育以成其材，凡人多子，仅为族性增加人口而已；圣人富有，必使群众分沾其利，凡人富有，仅为儿孙看守财产而已；圣人寿考，必有功德及民，凡人寿考，仅老而不死而已。至于鹑居鷇食，在凡人处境艰迍时，虽亦可照办，但不免怨尤，圣人则甘之若素矣；若夫鸟行无彰，则非才智俱备、学养兼优者不能，凡人更难企及。况自有史以来，乱世恒多，而治世恒少，享大年者，往往遭逢乱世，徒作牺牲，设无鹑居鷇食之简单生活，及鸟行无彰之圆通运用，身家性命，且不可长保，姑勿论与物皆昌，即修德就闲，又谈何容易？姑勿论千岁上仙，恐未及百岁早已下世。是必有积极的手段，以应付环境，方能达到最高之目的，否则，白云帝乡，终成虚愿耳。”黄君首肯者再，共坐松阴，相对叹息。今者事隔廿年，不幸而言中，江南名胜，屡经浩劫，城郭犹是，人民已非，然而黄君则羽化久矣。

第六章　仙学乃人类进化之学

福州道友洪太庵君，曾为余作《〈灵源大道歌〉白话注解》序文一篇，上海名医谢利恒君，最赏识此文。洪序首云“仙学者，乃人类进化之学；而成仙，则为人类进化之结果”，此语足打破世人一切疑团。盖依进化而论，古人所不可能者，未必今人定不可能；今人所不可能者，未必后人亦不可。以进化本无止境也。普通人不足深责，若智慧之士，亦复自甘暴弃，视仙道为畏途，则是今日人类，非但不进化，反而退化。退化亦无止境，子子孙孙，千百年后，又将如何？

第七章　灵魂肉体，相合为用；心理生理，互有影响

灵魂与肉体，混合组织而成人，灵魂即是精神，肉体即是物质。灵魂譬如电，肉体譬如电灯泡，电与电灯泡相合方能发光，灵魂与肉体相合方有作用。灯泡毁坏，虽有电而无光；肉体死亡，虽有灵魂而无用。灯泡陈旧，光虽有而不明亮；肉体衰老，人虽活而乏生机。灯泡毁坏之后，电流停止于线上，换装新灯泡，则又能发光矣；肉体死亡之后，灵魂分散于空间，附着新胎儿，则又成人矣。新灯泡虽同样的发光，但厂家之牌号，光头之大小，不必定与已坏之灯泡相同；新胎儿虽一样的成人，但产生之地点，性格之贤愚，亦不必定与前世之人相同。知此者，可以谈灵魂。

电灯泡是物质，电未尝不是物质；肉体是物质，灵魂未尝不是物质。因此种物质，微细到不可思议，故名曰精神，以示与粗劣之物质有

所区别。其实粗劣物质即微细物质所转变，故精神与物质，可谓同出一源。物质若能还源，即是精神，然精既已成物矣，当无自动还源之理，必有外力加入，则物质又可以转变而为精神。知此者，可以谈炼丹。

物质与精神既有如此密切之关系，故在人身上，生理可以改变心理，心理亦可以改变生理。譬如伤寒热病则发狂，饮酒大醉则妄语，脑充血则神智昏迷，受蒙药则知觉全失，此即生理影响及心理也；又如悲哀则泪流，惶急则汗出，忧思则饭量减少，盛怒则筋脉偾张，此即心理影响到生理也。

第八章　精神物质，是一非二；凡体修仙，大有可能

凡有志于仙学者，必须认识精神与物质是一件事，许多困难问题自然容易解决。世俗对于神仙事迹，常有两种相反之论调，一种谓决定有，问其证据何在，则以历代书籍记载为凭，然各书记载未必概属真实，设如小说家杜撰之言，或是以耳为目传闻之语，又乌可尽信耶；一种谓决定无，问其凭何推断，则以今世未尝有人亲眼见过，故谓其无，然世界如此之大，人寿如此之短，一人一生所亲见之事物，能有几何？或以己所未见者为无，直等于坐井观天，若以人所未见者为无，又岂能执四万万人一一而询其曾遇仙否？假使人云有者，我亦将云有耶。昔日故旧，知余好仙学，彼等偶见江湖怪异之流，辄举以相告，余则不为所动，久后侦之，彼等都为狡黠者所绐，如堕五里雾中，而不自觉。天下事非众目所睹者，固不敢谓其无，即使为众目所睹，真实不虚者，亦未可遽信其有。“有”、“无”二字，诚不易言也。吾辈倘懂得仙学为人类进化之学者，则古代神仙之有无，可不必论。若有仙，吾辈算是继承者；若无仙，吾辈即是创造者。近代许多事业，古人皆梦想不到，吾辈本该自豪，何独于成仙一事，而自怯自馁如此？果能认识精神与物质是一非二，心理与生理可以互变，则知凡体炼成仙体并非不可能矣。

第九章　破生死关四种手段

某君尝闻前辈老师云，学道者须能破三关，方有入处。一、名利关；二、色欲关；三、生死关。某君自省，名利关尚不难打破；若要破色欲关，必须有巧妙的方法，非空言所能奏效；破生死关，则尤难。

余谓，第一道名利关，在常人就不易破，能破此关即非常人矣。仙家破色欲关，确有妙法，不是常人所能知能行，且常人亦无须破此关，任其造化可矣。至于生死问题之处置，则不外乎四种手段：第一种，听天由命；第二种，顺天安命；第三种，乐天知命；第四种，逆天改命。

所谓“听天由命”者，此等人于生死关尚未透过，总觉得生之可以恋，而死之可以悲，但自己肉体与灵魂又丝毫作不得主张，事到临头，束手无策，完全听造化所支配。此乃普通凡夫之境界。

所谓“顺天安命”者，此等人已经打破生死关，对于生不感兴趣，对于死亦不起恐慌。如庄子所云“大块载我以形，劳我以生，佚我以老，息我以死，故善吾生者，乃所以善吾死也”，又“不知悦生，不知恶死，其出不䜣，其入不距”，又“适来，夫子时也；适去，夫子顺也。安时而处顺，哀乐不能入也”，此类语意，庄子书中盖数见之，乃哲人达观之境界也。其表面虽与凡夫之无办法相同，而内心之感觉则大异。高则高矣，唯嫌其太消极耳。

所谓“乐天知命”者，此等人非但生死关早已打破，并且不取消极，而取积极。生时光阴决不虚度，必行弘道济人利物之功，死后灵性归还本源，仍同宇宙真宰合而为一。故孔子赞《易》曰“知周乎万物，而道济天下，故不过；乐天知命，故不忧；安土敦乎仁，故能爱”，又“原始返终，故知死生之说”，此乃圣人应化之境界也。虽然结局仍不免一死，但积极的兼善天下而死，与消极的独善其身而死，器量又不同矣。

吾辈主张，则于百尺竿头，更进一步，直要夺造化生死之权，所谓“逆天改命”是也。如《参同契》所云“金砂入五内，雾散若风雨。熏蒸达四肢，颜色悦泽好。发白皆变黑，齿落生旧所。老翁复丁壮，耆妪成姹女。改形免世厄，号之曰真人”，又“勤而行之，夙夜不休；伏食三载，轻举远游。跨火不焦，入水不濡；能存能亡，长乐无忧。功满上升，膺箓受图”，此乃神仙超人之境界也。吾辈同志，尽管放胆向前做去，不必畏难，亦不必过于推崇古人而藐视自己，《孟子》书曰“舜何人也，予何人也，有为者，亦若是”。

第十章　服食丹药，无绝对的利害可言

某君由沪来宁，过访敝寓，相见甚欢。谈及上海方医师有鉴于近代

修炼家大半寿龄短促，皆由彼等不知服食之法，故坚决主张仙道初步非从丹药服食入手不可，并欲亲自试验。

余谓方君识解固超，其勇气亦不可及。因其国医学术，素有根柢，凡药物之性质与利害，皆所深悉，故可从事于此。若普通人冒昧为之，则不敢赞许。三十年前，余赠辽东某君长歌一首，内有句云“黄金万两不买命，英雄到死真扫兴。秦皇汉武求神仙，历史相传为笑柄；唐明天子喜金丹，朝服红丸莫①入棺。都说长生不可学，废书卷卷徒悲叹”，此言服食丹药之弊也。辛巳岁冬季，又作小诗四首，赠上海谢医师，兹录其一如下：“屑玉丸芝话正长，仙经密奥费猜量，千秋复见孙思邈，好入龙宫乞禁方。”观此可知，余亦是同情于服食者。前后所言，意若矛盾，其实天下事本无绝对的利害，唯视乎人为而已。

第十一章　丹经每多矛盾，学者不可执一

丹经每于自相矛盾之处见意，学者执着一边，遂不免为书所误。《参同契》中有辟炉火之说云“世间多学士，高妙负良材；邂逅不遭遇，耗火忘资财。据按依文说，妄以意为之；端绪无因缘，度量失操持。捣治羌石胆，云母及矾磁；硫黄烧豫章，泥汞相炼飞；鼓铸五石铜，以之为辅枢。杂性不同类，安肯合体居；千举必万败，欲黠反成痴。稚年至白首，中道生狐疑”，《悟真篇》亦云“休炼三黄及四神，若寻众草更非真；时人要识真铅汞，不是凡砂及水银”。《参同》、《悟真》，乃仙学中最负盛名之著作，彼等对于炉火烧炼之论调如此，后来学者读《参同》、《悟真》，先入为主，莫不痛恨外丹偏赞内丹，文墨之士更从而附和之。于是乎，知识分子遂视外丹如毒药。实际上，彼等所见到者，乃这一边事，不是那一边事。

大易、黄老、炉火三道由一，乃魏公作书之本旨，断无鄙弃外丹之理。试观《参同契》所云“刻漏未过半兮，鱼鳞狎鬣起；五色象炫耀兮，变化无常主；潏潏鼎沸驰兮，暴涌不休止；接连重叠累兮，犬牙相错距；形似仲冬冰兮，瓓玕吐钟乳；崔巍而杂厕兮，交积相支柱”，以上各句，若非说外丹，是说何物？人身中安有如此奇怪状态？纵曰将外比内，可见外丹亦自实有其事，否则安能形容得出？《悟真篇》本是专

① “莫”，疑作“暮”。

讲内丹，然篇中所用各种名词，如鼎炉、药物、火候、铅汞银砂、黄芽白雪、地魄天魂、紫金霜、一粒灵丹之类，皆由外丹而来。

可知仙学演进之程序，外丹在先，内丹在后。外丹名词早已普及，人皆能晓，故内丹始好借用，此理显而易见。张紫阳曾为《金药秘诀》作序文，通篇约千余字，阐明外丹法象，辞意优美，与彼自作《金丹四百字·序》专讲内丹者，可称双绝。近代作道书者，拾前人余唾，肆意排斥外丹，岂非数典忘祖乎？

《参同契》所言外丹景象，乃指全部丹法过程中之一段而言，余已经目睹，的确如此。

第十二章　黄白点化，非不可能，局外之人，难窥真相

某君为研究古代仙学，搜集各种外丹书，至数十册之多。三年前，拟在江西省上饶县购矿山一处，既可以开采矿砂，增加生产，又可以实地试验炉火之术，邀余入山静修，得暇则一兼顾其事。已心许之矣，后以时局万变，计划终成泡影。唯外丹黄白术，亦是仙学一大支派，书既难懂，事又隐秘，全国中知此术者极少，普通人对于此事所发之议论皆等于隔靴搔痒。炉火之事，余将来虽不欲再做，但颇有记述之必要，盖以见古人所作外丹书非尽欺骗者。

清咸丰年间，江西隐士老古怪，传授外丹术于安徽白云谷先生；光绪年间，白云谷传授外丹术于南京郑君；民国初年，郑君又传江西黄君。所谓老古怪者，隐其名不欲人知，弟子辈讶其师言动拂于常情，戏以“老古怪”三字拟之，彼不以为忤，反乐以自称，人因从而名之。老古怪能点铜为银；白云谷止能乾汞成银，而不能点化，术远逊其师；郑君仅做到死砂，不能转接，亦不能乾汞，是又逊于白云谷矣；及至黄君，虽死砂亦无把握，更不如郑。黄君为余家座上客，有十年之久，亲密异常，言谈无忌。余尝笑谓黄君曰：“贵派所传点金术造诣之程度，可谓愈传愈坏，一代不如一代。”黄君叹曰：“此术将来只好让外国人去发明，中国人环境恶劣，阻力太多，实无办法。”余当时颇不以此言为然。

民国十年以前，郑、黄二君合租屋于上海虹口三角小菜场相近，专门烧炼。二房东乃广州卢君，出资者乃香山郑君。经过两载，止炼得死砂半斤，后郑君因事返里，黄君迁往余家。暇日黄君启箧出死砂十粒示

余，并用吹管就火酒灯上将一粒死砂吹化，黑皮退落，砂中死汞滚跃而出，俟其冷结，即成一粒白银珠子。然此死砂，乃郑老先生所留下者，黄君却不会做。余谓黄君曰："此砂虽死，恐有盗母之病，所以不能通灵。"黄君大惊曰："此是内行话，多年以来，未听他人言过，郑老先生当日亦注意到此，苦无补救方法。现今国内通此道者，不过数人，且又多年不见，此刻实无人可问。"余曰："丹经云'毒在腹中须用泻，泻毒还须毒做媒'，请郑老先生将那半斤死砂重行入炉，如法炼过，即可望转接矣。"黄君遂驰书与郑，郑得信喜甚，急欲在南京重安炉鼎，以诸事皆不顺利，复作罢。余嫌正法用戊己二土死砂，手续麻烦，难期速效，乃以旁门之法，代替造土。民国十五年，在沪寓同黄君小试其术。池鼎大如酒杯，皆自己动手所做。开炉未久，幸其事半而功倍。药成，将新电灯线红铜丝剪下寸许，烊开，以药点之，得绿豆大白银珠子一粒。虽无用处，然因此可以证明丹经点铜为银之说，并非虚妄。惜环境障碍重重，万难再向前进，耗五六人之精力，费十余载之光阴，所得仅此而已。可知黄君前说"环境恶劣，阻力太多"，实不为无见。我辈所能证明者，乃点铜为银一事，而古人所谓点金术，则真是点化黄金，较后世炼丹家仅能点银者，更为神妙。吕祖诗云"起来旋点黄金卖，不使人间作业钱"，可以为证。

世人妄谓东方点金术不成，遂变为西方之化学，乃门外汉言。谁知其中有不成而谬说已成以骗人，如江湖方士者；亦有已成而仍说不成以自晦，如隐居高士者，此寻师访友之难也。外丹书，有真者，有假者，有半真半假者，更有满纸外丹名词而实非外丹烧炼之事者，有上等诀，有中等诀，有下等诀，更有不成其为诀而自命为得真诀者。此读书之难也。故余不欲劝人从事于此，自己将来亦无意再做，所以不惮烦做长篇记述者，因此事乃中国绝学，世人每疑为虚妄，今于初步既得证明其真实非虚，私愿已足，别无奢望，亦无丝毫借此谋利致富之心。假使有人见吾书所言，遂往各处访求丹客，出资共同烧炼，堕入圈套，必定失败无疑。有言在先，余不任咎。

第十三章　仙学宜脱离宗教范围，以求进步

某君尝言，仙学中之外丹，即超等之化学，仙学中之内丹，即超等之生理学，对于宗教，绝无关系。余颇以此说为然。试观东汉魏伯阳真

人所著《参同契》，号称“万古丹经王”者，全部自首至尾，不染宗教色彩。宋元以降，仙学家之著作，皆也①宗教纠缠不清，弄巧反成拙，其见识不及古人远矣。吾辈今日讲仙学，必须脱离宗教范围，自由独立，方有真理可寻。否则，立足点殊欠稳固，彼等嗤宗教为迷信者，遂并仙学一概推翻，认吾说亦属迷信之流，岂不冤枉？此后地球上各种宗教将逐渐销灭，难以存在，吾辈今日果能思患预防，和宗教划分界限，脚踏实地，按部就班，循序渐进，到彼时，神仙学术自然发达异常，有改造世界之能力，本书可谓第一部创作，将来必有多数继我而起者。

第十四章　参同悟真，宗旨不同；金丹真传，更非上乘

仙学家每以《参同》、《悟真》并称，余谓《悟真篇》与《参同契》颇有分别。世间好道之士，虽知《参同契》为仙道第一部经典，但因其字句古奥，不能了解，遂转而求之《悟真篇》。于是乎，学者仅知有“老翁复丁壮”之工夫，不闻有“耆妪成姹女”之作用。而且《悟真》“前序”依傍三教，“后序”高唱无生，已失却仙家独立之资格；《悟真篇拾遗》中更有“禅宗歌颂诗曲杂言”一段，引证《楞严经》“十种仙”及弥勒金刚经颂之说，尤为自贬声价，不足取法。兹特选定《参同契》为专门仙学教科书，《悟真篇》置之勿论可也。自明末清初至于近代，学者又以《悟真》词句虽畅达易明，口诀仍隐藏不露，又转而求之坊本《参同》、《悟真》卷尾所附刻之《金丹真传》，已是愈趋愈下矣。《金丹真传》虽非上乘丹法，但其口诀亦复讳莫如深，致令学者茫茫无所适从，江湖邪说乘机而入，仙道名誉因此败坏。提倡学术，挽回风气，乃吾辈之责也。

第十五章　参同一派，仙道中坚；学术进化，后胜于前

十年前，余所读道书秘籍，其中《参同》、《悟真》各家注解颇多，有主阴阳法者，有主清净法者，有纯粹正宗者，有夹杂旁门者，集世间《参》、《悟》派学说之大观，可见此一学派，于仙道中实占重要地位。历代以来，知识分子研究此学者，亦继续不绝。无论古人是否成功，吾

① “也”，疑作“与”。

辈后起者总有成功的希望，时代愈后者，则希望愈大。今胜于古，后胜于前，未来者胜过现在，乃人类进化之公例，凡百学术，莫不皆然，仙学自不能例外。所以古人是否成功之问题，在今日已无讨论之必要。吾辈唯有一方面遵从往哲遗规，向前迈进，一方面采取现代新法，加以补充，斯可矣。

或疑第十二章中，言外丹愈传愈坏，一代不如一代，此处又言今胜于古，后胜于前，理论与事实不免冲突。余曰：无妨。前谓愈传愈坏，乃指私人局部的秘密单传而言；此谓后胜于前，乃指人类整个的学术进化而言。彼亦一事实，此亦一事实。即如吾国仙学，黄帝以降，迄于近代，向来是秘密传授，从未有联合合①国学道之人公开研究者，自余曩岁投稿提倡，始引起读者兴味。东至奉、吉，西至陕、甘、滇、蜀，北至鲁、豫、燕、晋，南至闽、广、吕宋，问答纷纷，如雪飞片飞翔，邮函往来，每日必有，终年不断，诚往古所未闻也，岂非整个仙学进化之事实乎？诸君勿以现代不出神仙为憾，须知，先有真学，而后有真仙。宋元明清四朝，仙学堕入宗教圈套中，已失其真面目，前辈神仙都变成教主，后辈学者都变成教徒，依如此方式而求神仙，殆犹缘木求鱼，永无达到目的之一日。

第十六章 《参同契》各家注解书目

《参同契》为仙道第一部经典，兹将各家注解书名、人名及朝代分别列于左，以备后世仙学家有所考证。

《周易参同契通真义》，三卷，五代时孟蜀广政十年真一子彭晓撰，《道书全集》本；

《周易参同契考异》，三卷，宋朱熹撰，《朱子全书》本；

《周易参同契解》，三卷，南宋端平改元抱一子陈显微注，《道书全集》本、《道藏辑要》本、单行本；

《周易参同契》，三卷，阴真人注，《道藏》本；

《周易参同契》，三卷，储华谷注，《道藏》本；

《周易参同契》，三卷，无名氏注，《道藏》本；

《周易参同契》，二卷，无名氏注，《道藏》本；

① “合”，疑作“各”。

《周易参同契发挥（附〈释疑〉）》，三卷，元至元甲申全阳子俞琰述，单行本；

《周易参同契分章注》，三卷，元至顺年间上阳子陈观吾注，《道书全集》本、《道藏辑要》本、通行本；

《古文参同契集解》，八卷，明复阳子蒋一彪辑，汲古阁本；

《周易参同契测疏》，三篇，明潜虚子陆西星著，《方壶外史》本、《道统大成》本；

《周易参同契口义》，三篇，作者同前；

《参同契笺注》，明一壑居士彭好古注，《道言内外》本；

《参同契章句》，一卷，清李光地撰；

《参同契阐幽》，七卷，清康熙己酉云阳道人朱元育口授，潘静观笔述，《道藏辑要》本、《道统大成》本；

《参同契集注》，三卷，清康熙十四年知几子仇兆鳌著，单行本；

《参同契脉望》，三卷，清康熙庚辰存存子陶素耜述，《道言五种》本；

《古文周易参同契注》，八卷，清乾隆丙寅袁仁林注，《惜阴轩丛书》本；

《古文周易参同契秘解》，清吕杏林注；

《周易参同契集韵》，清纪大奎作；

《参同契正义》，清元真子董德宁作；

《参同契直指》，清嘉庆四年悟元子刘一明解，翼化堂藏版；

《参同契养病法》，四卷，民国八年默悟子张廷栋解；

《参同契》，一卷，无注，《汉魏丛书》本。

以上二十四种，皆以见过。此外仅闻书名未曾寓目者，约十一种，亦附列于后：

《古本参同契》，杜一诚刊；

《参同契分释》，徐渭；

《参同契句解》，李文烛；

《参同契注》，王九灵；

《参同契绎注》，甄淑；

《参同契注解》，姜中真；

《参同契补天石》，尹太铉；

《参同契疏略》，明王禄著，《百陵丛书》本；

《周易参同注解》，三卷，明张位撰；

《古参同契集注》，六卷，清雍正年间南昌刘吴龙撰；

《参同契注》，二卷，清上虞陈兆成撰。

佛教的《参同契》

禅宗南岳石头和尚作辞曰：竺土大仙心，东西密相付。人根有利钝，道无南北祖。灵源明皎洁，枝派暗流注。执事元是迷，契理亦非悟。门门一切境，回互不回互。回而更相涉，不尔依位住。色本殊质象，声元异乐苦。暗合上中言，明明清浊句。四大性自复，如子得其母。火热风动摇，水湿地坚固。眼色耳音声，鼻香舌咸醋。然依一一法，依根叶分布。本末须归宗，尊卑用其语。当明中有暗，勿以暗相遇；当暗中有明，勿以明相睹。明暗各相对，比如前后步。万物自有功，当言用及处。事存函盖合，理应箭锋拄。承言须会宗，勿自立规矩。触目不会道，运足焉知洛。进步非近远，迷隔山河固。谨白参玄人，光阴莫虚度。

以上五言四十四句，虽亦名为《参同契》，但与丹道无关。

第十七章　仙学可以弥补人生之缺憾

某君言：人生不过数十寒暑，已嫌寿命短促，况在少年时代，对于世事毫无经验，不足以有为；及至衰老，虽经验丰富，而身体已坏，暮气已深，亦不足以有为；中间一段，止得三十余载光阴，并且逆境多而顺境少，又复百忧感其念，万事劳其形，结局不过一丘黄土，几茎白骨，与草木同腐。思之思之，人生太无意味。若说死后如何如何，都是梦话。

余曰：聪明人所以立志学仙，就想弥补这个缺憾。

旁听之客问曰：往昔所谓神仙者，是否真有其事？恐不免白费心力。

余曰：此事在往昔真有与否，无关轻重，但是这条路今日颇不易行。设有第二条路可以达到我等之目的，情愿改变方针，随君等而走。

客问：目的何在？

余曰：初步长生不死，最后白日飞升。

客曰：全世界各种宗教、哲学、科学，皆无此办法。

余曰：既无第二条路可走，只得仍旧走我自己的路。

客问：世间应做之事甚多，何必定要做这件不可能之事？

余曰：圣贤如孔、孟、颜、曾，教主如释迦牟尼、耶稣，贵如帝王、将相，富如巨商、大贾，以及科学界之发明者，艺术界之成功者，思想界之创造者，屈指难数。试问彼等所作所为，究竟有何益处？谓于其本人有利益乎，而本人早已死矣；谓于天下后世有利益乎，而后世之人祖、父、子、孙又继续而死矣。人类凡有作为，总以生活为根据，离生活而谈事业，其事业即无价值。凭短命而视生活，其生活亦无价值。吾辈既抱憾于短命的人生，当然对世间万事不感兴趣。神仙事业，他人以为不可能者，吾辈则以为非不可能，彼此见识相差太远。

第十八章　儒释道仙宗旨难以强同

儒释道仙四家，宗旨各别，乃余平素所主张，凡是高明之士，皆赞同余说。今再附记于此。

儒家见解，认为人生是经常的，所以宗旨在保守旧章，维持现状，而不许矜奇立异，因此人生永无进化之可言（吾国科学落伍即由于此）。

释家见解，认为人生是幻妄的，所以宗旨在专求正觉，而抹煞现实之人生，因此理论与事实往往不能一致（既说人生是幻妄，而对于生活上所必需的衣食住行各项，仍要极力营求，故谓理论与事实不能一致）。

道家见解，认为人生是自然的，所以宗旨在极端放任，而标榜清静无为，因此末流陷于萎靡不振，颓废自甘。

仙家见解，认为人生是缺憾的，所以宗旨在改革现状，注重事实，战胜环境，抵抗自然，因此思想与行为不免惊世而骇俗。

非但儒释道三家难以协调，即道家与仙家，表面上似乎没有分别，而实际上则大相悬殊。盖道家顺自然，仙家反自然也。

第十九章　成仙为目的，长生为手段

人生本是苦多乐少，尤其生在今日之中国，可谓止有苦而无乐。此时偏要提倡长生学术，不知者或疑吾辈对于世间有何贪恋，其实吾辈并无所谓贪恋，唯欲联络几位志同道合的伴侣，各竭其技能，互相帮助，共在人类进化原则之下，尽一份义务而已。吾辈不满意人类现在的生活状态，故发愿研究超人之学术，创造新生命，以图将来于太空中其他星球上，辟一新世界而居之。但又不满意迷信家死无对证的神话，必须当未死以前修炼成功，灵魂不为肉体所拘，能自由出入，方是真凭实据，此乃起码的效验。此后程途，更无限量，若寿命太短，则难完全功。故吾辈以成仙为目的者，不得不以长生为手段。

第二十章　人道更以长生为必要

仙道固然首贵长生，即专就人道而言，更以长生为必要。试列举社会上几种需要长生之人物如次：

（一）一身系国家安危者要长生；

（二）品德为群众所仰望者要长生；

（三）发明专门学术者要长生；

（四）教育天下英才者要长生；

（五）创立伟大事业者要长生。

因彼等一个人之生死，每关系多数人利害之故耳。再就普通心理而言，人人自己莫不希望长生，可惜人人皆无办法，真可谓全人类最大的缺憾。古今中外，历史有名人物，生前未尝不轰轰烈烈，震耀一时，转瞬间①，个个向土里钻去，年代久远，骸骨都归销灭，竟不知人生所为何来。天下滑稽之事，尚有过于此者乎？

第二十一章　仙医合作，可防衰老

世间金石之类，寿命最长；其次即推植物，苍松翠柏，只须生长在适宜的环境中，不遭人兽之侵害，寿命总在千年以上，深山内仙草灵药，亦有几百年寿命；唯五谷蔬菜等物，自生长以至成熟，不过一年半载之间，其寿命最短。今世信仰素食主义者，每不知和学识经验俱富之医生研究各种补药之用法，仅恃烟火食中短命的谷菜希望益寿延年，亦

---

① “间”，原作“问”，误，校改。

徒劳梦想耳。但惜国医懂修养术者颇少，新医而又好仙道者更少，是在有志之士平日留意访求，以备顾问，此即黄帝医经所谓“上工治未病”也。人若不于壮年无病时早为防护，迨衰老已至，疾病已成，始临渴而掘井，投奔市俗名医之门，仓皇挽救，效果全无，其愚真不可及矣。衰老是慢性的内伤病，须赖仙学与医学合作，方能预防，而下手宜早，迟则难以见功。

第二十二章　有志长生，宜戒肉食

素食既不能长生，遂想到肉食，以为滋养丰富，补益良多。然猪、羊、鸡、鸭各种家畜，其本身寿甚短，即使不被人所杀，经过十余年，亦自然老死，仅及人类普通年龄五分或六分之一，故肉食亦无延龄之望。食肉太多者，非但不能益寿，而且损寿。近代几位武术名家，每餐非肉不饱者，皆短命而死；修养家喜食肥甘厚味者，常易得脑充血症。故凡有志于长生者，宜戒肉食为要。若恐营养不足，牛乳、鸡蛋亦可代替肉类。往岁余在沪讲长生学时，言家畜动物，寿命太短，人食其肉，不能长生，反致夭折，旁听者遂谓野禽、野兽以及龟、鹿等物寿命都长，我等不妨改食野味及龟、鹿肉，当比家畜有益。余曰：此意大错。仙家戒肉食，乃一概不食，非谓不食短命动物而食长命动物也。盖以动物血肉腥膻秽浊，与内丹清灵之气不能相容，况且因自己要求长生而杀害许多无辜动物之生命，在彼弱小动物眼光中，视吾辈之凶恶，尤甚于虎狼。如此行为，决非仙学家所应有者，切宜戒之。

第二十三章　独身主义，有利有害

《礼记》引孔子之言曰：“饮食男女，人之大欲存焉。”何以故？因无饮食，自身即不能生活；无男女，种族必至于灭亡。故此二者，乃人类生存上必要之条件。但如仙学家，是否与世俗相同需要饮食男女，是亦为大问题。若说同样的需要，则仙凡何别？若说永久的禁止，在饮食方面必至饥渴而死，在男女方面虽勉强可以照办，唯效果亦等于零。世间宗教徒，抱独身主义者，国内不下数百万人，其中未尝有因独身而遂能免除老病死者，彼等仅可称为节制生育、减少人口的实行家耳。然世界列强，为战争故，正在奖励结婚，设法增加人口，弱国民众乃反其道而行之，势必至于强者愈强，弱者愈弱，恐不适合近代立国之原则，将来到不得已时，当局者或取干涉政策以矫其弊，亦未可知。余今为此事下一公允之评判：独身主义，对于自己利害各半（无妻子之累，固然可以减轻自己的担负，免除许多烦恼，但亦不能组织家庭，自己一身漂流无着，若非寄托于公共场所，只有投入宗教门中，以了残年而已，否则到处感受困难），对于国家民族止有害而无利（人口减少，不足以御外侮。两国战争，武力相等者，人多则占优胜），对于整个世界，则有利而无害（近代交通工具，飞速进步，地球范围日见其小，而陆地面积更为有限。独身主义之结果，即是减少人口，于某一国虽不利，于全世界则有利。盖为全世界着想，实在不需要这许多人类）。

第二十四章　仙学家饮食男女与俗人不同

某君问：素食及肉食皆不能使人长生，绝食更要饿毙；有男女配偶者，与抱独身主义者，结果彼此皆同样的老死。岂非令学者进退两难乎？

余曰：君易①躁急，生死大事，岂是立谈就能解决？仙学中饮食男女，比较世俗，当然有特异之处。设若相同者，则仙学家之结果，亦难免与俗人相同矣。世间酷好修炼之人虽多，而实在长生之人极少。因彼等于饮食男女之事理，认识不清，徒知消极的吃素断欲，而无积极的方法以运用于其间。老病死既无异于常人，则死后灵魂失其团结之力，不能独立存在，不能自由活动，或分散于虚空，或附着于物类，亦与常人无别。余并非反对彼等之消极方法，且认为此法有一部分的好处，唯恃此法以求成仙，则徒劳梦想。须知，修炼家由凡体而变换仙体时，其间有极长之历程，许多之段落，不可一蹴而至。故初步工夫，本毋须完全断绝饮食男女，但运用之方法则颇异乎俗人。丹经虽云“精满不思欲，气满不思食，神满不思睡”，此乃指功夫程度已深，精气神已经满足者而言。至于初学者，身中精气神多半亏损，先要从不满而求其满，应当有特别方法，以制御饮食男女之事，始能于损中获益，害里生恩。盖贪

① “易”，疑作“勿”。

恋饮食男女而学道，固属北辙南辕；离开饮食男女以求仙，又似镜花水月。在进退两难之间，吾辈必有以处此矣。

第二十五章　成仙须用积极的方法

某君又问：积极的修炼方法，可得闻否？

余曰：人类肉体之构造，内外各部，非常复杂。若想用一种简单的方法，使生命永久长保，便与事理相违。世间修炼家，做几十年工夫，最后仍不免失败者，即因彼等所用的方法过于简单。就身体某一部分上说，不无少许益处，但于其他各部都未曾顾到。余所谓积极的方法是复杂的，而非简单的；是精神与肉体，内部与外部，处处皆要顾到，而不是偏于局部的；基础建筑在物质上面，而不是心性空谈；功夫注重在作为上面，而不是终日枯坐。既然如此，故非三言两语所能了解，唯有逐渐说明耳。

第二十六章　空间无边，时间无尽

某君素日研究学术，思想深入里层，不似他人只看表面，故能用新药之经验，阐明丹道，妙合玄机。最近得暇，余遂与之畅论仙学正宗并江湖方士、旁门伪法各种分别，伊颇有会心。问答虽多，未便一一形诸笔墨，兹将可以公开者，记录如下。

四方上下谓之宇，宇是空间；往古来今谓之宙，宙是时间；空间与时间相合，保持连续不断之运用，则名为宇宙。

问：空间有边否？

余曰：若说有边，必定有壳子在周围包住。壳子厚薄几何，壳子之外又是何①物，更难想象，故以无边之说较为圆满。

问：时间有尽否？

余曰：地球上时间有尽，地球外时间无尽。吾人所居之世界虽有始有终，而宇宙总相则无始无终。学者宜分别观之。

问：何故有如此分别？

余曰：凡物有成必有毁，成与毁、生与灭是相对的，不可执著这

① “何”字下，原有衍文“何”，今删。

一边，而弃却那一边。地球亦是一物，自然不能例外，既有当初之生成，必有将来之毁灭。此世界所谓年月日时者，皆由于地球公转及自转而起，地球本体若不存在，安有时间可言？故曰地球上时间有尽。

然地球虽毁，而太空中无数星球决不至于同时皆毁，或者此处老地球尚未灭尽时，而他处新地球早已产生，自然又有新时间继续发现，故曰地球外时间无尽。

第二十七章　宇宙真宰，是道与力

某问：宇宙有主宰否？

余曰：有。

问：是上帝否？

余曰：不是。

问：何为宇宙之主宰？

余曰：是道。

曰："道"字本义，玄妙难解，而且人各有道，此之所谓道，又大异乎彼之所谓道，故我等对于"道"字竟有莫测高深之叹，尚有他字可以代表否？

余曰：道不可见，所可见者即是力。故"力"字可以代表"道"字。试观宇宙间有所谓引力、吸力、摄力、离心力、向心力，机械上有所谓电力、热力、风力、水力、压力、马力、原动力，政治上有所谓权力、威力、武力、实力，社会上有所谓人力、物力、财力、势力、号召力、团结力、诱惑力、经济力、生产力、购买力，人身上有所谓脑力、心力、胆力、魄力、眼力、精力、气力、体力、智力、魔力、学力、才力、能力、记忆力、辨别力、消化力、生殖力，修炼上有所谓福力、慧力、定力、法力、道力、神通力。以上不过举其大略，已有如此之多，其详则难以计算。《中庸》云"道也者，不可须臾离也，可离非道也"，余亦谓"力也者，不可须臾离也，可离非力也"。"道"与"力"，本是一件事，以体而言谓之道，以用而言谓之力，观力即知道矣。宇宙间极大之物体如太阳、地球、恒星、行星，极小之物体如原子、电子，无一处不是力之所弥布，无一物不受力之所支配，故"力"亦可认为宇宙真主宰。

曰：昔日某刊物中本有“道即力”之说，读者每不得其解，今则豁然贯通矣。假使有人说“道即上帝，上帝即道”，似亦无妨。

余曰：不可。哲学家所谓“道”，科学家所谓“力”，皆是无人格、无意识的，宗教家所谓“上帝”俨然像世间之帝王，是有人格、有意识的，彼此观念既不相同，故名称亦难以假借。

第二十八章　上帝不能管我等世界之事

问：道与力之外，别有所谓有人格、有意识的上帝否？

余曰：假使有上帝，必定有一位最高负责任者。但是现在我等所居之地球上，列国战争，杀人如麻，并无最高权力足以禁止人类互相残杀。历年来，宗教信徒祈祷和平者，遍地球上，何处无之？何日无之？未见丝毫效果。此一世界是否有上帝，乃成疑问。

太空中其他星球上，若有人类或仙类，则不能无社会。有社会必有组织，有组织必有首领。彼处之首领，此处不妨呼之为上帝。星球无数，则上帝亦无数。但彼处上帝虽多，不能管我等世界之事，就像此世界帝王不能管彼等世界之事，同一理也。

若彼世界上帝有权统治此世界人类，善人就应该使其长寿享乐，恶人就应该使其短命受罪，或者只生善人不生恶人，只许有治世不许有乱世，目不睹流离之惨，耳不闻嗟叹之声，则吾人对于上帝，其感恩戴德为何如耶？惜终为幻想而已。

或谓世间各种灾祸乃上帝降罚于人，因为人类作孽太过，不能不有以惩之。此说似是而实非。即如水旱、火烧、瘟疫、蝗虫等灾，多半是人力未曾尽到，不可完全诿卸责任于杳茫之中。至于世界战争，尤其与上帝无涉。飞机、炸弹、大炮、机枪、坦克车、潜水艇，各种利器，发明者是人，制造者是人，使用者亦是人，上帝何尝与闻其事？若谓上帝于中做主，上帝未免太不仁矣。

或又谓战争乃上帝假手于人以除暴安良者，然各国民众，直接或间接因战争而牺牲者，为数何止亿万？死者未必尽属暴民，生者未必都是良民。各国慈善博爱之宗教信徒以及庄严伟大之礼拜教堂，被飞机、炸弹所伤害、所毁灭者，不计其数，上帝有灵，何不用神力加以保护？况且挑拨战争之阴谋家，及志在侵略之野心家，尽量的牺牲他人，而不肯牺牲自己，上帝对于此辈罪魁祸首，偏要大度包容，不加惩罚，是何理由？

或又谓战争是人类的劫数，虽上帝亦无可奈何。余曰：人家父兄之于子弟，有难则拯救之，有过则制裁之，为其责任所在也。人类崇拜上帝，甚于自己之父兄，今日驯良者遭难，上帝不垂怜拯救，暴虐者肆毒，上帝不迅速制裁，反谓劫数无可挽回。若非放弃责任，便是无此能力。

或又谓，吾辈观察事理，不可只论目前，须看将来结局。余曰：结局我早已算定，世界大战将来总有休息之时，罪魁祸首将来总有死之日，宇宙间循环定律本是如此，岂上帝威权所使然耶。

此章所论，虽十分彻底，但对现在的人类社会未必有益，故此章暂时不拟发表。若付印刷所时，可将此章取消。这次与某君言之，某君主张仍旧要发表，故此后拟再征求多人之意见，以决定此章之去留。

第二十九章　宇宙万物，同一生命

无终始，无内外，无大小限量的空间，包含两种反对的惯性：一种是静的，消极的，如“以太”；一种是动的，积极的，如“电子”。以太即虚无之本体，电子乃万有之根源，动静相推，有无相入，于是乎天地人物由此而生成。以太可认为无极，电子可认为太极。无极是囫囵的，不分阴阳，故以太亦是整个的而不可分析；太极中有阴阳之流行，故电子亦是阴电子环绕阳电核而旋转。以太及电子是宇宙万物共同之生命，亦即是吾人自己所保有之生命，故每一个人之生命，比较宇宙全体之性命，其性质实无差别。学者于此果能认识真切，则古今来千千万万哲学书籍之玄谈，及宗教经典之神话，皆可作废，吾人唯求扩充自己生命之量而已。

（附注一）以太：“以太”二字是译音，乃物理学上的名词，若要译义，可称为能媒，亦可称为介质。以太遍满一切处，大至杳无边际之虚空，小至显微镜所不能见之微尘中，皆有以太存在。由各种方法证明，知光热电力等作用，皆借以太所传播。故科学家不能不承认其为实有。但因其密度，比较第一位轻气元素，犹稀薄至于无限，故科学家又不能说它是一种物质，只可称为非物质的媒介品。如日月星光，能由高空身到吾人之眼帘者，即因有以太所传播之光波；如无线电话，能由远方送到吾人之耳鼓者，即因有以太所传播之电波。宇宙间无所谓绝对的真空，除物质占据之地位而外，都被精神填满了空隙。以太既有如此伟大作用，而其本身又非物质，简直可称为宇宙万物的精神。

（附注二）电子：太阳、星球、地球、人类并万物，皆是各种元素所构造，而各种元素又是阴阳电子所组成，故电子乃万有之根源。据近代化学上所已知之元素，有九十几种分别，既同为电子所组成，何故又有各种不同的性质？则因各元素中所含电子数量有多有少之故。例如轻气元素，所含电子甚少，故最轻；汞、铅元素，所含电子甚多，故最重。每一种元素，用物理方法，分至无可再分，则名为分子；分子再用化学方法分解之，则名为原子；每一原子，皆有核心，核心又不是整个的，乃非阴非阳的中性粒子与阳电子及阴电子等合组而成，但偏于阳性，科学书上称为内轮电子，核心之外，常有或多或少之阴电子环绕而旋转，如九大行星之绕太阳，科学书上称为外轮电子。

第三十章　知识分子需要彻底的人生观

某君又曰：宇宙观既如前说，尚有人生观，更为重要，敢请再发妙论，以破群迷。

余曰：宇宙乃大众所共见，凡是思想超越，不受宗教束缚者，其宇宙观往往相同。人生乃个人所独尝，我以为苦，他人或以为乐；我以为乐，他人又或以为苦。苦乐之感觉，既如此差别，推之于利害、善恶、功过、恩仇，其漫无标准，亦复如此。甚至同样事件，因自己年龄境遇、思想有转变时，一人前后之意见，竟或极端相反。故最彻底之人生观，止许自己心中明白，不能轻易为人言之。但值今日非常时局，知识分子，天良未泯者，都陷于进退维谷，歧路徬徨，不知人生该如何处置方好，而且年龄多半在四十以外，于社会亦有相当之阅历，凡是新时代的产物，彼等皆不感兴趣，又因理解明白，不屑步愚夫愚妇之后尘，向迷信中去求安慰，只有终日惶惑苦闷，作无可奈何之挣扎，实堪怜悯。此种人若得闻余之学说，必能获益匪浅。余所谓最彻底之人生观，虽不能全部公开，今为供给此辈知识分子精神生活上之需要，特提出数点，依次说明，仙学同志诸君亦可参考。

第三十一章　乐观悲观，皆不合理

立国于现代，有两种必要之条件：（一）国民科学知识普及；（二）

国家钢铁工业发达。否则，难以图存。民国偏缺少这两种条件，徒夸地大物博，而无捍卫之能力，适足为列强攘夺之目标。已往如是，将来亦然。故乐观论之理由，殊不充分。悲观者，则谓毫无救药，束手待毙，又嫌过于颓丧。须知，当此世界战争，列强自顾不暇之时，正是衰弱民族脱缚翻身之绝好机会，居领导地位者，倘能善于运用，实大有可为，故悲观论之影响，未免灰志士之心，短英雄之气，亦无足取。

余今日所赖以成己成人者，唯达观而已。达者，透彻之意。达观者，乃对于世事彻底看透，非谓国计民生不关痛痒，一切放任，听其自然也。盖以当前困厄，来日艰难，一味的乐观，似乎近于迷信；然而祸兮福倚，事在人为，一味的悲观，又嫌自暴自弃。故乐观与悲观皆不合今日处世之道，此际唯达观能矫其弊耳。试将余之达观论叙列如后。

第三十二章 人类的历史是在战争中求生存

战争是人类所不能避免的，古代、现代皆是如此，未来世界仍复如此。畏惧战争，或詈斥战争，丝毫无济于事。而祈祷和平，尤非智者之所为。战争完全是人事，求神何益？大战以后，人口死亡众多，两①精疲力尽，自然有短时期的和平。若说从此可望永久和平，便是梦话。

或问科学落伍之国家，渐渐被科学进步之国家所征服，弱小民族渐渐被强大民族所吞并，如此遂能永久和平乎？曰：未也。强国与强国间，因利害冲突之故，大战复起，原有六七强国者，渐变为四五强国，再后全世界止剩二三强国，再后此二三强国内部自动分裂，混乱局面又开始矣。人类的历史，本是在战争中求生存，所谓和平者，乃前期战争与后期战争之间暂时休息的状态。为政府者皆要卧薪尝胆，为人民者都如临深履薄，方能应付将来的万变。孔子《周易·系辞传》云："君子安而不忘危，存而不忘亡，治而不忘乱，是以身安而国家可保也。"

第三十三章 地球变为神仙世界，战争自然不起

战争之事，人己两伤，彼此俱毁，其方式至为愚笨。是否除了战争，别无他法以达到生存之目的？何故人类必须用此种最愚笨之方式以

① "两"字下，疑有脱文。

求生存？学者每不得其解。余谓若要研究人与人、国与国之间为什么要战争，当先研究自己与自己为什么要战争。或问：自己一人，如何能战争？余曰：第一人处世接物，自己心中理智常与情感交战，有时理智战胜情感，有时情感战胜理智，理智胜则公正和平，情感胜则偏私愤激。设若理智情感势均力敌，各不相上下，则进退失据，烦恼忧煎，莫可名状，甚至因此而患精神病或自杀者。试思一人心中，尚且如此矛盾、冲突，无法妥协，何况二十万万人口之世界，岂能永久相安？此战争所由起也。个人患精神病则发狂，国家患精神病则好战，皆是人类劣根性之所表现。数百年后，全球统一，国家民族观念消释，生育限制，人种改良，恶性人少，善根人多，物资分配平均，供给需求适合，大同思想普及，自然废除战争。东西两半球某某部分已逐渐进化，类似神仙世界，人生幸福，较今日当有霄壤之殊。彼时之人，倘阅读历史上屡次世界战争纪录，必慨叹今日的人类愚笨得可怜。但现在国际间许多矛盾，确非战争不能解决，矛盾之极者，虽一二次战争，仍不能解决，尚有三、四、五次随其后耳。唯人类生活之方式经过一次大战，必有一次进步，直待全地球皆变为神仙世界而后已。今姑留此预言，以俟将来证验。

（附注）大同思想：《礼记·礼运篇》孔子之言曰："大道之行也，天下为公，选贤与能，讲信修睦，故人不独亲其亲，不独子其子。……货恶其弃于地也，不必藏于己；力恶其不出于身也，不必为己。是故谋闭而不兴，盗窃乱贼而不作，外户而不闭，是谓大同。"

第三十四章　中年已过之人，达观更为必要

人生七十古来稀，二千四百年前的孔老夫子住世年龄，亦不过七十三岁，所以普通人七十岁寿终者，即非短命。况且每个人是否能活到七十岁，谁亦不敢自信（意外的危险太多，不能单就正常的寿命估计）。五十前后年龄，已如太阳偏西，落山最速。余所谓达观者，处顺境不必喜，处逆境不必忧，天大事一死便了矣；他人富贵骄奢不必羡，彼等就要同归于尽，转眼皆空矣；自己贫贱饥寒不必悲，人生原为受罪而来，限期快满矣；威吓我者不必惧，早迟皆是死，今日他日何分乎？利诱我者不必动，晚景已无多，降志辱身奚取耶（忍辱负重顾全大局者又当别论）？国家民族不必失望，尽心而已；妻财子禄不必认真，大梦而已。知识分子无论在位在野，皆能作如是观者，其精神上之痛苦，当可减轻

不少，然后得便再研究神仙学术，做性命工夫，则古今来所最难解决的灵魂问题，将有着落矣。此亦是慧根深厚上智天才所应负之责任，否则，人人醉生梦死，生不知何处来，死不知何处去，更不知我为何物，强者舍命狠斗，弱者被人鱼肉，结果强者、弱者都化为劫灰，而世界依然世界，后来的人类又复一批一批搬演前人之惨剧，相续不断。宗教家虽怀救世之愿，惜彼等所谓神权者，其能力薄弱，不足与科学相抵抗①，结果是徒唤奈何。吾辈若真要救世，端在提倡仙学，实修实证，只须有二三人成功，即可教化全世界人类去恶向善，并可警戒各国当局，使之废弃机械化的战争，免致人类受科学之毒害。果能如此办法，其功效当比宗教家的神权胜过百倍。

第三十五章　道德、伦常、礼教、风俗、信仰、迷信六种性质不同

吾国社会对于道德、伦常、礼教、风俗、宗教信仰、虚妄迷信六种性质，辨别不清，往往混为一谈，今特逐条分析，说明如后：

一道德。此处专指做人的道德而言，与老、庄之道德观念不同。儒家所谓孝悌忠信仁义廉耻，道家所谓慈俭退让、清静朴素、少私寡欲、知足去奢，佛教所谓不杀、不盗、不淫、不妄、布施、忍辱，基督教所谓平等、博爱、纯洁、至诚，这些都是做人的道德，不分种族国界，不论时代古今，皆可以适用。

或疑将来大同主义实现“不独亲其亲，不独子其子”时，“孝”字恐不适用。余谓，人类都是有感情的，究与木石不同，到了那时，狭义的孝自然变成广义的孝，虽孝之形式不立，而孝之精神仍在。即如今日君臣名义虽废，而忠字不废，仅将尽忠于君之说改为效忠于国而已。将来国界再化除，忠字仍旧存在，仅将效忠于国改为效忠于人类而已。

二伦常。即孟子所谓“父子有亲，君臣有义，夫妇有别，长幼有序，朋友有信，乃人伦之常道”。民国成立，君臣一伦虽废，其余四伦尚未可废。

三礼教。如婚礼、丧礼、祭祀仪式、主宾酬酢、尊卑名分等皆是。《十三经》中有所谓“三礼”者，即《周礼》、《仪礼》、《礼记》三书，

---

① “抗”，原作“搞”，误，校改。

乃吾国古代传统的礼教，儒家所自负的典章文物，修齐治平大手段，悉在乎此，然自秦汉以后，久已废弃不用，今之礼教，已非古之礼教。可见礼教随时代为转移，非一成不变者。《左传》云“夫礼，天之经也，地之义也，民之行也”，老子云“上礼为之而莫之应，则攘臂而扔之。夫礼者，忠信之薄，而乱之首”。礼本是人制造出来的，偏要说是天经地义，幸得老子严格的批评，稍抑儒者浮夸之气。二说对观，颇觉可笑。

四风俗。礼教是一个朝代的制度，正式规定于载籍之中，班班可考。风俗则无规定之明文，但以历时久远，在多数人心理上认为合宜而且必要，遂致拘束每个人之行为，其潜势力竟有胜过礼教者。譬如女子缠足、孀妇守节、端午粽子、中秋月饼、阴历岁首吃年糕、正月初五接财神之类，皆可谓风俗，不可谓礼教。今日政府，既有明文规定，改为阳历，而人民偏喜用阴历，在政府机关任职者，虽遵章过阳历年，但彼等回到家中，未必不在背后过阴历年，何况普通人民。此即风俗势力胜过礼教之铁证。若问阴历年好处何在，却又说不出，这也是一件可笑的事。

五宗教信仰。宗者，有一定光明正大的宗旨；教者，本此宗旨以教世人；信者，自己心中承认此种教义是毫无差错，并是人己两利的；仰者，包含敬畏、爱慕、崇拜及遵守奉行之意。凡是某一教的真实信徒，除信仰本教而外，决不再信仰他教。若同时信仰二教或二教以上者，便不合宗教信仰之原则。各教所讲做人的道理，皆是好的，然其教规颇多彼此冲突之处，无法可以调和。虽说各教都好，但不能各教俱信。

六虚妄迷信。既不明白某一宗教优点所在，又不奉行某一宗教做人的道德，更不遵守其诫条，徒知仿照外表仪式，装模作样，乞怜于天空或偶像之神，求其于生者降福消灾，于死者离苦得乐，无论所求之事为自己、为他人或为群众，无论是自己亲求或出钱请人代求，无论求的方法手续烦简如何，一概叫做迷信。虽其中有真迷信、假迷信、习惯迷信、利用迷信、职业迷信各种分别，总归虚妄而已。

第三十六章　迷信程度与知识程度是反比例

人类知识的程度增加一分，则迷信的程度减少一分；知识完全发达，则迷信完全破除。因迷信程度与知识程度是反比例也。考迷信之起源，不外乎两种心理：一、畏惧；二、希望。未开化的民族，拜大树、大石，拜龙蛇、鳄鱼，拜狐精、妖魔鬼怪及凶恶奇丑之偶像，此即由于畏惧之心理所驱使，盖恐彼物为祸于人，而媚之以息其怒也；半开化的民族，知识稍有进步，则拜天地日月、雷电水火、山川湖海、城隍社稷诸神及慈眉善眼、容貌端正之偶像画像，此即由于希望之心理所驱使，盖求诸神降福消灾，并信其有无上威权，足以制伏邪魔恶煞也；再进一步，则止信仰最高之一神，而不信仰多神，犹如一国之国民只须崇拜一国之元首，元首以下诸官吏，则不必人人而趋奉之，此说比较可以通融，至于持极端论者，则谓宇宙间仅有绝对的一神，不承认此外尚有他神之存在，若拜偶像，便犯诫规，此说与多神教势不两立，毫无通融之余地；由此再进一步，则信仰自然的真理，而不信虚妄的神权，到此时期，凡以神道设教者，都在淘汰之列，而世界大思想家、大科学家，反有受人崇拜之可能，非认为彼等死后成神而求其降福消灾，仅追念往哲伟大之人格，足为后世效法而已，譬如中国祭祀孔子并古圣先贤，即是此种心理，较彼等崇拜偶像者，心理绝不相同，拜偶像者有所求也，拜孔子无所求也。

第三十七章　果报之权，在人不在神

因果报应，未尝没有，然其权在人而不在神。譬如敬爱人者人亦敬爱之，侮辱人者人亦侮辱之；利济人者人亦利济之，伤害人者人亦伤害之；我以忠诚待人，人即以信任待我，我以欺诈待人，人即以猜忌待我；长官贪污，属员必不能廉洁，父亲作恶，子孙如何得贤良。此皆因果报应之显而易见者。《书经·大禹谟》曰“惠迪吉，从逆凶，唯影响”，“惠迪”二字，作顺道解，谓凡百事顺乎道则吉，若逆之则凶也；又《易经·坤卦》“文言”曰“积善之家，必有余庆；积不善之家，必有余殃。臣弑其君，子弑其父，非一朝一夕之故，其所由来者渐矣”，此亦是因果报应之说。盖世间自然真理本是如此，非有上帝、天官、星君、斗母、阎王、东岳、城隍、判吏等类暗中做主，若将祸福果报之执行权寄托于神，反致真理变成虚妄，遇到破除迷信者，遂并真理而推翻之，皆神权之流弊也。

第三十八章　灵魂之研究

以肉体为我而观，则人生毫无价值；以灵魂为我而观人生，则人生尚有希望。故修炼家重视灵魂，尤甚于肉体。然灵魂问题既非今日科学所能解决，而许多宗教书籍，虽议论纷纷，皆是空谈，而无实证。吾人既欲从事于仙学，当其入门之初步，就要认识灵魂，否则便盲修瞎炼。但灵魂是无形之物，如何可以认识？必有赖于种种推测之方法。姑将平日与诸道友问答各条，记录于此，以为研究之资料。

一问：如何能知肉体以外尚有灵魂？

答曰：肉体构造，颇似机械，试以汽车作比：人的四肢如四个车轮；人的两眼如两盏车灯；人的口舌如放响声之喇叭；鼻孔如进空气之风门；心脏一伸一缩如汽缸活塞；肺叶一涨一收如车头风扇；脑髓如蓄电池；神经如电线；胃部如汽油箱；膀胱如水箱；肛门如车后出废气管；人的饮食如汽车加水添油；肉体中大小骨头所以支持人身，汽车中长短钢架所以支持车身；人们需要皮肤保护外部，汽车亦要铁皮保护外部；人们需要脂肪润泽内部，汽车亦要机油滑润内部。人与汽车，可谓完全相同。但是汽车中若无司机之人驾驶，则动止、快慢、进退、转弯皆无主宰，虽有新车，等于废物。因此，可知人的肉体若无灵魂于中做主，则有眼耳不能视听，有手足不能运行，虽是活人，等于已死。所以肉体譬如汽车，而灵魂则譬如汽车中之司机，必不可少。

二问：人的灵魂藏在身内何处？

答曰：灵魂总机关在脑中，而分布于各神经系。试观病人受蒙药之时，呼吸依然，脉搏如旧，可知人实未死，何以毫无痛苦之感觉？则因蒙药之力由鼻入脑，灵魂总机关发生障碍，譬人家电灯总门关断，则全部电灯不亮，同一理也。若在局部神经上注射麻药，则该局部神经暂时受药力所阻，失其传送感觉之效能，凡受此一系神经所支配之部分，则不知痛苦，而其他各神经系统之感觉则如常，譬如人家电灯总门并未关断，只有一处分支电线关断，电流不通，少数电灯因此不亮，而多数电灯则仍放光明也。

三问：须发毫毛、指甲僵皮等类，亦是人身之一部，何以经过刀剪不知痛苦？

答曰：因此种部分，皆神经所不到，无神经则无感觉，无感觉则无痛苦。普通所谓灵魂，大概指感觉而言，无感觉的部分，亦可谓无灵魂。足见灵魂与神经实有密切关系，神经所不到之处，灵魂亦不到也。

四问：手足残缺、眼瞎耳聋之辈，何故仍有知觉？

答曰：头脑是灵魂总机关，尚未破坏，故知觉仍在。

五问：熟睡之人，头脑未尝不在，何故没有知觉？

答曰：脑筋因疲劳之故，需要休息，暂时停止活动，所以没有知觉。譬如一国元首，公务疲劳，暂时不理政事。

六问：刚死之人，脑筋并未破坏，何故没有知觉？

答曰：此时肉体生活机能已全部停止，脑筋不能单独活动，灵魂当然失其作用，所以没有知觉。人的脑髓譬如灵魂所寄居之房舍，房舍暂时虽未破坏，但已发生严重障碍，不能像平时一样的住人，以前住在本屋之人，自然要迁移到别处去，人去之后，房舍空空，虽电话机装设完备，外面打电话进来，尽管铃声振响千百次，得不到一次回音。

七问：脑筋尚未破坏，灵魂何故先要离开？

答曰：灵魂是性，肉体是命，性命合一，相辅为用，方是有生气的活人。若命根已断，肉体不能维持原状，心不跳动，鼻不呼吸，到此地步，灵魂势难独存于身中，自然要离开矣。

八问：灵魂离开肉体之后到何处去？

答曰：人死以后，灵魂分散于虚空之间，混合在宇宙大灵魂之内，俟有机缘，再附着于新生之人体、物体而起作用。

九问：灵魂离开肉体，是否尚保存眼耳鼻口、五脏六腑、四肢百节，如人的形像？

答曰：人死以后，肉体即开始腐烂，渐渐化为乌有，仅残留几茎枯骨，年代久远，枯骨亦复消灭。肉体死后且不能保存原来的形像，何况灵魂是本无形像者，偶然附着于人的肉体暂成为人，若附着于其他动物之体即成为别一动物。譬如水装在方器中则成为方形，装在圆器中则成为圆形，装在酒杯中则是酒杯形，装在茶壶中则是茶壶形，在锅中是锅形，在桶中是桶形，若将各种器具中所装之水倒入海洋，试问尚有杯、壶、锅、桶、方、圆、大、小之形状否？尚能分别某一滴是杯中水、某一滴是壶中水否？灵魂离开肉体，分散于虚空，亦似水归于海而已，若谓尚能保存原来人体之形状，在理论上恐怕说不过去。

十问：鬼与灵魂是一是二？

答曰：世俗所谓鬼者，以为仍旧是人的形像；余所谓灵魂者，不是人的形像，当然非鬼可比。

第三十九章　鬼之有无

人死以后，究竟有鬼无鬼？欲解决这个问题，先要明白鬼是何种物质所成。活人身上物质，有固体者，如筋骨、皮肉、脏腑、指甲、毛发等；有液体者，如精、血、涕、泪、汗、津、便、尿等；有气体者，如身中运行之气、皮外泄漏之气、鼻孔呼吸之气皆是（各人气味不同，狗的嗅觉灵敏，最能辨别之）。既名为鬼，当然没有固体与液体之存在，果有此二体者，应为人矣，鬼或者可以说是三体之中仅有气体。然气之在人身者，非肉眼所能见，而谈鬼者则云鬼有形像可见，是鬼之气体比较人之气体为浓厚。人之气体譬如空气，鬼之气体譬如烟雾，空气不可见，而烟雾则可见也。然烟雾、空气皆不能透过墙壁，据云鬼之隐显行动不为墙壁所阻碍，是鬼体非但不比空气浓厚，而质点之微细，尤胜过空气千百倍，否则如何能穿墙透壁而无阻碍耶。吾人肉眼尚不能见空气，反谓其能见比空气更微细之鬼体，此何说耶？人死以后，身中固体、液体逐渐分散变化，终归销灭，独此容易分散之气体，偏能保持长久，不与固体、液体同时分散，何耶？见鬼者又云鬼亦有衣服与人无异，则更难索解。人的衣服乃丝绸、棉布之类，经过裁缝之手制造而成，鬼的衣服从何而来？是何物所制造？鬼现形则衣服亦同时现形，鬼隐藏则衣服亦同时隐藏，试问鬼之身体与鬼之衣服是一物耶？是二物耶？是何种物质所构成耶？如曰鬼非物质，则何故能有形像为人所见？如曰鬼是物质，则何故大众皆不能见？今日遍世界充满着人与动物，实难觅到一鬼，无法可以证明其有，止能用思想推测，而理解又矛盾若此，倒不如直截主张无鬼，省却许多葛藤。

若谓人死有鬼，则牛马猪羊、鸡鸭鱼鳖以及一切飞禽走兽，死后皆应当有鬼，如其生时之形状。古今来各种动物被人所屠杀者，骨积可以成山，血流可以成河，向不闻动物有鬼之说，独谓人有鬼，何其偏耶！

第四十章　某君之无鬼论

道友某君，素日亦不信有鬼，其言曰：人之将死，对于平生所亲爱者，每有依恋之情，情愈深则恋愈重，此时本人心中极不愿，而又不能不死，其死也，出于无可奈何，未必就能学太上忘情，恝然舍之而去。若说死后尚有鬼在，何不显其形像，一来安慰其生前所亲爱之人？但实际上，无论活者如何悲伤痛苦，死者竟置若罔闻。生而为人则情感缠绵，死而为鬼则心如木石，有此理乎？若说幽明路隔，鬼在阴间，不能和阳间之人通消息，故虽有鬼而不能见。试问，既不能见，何以知其有鬼耶？或又谓，鬼虽不常见，亦偶尔一见。然世上每天死人无数，鬼亦无数，谓鬼能见，则无数之鬼皆能见，谓不能见，则所有之鬼皆不能见，何故又能偶尔一见耶？鬼非稀少之物，其数量之多，与死人数量相等，应该时时可见，人人可见，仅偶尔一见，何足为凭？安知不是自己脑昏眼花而现幻影？简直可以说，一死便了，无所谓鬼。

第四十一章

道书常云“纯阳则仙，纯阴则鬼，半阳半阴为人，故人居可仙可鬼之间”，果如其说，是仙与鬼相对待，有仙则有鬼矣，无鬼亦无仙矣。余今提倡仙学，而不承认有鬼，将何以自圆其说乎？诸君勿疑，请观后辩。

第一辩：仙与鬼非对待也。若真是相对，则仙鬼多少之数必相等。世上每一人死，必有一鬼，其数多至不可计算，请问千万人中有一人成仙否？鬼如此之多，仙如此之少，安能相对耶？

第二辩：纯阳则仙，纯阴则鬼，二说不能并立也。今先研究纯阳纯阴作何解释。说者谓是指身中之气而言，道书常云“凡人身中一分阴气不尽则不仙”，故仙为纯阳；“一分阳气不尽则不死”，故鬼为纯阴。然所谓阴气阳气者，亦使人莫名其妙。若谓阳气等于阳电，阴气等于阴电，吾辈素知阴阳二电有互相吸引之惯性，则纯阳之仙与纯阴之鬼应大讲其恋爱矣。况且仙家修炼工夫，最忌孤阴寡阳，试问纯阴纯阳与孤阴寡阳有何分别？或谓身中热气为阳，冷气为阴，热到极处则名纯阳，冷到极处则名纯阴，所以结内丹者，身中温度甚高，其热如火，此即“纯阳则仙”也；已死之人，身中温度极低，其冷如冰，此即“纯阴则鬼”也。余谓此说解释纯阳则仙似乎有理，但不可说纯阴则鬼，只可说纯阴则死耳。死后未必定有鬼也。再者，炼外丹亦贵纯阳无阴，若夹杂少许阴气在内，则不能通灵，不能转接，更不能点化，外丹所谓阳即是轻清，所谓阴即是重浊，以轻清之义解释纯阳为仙，未尝不可；以重浊之义解释纯阴为鬼，则于理欠通，鬼无质体，如何安得上“重浊”二字？唯有死尸真是重浊，只可说纯阴为尸耳。

第三辩：道书言半阳半阴为人，故人可以为仙，亦可以为鬼。但据历代传说，人死皆变为鬼，而成仙者绝无，是凡人生前身中所含一半阴气已有着落矣，试问身中一半阳气归于何处？若谓阳气散于太空，然则阴气为何不散？或曰阳气虚浮，故易散；阴气凝结，故不散。果真如此者，自古至今，同①积月累，鬼满全球，纯阴无阳，成何世界？

第四辩：世人皆知所谓仙者，非苦修苦炼不成，甚至于虽苦修苦炼亦未必成；而所谓鬼者，皆自然而成，毋须费力修炼。由半阳之人而进为纯阳之仙，何其难？由半阴之人而进为纯阴之鬼，何其易？岂得谓事理之平？仙为恒情所喜慕，鬼为恒情所厌恶，仙与鬼皆非人所能见。仙之成否，虽不可必，但吾人在生时可依法修炼，以试验其成否，能成固好，不能成亦有得而无失，寿命总可以延长若干年。至于鬼，则无法试验，若要试验，须拚一死，死而有鬼，境况凄惨，已不如人，死而无鬼，今生休矣，谁来赔偿？仙既为吾人所善，又可于生前实地试验，鬼为吾人所恶，且必须自己死后方知，此余所以提倡仙学而不屑于谈鬼之理由也。

第四十二章　精神与物质不可偏重

物质与精神，互相团结，方成为有生命之人。科学家专讲物质，而不认识精神者，固非；修养家偏重精神，而遂贱视物质者，亦非。故服食方法乃借外界物质以补充吾身之物质，清静工夫则用自己精神以招摄虚空之精神，如此双方并进，庶无遗憾。否则，徒恃服食药草，并终岁山居之效力，若蜀省长寿翁李青云者，虽享有二百五十余岁之寿命，但其人生时，比较普通村野之民，未见有何特异处，死后更无影响（民国十余年间，余曾见李君照像片，托四川道友就近探访其事实，据某道友来函云云，上海城隍庙市街亦有李君放大照像陈列，其人寿龄极长，已为大众所公认，唯是否真满足二百五十岁，则无法考证）；又如徒恃静坐独修，六年闭关之效力，若皖省教育界葛曼生者（清光绪年间，葛君任安徽省城内尚志小学校长，先兄为该校算学教员，余常往彼校中，因

① “同”，疑作“年”。

得见葛君，其时彼尚未学道），虽能预知未来之吉凶祸福，并自己死期，但惜寿龄不过六十余岁，竟无延年之术，俾能在世间多作救济之事业，以完成其素志，不免抱憾而终。此皆近代实人实事，与小说寓言不同，我辈正好借镜。盖李翁之短处，在性功欠缺，虽能长生而无智慧；葛君之短处，在命功错用，虽有神通而躯壳难留。假使我辈能合李、葛二君之特长，而去其所短，则尽善矣。

与《觉有情半月刊》编者书[1]
(1947年)

无我先生慧鉴：

日昨获瞻风采，至以为幸。谈次曾蒙询及《胜鬘经》属于佛教何宗，当时未敢率尔置答。返舍后，将此经阅读一遍，姑伸愚见如左。

中土佛法，旧分十宗，除成实、俱舍小乘二宗不计外，其大乘八宗，若净土、真言、唯识、三论、禅宗、律宗，皆与《胜鬘经》之义不相契合。《华严经》无所不包，《胜鬘经》中要义当然不能出《华严》范围，但又不能将《胜鬘经》隶属华严宗，因其性质不类。愚谓《胜鬘》似宜属法华宗。此经开端即言佛受记于胜鬘，未来劫中当得作佛，号普光如来。其后续言十大受、三大愿、摄受正法大精进力、二乘涅槃是不了义、二乘有不能断之烦恼，又言声闻缘觉乘皆入大乘、大乘即是佛乘、三乘即是一乘、一乘即第一义乘各等语，皆与《法华》经义相近，故谓《胜鬘》宜属法华宗，否则无宗可归。依“天台五时”之说，《胜鬘》属第三方等时；依“贤首五教”之判，《胜鬘》是第三大乘终教。在《大宝积经》第一百十九卷题名《胜鬘夫人会》，其中所说义理，与单行《胜鬘经》完全相同而字句颇多差异处。《宝积》本译者手笔，较单行本为优，不妨参考。即如单行本所云“受十大受”，《宝积》本则云“发十弘誓”，自然是前者费解，后者易解。诸如此类者不少。同是一部经，译笔大有关系。即如《金刚经》通行本是罗什译，然有几处则不如

---

① 原载《觉有情半月刊》第8卷第13、14合期（总第181～182期，1947年3月1日），题《与本刊编者书》。全国图书馆文献微缩复制中心影印《民国佛教期刊文献集成》（北京：全国图书馆文献微缩复制中心，2006年）收有《觉有情半月刊》，但却恰巧缺失此期内容，故以下文字转录自陈撄宁删订、蒲团子校辑《女子道学小丛书》（香港：心一堂，2009年）附录“陈撄宁先生佛学论著拾遗”。

玄奘本之确实而清楚。笈多译笔最劣，几于文理不通，其他三译虽不能超过罗什，但胜于笈多远矣。

《念兹笔谈》已读过，凡所评论，皆有深刻之认识。作者慧根不浅，惟古今慧业文人，福报多不能相称。愚观作者人间之慧已足以应用，此后宜偏重修福一面，则二者之间不失其均衡矣。非谓此后不需修慧，但出世间之慧是从定中发出，不是从学问上得来。陆象山批评朱子为学太支离，朱子初亦反复致辩，终则心折。朱陆异同及早年事，晚年则共趋一路矣。今将朱子之说钞录数段，以见儒佛不二。

朱子云："近日方实见得向日支离之病，虽与世俗功利权谋不同，然忘己逐物贪外虚内之失，则一而已。自家一个身心不知安顿去处，而谈王说霸，将经世事业别作伎俩商业，不亦误乎？""若使道可以多闻博观而得，则世之知道者不少矣（我想念兹君早已懂得这个道理，不过常常有人提醒，或者可以增加一点精进力耳。既蒙赠我《念兹笔谈》，自不能不尽少许义务，非多事也）。""此与守书册、泥言语全无交涉，于日用间察之，知此则知仁矣。""孟子言'学问之道，惟在求其放心'，而程子亦言'心要在腔子里'，今一向耽着文字，令此心全体都奔在书册子上，更不知有己，便是个无知觉、不识痛痒之人，纵读得书，何益于吾事耶？""近日觉得向来说话有大支离处，反身以求，正坐自己用功未切耳。""此心操存舍亡，只在反掌之间，向来诚是太涉支离，盖无本以自立，则事事皆病。""今方深省而痛惩之，亦欲与诸同志共勉焉，幸遍以告之也。""向时也杜撰说得，终不济事。如今方见得分明，方见得圣人一言一字不吾欺。只今六十一岁，方到会得。若或去年死，则枉了。""某觉得今年方无疑，理会得时，老而死矣，能受用得几年？然十数年前理会不得死了，却又可惜。""佛经云佛为一大事因缘出现于世，圣人亦是为一大事出现于世。""佛家有三门，曰教，曰律，曰禅。吾儒家若见得道理透，就自家心上理会得，便是得禅的；讲说辨订，便是兼得教的；动由规矩，便是兼得律的。"

以上皆朱子所说，足见儒佛一致。但朱子有时亦辟佛，那是因为门庭建立不同之故，等于六祖要提倡禅宗，自不能不辟西方净土而专讲唯心净土，若视为定论，则执着也。愚素提倡仙学，自不能不偏重长生而反对无生，此乃各人立场不同，实非定论。

手此奉达，敬候撰安，念兹君同此致意。

陈撄宁顿首

灵魂有无之推测[①]
（1947 年）

以肉体为我而观人生，则人生毫无价值。以灵魂为我而观人生，则人生尚有希望。故修养家重视灵魂，尤甚于肉体。然灵魂问题非今日之科学所能解决。而许多宗教书籍，虽议论纷纷，皆是空谈而无实证。吾人既欲从事于修养之学，当其初下手时，就要认识灵魂，否则修养所为何事？但灵魂是无形之物，非眼所能见，非耳所能闻，非鼻所能嗅，非舌所能尝，非身体所能触，如何可以认识，必有赖于种种推测之方法。姑将平日与诸道友问答各条记录于此，以为研究的资料。

一问：如何能知肉体以外尚有灵魂？答曰：肉体构造，颇似机械。试以汽车作比，人的两手两足，如四个车轮。人的两只眼睛，如两盏车灯。人的口，如放响声之喇叭。鼻孔，如进空气之风门。心脏一伸一缩，如汽缸活塞。肺叶一涨一收，如车头风扇。脑髓，如蓄电池。神经，如电线。胃部，如汽油箱。膀胱，如水箱。肛门，如车后出废气管。人的饮食，如汽车加水添油。肉体中长短骨架，所以支持人身，汽车中长短钢骨，所以支持车身。人需要皮肤保护外部，汽车亦需要铁皮保护外部。人需要脂肪润泽内部，汽车亦需要机油滑润内部。人体有曲线美，车体有流线型。仔细思想，人与汽车可谓全部相同。虽然汽车机械构造完备，若无开车之人在车中驾驶，则车之本身动止、快慢、进退、转弯皆无主宰，虽有新车，等于废物。因此可知人的肉体若无灵魂于中作主，则有眼耳不能视听，有手足不能行动，虽具此形骸，已失其

① 原载《觉有情半月刊》第 8 卷第 15、16 合期（总第 183～184 期，1947 年 4 月 1 日），见《民国佛教期刊文献集成》第 89 卷。此文与《业余讲稿》第三十八章《灵魂之研究》内容基本相同，但《灵魂之研究》的内容更为丰富，由此或可窥陈撄宁思想之变化。

作用，乃一死人而非活人。所以人的身体譬如汽车，而灵魂则譬如开车之人，万不可少，岂可任意瞎说人无灵魂。

二问：以灵魂比喻开车之人，可谓切当。惟开车人在车中有一定坐位，人的灵魂在肉体中有确定部位否？答曰：灵魂总机关在脑中，而分布于各神经系。试观病人受蒙药之时，呼吸依然，脉搏如旧，可知人实未死，何以毫无痛苦之感觉？则因蒙药之力由鼻入脑，灵魂总机关发生障碍，譬如人家电灯总火门关断，则全部电灯不亮，又譬如暴徒跳上汽车，用强力压迫开车之人，不许活动，同一理也。若在局部神经上注射麻药，则该局部神经暂时受药力所阻，失其传送感觉之效能。凡受此一系神经所支配之部份，则不知痛苦，而其他各神经系统之感觉则如常。譬如人家电灯总门并未关断，只有一处分支电线关断，电流不通，少数电灯因此不亮，而多数电灯则仍放光明也。

三问：须发毫毛指甲僵皮等类，亦是人身之一部份，何以经过刀剪不知痛苦？答曰：因此种部份皆神经所不到，无神经则无感觉，无感觉则无痛苦。普通所谓灵魂，大概指感觉而言，无感觉的部份，亦可谓无灵魂。足见灵魂与神经实有密切之关系，神经所不到之处，灵魂亦不到也。

四问：手足残缺，眼瞎耳聋之辈，何故仍有知觉？答曰：头脑是灵魂总机关，尚未破坏，故知觉仍在。

五问：熟睡之人，头脑未尝不在，何故没有知觉？答曰：脑筋因疲劳之故，需要休息，暂时停止活动，所以没有知觉。譬如一国元首，公务疲劳，暂时不理政事。

六问：刚死之人，脑筋并未破坏，何故没有知觉？答曰：此时肉体生活机能，已完全停止，脑筋不能独自活动，外表虽不见其有破坏之迹象，实际上已逐渐腐化而分解。灵魂当然不能依附，而失其作用，所以没有知觉。人的脑髓，譬如灵魂所寄居之房舍。房舍暂时虽未破坏，但已发生严重障碍，不得像平时一样的能够住人，以前住在本屋之人自然要迁移到别处去。人去之后，房舍空空，虽房中电话机装设完备，外面打电话进来，铃声振响千百次，亦得不到一次回音。可见活人与死人的分别，即是灵魂之在与不在而已。

据以上各种推测，活人是决定有灵魂的。至于人死以后，灵魂归到何处那些问题，不在本篇范围之内，暂不具论。

民国三十六年三月一日写于上海

复兴道教计划书[①]

（1947年）

世界人类为战争所苦，希望和平，亦已久矣。宗教者，和平之母也。吾人果欲实现和平，自不能不弘扬宗教。道、儒、释、耶、回五教之宗旨，无非劝人为善、诫人作恶，务使天下亿兆生灵咸涵育于慈风惠泽之中，彼此皆能互助合作，而不相侵害。然后人类社会，方得维持，国家治安，庶几长保。此宗教精神所以伟大也。

道教之在中国，本为五大宗教之一，发源于始祖轩辕黄帝，集成于道祖太上老君（即李老子）；儒教孔子，比较老子，算是后辈；释迦牟尼，虽与孔子同时，而佛教则到东汉时代方传入中国；耶、回二教，更在儒、释之后。可知五教中首推道教为最古。我辈既属黄帝子孙，对于此种古教，当然要特别爱护、努力弘扬，抱朴素之胸怀，倡不争之道德，秉宏深之愿力，祈世界之和平。虽志欲存古，而不背于潮流；虽功在崇玄，而不妨于客教。凡关于玄门一切事项，当兴者即兴，当革者即革，总以发挥道教真义而又适合于现代心理为原则。兹拟复兴道教办法大纲九条，并加以说明，以供海内奉道诸君子之参考。如能联络同志，筹备基金，斟酌缓急，依次举办，化除界限，合方内方外为一家，造就人才，融入世出世为一贯，则社会民众实受其福利，又岂仅玄门之幸哉！

复兴道教大纲

一、道教讲经坛

---

① 《复兴道教计划书》是陈撄宁于1942年草拟的振兴道教之方案，但当时未曾公开流布。1947年上海市道教会正式成立后，陈撄宁又应其邀请对这份方案进行了修订，并于该年4月印刷了5 000册在道教内部发行。以下文字，据上海图书馆收藏的版本录入，原版落款“拟稿者皖江陈撄宁，出版者上海市道教会”。

二、道学研究院
三、道教月报社
四、道教图书馆
五、道书流通处
六、道教救济会
七、道功修养院
八、道士农林化
九、科仪模范班

大纲要旨说明

一、道教讲经坛

凡是正式宗教，无不首重讲经者。在儒教则讲四书、五经，在耶教则讲《新旧约圣经》，在回教则讲《古兰经》，在释教所讲大小经典，更是名目繁多，不可胜计。惟独道教历年以来未闻有讲经之事，人皆争先，我独落后。因此各教之优点与特长，容易使大众了解，而道教的好处何在，人皆茫然，莫知所云。近代坊间所出版之道教书籍，虽有几种，惜其内容浅薄，不能为道教增光。社会上偶有一二名人演讲道教，听众亦未必因此有何感化。盖以编辑道书者，及演讲道教者，皆是普通文墨之士，而非专诚信仰道教之人故耳。今欲矫正此弊，应当从演讲道经并宣传道教真义入手。其办法如左：

第一条，地点选择。佛教讲经，向来是在各处寺庙之中。耶教讲经，是在各处教堂之内。彼等不须要选择地点。惟道教讲经，尚属创举，向来未曾有过，故应当选择地点。总以交通便利、房屋宽舒，最少能容纳百人以上座位者为合格。一切布置，皆要清静而庄严，庶足以壮观瞻而保荣誉。

第二条，听众限制。各处耶稣教堂，每逢星期日讲道理，妇人孺子，劳动苦力，目不识字者，以及颇有学问者，挤满一堂。佛教丛林讲经，听众虽稍为齐整，然其中程度亦复高低不等。譬如小学生与大学生同在一堂听讲，同用一种课本，程度高者，每厌闻浅近之言，程度低者，又不识精微之义，讲师往往顾此失彼，殊非良法。将来道教讲经时，凡听讲者，当凭听讲券入场，无券概不招待。听讲券发出时，必须确知其人恰好合于听讲之资格，始赠给之，切勿滥发。讲玄妙的道理，听讲券须给程度高的人；讲普通的道理，听讲券须给程度低的人。

第三条，演讲材料。全部《道藏》数千卷，内容极其复杂。况且外面尚有许多道书，未曾收入《道藏》者，亦不下千余种。试问应该从何处讲起？故不能不拟定一个标准如左：

（甲）老子《道德经》。此经乃道教圣典，大用之，可以治国平天下，小用之，可以修身养性、了脱生死。汉唐宋明历代皇帝，皆崇拜此经，与四书、五经并重。故此经在道教中之尊贵，等于耶稣教之《新旧约》。有《道德经》，然后有道教；无《道德经》，则道教无所凭借，亦不能成立。历代注释此经者，有几百家之多，可以想见其价值。将来若要讲经，当从此经始。

（乙）诸子经书。如庄子《南华真经》、关尹子《文始真经》、列子《冲虚真经》、文子《通玄真经》、庚桑子《洞灵真经》，以及《淮南子》、《抱朴子》、谭子《化书》、周子《太极图说》之类，皆可作为演讲材料。但须提要钩玄，择其有益于国家社会之理论，或修养身心之方法，善为说辞，以教世俗。不必徒事考据，搬弄陈言。

（丙）历代道教名人言行录。教外之人，不识道教真面目，每每轻视道教，认为历代道教皆是巫觋方士之集合体，不足以言教。而教内之人，又终年忙碌于诵经礼忏、拜斗放炼，亦无暇称述前辈之遗徽，以作后学之模范，致将已往诸贤组织道教之苦心孤诣淹没而不彰。今日若欲提倡道教，宜从廿四史及各省府县志中，选择历代道教先贤所行所言足为后世法者，编作讲义，分期演讲，以挽末俗而正人心，则道教对于社会利益良多，复兴之望，可计日而待。

（丁）各种劝善格言。如孝弟忠信礼义廉耻一切做人的道德，皆包括在内。但旧式善书，有许多不合于现代人之思想，宜慎重选择，免遭物议。

第四条，演讲时期。按沪地情形而论，每逢星期日，最宜于演讲，因星期日听众皆有闲暇。若星期一至星期六各日，则宜在晚饭后七点至九点之间为适当。

凡宗教演讲，不是短时期所能发生功效，须要继续不断，方为有益。并要普遍散布各处，则效力更宏。奈道教演讲人才，今日难以多得。若有经费，可先就上海试办一处。俟人才足够分派时，再推广于各处。设若自己没有固定的场所，只好暂时不办。切勿徒慕虚声，姑借某公共场所，作短期演讲，大登广告，哄动许多男妇老少来看热闹，等于听话剧一样，人己两方皆无利益，止有劳神伤财而已。

二、道学研究院

道是何物？道教真义何在？道教对于人类社会有何利益？此等问题，非但教外人难以了解，虽教内人，亦往往不能回答，因为缺少一番研究工夫之故。如果希望道教将来能与他教有同样的发展，不落后尘，必先从研究道学入手。今试拟办法数条，以供采择：

第一条，本院以研究中国古代道学，预备将来弘扬道教，利益国家社会为宗旨。其性质颇似前清各省用地方公款所设立之书院，与现时普通学校性质不同，与道功修养院专重个人修养者亦不同。

第二条，地点不宜在冷僻之区，亦不宜处繁华之境。如杭州西湖之城市山林，颇属相宜。本院乃道教中的文化机关，只可供奉黄帝、老子、孔子三圣牌位，其他神像不便供奉。

第三条，本院课目如下：(1) 道教真义；(2) 道教源流；(3) 道教清规；(4) 道教名人列传；(5) 道教应用文章；(6) 儒释耶回各教大义；(7) 诸子百家精华；(8) 中外历史地理；(9) 普通科学常识。

第四条，初次试办，止开一班，以四十名为满额，三年毕业，即可算是道教基本人才。第一期毕业后，第二期是否继续开办，须看将来情形如何，再行酌定。

第五条，毕业后之出路，由本院尽力介绍到各省道教大丛林中，担任讲师之职。平均分派，每省不过二人。只患人少，不怕人多，出路一层，可以无忧。

第六条，入学资格，年龄二十五岁以外、四十岁以内，国文清①通，脑筋灵敏，身体健康，无一切嗜好，无室家之累，对于将来弘扬道教具有热心宏愿者，为合格。方内、方外兼收。

第七条，考取入院之后，凡膳宿、书籍、讲义、纸笔等项，皆由院中供给，概不取费。假使本院经济力量尚欠充实，即不收方内学员，而专收方外学员。由各省有名道观选择合格之道友，保送入院肄业，并由该道观贴补本院学费及膳宿费。毕业后不受限制，听其回到原来道观自由服务。

第八条，凡有志入院研究者，在预备投考之前，须有介绍人一

① “清”，疑作“精”。

位，否则不能应试。考取及格以后，除原有介绍人外，须再另觅保证人一位，否则不能入院。入院时须填写志愿书，言明毕业后以弘道为终身义务，并不许半途退学。将来该学人若违犯院规，介绍人与保证人当连带负责。若是出家道士，志愿入学者，由各大道观住持作介绍及保证。

第九条，本院设院长一席，请方外年高有德之人担任，或创办人自己担任亦可。须要常年住院，管理院务。若院长因他事不能到院时，得请相当之代理人。又聘请正副主任教师二位，常年住院，每日授课。助教师二位，不住院。又书记兼司账一人，又厨房一人，门房一人，杂役一人或二人。伙食净素，禁止荤腥。

第十条，本院开支各项：院长办公费，教师薪金，佣人工资，师生膳费，讲义、书籍等费，房屋装修、器具设备等费，日用必需一切杂费。

三、道教月报社

抗战以前，国内各处佛教定期刊物最盛，日刊、周刊、旬刊、半月刊、月刊等，并其他不定期刊物，共有几十种之多。又如耶教、回教、理教，各种定期不定期出版物，亦风起云涌。惟专门道教刊物，独付缺如。八年抗战期内，各教所出刊物，多已停止。胜利以后，世界大局安定，各教原有刊物，必将继续出版，以争取民众之信仰心。此时道教若再无所举动，无所表示，恐又不免落后矣。设聘请普通学校出身之人，来做道教文章、办道教刊物，彼等对于道教认识不清，或者要弄出笑话。而本教内长于笔墨之人材，颇嫌太少，难以应用。道学研究院今日果能创办，则三年毕业以后，讲经的人材、传教的人材、编辑的人材，皆绰然有余。假使目前急于要办道教刊物，则总编辑之人，最关重要。必须先得其人，然后月报方可出版；若无其人，只好缓办。

四、道教图书馆

徐家汇天主教图书馆，颇有名气，里面藏书甚多，并且有一部《道藏》。往年闸北佛教居士林，亦有佛学图书馆，内容尚佳，惜为战争炮火所毁。道教图书馆，从来未曾有过，假使能够成立，真可以称得起道门中伟大的事业。在往日承平时代，搜罗道书，已非容易。况又经过多年兵燹之灾，版本丧失者，不可胜计。将来信道、奉道、慕道、学道之人，要想看古本道书，恐无问津之处。听说杭州玉皇山所藏道书并经史子集不少，第一步，宜先请专家，分门别类，编一部目录，并注明每部卷数册数、作者姓名朝代、版本新旧样式。第二步，宜设法在葛岭上面建设一所道教图书馆，将玉皇山所藏道书择其要者，陈列于葛岭图书馆中，托老成可靠的道友管理之，以便游客参观，兼售阅书券及茶资，以贴补零碎开支。如此长久下去，则西湖葛岭道教图书馆之名，可与湖山共垂不朽矣。道学研究院最好与图书馆相近，彼此皆有便利。

五、道书流通处

耶教书籍，各教会中皆可购得，定价甚廉，等于半卖半送。佛教书籍，各大城市亦有专售之处，价虽不廉，但因其流通甚广，触目皆是，学佛之士可以自由选购，伊等喜其便利，故亦不嫌价昂。惟独道书在市面流通者甚少，得之不易，全国学道之士感受困难，常有半途改变宗旨、弃道学佛者。因为佛教的好处，在经典上说得明明白白，使人乐于信从。道教的好处，在佛教书中是一句不肯说的，即在杂书中，亦寻不出道教的好处何在。偶有论及道教之事，大半是游戏讽刺一类的文章。而道教专门书籍，普通人又看不见、买不到，自然他们都倾向别一方面去了。上海书店虽多，惜专门出售道书之店缺乏。往年上海市翼化堂书局，颇有志于此，曾由各省搜罗许多稀罕之道书出售，学道者颇称便利。后以城内市场破坏冷落，该书局遂致停顿；现在虽已复业，不知各省道书尚能源源而来否？上海如此之大，人口数百万之众，不能不有一处专门流通道书之机关，以为学道的群众谋便利。但此事乃商业性质，与图书馆性质不同，非有多年经验的熟手，不能办理此事。将来若要流通道书，用何法进行方不至于亏本，不妨先与翼化堂办事人一商，因伊等对于此事颇有经验。

六、道教救济会

宗教家原以济世度人为本务，所以耶稣教、天主教最热心于办医院、开学校一类的工作。彼教人才甚多，凡医院学校中，院长校长、医师教师，以及其余职业人等，皆由本教信徒担任，故能诸事顺手、上下齐心。道教人才缺乏，若亦要办医院、开学校，则大小职务都要请道教以外的人担任，未免诸事掣肘、劳而无功，况且常年经费亦不易筹募。但若对于社会救济事业概不过问，似非宗教家应有之态度。今拟先从近处做起，俟有成效，再行扩充。因普通救济事业，已有各慈善机关专门办理，其范围甚广。道教救济会，初次创办，范围应有限制，方易于着手。限制的意思，就是有钱者出钱、无钱者出力、急难者受惠。凡出钱出力及受惠者，皆以信仰道教之人为限，而不涉及教外。并且只能救急难，不能救贫穷。大意如此，详细办法临时再议。

七、道功修养院

佛教居士林，早已有过。道功修养院，至今尚未见有人发起。一般好道之士，皆认为此种组织今日甚为需要。兹试言其概略如左：

第一条，道功修养院宗旨，在脱离尘俗、修养身心，不应酬经忏，亦不招待香客，以示与普通道院有别。

第二条，本院宜设于山水名胜区域，不宜在城市中。

第三条，本院创办人，无论方内方外均可，或方内与方外合办亦可。

第四条，创办人照像及生平事迹，永远供奉于本院内，以留纪念。

第五条，设若本院由在家人与出家人合办时，经济负担如何分派、办事权限如何划清，当由彼此商量同意，载于文据之上。

第六条，大殿只须一间，供奉三清圣像已足。其他诸神像，一概不供。

第七条，单人住宿的小房间，宜多做几间备用。凡是有志于修养者，皆性喜清静，不愿数人同住一室，妨碍其用功。

第八条，初次试办，暂不建设女道友宿舍，将来看情形如何，再议办法。

第九条，除道友宿舍而外，如饭厅、讲堂、会客室、阅书室、管理室、储藏室、门房、佣人房、厨房、浴室、便所，皆要齐全。

第十条，住院道友，禁止吸烟、饮酒及荤腥肉食。

第十一条，本院宜多备各种修养书籍，以供诸道友阅览。遇有机会，或可延聘修养专家，指导下手用功之法。

第十二条，道学研究院注重研究学问、弘扬道教，是以利人为宗旨，故凡来就学者，应当免费。道功修养院注重身心修养、却病延年，是以自利为宗旨，故凡来住修者，应当酌收月费或年费，按最低数目计算。

八、道士农林化

道教全真派本旨，重在修行。既要修行，必须先能解决生活问题。然专靠募化，实不足以维持生活。若兼做经忏，虽可以暂顾目前，亦非长久之计，而且于全真注重清修之本旨，颇有妨碍。况社会情形，日趋改革之势，经忏事业根基是否稳固，亦有问题。全真派既是讲究清修，似宜远离尘俗，退居山林，靠山吃山，靠水吃水，不靠化缘与经忏谋生，方是正理。所谓农林化者，即是以农业生产并森林种植维持道粮，自食其力，不必求人。然后品格清高，方不致被外人所轻视。农业不限定耕田种地、收获米麦，凡植物可以充饥、药草可以疗病者，皆在农业范围之内。森林不限定松柏大树，凡是茶叶、竹笋、棉花、桐子以及各种果木，只看土地相宜，皆不妨试种。各处荒山未曾开辟者，不计其数，正需人去经营。近来出家人，多半和俗家混居繁华都市之中，除了诵经拜忏而外，无事可做。凡俗家所能做的职业，出家人一概无分，反落得一个不事生产之名。何如隐居山林、自食其力，为上策耶！

九、科仪模范班

古代道教真义，入世则治国安邦，出世则成仙了道，本无所谓经忏科仪。自魏晋以降，天师派道教始着重经忏斋醮等事，而全真派仍贵清修。全真道士，派别甚多，其中以龙门一派为最盛。考龙门始祖邱大真人，前半生在山中苦修苦炼、住洞坐圜、披蓑乞食，后半生则长途奔走、立功济世、传教度人。故全真道众、龙门子孙，应当以邱祖为法。如能入山清修，道成行化，最合于全真派家风。设若久居都市之中，自不能不从事于经忏。无论何种宗教，皆注重祈祷。所谓祈祷者，就是以人的精诚，感动神的灵力。祈祷之仪式，虽各有专门，祈祷之原理，彼此实无二致。原理如何，即在乎至诚感应。故诵经礼忏、焚香上表、钟鼓音乐，皆是一种仪式，而最关重要者，还是正心诚意，然后方有灵感可言。科仪模范班者，其目的在训练一班经忏人材，免除时下种种习气，务必法事认真、精神贯注、衣冠整洁、态度庄严，处处遵照科仪，丝毫不苟，足以为道门之模范，而博得社会之好评。果能如此，则经忏事业，自然可以永久存在，而不至于逐渐衰落。

（附启：此稿作于民国三十一年，彼时国内情形，与现在大不相同。今为民国三十六年，上海市道教会正式成立。会中办事诸君，欲将此稿付印流通。愚见认为，事隔六年，原稿已不适用，需要修改之处颇多。遂仓卒作第二次修改后，再付手民。但此稿仅言大纲，未免简略，恐不足以应用。将来若要实行时，其中细则，须妥为审订，仍有赖于本会办事诸君之深谋远虑，斟酌尽善。拙稿止能作为参考而已。）

岁次丁亥清明节，陈撄宁写于沪上

由仙学而佛学——答某居士问[①]（1947年）

往年以仙学立场，对佛法常抱一种不妥协之态度。今见人类根性日益恶劣，杀人利器层出不穷，且于大自然境界中，仗科学之发明而冒险尝试，扰乱宇宙共同之秩序，恐吾辈所托身之地球将来不免有毁灭之一日。仙家纵修炼到肉体长生，并证得少许神通，究未能跳出漩涡之外，皮之不存，毛将安附（天仙程度较高又当别论，此指地仙而言）。因此近来常与人讲出世之佛法，而不讲住世之仙学。

弟从事于仙学有数十年之久，知者颇多，受累非浅。来访我者品类太杂，男女老少新旧雅俗等等性质各别。其中又有军人、政客、流氓、市侩、耶稣教徒、佛门居士、江湖方士、传道先生、中西医生、科学家、迷信家，而且同一迷信中，复有真迷信、假迷信、半迷信种种不同，令我穷于应付。此刻与人谈佛专重念佛生西，人每不乐闻，访我者遂逐渐减少，彼等所不乐，正我之所乐，是亦藏拙之一道也。

论及烦恼，人皆有之，惟发菩提心者可以减轻烦恼。如十分烦恼之人，若有一分菩提心，则烦恼止有九分，若有七分菩提心，则烦恼止有三分，若菩提心发得十分圆满，则烦恼顿空，俨然成佛矣。烦恼与菩提，乃一物二面，一面多，则一面少，故曰烦恼即是菩提。发菩提心者，不断烦恼，而烦恼自断。不发菩提心，而欲断烦恼，无有是处（此乃我自己经验所得之言，不是空谈理论）。

烦恼有粗有细，粗者乃人事上之烦恼，细者是工夫上之烦恼。尊意所谓烦恼，当指人事而言。须知吾当初投胎做人，就是预备来受苦，不是来享乐。若要享乐，何不往生极乐世界，其次何不上生色界三禅，再

① 原载《觉有情半月刊》第8卷第17、18合期（总第185～186期，1947年5月1日），见《民国佛教期刊文献集成》第89卷。

次何不投生欲界诸天，乃偏生于有苦无乐之人间，此皆夙世业障太重，一时难以解脱，只得安命而已。儒家所谓命，即佛家所谓业，若要改变，须用极大之道力与法力（道力就仙家说，法力就佛家说）。若因循懈惰，终为业力所牵，今生无办法，来生更无办法，愈转愈下，亦大可惧。

尊函谓“不知何日克赋遂初”。晋孙绰作《遂初赋》，又作《天台山赋》，读之令人意远。后居官，与桓温政见相左，温怒曰：“何不寻君遂初赋，而知家国大事耶?”然孙竟未及归隐而殁于官。试思彼千载上作《遂初赋》者，尚不克遂初，吾辈谈何容易，大抵皆寄托于空想耳。果能由空想而成为事实，则其所处境界，虽非天上，已不似人间矣。此等福报非同小可。古今慧业文人往往福报欠缺，因过去生中，止修慧而不修福之故。禅家者流喜唱高调，每轻蔑人天福报，既无力直取涅槃，又不求往生净土，转世皆有慧而无福。见解的确超过常人，而结习难除，则与常人无异，或反加甚，吾辈今日当痛矫此弊（现代多有禅净双修，然禅不彻底，净不勇猛，仍为业力所转）。隐遁方式，全不一律。昔者葛稚川隐于罗浮，赖地方官供给，陶弘景隐于茅山，有梁武帝护法，孙思邈隐于太白（在陕西郿县），借医术糊口，林和靖隐于孤山，售梅实自活，严子陵隐于富春，以耕钓为生。他如君平垂廉，韩康卖药，朱桃椎之织履，许宣平之负薪，岂乐为之，盖不得已。若仅知谋道而不知谋食，将见“西山薇蕨吃精光，一阵夷齐下首阳”耳，何足以言隐遁乎。

弟之行止无定，随缘度日而已，假使亡室尚在世间，此刻当已相偕入山，生活方式亦早有计划。今则形单影吊，窒碍多端，以前计划概不适用。自己无家，只有寄居人家或寺观之一法。可去之地方虽多，可与言之人绝少。倘终日闭口结舌，恐他人不耐，若与众敷衍酬对，时作违心之言，人则满意，我又何为？故有几处已托辞不去，有几处尚待实地试验，方知能久住与否。身虽未死而欲学死，将来看何处容许我做活死人者，则往何处耳。

学佛有四步历程，曰信解行证，信为第一步，解为第二步，乃先信而后求解也。弟则先求解而后始肯信，解得彻底，于是信得亦彻底，此刻在第三步行字上面。愚观一般文人学佛，仅得一个解字，虽未尝不信，而其信不坚，尤其于行字未曾注重，惟将佛学作为哲学研究而已。平时不下工夫，命终时仍随业力所流转，尚不及彼斋公斋婆犹能带业往生。

鄙志亦欲隐遁，其目的在实行做工夫，而非耽玩林泉之幽趣。但沪上仍多未了事，必俟结束清楚告一段落，方好离开。拟先往西湖访湛翁，然后再随缘赴他处，人生行止都是受外缘支配，自己不便强作主张，是则有身之累也。假使将来入山，当从断绝烟火食做起，吃的问题解决，其余皆易办（此处当用仙家学术）。

兄现在之地位不高不低，职务亦颇清闲，又不负重大责任，而且资格甚老，自己若不辞退，地位当可长保。若一朝归隐，必须另讲谋生之道，霞嶂烟峦，只可以赏心而不可以饱腹，松声禽语，只可以悦耳而不可以充肠。昔梅福官南昌尉，弃官隐于会稽，变姓名为市门卒，仍不外乎生活问题，否则何必执此贱役？庄子之漆园吏，亦犹是也。王维送友人归山，有“入云中兮养鸡，上山头兮抱犊”之句，我辈既不会抱犊，又不惯养鸡，将奈何！

记得二十年前兄有一句话：“人类根本是没有办法的。”此言至今日而益信。但是我们错误在先，今生已经做了人，不得不在无办法中想办法，其要诀就是一个修字。愚者听其自然，不懂得修，智者徒唱高调，不屑于修，皆是误而再误。

人间是梦，三涂是梦，生天生净，未尝不是梦。虽然同是一梦，究有苦乐之殊、昏明之异，与其做苦梦，不如做乐梦，与其做昏暗梦，不如做光明梦，其要诀仍是一个修字。父母爱子女，要劝其修，子女爱父母，要劝其修，人类互相爱，要劝其修，不修则无办法矣。

慨慕人生佛教之导师并答客问[①]
（1947年）

近代佛教中高僧颇多，最负盛名者二人，曰印光大师，曰太虚大

① 原载《觉有情半月刊》第8卷6月号（总第187～188期，1947年6月19日），见《民国佛教期刊文献集成》第89卷。

师，不但通国皆知，并且名扬海外，要皆数十年坚苦卓绝之精神有以至此，实非偶然。两师在日，固是双方互相推重，而其所以为教者则大异。印师专弘净土，责无旁贷，太虚大师则以革新佛教为己任，目的在倡导人生佛教，就原有教义上，用综合整理之方法，以适应时机，有似乎马丁路得之改革耶稣教，而手段则比较和平多矣。虽然，此等事业，谈何容易。挺杰出之才，辟难行之道，荆天棘地，百折不回，新佛教体系，尚在萌芽，而导师已逝，吾人能不为之长叹息耶。

不才平日与太虚大师极少亲近之缘。惟景仰其人格伟大，思想超拔，学识渊博，器景宽宏，遇事尤能勇往直前，任劳任怨。即使离开佛教而言，亦不失为普通做人的模范。十年前不才提倡神仙学术时，太虚大师于《海潮音》上曾有长篇文字，批评拙著仙学各书，不才颇能谅解其维护本教之苦心，初次不欲在刊物上显然与之开辩论。但间接致函某君，托其转达太虚大师，说明我的用意。彼此并未直接通函，事后亦无下文。

民国二十六年春季，忽有素不相识之某君来函云，拟由南京往沪西梅陇乡间造访敝庐。不才急复函劝其勿来，并问其何由得知敝处地址。伊二次来函言，曾随委员长游奉化雪宝寺，与太虚大师闲话，表示自己性虽好佛，亦喜学仙。佛教中像大师这样人物，幸得常蒙开示，亦可以无憾。并且各处尚有许多佛门善知识，遇着机缘，不妨随时参学。独惜仙道人才缺乏，无从问津。外面道门虽多，皆不能令我满意。吾师交游甚广，亦知专门仙学现今尚有人才否。太虚大师说，真正仙学人才，诚感觉寥落，但亦非绝无。余问其人何在，师遂将尊处地名告我，因此得知云云。

不才当日为仙学奋斗，本拟用全副精神，牺牲十载光阴，指摘佛教《大藏经》中所有一切矛盾及疵累。因感于太虚大师洪度雅量，无形中被其软化，乃将已成之稿焚毁，未成各篇亦弃而不作，仅发表《辩〈楞严经〉十种仙》一篇，遂从此停止笔战。震动一时的仙佛论辩，渐渐归于烟消火灭，因此佛教学理上遂少了一个敌人，足见太虚大师手段之高明，而其护持佛教，更具有异胜之方便，迥非其他固执成见拒人于千里之外者所能及。

尝观人世间意气之争，至烈且酷，往往因小不忍弄到不可收拾之地步。假使双方有太虚大师之度量，则化敌为友，直易如反掌。盖以事在人为，原无绝对的是非可说。若必欲执著我见，排除异己，丝毫不能通融，天下遂从此多事矣。印光大师在民国十年以前经过上海，曾偕高鹤年老居士至舍间谈论多时，所言皆各处风俗人情，及山中住茅蓬之状况，但未言及佛法。因净土宗重在行持，本无话可说也。太虚大师平日未曾劝人往生西方，而且自己亦不专修某一宗。然其综合整理旧佛教而积极建立新佛教之功，实不可没。甚望其转世再来，继续完成其未竟之事业，方契合于大乘菩萨永劫利生之宏愿耳。

太虚大师圆寂后，世人每以隔靴搔痒之言纷纷置议，且有就愚下问者。今略述数条，以见一斑。

甲问：佛教宗旨，惟在依教修持，向不管国家大事。太虚大师平日主张佛教徒应参加政治，而彼个人行动，亦颇带几分政客气味，是否违背佛教本旨？

答曰：君主时代可以如此说，民主时代则不然，凡是国民，皆有选举权及被选举权，僧侣既属国民一份子，当然不能例外。即或自愿放弃，亦为时局所不许，此实无可奈何之事。即如佛教根本戒杀，而政府偏要征和尚当兵，又将何说？

乙问：太虚大师在近代佛教中可谓首屈一指，临终时何以不现瑞相？

答曰：世俗所谓临终瑞相，多指往生西方一类人而言。太虚大师平素志愿，非但不求生西，并且不要生天。今世愿心未了，来世必定还在人间，以人身复转人身，事极寻常，毫无奇特，有何瑞相可言。

丙问：若果如此，以太虚大师之资格，尚且不能跳出轮回，其他资格不及大师者，岂非更无希望？

答曰：此不能一概而论，在乎各人所抱的志愿如何。彼等视人间为苦海者，去之惟恐不速，自不愿再来人间。或有视人间为乐园者，迷之惟恐不深，则又不愿舍弃人间。像太虚大师那样资格，决非以人间为乐而贪恋人间，君等总可以相信得过。但我更能相信他决不畏人间是苦而逃避人间。幸勿以普通世俗心理妄加推测。尚有一层意思，应当明白。假使高明之士，个个都要离开世间，别寻乐土，留下无量数根基浅薄之庸流，长久在世间受苦，试问彼等已出轮回者于心安否？还想为无量受苦众生再来一次否？与其他日重入轮回，今日又何必急于跳出？

丁问：往昔所谓高僧者，都享高寿。太虚大师年龄不过六十，遽尔告终，深可惋惜。并阅伊在生时，身体亦不甚健康，是否修养工夫尚有未到处？

答曰：此一问，恰和彼一问相反对，彼方忧愁他不能出轮回，此又惋惜他不能享高寿。须知所谓高僧者有两种，一种是在山林中参禅习定修心养性之高僧，一种是在尘劳中著书立说弘法护教之高僧，前者容易享高寿，后者常不免牺牲自己而利益他人，故难望遐龄。译六百卷《大般若经》之玄奘大师不过六十五岁，译八十卷《华严经》之实叉难陀不过五十九岁，贤首宗圭峰大师不过六十二岁，法相宗窥基大师不过五十一岁，禅宗尊宿永嘉禅师不过四十九岁，著《肇论》之肇法师不过三十一岁，彼等都是高僧中之佼佼者。学佛人士最重愿力，寿命长短无甚关系。教主释迦佛不过八十岁，而世间一百几十岁之长寿翁，古今中外颇不乏人，其功德及于人群者，比较释迦佛优劣如何？假使一个人不发大悲度世之心，纵让他活到一千岁，于人类社会有什么利益？又如长年隐居山林之高僧，虽有享高寿者，亦是偶然的现象，而非必然的效果。因为佛家无寿者相，仙家重长生术，两家宗旨各别。世人仙佛混合，认识不清，□侗批评，实嫌未当。再者，凡事不能两全其美，人己不能同时并利。昔天台宗智者大师，因领众故，降低了自己将来的果位，舍却“相似即”之十信位，仅证到“观行即”之五品位，寿命亦不过六十岁（一说六十七岁）。今日太虚大师亦因弘教故，妨害了自己身体的健康，毕生精力用在除旧饰新，那有工夫再去修养身体，古今真有同慨。

戊问：太虚大师既不求生西方，是否决定上生兜率？

答曰：以大师的资格而论，当然可以生兜率天，但是他的志愿并不在此。我想他还要转世再来人间。阿难尊者云，“五浊恶世誓先入”，菩萨发心，应该如是。

覆某先生书[①]
（1947年）

（原注：前略）承教谓三界火宅，宜取涅槃，自是正论。惟涅槃境界须得善恶都莫思量，陈义太高，初机难入，故舍了义而取不了义。若就利生一方面说，证涅槃后，于有情世间不无咫尺天涯之隔，似与鄙愿相违，故舍无为而取有为法。昔者五祖衣法传卢能不传神秀，黄檗谈禅扬归宗而抑牛头，后人遂谓“本来无一物”胜过“时时勤拂拭”，向上关捩子，牛头犹未知。愚则不作此解，只认为彼此因缘不同，实无优劣之可言也。庄子见道处自谓超过老子，然实际上老子利人处多，庄子利人处少，世间可以无庄子，而不可以无老子。老子玄言，又非孔子所能及，然老子为教则不若孔教之广大。庄子可比祖师禅，老子可比如来禅，孔子则似净土宗也。

或问既然如此，何不专弘净土，横出三界，自利利他？须知弟平日是现外道身者，究与清一色之佛教徒有别，若改弦易辙，人将谓我无条件投降，四禅天本是佛教与外道共住之境，故不妨趣向耳。密教谓摩醯首罗天王乃大日如来之胜报，显教谓色界天王皆十地菩萨之化身，而弥勒且住欲界天等候下生，往年净土法门尚未普及时，佛教徒常有求生兜率天者，白居易诗云：“海山不是吾归处，归即应归兜率天。”白初学仙，无所得，转而学佛，故如是云尔，欲界既可去，色界更无妨矣。

今日全国佛教徒百分之九十以生西为归宿，最怕说升天，其用意盖避免贪求乐欲之嫌。弟不知西方极乐与天界之乐有何差别。若谓净土无

---

① 原载《觉有情半月刊》第8卷10月号（总第195～196期，1947年10月1日），见《民国佛教期刊文献集成》第89卷。

男女之欲，然色界又何尝有此一事。若谓生西则寿命无量，三灾所不能到，生天则福报有尽，仍不免堕落，况火灾能坏初禅，水灾能坏二禅，风灾能坏三禅，若生净土，则无诸患，此义弟未尝不知，知而故犯，必另有说，暂不具论。

再者，今人所谓出三界者，皆指往生西方净土一法而言，尊意所谓出三界者，当是指一法不立之禅宗而言。然永明寿禅师则于此二者显分优劣，其言："有禅无净土，十人九蹉路，阴境若现前，瞥尔随他去。无禅有净土，万修万人去，但得见弥陀，何悉不开悟？"永明于向上一着，不能说他无见地，乃轻视本宗而赞美他宗若此，亦深可思也（永明本是法眼宗再传法嗣，而净宗则奉为第六祖）。后世净宗所以盛，禅宗所以衰，大半受了这八句话的影响。弟十年前欲为禅宗争一口气，对于永明之说，曾有不满之表示，今已省前非矣。

三界固是识所变现，西方极乐又何尝不是识所变现，同一唯识，自无所用其欣厌之情，只以外道立场，故宁舍净土而趣色界耳。密教中金胎两部各种曼荼罗作用，亦不离乎识，即华严天台各种观想法门，仍是识的作用，甚至于禅家机锋汉语录，也是从识中流出。人若无识，即不能开口说话，何况要辨别学人之是非。禅宗诸师只许官家放火，不许百姓点灯，虽可接引一二利根，此风已成过去，诸师若生今日，亦无所施其伎矣。

尊函谓淮南子"形神俱没"之说，近于涅槃，然则贱名撄宁二字，亦可谓庄子之涅槃。当年取此名字，原认为自己究竟归宿处，但此是未来劫中事，目下尚不欲疾趣寂灭。佛教小乘阿那含果都是先趣色界，后入涅槃，其差别事相有九种之多（见俱舍论中）。吾国佛教推崇大乘，而轻视小乘，遂弄得有理可谈，无果可证。而禅宗竟至圣谛亦不为，成佛皆妄想，其流弊更甚。物极则反，于是乎净土宗遂取而代之，信乎时节因缘，非偶然也。（原注：后略）

附录某先生原函：

（原注：前略）三界无安，犹如火宅，实为诚谛之言。来教以色界为趣，弟颇未喻其指。三界俱是识所变现，梦幻空花，何劳把捉。妄意《淮南·俶真训》所谓形神俱没，或有近于涅槃境界，未知兄不斥为断见否？（撄宁谨按：众生之病，都陷在"常"字一方面，"断"字正是对症良药，但恐其不能断耳。）

仙学必成[①]
（1947年）

诫　条[②]

（后列诸条，宜写在封面，今姑且录于篇端。）

一、此书只许本系统内诸友抄录，不可让外人抄录。

二、非本系诸友及若工夫已有程度立志上进者，可先看余已经出版各书及《扬善》杂志、《仙道月报》等。俟其对于余之学说有相当之认识，遇有机会，或可将此书给他一观。但只能来家中阅览，不可借出门，更不可抄录。

三、若其人确属至诚君子，阅此书后必欲再求深造者，须正式归入本系统之内，方许为他详细说明。否则，不负解释之责。

四、关于实行工夫，先天、后天各种作用，余遵守师诫，未曾详细写出，况且此等作用亦非笔墨所能形容。望诸友严守秘密，勿忘当日各人自己之誓辞。

---

① 该《仙学必成》是陈撄宁于1947年所撰手稿，未曾在陈撄宁生前刊行。后来，该手稿的保存者、陈撄宁弟子胡海牙总编《中华仙学养生全书》时曾将其收入书中，题《仙学必成（未定稿）》，署"陈撄宁著，胡海牙校订"。稍后胡海牙、武国忠主编的《陈撄宁仙学精要》也收有此文，亦署"陈撄宁著，胡海牙校订"，但删除了原题之"未定稿"字样。而在此之前，田诚阳编著《仙学详述》（北京：宗教文化出版社，1999年）也收有题为《学仙必成》的陈撄宁手稿一份，内容与胡海牙总编《中华仙学养生全书》所收《仙学必成》基本相同，惟缺少正文之前的"诫条"、"序"、"篇前语"以及正文中的数段文字。据胡海牙在《中华仙学养生全书》中有关此文的"补记"言，他自己持有的手稿"乃先师（陈撄宁）在杭州慈海医室余寓所为余所抄，对孟怀山师兄家中所作本，又有所增补"。以下文字据《中华仙学养生全书》本排印，同时将其与田诚阳编著《仙学详述》中所收《学仙必成》一文进行了对勘。

② 《仙学详述》本无"诫条"字样及其内容。

五、若其人自尊自满，不屑谦下，不肯虚心，只想得便宜，此种人即非载道之器，虽十分好道，亦不可给他看。

六、若其人有江湖习气，与我辈气味不投，虽表示谦虚之态，亦不可给他看，更不可让此种人混入本系统之内，庶免败坏名誉。

七、此书慎防无意中被他人窃取或窃抄而去，改头换面出版卖钱，并防落到江湖传道的手中，加添枝叶，当生意做。余往日已有经验，此后望诸君勿再蹈覆辙。

八、此书抄本，不可从邮局寄递，防他人拆阅窃抄。

九、此书附录中“去病延龄方便法”，本系诸友若自愿抄录几份，赠送至亲好友者，听便。但《仙学必成》本文要语不可抄赠。

十、每一抄本必须将前列各诫条写在封面。

序①

余往年认为大道贵在公开，不懂古人严守秘密是何用意，后来阅世既深，遂知此道实有秘密之必要。即如佛教，总算公开普渡，尚且有密宗，而孔教中亦有性与天道不可得闻之叹，不仅仙道为然。设若完全公开，则此道失其尊崇之价值，人将视为无足重轻，言者谆谆，听者藐藐。公开之意本欲普渡，结果适得其反。

此道虽与宗教、哲学、科学皆有关系，然而非单纯劝善的宗教，非空谈理论的哲学，非偏向物质的科学，研究起来简直是一种超人的学术，实行起来可称为人类中最高尚的事业。既称为事业，当然非一人之力所能包办，所以要有团体组织。若要成就一个集团，必须先能自成一派，要独立自成一派，必须本派中具有特长与优点而非其他各道门所能知所能言者，然后本派方有独立之资格。若完全公开，则他人之秘密我不能知，我等之特长与优点他人都已明了，本派失其凭借，即不能成立，而诸君修炼之目的，亦难以达到。因此，要守秘密。

诸君或疑：古人修仙并无集团之说。须知古人有几种办法，今人皆不能仿效：一、投入僧道门中，借彼宗教原有团体作安身之所；二、虽不出家，而能在山林中做隐士，有田地可够生活，不问国家社会之事，过他的清闲岁月；三、有大富贵人作护法，一切不须自己劳心劳力去营

① 《仙学详述》本无“序”字样及其内容。

谋。这三种办法，在今日之下皆难做到，不得而已才有团体之计划耳。

篇前语[①]

仙学乃超人之学，非一般人所能奉行，余往日注解几种道书，乃专为少数同志而作，原无普遍流传之意，与宗教家传教的性质绝不相同，本篇亦然。

浮生若梦，聚散无常，未知何日方能再见。因特写此篇留赠，聊以笔墨代口授耳。

此篇约计万余言，虽为余四十载研究之结晶，但限于篇幅，未能将半生所学尽量宣布。惟其中论述各节，皆余平日所不欲轻易对人言者，在以前诸家道书上亦无此说。今以入山在即，恐世间无人明白仙学之真相，致为江湖术士所欺，故留此篇在世，接引有缘。得者，宜慎密之。

肉体凡夫要修成气体神仙谈何容易，若不用此篇所传授之方法，余敢断言，毫无希望。即用此法亦须抛弃一切，下二十年苦功，方得成就。寻常人士，未必有这样决心，纵有决心，未必有这样机会。历年以来，从余学道诸君，其目的多在去病延龄，此只用仙学全部工夫十分之一为已足，不必小题大做，但亦要合于本书附录中所拟定之条件，并遵守其诫规，然后有效，切须注意。

本书之外尚有《仙话》稿本待刊。其他早已出版者，如《〈黄庭经〉讲义》、《孙不二女丹诗注》、《扬善半月刊》及《仙道月报》中拙著，皆可参考。经余手校订前人仙道书籍，有《道窍谈》、《三车秘旨》、《琴火重光》、《道学小丛书》、《女子道学小丛书》等。惟学问之事与年俱进，虽同是一人手笔，后出者总比先出者为优，所以本篇理论最彻底，口诀最完备。

本篇脱稿，对于仙学上义务已尽，不欲再费脑筋从事著述，须觅地实行下功，将来与诸同志信札往还自未能免，《仙话》零稿或须续辑，至于理法兼赅之长篇作品将以此为最后结束矣。

天下事皆有因缘，余在沪时迄无作书之意，到南京后独居静室，凉月满窗，景物依然，心情迥别，炉香杯茗，偏惹愁肠，花影竹风，倍添哀慕。惜良宵之不偶，感人命之无常，痛仙侣之折双，念师恩之未报，

① 《仙学详述》本无“篇前语”字样及其内容。

方始沉思暇想落笔遣怀。两睹月圆，乃完斯稿，始于阴历三月十三日，成于阴历四月十五日。从此人间仙学，遂有轨辙可循，未尝非环境有以促我，阅此书者，尚其谅之。

仙学必成

宇宙间为什么要生人生物，这个问题最难解答，留到后来再研究，我们现在所急须知道的就是用如何方法可以免除老病死之苦。

生与死，是相对的。既有生，自然有死，若要不死，先须不生。所以佛家专讲无生，果真能做到无生地步，自然无死。《庄子·大宗师篇》“杀生者不死”，亦是此意。但所谓无生不死，乃心性一方面事，肉体之衰老病死仍旧难免，痛苦依然存在。

因为有以上的缺点，仙家修炼工夫遂注重肉体长生，欲与老病死相抵抗。虽然方法甚多，但不是每一个方法都能达到目的。法之不善者非徒无益，而且有损。道书虽不可不看，却不可尽信。有些道书是冒名伪托的，根本就无价值（按①：伪托书中亦有好材料，要自己善于识别）；有些道书的作者，对于此道并未十分透彻，竟大胆的做起书来，贻误后学；有些道书别有作用，做书的意思是要给当时几个富贵人看的，并未曾替普通人设想；有些道书故意闪烁其辞，指鹿为马，不教人识透其中玄妙；有些道书叠床架屋，头上安头，节外生枝，画蛇添足，分明一条坦途，偏长出许多荆棘；有些道书执着这面而攻击那面，或是笃信那面而不信这面，岂知实际上做得好，两面俱能成，非如水火冰炭之不能相容。设若尽信书，反误了大事。

不得口诀，无从下手。只有口诀，而缺少经验，亦难以成就。口诀几句话可以说完，经验须要随时指点，对症用药。口诀是死板的，经验是活泼的。若非自己经验丰富，不足以教人。

清静②工夫与阴阳工夫，素来是立于反对地位，我认为二者皆有功效。但在今日环境之下，不便和诸道友谈阴阳工夫，因为条件不完备，实行起来徒惹麻烦，加添魔障。即就阴阳工夫而论，亦仅能施于初下手时之炼精化气，及至中间之炼气化神，阴阳工夫，已无能为力，自然走

① 《仙学详述》本注释文字均无“按”字。

② “清静”，下文作“清净”。

到清净路上来了，最后之炼神还虚更非清净不可。所以，此后专讲清净（按：余所谓阴阳工夫，比较江湖先生所传授者大有分别①）。

一步登天，乃不可能之事。吾人若立志与造化相抵抗，须要分开步骤，循序渐进，不宜躐等而求。这件事是实行不是空想，空想可以唱高调，实行则当由近及远，由浅入深。

普通在世间做人的办法，一生过程大概分作三段：二十五岁以前是求学时代；二十五岁以后至五十岁是进取时代；五十岁以后至七十岁是保守时代。过了七十岁身体衰朽，待死而已。此指健康无病之人而言。若素来多病，到了六十岁就如日落西山，未必人人都能活到古稀之寿。所以人生过了五十岁即当抑制自己的野心，勿再只和社会奋斗，要留一点余力和造化小儿及阎王老子奋斗。

终身为生活奔走的人，谈不到修炼二字。最低限度也要家庭生活勉强可以维持，用不着再去劳心劳力，年龄将届五十已经饱尝人生痛苦，阅尽世态炎凉，觉得做一个凡俗之人实在没有意味。此时，正是学道的好机会，就应该即刻预备起来：

第一步，先将家庭事务安排妥贴，让他们生活无忧，儿子能负担者就交托与儿子，儿子尚未能成立者，暂时请至亲好友代为照管，或令他们和叔伯家族住在一处，然后自己方能脱身。

另外提出一笔修道经费，约计能够管五个人的生活开支已足，虽不要过于奢侈，亦不宜十分刻苦。因为中年以后的人身体多半亏损，或须药饵调补，仅靠普通饭菜恐不足以养生。所谓五个人，乃最合式的道友二人或三人，佣工二人或一人，连自己共五人。

另外尚须储蓄一笔旅行费。因为长久住在一个地方，未免纳闷，有时需要游览名山胜境，使身心得以调剂。设若在游览期中，寻到比较好之处，不妨迁移到彼处修炼，或者在彼处多住几时，再回到此处亦可。所以每年的旅行费，不能算在日常生活费之内。

第二步，选择适宜于修炼的场所，须要近山林，远城市，有终年不断的泉水，有四季长青的树木。东南方形势开展，可以多得阳光；西北方峰峦屏立，可以遮蔽冬季寒冷风。地方民俗要纯良，购买用品要便利。又要植物茂盛，才有生气，最好有松柏杉等类树木，由针状叶中吐出特别香气，人吸入身内大有益处，此种树木皆要成林，香气散布，始

① 此句按语，《仙学详述》本置于该段“清静工夫与阴阳工夫”句后。

觉浓厚，稀疏几株，无济于事。

东南各省无论农村或山林，多产蜈蚣蛇虫等物，常常爬到人家床上来，所以房间要干净，门窗要严密，厨房更要十分留意，防饮食之中有毒气侵入。

屋内陈设务求简单，若非日用必需品，不宜放在屋内。静室中，光线要充足，空气要流通，以防微菌滋生。惟正当做工夫时候，光线不宜过亮，过亮则心神难得安定。室中不宜吹风，有风容易受感冒病。

无论住在什么地方，总不能不和人家往来，或者尚有交涉事件，正式做工夫的本人不宜耗散精神再管闲事。凡应酬乡邻，撑持门户，购买食物，督察佣工，以及日夜轮班保护静修之人，勿使受意外之惊扰，皆赖诸道友分担其责任。

第三步，改良饮食。饮食对于人身有密切利害关系，世间讲究卫生的人，尚且懂得某物于我有益，某物于我有损，有益者宜常吃，有损者宜禁止勿使入口，而一般做工夫的人，每不知注意此事，难怪他们工夫没有进步。虽由于方法之笨拙，而烟火食旧习惯不肯改变，亦为一大原因。

谈到改良饮食，先决的问题就是吃荤吃素。按事实而论，肉食之徒也有长寿的，专吃净素也有短命的，似乎吃荤吃素与人之寿命无关。然作精密观察，究竟吃素的比吃荤的少生疾病，在医学上亦颇有根据。实行做修炼工夫，当然以吃素为合法，并且不违背仁慈之心理，但也要配制得宜，营养不缺。若饮食太菲薄，弄得面黄肌瘦，血液干枯，则不免为肉食之徒所窃笑。

吾人每天饮食所需营养质最重要的有三种：一，碳水化合物；二，蛋白质；三，脂肪。何谓碳水化合物，即碳氢氧三元素化合而成之物，如淀粉、糖等类；何谓蛋白质，即碳、氢、氧、氮、硫、磷各种元素化合而成者；何谓脂肪，即各种油类。

碳水化合物，米麦中最多，豆类次之；蛋白质，黄豆及卵黄卵白中最多，米麦次之；脂肪，除各种油类之外，黄豆及卵黄中所含最多。

以上三种营养物质，在每一个人身中每天需要多少，则不能一律。今只可言其大概之数，亦是按中国人体质而论。碳水化合物，每人每天需要九两；蛋白质，需要三两；脂肪，需要二两。劳心的人与劳力的人所需营养质数量多少当有分别。又，五十岁至六十岁，照此数九折；六十岁至七十岁，照此数八折；七十岁至八十岁，照此数七折。以上以市秤计。

牛奶、鸡蛋、鸭蛋可常服食，自磨豆浆可代替牛奶（豆腐店出卖之豆浆，嫌其水份太多）。芝麻油、黄豆油、茶子油、花生油、牛奶油皆可轮流食用，惟菜子油性味不佳，勿食为妙。五味皆宜淡，不宜浓，若能完全淡食最好。①

甲乙丙戊四种生活素，上等牛奶中皆有之，惟缺少丁种。甲种生活素，奶油、蛋黄、白菜、菠菜、芹菜、青苋菜、番茄中最多。乙种生活素，麦麸、米皮、黄豆、白菜、菠菜、芹菜、番茄、豌豆、花生、芝麻中最多。丙种生活素，白菜、菠菜、芹菜、卷心菜、豌豆苗、水芹菜、藕、辣椒、番茄、茭白、菜花、油菜、鸡毛菜及各种水果中最多。戊种生活素又名庚种生活素，即维他命 G，鸡蛋、白菜、菠菜、牛奶、花生、番茄、山药、芥菜、芹菜、小麦、黄豆、绿萝卜、洋山芋中有之。

凡吃蔬菜，最要洗得干净，但不宜煮得太熟，太熟则生机消灭，吃下去没有益处。亦不宜太咸，太咸则菜汤不能多吃，而菜中生活素大半弃在汤中，未免可惜。

蔬菜要从地上刚拔起来的生机充足，若隔一两日或浸在水里，菜中所含生活素不免损失大部分。

各种干果、水果皆可常吃，但要与自己身体配合恰当。寒体宜吃干果，热体宜吃鲜果。凡新鲜水果，大概是凉性。而红枣、黑枣、胡桃、杨梅、干荔枝、干桂圆、樱桃干、葡萄干之类大概是温性。新鲜蔬菜及新鲜水果中，皆有维他命 C（丙种）；干菜干果中，则无维他命 C（因维他命 C，喜水而怕干）。② 中医所谓凉性，即西医所谓第三种维他命。中医所谓血热，即西医所谓坏血症。

南方山中多竹，产笋最多，做素菜的人常喜用笋作主要食品，味颇鲜美。但此物性于人无益而有损，不可多吃。其他如蘑菇、鲜菌、味精等类，亦当禁绝勿用。

专做静功的人，每日饮食物料及时间，须有特别规定，不能与寻常习惯相同。若不肯改变寻常习惯，决难有成。其他道友及佣人，每日三餐或两餐听便。

第四步，起居饮食都安排好了，就要讲到工夫如何做法。世人只晓

---

① 《仙学详述》本无“五味皆宜淡，不宜浓，若能完全淡食最好”句。

② “新鲜蔬菜及新鲜水果中，皆有维他命 C（丙种）；干菜干果中，则无维他命 C（因维他命 C，喜水而怕干）”句，《仙学详述》本置于该段末。

得关起房门，在里面打坐，不晓得行立坐卧四种姿式皆可以做工夫。只晓得闭着眼睛在自己身中搬弄许多花样，不晓得后天的物质、先天的精神都是从身体外面摄取进来的。凡人到五十岁以后，身中物质与精神大半亏损，所存无几，纵让你封固得丝毫不漏，也不过保留得一点残余，况且每天尚有消耗。所以，做修炼工夫的人，若只晓得在腔子里面弄，总弄不出好结果。

人没有饮食，就不能维持生命，没有空气，更是立刻便死。饮食空气对于身体关系如此重要，并且都是由外面进来的。

据理而论，一个人只要有丰富的饮食滋养，有新鲜的空气呼吸，应该可以永久生存，何以仍不免衰老病死？诸君先要明白这个道理，然后方可入仙学之门。

或谓人的身体构造像一部机器，机器年代用久了自然要损坏，身体年龄过久了，自然要衰老。机器损坏并非因为缺乏燃料，即使不断的加添煤炭，装足汽油，也不能保机器不坏。身体衰老并非缺乏食料，即使长年的滋养丰富，医药无亏，也不能保身体不死。

愚谓：拿机器比喻身体虽有几分近似，但非完全相同。试看初生婴儿身体如何之小，过几年就变成孩童，孩童身体比婴儿大多少？孩童再过几年，就变成壮丁，壮丁身体比孩童大多少？请问：一部小机器过几年能自动的变成一部大机器否？身体皮肉，受伤破烂，自己会生长完好，机器损坏，机器自己有修补之能力否？身体或动或静，由自己意思做主，机器动作与停止须听人的意思，机器自身不能做主。如此看来，人是有生命的，究竟与机器之无生命的不同。

人既然有生命，不是机器，就应该永久长存，为什么也要衰老？也要病死？其中有两个理由：一是从母胎所带来有限量的先天生命力，愈用愈少，自幼至老数十年，未尝添补；二是对于先天生命力所赋与之后天生命权，极端放弃，自幼至老数十年，未尝执管。因此身体遂不能永久维持。

何谓后天生命权，即是心脏的跳动，肺部的呼吸；何谓先天生命力，即是使心脏跳动、使肺部呼吸的一种天然能力。

用什么方法可以添补人身之生命力？即是由身外太空中摄取先天炁，透进自己身中，与后天肉体相融合，即是道书所谓：以无涯之元气，续有限之形骸。如此，则生命力可望永久不竭。

用什么方法可以执管人身之生命权？即是神气合一，大静大定做到脉不跳动、鼻不呼吸，与死人无异，惟身体柔软温和而不至于僵冷，即是道书所谓：脉住息停，未死学死。出定以后，脉息又皆回复常态，饮食、言语、动作，亦无异于常人。如此，则生命权可操之于自己，而不受造化所支配。自己要死就死，无丝毫痛苦；自己要活就活，不限定年龄。工夫到了这样程度，方是仙学初步成功。

以上所言特别生理之人，世间很难看见，但亦非绝无。我于光绪三十三年，在安徽省怀远县亲自遇着，彼此相聚两旬之久，许我实地试验，证明仙家之说非虚，并改正道书上各种错误，然后我方下决心抛弃家庭，淡薄名利，费四十载光阴，阅千百部秘籍，打起全副精神，专求这一件事。奈以缘会蹉跎，顽躯垂老，抚今追昔，悲感良深，此后无论环境如何困厄，亦当于荆棘丛中辟开路径，入山之期当不在远。① 惟念同志诸君，被书所迷，对于真理尚多未悟，不能不有彻底之启发，留作后学之南针，特将实行上最关重要各点设为问答，依次列述于后。

问：前文所谓行立坐卧四种工夫，如何分别？

答：行立坐卧，乃人身四种不同的姿式，并非工夫有四种做法。因为仙道工夫本是活泼泼地，若经年累月闭门死坐，实不合法度。

凡遇良辰美景，日暖风和，宜到郊野空旷地方散步，务须缓缓而行，切忌奔跑喘汗，当其行时不妨兼做神气合一、重心放置脐下的工夫。

偶或于松阴泉石之间、花草园林之际，小立些时，亦可做同样的工夫。但须注意身体要正直，两脚要站稳，预防工夫做得恰到好处时，精神一恍惚，筋骨一松弛，不免有倾跌之危险。

至于坐的姿式，盘腿或垂腿，听其自便，总以能耐久不动为妙。工夫仍是神气合一，至少要静坐一小时，方可起身，效验常发生于半小时以后，在半小时之前难见功效。佛教跏趺坐不适于用，长久下去腿要生病。

睡的姿式，有仰睡，有侧睡，有半靠睡。若要摄取先天炁，以仰睡为便，得效最快。若止做神气合一的工夫，侧睡亦可。

饱餐之后只宜散步，不可打坐，更不可睡倒，若犯此诫恐得胃病。坐功宜在饭后二小时，睡功宜在饭后四小时。吃饱了立刻就做工夫，毫

① 《仙学详述》本无以上自“用什么方法可以添补人身之生命力？”至“入山之期当不在远”三段文字。

无效验。

问：照如此做法，要做到初步成功约需多少岁月？

答：如此做法，只能去病延龄，使身体健康而享高寿，不能说几时可以成功。若要成功，必须工夫一步紧似一步，逐日增加时间。设环境适宜，工夫急进，一日不断，五年可成；若工夫缓进，偶有间断，十年可成；倘或中途发生魔障，即不能限定年月。所谓五年十年，其中有个计算，就是按每天逐渐增加之数积累上去，到某种程度为止，并非随意虚拟一个数目以宽慰自心。

第一年：行立坐卧工夫，每天随意炼习不拘时间。

第二年：上半年终，每天除随意炼习的工夫不算，正式工夫必须做到接连二小时静坐不动；下半年终，每日正式工夫必须做到接连三小时静坐不动。最初从一个钟头做起，每天加二十秒钟，三天加到一分钟，三十天加到十分钟，半年一百八十天，加到六十分钟，即是加一小时。

第三年：上半年终，每天必须做到接连四小时半静坐不动；下半年终，每天必须做到接连六小时静坐不动。每天加半分钟，两天加一分钟，一个月加十五分钟，六个月加九十分钟。

第四年：上半年终，每天必须做到接连七小时半静坐不动；下半年终，每天必须做到接连九小时静坐不动。

第五年：上半年终，每天必须做到接连十小时半静坐不动；下半年终，每天必须做到接连十二小时静坐不动。①

问：接连十二小时静坐不动，身体如何忍耐得住，岂不是像受刑罚一样吗？

答：我所说的，已经比古法减轻一半，若是完全按照古法行事，工夫做到五年期满，可以说昼夜二十四小时身体没有活动的机会。我改为十二小时，已经是大开方便之门。

问：这样做法岂不是活死人吗？

答：神仙工夫原来是未死先学死，这个暂时的死能由自己做主，然后长久的生，方能由自己做主。若不经过此关，如何能成仙呢？

问：这样死打坐就可以成仙吗？

答：你看他外表像死打坐，不知他身内生理上已起了微妙的变化，

---

① 《仙学详述》本无此“第五年”段内容，但言第四年“下半年终，每天必须做到接连十二小时静坐不动”，且末尾附有“此种工夫，在夜间行之最方便。因为昼间要饮食活动，不能久坐”句。

非但比较真死人绝不相同，即比较普通活人亦大大两样。气满自然不思食，神全自然不思睡，息自然停，脉自然住。到如此程度，虽非入圣，确已超凡，一切效验都是从死打坐上得来的。除此之外，别无他法能到此程度。

问：静坐工夫既如此重要，何以前文又说长年累月闭门死坐不合法度？

答：他们静坐，或守窍、或运气、或止观、或参禅，做到几年以后，生理上并无变化，呼吸仍旧不停，脉搏仍旧跳动，仍旧要吃饭，仍旧要睡眠，不能依工夫浅深层次逐渐进步，故曰不合法度。

问：彼此一样的静坐，何以结果不同？

答：这就因为身中先天炁充足与不充足的关系。譬如一粒种子，种在土里，好种子自然生长好花果，坏种子就无美满的成绩可见。先天炁充足是好种子，先天炁亏损是坏种子，若专在后天物质上做工夫，不识先天的作用，是无种子。肉体譬如土地，饮食譬如肥料，工夫譬如人工，止有种子没有土地、肥料、人工，种子固然不能生长；若止有土地、肥料、人工，没有种子，又岂能生长植物、开花结果？所以，同是一样的静坐，而有成功不成功的分别。

问：静功能做到十二小时不断以后，是否再要增加钟点？

答：慢慢的增加亦可，否则只须保持十二小时的限度已足。

问：从此以后是否每天必须接连静坐十二小时，或亦有休息之期间否？

答：到此程度，可以暂时休息，但须注意勿使工夫退化。

问：工夫做到鼻不息、脉不跳、日不食、夜不睡，衰老病死之患，可以免除，此时已达到超人之境界矣。然而阳神尚未脱体，各种神通尚未发现，意外的灾祸仍不可免，若要再求进步，其法如何？

答：有急进与缓进二种法门，听人自便。

急进法，要借助于太阳真火之力。宜选择温热地带之高山，掘一土洞而居，面向东南，洞内须干燥无潮湿，又须洁净严密，不让毒物侵害。每天候日出时人在洞外吸取太阳光线，由鼻孔及皮肤毛孔进入身内，和自己的元气元神浑合锻炼，打成一片，结成一团。从寅时起，至未时止。申时以后至夜间丑时，人隐藏洞内，不见光明，专做静定工夫，以收敛阳气。到次日寅时，仍如前法。每天止饮泉水，断绝其他食物，不过三年，阳神即可透顶而出，不求神通而自得神通，此为先出阳神后得神通之法。

缓进法，初步工夫成功以后，暂可告一段落。此时，或游山玩水，优游自适，或移居洞天福地，培养性灵。终日静坐亦可，长眠亦可，食亦可，不食亦可。若要求神通，须在静定之中作一观想，随时演习，大概是先得天眼通，次得天耳通，再次得宿命通。他心通最难得，如意通乃出神以后之事。但是像这样做法，阳神却不易出现，能脱体的或许是个阴神。若自己不以为满足，要将阴神亦为阳神，须得重新锻炼一番。阴神可以出而不出，神通可以用而不用，日日摄取先天真一之炁，加入身中，密集锻炼。越集越厚，愈炼愈精，功圆果满，跳出五行之外，非但不是阴神，并且超过阳神，可以离开地球而上升天界。此为先得通后出神，乃缓进法。成功不能限定年月，大约需十五年至二十年。

问：自始至终，在一处地方做工夫，做到出阳神为止，中间不欲迁移他处，一劳永逸，是否可能？

答：恐不可能，如其可能，吾亦甚愿。原因有二：一者道法上不可能，二者人事上不可能。

何谓道法上不可能？初步工夫，要在生气旺盛地方，须得山清水秀，鸟语花香，植物繁多，田园肥沃，农产充足，食用无忧，土厚气浓，翕收便利；二步工夫，要在灵气凝结地方，须得洞天福地，泉水清奇，叠嶂回峦，烟云舒卷，藏风聚气，门户幽深，松径茅庵，离尘绝俗（门户幽深指山水之形势而言，不是房屋之门户）；三步工夫，乃出阳神以后之事，要在杀气偏胜地方，须得千丈高峰，悬崖峭壁，下临无地，上可接天，草木不生，冰雪满布，人迹罕至，蛇虎潜踪。此三种境界绝不相同，在一处地方岂能兼备。

何谓人事上不可能？凡是生气旺盛之地方，出产必定丰富，每易为恶势力所垂涎，难保不起争夺之祸。在二三十年长时期中，要想本地方始终平安，颇难为愿。再者，今日匪类常喜啸聚山林，因此所谓洞天福地者，亦有时不免被其直接侵害，或间接受累（海牙按：此指四十年代初而言，今日当无此顾虑）。若思患预防，则移居避祸原是意中事，比较稳妥地方，还是千丈高峰悬崖峭壁之处。然未出阳神之人，虽有初步工夫，亦不敢轻易居此。

问：初步工夫，取生气地方；二步工夫，取灵气地方；三步工夫，取杀气地方。是何理由？

答：人到中年以后，每患自己身中生气不足，必须借助于外界无限量之生气以培补之，故宜选择生气浓厚地方做工夫，则容易得速效。及至做到气满不思食，神全不思睡，可知身中生气已经充足，无须再取生气，此时当炼习神通，故宜在有灵气的地方做工夫，则神通易于成就。及至得了神通，阳神出现，可以称为神仙，在这个时期中，凭自己力量，一面接引有缘同志，一面救济世间苦难，但是此等事业永无了期，待到后起有人，即可将济度责任让后起者担负，自己就当做飞升上界的工夫。所以要在杀气重的地方去做的原故，因为那个地方人迹不到，又无毒蛇猛兽，而且温度甚低，把自己肉体安放在适宜之处，能保存许久岁月不坏，可以放心大胆专做超脱的工夫，无须要他人护卫。又因离开重浊浓厚之地气已远，而与轻清淡薄的空气相接近，对于上升工夫，亦有些许助力。①

问：初步成功以后，饮食起居与普通有别否？

答：非但成功以后与众不同，起手做工夫时候早已特别规定：

第一年，每天饭菜两餐，补品两餐，果品一餐，共五餐；

第二年，每天饭菜一餐，补品两餐，果品一餐，共四餐；

第三年，每天饭菜一餐，补品一餐，果品一餐，共三餐；

第四年，每天饭菜一餐，补品或果品一餐，共两餐；

第五年，每天仅一餐，或饭菜，或补品，或果品，轮流替换食之；

第六年，即当断绝烟火食，每天仅食少许水果或终日不食亦可，或数日不食亦可。

所谓补品，大概属于药饵，或是普通饭菜中所缺少之物质，而为身体上所需要者。吃补品须有医学知识，不可乱吃。

问：男女之事如何？

答：预备下手做工夫的时候，即完全断绝，正式做工夫更要绝对禁止，否则在五六年极短期间如何能修成半仙之体？

问：精满自遗或生精太多，身中受了刺激而动欲念，这两种困难用什么方法应付？

答：有各种不同的方法，因人而施，不能执定某法最好。若工夫有效，这两种困难也就能免除了。

问：各种方法用尽，仍旧无效，将如之何？

---

① 《仙学详述》本无自以上“工夫做到鼻不息、脉不跳……若要再求进步，其法如何”至“对于上升工夫，亦有些许助力”数段文字。

答：决无此事。世间虽偶有百法无效之遗精病，乃寻常不做工夫的人始有之，专门修炼家若得此病，岂非笑话。

问：常听他们做工夫的人说起多有患遗精病者，不知是何理由？

答：他们的工夫做法都不高明，所以越做越遗精，停止不做则遗精次数反而减少，此等工夫尚不能却病，安望成仙？

问：自古相传炼精化气之法，用之能获效否？

答：你先要明白精是何物，若认为交媾之精或遗泄之精，那就错误了。须知化气之精即《灵源大道歌》中所谓“神水”，不是浓厚粘腻之浊精。神水可以化气，浊精不能化气，愈炼愈硬则有之耳。况且，炼精化气之法已非上乘，我所传的口诀“炼气不化精”比较炼精化气更高一着。

问：假使欲念旺盛不易制伏，将如何办法？

答：欲念之起，有关于生理上的，有关于心理上的。如身中生精过多，刺激神经不能安定，这是生理作用。若是炼气工夫做得好，后天浊精自然就不生了。又如看见有诱惑性的书籍图画，心理上先受感触，而后影响到生理上，只要你永远禁绝不看，就无妨了。况且在山林中专做清净工夫，足迹不履城市，又与家庭隔离，环境上的诱惑也可以避免，欲念既无起因，决不至于旺盛到不易制伏之地步，此层毋须过虑。饮食之中含有兴奋刺激性的，宜勿入口。

问：阳神与阴神之分别何在？

答：各家道书上皆言阳神可以现形与大众看，能言语能动作，阴神止有灵感而无形质，虽能见人而不能为人所见。道本无相，仙贵有形，故修炼家以阳神为足贵。但余亦不喜徒唱高调①，像前人所著道书一样的藐视阴神。虽是阴神，究竟比不神总强得多了，当今之世又有几个能出阴神呢？虽常闻某某等能出阴神，但亦无实证。

问：阳神脱离躯壳而能独立现形，是依赖何种物质而构成他的身体？

答：阳神构成，依赖气体，所以道书上说：聚则成形，散则成气。

问：用什么方法，方能与气体相结合？

答：初下手，就用神气合一之法，做到五六年后，初步工夫成功，

① 《仙学详述》本无自“但余亦不喜徒唱高调”至以下“民国三十六年十月三十日陈撄宁写于杭州银洞桥廿九号慈海医室”数段文字。

也不外乎这个方法，直做到出阳神为止，到底还是这个法子。虽有许多辅佐的方法随时应用，然主要的方法惟有神气合一而已。

问：神气合一之法，极其简单，何以能得这样大的效果？

答：凡是最上乘的方法，都是最简单的。若方法愈复杂，则工夫愈难做，而效果亦愈不易得。况且，这个方法是从造化根源上探索出来的，幸勿轻视。（海牙按："神气合一"先师这里仍没有说明，请回头仔细玩味《廿四首丹诀串述》的末句。）

问：如何是造化根源？

答：我用近代的科学与古代的仙学互相比较，互相联系，而拟定一种方式并加以说明如图。

顺则成人升降变化次序表

逆则成仙升降变化次序表

顺则成人逆则成仙升降变化次序表

道										人
	体	以太	中子	电子	原子	分子	细胞	肉体	精血	命
	用	清虚	混沌	灵光	元神	真意	识神	灵魂	情欲	性
		道之境界	道仙分界	天仙境界	神仙境界	地仙境界	仙凡分界	凡人境界	凡人堕落境界	

（此表成于民国三十四年阳历四月，彼时原子炸弹尚未出世，普通人不知原子为何物。受过科学教育者，虽知原子电子之说，亦未闻中子之名。盖从极冷僻极专门之科学书中得来，遂作成此表。及至三十四秋季，日本受两颗原子炸弹而投降，世人方震惊于原子之威名。至于用中子击破原子之说，只有少数科学家知之，普通人尚未了解。）

老子《道德经》第二十五章云："有物混成，先天地生，寂兮寥兮，独立而不改，周行而不殆，可以为天下母。吾不知其名，字之曰道。"按：此即今日科学家所推测之"以太"境界。

老子《道德经》第四十二章云："道生一，一生二，二生三，三生万物。万物负阴而抱阳，冲气以为和。"按：所谓道生一者，即是"以太"凝结成中子，又名中性电子核；所谓一生二者，即是中子分裂为阴阳电子；所谓二生三者，即是阴阳电子由多少不等的方式组成各种原子；所谓三生万物者，即是一种原子结合成二三种原子化合而成无量数物质，最小的单位，名为分子。所谓万物负阴而抱阳者，即是无论何种物质，虽其状态不同，都以原子为基础。每一个原子皆有核心，核心乃中性粒子与阴阳电子合组而成，但偏于阳性，另有或多或少之阴电子围绕此核心而旋转，故曰负阴而抱阳。在平常状态时，原子均为中和性，即阴电子之数无论多少，其负电荷之总量恰等于其电核正电荷之量。故对外不显电性，此即《道德经》所谓冲气以为和。中国二千几百年以前最古的学说，与今日科学家新发现的理论若合符节，可知宇宙间生物生人有一定公式。古今中外，哲学科学若追根究底到了极顶，无不相同。

《列子·天瑞篇》云："有太易，有太初，有太始，有太素。太易者未见气也，太初者气之始也，太始者形之始也，太素者质之始也。"按：所谓太易者即是哲学上的无极、科学上的以太；太初者即是哲学上的太极、科学上的中子，又名中性电子核；太始者即是哲学上的阴阳、科学上的电子；太素者即是哲学上的五行八卦、科学上的原子分子。

《庄子·天地篇》云："泰初有无无（不以思想，不能言说），有无名（即老子所谓：道常无名。又云：无名天地之始。在科学上属以太阶级），一之所起（即老子所谓：道生一），有一而未形（即中子阶级），物得以生谓之德（即修炼家所谓先天一炁。此时尚未分阴阳，仍是中子阶级），未形者有分（此时已分阴阳，即是电子阶级），且然无间谓之命（虽分阴阳，仍混合一团而无间，乃原子阶级），流动而生物（电子旋转不停，原子化合化分，皆是流动之象，无量数的物质从此而生，乃分子阶级），物成生理谓之形（植物性的细胞组成植物之形，动物性的细胞组成动物之形，各有各的生理），形体保神（形体与精神两相保守，形保其神，神亦守其形），各有仪则谓之性（各有其生理上之仪式与法则，植物有植物之特性，动物有动物之特性），性修反德（人为万物之灵，人类中有超等智慧者，用修养工夫返还到先天一炁之地位，即是成仙），德至同于初（修养工夫到了至高至极和宇宙本体合而为一，即是成道。初者指泰初而言，同于初即是同于道）。"

天地万物皆由道而生，人亦是从道中来，但须经过几层阶级渐次下降，然后成人。

凡人若要成仙须用逆修之法，就是从真意下手脱离肉体细胞阶级，而以气体分子为自体。此即我平日所主张之神气合一工夫。工夫成熟，身中生理完全变化，已非凡人境界，此时可称为地仙。进一步以元神为用，以原子为体，即是道书所谓"炼气化神"工夫。工夫成熟，阳神出现，可称为神仙。再进一步，以灵光为用，以电子为体，即是道书上"炼神还虚"工夫。工夫成熟，飞升上界，可称为天仙。

至于摄取先天炁的工夫，是以混沌为用，以中性电子核心为体，乃天人合一之道，上自天仙、神仙、地仙，下至凡人仅为却病延龄而做工夫，皆不能外此，舍此则不配谈修炼。

宇宙间，凡是物质，同时必具足相当之能力，凡是一种能力必根据一种物质而来，不会凭空的发出能力。物质是体，能力是用，体用是一物二面。

专以人而论，命即是体，性即是用，性命是同出一源。

物质不能创造，不能消灭，但是可以千变万化；能力不能创造，不能消灭，但是可以互相转换。

古今讲唯心哲学的，每以为宇宙间物质境界，皆是幻妄，一切唯心所现，心生则境生，心灭则境灭，这种理论只知有用，而不知有体。

讲科学实验的，只认得人是各种物质集合体，而对于意志思想情欲等等，则无法解释。这又是仅知有体，而不知有用。或者以为心性是体，不知心性乃物质所发出之能力，遂误认用即是体，不识真体究为何物，空谈心性亦无着落。

次序表中上边一行排列皆是体，下边一行排列者皆是用。科学家所研究都在体上，仙学家做工夫都在用上。

我们的肉体由父精母血交合而生，应该精血在先，肉体在后。但是精血又是由父母之内体而生，没有肉体那有精血，自然是肉体在先，精血在后。父母之先又有父母，若问最初父母从何而来，既不是天上降下来的，也不是土里钻出来的，自然是一种似人非人的高等动物变化而来。高等动物，又是低等动物进化而来，低等动物又是更低等动物变化而来，如此一层一层追问下去，到了极处就是原始细胞。况且人类的肉体，又是无量数细胞组织成功，把细胞阶级列在肉体之前，理由十分充足。

细胞虽小至肉眼所不能见，但不能不承认它是物质。即是物质，当然是各种分子之集合体，因此把分子列在细胞之前。细胞形状各别，在显微镜中可以看见，至于分子虽极精之显微镜亦不能见。分子之上有原子，原子之上有电子，电子之上有中子，中子之上有以太，科学研究到此为止，以后再讲道之用（闻近年新发明有所谓电视显微镜者，可以窥见分子形状）。

情欲者，凡喜怒爱憎及各种行为，专以感情为用，而不问事理如何；又或喜怒爱憎及行为等，虽不背于事理，而发之太过，不得其平；

又或沾染恶习，难以戒除，怀抱野心，不自量力；又或嗜欲浓盛，异乎寻常，色欲昏迷，不顾利害。这一类的人皆陷于情欲罗网，莫能自拔，在生如此，死后可知，故名为堕落境界。

肉体之人既有精血，自然有情欲，精血是物质，情欲即是精血所发出之能力，有体必有用。若要情欲完全消灭，无论在事实上或理论上，皆不可能，然而人的灵魂包含许多成分在内，有情欲，有识神，有真意，有元神，有灵光，一层比一层清，一层比一层高，情欲不过占吾人灵魂中之一部分，自识神以上皆属于理智范围，若仅知任情纵欲，而昧却理智，则不成其为人矣。

细胞阶级乃仙凡分界处，细胞是物质，识神是细胞所发出之能力，细胞是体，识神是用，眼耳鼻舌身意六种识神皆以细胞作根据，识神外用，发挥细胞之能力，即是普通凡人境界，识神内敛含养细胞之能力，勿使其过分耗散，即可以去病延龄，有修仙的资格。

分子阶级是地仙境界，无论矿物、植物、动物，其本身之分子皆有一种团结力，此力即道书所谓“真意”。无论固体、液体、气体，其分子皆有一种运动力，此力亦是“真意”于中主持。吾人若要修仙，须从真意下手，而不用识神，则可以脱离细胞阶级，而与气体分子发生关系。细胞能力渐渐变化为分子能力，识神作用渐渐变化为真意作用，生理上既大起变化，于是有鼻不息、脉不跳、不食不饥、不睡不倦种种效验，地仙资格因此而成。

原子阶级是神仙境界，元神即是原子之能力。所谓阳神者，即是以气体原子为身体，集聚则有形，为人所见，散开则无形，而人不能见。元神与识神不同处，元神特点在静定，识神特点在分别。真意介乎元神与识神之间，非静定亦非分别，工夫成熟自能知之（真意特点在感通）。

电子阶级是天仙境界，灵光即是电子之能力，神仙炼就阳神可以在空中来往，而不能飞出地球之外。因为他虽没有肉体之累，究竟还有气体存在，气体亦是物质，仍不免要受地心吸力所牵引，到了工夫进步，气体之阳神，化为电子之灵光，则脱离物质范围而不受吸力所牵遂得自由超升上界。

修成地仙可以免除老病死之苦，而不能抵御枪炮子弹，因为他尚有肉体之累，倘有预知未来的神通，选择比较安全的地方而居之，灾害自不能及。修成神仙可以不畏枪炮子弹，设不幸遇着几百磅炸弹之力，恐亦不能抵抗，因为他尚有气体存在，猛然一炸，无量数气体分子彼此互相撞击，地裂山崩，虽阳神，亦不免被巨大震力所破坏，若距离甚远者当然无恙。修成天仙纯粹的一片灵光，非但不畏炸弹，纵将来地球毁灭亦不受影响，所以我辈修炼当以天仙为目的，勿以小成而自满自足，此乃彻底之论，望有志者共勉之。

补录：以太是一个非物质的媒介品，占据无穷的地位，充满宇宙而无间断，此种媒介品之生存，似乎对于两体之间力之运输甚为重要，即如太阳之于地球，虽有空间分离之，然重心上及光线上仍相联系，又如电力与磁力经过真空而传运，亦显出有传运能力之存在，所以供给磁电力之旋转，亦因有以太左右于其间，除却传运旋转力以外，其性质绝对是消极的——完全透明的，不能分析的，缺乏粘性的（此段译自《大英百科全书》，孟、谢、方、朱抄本无此一段。此乃乙酉年阴历五月廿一日所增补。当日高尧夫君由《大英百科全书》中抄一段原文给我，惜稿件散失，难以寻觅。此段乃译文，无意中发现，恐其再遗失，遂补录于此）。

尚有经验数十条，未能一一笔录，俟有机会，再谋补充。

民国三十六年十月三十日陈撄宁
写于杭州银洞桥廿九号慈海医室

附录：去病延龄方便法

不是专门修炼，而仅以健康长寿为目的者，可用此法保能如愿。

早晨天微明即起，静坐两点钟，然后再洗脸吃饭做事，夜间亥时下四刻子时上四刻静坐两点钟，然后再睡下。每日早晚共计静坐四小时已足，不必增加钟点，只要有恒心，日日如此，勿使间断，并无妨于办事时间。

冬季夜长昼短，早晨宜在天明以前即起，坐到日出后为止，性急不耐久坐者，起首止坐半点钟，后来渐渐增加到一点钟，再渐渐坐到一点半钟，再增加到两点钟为止，以后即不再增加。坐到一个钟头，若不能增加时间者，即止于此亦可，不必勉强增加到两点钟。

当静坐时，毋须守窍，毋须运气，毋须止念，毋须回光返照，毋须存想丹田，毋须舌搭天桥、手扣合全，毋须眼管鼻、鼻管心，毋须其他一切花样，只要身体端正，不动不摇①，即为合法。两腿或盘或垂，眼

① “不动不摇”下，《仙学详述》本有“象一尊泥塑木雕的菩萨样子”句。

睛或开或闭，那些都可以随便。至于两手或要放在中间，或分置于左右，更不成问题。惟周身衣服不宜束缚太紧，裤带要解松，坐垫要柔软而厚，富于弹性，勿使身体有丝毫不舒适之处，蚊虫臭虫跳蚤等类皆要驱除干净，坐长久了，能把自己身体忘记最好。

正当静坐时，或有用数息法者，或有用两眼观鼻端法者，或有用守印堂山根法者，余以为都不好，最好是用听呼吸之法。不是听有声之呼吸，是听无声之呼吸。听久了，自然心息相依，神与气合而为一矣。(海牙按：用“听皮肤”之法，更为稳妥。)①

若嫌杂念太多，用数息法亦可。其实杂念与静坐是两件事，杂念并不妨碍静坐，只要身体静坐不动，杂念听其自然亦无妨。最好是身口意三不动。但意不动甚难，先作身口不动，再渐渐调伏意识可也。

每次开始静坐之前及静坐完毕之后，宜兼做全体运动，此法乃余所发明，只有一个姿式，凡五脏六腑四肢百节胸腹脊背头颈腰胁无处不运动到了，其功效胜过一大套柔软体操，虽运动姿式极其简单，奈纸上写不明白，有知此法者，可以代为转教。

动功与静功相辅而行，方无流弊，偏于静而不动亦非善法。寻常若有精关不固或梦遗或早泄者，可兼做长筋术，此法乃福建人菲律宾华侨洪太庵君所发明，余稍加补充，果能行之日久，当见极大功效。②

孔夫子说③：“饮食男女，人之大欲存焉。”仙学家对于饮食男女确有彻底解决之法，然非普通人所能奉行，若仅为去病延龄计，饮食一层可参考《仙学必成》第三步各条，已够应用，但不宜每餐吃得太饱，弄成胃病。男女之事，要有节制，不可任意胡为。特将禁忌各条开列如后，为有志养生及改良人种者之一助。

关于天气的：

冷天非火炉不暖时，热天单衣尚要出汗时，霉天潮湿气重时，狂风暴雨时，震雷闪电时。

关于节令的：

立春，立夏，立秋，立冬，春分，秋分，冬至，夏至。

---

① 《仙学详述》本无此段文字。

② 《仙学详述》本无以上自“寻常若有精关不固或梦遗或早泄者”至“当见极大功效”句，但另有“寻常做事、作工、走路之动，乃消耗体力之劳动，不是增加体力的运动，勿以劳动代替运动”句。

③ “孔夫子说”四字，《仙学详述》本作：“所谓人生者，究竟什么一回事？揭穿了说，不过就是‘饮食男女’四个字。其他一切事业，都是为这四个字而经营的。所以孔夫子说”。

关于纪念的：

父母兄长忌日；岳父母忌日，此是女方的关系。

关于人事的：

出远门辛苦初归时，处逆境胸怀郁闷时，负重任工作紧张时，遭危险惊魂不定时，悲哀之后，愤怒之后，劳力之后，劳心之后，酒醉之后，饱餐之后，疾病之后，居丧之际。

关于年龄的（此是就中国人身体而言，外国人身体比中国人强，可以加增一倍或两倍）：

二十岁以外一星期一次，三十岁以外两星期一次，四十岁以外三星期一次，五十岁以外四星期一次，六十岁以外绝对禁止，身体禀赋异常者是为例外。（按：虽以星期为标准，但到期若遇上文所列各种禁忌，则宜改期，不是到期决定要做。总而言之，这件事是亏本的生意，愈少做愈好。）

关于女方的：

月经期内，怀孕期内，产后三个月期内（年过五十，月经断绝以后绝对禁止），白带病太重时，子宫病未愈时。

烟酒能戒断最好，否则宜有选择。酒类只有啤酒、葡萄酒、绍兴酒、甜米酒可吃，烧酒、高粱酒、白兰地酒伤人。卷烟上品的可吃，粗劣味辣者伤人，雪茄烟亦伤人。

无论何种修炼之法①，皆从克制情欲下手，可见情欲是人生的大患，能阻上进之路，能开堕落之门。不必高谈阔论，浅而言之，仅求健康长寿，亦非克制情欲不可。世间有室家和美，安享大年，无疾而终者，皆情欲淡薄之人，而非肆情纵欲之辈所能妄冀。

动静两种工夫做长久了，各种病症渐次痊愈，自己觉得精神充足，体力康强，这就是极大的效验，不必问身内有无特别景象发生，尽管照旧向前做去。倘或身中果真有异乎寻常的景象，切不可胡乱运转，一面要小心护持，勿受惊骇勿犯色欲，一面要请教诸位有经验之人，仔细讨论用什么方法应付。若急切求不到应付之法，只好暂时停止坐功，勿再前进，俟将来有法应付时再继续行功，否则恐不免弄出病来。

以上各条，似乎平淡无奇，实为余数十年阅历有得之言，果能依法奉行，决定可以达到目的，诸君幸勿轻视。无论少年中年，若认为这种

---

① “无论何种修炼之法”句，《仙学详述》本作“为圣为贤，修仙学道”。

办法是人生所必需的，要做就做，不必有所期待。光阴如流水一样的过去，转眼身体衰老，百病丛生，再想用功已嫌迟了。《黄帝内经》曰：夫乱已成而后治之，病已成而后药之，譬犹渴而穿井，斗而铸锥，不亦晚乎。（完）

胡海牙补记（略）

为净密禅仙息争的一封信[①]
（1948 年）

上海某君，喜谈禅，亦好仙道。丙戌春季，特备素筵，招集众宾，至其家中，广开论议。来宾有僧，有道，有居士，有商学界，约计廿余人，愚亦忝列末座。言谈之间，各人皆偏重己宗，而轻视他宗。禅谓净密太着相，净密则谓禅太落空；净谓密，即身成佛，谈何容易；密谓净，带业往生，亦无把握；佛讥道谓，学仙的都是妄想；道讥佛谓，求成佛，求往生，也是妄想。彼此各不相下，席间要愚做公断。愚难为左右袒，只得逃席而去。事隔数日，遂作此函与某君，聊伸己见。旧稿藏之将近两年，原无公开发表之意。不料这次为本刊编者所赏识，竟付排印。但此信是对个人说法，贵在当机，恐群众阅之，或有误会，因将愚自己平日关于佛法之概念，分条列述，以为先导：

（1）佛法是立体的，不是平面的。

（2）佛法是圆球形的，不是棱角形的。

（3）佛法是代表整个宇宙的，不是专门研究片段事理的。

（4）佛法是普渡一切有情的，不是仅为接引特种根器的。

（5）佛法是大慈大悲、权巧方便、化导魔外的，不是小家寒气、排斥异己、像其他宗教一样的。

（6）佛法是容纳各种复杂矛盾思想的，不是树立一个单纯极端教义的。

（7）就表诠门说，世出世间，无一法而非佛法，虽反对佛法者亦是

① 原载《觉有情半月刊》第 9 卷第 2 期（1948 年 2 月 1 日），见《民国佛教期刊文献集成》第 89 卷。

佛法，因彼等所持反对之论调，在佛经中早已有过的。

(8) 就遮诠门说，一切法皆非佛法，虽释迦佛亲口所宣者亦非佛法，因为佛法究竟是不可说的。

(9) 绝对的佛法，虽不可说，相对的佛法，未尝不可说。彼说"有"，此即说"空"；彼说"空"，此即说"有"；彼说"常"，此即说"无常"；彼说"无常"，此即说"真常"。义虽相反，而实则相成的。

(10) 众生我见太深，佛故说"无我"以为对治，若执定"无我"是佛法，"有我"即非佛法，亦不尽然。诸经开首"如是我闻"之"我"字，姑且不论，但《大涅槃经》第二十三卷所谓八种"大我"者，又将何说？佛之"我"，与众生之"我"，体相虽有大小，本性实无差别，譬如大海水与一滴水，水量虽异，而水性则同。《心灯录》"此我"二字，并未说错。

(11) 禅谓：教外别传，直指人心，顿悟成佛，高于一切。净谓：三根普被，九品往生，花开见佛，高于一切。密谓：六大四曼，三密加持，即身成佛，高于一切。实际上谁比谁高，很难判别，他们要施设门庭，建立自宗，不得不如此说，我们做学人的，则不宜偏执。

(12) 佛有三身，众所共喻。禅宗所见者，是自性清静的法身佛；密宗所见者，是万德庄严的报身佛；净宗所见者，是千百亿的化身佛。虽然如此，但不可说法报身为优、化身为劣，更不可说法身为真实、报化身为幻妄，因为是三身互融，不一不异。

(13) 顿教一超直入，立地成佛，不历位次，渐教三祇成佛，时间久远，位次重重，说者遂谓顿教胜过渐教，亦未必然。今日之一超直入者，安知其往劫中不曾遍历三祇耶？

(14) 已经成佛之后，不妨再入轮回，再做众生，再示现由众生成佛，横竖就是这么一回事。

(15) 所谓成佛，所谓度生，都是梦中说梦，根本上就没有这么一回事。

(16) 弄假作真，要度众生，净土法门，最为广大，密宗禅宗，皆难普度。设若这三种法门皆不逗机时，自不得不借重仙道作为到彼岸之桥梁。

(17) 外道阐提，虽不信佛法，然都有佛性，将来因缘遇合，毕竟成佛，不过时间的问题。

（18）众生莫不被夙业所缚，净密两宗，皆有转移定业之说，惟禅宗不屑于为此，杀人偿命，欠债还钱，因果分明，决不丝毫躲闪，的确称得起硬汉。世人有这样魄力而去参禅，方可许他一门深入，否则宜兼修净密为妥，徒唱高调，人己两误。

（19）疾病缠身，痛苦煎逼，参禅念佛持咒，皆不得自在，不幸短命而死，来生又复沉迷，因此健康长寿，实为一般学佛人士所必需，切勿轻视仙道。《优婆塞戒经》屡言"增长寿命"，又云："菩萨亦应拥护自身，若不护身，亦不能调伏众生。"此即菩萨乘之特点，若声闻乘中，则不见有此说，居士们应当注意。

（20）古云："为政不在多言，顾力行如何耳。"愚谓：学佛亦不在多言，贵在实修实证。除这封信而外，仅有一封长函，尚拟继续发表，此后即不欲浪费笔墨，请阅者谅之。

（原函）昨承雅意，招赴清筵，释道同参，法侣云集。备聆诸君高论，各有理由。宁当时未敢多言者，实因诸法平等，本无是非可说耳。然既忝受斋请，又不便始终默尔。今略表愚见，以供笑览。虽立说或不能尽满人意，而爱护佛法之心，亦未敢后人也。

尝谓禅宗一门，须得上根利器，方有入处，而净土则人人可修。参禅顿悟，全仗自力，而念佛往生，则多仗他力。禅宗讲唯心净土，贵在不着相。故曰即心即佛，又曰非心非佛。往生乃西方净土，既要持名，又重观想，虽着相亦无妨也。刻实而言，其妙处就在着相。移花接木，李代桃僵，一转念间，而净秽殊途，圣凡异趣，自他不二，何论东西。业海变成功德水，火坑现出妙莲花，斯则唯心之极致耳（净宗信他力，不敢信自力。禅宗信自力，不屑于求他力。自他不二，是密宗最高的理论，愚借用之以调和禅净之偏执）。

参禅贵在无所求，无所住。念佛则是有所求，有所住。两种法门，比较而观，显然有难易之别。人情畏难而就易，故修净土者日多，而参禅者日少。且有一面参禅，一面仍求生西方者，名为禅净双修。全国佛教徒，百分之九十九，皆趣向净土，大半是受了宋朝永明延寿禅师四料简之影响。明朝莲池大师，现代印光法师，及杨仁山居士，又极力弘扬。于是净土宗更为发达，而禅宗遂衰。

阁下见解，迥异常流，根器自是超拔。奈不识普通一般学佛者之心理，以致曲高和寡，古调独弹。譬如一个人，他的能力，只可以挑得起五十斤重，你偏要他挑一百斤，他自然不敢承当（前代禅师们，多半犯了这个毛病。比较佛祖之善于因人说法，其功德相差，不可以道里计），并且他还不敢相信你的力量真能挑一百斤么？恐怕是口头禅吧？因此知音难觅。不遇钟子期，谁识伯牙琴？将来只好往孤峰顶上寸草不生处，对石头说法去。

再者，佛法入门，先破我执，我执既破，即无人非我是之见。次破法执，法执既破，即无内教外道之分。试问今日有几人能破我法二执者？若见为异，则同者亦异。若见为同，则异者亦同。何谓同者亦异？譬如同是一神教，而有回教与基督教之异。同是基督教，而有旧教与新教之异。同是佛教，而有显教与密教之异。同是密教，而有日本密与西藏密之异。同是日本密教，而有东密与台密之异。同是西藏密教，而有红教与黄教之异。同是显教，而有大乘与小乘之异。同是大乘，而有禅宗与诸宗之异。同是禅宗，而有五家宗派之异。何谓异者亦同？耶酥与天主，新旧虽异，究竟同是基督教。基督教与回教，信仰虽异，究竟同是一神教。天主，上帝，真主，其义一也。禅宗与诸宗，显宗与密宗，修持法门虽异，究竟同是佛教。一神与多神，一多虽异，究竟同是有神教，同是劝人为善，诫人作恶，其大旨并无不同。

某君谓："佛教是出三界之教。其他各教，皆不能出三界。"此说仍是以佛教立场，而批评外教。外教是否承认，尚有问题。即专就佛教而论，出三界与未出三界之说，仍是不了义。必至于无三界可出，无涅槃可证，方是佛教中真了义。盖以涅槃不离三界，无三界即无涅槃，证涅槃当下便是，觅涅槃了不可得。若说三界之外尚有涅槃可证，则又落到第四界，所以名为不了义。虽然如此，纵让你做到真了义，未必就胜过不了义。到那时，你自己就觉得是非优劣之争，皆属多事。

或又谓："净土法门，只可以接引钝根，而不能启发上智。"此乃隔靴搔痒之言。念佛若能念到一心不乱时，即与参禅参到五蕴皆空时无别，实未见谁优谁劣。惟念佛学人，因为心中有佛，都存敬畏，而不敢放肆，故少流弊。参禅者，每以为自己是佛，何必更求他佛，甚至于连佛见也要扫除。遂有对佛家而不屑礼拜者，有天寒烧木佛取暖者，有詈佛为干屎橛者，有一棒打杀与狗子吃者。其自证如何，姑且不问，但以此教人，总非所宜。

人情大抵喜新厌旧，重神奇而轻平易。净土宗与密宗相比较，似乎密宗来得神奇，净土颇嫌平易；密宗花样翻新可喜，净土已是老僧常谈。其实净业学人之持名，等于真言行者之持咒；净宗观想西方三圣，等于密宗观想二种本尊；净宗以弥陀观音为主体，密宗又何尝离却弥陀观音。故知密宗之于净宗，仍是换汤不换药耳（密宗所谓本尊者，有字、印、形三种。何故名为二种本尊？盖每一种之中，又分为二种。字之二种，一观字义，二唱字声；印之二种，一有形，二无形；形之二种，一非清净，二清净）。

愚见对于禅净密三宗，本无轩轾。但为防流弊故，不得不推崇净土法门。若有戒律精严之修士，参禅学密，听其自便，原不必人人都要往生西方。惟不持戒而参禅，恐堕于狂禅；不持戒而学密，恐易蹈魔习。反不如老老实实念佛生西，较为稳妥。否则奉行十善，求生天界，亦是美事。总比留滞人间，造诸恶业，轮转苦趣，强得多了（持戒与受戒不同，持戒是力行，受戒是仪式）。

佛家认为生老病死是苦，仙家也认为生老病死是苦。佛家欲解脱生老病死诸苦，专从心性上做工夫，肉体则弃而不管，听其自生自灭。仙家欲免除生老病死诸苦，先从肉体上做工夫，渐渐的脱胎换骨，超凡入圣。论及直截痛快，一刀两断，似乎佛家学说较为彻底。奈生老病死完全是肉体上事，心性上本无所谓生老病死，纵让你心性工夫做得十分圆满，而肉体之生老病死诸苦，依然存在。

阁下幸勿徒唱高调，说什么生老病死都是幻妄，不足介意。尽管让你说幻妄，而当前人生历程上所必经之痛苦，却无法避免。他们笃信念佛往生的，挨到一期寿命告终，身后尚可以得安乐。禅净双修的人们，亦是如此。惟有少数自命不凡之人，专门谈禅，而鄙视一切有为法，那是很危险的。口头禅不必说他。就是真参实悟，也无济于事。譬如连阴之天，多时不见阳光，偶然一霎时云开日朗，大现光明，转瞬又复阴霾蔽空，昏如长夜。请问此种偶然的现象，靠得住么？禅家最重要的手段，是破五阴。这件事是真实工夫，不是空谈理论。请观下文。

《法苑珠林》第十二卷，千人结集部，引《大智度论》云："大迦叶入定，用天眼观今众中谁有烦恼未尽应逐出者。唯有阿难一人，烦恼未尽。余九百九十九人，诸漏已尽。大迦叶从禅定起，于众中牵阿难出，语阿难言：断汝漏尽，然后来入。残结未尽，汝勿来也。如是语竟，便自闭门。是时阿难思维诸法，求尽残漏。其夜坐禅经行，殷勤求道。阿难智慧多，定力少，是故不即得道。定智等者，乃可速得。后夜欲过，疲极偃息，却卧就枕。头未至枕，廓然得悟。如电光出，暗者见道。入金刚定，破烦恼山。得六通已，即夜到僧堂，敲门而唤。大迦叶问言：敲门者谁？答言：我是阿难。大迦叶言：汝何以来？阿难言：我今夜得尽诸漏。大迦叶言：不与汝开门，汝从门籥孔中来。阿难答言：可尔！即以神力从门籥孔中入，礼拜僧足忏悔。大迦叶手摩阿难头言：我故为汝，使汝得道，汝莫嫌恨。”（此段原文，具载于罗什所译《龙树菩萨大智度论》第二卷中。玄奘所译《大唐西域记》卷九，亦有同样记录，但文辞简略，不及《智度论》之详。）

以上叙述阿难尊者被大迦叶诃斥后，发愤坐禅，于一夜中，证得阿难汉果之事实。民国初年，闻月霞法师告我言：事见《大智度论》中。后检阅之果然。今阅《法苑珠林》，亦有此说，遂节录之。所谓门籥孔者，即门上用钥匙开锁之小孔，《大唐西域记》中谓之钥隙。古今禅宗负盛名者多矣，请问有几人能以父母所生之肉体，于门籥孔中自由出入而无碍否？此等现象，不是大迦叶教阿难卖弄神通，乃是教阿难拿出证据。否则人人皆可自称诸漏已尽，而冒充罗汉矣。

释迦佛灭后一百余年，小乘上座部与大众部，因彼此见解不同，时起争议，后即显然分裂。重要的问题，就是“大天五事”。五件事中，有四件皆是关于阿罗汉的资格。可见证罗汉果是最不容易的一件事，是由极深禅定工夫上得来的，不是参公案、看话头、打机锋之类所能为力。像这一类的法门，只能使人开悟，而不能使人证果。

前文说，参禅参到五蕴皆空。后文又说，五阴尚未能破。似乎自语相远，其实不然。盖前文就理上说，是暂时的悟，后文就事上说，是永久的证。禅家往往把悟境当作证境，遂致目空一切。这种见解，不是开悟，简直是错误。

平心而论，禅宗法门是顿悟，其他一切法门是渐修，顿与渐本是相对的。若专事渐修，而不求顿悟，则处处碍手碍脚，自己束缚自己，何时能得解脱？若偏重顿悟，而废弃渐修，那一点悟处是不可靠的，刹那间无明业识又起来了。遇到违心之境，你就要厌恶；遇到顺心之境，你就要贪恋。人家辱骂你，你就要动气；人家恭敬你，你就要喜欢；炸弹临头，不免恐惧；热病缠身，不免昏迷。请问此时较彼不悟之人有何分别？到了将来四大分散时，依旧业识茫茫，自己不能做主。何贵于有此一悟？

大凡看某人修行程度之浅深，只要看他习气比较常人减轻多少，不管他悟与不悟。习气减轻一分，业识就除去一分。若习气完全销灭，今生虽尚在人间，来生必不再受轮回之苦矣。否则徒然一悟，而历劫以来之习气仍旧存在，难保不受后有。转世为人，原无不可，只要你不叫苦就罢了。其中有今生修行已到相当的程度，奈色壳子已坏，不得不转世再修。这种人前生习气，所余无几，但因为拖上一个父母遗传的肉体，不免又新添若干习气，幸而不是前生带来的，根蒂不牢，尚容易对付。一朝觉悟之后，肉体上所有习气，就渐渐销灭。往昔因参禅开悟，而有所成就者，大概属于这一流人物。普通人习气种在八识田中，根深蒂固，牢不可拔。纵然一时开悟，也难以保任。不如带业往生，到了西方净土，再继续修行，则永不堕。

古人抱定一句无意味而又不能理解的话头，经年累月，死参下去。那原是一种工夫，等于念阿弥陀佛一样，不是因为话头本身有什么玄妙。到了话头工夫成熟，猛然触机开悟，也等于念佛工夫成熟，忽然极乐世界现在面前一样。禅净两门工夫，实无分别。其分别处，在于境界。禅之最高境界是常寂光，净之最高境界是极乐庄严，二者亦无优劣可言。惟念佛工夫成熟，而余业未尽者，尚可带业往生。参禅开悟以后，而余业未尽者，又要去转轮回。故为学人方便计，仍以净土法门为最稳妥。此乃古今大善知识所公认，亦为愚自己所深信不疑者。

说到此处，阁下必定要问："既然净土法门如此之好，你自己为什么不修？"对于这件事而怀疑者，谅不止阁下一人。须知愚在今生是外道立场，当然不求往生西方。况于此世间愿心未了，亦不欲急于离开。譬如一个中国人，从前在西洋留学多年，现时毕业回国，正好为本国尽一番义务。若再教他到外国去，恐怕不合他的志愿。所以我自己将来的去处，是遍历欲界诸天，最高亦不过到色界四禅为止（这是说将来的志愿，不是说现在已有这样程度，请勿误会），不愿困陷于无色界，亦不愿入涅槃。但愿永久站在"有"字一方面，绝口不谈"无"字，更不说"亦有亦无，非有非无"那种骑墙的论调。禅家要离四句，我只要离三句，所以我自认作外道。

世人相信自力者，尽管去参禅；相信他力者，尽管去念佛；相信他力加持自力者，尽管去灌顶。我非但不反对，并且立于赞成的地位，决不劝他们走我这条路。惟有志在修养，意存实验，而于佛法无缘，又不信其他一切道门一切宗教者，我则顺其机而接引之，并随时用高深的学理以扩充其心量，而种未来之善根。他们厌恶老死，我不能不讲长生；他们爱做神仙，我不能不求飞升。若教以往生净土，他们说死后无证据；若教以明心见性，他们说肉体将奈何。像这一类的人，各种宗教皆不能化导，只有我这个法门，尚可以得他们的信仰，姑且用之作为过渡耳。

科学家要用原子力发动火箭，带着肉体上天，其方法笨拙异常，可能性极少。就让他们到了目的地，恐怕环境不适于生存，肉体亦难免毁灭。佛教徒到欲界诸天，是用识体投生。虽然达到目的，但有隔阴之迷，不能记忆前生之事，等于地球上人类一样，亦是缺憾。若用禅定力，不经欲界，直趋色界者，则不至于迷失本性。但中国传布之禅宗，是参禅，不是坐禅 ，其目的并不在色界。仙学家炼就阳神，白日升天，是用气体上升。因为他们已经造成一个适合彼处环境之身体，所以虽到欲界诸天，亦不必再由彼处天女胎中经过，隔阴之迷，可以免矣。若再加一番炼神还虚工夫，色界诸天，亦能来去自由。但若要再到这个地球上来有所作为，仍非假借肉体不可。因人类的眼睛看不见气体。重浊如空气，尚不能见，何况色界天身是轻清虚灵之气所结成，更非空气之比。

以上所说，都是梦话，但这个梦我要长久做下去，不愿意醒。如若一朝梦醒，与有情世间相隔绝，就无事可做。西方净土，号称极乐世界，彼土众生，都是大善知识，用不着我去帮闲，还是留在苦恼娑婆世界了一点心愿罢（娑婆世界，包括欲界色界诸天而言。诸天虽比人间安乐，亦不免三灾之患。天上众生，亦有衰老死亡之相，到底是苦恼）。然而我对于阿弥陀佛之大愿力，观世音菩萨之大慈悲，实不胜其钦仰。自己虽不求往生，却希望他人往生，免得下次又来受苦。至于一般中年人士，尚未到往生之时期者，须要赶快多积功德，勤修福报，暂时维持这个梦幻的人生，免遭意外的灾难。一面再依净土法门，努力修行，以为他日往生之地步。不过话又说回来了，假使全球人类，个个都持十善，个个都行六度，这个世界就是极乐，秽土就变成净土，何必再讲往生？这都是我的末后句。

《口诀钩玄录（全集）》按语[①]
（1948年）

陈撄宁按：《乐育堂语录》，因人说法，深浅雅俗，原不一致，而文辞又是各门人所记载，彼时社会环境，较今日大有不同，书中语意，未必适合现代人的思想。余往年授意缪德俊，嘱其将黄元吉学说分类编辑，遂成此书。因是初稿，未免芜杂，须待二次大为删削，第三次加以整理，方称完善。

…………

论药物

陈撄宁按：黄氏所作《道德经》注，原是借题发挥，不必尽合于老子的本意。读者只求其说有裨于修养功夫已足，无须将黄注和《道德经》两相对照，以免多生疑问。缪君此编，仅采注释，不录经文，颇有见地。

…………

论火候

陈撄宁按：原书所论道法虽然高妙，而枝蔓的文辞、累赘的字句亦

---

① 《口诀钩玄录》是陈撄宁及其弟子对清人黄元吉《乐育堂语录》等著作的分类编辑，全书分"丹道总纲"、"论玄关"、"论药物"、"论火候"、"辟旁门"、"警世俗"及"附录"（含《文昌帝君阴骘文》、《丹法余论》）七大部分，共20余万字。该书的"读者须知"曾于1934—1937年间以《口诀钩玄录（初集）》为题发表于《扬善》第2卷第8期至第4卷第14期，正文则在后来以《口诀钩玄录（全集）》为题收入胡海牙总编的《中华仙学养生全书》，且题下注言"又名《〈乐育堂语录〉〈道德经精义〉分类合编》"（按：此处《道德经精义》或称《道德经讲义》，详请参阅《〈口诀钩玄录〉读者须知》）。由该稿篇首陈撄宁按语称"须待二次大为删削，第三次加以整理"以及篇末落有"民国戊子岁季夏陈撄宁记"字样，可知其最后整理时间在1948年夏季。因《口诀钩玄录（全集）》篇幅过长，故此处不录其全文，仅选录陈撄宁的按语。以下文字，据《中华仙学养生全书》本排印。

复不少，大为白璧①之瑕，若能删除干净，可称世间第一部修养专籍。缪氏此编，是依我当初所授意，将原书悉心剪裁，分为七类，大体已具，但每一类中排列之次序是否合法，尚待仔细审定。

…………

丹法余论

陈撄宁按：《道德经注释》原有上下两卷，《乐育堂语录》原有四卷，另有一册不分卷，此编将以上二书拆散，分类剪裁，再粘合连贯，装成四册，煞费功夫。编者已于五年前羽化，此书永宜珍藏勿失，留作纪念。

民国戊子岁季夏陈撄宁记

…………

《丘长春真人秘传〈大丹直指〉》按语②（1948年）

按：此篇原是青岛某道友手抄秘本，往年带到上海，请我审定。余观篇中所有功法、口诀，乃北派真传。惜其字句错误，文理欠通之处颇多，遂加一番修改，然后寄还某君。

不久彼等将余修改之稿付诸油印，印成再送一本给我，即此册是也。惟当日匆匆修改，未能尽善，阅读之下，仍不免荆棘刺眼。

---

① “璧”，原作“壁”，误，校改。

② 《大丹直指》是金元时期全真道士丘处机所撰内丹修炼著作，收录于《道藏》洞真部方法类。此处的《丘长春真人秘传〈大丹直指〉》，首有“奇经八脉说”，继有“一论呼吸”、“二论玄窍”、“三论采药”、“四论交媾”、“五论河车”、“六论先天”、“七论三宝三要”、“八论太阳真”、“九论无中生有”、“十论坎离水火”、“十一论塞兑垂帘”、“十二论静中采动”、“十三论三关三田”、“十四论以神驭炁”，篇目、内容均与《道藏》本《大丹直指》完全不同。据该书卷前识记，《丘长春真人秘传〈大丹直指〉》原为手抄本，后经陈撄宁两次修改并于1948年冬油印发行。以下文字，据胡海牙总编《中华仙学养生全书》本排印。

今又做第二次修改，稍为可观，但不敢谓满意耳。

民国三十七年冬季撄宁识

奇经八脉说

（正文略）撄宁按：以前可参考《本草纲目》内《奇经八脉考》。

…………

十三论三关三田

……左明堂，右洞房，青龙居左，白虎居右，亦是虚间一穴，方圆一寸二分，乃藏炁之所，炼丹之鼎炉。直下之脐门相对过处，约有三寸六分，故曰天上三十六，地下三十六，自天至地八万四千里。……

撄宁按：八万四千里之说，不合于今之天文学。寸数分数，亦不可拘执。因人有长短肥瘦之不同，未可一概而论。

…………

《名山游访记》读者须知[①]
（1949 年）

本书性质，与寻常游记不同。余观昔人游记，每多有意为文，而不注重写实，纵有模范山川、刻画景物者，亦徒供一时玩赏之情，于读者未必有何裨益。本书力矫此弊，凡关于立身处世之格言、见性明心之开示，触机流露，不厌其烦。而且足迹所到地方，对于民间疾苦及水利、农垦、森林、种植等事，尤特别注意，不仅以游见长也。

昔贤游记，散见文集之内，不过寥寥数篇。近代各家，虽有纪游专书，只是偶然兴会所到，忙里偷闲，于少数名山，走马看花，浅尝则止。岁月既嫌短促，游踪常多遗憾。古人虽有“五岳归来不看山”之语，其实域内名山，何止五岳？即如皖之黄山、白岳、天柱、九华，浙之天目、天台、雁荡、括苍，蜀之峨嵋、青城，陕之终南、太白，晋之五台，鲁之崂山，赣之匡庐，鄂之武当，闽之武夷，粤之罗浮，滇之鸡足，其中多有胜过五岳者。读本书一周，不啻身历其境矣。

本书各篇，有年月日记载详明者，亦有记载简略或未记年月日者。因游记之作，与普通日记不同，日记乃按日而记，游记大半是事后追忆而笔之于篇，日期偶或遗漏及错误，亦不足怪。改订本凡遇路线、地名、里数、日期、膳宿处所等，皆细心校勘，以期无误，盖欲使后来学人继高居士而起者，有所依据，不致迷途也。其有事隔多年，虽作者本人亦不能确实指定者，只得从略。

世人每以高居士比明末之徐霞客，余则以为同而不同。徐之天性好游，殚毕生精力，搜奇探险，有洞必钻，逢巅必陟，胼胝竭蹶，艰苦备

---

① 这是有关《名山游访记》的一篇介绍文章。《名山游访记》由佛教居士高鹤年著，曾于 1949 年由上海法云印经会修订出版。以下文字，据蒲团子校辑《女子道学小丛书》附录《陈撄宁先生佛学论著拾遗》录入。

尝，且时遇盗贼饥寒之患，后得足疾，不良于行，由滇省乘肩舆百五十日至鄂，由鄂乘船返里（江阴人），竟以是终，寿五十六岁。游踪始于万历丁未，止于崇祯庚辰，前后共三十四年，光阴皆在游中消逝，是仅以游为目的，别无作用，劳神伤财，身心皆不得实益。所堪流传者，只一部游记，尚残缺不全，甚可惜也。高居士游踪亦遍域内，自光绪十六年起，至民国十三年止，前后共计三十五年，皆与名山结不解之缘。十四乙丑，至今年己丑，又过二十五年矣，每年忙于救济事业，无暇再引起芒鞋竹杖之间情。但邻近诸山，亦时有住还，惟不多作记耳。高居士平日并非以游为目的，而着重在参访，住山苦修，岁月颇久，较徐之游而不访，过而不留者，作用大有分别。高今年七十有八，寿龄超过徐霞客二十岁以上，现仍居山中做苦修工夫。其游踪之广，虽与霞客相伯仲，但志不在此，余故谓其同而不同。

佛教中有理论，有工夫，有戒律。理论重在研究，工夫重在苦干，戒律重在谨守。理论大纲，不外乎性相空有、般若业力；戒律大纲，不外乎贪嗔痴爱、杀盗淫妄；工夫大纲，不外乎禅宗、净土、真言、止观，如行脚、打坐、参公案、看话头，皆禅宗门下工夫。高居士已往数十年，只可说是行脚，不可说是游山，读此书者，幸勿作普通游记看。

所谓行脚者，最着重在两脚步行，无论程途如何遥远，若非万不得已，总要避免舟车。随身衣物，极其简单，旅费川资，亦不能多带。路线、地名、里数及膳宿处所，须要记得清楚。本书除每篇目录之下已标出重要山名而外，另有每篇提纲，说明由某处起脚，中间经过某处，最后至于某处。读者先看标题，次看提纲，再看本文，则一目了然矣。

行脚的好处，一言难尽，不言又恐读者不能了解，反多疑惑，今特简略言之。佛教的人生观，就是一个“苦”字。苦有两种，曰身苦，曰心苦。身苦因为体质不健康，心苦因为心中多烦恼。设若常年行脚，远都市而近山林，劳动筋骨，饱受阳光，呼吸新鲜空气，多饮清洁泉水，断绝一切荤腥肉食，只以蔬菜杂粮等类充饥，日长事久，虽不求健康，而自然健康，如是则身苦可以免矣。人在家庭中，每为烦恼所苦，一旦离开家庭，则心境顿宽舒，何况数十年在外行脚之人，早已没有家庭，哪里再有烦恼？至于心中其他妄念，虽不能完全消灭，但以所接触者皆是净缘，而非邪缘，其势不足以引起妄念，并且可以阻止妄念。工夫日深，则妄念日减，妄念既少，则心苦可以免矣。行脚的好处，大概如此。前人每有因行脚参访而大彻大悟、了脱生死者，那是百尺竿头再进一步的事，编首各家序文中已恳切言之，毋须再赘。

虚空无边，星球无数，众生无量。吾人以渺小之身躯、极短之寿命，托生于此多灾多难之世界，受尽痛苦，究竟是什么一回事？是谁做主叫我来的？父母未生我以前，我在何处？将来身死之后，我又往何处？假使说生前死后皆没有我，为什么中间一段忽然有我？再问现在所谓我者，是精神还是肉体？若说肉体是我，对于思想意志，如何解释？若说精神是我，离开肉体而外，精神是否能够独立存在？古今有许多人因为这些问题弄不明白，所以跋山涉水、访友寻师、雨宿风餐、忘情绝虑，要求一个彻底觉悟。世人如果心甘情愿受造化支配，一切听其自然，那就无话可说。若有少数豪杰之士，于全世界人类无可奈何之中，定要打破闷葫芦，跳出黑漆桶，别寻一条光明的大道，则高居士这本游访记，颇有一看的价值。

中华民国三十八年己丑岁孟夏月

皖江陈撄宁写于上海

《楞严经》耳根圆通法门浅释[①]（1949年）

弁　言

此稿成于己丑秋季，当时为少数人研究《楞严经》中“返闻”工夫而作，初无公开发表之意。后为陈叔平君所见，欲将此稿送登本刊，征余同意未决。今春王元章君又欲携至南通，刊印小册，分赠与人，奈原

① 此文是陈撄宁的一篇关于佛教经文的注释，由“弁言”可知其撰成于1949年秋季。以下文字，据蒲团子编订《稀见丹经续编》所收同名文章录入，该书原文署名“陈撄宁”，标有“此是未定之稿，不能发表”字样，并有编订者蒲团子的按语。

稿忘记放置何处，仓卒难以寻觅，故未及带去。盛君寿君在某处听讲《楞严》，欲将此稿油印，散给一般到会听讲诸公，余恐引起别种误会，遂作罢论。近日沈敬仲君来寓，阅之数遍，极言："此稿于学者有益，应公诸大众，勿任其埋没在旧书堆中。"余谓："浅释较各家注解不无异同，免惹是非之争。"沈谓："学问上事，仁者见仁，智者见智，有何妨碍？况各家《楞严》注解，阐明教义与发挥玄谈者，堪称完备，而工夫实际下手之法，皆未曾显说，今得此篇，以补其不足，正是学者所需要。"昨晤陈叔平君，谈及此事，彼仍劝我将稿送《觉有情》登出，并言本刊编者常望来稿。余甚愧久无以报命，遂不再坚持。

此稿外面传抄者，业已数起，恐其辗转流布，渐次失真，如能在月刊上发表，彼等抄本当有所依据而校正其错误。因此将旧稿整理一遍。（原注：此处未完）

《楞严经》耳根圆通法门浅释

从闻思修

闻是能闻之性，思是正念思维。思维与思想不同：思想是杂乱的，思维是单纯的；思想是浮动的，思维是沉静的；思想是永远攀缘前境，不肯放弃的，思维是暂借前境，系心一处，不久即须脱离的。所以禅家工夫，名曰"思维修"。

入三摩地

三摩地，是译音，不是译义。"三"字不作数目解，"地"字不作方所解。三摩地之义，即是"定"。入三摩地，即是入定。但定之程度，有深浅不同，此处所谓定者，当超出四禅定及四空定以上，而近乎首楞严三昧（三昧即是三摩地）。

闻思是禅，是修；三摩是定，是证。此二句经文，言由禅的工夫而得定的效果。从禅入定，有修有证，此是总说，以后再分说。

初于闻中

初步下手，专从耳根能闻之功用上做起，不用其他眼、鼻、舌、身、意五根。

入流忘所

常人以耳闻声，都是把自己的觉性粘滞在耳根上，作为追求外面声尘之用，本经卷四所云"浮根四尘，流逸奔声"是也。做禅定工夫，要反其道而行之。正当闻声的时候，只不过闻到这个声音而已，对于声之大小长短，音之高低清浊，好听不好听，皆不去分别，听到后来，连声音也忘了，各种杂念也都停止不起了，这样就叫做“忘所”。

觉性向外奔是出流，觉性向内反转是入流，故曰入流忘所。强名为内，并非死守身内；虽说是入，实无所入。《庄子》所谓“听止于耳，心止于符”，其作用大同小异。但初步做工夫，须选择几种声音而听之，不可随便乱听。

选择之条件如次：（一）声音平和无刺激性；（二）声音日夜相续不断；（三）声音前后一律，没有变化；（四）近处没有别种声音扰乱。

要合于以上的条件，只有山岩前瀑布声，或山溪旁流泉声，久听可以使人入定。瀑布声要远听，近则喧闹；流泉声要近听，远则不闻。故结茅须在远近适宜处。若茅蓬左右无水声者，可于室内放置大自鸣钟一座，用功时可听钟摆声，但嫌敲打报时之铜铃声颇有妨碍，容易受惊，最好只开一边发条，将报时的发条作废，则钟摆虽动，而钟铃不响矣。

尚有松树林中的松涛声，虽亦和平悦耳，但嫌其声大小断续，未能前后一律，故不十分合用。

以上各法，乃余往年在山中实地试验之谈，非理想可比，如果依法做去，决定能够达到入流忘所之境界。否则，这道门槛永无跨进之一日。若用别种法门，亦未尝不可，但于旋流返闻没有关系。（皖南多山，松树成林，绵亘数里，微风鼓荡，如音乐声。余慕陶弘景故事，尝于光绪末年往彼处松林中静坐，实验半月之久。听瀑布及流泉声，乃民国十年在九江庐山实验多时，奈远近皆无适当之房屋可住，只能席地而坐，天雨则不能出门，遂于无办法中想得一法，即听自鸣钟之法是也。有数次静坐，恰到好处，被钟声打断，从头再做，颇费工夫，后将敲打的发条停止不开，方免此弊。）

所入既寂

声所既忘，入流亦忘，于是外面声尘并内面工夫作用都忘了，此时只感觉一种静相。寂即静也。静相虽比动相有幽闲之美，然静亦是病，不可永久死守在这个静上。

动静二相

静与动是相对的，是两边的，是比较出来的。如何是静？离动即是静，先动后不动即是静，彼动此不动亦是静。

了然不生

有动才有静，无动即无静，动相既遣，静相亦难以独存。只要不去贪著，静相在某一时期忽然消失，此时只剩得一个了然的境界。

“了然”二字，指耳根功能而言。做工夫先听到有声，这是动相；但因那个声音和平而不刺激，所以听到后来，虽有声亦不觉其有声，这是静相；再到后来，耳根与声尘脱离关系，心中既不散乱，亦不昏沉，耳根并不起有声无声之感，这就是了然不生。

如是渐增

由此再加工夫，渐渐向前增进。

闻所闻尽

闻是耳根，所闻是声尘。耳根虽与声尘脱离关系，但是闻性尚粘滞在耳根上，并未与耳根脱离关系，虽已忘所，犹未忘能。须知根与尘亦是相对的，尘既不缘，根无所偶，自不能永久的独存，只要不死守在了然的境界上，总有一个时期，闻性与耳根脱离，而能闻与所闻俱尽矣。

是谁知道尽闻？就是自己的觉性知道。觉性粘滞在耳根上，叫做闻性、闻声；觉性粘滞在眼根上，叫做见性、见色；觉性粘滞在鼻根上，叫作嗅性、嗅香；觉性粘滞在舌根上，叫作尝性、尝味；觉性粘滞在身根上，叫作感性、感触；觉性粘滞在意根上，叫做辨性、辨法。（身根在神经末梢，意根在神经总枢。）

尽闻不住

工夫做到尽闻（尽闻即是句“闻所闻尽”之意）的程度，觉性已与耳根脱离，同时亦暂与其他诸根脱离，此时只剩得一个觉在。这种境界虽好，但亦不可久住在上面，若住在觉上，觉即是病。觉性本是一，分出则有六，收回仍是一。虽已由各处集中于一处，但嫌其尚困陷于肉体之内，未能大而化之，故以为病。

觉所觉空

觉是能觉之观照，所觉是尽闻之境界。粗的能所虽除，细的能所俨然存在。“能”与“所”是相对的。如果不住在尽闻上，则所觉之境界空，所既去了，能亦不立，于是能觉之观照亦空，此时只剩得一个空在。设若心中知道有空，而住于空上，空亦是病。

空觉极圆

觉与空，并非不好，但觉要觉得究竟，空要空得彻底。觉不究竟，则是众生的明觉，而非菩萨的慧觉；空不彻底，则是小乘的偏空，而非大乘的真空。

如何是慧觉？觉即是空，非觉外别有空。如何是真空？空即是觉，非空外别有觉。明觉未尝不是觉，偏空未尝不是空，但嫌其滞于局部，而不圆满，必到慧觉真空之地步，方可称为极圆。

空所空灭

有所空之境，必有能空之心。“能”与“所”对，“心”与“境”对，只要去了这一边，那一边也就随之而去。学者证到空境之后，而又不住于空，则所空之境与能空之心俱灭矣。

生灭既灭

凡是相对的，都不出生灭法。动与静对，动相虽去，静相犹存，耳根尚未离尘，此时须要不住在静上，则动静二尘俱灭矣；尘与根对，声尘虽去，闻根犹存，觉性尚未离根，此时须要不住在闻上，则根与尘俱灭矣；根与觉对，闻根虽脱，知觉犹存，本性尚未离觉，此时须要不住在觉上，则觉与所觉俱灭矣；觉与空对，觉境虽遣，空境尚存，自性尚知有空，此时须要不住在空上，则空与所空俱灭矣；一切俱灭，而又不住在灭上，方可谓生灭既灭。

寂灭现前

有生有灭的叫做生灭，无生无灭的就是寂灭。凡是可以灭的境界，都将他一概灭却，最后证得这个无始终、无内外的本体。因其本自无生，何处有灭？到此地步，方可谓寂灭现前，又名为无生法忍。

以上几层工夫，步步前进，一步深似一步，须按着先后次序做去，不可躐等而求。自初步“入流忘所”起，以后每逢变换一个境界，只以“不住”二字应付，即可通过，再向前进；若住在上面，则难以进步。程度虽有浅深不同，工夫却是先后一贯，并且要老老实实的用功，丝毫不能取巧。

关于工夫先后浅深之程度，试用普通常识做为譬喻说明如左：

第一步：入流忘所，譬喻冰山推倒，碎为冰块。

第二步：了然不生，譬喻冰块消融，烊为清水。

第三步：闻所闻尽，譬喻清水蒸发，散为水汽。

第四步：觉所觉空，譬喻水汽化解，分为氢氧。

第五步：空所空灭，譬喻氢氧分子，析为原子。

第六步：寂灭现前，譬喻原子打破，变为能力。

物质还源，能力不可思议；觉性归元，灵力不可思议。所以观音大士有三十二应、十四种无畏、四不思议，皆归元以后之事。世人并未曾做这种归元工夫，遂武断的斥为迷信，似非学者实事求是的态度。须知，佛法专重在破除迷信，迷信不破，就根本不认识佛法，所有批评，皆未免隔靴搔痒。彼斥人为迷者，自己又何尝觉悟耶！

今试问彼自己身体从何而来？曰父母生的。问父母从何而来？曰祖父母生的。问祖父母从何而来？曰人类始祖一代一代传下来的。问始祖从何而来？曰他种高等动物变的。问高等动物从何而来？曰低等动物变的。问下等动物从何而来？曰原始细胞逐渐演进的。问原始细胞从何而来？曰水中生的。问水从何而来？曰地球表面最初热气冷凝的。问地球从何而来？曰太阳中由速转离心力分出来的。问太阳从何而来？曰星云星雾团结而成的。问星云星雾从何而来？曰稀薄气体浓集而起的。问稀薄气体从何而来？曰太空中自然生出来的。问太空从何而来？何故要从无中生有？追根究底，问到此处，则瞠目结舌，不能回答矣。

最后一个问题，若不能解决，就让你用尽知识，使尽聪明，还是堕在迷津，而未登觉岸。假使不求之于佛学，无论世间何种科学、哲学，皆不能解决这个问题。若肯虚心研究佛学，当可得到一点影响的认识、比量的觉悟。至于亲切的认识、现量的觉悟，全靠自己依法用功、实修实证，非语言文字所能形容，非念虑思想所能测度，说易固不易，说难亦不难，在乎各人自己的根器。

附录问答

或问：初做工夫，要求进步，当然不可住在半途，但是到了最后一步进无可进、灭无可灭的境界，是否能够常住？

答曰：不能常住。一者佛法上不容许，二者业习上不容许。因为大乘佛法都讲无所住，若有所住，便不合大乘的修法。况且你就勉强要住，而你自己历劫以来的业识已成习惯，你要收，他要放，你要入，他要出，定力胜不过业力，刹那间，你的觉性又奔逸到六根门头上来了。工夫浅的，一奔就要和外尘相接触，如劣马脱缰、滑车下坡，不到尽头不止；工夫加深以后，虽仍旧奔逸，但有时亦可半途停顿在“了然不生”的境界上，此时若挽得住，又可多延长些时间；工夫再深，奔逸的历程更短，或者在“闻所闻尽”的境界上就挽住了。

或问：挽住之后如何？

答曰：若不能再向前进，定力难以维持长久，稍微放松，便立刻趣外奔逸，逐尘而出。

或问：既然如此，工夫岂不是白做吗？

答曰：不是白做。你做一遍有一遍的效力。初次做到那个地步，虽不能常住，路程总算经过，境界总算认得，下次再去时，总比上次要熟悉一点。

或问：下次再到时，能常住否？

答曰：仍不可能。

或问：既然不能常住，又何必再去呢？

答曰：这句话不是有大志、有决心做工夫的人所应该说的。请看世间各种技艺，如拳术、戏剧、音乐、书画、琴棋等类，就让你是天才，一回两回就学得好吗？纵然他是愚笨，只要肯拼用十年廿年苦功，你敢说他永远学不会吗？这条路你若是走过几千百次，已经走得烂熟，那个目的地又被你认得十分真切，业力渐渐销除，定力渐渐增长，到了相当时期，自然能够常住。

或问：常住岂不又违背佛法吗？

答曰：起心作意，勉强要住，佛法虽不容许，任运无为，安稳而住，在佛法上是讲得通。否则，本经如何有十住十地之位次，他经如何有“阿鞞跋致”之名称？“阿鞞跋致”译为“不退转”，既不退转，岂非常住？又各经中多说“无生法忍”，亦是安住于无生之理体而不动之义。

或问：证到这个寂灭的境界，有什么好处呢？

答曰：小乘工夫，到此境界，即可灭识归尽，脱离三界轮回，永不再来受苦；大乘工夫，到此境界，即可转识成智，体上起用，广度众生，圆成佛果。

或问：既然有这许多好处，为什么现代学佛的人不做这种工夫？

答曰：他们避难就易，皆走到念佛生西一条路上去了。

或问：避难就易，按事理本应该如此做法，为什么我们偏要舍易图难呢？

答曰：事在人为，说难说易，皆非确论。

实际上，观音大士专从耳根圆照三昧，与势至菩萨兼摄六根、净念相继，乃同等的作用，两种法门并无难易差别。这件事要看学人前生的根基如何，若是念佛的根基，则宜于净土法门；若是坐禅的根基，则宜于反闻法门。所谓轻车熟路、顺水行舟，事半而功倍。设所取法门，不适合机宜，则事倍而功半，甚至于不能接受。

又如某人前生做过仙道工夫者，今生对于净土法门，必格格不入，而于禅定法门，虽不大欢迎，却有几分接近。像这种人，即不必勉强教他念佛，纵然说得舌敝唇焦，亦无济于事，只有观世音菩萨之反闻法、周利槃特迦之调出入息法、孙陀罗难陀之观鼻端白法，尚属契机。所以本经中文殊菩萨说偈云："归元性无二，方便有多门。"（反闻用耳根，调息用鼻根，观息用眼根，仙道初下手时，亦有这一类的法门。）

再者，世人说念佛最易，皆指口中念诵佛号一事而言，若要念到心口一如，现前亲证念佛三昧，未必敢说是易。况且势至念佛，要兼摄六根；观音反闻，仅摄一根。虽说"六结不同，一巾所造"，六即是一，六不嫌多；"一处休复，六用不成"，一即是六，一不嫌少。亦不只难易相等而已，何尝有此难彼易之分？

假使我们用反闻之法，仅用耳朵听听声音，不求以后的进步，我说比较念佛更易。因为念佛尚要开口动舌，反闻连口舌都不要动，更觉得省事。所以说事在人为，难易皆非确论。

或问：虽说反闻与念佛，两种法门，难易相等，我仍旧抱定念佛宗旨，永不改变，你看如何？

答曰：能有这样定见最好，但要晓得诸经所谓念佛，都是指心中忆念而言，世人以口中诵念为念佛，恐不合经旨。《弥陀经》上虽有执持名号之说，但一日至七日一心不乱，方得往生，仍是注重在心的作用，修净土者不可不知此义。请勿忘记《弥陀经》上"一心不乱"那句最重要的训诫，将来临命终时，方不至于失望。

或问：念佛不难，若要一心不乱，确是难事，如何能做到呢？

答曰：要求一日、二日以至四、五、六、七日一心不乱，大难大难。若求一秒钟至七秒钟一心不乱，人人都可以做到，以后逐渐增加上去，由一分钟至七分钟，亦非难事。能得几分钟，就不怕没有一小时；能得一小时的一心不乱，大功告成矣。

或问：经中只言一日至七日，未见有一小时之说。一小时比较一日，相差太远，如何能说成功？

答曰：普通念佛之人，未能离俗，充乎其量，只可以做到这样地步，已算是难能可贵了。若要做到一日至七日，必须抛弃家庭、脱离社会，在山林寂静之处，专修念佛三昧，礼拜、持名、观想、禅定，轮流做去，继续不断，方有希望，谈何容易？果真做到，已是上三品资格，往生与否，自不成问题。一小时一心不乱，虽比不上一日至七日，但可望中品往生，故认为成功。

或问：《观无量寿佛经》言，五逆十恶之人，临命终时，十念即可往生。像这种人，平日未尝念佛，更谈不到一心不乱。既然一样的往生，我们何必如此苦干？

答曰：十念往生，事或有之，但居极少数。他自己平日既无把握，外人又不敢保证，冒险侥幸，知者不为。我们应取稳妥可靠的办法，才是正办。如果能够做到一小时的一心不乱，在平日早有把握，决定可以自信而无疑惑，何至于等到临危顷刻之间张皇失措？

附：诗词楹联

题高鹤年居士玉照[①]

返照回光一现身，飘然云外隔风尘。
相看是我还非我，可笑知津又问津。
梦里河山老行脚，镜中笠屐倍精神。
本来面目今何在，流水无情草自春。

送道友胡允昌由海道之燕[②]

风雨如闻惜别声，天涯泪眼为君横。
十年采药山中梦，五月乘槎海上情。
此去鱼龙观变化，将来猿鹤笑浮名。
匡庐有愿栖真共，待辟烟萝证旧盟。

夜宿潇湘渔父丹房[③]

黄海秋风拂鬓丝，壮心深悔误年时。
天涯共有飘零感，拥被灯前话乱离。

---

① 原载《扬善》第1卷第2期（总第2期，1933年7月16日），并有题记曰："图为担笠着屐徘徊山石间。"

② 原载《扬善》第1卷第2期（总第2期，1933年7月16日）。

③ 原载《扬善》第2卷第11期（总第35期，1934年12月1日），署名"撄宁子"。

赠剑客梁海滨先生①

廿载羁留自在身，缘承师旨阐灵文。
微篇一卷劳三顾，旷代知音独遇君。

送高鹤年居士朝五台②

海陆兼程达上方，（喻禅净双修）
霎时炎热化清凉。（五台别名清凉山）
曾于祇树参经座，（指哈同花园而言）
又向云峰礼法王。（五台有云峰胜境）
饮水自知冷暖味，（《六祖坛经》语）
逢僧应问木犀香。（禅宗机锋语）
金刚窟里传消息，（五台有金刚窟）
话到三三莫较量。（金刚窟一段公案）

赠潇湘渔父③

两载交游识素风，豪情端不与人同。
阴阳反掌刘诚意，理气传心蒋大鸿。
起死灵方悬肘后，长生妙术隐壶中。
劝君进步求金液，他日争看老返童。

撄宁子天台纪游诗之一④

双涧回澜春复秋，国清寺外好淹流。
寒山拾得今何在，空听丰干掉舌头。

---

① 原载《扬善》第2卷第11期（总第35期，1934年12月1日），署名“撄宁子”。圈点文字批注曰：“梁君三至敝庐索《黄庭经讲义》，故诗中云云。”

② 原载《扬善》第2卷第16期（总第40期，1935年2月16日），署名“撄宁”。诗后文字为原注。

③ 原载《扬善》第2卷第16期（总第40期，1935年2月16日），署名“撄宁”。

④ 原载《扬善》第3卷第12期（总第60期，1935年12月16日），署名“撄宁子”。

乙亥孟夏，偕马君一浮、张君竹铭同游天台，历访名迹。抚今追昔，睹物思人，深有感于智者大师当年创教之不易。马君此行，得诗七首，诚所谓咳唾九霄、风生珠玉。愧我不文，难以为继，虽偶复寄兴，辄无足观，故未敢举似。拙作本首末句，盖因彼时独立桥旁，静闻溪水之潺湲，仿佛山灵之絮语。颇怀遐想，漫缀微吟。今读竺潜先生此篇，方知海上真有丰干其人者，岂又将逼我等缩入岩石穴缝中去耶。嘻！异矣！读偈言竟，戏书于后。

乙亥仲冬　撄宁子记

注一：双涧回澜，乃天台国清寺前最名胜地。

注二：国清寺门外，是神圣境界。国清寺门内，则不便置议。

注三：寒山、拾得，是两位异人，与唐丰干禅师同时。一者隐居天台之寒岩，因号寒山子；一者乃丰干禅师在赤城道侧拾得之弃儿，就养于国清寺，寺僧令其执贱役，遂名为拾得。故皆无真姓名。寒山子常来寺中就拾得乞取残食菜滓，冠桦皮，曳大木屐，状类颠狂，时惹僧众厌恶，惟独与拾得友善，每相对密语，众都不解。但此二人皆非比丘身。寒山子行藏，大似天台山中之流丐，拾得则等于国清寺所雇之苦工耳。后人多误会彼等为正式出家的和尚，是不可以不辩。

注四：双涧回澜之上，有大石桥，俗名丰干桥，乃昔日丰干禅师跨虎入松门处。

注五：闾丘太守所以能有机缘拜谒寒山、拾得于国清寺灶下者，由于丰干之一言。故二人同怪丰干饶舌，于是连臂笑傲跳出国清寺而去。闾丘太守复追踪至寒岩山礼请，二人见太守来，便将身缩入岩石穴缝中，曰：“报汝诸人，各各努力。”言毕，泯然无迹。现有《寒山拾得诗集》行世。

注六：丰干谓：“寒山文殊，拾得普贤。”而二人又对闾丘太守云：“弥陀不识，礼我何为？”是则丰干亦非凡品矣。

赠别道友黄邃之①

其一

海宇春残鸟乱啼，落红飞白系愁思。
季云已死尧夫远，忍复听君话别离。

① 原载《扬善》第4卷第13期（总第85期，1937年1月1日）。

（黄君并谢君季云、高君尧夫，皆当年炼外丹之同志。）

其二

十载交游岂偶然，参同一卷证师传。
先生去后留孤我，更与谁人论汞铅？

其三

学道原非必入山，于今廛市隐居难。
洞天信有栖真地，何日胡麻结胜餐？

其四

财侣由来不两全，年年空说买山钱。
君平卖卜韩康药，忧患余生愿比肩。

题风景照片①

其一　黄山松鼠跳天都

峰头片石自何年，松鼠留名万口传。
一语荒唐君莫笑，天都跳过便成仙。

其二　黄山文殊院旁象石

久闻黄帝开山祖，偏让文殊浪得名。
顽石也知羞耻事，仰头不肯表同情。

其三　太湖晨曦

孤屿浮青敛晓烟，波光云影接遥天。
双舟竞向中流去，剩有秋声在树巅。

挽道友黄邃之君联语②

逆境困贤才，为生活，老华年，岁月蹉跎，当前谁是超凡客？
南宗称知己，证师传，谈妙悟，源流指掌，今后难逢第二人。

纯阳祖师联语③

不分南北仙宗敢以中心绵道脉，

①②　原载《扬善》第4卷第14期（总第86期，1937年1月16日），署名“撄宁”。
③　原载《仙道》第3期（1939年3月1日），署“陈撄宁先生撰奉”。

待续海山奇遇也将凡骨换神胎。

铁海道友招饮沪西紫阳宫并劝移居彼处愧无以报命作此奉赠①

红尘十丈锁西郊，一听玄音破寂寥。
海上游仙情未断，人间历劫愿难消。
桃源春暖琼台冷，羊角风清雁荡高。
最是君家寻乐地，何当挥尘共逍遥。

附注：浙省天台、雁荡二山，名冠海内。天台山有桃源洞，乃刘晨阮肇采药遇仙处，又有琼台夜月，为天台最幽胜风景之一。羊角洞乃上雁荡山必由之路，雁荡所以得名者，因山之绝顶有湖，春归之雁常宿于此，故曰雁荡。荡者，谓水草所聚也。铁海道人昔年久住羊角洞，而紫阳宫在台山亦有故迹可寻。

苍松翠柏喜同栽，恨不移根傍玉阶。
事有因缘非自意，方无内外莫相猜。
开山演教传坤诀，筑室娱亲辟草莱。
闻道长生须努力，早修大药入天台。

附注：旧谓出家人为方外，在家人为方内。但佛教方外，废除本姓，以释为姓，表示与祖宗父母兄弟妻子断绝关系；而道教方外，仍用自己姓氏，不忘本，不背亲，不绝伦常。此即中国古教与印度传来的佛教不同之处。《坤诀》，见道书中，乃当年孙不二元君所留传以度女众者。修大药，见天台张紫阳仙师《悟真篇》中，其诗云："饶君了悟真如性，未免抛身却入身；何似更兼修大药，顿超无漏作真人。"此亦佛道两教思想绝对不相同处。筑室娱亲句，盖谓沪西紫阳宫落成后，铁海道人即返天台，迎其老母来沪供养，俾克专心习静，现闻其母工夫甚有进步。

为黄汝玉女居士题金刚经长卷②

其一

海宇春回万象新，及时行乐倍精神。

---

① 原载《仙道》第12期（1939年12月1日），署名"撄宁"。

② 原载《觉有情半月刊》第10卷第4期（1949年4月1日），见《民国佛教期刊文献集成》第90卷。

灵山本地风光好，功德池边净六尘。

其二

色见闻求总是邪，水中月影镜中花。
金刚妙谛君知否，七宝庄严莫浪夸。

其三

无实无虚无所住，如来如是付心传。
轮回生死浑闲事，天上人间自往还。

其四

即心即佛乃圆通，非佛非心更大雄。
证到三心不可得，方知四相一真空。

陈撄宁年谱简编

1880 年（光绪六年，庚辰）　零岁[①]

光绪六年（庚辰）十二月出生。父亲陈镜波，祖籍安徽省怀宁县洪镇乡新陈埂，世居安庆苏家巷，晚清举人，教书为业。

1883 年（光绪九年，癸未）　三岁

开始读书，接受家庭私塾教育。

1886 年（光绪十二年，丙戌）　六岁

读完《三字经》、《四字经》、《百家姓》、《千字文》、《论语》、《孟子》、《大学》、《中庸》。

1887 年（光绪十三年，丁亥）　七岁

开始读《诗经》、《书经》、《易经》、《礼记》、《左传》诸书。

1890 年（光绪十六年，庚寅）　十岁

在家中觅得东晋葛洪编《神仙传》两本，但因害怕父亲晓得自己看"异端"之书而遭打骂，故只敢偷看，书桌上面仍旧摊摆《论语》以为掩饰。自此，萌发学仙之念。

---

① 据陈撄宁《自传》说自己"生于清光绪六年十二月（一八八〇），旧法算七十四岁，新法算七十三岁"推算，可知他应出生于农历庚辰年十二月初一（公元 1880 年 12 月 31 日）。因该《自传》在叙述完其出生年月后声称"以后年龄按新法计算"，故此年谱也根据其所谓"新法"编写。考该《自传》中有"36 岁至 55 岁（丙辰至乙亥）"等新旧例相配字样，可知其自计 1880 年为 0 岁，至 1881 年方计为 1 岁。

1891 年（光绪十七年，辛卯） 十一岁

读完《诗经》、《书经》、《易经》、《礼记》、《左传》诸书。

1892 年（光绪十八年，壬辰） 十二岁

开始在父亲指导下学作诗文，并读古文、古诗、八股文、试帖诗，直至十四岁。其间，曾偷窥家中所藏抄本道书，但不敢公开翻阅，因父亲虽业儒而又好道，惟不喜其学看道书，若知其事，必痛斥之。

因叔祖父乃名医并精于仙学，家藏医书道书皆为珍本，故伺其有暇辄执经请益，叔祖父却曰："医许学，仙不许学；书可传，诀不可传。"无奈，只得作罢。

1893 年（光绪十九年，癸巳） 十三岁

得家中抄本张三丰《玄要篇》及白玉蟾《地元真诀》，读之津津有味，是为平生第一次获见有关"人元"、"地元"的两种仙学书籍。又曾溜到街上学"辰州符"，回家后遭父亲痛笞。

1894 年（光绪二十年，甲午） 十四岁

买得《万法归宗》一册，被家人搜去，投在火中烧掉。

1895 年（光绪二十一年，乙未） 十五岁

因为用功苦读而患了极度的衰弱病症，医生说是"童子痨"，无药可治。为此，父亲不敢再强迫他读书，而他自己也极怕苦读，遂改学中医，想从古代医书里面寻出一个治疗"童子痨"的方法。

1896 年（光绪二十二年，丙申） 十六岁

随叔祖父学习中医，遍阅其所藏医书，觉得这些医书虽对普通病症有效，却治不好他自己的"童子痨"。偶得叔祖家藏古本《参同契》并《悟真篇》，甚感兴趣，姑且试做。起初毫无效验，颇觉灰心，以为自己生命已经绝望。只因除此别无良法，所以勉强继续下去，直至十九岁。后来身体渐渐好转，感觉生命可以保全，自谓"此时就是我平生研究仙学修养法之起点"。

十六岁后，家人便不再干涉其看道书，不过像道教的雷劈枣木印、樟柳神、桃木剑这一类东西，他还是不敢公开展示。

1899 年（光绪二十五年，己亥） 十九岁

得舍亲乔君家藏原版《仙佛合宗》并《天仙正理》，方知出家人修炼之法与在家人大不相同。

1900 年（光绪二十六年，庚子） 二十岁

得同乡丁君家藏初刻大字版《金仙证论》并《慧命经》，方知和尚也有学神仙之术者。后来，其在《答覆海门县佛教净业会蔡君四问》中说自己“二十岁学道”并主张信佛与学道无碍，盖与此事有关。

此后直至二十七岁，除了研究中医学理论与仙学修养法之外，又兼看各种科学书籍。其兄平日研究物理、化学，尤精于高深的数学，更善于绘制机械图画，故其有关普通科学的知识，皆是由兄长处得来。不过，由于兄长勤学过度，三十几岁便吐血而亡，故其对于专门科学书籍再不敢用心研究。

1904 年（光绪三十年，甲辰） 二十四岁

参加科举考试，因常阅读《盛世危言》（郑观应编成于 1894 年）、《时报》（狄楚青创办于 1904 年）等书报，故应试文章中对于清廷有“国弱民贫”之议论。幸而主考官为其父好友，阅卷时将其考卷抽出，并嘱告其父严加管束。母亲闻此患病，遂自责曰：“母亲勿怒，下科保中。”

1905 年（光绪三十一年，乙巳） 二十五岁

再次参加科举考试，得中秀才。

是年 9 月，清廷诏令废除科举考试制度，又再考入安徽高等学堂（前身为安徽大学堂、求是学堂、敬敷书院）。

1907 年（光绪三十三年，丁未） 二十七岁

旧疾复发，不得不半途退学，离开安徽高等学堂。

在安徽省怀远县遇到一位能够“脉住息停，未死学死”的异人，彼此相聚两旬，允许他实地试验，证明仙家之说非虚，并改正道书上各种错误。之后，其方下决心抛弃家庭。

1908 年（光绪三十四年，戊申） 二十八岁

因为旧症复发，心中恐慌，知道所学修养方法尚不够用，需要再求进步，于是离开家庭，到各处求人指导。这种四处参访的状况，持续到三十一岁。

离开家庭之后在外面旅行的费用，是姊夫乔种珊接济。因为姊夫身体也坏，故希望陈撄宁寻访得有效的方法，再转教给他。

1910 年（宣统二年，庚戌）　三十岁

自谓“三十岁学佛”，其间曾寻访了佛教中多位有名高僧，如九华山月霞法师、宁波谛闲法师、天童山八指头陀、长洲冶开和尚等。不过，因嫌佛教的修养法偏重心性，对于肉体仍无办法，不能达到祛病延龄之目的，故又决心再寻访道教中人。

1911 年（宣统三年，辛亥）　三十一岁

四处寻访道教中人，以求祛病延龄之道。曾至苏州穹窿山、句容茅山，但认为这些地方属于香火之地，道士们不懂得修养。又至湖北均州武当山、山东即墨崂山，认为这些地方虽有少数做修养功夫的人，但他们所晓得的方法尚不及自己，有许多问题不能回答。还曾到过其他不出名的地方，如安徽怀远县涂山、浙江湖州金盖山等，但认为“都是空跑”。之后，自忖这样寻访白费光阴，还不如自己看书研究，遂下决心阅览《道藏》。

是年 10 月 10 日，“辛亥革命”爆发。次年 1 月 1 日，中华民国正式建立。

1912 年（民国元年，壬子）　三十二岁

姊夫乔种珊在上海行医，劝其来上海一同居住。自此之后，长久在上海老西门外白云观阅读《道藏》，历时三年。

所阅《道藏》，属明朝正统（1436—1449 年）年间刊版，共计5 480卷。当时，该《道藏》全书在中国不过七部，仅有沈阳太清宫、北京白云观、南阳玄妙观、武昌长春观、成都二仙庵、上海白云观等著名道观收藏（另一部或在陕西省某道观内）。据说，上海白云观所藏此前从未被人看完过，唯有陈撄宁一人从头到尾全部阅完，此后亦无人再看。

1913 年（民国二年，癸丑）　三十三岁

在上海白云观阅读《道藏》。

1914 年（民国三年，甲寅）　三十四岁

在上海白云观阅读完整部《道藏》。之后又想研究佛学，曾到访月霞法师在上海哈同花园创办的华严大学，并为月霞法师抄写《维摩经讲义》。

开始阅读佛教《大藏经》，自称“虽然没有在上面用过苦功，却是从头至尾翻了一遍”。

1915 年（民国四年，乙卯）　三十五岁

曾在杭州城外海潮寺所办华严大学居住一段时期，继续阅读佛教《大藏经》。

秋季，又往北京寻访专门做修养功夫的人，惜无所遇，遂暂住北京。

1916 年（民国五年，丙辰）　三十六岁

春夏间继续暂住北京，住址在西四牌楼大拐棒胡同跨鹤吕祖观。其间遇一道士，年已五十几岁，当三十岁时即患阳痿症，阅二十余年不愈，常戚戚于心。因慰之曰：“君是出家人，对此可不必注意。”道士曰：“不管出家在家，衰弱病态，总不相宜。”该道士在吕祖观修习静功一年之后，忽一日笑而告曰：“二十余年之痼疾，今已愈矣。可惜我是道士，若是俗家人，尚可望生子也。”

秋季，由北京回上海。

冬季，在上海与吴彝珠医生结婚，帮妻子照料一切琐事，有空闲时即阅览各种书籍，所看的书大半和修养有关，同时亦兼看文学、史学、哲学、医学、佛学等书。书的来源，或自己购买，或向人家借看，或到图书馆阅览。因看书太多，妻常笑其是书呆子。自谓当时上海环境太坏，若不把精神寄托在书上，就难免受到外界诱惑而动摇身心，所以看书也算是修养之一法。有些时候，看书仍然不能制伏妄念，他就出门游历，住到山里去，以求安定身心。这种安定的生活状况，一直持续了二十年。

是年，有文学家吕碧城女士从之学道。曾为吕作《孙不二女丹诗注》，且将手订《女丹十则》与伊阅读，并撰《答吕碧城女士三十六问》文稿（上述作品后来陆续发表于《扬善半月刊》或单独出版）。

1918 年（民国七年，戊午）　三十八岁

夏七月，佛教印光法师经过上海，曾偕同高鹤年居士至陈撄宁舍间谈论多时。据高鹤年《印光大师苦行略记》记载，他们曾谈论孔孟诸家历史以及净土因果等事，而陈撄宁《慨慕人生佛教之导师并答客问》则说："所言皆各处风俗人情，及山中住茅蓬之状况，但未言及佛法。因净土宗重在行持，本无话可说也。"

1919 年（民国八年，己未） 三十九岁

秋，携夫人吴彝珠与黄忏华夫妇同游九江庐山，商议买山偕隐之方。后在《覆南京立法院黄忏华先生书》中回忆此事："从莲花洞直上小天池，陟绝逾十五里，云路崎岖，几经喘息，居然乐而忘疲。……记得君等下山时，我送至岩畔，相去数十武。崔女士掉头仰视而呼曰：买山计划，勿忘勿忘！我亦因风报以回响曰：不敢忘！不敢忘！"又言："自秋徂冬，结果竟无所获。仅做得一卷《山居同乐会章程》，并几幅造屋图、几张调查表而已。"

1920 年（民国九年，庚申） 四十岁

继续居住于九江庐山，自谓："我住庐山，为时最久。"

与佛教关系逐渐疏远，并说自己"四十岁又学道"。

1921 年（民国十年，辛酉） 四十一岁

应潜道人王聘之请作《〈黄庭经〉讲义》。王聘为该讲义作《题辞》曰："撄宁子于丹经无不读也，无不解也。其讲《黄庭》，盖有得于《黄庭》之先者，而《黄庭》皆为之注脚。"

1922 年（民国十一年，壬戌） 四十二岁

与黄邃之、谢季云、高尧夫诸同志在上海寓所烧炼外丹。后在《覆南京立法院黄忏华先生书》中回忆此事："君等当年旅沪，屈居敝舍，亲见我辟室两间，烧炼外丹炉火，工作亘昼夜，砂汞银铅，鼎池灰炭，常堆积盈庭。彝珠性复好客，逢星期日，大有座上常满、樽中不空之盛概。如黄邃之，如谢季云，如高尧夫，皆此道中坚份子。郑君鼎丞，虽蛰伏京门，未及参加，而与有助焉。彼时君对于此道，固未遑讨论，但每值文字余暇，亦辄从容下楼，袖手旁观我等丹炉中所变化之景象以为快，然乎否乎？"

1923年（民国十二年，癸亥） 四十三岁

正月十七日，于上海民国路吴彝珠医生寓内设坛，恭请天仙“碧城女史”降乩。时由陈撄宁及吴彝珠亲任乩手，芜湖妇婴医院女医生吴舜芝、上海人和医院女医生朱昌亚问事，陈大树担任笔录，并有乔詹博女士参观；众人焚香煮茗，虔诚默俟，至夜间九点终感碧城女史侍从“斐然仙子”降坛。其间所有问答之辞，被录为《天仙碧城女史降坛纪录》(后发表于《扬善半月刊》第3期)。

又据《答覆安乐医舍》记载，陈撄宁此后十余年经常从事扶乩活动，“偶遇天气晴和，风清月朗，辄聚集二三同道，虔诚叩请，必有上真临坛，传授玄功口诀”。

1924年（民国十三年，甲子） 四十四岁

9月，江苏督军齐燮元与浙江督军卢永祥在上海郊县发生争战，陈撄宁等人在上海寓所进行的外丹烧炼受此影响而失败。之后，离沪往北京西山修养，其余苏、浙、皖三省名山亦或暂住、或久居，借此修养身心。

1932年（民国二十一年，壬申） 五十二岁

1月28日夜，日本侵略者进攻上海闸北，“淞沪抗战”爆发。受战事影响，陈撄宁等人在上海寓所进行的外丹烧炼再告失败，“驯至药材散失、同志流亡”。之后，其寓所也由民国路搬迁到南成都路，因新屋空间不大，故未再于家中设立乩坛。

1933年（民国二十二年，癸酉） 五十三岁

上海翼化堂善书局主人张竹铭医师出资创办《扬善半月刊》(以下简称《扬善》)，陈撄宁应邀担任主笔，自谓：“鄙人所以不惮烦劳、尽心竭力，以提倡道学为己任者，非欲于此中求何利益，实因昔日从师学道时即发此愿。”

7月1日，《扬善》创刊号正式出版，并开始连载陈撄宁撰《〈黄庭经〉讲义》。

是年，《扬善》发表的陈撄宁作品还包括有关女丹功法之《〈孙不二女功内丹次第诗〉注》，以及《庐山小天池乩坛实录缘起》、《天仙碧城女史降坛纪录》等杂文和《题高鹤年居士玉照》、《送道友胡允昌由海道

之燕》等诗文。

1934 年（民国二十三年，甲戌） 五十四岁

陆续在《扬善》发表《人性善恶浅说》、《中国道教源流概论》、《〈口诀钩玄录〉初集》等论说文稿，以及《答覆河北唐山张让轩君》、《答覆江苏海门蔡德净君》、《答覆安乐医舍》、《答覆南通杨风子君》、《答覆杨风子君》、《覆武昌张化声先生函》等答问书信和《夜宿潇湘渔父丹房》、《赠剑客梁海滨先生》等诗词作品。其中，《口诀钩玄录》属陈撄宁对清人黄元吉《乐育堂语录》等著作的分类编辑，全书共 20 余万字，原拟题名《黄元吉先生学说钩玄录》；而《〈口诀钩玄录〉初集》实是陈撄宁为《口诀钩玄录》所撰“读者须知”，曾作为《口诀钩玄录》的第一部分发表。

11 月 13 日，《申报》主笔史量才在浙江海宁被国民党特务暗杀，据说陈撄宁曾为其撰写墓志碑文。

1935 年（民国二十四年，乙亥） 五十五岁

1 月 1 日，《扬善》第 37 期开始连载陈撄宁撰《读〈化声叙〉的感想》，与武昌佛学院张化声公开讨论“仙学”；同期还有陈撄宁撰《答覆苏州张道初先生来函问道》一文，提到自己尚未出版的著作有“《仙学入门》、《口诀钩玄录》、《女丹诀集成》、《仙学正宗》、《五祖七真像传》数种”。不仅如此，陈撄宁还开始着手编辑“翼化堂道学小丛书”与“女子道学小丛书”，并陆续在《扬善》发表《“翼化堂道学小丛书”编辑大意》、《〈女子道学小丛书〉编辑大意》，以及他亲自为这两套“丛书”所收诸书撰写的“序”、“读者须知”（讲经须知）和“按语”（评注）①。同月，《扬善》还曾刊出陈撄宁撰《刘海蟾仙师略传》、《张紫阳仙师略传》及《北平真坛大道实录序》。

2 月，在《扬善》发表《答覆无锡汪伯英来函问道》，主张弘扬仙学需要“大家组织一个团体”。同月，还发表《校订单行本〈天隐子〉

---

① 据《扬善》第 37 期翼化堂书局刊登的“新书预告”，“道学小丛书”包括《天隐子》、《坐忘论》、《五息直指》、《旁门小术录》、《金火丹诀》五种道书，“女子道学小丛书”则包括《坤宁妙经》、《女功正法》、《女丹十则》、《男女丹工异同辩》、《女丹诗集》五种女子丹书。陈撄宁有关“女子道学小丛书”五种丹书的序言及按语等，曾于 1935 年 1—12 月在《扬善》上全部刊出，而其有关“道学小丛书”五种道书的文字，则仅见《校订单行本〈天隐子〉序》与《〈旁门小术录〉序》发表于该刊。

序》、《石杏林仙师略传》、《薛道光仙师略传》、《答覆石志和君十问》等文，以及《送高鹤年居士朝五台》、《赠潇湘渔父》等诗，并为《梁海滨先生如山炼剑事实》一文撰写按语。

3月，在《扬善》发表《读黄忏华居士给太虚法师一封信》，认为对于佛教徒“非得我们外道来医他一下”。又发表《答覆无锡汪伯英君儒道释十三问》、《答覆海门县佛教净业会蔡君四问》、《答覆上海南车站张家弄王君学道四问》、《答覆常德电报局某君北派丹诀八问》、《答覆上海公济堂许如生君学佛五问》等答问书信以及《陈泥丸仙师略传》，并建议扬善半月刊社“可作为学道的同志们互通声气的一种机关”。

4月以后，陆续在《扬善》发表《〈旁门小术录〉序》、《读高鹤年居士〈名山游访记〉》、《“人生唯一积极大问题”答案》诸文，以及《答覆济南张慧岩君问双修》、《答覆浦东李道善君问修仙》、《答覆石志和君八问》、《答覆北平学院胡同钱道极先生》、《覆南京立法院黄忏华先生书》、《答覆南通佛学研究社问龙树菩萨学长生事》、《覆（河南安阳县周缉光）函》等书信，并为《海滨懒禅覆圆虚道人书》、《武昌佛学院张化声居士为道释二教重要问题驳覆某居士书》两文撰写按语，希望“借以明道家之真相，而破学者之疑云”。

孟夏，偕马一浮、张竹铭同游天台山，作《撄宁子天台纪游诗》(其中之一后发表于《扬善》)。又曾在《扬善》第56期刊登《陈撄宁启事》曰：“请俟仆觅得一相当灵窟，聊寄浮生，然后再将亲身实验之情形，逐渐公开于大众，使今世学者，知中国古仙所传修炼之术，确有可凭。”当住徽州黄山时，其妻吴彝珠因患乳癌，无药可治，也想学修养方法以延长寿命，故写信催其返沪，勉强度过冬天。

11月，《扬善》发表由陈撄宁起草的《中华道教会草章》。该《草章》共28条，阐述了当时道教界关于“中华道教会”的各种主张。

是年，全真道士陈铁海在上海建立第一所女冠宫观，一些女工相继出家于此，据说她们的修道活动曾得到陈撄宁、张竹铭、汪伯英等人的支持和资助。

1936年（民国二十五年，丙子）　五十六岁

1月，在《扬善》发表《翼化堂善书局八十周纪念辞》、《告苏州张道初君并全国同胞患肺病者》、《答覆江苏掘港杨逢启君三问》、《答覆湖南常德文仰山君》、《答覆上海南车站某君来函》、《(答覆）江浙黄岩周敏得君来函》诸文，并为《到四元宇宙去》、《刘仁航先生与人论佛法书》两文撰写按语。

春，为编辑《扬善》故，谋隐居僻处。复以妻困于痼疾，不能任繁重事务，遂同意迁居沪西梅陇镇之乡村，以图静养。妻用其所教修养法进行治疗，大有效验，令他对“仙学”修养法的信仰大增，故勤奋为《扬善》答复各方来信，并言“因为我想把自己由《道藏》全书中所研究出来的高深修养法让群众咸知，不愿矜为独得”。

2月，《扬善》编辑部收到署名“钱心”的《仙佛判决书》来稿，以激烈言辞批评佛教，编委们对于是否发表此文议论莫决，于是将稿件并众议专函寄给陈撄宁。陈撄宁主张照原稿登出，且劝编委们放弃该刊原来的“三教一贯”、“五教平等”宗旨。紧接着的3月，《扬善》又刊发了陈撄宁撰写的《吕祖参黄龙事考证》、《吕祖参黄龙事疑问》、《吕祖参黄龙事平议》诸文，就“吕祖参黄龙”一事进行专门讨论，此后便“改变宗旨，专弘仙道，飘然独立，不受释教教义之拘束”。2—3月间，陈撄宁还发表了《答覆山西襄垣崔寓踑君》一文，并为《扬善》所刊《劝孝歌》及《道学长歌十首》撰写按语，后者主张：“道与儒本属同源，其间亦自有沟通之路径，但万万不可与佛教相混合。”

4月，《扬善》开始连载陈撄宁撰《论〈四库提要〉不识道家学术之全体》，并“提前发表”他代中华全国道教会而作的《中华全国道教会缘起》，“俾大众周知道教在中国所居地位之重要”。同月，陈撄宁还在《扬善》发表《（覆）北平学院胡同钱道极君致陈先生函》、《覆某居士》，并为《前安徽师范学生李朝瑞致其教授胡渊如君研究内丹信十三函》及《快活歌》撰写按语。

5月，《扬善》开始连载陈撄宁辑录的清代陈颐道诗作《圆峤真逸诗钞》，并公开发表他致《扬善》编辑部的信函，声明“道书中托名古仙著述者甚多”。同月，他还发表了《答江阴汪润才君》、《记李朝瑞君工夫得效之原因》两文。

6月，《扬善》开始连载陈撄宁辑录的《外丹黄白术各家序跋》，并发表他的《答上海钱心君八问》。

7月，在《扬善》发表《答江苏如皋知省庐》、《覆济南财政局杨少臣君》、《答广东中山县溪角乡益寿堂刘裕良君八问》、《覆江苏宝应□□□女士》、《宝应某女士第二次来函并答》、《覆济南张慧岩君》、《再覆北平杨少臣君》、《湖南湘阴神童常燡来函并答》、《覆浙江金华孙抱慈山人》、《答苏州张道初君十五问》诸文。同月，中华道教会在上海成立。

8 月，在《扬善》发表《与国医某君论丹道函》，并为《仙道有真实理由》一文撰写按语。同月 15 日，《扬善半月刊》第 76 期开始在显著位置标注“专门仙学杂志”字样。

9 月，《扬善》发表许得德、张竹铭、汪伯英等人发起的“丹道刻经会”之《丹道刻经会公启》，以及署名陈撄宁的《白玉蟾仙师略传》、《〈洞霄宫诗〉补注》。此《丹道刻经会公启》与《扬善》第 94 期刊出的《丹道刻经会缘起》两文，实皆为陈撄宁撰写。

10 月，《扬善》发表陈撄宁的《致湖南宝庆张化声先生书》、《致南京欧阳德三先生书》，并开始连载《金丹三十论》以及陈撄宁为该书撰写的按语。

11 月，在《扬善》发表《答上海某女士十三问》、《答宝应陈悟玄女士十问》、《再答陈悟玄女士问斩赤龙以后应如何保守法》诸文。

12 月，在《扬善》发表辑录明代《性命圭旨》而成的《最上一乘性命双修二十四首丹诀串述》，以及《〈云笈七笺〉中“仙籍旨诀部”〈道生旨〉摘要答覆山西崔寓琪君》、《答覆河南安阳某女士》两信，并开始连载《〈天台山纪游诗七首〉按语》、《〈三车秘旨〉按语》。

冬，妻吴彝珠一日偶读《圆峤真逸诗》“太息平生晚闻道，双修偕隐雨蹉跎”句，不禁触动愁怀，泫然流涕。陈撄宁见而谓曰：“尔欲闻道，此其时矣。惟不能以私情而废古制。”妻乃照例具表立誓、行礼如仪，于历代道祖仙师位下，恭敬承受超生死脱轮回历劫不变千圣相传天人合一之绝学。

1937 年（民国二十六年，丁丑）　五十七岁

1 月，小隐上海西乡之众妙居。在《扬善》发表《与朱昌亚医师论仙学书》、《答吕碧城女士三十六问》两文以及《题风景照片》诗三首，并为清代黄元吉之《论性命双修》撰写按语。同月，发表《赠别道友黄邃之》诗四首叹黄邃之仙逝，并作《挽道友黄邃之君联语》曰：“逆境困贤才，为生活，老华年，岁月蹉跎，当前谁是超凡客？南宗称知己，证师传，谈妙悟，源流指掌，今后难逢第二人。”

2 月，因年前有邓雨苍由闽来沪，曾携福建毛复初家藏钞本《道窍谈》、《三车秘旨》嘱其校订，故撰《〈道窍谈〉读者须知》。同月，在《扬善》发表《答宝应岔河镇石志和君》、《答宝应岔河镇陈悟玄女士》、

《答上海蒋永亮君》、《答广东琼州王寒松君》、《答温州瑞安蔡绩民君》、《答江苏海门□□□君》、《答昆明工业学校李忍澜君》、《答上海民孚实业社某君》、《答直隶涞水赵伯高君》、《答上海华德路杨名声君》、《答苏州西津桥任杏荪君》、《答河南省安阳□□□女士》、《答化声先生》诸信，并为清代李涵虚之《仙佛同修说》撰写按语。

3月，在《扬善》发表《为"中黄直透"法答上海殷羽君》、《覆常遵先函》、《答云台山赵隐华君》、《答福州洪太庵君》、《答瑞安冯炼九君》、《答厦门周子秀君》、《答白云观逍遥山人》诸信，并为《溥一子内功日记》（一）撰写按语。

4月，在《扬善》发表《答江苏如皋知省庐》、《北平杨扫尘君来函并答》、《济南张慧岩君来函并答》、《答覆逍遥散人》诸信，并为《仙传辟谷灵方》、《永免疾病法》两文撰写按语。

5月，撰成《〈三车秘旨〉读者须知》，并在《扬善》发表《〈道窍谈〉读者须知》、《读洪太庵先生〈五大健康修炼法〉》、《丹道刻经会缘起》诸文，以及关于《道教分宗表》、《斩龙功毕有感》、《金丹赘言》、《天声人语》、《温州张君平生学道之经过》、《溥一子徽州程渊如君四年间工夫之进步》诸文的按语或评论。

6—7月，在《扬善》发表《众妙居问答》、《答拙道士、犁道人二君》、《辩〈楞严经〉十种仙》诸文，以及关于《溥一子内功日记》（二）、《某君来函自述工夫之怪状》两文的按语。此外，尚撰有未曾在生前发表的《众妙居问答续八则》。

8月1日，在《扬善》第99期发表《致庐山某先生书》、《答湖南湘乡刘勖纯先生》、《（答）上海某女士来函》诸文，并为《温州瑞安某君来函述工夫现状》撰写按语。之后，《扬善》因战事影响而被迫停刊。

阴历七月间，收到通过空邮寄来的四川著名道士易心莹与成都二仙庵退隐方丈王某、青城山天师洞监院彭某、内江县李某联名致函，邀请他"速往青城避乱"，并"指示水陆程途"。唯当时局势突变，扬子江已被封锁，交通既感困难，沿途复多危险，遂致未能赴约。对此，陈撄宁感慨："雅意隆情，久铭肺腑！"

8月13日，日军侵略上海。秋季，上海四郊抗战已起，陈撄宁因住乡间，尚无所闻，故临危之时匆忙出逃，令所有书籍、衣服、器具、食物、药品等完全丧失。此时的他，已无力成家，只能借住在外甥女乔馥玖家中。后来，彼处避难的人渐多，屋小不能容纳，外甥女婿张嘉寿又为其设法租住别处。当时，各地避难的人们都集聚上海，房租及物价飞涨，张嘉寿个人之力已难负担，但幸有几个朋友共同帮助。后来，帮助之人逐渐减少，难以维持，仅靠张嘉寿、张竹铭两人照顾之。妻吴彝珠住在尚贤妇孺医院，仍带病服务，后来病势逐渐加重，蒙院方念她往日服务之勤劳，故得特别优待而住院养病，且不收一切费用。陈撄宁也曾陪妻子同住医院，如此经过了一段长久的时间。

1938 年（民国二十七年，戊寅）　五十八岁

5 月，陈撄宁弟子汪伯英与翼化堂主人张竹铭等商议，在海宁路 1000 号创办“仙学院”，以作练习静功并每星期讲道之用。仙学院创办初期，“时时在飘摇不定之中，所以未曾正式订立章程，更没有道友住院”，来学习者多为已经学道多年的道友，如张竹铭、汪伯英、吴竹园、邓雨苍、周缉光、高克恭、曹昌祺、洪太庵、沈霖生、孙镜阳、袁介圭、朱昌亚、赵慧昭等人。陈撄宁亦在此讲授“仙学”的一些修炼经典，并于年内撰成讲义《〈灵源大道歌〉白话注解》，由赵慧昭、朱昌亚、洪太庵、蒋维乔、张寿林、高克恭及吴彝珠、汪伯英等人为其撰写序跋。

中秋，撰成《〈琴火重光〉读者须知》。

1939 年（民国二十八年，己卯）　五十九岁

1 月 1 日，因受战争影响而被迫停刊的《扬善半月刊》更名《仙道月报》在上海出版。《仙道月报》（以下简称《仙道》）创刊号在显著位置登有两份刊物的联合启事，对两者的关系及其“宣扬仙道”的宗旨进行了说明。

2 月，在《仙道》发表《陈撄宁先生与因是子蒋竹庄先生讨论先后天神水》、《（答）瑞安某君来函》，并开始连载《〈灵源大道歌〉白话注解》。除夕夜，无余子吴竹园陪其在仙学院吟诗度岁。

3 月 1 日，《仙道》发表其所撰《纯阳祖师联语》曰：“不分南北仙宗敢以中心绵道脉，待续海山奇遇也将凡骨换神胎。”

4—5 月，在《仙道》发表《陈撄宁先生答某君问道函》、《答复如皋唐燕巢君》、《答覆福建福清县林道民君》、《答覆河北宁晋县王同春君》、《〈偕伍止渊李净尘一道友游天台桃源〉诸诗附记》、《〈戊寅秋六一初度述怀并序〉附白》以及《陈撄宁先生致〈仙道月报〉社函》等；《〈灵源大道歌〉白话注解》公开出版发行。

6月以后，先后在《仙道》发表《答覆天台赤城山张慧坤女士》、《〈“三元一贯丹法”英文演讲录直译〉按语》、《覆闽省新泉邓雨苍先生书》、《致四川灌县青城山易道人书》、《答浙省天台山圆明宫虑静道人》、《答北平某君来函》、《答某君七问》、《覆小吕宋洪太庵君》、《覆道友某君书》、《〈拜读列位仙翁赐和佳章再叠前韵奉答〉附注》、《〈盖竹山宝光洞唱和诗〉附注及按语》及《铁海道友招饮沪西紫阳宫并劝移居彼处愧无以报命作此奉赠》等书信、诗词或按语，并有《覆四川灌县青城山易道人书》感谢易心莹寄赠《道教三字经》言：“今者全国中已陷于水深火热矣，阁下此时犹能高隐洞天，从事名山不朽之著述，我辈望风景仰，顿觉有仙凡之隔云泥之叹也。”

12月，完成《〈鹡鸰吟稿续编〉序》于沪上寓庐。

1940年（民国二十九年，庚辰）　六十岁

1—3月，先后在《仙道》发表《〈论济一子傅金铨先生批注各书〉附注》、《论“白虎首经”》、《读知几子〈悟真篇集注〉随笔》、《〈鹡鸰吟稿续编〉序》、《上海紫阳宫道院何仙姑塑像开光疏文》。孟春，在仙学院讲解《参同契》，汪伯英根据听课内容笔录辑成《参同契讲义》稿本。

七夕，撰《〈欢喜佛考〉注解》，后在《仙道》连载。

8—12月，先后在《仙道》发表《答覆某医师书》、《为止火问题答覆诸道友》、《〈余之求道经过〉按语》、《与某道友论〈双梅景闇丛书〉之利弊》、《又与某道友论阴阳工夫》等文。冬月，作《重修〈委羽山大有宫宗谱〉序》，署名“皖江撄宁子陈圆顿”。

1941年（民国三十年，辛巳）　六十一岁

1—6月，陆续在《仙道》发表《沈永良真人事略》、《重修〈委羽山大有宫宗谱〉序》、《募修天台山桐柏宫胜迹缘起》、《紫阳宫讲道语录》、《〈和黄异吾道人诗五首〉按语》、《〈洪太庵先生诗〉附记》、《〈化欲论〉按语》、《与林品三先生谈话记》等文，并刊出《陈撄宁启事》二则，一曰：“社会情形，日趋恶劣。仆之现状，事与心违。……俟环境许可，即当入山。”二曰：“仆近来有许多必要的工作，又想研究仙道以外的学术，因此无暇答复各种问题。千祈阅报诸君原谅！”

6月，仙学院结束授课。

7—8月，在《仙道》发表《覆上海某君书》、《现代各种道门派别名称》、《上海紫阳宫百日消灾弭劫道场疏文》诸文。

8 月 1 日，《仙道》在出版第 32 期后，再因战祸而停刊。

1942 年（民国三十一年，壬午）　六十二岁

起草《复兴道教计划书》，提出了九条“复兴道教大纲”：一、道教讲经坛；二、道学研究院；三、道教月报社；四、道教图书馆；五、道书流通处；六、道教救济会；七、道功修养院；八、道士农林化；九、科仪模范班。不过，当时这份方案并未公开流布。

1943 年（民国三十二年，癸未）　六十三岁

抗日战争期间，曾主动为负伤士兵和难民医治。

1944 年（民国三十三年，甲申）　六十四岁

完成《业余讲稿》手稿。

1945 年（民国三十四年，乙酉）　六十五岁

春，妻吴彝珠因患乳腺癌，殁于上海东湖路尚贤妇孺医院，终年 63 岁。其家无子女，全靠亲戚朋友帮助料理丧事。之后，离开尚贤医院，和张嘉寿等人同住东湖路浦东中学内。

应孟怀山之邀到南京亚园小住散心。独居亚园静室，深感世事无常、浮生若梦，虽有必然延生之法，而难防意外之变，惟恐自己多年研究之结果未及传授便撒手而去，遂立意作书。于阴历三月十三日落笔，四月十五日成文，历时一月而成《仙学必成》，并将此书手抄若干份分赠身边知己学生，以笔墨而代口授，且将诫条立于封面，嘱众学生须谨慎传授、严守秘密。

8 月 15 日，日本宣布无条件投降。

冬季，迁至上海铜仁路 257 号史剑光家中居住。

1946 年（民国三十五年，丙戌）　六十六岁

在杭州佑圣观举行仪式，收中医师胡海牙为弟子。

1947 年（民国三十六年，丁亥）　六十七岁

3 月 1 日，在佛教《觉有情半月刊》（以下简称《觉有情》）发表

《与本刊编者书》，阐发关于《胜鬘经》等佛经的见解。

3月15日，上海市道教会正式成立，邀请陈撄宁对《复兴道教计划书》进行修订。

4月1日，在《觉有情》发表《灵魂有无之推测》，认为“活人是决定有灵魂的”。

4月5日，完成对《复兴道教计划书》的修订，并由上海市道教会出版发行5 000册。修订后的《复兴道教计划书》，内容较1942年的初稿丰富、具体。

5月1日，在《觉有情》发表《由仙学而佛学——答某居士问》，声称“近来常与人讲出世之佛法，而不讲住世之仙学”。

6月19日，在《觉有情》发表《慨慕人生佛教之导师并答客问》，追忆以往与佛教徒的论争曰：“不才当日为仙学奋斗，本拟用全副精神，牺牲十载光阴，指摘佛教《大藏经》中所有一切矛盾及疵累。因感于太虚大师洪度雅量，无形中被其软化，乃将已成之稿焚毁，未成各篇亦弃而不作，仅发表《辩〈楞严经〉十种仙》一篇，遂从此停止笔战。”

10月1日，在《觉有情》发表《覆某先生书》，以为“庄子可比祖师禅，老子可比如来禅，孔子则似净土宗也”。

10月30日，于杭州银洞桥29号慈海医室校订《仙学必成》，增补数条内容，并记：“尚有最宝贵的经验数十条，未能一一笔录，俟有机会，再谋补充。”

1948年（民国三十七年，戊子）　六十八岁

2月1日，在《觉有情》发表《为净密禅仙息争的一封信》。

夏，删订《口诀钩玄录（全集）》，并为其撰写按语。

冬，对《邱长春真人秘传〈大丹直指〉》做第二次修改校订，并撰按语曰：“观篇中所有功法、口诀，乃北派真传。”该手抄秘本《大丹直指》乃得自青岛某道友，篇目、内容均与道藏本《大丹直指》不同。

1949年（己丑）　六十九岁

4月1日，在《觉有情》发表《为黄汝玉女居士题金刚经长卷》诗四首。

孟夏，为佛教居士高鹤年著《名山游访记》撰《读者须知》。

8月，在《觉讯月刊》发表《与陈海量居士书》，比较佛学与仙学。

10月1日，中华人民共和国诞生。

秋季，撰成《〈楞严经〉耳根圆通法门浅释》手稿，但标注“此是未定之稿，不能发表”字样。

冬季，由上海铜仁路史剑光家搬迁至华山路1461弄6号张竹铭医师家中居住。

这段时期常常代人作世俗应酬文字，或为讲解历史、国文、哲学，以及仙学上的修养法、医学上的健康法之类的书籍，实际上等于家庭教师，但不拿薪金，只由他们照顾生活。

1950年（庚寅） 七十岁

外甥女乔馥玖以其年老体衰，屡次劝他不宜再费脑力做文字工作。他当时尚不注意此话，但到了七十岁后，自己感觉有时用脑过度，即头痛心跳、眼昏耳鸣、胃病大发，始信外甥女的劝告不错。

冬季，杭州中医师胡海牙请他讲解古医书《素问》、《灵枢》。

1951年（辛卯） 七十一岁

2月26日，撰《给黄忏华居士的一封信》。

4月1日，在佛教《觉有情》发表另一份《与本刊编者书》，讨论“苏东坡前生为五祖戒禅师”事。

8月15日，由上海华山路1461弄6号张竹铭家迁居泰兴路538弄3号乔馥玖家。

1952年（壬辰） 七十二岁

因长期闲住，感到若从此无所事事而消磨老年有限的光阴，亦非素愿，所以仍想做文字工作。

1953年（癸巳） 七十三岁

1月16日，在《觉有情》发表《禅门大德管窥记》。

4月，胡海牙写信邀其赴杭，共同研究针灸科书上高深的学理，预备编辑《针灸学辞典》。后来胡海牙编《中华仙学养生全书》收有陈撄宁答“海牙君来信问针灸八法”，其问答或亦于此时。

6月下旬，从上海乔馥玖家迁居至杭州市银洞桥29号胡海牙家。时马一浮任浙江省文史馆馆长，知其对于中国古代学术颇有研究，尤其对于《道藏》全书曾经用过三年心力，故推荐他担任文史馆馆员。经审查委员会通过，省政府正式聘请他为浙江省文史馆馆员。为了工作便利，其户口也由上海迁移到杭州。

10 月 28 日，在杭州市银洞桥 29 号撰写《自传》。

在杭州时，曾患胃出血住院，医生多次主张施行手术，但他都未同意，而采用气功调和血气结合药物治疗，不久即获痊愈。同年，对1939—1940 年间在上海仙学院授课所留笔记《参同契讲义》进行补订。

1955 年（乙未）　七十五岁

4 月，删订《三一音符》并撰《跋》。

季春，誊抄、校订明代陆西星《三藏真诠》，易名为《法藏总抄》，作《开篇语》。

立秋日，于慈海医室抄《最上乘天仙修炼法》给胡海牙，并附言："凡我同志，以夙世因缘，方能遇此，幸勿轻视，永宜珍藏爱护，切不可妄传与人!"

1956 年（丙申）　七十六岁

秋，沈阳太清宫方丈岳崇岱等倡议成立中国道教协会，邀请他为筹备委员。

11 月 26 日，与沈阳太清宫方丈岳崇岱、江西龙虎山上清宫经师汪月清、四川青城山常道观监院易心莹等诸名山宫观代表 23 人约集北京西苑饭店，磋商成立中国道教协会事宜。会议成立了中国道教协会的"筹备委员会"，推选岳崇岱为主任，陈撄宁、孟明慧为副主任，并拟定了《中国道教协会发起书》。

1957 年（丁酉）　七十七岁

元宵节，撰《开讲〈内经知要〉的前导》。

4 月，第一届中国道教徒代表会议在北京召开，会议选举产生了第一届理事会，理事共 61 人。陈撄宁因胃溃疡卧病于杭州，未能亲自与会，但大会仍然选举他担任副会长兼秘书长。

8 月，应邀赴杭州屏风山疗养院讲解"静功"，撰写《神经衰弱静功疗养法问答》和《静功总说》、《治遗精病的特效法》。

9 月 26 日，撰《复北戴河气功疗养院的一封信》。

冬，北上。时任浙江省文史馆馆长的马一浮相送，并作《送陈撄宁北游》诗赠之。

到北京后，住中国道协所在地白云观。当时，“反右”斗争正如火如荼地进行，中国道协也在开展“大鸣大放”运动，他托病不出而幸未被卷入。

1958 年（戊戌）　七十八岁

被中国人民政治协商会议吸收为列席委员，参与议政。

马一浮撰《寄怀陈撄宁》诗，内云：“法从缘起都无碍，道本希夷不可得。忽忆相寻山水窟，附书遥寄白云边。”

1959 年（己亥）　七十九岁

4 月，被选举为中国人民政治协商会议第三届全国委员会委员，并在政协讲坛上呼吁开展对道教历史及学术方面的研究工作。

6 月下旬，撰《对于〈太平经合校〉的意见》。

1960 年（庚子）　八十岁

1 月 27 日，撰《关于“道教词目”复上海市道教协会筹委会的一封信》。

5 月，随宗教界参观团赴西南各地参观，游峨眉山至报国寺，归途中应四川省宗教处马处长之请而作《来成都并到峨眉山脚下，归途赋此志感》诗。

国庆前夕，为胡海牙撰《养生健身操二则注解》。

12 月，马一浮撰写对联祝贺其八十寿辰云：“八百跂修龄，若逢旬始增遐算；大千能洞视，早识长桑饮上池。”

1961 年（辛丑）　八十一岁

3 月 22 日，应邀参加全国人大常委会副委员长、中央统战部部长李维汉和国务院宗教局局长何成湘组织召开的关于开展道教研究的座谈会。

11 月 1 日，在中国道教协会举行的第二届全国代表会议上，当选为第二届中国道教协会会长。同月，中国道教协会研究室成立，亲自担任研究室主任，领导制订了相关研究计划及培养道教徒的计划，并指导研究人员搜集、整理有关道教的文献资料（辑录的《道教史资料》后于

1990年由上海古籍出版社正式出版），开始编写《中国道教史提纲》、《历代道教大事记》、《道教知识类编》等，同时建议创办《道协会刊》、筹办“道教徒进修班”。

1962年（壬寅）　八十二岁

4月，在中国人民政治协商会议第三届全国委员会第三次会议上作《分析道教界今昔不同的情况》报告。

7月，在中国人民政治协商会议第三届全国委员会常务委员会第三十五次会议上作《关于中国道教协会第二届全国代表会议情况》报告。

8月，在中国道教协会主办的《道协会刊》创刊号发表《道教起源》、《〈史记·老子传〉问题考》、《〈太平经〉的前因后果》诸文。

9月29日，在“道教徒进修班”开学典礼上发表讲话。同月，英国学者李约瑟博士偕夫人应中国科学院院长郭沫若邀请来华访问。

10月，李约瑟参观访问白云观，陈撄宁在东客厅接见之，两人就道教历史、道教前途以及学术方面的问题交换了意见。随后又陪同李约瑟参观白云观内各处殿堂，讲解三清阁三清塑像的象征意义和道教的自然观，介绍长春真人在全真道中的地位及其力劝成吉思汗“止杀”的意义。两人还在图书馆内谈论《正统道藏》，并就炼丹的实践经验及相关术语等进行了讨论。

1963年（癸卯）　八十三岁

3月，《道协会刊》第2期发表《陈撄宁会长在道教徒进修班开学典礼上的讲话》，并开始连载陈撄宁撰写的《道教知识类编初集》。

1964年（甲辰）　八十四岁

10月，在《道协会刊》第4期发表《〈南华〉内外篇分章标旨》、《〈老子〉第五十章研究》。

1965年（乙巳）　八十五岁

1月5日，被选举为中国人民政治协商会议第四届全国委员会委员。

1966年（丙午）　八十六岁

“文化大革命”爆发，中国道教协会被迫停止工作。其间，陈撄宁虽未遭受批斗折磨，但却因对于时局的忧虑、困惑及不解，抑郁成疾。

1967 年（丁未）　八十七岁

春，侄儿陈仲琏来北京，以中国道教协会停止活动而请他返沪休息，他却说："在无别人负责的情况下，我不能贸然离开。"

3 月 12 日，上午身体如常，下午突得怪病，只好送进医院抢救。医生说他的生命已不能保险，因为年老无办法。后由胡海牙改用中药治疗，病情始得缓解。

12 月，写下遗嘱两份，对身后事做出安排，嘱咐将自己多年积蓄上交国家。

1969 年（己酉）　八十九岁

5 月 25 日下午 7 时，因患肺癌仙逝于北京医院。

后　记

两年前，中国人民大学的何建明教授打来电话，告知人大出版社准备出版一套“中国近代思想家文库”，并问我是否愿意承担选编陈撄宁文集的任务。因为自己早在 1994 年就已拜读过陈撄宁先生的著作，并曾发表过一篇题为《论陈撄宁在道教史上的地位》的文章，我没有太多犹豫就答应了此事。但接下来的困难，却是我没有想到的。原以为现在已经出版了很多有关陈撄宁的著作，我可以方便地参考和借鉴，但着手此事后才发现：以往出版的有关陈撄宁著述之编纂作品，所收文稿多未严格地区分陈撄宁与其他作者，并且没有注明文稿的时间和出处，甚至还有不少文字印刷方面的瑕疵，难以直接用作构建“文库”的材料。在这种情况下，我只有通过邮购方式买来了由全国图书文献缩微复制中心影印出版的陈撄宁圈点、胡海牙珍藏、武国忠整理、张伟达审稿之《〈扬善半月刊〉〈仙道月报〉全集》。也正是在阅读这套影印文献的基础上，呈献给大家的这本作为“中国近代思想家文库”之一的《陈撄宁卷》才得以最终完成。值得欣慰的是，在阅读这套影印文献的时候，我“发现”了不少以往没有被人辑录出来的陈撄宁“按语”，希望它们能对今后人们认识陈撄宁思想有所帮助。此外，何建明教授在《中国道教》2008 年第 2 期上发表的《陈撄宁的几篇重要佚文及其思想》一文，也为我提供了有关陈撄宁所撰佛学文章的线索；而在搜寻这些佛学文章的同时（四川大学图书馆藏《民国佛教期刊文献集成》有阙文或模糊不清），我又在香港心一堂出版的陈撄宁删订、蒲团子校辑《女子道学小丛书》等书中找到了另外几篇文章。总之，如果要说本书有什么贡献的话，窃以为首先是新辑录出了陈撄宁的不少“按语”，并增补了他发表于佛教刊物的一些文章。不仅如此，本书按时间顺序编排文稿，并逐一注明所录文稿的署名、时间和出处，同时以所见版本相互对勘，也可算是一种不同于相关作品的贡献。从中，我们可以明显地看出陈撄宁的思想曾有过发展和变化，相信今后人们也将据此而不再笼统地谈论他的“仙学”。如果本书能对学界乃至社会各界认识近代中国道教有所裨益，则我这段时间的辛苦也算有所值了。当然，本书的不足也是明显的，那就是因为受到“近代”的限制，我们未能选录陈撄宁在1949年之后的文稿。希望以后若有机会，能再编一部《陈撄宁全集》。

本书能够最终编成，需要感谢许多朋友。首先是作为陈撄宁弟子的胡海牙先生，以及作为再传弟子的武国忠先生，正是因为他们无私地奉献了经过陈撄宁圈点的《扬善半月刊》和《仙道月报》，并整理出版了《中华仙学养生全书》以及《仙学指南》、《仙学辑要》、《仙学必读》、《陈撄宁仙学精要》等众多书籍，才为我们在“中国近代思想家文库”中选录陈撄宁文稿提供了便利条件。本来，我曾想在书稿编成之后当面请教胡海牙老先生的意见，不料百岁高龄的他却于2013年9月驾鹤仙去！巧合的是，当我于2014年4月借访问香港道教学院之机修订本书“导言”时，却被告知所住房间正是胡海牙先生十余年前在港讲学的居室，或许冥冥之中自有天意？此外，李养正、洪建林、田诚阳诸位先生或道长多年前选编的陈撄宁文集，中国大陆、港澳台以及欧美各国出版的相关论著或文集，乃至高校里的一些学位论文、网络上的许多资料信息，也是我了解陈撄宁先生事迹和学说的重要资料来源，在此一并向这些作者致谢！

中国人民大学出版社王琬莹编辑对我的选编工作给予了很大支持，曾对拙稿提出过很多建设性意见，并且一再允许我延期交稿，在此深表谢意！四川大学的张崇富教授曾帮忙购得胡海牙、蒲团子编著《陈撄宁先生仙学文集》，旅居美国的吴亚魁博士曾打来电话赐示有关陈撄宁研究的意见，并在返沪探亲时帮助影印了现藏于上海市档案馆的《复兴道教计划书》，吾妻王迎春承担了本书的文字录入工作，在此谨向他们表示诚挚的感谢！

本来，此书早该完成交稿，不料却因家父病重辞世而一再拖延。书稿修订完毕之日，恰值清明时节，电话中得知兄长和弟弟正在父亲墓前祭奠，而我却一人远在香港，心中难免涌出伤感！愿将此书奉献给父亲，让它作为永远的纪念，以感谢他对我一生的培养！

郭　武

2014年1月6日初稿于四川大学文科楼160室

2014年清明节修订于香港道教学院2楼C室

中国近代思想家文库

方东树、唐鉴卷	黄爱平、吴杰　编
包世臣卷	刘平、郑大华　主编
林则徐卷	杨国桢　编
姚莹卷	施立业　编
龚自珍卷	樊克政　编
魏源卷	夏剑钦　编
冯桂芬卷	熊月之　编
曾国藩卷	董丛林　编
左宗棠卷	杨东梁　编
洪秀全、洪仁玕卷	夏春涛　编
郭嵩焘卷	熊月之　编
王韬卷	海青　编
张之洞卷	吴剑杰　编
薛福成卷	马忠文、任青　编
经元善卷	朱浒　编
沈家本卷	李欣荣　编
马相伯卷	李天纲　编
王先谦、叶德辉卷	王维江、李骛哲、黄田　编
郑观应卷	任智勇、戴圆　编
马建忠、邵作舟、陈虬卷	薛玉琴、徐子超、陆烨　编
黄遵宪卷	陈铮　编
皮锡瑞卷	吴仰湘　编
廖平卷	蒙默、蒙怀敬　编
严复卷	黄克武　编
夏震武卷	王波　编
陈炽卷	张登德　编
汤寿潜卷	汪林茂　编
辜鸿铭卷	黄兴涛　编

康有为卷	张荣华　编
宋育仁卷	王东杰、陈阳　编
汪康年卷	汪林茂　编
宋恕卷	邱涛　编
夏曾佑卷	杨琥　编
谭嗣同卷	汤仁泽　编
吴稚晖卷	金以林、马思宇　编
孙中山卷	张磊、张苹　编
蔡元培卷	欧阳哲生　编
章太炎卷	姜义华　编
金天翮、吕碧城、秋瑾、何震卷	夏晓虹　编
杨毓麟、陈天华、邹容卷	严昌洪、何广　编
梁启超卷	汤志钧　编
杜亚泉卷	周月峰　编
张尔田、柳诒徵卷	孙文阁、张笑川　编
杨度卷	左玉河　编
王国维卷	彭林　编
黄炎培卷	余子侠　编
胡汉民卷	陈红民、方勇　编
陈撄宁卷	郭武　编
章士钊卷	郭双林　编
宋教仁卷	郭汉民、暴宏博　编
蒋百里、杨杰卷	皮明勇、侯昂好　编
江亢虎卷	汪佩伟　编
马一浮卷	吴光　编
师复卷	唐仕春　编
刘师培卷	李帆　编
朱执信卷	谷小水　编
高一涵卷	郭双林、高波　编
熊十力卷	郭齐勇　编
任鸿隽卷	樊洪业、潘涛、王勇忠　编
蒋梦麟卷	左玉河　编
张东荪卷	左玉河　编

丁文江卷	宋广波　编
钱玄同卷	张荣华　编
张君劢卷	翁贺凯　编
赵紫宸卷	赵晓阳　编
李大钊卷	杨琥　编
李达卷	宋俭、宋镜明　编
张慰慈卷	李源　编
晏阳初卷	宋恩荣　编
陶行知卷	余子侠　编
戴季陶卷	桑兵、朱凤林　编
胡适卷	耿云志　编
郭沫若卷	谢保成、魏红珊、潘素龙　编
卢作孚卷	王果　编
汤用彤卷	汤一介、赵建永　编
吴耀宗卷	赵晓阳　编
顾颉刚卷	顾潮　编
张申府卷	雷颐　编
梁漱溟卷	梁培宽、王宗昱　编
恽代英卷	刘辉　编
金岳霖卷	王中江　编
冯友兰卷	李中华　编
傅斯年卷	欧阳哲生　编
罗家伦卷	张晓京　编
萧公权卷	张允起　编
常乃悳卷	查晓英　编
余家菊卷	余子侠、郑刚　编
瞿秋白卷	陈铁健　编
潘光旦卷	吕文浩　编
朱谦之卷	黄夏年　编
陶希圣卷	陈峰　编
钱端升卷	孙宏云　编
王亚南卷	夏明方、杨双利　编
黄文山卷	赵立彬　编

雷海宗、林同济卷	江沛、刘忠良　编
贺麟卷	高全喜　编
陈序经卷	田彤　编
徐复观卷	干春松　编
巨赞卷	黄夏年　编
唐君毅卷	单波　编
牟宗三卷	王兴国　编
费孝通卷	吕文浩　编

图书在版编目（CIP）数据

中国近代思想家文库．陈撄宁卷/郭武编．—北京：中国人民大学出版社，2014.12
ISBN 978-7-300-18880-5

Ⅰ．①中…　Ⅱ．①郭…　Ⅲ．①思想史-研究-中国-近代　②陈撄宁（1880～1969）-思想评论　Ⅳ．①B250.5

中国版本图书馆 CIP 数据核字（2014）第 282697 号

中国近代思想家文库
陈撄宁卷
郭　武　编
Chen Yingning Juan

出版发行	中国人民大学出版社		
社　　址	北京中关村大街 31 号	**邮政编码**	100080
电　　话	010－62511242（总编室）		010－62511770（质管部）
	010－82501766（邮购部）		010－62514148（门市部）
	010－62515195（发行公司）		010－62515275（盗版举报）
网　　址	http：//www.crup.com.cn		
经　　销	新华书店		
印　　刷	涿州市星河印刷有限公司		
开　　本	720 mm×1000 mm　1/16	**版　　次**	2015 年 1 月第 1 版
印　　张	43.25 插页 1	**印　　次**	2025 年 1 月第 4 次印刷
字　　数	688 000	**定　　价**	149.00 元